中华人民共和国海船船员适任考试培训教材

船舶结构与货运

中国海事服务中心组织编写
中华人民共和国海事局审定

人民交通出版社
China Communications Press
大连海事大学出版社
Dalian Maritime University Press

图书在版编目(CIP)数据

船舶结构与货运 / 中国海事服务中心组织编写. --
北京 : 人民交通出版社 ; 大连 : 大连海事大学出版社,
2012.6

ISBN 978-7-114-09801-7

Ⅰ. ①船… Ⅱ. ①中… Ⅲ. ①船体结构 - 结构设计②
水路运输 - 货物运输 Ⅳ. ①U663②U695.2

中国版本图书馆 CIP 数据核字(2012)第 097947 号

中华人民共和国海船船员适任考试培训教材

书　　名: 船舶结构与货运
著 作 者: 邱文昌　伍生春　田佰军
责任编辑: 钱悦良
出版发行: 人民交通出版社
地　　址: (100011) 北京市朝阳区安定门外外馆斜街 3 号
网　　址: http://www.chinasybook.com
销售电话: (010) 64981400, 59757915
总 经 销: 北京交实文化发展有限公司
印　　刷: 北京鑫正大印刷有限公司
开　　本: 787 × 1092　1/16
印　　张: 34.25
字　　数: 833 千
插　　页: 3
版　　次: 2012 年 6 月　第 1 版
印　　次: 2016 年 8 月　第 11 次印刷
书　　号: ISBN 978-7-114-09801-7
定　　价: 95.00 元
(有印刷、装订质量问题的图书由本社负责调换)

编委会成员

前言

《中华人民共和国海船船员适任考试和发证规则》（简称11规则）已于2012年3月1日起生效，新的《中华人民共和国海船船员适任考试大纲》也将于2012年7月1日开始实施。为了更好地指导帮助船员进行适任考试前的培训，进一步提高船员适任水平，在交通运输部海事局领导下，中国海事服务中心组织全国有丰富教学、培训经验和航海实际经验的专家共同编写了与《中华人民共和国海船船员适任考试大纲》相适应的培训教材。本教材编写依据STCW公约马尼拉修正案，采用图文并茂的形式，改变了长期以来以文字为主的教材编写方式。本教材的创新模式对今后的船员适任培训具有重要的指导意义。

本套教材知识点紧扣考试大纲，具有权威、准确、系统、实用的特点，重点突出船员适任考前培训和航海实践需掌握的知识，旨在培养船员具备在实践中应用知识的能力，并可作为工具书帮助船员上船工作使用。

本套教材由航海英语、船舶操纵与避碰、航海学、船舶结构与货运、船舶管理（驾驶）、（高级）值班水手业务、高级值班水手英语，轮机英语、船舶动力装置、主推进动力装置、船舶辅机、船舶电气与自动化、船舶管理（轮机）、（高级）值班机工业务、高级值班机工英语，电子电气员英语、船舶电气、船舶机舱自动化、信息技术与通信导航系统、船舶管理（电子电气员）、电子技工业务、电子技工英语组成。

本套教材在编写、出版工作中，得到了各直属海事局、各航海院校、海员培训机构、航运企业、人民交通出版社、大连海事大学出版社等单位的关心和大力支持，特致谢意。

中国海事服务中心

2012年3月

编者的话

本教材是根据中华人民共和国海事局制定的《中华人民共和国海船船员适任考试大纲》和《STCW 公约》马尼拉修正案编写的。适用于无限航区和沿海航区各个等级的海船船长/大副、二/三副适任证书考试培训使用。本教材也可作为航海院校师生的教学参考书。

《船舶结构与货运》是主要研究船舶结构及与船舶货运有关的船舶设备,研究各类货物的海运特性、各类船舶的货运性能、货物在船上装载的基本规律以及编制和实施货物积载计划的程序和方法的一门应用学科。本书按照国际海事组织《STCW 公约》马尼拉修正案对本课程要求,以中国海事局 2012 年版《海船船员适任考试大纲》为主线,设定全书章节,确定各章节内容及篇幅。为适应各类教学对象的课外自学要求,本书内容编排注意由浅入深,表述浅显易懂,书中较大幅度地去除了一些传统的较深奥但实用价值不大的公式推导等内容。书中选用了最新版本的国内外各类公约、规则和规范资料。

第一章至第六章介绍船舶结构及与货运相关的管系、货舱、舱盖及压载舱、起重设备和系固设备。第七章至第十一章内容是各类货物海上运输的共性问题,主要包括船舶与货物基础知识,船舶载货能力,船舶稳性、吃水差和船舶强度。第十二章是船舶抗沉性。第十三章至第十八章是各类常运货物的海上运输,主要介绍包装危险货物、杂货(包括普通杂货、重大件、木材甲板货、钢材货物、冷藏货和滚装货)、集装箱、散装谷物、散装固体货和散装液体货的积载要求、装运特点以及海上运输中的注意事项。在每章后均有本章小结和本章习题。

本书由邱文昌、伍生春和田佰军主编,徐邦祯、徐周华主审。参加本书编写的有:伍生春(第 1、2、3、5 和 6 章)、陈锦标(第 4 章第 1、2 节)、胡甚平(第 4 章第 3 节)、田佰军(第 7、9、17 和 18 章)、王文新(第 8 和 10 章)、张钢(第 13 和 16 章)以及邱文昌(第 11、12、14 和 15 章)。全书由邱文昌统稿。中国海事服务中心的刘野参与了教材的主要审定

工作。

由于我们水平和时间所限，疏漏和不足之处在所难免，欢迎读者批评指正。

编　者

2012 年 3 月

目　录

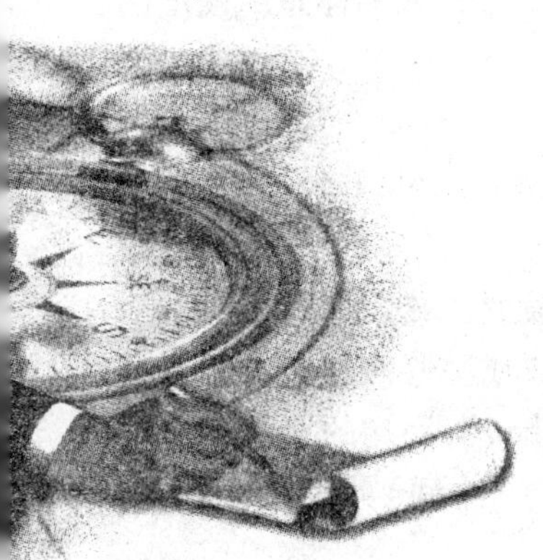

第一章
船舶常识

海上货物运输是交通运输的重要组成部分，在运输业总量中占有着相当大的比重，具有其他任何运输方式所无法替代的特殊地位和重要作用，作为海上运输工具的海船也正是在这种背景下得到了飞速发展。为此，从事海船管理与驾驶的人员必须了解和掌握有关海船的基本组成、主要标志、分类及各自基本特点和性能，以便实现安全营运的目的。

第一节　船舶的基本组成与主要标志

一、船舶的基本组成

船舶由主船体（main hull）、上层建筑（superstructure）和其他各种配套设备（equipment）所组成。

1. 主船体

主船体是指由包括上甲板（upper deck）在内的甲板（deck）、舷侧（broadside）、船底（bottom）、首尾（fore and aft）及舱壁（bulkhead）等所组成的水密（watertight）空心结构，为船舶的主体部分。

主船体各组成部分的名称如下：

1）甲板：为主船体垂向上成上下层并沿船长方向水平布置的大型纵向连续板架，是主船体的垂向分隔。

（1）上甲板：为主船体的最上一层首尾统长甲板（又称上层连续甲板），该层甲板为定义的强力甲板。

（2）下甲板（lower deck）：是上甲板以下各层甲板的统称。按自上而下位置的不同，依次有二层甲板（第二甲板，second deck）、三层甲板（第三甲板，third deck）等。某船主船体如仅有上甲板而无下甲板，则称其为单甲板船，上、下甲板齐全的，则称其为多甲板船。普通件杂货

船、可装载件杂货的多用途船为多甲板船。

(3)平台甲板(platform deck):为强力甲板以下沿船长方向布置并不计入船体总纵强度的不连续甲板,如舵机间甲板即为平台甲板。

2)舷侧:为主船体两侧的直立部分。

3)船底:为主船体的底部结构,有单层底(single bottom)和双层底(double bottom)两种结构形式。

4)舭部(bilge):为主船体横向船底与舷侧间以圆弧形式逐渐过渡的区域。

5)首尾与船中:主船体两舷舷侧在过渡至近前后两端时,逐渐成线型弯曲接近并最终会拢,其中,前端的会拢部分称船首,线型弯曲部分称首舷(又称首部,bow),后端的会拢部分称船尾,线型弯曲部分称尾舷(又称尾部,quarter)。主船体长度的一半(中间)处为船中(midship)。

6)外板:构成船底、舷侧及舭部外壳的板,称船舶外板,俗称船壳板(hull plate)。

7)纵中线与正横:过主船体首尾,并将其分成左右对称两部分的直线称纵中线(又称首尾线 fore and aft line)。在主船体最大宽度处与纵中线垂直的方向称正横(abeam)。由尾向首看,在主船体左侧的称左舷(portside),右侧的称右舷(starboard side)。

8)舱壁:为主船体内垂向方向上布置的结构,有横舱壁(transverse bulkhead)和纵舱壁(longitudinal bulkhead)两种(详见第二章第二节船体结构)。

2. 上层建筑

上层连续甲板上由一舷伸至另一舷的或其侧壁板离船壳板向内不大于4% 船宽 B 的围蔽建筑称上层建筑,即首楼、桥楼和尾楼,同时具备首楼、桥楼和尾楼的船舶称其为三岛式船舶,现代船舶已淘汰了该种船型。其他的围蔽建筑称甲板室。

(1)长上层建筑与短上层建筑:长度大于 $0.15L$,且不小于其高度6倍的上层建筑为长上层建筑,不符合长上层建筑条件的为短上层建筑。客船及客货船的上层建筑属长上层建筑,其他船舶的上层建筑一般属短上层建筑。

位于首部的上层建筑称首楼(forecastle)。其作用是减少首部上浪,改善航行条件,首楼的舱室可作贮藏室用。

用来布置驾驶室及船员起居与服务处所的上层建筑为桥楼(bridge)。

位于尾部的上层建筑称尾楼(poop)。尾楼在减少船尾上浪的同时,其内的舱室也可用作船员居住舱室或派其他用途。现代船舶基本都为尾机型或中尾机型船,桥楼直接设在近船尾处,故无尾楼。

(2)长甲板室与短甲板室:长度大于 $0.15L$,且不小于其高度6倍的甲板室为长甲板室。不符合长甲板室条件的为短甲板室。船舶的桅屋(masthouse)基本属短甲板室。

(3)上层建筑各层甲板:根据船舶种类、大小的不同,上层建筑(桥楼)所具有的甲板层数及命名方法均有所不同。如有的船舶从上层建筑下部的第一层甲板开始向上按A、B、C……的方式命名各层甲板;有的船舶则按各层甲板的使用性质不同命名,如罗经甲板(compass deck)、驾驶甲板(bridge deck)、船长甲板(master deck)、高级船员甲板(office deck)、艇甲板(boat deck)、船员甲板(crew deck)及起居甲板(accommodation deck)等。

3. 主船体内各舱室的名称

除上层建筑内具有各种功能不同的舱室外，主船体亦由各甲板与舱壁将其分隔成若干舱室，这些舱室按其用途的不同主要有：

1）机舱（engine room）：是用于安装主机、辅机及其配套设备的舱室，为船舶的动力中心。机舱一般位于桥楼正下部的主船体区域，并将机舱位于船中部的称中机型船、位于中部偏后的称中尾机型船，位于船尾的称尾机型船。现代船舶除集装箱船较多采用中尾机型或中机型外，其他船舶几乎均采用尾机型布置。

2）货舱（cargo hold）：是用于载货的舱室。根据船舶种类的不同，有干货舱、液货舱及液化气体货舱等。每一货舱一般仅设置一个货舱口（cargo hatch），但对一些大尺寸的货舱，有时设置纵向方向或横向并列的两个货舱口，如集装箱船、油船及大型的杂货船等。

3）压载舱（ballast tank）：是指船舶用于装载压载水以调节吃水差、纵横倾及重心高度，改善船舶操纵性能的舱室。如货舱下部的双层底舱（double bottom tank），位于船首和船尾的首、尾尖舱（fore & aft peak tank）、边舱（side tank）及上下边舱（upper & lower side tank）等。

4）深舱（deep tank）：为双层底以外的压载舱、船用水舱、货油舱（如植物油舱）及按闭杯试验法闪点不低于60℃的燃油舱等。深舱由船舶中纵剖面处设置的纵舱壁或制荡舱壁分隔为左右对称的舱室，以减小自由液面的影响。

5）其他舱室：除上述主要舱室外，还有：

（1）燃油舱（fuel oil tank）：是用于贮存主、辅机所用燃油的舱室，一般为双层底内的若干舱室，大型船舶也有将深舱作燃油舱使用的。

（2）滑油舱（lubricating oil tank）：是用于贮存主、辅机所用润滑油的舱室，一般设在机舱下部的双层底内。

（3）淡水舱（fresh water tank）：专用来贮存饮用与生活用水的舱室。

（4）污油水舱（slop tank）：专用于贮存污油的舱室。

（5）隔离空舱（caisson）：用于隔开油舱与淡水舱、油船的货油舱与机舱的专用舱室。隔离空舱一般是一个仅有一个肋骨间距的狭窄空舱，故又称干隔舱，其作用是防火、防爆、防渗漏。

（6）舵机间（steering gear room）：位于尾尖舱顶部平台甲板，用于安装舵机及其转舵装置。

4. 各种配套设备

船舶的配套设备主要有：主机、辅机、锅炉及配套、电气、各种管系、甲板（锚、舵、系泊及起重）设备、安全（消防、救生）设备、通信导航设备及生活设施配套设备等。

二、船舶的主要标志

船舶根据需要，在其船体外壳板上、烟囱及罗经甲板两侧均勘划着各种标志（mark），现就一些主要标志简述如下：

1. 球鼻首和侧推器标志

球鼻首标志（bulbous bow mark，BB mark）为球鼻型首船舶的一种特有标志，主要用以表明在其设计水线以下首部前端有球鼻型突出体，并勘划于船首左右两舷重载水线以上的首部（bow）处。

对装设有侧推器的船舶，均需用侧推器标志（thruster mark）来加以表明，以引起靠近船舶

的注意。图 1-1 所示的为首侧推器标志(bow thruster mark,BT mark),该标志勘划于侧推器所在船首位置左右两舷的正上方,并位于球鼻首标志的正后面。如船舶同时装设有尾侧推器,则尾侧推器标志(stern thruster mark,ST mark)勘划于该侧推器所在船尾位置左右两舷的正上方,并于球鼻首标志处于同一水平位置。

2. 吃水标志

船舶靠离码头、通过浅水航道、锚泊及采用水尺计重时,均需精确观测船舶吃水。

为保证船舶的操纵安全及便于散货船采用水尺计重法计算货物装载量,在船舶首、中、尾左右两舷船壳板的六处,均勘划有吃水标志(draft mark),通常称为六面水尺,用以度量船舶的实际吃水。吃水标志(水尺)的标记方法有两种:一种是公制,用阿拉伯数字表示,其数字的高度规定为 10cm,上下相邻两数字间的间隔距离也是 10cm;另一种是英制,用阿拉伯数字或罗马数字表示,每个数字的高度为 6in,上下相邻两数字间的间隔距离也是 6in,如图 1-2 所示。

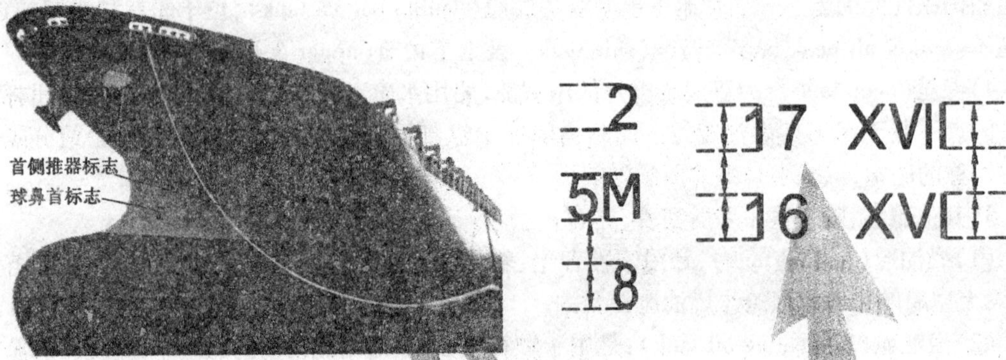

图 1-1　球鼻首与首侧推器标志

图 1-2　吃水标志

吃水的读取方法是以水面与吃水标志相切处按比例读取吃水,当水面与数字的下端相切时,该数字即表示此时该船的吃水。在有波浪时应至少分别读取波峰和波谷面与吃水标志相切处的读数各三次,以所求的平均值为该船当时的吃水。

3. 甲板线

甲板线(deck line)为一长 300mm、宽 25mm 的水平线,勘划于船中处的每侧,其上边缘一般应经过干舷甲板(freeboard deck)上表面向外延伸与船壳板外表面之交点,如图 1-3 所示。如果干舷甲板经过相应的修正,甲板线也可以参照船上某一固定点来划定。参考点的定位和干舷甲板的标定,均应在国际船舶载重线上标写清楚。

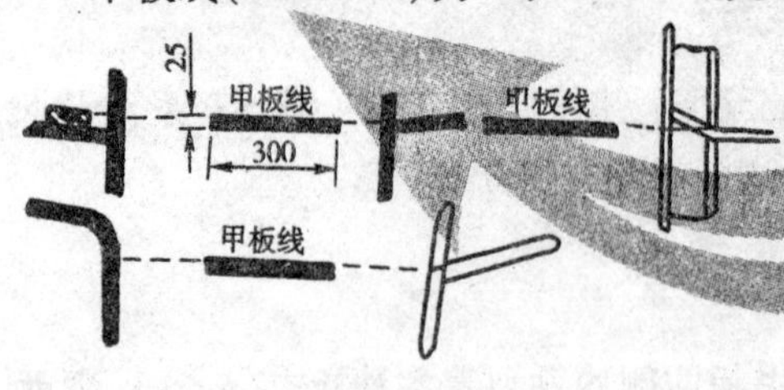

图 1-3　甲板线

4. 载重线标志

1)目的与作用

为确定船舶干舷,保证船舶具有足够的储备浮力和航行安全,船级社根据船舶的尺度和结构强度,为每艘船勘定了船舶在不同航行区带、区域和季节期应具备的最小干舷,并用载重线标志(load line mark)的形式勘划在船中的两舷外侧,以限制船舶的装载量。

某一时刻的水面至甲板线上边缘的垂直距离,即为该船当时的干舷,表示船舶当时所具有的储备浮力,干舷越大,储备浮力相对越多。

2)载重线标志勘划的方法与要求

载重线标志由外径为300mm，宽为25mm的圆圈与长为450mm，宽为25mm的水平线相交组成。水平线的上边缘通过圆圈中心。圆圈中心应位于船舶两舷按1966年《国际载重线公约》1988年议定书附则B修正案（MSC.143(77)）所规定的船长中点处，从甲板线上边缘垂直向下量至圆圈中心的距离等于所核定的夏季干舷。勘划载重线时，应在载重线圆圈两侧并在通过圆圈中心的水平线上方或圆圈的上方和下方加绘表示勘定当局的简体字母。

所勘划的载重线的各线段，均为长230mm，宽25mm的水平线段，这些线段与标在圆圈中心前方长540mm，宽25mm的垂线成直角，为不同区带、区域和季节期的最大吃水限制线，度量时应以载重线的上边缘为准。对圆圈、线段和字母，当船舷为暗色底者，应漆成白色或黄色，当船舷为浅色底者，应漆成黑色。船舶两舷只有在正确和永久地勘划载重线标志并清晰可见后，方可取得国际船舶载重线证书（international load line certificate）。

3)国际航行海船载重线标志

本处仅列出不装载木材甲板货船和客货船的载重线标志，有关其他船舶的载重线标志及使用详见第七章第六节。

(1)不装载木材甲板货船舶的载重线标志

不装载木材甲板货船舶的载重线标志为除木材船、可装载木材甲板货的多用途船、客船、客货船等以外的船舶载重线标志，如液货船、非装载木材的其他干货船等。图1-4所示为不装载木材甲板货船舶的载重线标志。

(2)客货船的载重线标志

根据海船分舱和破舱稳性规范的相应规定，国际航行客货船的载重线标志为在不装载木材甲板货船舶载重线垂线的北大西洋冬季载重线下端再增加C1——客船分舱载重线与C2——交替载运客货分舱载重线，如图1-5所示。“C1”表示主要载客时应保留的最小干舷，“C2”表示交替使用的舱室作为客运舱室时应保留的最小干舷。

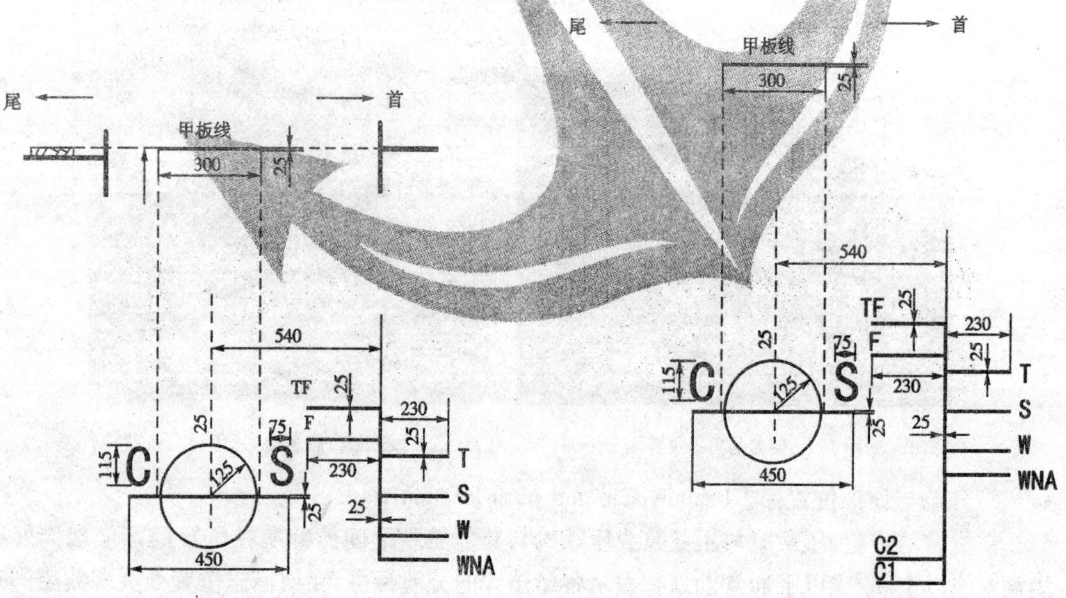

图1-4　不装载木材甲板货船舶的载重线标志

图1-5　客货船的载重线标志

(3)所用字母与各载重线的含义

CS(China classification society)——中国船级社;

TF(tropical fresh water loadline)——热带淡水载重线;

F(fresh water loadline)——夏季淡水载重线;

T(tropical loadline)——热带载重线;

S(summer loadline)——夏季载重线,其上边缘通过圆圈中心;

W(winter loadline)——冬季载重线;

WNA(winter north atlantic loadline)——北大西洋冬季载重线;

C1——客船分舱载重线;

C2——交替运载客货分舱载重线。

5. 其他标志

1)船名和船籍港标志(ship's name and port of registry mark)

每艘船舶均在船首左右两侧明显位置处勘划船名,中国籍船尚在船名下方加注汉语拼音。船首船名字高与船舶大小及船名字数多少有关,以正常视距范围内及早清晰可见为准。图1-6所示为船首船名标志。

每艘船舶尚在船尾(尾封板或尾部两舷)明显处自上而下勘划船名、船名汉语拼音及船籍港与船籍港汉语拼音,其中船名字高比船首小10% ~20%,船籍港字高为尾船名字高的60% ~70%。有的船舶尚在驾驶台顶罗经甲板的两舷舷侧勘划船名,如图1-7所示。

2)烟囱标志(funnel mark)

用以表示船舶所属公司的标志,该标志勘划于烟囱左右两侧的高处。烟囱标志由各航运公司自行规定其颜色和图案(同一公司所属船舶船体的油漆颜色往往也是统一的),以便识别,如图1-7所示。

图1-6 船名与顶推位置标志

图1-7 船名与烟囱标志

3)分舱与顶推位置标志(subdivision and push location mark)

在货舱与货舱、压载舱与压载舱或压载舱与其他舱室之间舱壁所在位置的两舷舷侧外板满载水线以上和/或以下通常勘划有表示各舱位置的分舱标志,在该标志位置处大多数船同时标注船舶的肋骨编号,图1-8所示为货舱分舱位置标志。此外,为避免因拖轮盲目顶推而造成船壳板凹陷甚至损坏，在两舷首、中、尾舷侧外板满载水线以上的适当位置（该位置不仅能最大限度地发挥拖轮的作用，同时也是船体骨架所在的位置，具有足够的强度）勘划有拖轮的顶推位置标志，大型船舶尚在上述相应位置的正下方（满载水线以下）勘划同一标志。顶推位置标志主要有两种标志法，一种为正向的“T”型标志，另一种为将“TUG”置于垂直向下箭头正上方的组合标志，如图 1-8 所示。

图 1-8　货舱分舱位置标志

4）引航员登、离船位置标志

为确保引航员登、离船安全，按 SOLAS 公约规定，大型船舶在其平行船体长度范围内（一般在船中半船长范围内）的两舷舷侧满载水线附近或稍低位置处勘划引航员登、离船位置标志（pilot transfer location mark）。该标志颜色与国际信号规则规定相同，为上白下红，如图 1-9 所示。

5）船舶识别号（IMO 编号）

按国际海事组织规定，100 总吨及以上的所有客船和 300 总吨及以上的所有货船均应有一个符合国际海事组织通过的 IMO 船舶编号体系的识别号，即船舶识别号（ship identification number），用于识别船舶身份。该识别号除应按规定载入相应证书中外，尚应在船舶适当位置永久清晰地勘划。船舶识别号的勘划位置有：船尾船籍港标志的下方、桥楼正前方的上部、机舱明显处、客船可从空中看见的水平表面、油船货油泵舱明显处及滚装船滚装处所等，但较普遍的勘划位置是船尾船籍港的下方，图 1-10 所示为勘划在船尾的船舶识别号。

图 1-9　引航员登、离船位置标志

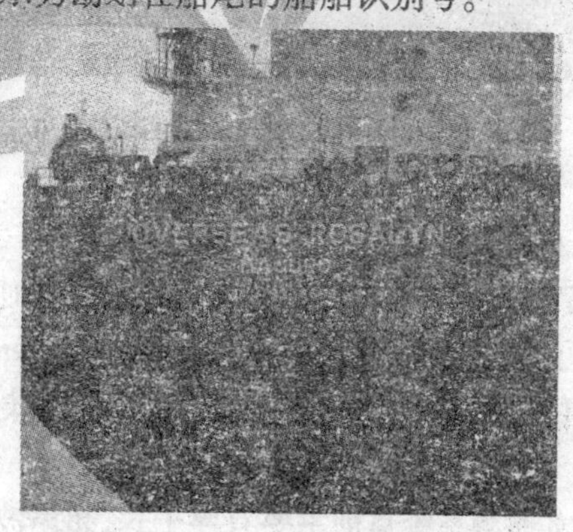

图 1-10　尾船名、船籍港与船舶识别号

6)公司名称标志

公司名称标志(company name mark)是航运公司经营理念改变的一种体现,主要勘划在公司所属的集装箱船上。该标志有两种勘划方式,一种是公司名称的全称,另一种为公司英文名称的缩写。勘划于船舶左右两舷满载水线以上,除用于表示船舶所属的船公司外,尚有一定的广告效应,如图1-11所示。

图1-11 公司名称标志

7)可变螺距螺旋桨标志(controllable pitch propeller mark,用CP表示)

一些具有可变螺距螺旋桨的船舶,包括双车船,往往在其螺旋桨(推进器)正上方的船尾两侧满载水线以上明显处用车叶(螺旋桨)状的标志来表示,并加上文字或缩写(如CP),以引起对水下螺旋桨的注意。

8)液化气船标志(liquefied gas carrier mark)

液化气船中的液化天然气船(liquefied natural gas carrier,LNG carrier)和液化石油气船(liquefied petroleum gas carrier,LPG carrier)两类船舶,为特别强调其种类与危险性,在主船体两舷舷侧满载水线以上显眼处分别用"LNG"和"LPG"表示,以提醒他船注意,如图1-12所示。

图1-12 "LNG"和"LPG"船标志

6. 吃水指示系统

由于吃水标志是勘划在船壳板外侧的首、中、尾部,往往难以准确方便地读取船舶的六面水尺,特别是读取尾部弯曲船壳板处的吃水时更为困难。为解决这一难题,有些大型现代化船舶专设了吃水指示系统(draft indicating system),用以测量船舶首、中、尾的吃水和纵、横倾斜度,它可随时从位于驾驶室的指示面板上集中读取船左右舷的首、中、尾六处的吃水,颇为方便。

吃水遥测系统目前主要有浮子式、超声波探测式及吹气式三种类型。

第二节　船舶尺度与主尺度比

一、船舶尺度

船舶尺度(ship's principle dimension)根据用途的不同,可分为最大尺度、船型尺度和登记尺度三种。

1. 最大尺度

最大尺度(overall dimension)又称全部尺度或周界尺度,是船舶靠离码头、系离浮筒、进出港、过桥梁或架空电缆、进出船闸或船坞以及狭水道航行时安全操纵或避让的依据。

最大尺度包括:

1)最大长度(Length overall,L_{OA})

最大长度又称全长或总长,是指从船首最前端至船尾最后端(包括外板和两端永久性固定突出物)之间的水平距离。

2)最大宽度(extreme breadth)

最大宽度又叫全宽,是指包括船舶外板和永久性固定突出物在内并垂直于纵中线面的最大横向水平距离。

3)最大高度(maximum height)

是指自平板龙骨下缘至船舶最高桅顶间的垂直距离。最大高度减去吃水即得到船舶在水面以上的高度,称净空高度(air draught)。

2. 船型尺度

船型尺度(moulded dimension)是《钢质海船入级规范》(以下简称《规范》)中定义的尺度,又称型尺度或主尺度。在一些主要的船舶图纸上均使用和标注这种尺度,且用于计算船舶稳性、吃水差、干舷高度和船体系数等,故又称为计算尺度或理论尺度。船型尺度包括:

1) 垂线间长 L_{bp}(length between perpendiculars)

指沿设计夏季载重线,由首柱前缘量至舵柱后缘的长度,对无舵柱的船舶,则由首柱前缘量至舵杆中心线的长度,但均不得小于夏季载重线总长的96%,且不必大于97%。垂线间长又称型长。

2)型宽 B(moulded breadth)

指在船舶的最宽处,由一舷的肋骨外缘量至另一舷的肋骨外缘之间的横向水平距离。型宽又称船宽。

3)型深 D(moulded depth)

指在船长中点处,沿船舷由平板龙骨上缘量至上层连续甲板(上甲板)横梁上缘的垂直距离;对甲板转角为圆弧形的船舶,则由平板龙骨上缘量至横梁上缘延伸线与肋骨外缘延伸线的交点。

4)型吃水 d(moulded draft)

指在船长中点处,由平板龙骨上缘量至夏季载重线的垂直距离。

3. 登记尺度

登记尺度(register dimension)为《1969年国际船舶吨位丈量公约》中定义的尺度。是主管机关登记船舶、丈量和计算船舶总吨位及净吨位时所用的尺度,它载于船舶的吨位证书中。

1)登记长度(register length)

指自龙骨板上缘量得的最小型深85%处水线总长度的96%,或沿该水线从首柱前缘量至上舵杆中心线的长度,取两者中较大者。

2)登记宽度(register breadth)

系指船舶最大宽度,对金属壳板船,其宽度是在登记船长中点处量到两舷的肋骨型线,对其他材料壳板船,其宽度在登记船长中点处量到船体外面。

3)登记深度(register depth)

系指从龙骨上缘量至船舷处上甲板下缘的垂直距离。对具有圆弧形舷边的船舶,则是量至甲板型线与船舷外板型线之交点。对阶梯形上甲板,则应量至平行于甲板升高部分的甲板较低部分的引伸虚线。

二、船舶主尺度比

主尺度比(dimension ratio)是船体几何形状特征的重要参数,其大小与船舶的各种性能关系密切。

1)船长型宽比 L_{bp}/B(length breadth ratio)

为垂线间长与型宽的比值,其大小与快速性和航向稳定性有关。比值越大,船体越瘦长,其快速性和航向稳定性越好,但港内操纵不灵活,反之亦然。

2)船长型深比 L_{bp}/D(length depth ratio)

为垂线间长与型深的比值,其大小主要与船体纵强度有关。比值大对船体纵强度不利。

3)船长型吃水比 L_{bp}/d(length draft ratio)

为垂线间长与型吃水的比值,主要与船舶的操纵性有关。比值大,船舶的操纵回转性能变差。

4)型宽型吃水比 B/d(breadth draft ratio)

该比值的大小与稳性、横摇周期、耐波性、快速性等因素有关。比值大,船体宽度大,稳性大,但横摇周期小,耐波性变差,航行阻力增加。

5)型深型吃水比 D/d(depth draft ratio)

该比值的大小主要与稳性、抗沉性等因素有关。比值大,干舷高,储备浮力大,抗沉性好,但船舱容积增大,重心升高。

第三节　船舶种类与特点

一、船舶种类概述

船舶的种类颇多,为合理组织船舶运输,通常均以船舶的主要技术营运特征进行分类,具体有如下几种分类:

1. 按用途不同分类

分运输船、工程船、工作船、渔船及其他特殊用途船舶等，详见后述。

2. 按行驶方式（有无动力）分类

分自航船（机动船）和非自航船（非机动船，无动力，需依靠他船或风帆、桨行驶）。

3. 按船体材料分类

分钢质船、木质、铝合金、玻璃钢、水泥和塑料船等，其中钢质船是主流船。

4. 按动力装置类型分类

分内燃机、汽轮机、蒸汽机、电动和核动力等，其中内燃机船是主流船。

5. 按推进方式分类

分明轮船、螺旋桨船、平旋推进器船（靠平旋盘上叶片行驶）及喷气推进船等。

6. 按航行区域分类

分远洋船（无限航区船，距岸200 n mile及以上）、近海船（距岸不大于200n mile）、沿海船（距岸不大于20n mile）、内河船（江、河、湖泊）及港作船等。

7. 按航行状态分类

分排水型船（靠排水而浮于水面），水翼船（靠水翼升力浮于水面）及气垫船（靠排出气流将船体托出水面）等。

二、船舶按用途不同的分类与特点

1. 客船

根据SOLAS公约的规定，凡载客超过12人者均应视为客船（passenger vessel）。这类船舶的一般特点是：上层建筑（superstructure）高大，具有较好的抗沉性（floatability），且船速较快，航行与操纵性能良好，并设有减摇装置，乘坐平稳、舒适。

按载客性质的不同，客船有以下几种：

1）全客船（passenger vessel）

全客船可分两类。一类是专用于运送旅客及其所携带的行李和邮件的船舶，主船体以上甲板层数多，生活设施仅满足旅客的一般旅行需要，多设计为“二舱或三舱不沉制”，为定期定线航行，有的采用双车，船速一般可达20kn及以上，全客船如图1-13所示。另一类是用于休闲、旅游的豪华游船（邮船），该类船舶除主船体以上甲板层数多、抗沉性好之外，尚具有设计美观、吨位较大、生活设施豪华（如设有酒吧、泳池、冲浪、休闲健身、小型高尔夫、电影院区域

图1-13 全客船

及高级套房等)及通信导航设备先进等特点,且一般为非定期定线航行,如图1-14所示。

图1-14 豪华游船

2)客货船(passenger-cargo vessel)

指在运送旅客的同时,还载运相当数量的货物,并以载客为主,载货为辅。客货船通常设计为"二舱不沉制",并为定期定线航行。图1-15为"苏州号"客货船。

3)货客船(cargo-passenger vessel)

该种船舶以载货为主,载客为辅。货客船在抗沉性方面一般以"一舱不沉制"为最低设计要求,数量相对较少,图1-16为"紫玉兰"号集装箱客船。

图1-15 "苏州号"客货船

图1-16 集装箱客船

4)滚装客船(Ro-Ro/passenger ship)

系指具有滚装装货处所或特种处所的客船。该种船舶设置有侧推装置,具有航速快,操纵性能好,定班定线特点,往返于海峡两岸的滚装客船又可称其为车客渡船。目前,高速双体滚装客船也已投入营运。滚装客船的结构特点与滚装船类似(详见下述6.滚装船)。滚装客船见图1-17所示。

5)火车客渡船(train/passenger ferry)

系指安装有火车轨道,主要从事火车跨海峡运输,同时载运旅客的客船。我国的琼州与渤海两大海峡目前正由该类客船从事火车与旅客运输。尤其是海南,从根本上改变了大陆无火车直达海南的历史。该种船舶自动化程度高,具有双主机、双舵、首尾共三台侧推装置(首部两台侧推,尾部一台侧推)。主机、舵机和全部的侧推装置可由安装在驾驶室的一个联合控制装置(单手柄操作控制系统)来完成所有操作。操作简便、灵活,精度高,且适应能力强。图1-18为具有单手柄操作控制系统的"粤海铁1号"火车客渡船。

图1-17 滚装客船

图1-18 具有单手柄操作控制系统的"粤海铁一号"火车客渡船

6)高速客船(high-speed passenger ship)

高速客船主要指在沿海、海峡、江、河、湖泊等水域从事旅客运输的船舶。该类船具有吨位小、航速快的共同特点。主要包括以下几类:

(1)水翼船(hydrofoil craft)

水翼船是一种在船体底部前后各安装有一对浸没在水中的水翼的船舶。有浮航和翼航两种航行状态,低速时处于浮航状态,当高速航行时,船体被水翼产生的水动升力支承在水面以上,转为翼航状态,从而将船体所受水阻力(兴波、形状和波浪阻力)的全部或大部分转换为空气阻力,显著提高了航速,可达45kn以上,最快达70~80kn。

按照水翼的控制方式,水翼船可分为三类:浅浸式水翼船、割划式水翼船和全浸式自控水翼船。浅浸式水翼船和割划式水翼船采用固定式水翼,通常仅适用在江、河、湖泊或海况变化较小的沿海使用。全浸式自控水翼船采用了类似于飞机的自动控制装置对水翼攻角进行主动控制,调节水翼升力,从而保证了航行时船舶的稳定性,能够更好地适应海况多变的水域,是航行在沿海、海峡水域的主流船型。

水翼船具有速度快、航行平稳的优点。全浸式自控水翼船可对水翼进行主动控制,即使在波高达2.6~4m的较恶劣海况下,也能维持船体稳定,保持40kn的较高速度航行。

常见的水翼船一般都比较小,全浸式水翼船的结构及控制系统比较复杂,制造成本较高,图1-19所示为全浸式水翼船。

(2)气垫船(air-cushion craft)

气垫船是利用船上设置的大功率专用风机将空气压缩在船体底部或船体支撑面的下部,产生用以支撑船体使之离开水面或地面的压缩空气气垫,进而高速航行的船舶。航速可达50~80kn。

按航行状态的不同,气垫船可分为全垫升气垫船和侧壁气垫船两种。

①全垫升气垫船(air-cushion vehicle)

是指借助在船底四周安装的柔性围裙,约束空气而形成高压气垫,并藉助气垫将整个船体支离水面而高速航行的船舶。全垫升气垫船具备良好的两栖性能,不仅能在水面高速航行,且也可在平坦的地面、冰雪和沼泽中行驶。推进器使用空气螺旋桨,用空气舵控制方向,全垫升气垫船如图1-20所示。

图 1-19　全浸式水翼船

图 1-20　全垫升气垫船

②侧壁气垫船(side-wall hovercraft)

侧壁气垫船的船底两侧是刚性侧壁，在首、尾部分安装有柔性围裙，航行时，利用专门的升力风机向船底充气形成气垫把主船体托离水面，两侧侧壁的下半部分仍然浸没在水中。侧壁气垫船用水螺旋桨或喷水推进，有较好的操纵性和航向稳定性，航速可达 50kn。

图 1-21　侧壁气垫船

侧壁气垫船气腔中的空气不易流失，垫升效率较高，需求的垫升功率比同等规模的全垫升气垫船要小，但高速性通常不如全垫升气垫船，也没有两栖能力，比较适合要求吨位较大、经济性要求较高的应用场合，图 1-21 所示为侧壁气垫船。

(3)双体船(twin-hull craft)

双体船由两个瘦长的单体船(通常称为片体)组成。具有大宽长比、小水线面面积、高速时兴波阻力小、横稳性和操纵性明显优于单体船的典型特点。航速较高，一般最高可达 35 ~45kn，且具有承受较大风浪的能力。

双体船中的典型代表是穿浪双体船(wave pierce twin-hull craft)，该种船型也是近年来得到较快发展的一种新型双体船。其最大特征是两个片体的首部，封闭成类似刀尖的穿浪首，航行时允许穿浪而过，这样就显著减小了恶劣海况时的船舶纵摇，而船中部设置了一个平时在满载水线之上的浮力首(锲形结构)，在恶劣海况时触及波浪，可以提供额外的浮力，减小埋首(减小纵摇)。这种设计，使穿浪双体船的适航性大大提高，耐波性能更加优良，恶劣海况时的适应能力显著优于一般双体船，因而得到了迅速的推广。如图 1-22 所示。

(4)地效船(ground-effect wing ship)

地效船又称“地效翼船”或“地效飞行器”，是一种高速时能在水面低空飞行的交通工具。地效船形状上类似于水上飞机，它主要是利用其与水面或地面之间的“表面效应”(又称地面效应)获得升力而脱离表面一定高度飞行。地效船也可在排水状态下航行，航行速度为 20 ~100km/h。当其在距水面 1 ~5m 高度飞行时，速度可达 120 ~550km/h。地效船具有经济、舒适、高速及适航性强的优点，如给地效船装上相应的起落装置，其还可在平坦的冰雪、草原、滩涂、沙漠和沼泽上飞行。但地效翼船仅是在水面时，才能称其为“船”，一旦在水面超低空飞行，将会带来极大的避碰问题。图 1-23 所示为地效翼船。

(5)滑行船(hydroplane)

滑行船又称“滑行艇”，是一种依靠航行时艇体对水产生的流体动压力，来支承大部分艇体重量的高速艇型。滑行艇外形较常规排水型艇短而且宽，底部较平坦。通常艇底和舷侧板交接处呈尖角，形成尖舭，也称为尖舭艇。当高速航行时，艇体被托起，舷部离水，艇首微抬，底面贴水滑行,高速航行的阻力远小于普通排水船。但由于其耐波性差的典型缺点,很大程度上限制了滑行艇的发展。

图 1-22　穿浪双体船

图 1-23　地效船

2. 集装箱船

集装箱船(container ship)是指在货舱内和甲板上均载运集装箱的船舶,又称全集装箱船、货柜船或货箱船。图 1-24 和图 1-25 所示分别为处于空载和满载状态下的集装箱船。

图 1-24　处于空载状态下的集装箱船

图 1-25　处于满载状态下的集装箱船

集装箱船的主要特点有:这类船货舱盖强度大;多为单层甲板结构,货舱开口宽且长,舱口宽度可达船宽的 70% ~90%,舱口总长度可达船长的 75% ~80%,在所有种类船舶中货舱开口是最大的;少数集装箱船设计成无货舱盖型,如图 1-26 所示;为保证船体强度和提高抗扭强度,船体设计为双层底和双层壳舷侧结构,并在双层舷侧的顶部设置抗扭箱结构,或在保证船体结构强度的前提下,采用双层底和具有抗扭箱或其他等效结构的单层壳舷侧结构代替,如图 1-27 及图 1-28 所示;在舱内集装箱角座下方的双层底内设置有纵横向的加强结构,水密横舱壁的顶部和底部一般设置为箱形结构;为防止货箱移动和固定货箱,货舱内设有导轨系统(cellguide system),甲板上设置有固定集装箱用的专用系固设备;一般不设起重设备,而利用专业码头上的设备卸货,装卸效率高,货损货差少;主机功率较大,航速较高。

3. 散装货船

散装货船(bulk carrier)是指专门设计用于载运如谷物(bulk grain)、煤炭(coal)、糖(sugar)、盐(salt)、水泥(cement)及矿砂(ore)等大宗散装货物(bulk cargo)的尾机型单甲板船,又称干散装货船。因散装谷物、煤、水泥和矿砂等的积载因数(每吨货物所占的体积)相差很大,

所要求的货舱容积、船体结构、布置和设备等多方面均有所不同。图 1-29 所示为配备起重设备的散货船。将装载矿砂等积载因数较小货物的船舶称为矿砂船。此外,还有特殊类型,如自卸式散货船、散装水泥运输船等。

图 1-26 无货舱盖型集装箱船

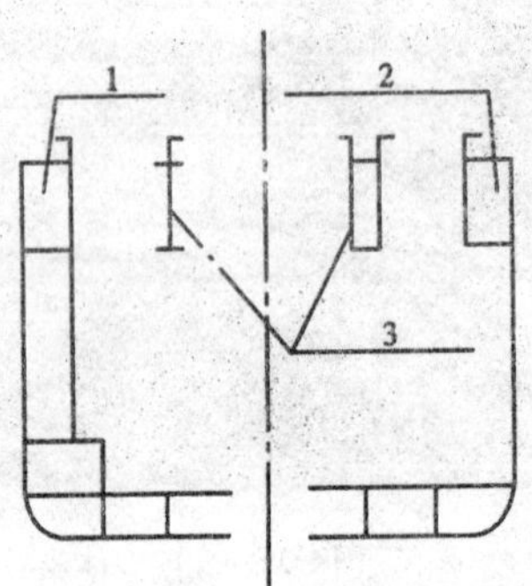

图 1-27 具有双层底和抗扭箱或其他等效结构的单层壳舷侧集装箱船货舱横剖面图

1-抗扭箱;2-抗扭箱或其他等效结构;3-甲板下纵桁

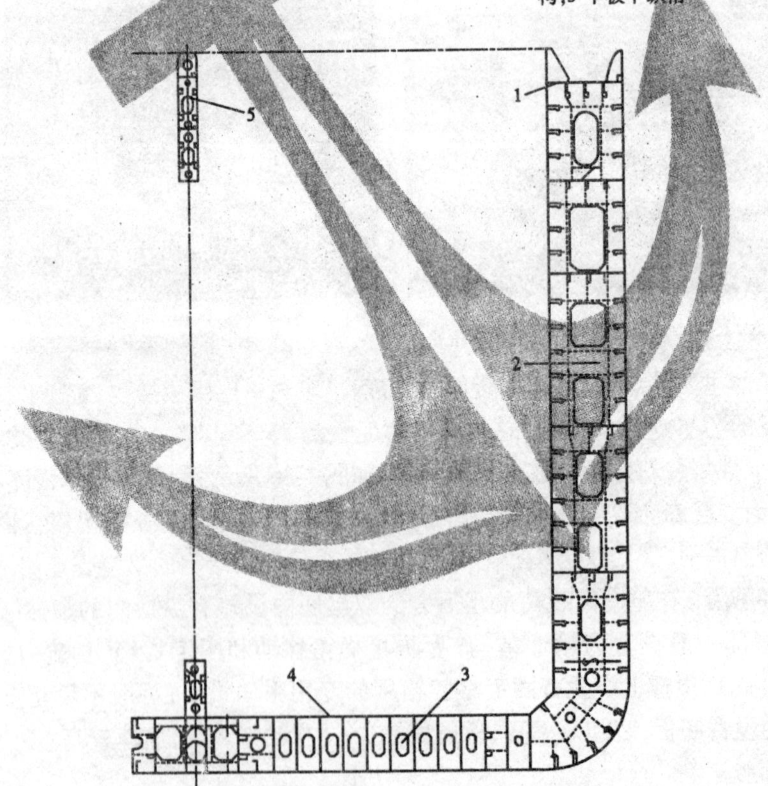

图 1-28 双层底和双层壳舷侧结构集装箱船货舱横剖面图

1-上甲板(upper deck);2-双层壳(double shell);3-双层底(double bottom tank);4-内底板(inner bottom plating);5-甲板下纵桁(deck lower girder)

1)世界造船业对散装货船的分级

世界造船业将散装货船按载重船型分为:

大湖型(Lakesize):指经由圣劳伦斯水道航行于美国、加拿大交界处五大湖区的散货船,载重吨在3万吨左右;

图1-29　配备起重设备的散货船

灵便型(Handysize):载重吨在2~5万吨之间。分大灵便和小灵便型,大灵便型载重量4~5万吨;

巴拿马型(Panamax):载重吨在6~8万吨之间;

T-MAX(Termianalmax):载重吨在8~12万吨之间;

好望角型(Capesize):载重吨在12~20万吨之间,以矿砂船为主,该船型可通过苏伊士运河;

VLOC(Very Large Ore Carrier):载重吨在20~30万吨之间,为超大型矿砂船;

ULOC(Ultra Large Ore Carrier):载重吨在30万吨以上,为超巨型矿砂船。

2)散货船(bulk carrier)的主要特点

散货船的主要特点有:货舱为单层甲板;舱口较宽大且舱口围板(hatch coaming)高大;货舱两舷舷侧设置有顶边舱(又称上边舱,upper side tank)和底边舱(又称下边舱,lower side tank),故其货舱横剖面(cross-section)成棱形。大型散货船尚在货舱前后横舱壁的上下设置顶凳(topside stool)和底凳(lower stool);总载重量在5万吨以上的,一般不配备起重设备;500总吨及以上国际航行的所有散货船,按规定在货舱、压载舱和干隔舱中安装有能发出声、光报警的水位探测器;有单层和双层两种船壳结构形式,船型肥大,一般单向运输。图1-30及图1-31a)为散货船货舱横剖面结构示意图。

图1-30　单层壳结构散货船货舱横剖面

1-双层底(double bottom tank);2-底边舱(lower side tank);3-顶边舱(topside tank);4-甲板(deck);5-肘板(end brackets);6-舷侧肋骨(side shell frames);7-槽形横舱壁(corrugated transverse bulkhead);8-底凳(lower stool);9-顶凳(top stool)

3)自卸式散货船(self-discharging bulk carrier)

是一种货舱设置有自卸系统的散货船。其特点是货舱底部横向成"W"形,并在"W"形的尖端部位设有两行水密门的自卸装置,同时配有纵向传送机、横向传送机、倾斜提升传送机及水力振动器等。卸货时,只需打开水密门,使舱内货

物漏至其下部的纵向传送机，再经横向传送机、倾斜提升传送机和悬臂传送至码头完成卸货。图1-32为自卸式散货船，图1-33为自卸示意图。

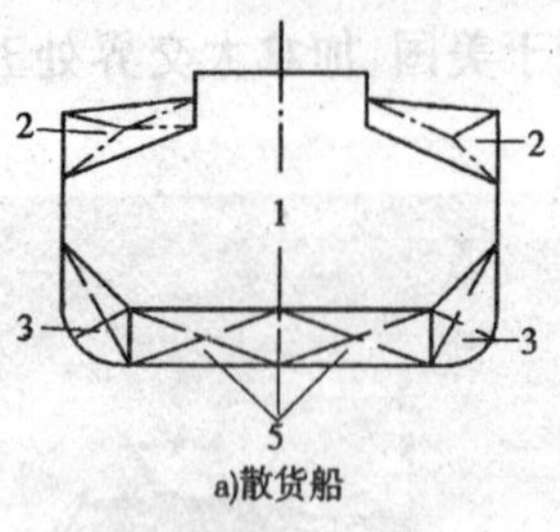

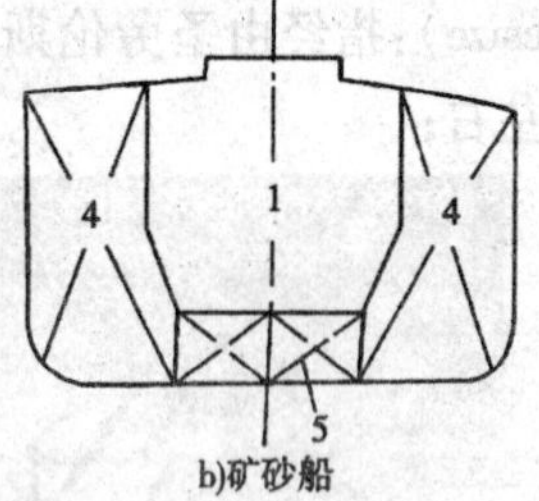

图1-31　货舱横剖面结构示意图

1-货舱(cargo hold)；2-上边舱(upper side tank)；3-下边舱(lower side tank)；4-边舱(side tank)；5-双层底舱(double bottom tank)

图1-32　自卸式散货船

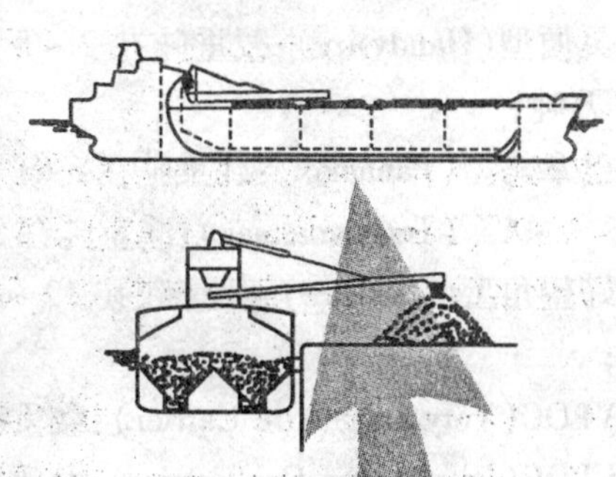

图1-33　自卸示意图

4）矿砂船(ore carrier)

矿砂船是指专门设计用于装载散装矿砂的尾机型单甲板船，为单向运输船。

矿砂船的主要特点有：货舱为单层甲板，舱口较宽大；货舱由两道纵舱壁将整个装货区域分隔成中间舱和两侧边舱，在中间舱下部设置双层底，中间舱装载矿货，两侧边舱作压载舱使用；由于矿石的密度大，积载因数小，所占舱容小，这样会使船舶的重心过低，在航行中产生剧烈摇摆，为提高船舶重心高度，矿砂船的双层底设计得特别高；有的矿砂船货舱横剖面设计成漏斗形(infundibuliform)，这样既可提高船舶的重心高度又便于清舱；矿砂船货舱两侧的压载边舱(side ballast tank)也比散货船大得多；为适应所载货物的特点，一般采用高强度钢，且内底板(inner bottom plating)等构件均采取加厚的措施，有的则直接对货舱采取重货加强措施；矿砂船航速较低，图1-31b)与图1-34分别为矿砂船货舱横剖面结构示意图及矿砂船。

4. 兼用船

兼用船(combination carrier)一般为既可装载油类又可装载散装干货，但不同时装载的船舶(存有油类的污油水舱例外)，且为肥大船型，方形系数C_b一般大于0.8。主要有两种类型：

1）矿砂/石油两用船(ore/oil carrier)

矿砂/石油两用船又称O/O船，由两道纵舱壁将整个装货区域分隔成中间舱(约占整个货舱舱容的40%～50%)和左右两侧边舱，双层底设于中间舱下部且没有矿砂船那样高。船的全部或大部分中间舱用于装载矿货，边舱和部分中间舱装载货油。即单运矿砂时装在中间舱；

运油时则载于两侧边舱和部分中间舱。图 1-35a)为矿/油两用船货舱横剖面示意图。

图 1-34 18 万吨好望角型矿砂船

2)矿砂/散货/石油三用船(ore/bulk/oil carrier)

矿砂/散货/石油三用船又称 OBO 船,其货舱横剖面形状与散货船类似成棱形,但一般为双层船壳并具有双层底舱和上、下边舱。其中间舱(约占整个货舱舱容的 70% ~75%)的全部或大部分用来装载散货或矿石(需隔舱装载);两侧边舱、上边舱和部分中间舱用来装载货油,下边舱为压载舱。图 1-35b)为矿/散/油三用船货舱横剖面结构示意图。

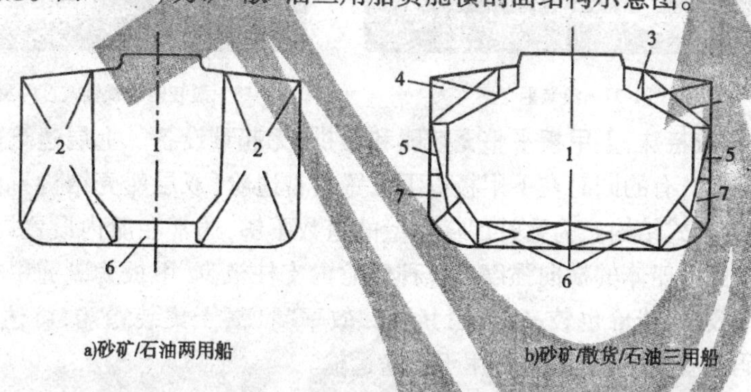

图 1-35 货舱横部面结构示意图

1-货舱(cargo hold);2-货油舱(cargo oil tank);3-通道(passage-way);4-上边舱(upper side tank);5-边舱(side tank);6-双层底舱(double bottom tank);7-下边舱(lower side tank)

5. 杂货船

杂货船(general cargo ship)即普通货船,主要用于装载一般干货,如成包、箱、捆、桶的件杂货。通常是多层(2 ~3 层)甲板结构,舱口尺寸较大以便于装卸,并配有吊杆或起重机。在抗沉性方面,一般设计成"一舱不沉制"。杂货船如图 1-36 所示。

6. 滚装船

滚装船(roll on/roll off ship,Ro/Ro ship)是一种设计和制造成能装载车辆或装载固放在车辆上的集装箱或托盘货物的专用船舶。因其将传统的船舶垂直上下装卸改成水平方向滚动方式装卸,故有人又将其称作"带轮"作业。滚装船如图 1-37 所示。

为便于车辆上下,通常在滚装船的尾部或舷侧或首部设有供车辆上下的跳板(其中尾跳板有尾直和尾斜跳板两种)。为保证航行安全,在滚装船跳板的外侧船壳处设置尾门或舷门,

或首门，并在其内侧布置内门。但除首跳板处必须设置首门与内门外，尾跳板与舷侧跳板处有时仅设内门。滚装船的首门有罩壳式和边铰链式(图1-38为滚装船边铰链式首门及跳板)两种形式，且位于干舷甲板之上。滚装船尾斜跳板如图1-39所示。

图1-36 杂货船

图1-37 滚装船

图1-38 滚装船边铰链式首门及跳板

滚装船的结构较特殊，上甲板平整无舷弧和梁拱，无起重设备。上层建筑高大，并具有多层甲板和双层底结构，有的同时在下甲板以下设置左右边舱(双层船壳结构)。其强力甲板和船底一般采用纵骨架式结构。为弥补因横舱壁的道数不够，通常在舱内设置局部横舱壁或强肋骨和强横梁，以保证船体的横向强度。该种船舱内支柱极少，甲板为纵通甲板，抗沉性相对较差，舱容利用率较低，造价也较高，但因其装卸效率高(高于集装箱船，可达普通货船的10倍)，船速快，对码头要求不高，故主要用于短途运输。

7. 木材船

木材船(timber carrier)是专用于载装各种木材的船舶。其主要特点有：货舱长而大，舱口大；舱内无支柱等障碍物；因甲板需装载木材，故甲板强度要求高，舷墙也较高；在甲板的两舷舷侧设有立柱或立柱底脚；起重设备以起重机为主，如配备吊杆式起重设备，则起货机均安装于桅楼平台上；木材船的干舷比一般货船低；甲板两侧排水口多。图1-40所示为木材船。

8. 冷藏船

冷藏船(refrigerated ship)是指专用于运输鱼、肉、水果、蛋品之类等易腐鲜货的船舶。其特点是具有良好的隔热设施与制冷设备，货舱口小，货舱甲板层数较多(一般为3~4层)，船速较快而吨位较小。冷藏集装箱的发展部分代替了冷藏船的运输功能，冷藏船如图1-41所示。

9. 多用途船

多用途船(multi-purpose ship)是指具有既可单独用于载运普通件杂货、木材、重大件货、袋装货、散装货、集装箱，又可同时载运上述几种货物能力的船舶。如集装箱/杂货船、杂货/袋

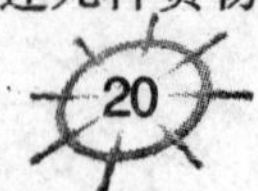

装货/散装货船、杂货/特种重大件货/集装箱船及木材/散货船等，图1-42～图1-44所示为多用途船的几种型式。

图1-39 滚装船尾斜跳板

图1-40 木材船

图1-41 冷藏船

图1-42 集装箱/杂货/重大件船

图1-43 多用途散货船

图1-44 木材/散货船

该类船舶货舱均经特别设计，能满足载运多种货物的需求。货舱口一般较宽大，有的船舶货舱内设有二层甚至三层甲板结构，具有起重设备（以起重机为主）。

10. 液货船

液货船（liquid cargo ship）系指建造成或改建成适合于运输散装易燃液体（bulk inflammable liquid）货物的货船。主要有油船、液体化学品船、液体化学品/油兼运船和液化气体船等。

1）油船（oil tanker）

油船是指从事原油或石油产品运输的专用船。有原油油船、成品油油船及原油/成品油兼运船等几种，图1-45及图1-46所示分别为原油油船和成品油油船。

图1-45 原油油船　　图1-46 成品油油船

（1）世界造船业对油船的分级

世界造船业将油船按载重船型分为以下几种：

①通用型油船：1万吨以下。

②灵便型（Handysize）：一般称之为1~5万吨级的油船，分大灵便和小灵便型。大灵便型载重量4~5万吨，灵便型油船特点是灵活性强，吃水浅，船长短（170~180m），油舱数量多，需求量大。

③巴拿马型（Panamax）：船型以巴拿马运河（Panama Canal）通航条件为上限（譬如运河对船宽、吃水的限制），载重吨（*DWT*）在6~8万吨之间。

④阿芙拉型（Aframax）：平均运费指数AFRA（Average Freight Rate Assessment）最高船型，经济性最佳，是适合白令海（Baltic Sea）冰区航行油船的最佳船型，载重吨在8~12万吨之间。

⑤苏伊士型（Suezmax）：船型以苏伊士运河（Suez Canal）通航条件为上限，载重吨在12~20万吨之间。

⑥VLCC（Very Large Crude oil Carrier）：巨型原油船，载重吨在20~30万吨之间。

⑦ULCC（Ultra Large Crude oil Carrier）：超巨型原油船，载重吨在30万吨以上。

（2）油船特点

鉴于单壳油船已明确强制淘汰时间表，即将被全部淘汰，为此，本部分仅介绍双壳油船（double skin oil tanker）的特点。

①基本特点

是一种具有双层底、双层舷侧结构，并从事单向运输的尾机型单甲板船；采用尾机型布置形式，在使货油舱连接成整体的同时，也增加了货舱舱容；L_{bp}/B 较小、B/d 及方形系数 C_b 较大，属肥胖型船，干舷亦小；航速中等，15kn左右。

②货油舱(cargo oil tank)的布置

货油舱由双层底、双壳、隔离空舱(caisson)和甲板围成。

双层底及双壳仅作专用压载舱使用,不允许装货油和燃油,从根本上排除了含油压载水排放而引起的海洋污染问题。

货油舱区域的甲板、船底和内底均为纵骨架式结构,且当船长大于190m时,舷侧、内壳和纵舱壁一般也为纵骨架式结构。

为防止油类的渗漏和防火防爆,在货油舱区前后两端用隔离空舱将机炉舱、干货舱及居住舱室等隔离,隔离空舱可遮隔全部货油舱端部舱壁面积,且其舱壁间的距离不小于760mm。货油泵舱、压载舱、燃油舱、污油水舱(slop tank)可兼作隔离空舱。

与货油舱相邻的舱室,包括穿过或邻接货油舱的通道和管隧,其出入口均直通至露天甲板。如进入双层底的出入口、箱形中桁材(管隧)与在与机舱隔离的同时,具有在水平方向上相距最大距离的通向开敞甲板的至少两个出口。

为减少自由液面对稳性的影响和提高船舶的总纵强度,设有纵向水密舱壁,把油舱划分为并列的两列或三列油舱(对$L>90$m的油船,要求在其货油舱区域内设置二道纵向连续的水密舱壁),典型双壳油船货油舱中横剖面如图1-47所示。

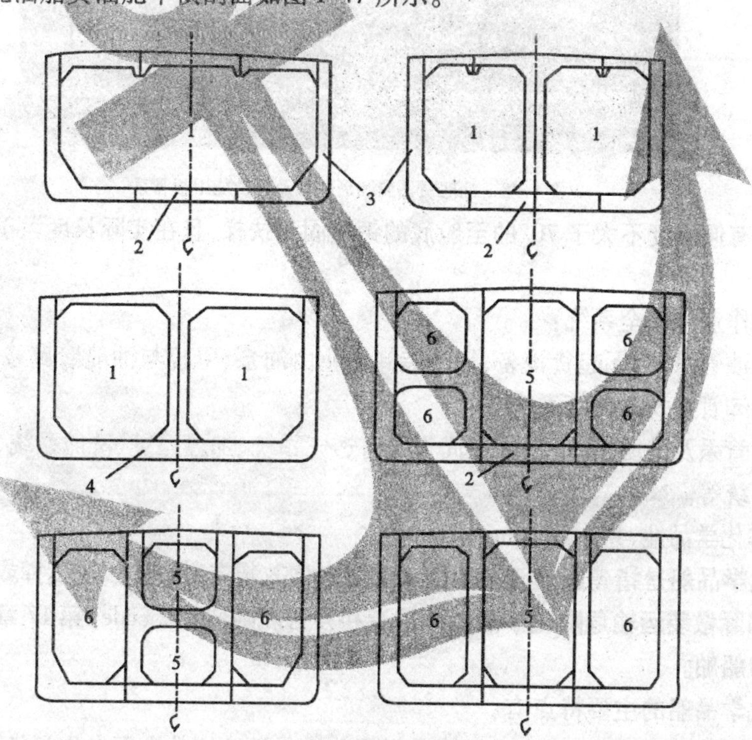

图1-47 典型双壳油船货油舱中横剖面示意图

1-油舱(oil tank);2-双层底(double bottom tank);3-双层舷侧(double side shell);4-双层壳(double shell);5-中间舱(center tank);6-边舱(side tank)

设置多道横舱壁和大型肋骨框架,用以增加横向强度和适装不同品种的油类。

舱壁(bulkhead)的型式主要有:平面油密横舱壁与纵舱壁、槽型油密横舱壁与纵舱壁及非油密舱壁和制荡舱壁等。

③货油舱舱口的布置

同一货油舱当由一个或几个制荡舱壁(或非油密舱壁)隔开时,至少设有两个相互远离的舱口。

舱口的形状为圆形或椭圆形,其中椭圆形舱口的长轴沿船长方向布置,图1-48所示为圆形货油舱舱口。

舱盖上设能保证油密的测量孔与观察孔。

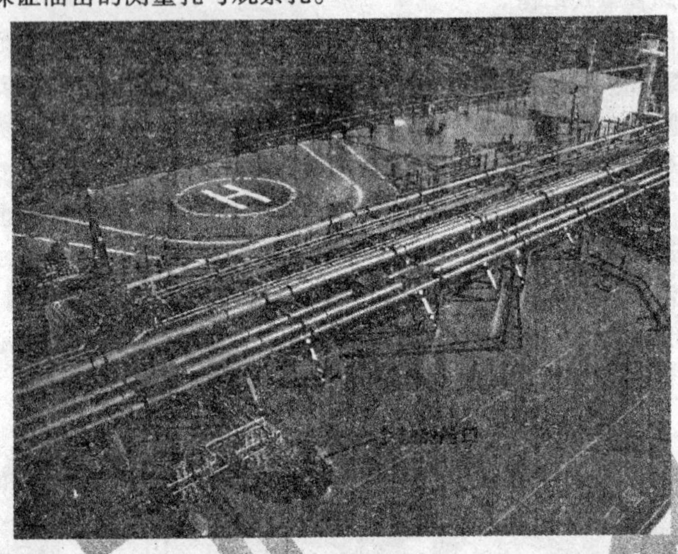

图1-48 油船货油舱圆形舱口及各功能甲板管系

舱口设有倾斜度不大于70°的至舱底的钢质固定扶梯,且在实际长度大于9m时设有休息平台。

④货油作业与安全系统:

油船除油管吊外,无起货设备,货油装卸作业由油泵、甲板与油舱管路及各种控制阀组成的主货油装卸管系及扫舱管系完成。

除上述管系及消防系统外,油船尚设置有透气系统、加温系统、洗舱系统、喷淋系统及惰性气体保护系统等。

2)液体化学品船(liquid chemical tanker)

液体化学品船是指建造或改装成用于载运各种散装有毒、易燃、易发挥或有腐蚀性化学液体,包括《国际散装运输危险化学品船舶构造和设备规则》(IBC code)第17章所列任何液体化学品货物的船舶。

液体化学品船的主要特点有:

①为使液货舱连成整体,防止船体破损后造成化学液体外溢而发生污染,船体设计成尾机型双层底、双层舷侧的单甲板结构形式;

②液货舱的设计与油船相比表现为多而小,货舱内壁结构和管系采用高强度不锈钢和/或用一般强度船体结构钢加特殊涂层制成;

③舱内除槽形舱壁有曲折外,其他均表现为光滑内表面,骨架均设置在双层底与双层壳内及上甲板上表面;

④配载时,将有毒物品装于中间货舱内;

⑤化学品液货的装卸利用共用泵或单独设置在每个液舱的液货泵与管系完成。货泵的种类主要有以安装在甲板上的液压马达或安全型电动机驱动的深井泵及液压传动的潜水液货泵两种。

图1-49所示为我国首艘自主建造的3000吨级不锈钢液体化学品船"宁化417"轮。

图1-49 "宁化417"3000吨级不锈钢液体化学品船

3)液体化学品/油兼运船(liquid chemical/oil tanker)

液体化学品/油兼运船可单独载运液体化学品,也可同时载运液体化学品和成品油。其货舱设计、所用材料与装卸方式均与液体化学品船类似。图1-50所示为液体化学品/油兼运船。

图1-50 为液体化学品/油兼运船

4)液化气船(liquefied gas carrier)

液化气船按所载运液化气种类的不同,液化气船可分为液化天然气船、液化石油气船及液化乙烯运输船三种。

(1)液化天然气船(liquefied natural gas carrier,LNG carrier)

天然气的主要成分是甲烷,为便于运输,通常采用在常压下极低温(-163℃,500kg/m³)冷冻的方法使其液化,再实现安全运输。为确保液舱具有液化天然气船的液货舱通常都采用昂贵的特殊镍合金钢或铝合金制造。格的隔热结构,使液舱处于恒定低温状态,又避免低温对船体钢结构造成脆性破坏,液天然气船设备复杂,技术要求高,体积和载重吨位相同的油船相比较大,造价高。液化天然气船一般都设有气体再液化装置,也可运送液化石油气。图1-51及图1-52分别为货舱为球形和薄膜型的液化天然气船,图1-53为液化天然气船球形货舱结构示意图。

图 1-51　货舱为球形的液化天然气船

图 1-52　货舱为薄膜型的液化天然气船

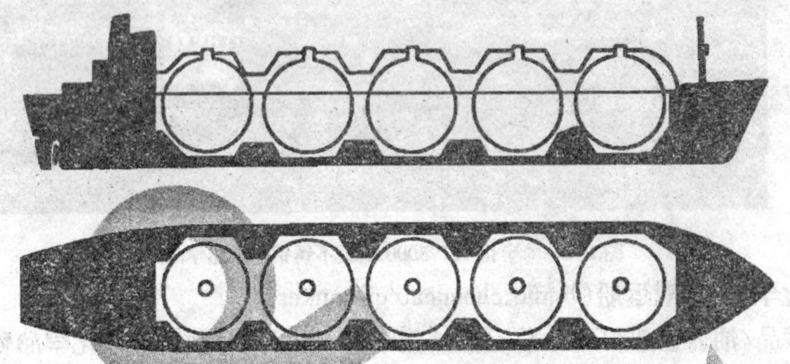

图 1-53　液化天然气船球形货舱结构示意图

(2)液化石油气船(liquefied petroleum gas carrier, LPG carrier)

石油气是指以丙烷和丁烷为主要成分的石油碳氢化合物或两者混合气,包括丙烯和丁烯。液化石油气船按运输方式的不同,分三种,即全加压式液化石油气船、半冷冻半加压式液化石油气船和全冷冻式液化石油气船。

全加压式液化石油气船是将石油气加压液化,液化石油气在高压下维持其液态,可在常温下进行运输和装卸,其货舱常为球形或圆柱形罐。该种船特点是船体结构相对较简单、建造容易、但舱容利用率较低,图 1-54 为货舱为圆柱形罐的全加压式液化石油气船。

图 1-54　货舱为圆柱形罐的全加压式液化石油气船

半冷冻半加压式液化石油气船是将石油气加压冷冻液化并运输,其货舱常为球形或圆柱形罐。该种船特点是液舱与船体结构间设有隔热保护层,船上设有气体再液化装置,可将蒸发出来的石油气再液化送回液货舱,船型比全压式略大一些,图 1-55 为半冷冻半加压式液化石油气船。

全冷冻式液化石油气船是将石油气进行冷冻液化并运输,其货舱多为棱柱形。该种船舶的特点是舱容利用率较高,但需设置良好的隔热层;为双壳结构,液货舱用耐低温的合金钢制造并衬以绝热材料,容量大都在1万立方米以上。船上设有气体再液化装置,可将蒸发出来的石油气再液化送回液货舱。图1-56为全冷冻式液化石油气船。

液化石油气船不能运送液化天然气。

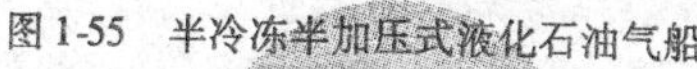

图1-55 半冷冻半加压式液化石油气船

图1-56 全冷冻式液化石油气船

(3)液化乙烯运输船(ethylene tanker)

目前运输乙烯的通常做法是将其加压液化,可在常温下进行装卸,其货舱结构形式有球形、圆柱形罐和棱柱形几种,图1-57为货舱为棱柱形的乙烯运输船。

图1-57 货舱为棱柱形的乙烯运输船

11.载驳船

载运货驳的运输船舶称载驳船(barge carrier,又称子母船)。载驳船用于河海联运。其作业过程是先将驳船(又称子船)装上货物,再将驳船装上载驳船(又称母船),达目的港后,卸下驳船,再由拖轮拖或顶推至各自目的港装卸。

载驳船的主要特点有:不需码头和堆场,装卸效率高,停泊时间短,便于河海联运,桥楼位于船首,船型较瘦长,航速较快。但造价高,需配备多套驳船以便周转,需有泊稳条件好的宽敞水域作业,河海联运航线货源需稳定。

载驳船按装卸驳船方式的不同,分为门式起重机式、升降式和浮船坞式。

门式起重机式载驳船的典型代表是"拉希"型(Lighter aboard ship,缩写为LASH)中型载驳船,是数量最多的普通载驳船,如图1-58所示。

升降式载驳船的典型代表是"西比"型(Sea-bee型),在船尾设升降平台装卸驳船,并用输送车送驳船就位,如图1-59所示。

浮坞式载驳船的典型代表是"巴可"型(Baco)载驳船,装卸驳船时,利用浮船坞原理完成,

即母船先下沉一定深度，打开首或尾门，使驳船浮进浮出，对水深有一定要求，如图1-60所示。

图1-58 “拉希”型门式起重机式载驳船

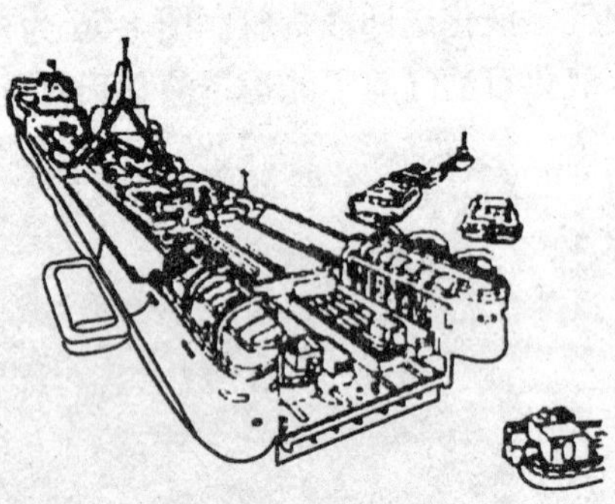

图1-59 “西比”型升降式载驳船

图1-60 “巴可”型浮坞式载驳船

12. 其他特殊用途船(other special purpose carrier)

1)特种甲板运输船(special deck transport carrier)

特种甲板运输船是专门设计建造或改装成在其甲板上装载特定货物(如港口装卸设备、其他普通货船无法装载且无法分割的超大型整体设备及重特大件货等)的船舶。该类船甲板是唯一的载货处所，有自航和非自航两类，甲板经特别加强，并具有多而大的压载舱，以便调节船舶吃水便于装货。图1-61所示为专门改造后用于装载港口装卸设备及其他重特大件货的“振华”空载与满载状态。该船为尾机型，桥楼设于船尾，并从舷侧完成货物的装卸作业。

图1-61 “振华”特种甲板运输船空载与满载状态

图1-62和图1-63分别为自航和非自航两种特种甲板运输船，其中自航式特种甲板运输船为前驾驶尾机型，非自航特种甲板运输船一般设有发电设备，可在码头或特定水域用港口设备或起重船完成货物装卸作业。

2)半潜船(Semi-submersible carrier)

半潜船(又称半潜式母船),是专门设计建造成在其甲板上装载特定货物(如沉箱、驳船、游艇、舰船、钻井平台及其他普通货船无法装载且无法分割的超大型整体设备和重特大件货等)的船舶。该类船甲板是唯一的载货处所,有自航和非自航两类,其中自航式半潜船为前驾驶尾机型,非自航式半潜船设有发电设备,甲板经特别加强,并具有多而大的压载舱,以便调节船舶吃水至半潜状态实施装货。

图1-62　自航特种甲板运输船

图1-63　非自航特种甲板运输船

装货时,先向压载舱内压水,使装货甲板潜入水中,并低于特定待装货物的最大吃水时停止,待待装货从指定位置利用自身动力或者拖拽方式浮入半潜船装货甲板的指定位置后,再排出压载水,使船体上浮至正常吃水,最后将货物系固好。卸货时,采用与装货时相反的步骤,图1-64和图1-65为自航式半潜船的装载状态与非自航半潜船。

图1-64　自航式半潜船的装载状态

图1-65　非自航半潜船

13. 工程船

工程船(engineering ship)指从事港口、航道、海洋、水利工程的船舶,主要有挖泥船(dredger)、起重船(floating crane)、海洋调查船(marine survey ship)、敷缆船(cable ship)、航标船(navigation mark ship)等。图1-66及图1-67分别为耙吸式挖泥船及起重船。

图1-66　耙吸式挖泥船

图1-67　起重船

14. 工作船

工作船(working ship)系指为航行船舶提供服务性或专业性工作的专用船舶。主要有:拖船(tug)、供应船(supply boat)、破冰船(icebreaker)、海难救助船(rescue ship)、消防船(fire boat)、科学考察船(scientific research ship)等。但为最大限度地发挥工作船的作用与提高经济效益,多用途工作船业已得到了迅猛发展,图1-68及图1-69分别为三用工作船(协助抛锚、拖带及供应三用)及多用途破冰船。

图1-68　三用工作船

图1-69　多用途破冰船

在上述船舶中,破冰船较为特殊,其船首呈前倾状并予以特别加强,首尾的左右两舷均设置有大的压载舱。破冰时使船首先冲上冰层,再将尾部压载水打到首压载舱,靠重力或船身左右晃动将冰压碎。

小结与习题

本章小结:

本章分三部分内容分别介绍了船舶的基本组成与主要标志、船舶尺度和吨位及船舶种类与特点。内容在全面涵盖新大纲所要求学员掌握知识点的基础上,充分结合航运发展的新特点和航海新技术在营运船舶中的应用,对本章相关知识点内容作了较大幅度的修改、充实与增加,如船舶的基本组成、客船、散装货船、液货船、载驳船及特殊用途船舶等。内容充分注重了理论与航海实践相结合的原则,图文并茂,深入浅出,十分便于学员理解和掌握。

本章难点和重点应放在船舶的基本组成、船舶尺度及船舶种类与特点部分,请学员在学习时加以注意。

思考题

1. 简述船舶的基本组成。
2. 主船体内包含的舱室主要有哪些?
3. 船舶标志有哪些?
4. 简述吃水标志的作用、标记方法。如何读取船舶吃水?

5. 简述载重线标志勘划的目的。
6. 简述船舶总吨位的用途。
7. 简述集装箱船的主要特点。
8. 矿砂船的特点有哪些?
9. 简述双壳油船的主要特点。
10. 液体化学品船的主要特点有哪些?
11. 液化天然气船的主要特点有哪些?
12. 简述半潜船的主要特点与装卸货方式。
13. 工程船主要有哪些种类?
14. 工作船主要有哪些种类?

第二章 船体结构

第一节 船用钢材及连接方法

一、船用钢材的种类

船用钢材一般可分为船体结构用钢、锅炉与受压容器用钢及机械结构用钢等三种。

1. 船体结构用钢

所有船体结构(ship construction)用钢材，均应由船级社认可的钢厂生产，检验合格的产品应盖有船级社的钢印标记。钢材的化学成分应满足规范的相应要求，并应按规定对制成的钢材进行拉伸、冲击、弯曲及Z向拉伸几种力学性能试验。

船体结构用钢材按化学成分和性能可分为一般强度船体结构钢和高强度船体结构钢二种。

1）一般强度船体结构用钢

一般强度船体结构用钢(又称船用碳素钢或低碳钢)，分A、B、D、E四级，适用于厚度不超过100mm的钢板和宽扁钢及厚度不超过50mm的型钢和棒材。A级为沸腾钢，B级为镇静钢，D级和E级为全镇静细晶粒(铝处理)钢，E级钢中的含锰量高于D级钢而含碳量低于D级钢。

一般强度船体结构用钢四个等级钢材中碳、硫和磷的含量规定如表2-1所示。钢材中碳含量的高低直接影响其强度，含碳量越高，强度高，但韧性和延展性变差。磷和硫是钢材中的有害成分，磷会增加钢材的冷脆性，减少延展性，降低冲击韧性，当含磷量达3%时，冲击韧性几乎降至零；硫和铁会形成硫化铁存在于钢材的结晶中，易使钢材形成裂缝，发生撕裂现象，这种现象叫热脆，使钢材焊接性能变差。

一般强度船体结构用钢中碳、硫和磷的含量　表 2-1

等级		A	B	D	E
化学成分（%）	C	≤0.21	≤0.21	≤0.21	≤0.18
	S	≤0.035	≤0.035	≤0.035	≤0.035
	P	≤0.035	≤0.035	≤0.035	≤0.035

目前，一般强度船体结构用钢主要在中小型船舶的修造中应用。

2）高强度船体结构用钢

（1）强度级别

高强度船体结构用钢又称船用低合金钢。这种钢是以其最小屈服点应力划分强度级别，每一强度级别又按其冲击韧性的不同分为 A、D、E 和 F 四级。对厚度不超过 100mm 的钢板和宽扁钢及厚度不超过 50mm 的型钢和棒材共分为 AH32、DH32、EH32、FH32、AH36、DH36、EH36、FH36、AH40、DH40、EH40 和 FH40 十二个等级，级中的“32”、“36”和“40”分别表示其最小屈服点应力值应大于 $314N/mm^2$、$353N/mm^2$ 和 $392N/mm^2$。按规范规定，当钢材屈服点应力大于或等于 $265\ N/mm^2$ 时即属于高强度钢。

高强度船体结构用钢均应为经过细化晶粒处理的镇静钢，其桶样化学成分如表 2-2 所示。

高强度船体结构用钢桶样化学成分　表 2-2

等级		AH32，AH36，AH40，DH32，DH36，DH40，EH32，EH36，EH40	FH32，FH36，FH40
化学成分（%）	C	≤0.18	≤0.16
	Mn	0.90～1.60	0.90～1.60
	S	≤0.035	≤0.025
	P	≤0.035	≤0.025

（2）特点

由于高强度船体结构用钢是在一般强度船体结构用钢的基础上再加入少量的锰、铌、钒、铝和硅等合金元素冶炼而成的，其强度、机械性能、焊接性、耐腐蚀性和耐磨性等各项指标均优于一般强度船体结构用钢。尽管钢材本身的价格昂贵，但因其具有上述各项性能，在造船时可减少钢材的用量，从而可减轻船体结构重量，降低造船成本，最终的经济指标却与一般强度船体结构用钢相近。

（3）正常气温下船体结构用钢的要求

为防止船体断裂，全船不同部位的船体构件按其所承受的应力情况分为三个类别，即次要类、主要类和特殊类，相应的三个材料级别为Ⅰ、Ⅱ、Ⅲ。有关材料级别和钢级的使用参见《钢质海质入级规范》第二篇第一章相应内容。

当船长大于等于 90m 时，船体结构用钢应符合规范有关材料级别和钢级的使用要求，当船长小于 90m 时，船体结构用钢一般可使用 A/AH 钢级。

对不同材料级别的船体构件，据板厚可按表 2-3 选用钢级，当板厚大于规范要求的厚度时，应据实际板厚按表 2-3 选用钢级。对表内没有列人的构件一般可以使用 A/AH 钢级。

各材料级别要求的钢级

表 2-3

材料级别	Ⅰ		Ⅱ		Ⅲ	
板厚(mm)	低碳钢	高强度钢	低碳钢	高强度钢	低碳钢	高强度钢
$t \leqslant 15$	A	AH	A	AH	A	AH
$15 < t \leqslant 20$	A	AH	A	AH	B	AH
$20 < t \leqslant 25$	A	AH	B	AH	D	DH
$25 < t \leqslant 30$	A	AH	D	DH	D	DH
$30 < t \leqslant 35$	B	AH	D	DH	E	EH
$35 < t \leqslant 40$	B	AH	D	DH	E	EH
$40 < t \leqslant 50$	D	DH	E	EH	E	EH

对用于制造尾柱、舵、挂舵臂和尾轴架的板材一般应不低于由材料级别Ⅱ所对应的钢级。对承受集中力的舵结构(如半平衡舵的下舵承或平衡舵的上面部分)应取材料级别Ⅲ。

船中 0.4L 区域内的甲板板、舷顶列板及纵舱壁上列板的材料级别,在尾楼前端和桥楼两端处,应保持不变。

集装箱船的中部 0.4L 区域内的强力甲板、舷顶列板及抗扭箱结构所用的材料级别,在整个货舱区域内应保持不变。

2. 锅炉、受压容器与机械结构用钢

锅炉、受压容器用钢有 360A、360B、410A、410B、460A、460B、490A、490B 及 1Cr0.5Mo 和 2.25Cr1Mo 等,它们是以其抗拉强度下限值来命名的,其单位是 N/mm^2。A 级钢与 B 级钢的区别主要是脱氧方法,A 级钢是镇静钢,B 级钢是镇静并细化晶粒钢。1Cr0.5Mo 和2.25Cr1Mo 级钢为镇静合金钢。《材料与焊接规范》对该类钢材的脱氧、化学成分与热处理均有具体要求,并要求对试样进行拉伸与冲击力学性能试验,且对用于工作温度不小于 50℃ 的钢材,应进行高温拉伸力学性能试验。

机械结构用钢可以用一般船体结构钢、高强度船体结构钢及锅炉与受压容器用钢。对于工作温度高于 50℃ 的重要机械构件,应将设计高温下的力学性能资料提交船级社备查。

二、船用钢材的应用类型及其标注方法

1. 船用钢材的应用类型

为满足船体各部分结构的不同需要,船用钢材在实际应用时主要有以下几种类型:

1)钢板

钢板(plate)是船体结构的主要组成部分,约占 60% ~65%,如船壳板、甲板板及分舱隔板等,一般厚度在 4mm 及以下的钢板称为薄板,4mm 以上的称为厚板。船用钢板的尺寸范围一般为:厚 1.5 ~80mm、宽 1000 ~3800mm、长 2000 ~12000mm。

2)型钢

型钢(section steel)在船体结构中所占的比例仅次于钢板,约为 35% ~40%,主要用作船体骨架。按其横剖面形状可分为:T 型钢(T-bar)、扁钢(flat bar)、角钢(angle bar -A/B)、球扁钢(bulb bar)、工字钢(I-bar)及槽钢(channel bar)等。

3)铸钢与锻钢

船舶的首尾柱、锚、导缆孔、缆桩及尾轴管等常采用铸钢(casting),而船舶的舵杆、轴等形状简单的构件则较多采用锻钢(forging)。

锻钢的机械强度和韧性优于铸钢,但因加工工艺的限制,其构件结构不宜太复杂。

2. 船用钢材的标注方法

船舶在建造或修理前,首先必须根据各部位的需要确定所用的钢材类型,然后再在图纸上进行具体标注,单位统一用"毫米(mm)",为方便起见,通常在标注时单位可省略不写。具体标注方法见表2-4所示。

船用钢材的标注方法

表2-4

序号	名称	符号	尺寸标注含义	标注举例
1	钢板		厚度×宽度×长度	钢板 10×1500×6000
2	扁钢	▬	宽度×厚度	▬ 150×8
3	等边角钢	∟	边宽×边宽×厚度	∟ 100×100×6
4	不等边角钢	∟	长边宽×短边宽×厚度	∟ 100×63×6
5	工字钢	工	高度×边长×厚度	工 160×88×6
6	槽钢	[	高度×边长×厚度	[160×65×8.5
7	球扁钢	╿	高度×球边宽×厚度	╿ 160×38×10
8	钢管	○	外径×厚度	○ 108×8
9	圆钢	●	直径	● 50
10	半圆钢	◗	直径×厚度	◗ 40×20
11	T型焊接材	T	(面板)厚度×宽度 (腹板)厚度×高度	T $\frac{8\times120}{12\times200}$
12	花钢板		$\frac{\text{厚度}}{\text{厚度}\times\text{宽度}\times\text{长度}}$	花钢板$\frac{5}{5\times800\times6000}$

三、船体构件的连接方法

船体构件是由大量钢材经连接而成的,必须有极高的连接工艺,才能保证其有足够的强度和良好的水密性。船体构件的连接方法主要有焊接和铆接二种。

由于焊接工艺的飞速发展,且焊接比铆接又具有更多的优越性,因此目前在船舶修造中基本都采用焊接法。

1. 焊接

焊接(welding)方法可分为:熔化焊接、固态焊接(压焊)和钎焊三大类;熔化焊按能源种类分为:电弧焊(electric arc welding)、气焊(gas welding)、铝热焊、电渣焊等。

熔化焊接是对连接构件采用局部加热方法,使之达到液态或接近液态而熔接的过程。其中电弧焊又称电焊,是用焊条或焊丝作焊接材料,并以电弧作加热源,可分为手工电弧焊、半自动电弧焊和自动电弧焊等。电弧焊工作效率高,使用方便,在船舶修造中广泛应用。铝合金结构通常用钨极惰性气体保护焊(TIG)或熔化极惰性气体保护焊(MIG)方法焊接。不锈钢采用如熔化极惰性气体保护焊、非熔化极惰性气体保护焊、等离子弧焊等能量集中的焊接方法进行焊接。铸钢或锻钢采用手工焊、CO_2气体保护焊。

船体构件焊接连接的种类主要有对接、角接、搭接、塞焊和端接,相应的焊缝种类有对接焊缝(butt weld)、角焊缝(fillet weld)、搭接焊缝(lap weld)、塞焊缝(plug weld)及端接焊缝(end weld)等,如图2-1所示。

对接(butt welding)常用于两块钢板的拼接,其焊缝称对接焊缝。船体外板、甲板、内底板及舱壁板等之间的连接,均应采用对接焊缝。

角接(fillet welding)常用于相互垂直或交叉构件之间的连接,其焊缝称角焊缝。按《钢质海船入级规范》和《材料与焊接规范》的规定,凡有密性要求和/或承受高应力的角焊缝均需采用双面连续焊接,板材厚时要开坡口以保证焊透。一般构件上可采用双面链式间断焊、双面交错间断焊和一面间断一面连续焊等。

搭接(lap welding)和塞焊(plug welding)常用于修补强度要求不高部位的覆补及某些需要覆板加强的部位,方法是首先在原钢板上覆贴一块钢板(称覆板 doubling plate),将其四周焊妥,这种方法叫搭接(相应的焊缝称为搭接焊缝),其牢度较差。为增加牢度,在覆贴的钢板上再开一些圆形或长圆形小孔,然后把覆贴钢板和原钢板在小孔处焊在一起并将小孔堆焊至与覆贴钢板平,这种方法叫塞焊(相应的焊缝称为塞焊缝)。

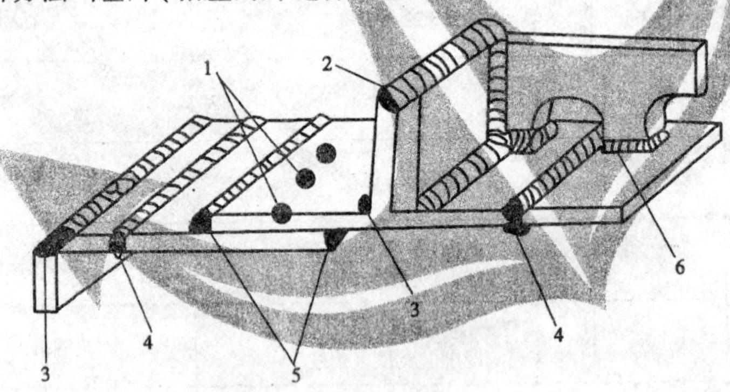

图2-1 船体构件的焊接连接方法

1-塞焊(plug welding);2-端接(end welding);3-角接(fillet welding);4-对接(butt welding);5-搭接(lap welding);6-周围焊(around welding)

端接(end welding)一般仅用于薄板的连接(相应的焊缝称为端接焊缝),在船体结构中除肘板端部与板材连接的搭接焊缝外,其他极少采用。《钢质海船入级规范》规定,船体板材的连接,特别是高负荷区域的板材一般不宜采用搭接焊缝。

《材料与焊接规范》规定:船体各种焊接结构应避免将焊缝布置于应力集中区域,并应便于焊工施焊。船体主要结构中的平行焊缝应保持一定的距离,对接焊缝之间的平行距离应不小于100mm,且避免尖角相交;对接焊缝与角焊缝之间的平行距离应不小于50mm。

除确能保证完全焊透者外,焊件边缘应开单面或双面坡口(groove),坡口角度一般在40°~60°之间,内底边板与舷侧外板的角接焊缝坡口角度应不小于45°;若焊件边缘拟加工成其他坡口形式时,则应征得CCS的同意,以保证在焊接时能焊透。较薄的板材一般单面开坡口,对较厚的板材一般需双面开坡口。坡口的截面形状有V形、U形、X形、K形、双面U形及单边V形或U形等。

2. 铆接

铆接(riveting)是在焊接工艺普及前,钢质船体构件的主要连接方法。现代船舶建造中,除铝合金船体外,钢质船已不再采用铆接连接。

铆接连接的过程大致是:先在被连接件上钻孔、冲孔和扩孔,并把铆钉加热至1000~1100℃左右,铆钉呈黄红色,将铆钉插入被连接件上加工好的孔内,在其头部一面用锤衬垫,另一面用锤敲击铆钉伸出部分成圆球形,待冷却后,利用它的收缩力将构件紧贴密封连接。对有水密要求的部位必须在铆接后进行捻缝并做水密试验,试验中若发现有渗漏严重的铆钉应拆除重铆,略有渗漏则可用碾压或捻缝来止漏。

3. 焊接与铆接相比具有的优缺点

焊接与铆接相比具有更多的优越性,首先是焊接强度较高,连续焊缝的强度可达被连接构件强度的90%~100%,而铆接只有65%~80%;其次焊接可减轻结构重量,简化结构而使其更合理;另外,焊接施工方便,容易达到水密和油密的要求,从而可加快修造船的速度、降低劳动强度、简化工艺和降低修造费用;焊接的船壳比铆接的光顺,可减小船体的摩擦阻力,进面减小航行阻力等。但焊接也有缺点,由于焊接是在高温下进行的,且是局部加热,因此,这种加热和冷却不均匀现象易产生变形和剩余应力,一旦在焊缝处产生细小的裂纹就会迅速蔓延且难以防止其扩散而最终导致海损事故。

第二节　船体结构

为使船舶能在恶劣天气条件下承受各种外力对船体的冲击和作用,实现安全营运,船舶必须按《钢质海船入级规范》的技术要求进行建造,并需经由主管机关授权的中国船级社或指定的验船师按《钢质海船入级规范》检验合格后方可投入营运。作为船舶驾驶人员亦应掌握船体结构的基础知识,这在船舶操纵、配载和维修保养工作中都是必不可少的。

一、概述

1. 概念

1)主要构件(primary members)

船体的主要支撑构件称为主要构件,如强肋骨、舷侧纵桁、强横梁、甲板纵桁、实肋板、船底桁材、舱壁桁材等。

2)次要构件(secondary members)

次要构件一般是指板的扶强构件,如肋骨、纵骨、横梁、舱壁扶强材、组合肋板的骨材等。

2.船体结构的作用

船舶由主船体(main hull)、上层建筑(superstructure)和许多其他各种设备(equipment)所组成。

主船体是指上甲板(upper deck)以下包括船底(bottom)、舷侧(broadside)、甲板(deck)、舱壁(bulkhead)和首尾(fore and aft)等结构所组成的水密(watertight)空心结构。这些结构全部由板材(deals and battens)和骨架(skeleton)组成,即由钢板、各种型钢、铸件和锻件等组成。

无论是航行、停泊,还是在坞内,船舶都会不可避免地受到各种力的作用,归纳起来主要有:重力、浮力、货物的负载、水压力、波浪冲击力、扭力(如斜浪航行、货载对纵中线左右不对称等)、冰块挤压力、水阻力、推力和机械震动力及坞墩反力等外力的作用,这些力的最终效果就是使船舶产生总纵弯曲、扭转、横向及局部变形。因此,船体结构必须具有承受和抵抗上述各种变形的能力,即在保证船体总纵强度(total longitudinal strength)、扭转强度(torsional strength)、横向强度(transverse strength)和局部强度(local strength)及坐坞强度(docking strength)的基础上,保持船舶的形状空间,保证船舶的水密,安装各种船舶设备和生活设施,载运旅客和货物。

3.对船体结构的设计与建造要求

不同种类和航区的船舶在船体结构的设计和建造方面虽有着各自的特点,但不论何种结构均应做到:

1)具有足够的强度(strength)、刚度(rigidity)和稳定性(stability),保持可靠的水密性,并能满足营运上的要求;

2)构件本身应具有良好的连续性,避免产生应力集中(stress concentration),同时应能保证安装在其上的机械设备具有良好的工作性能;

3)应有合理的施工工艺,以提高劳动生产率,减轻劳动强度,缩短船台(building berth)建造周期,降低成本;

4)充分考虑整个船体的美观和今后维修保养的方便性。

4.船体结构的形式

组成船体的基本结构形式是骨架和板材。按骨架排列形式的不同可将船体结构分成横骨架式、纵骨架式和纵横混合骨架式三种结构形式。同一主船体的各个组成部分(如甲板、舷侧、船底或首尾)可以是横骨架式或纵骨架式结构,整个主船体也可以是横骨架式或纵骨架式结构,但纵横混合骨架式结构仅是针对同一主船体而言,离开此前提是不成立的。

1)横骨架式

横骨架式(transverse framing system)船体结构是指在主船体中的横向构件(transverse member)排列密尺寸小,纵向构件排列的间距大尺寸也大,如图2-2所示。

横骨架式船体结构的特点有:

(1)结构简单、建造容易、横向强度和局部强度好;

(2)因其肋骨(frame)和横梁(beam)尺寸较小,故舱容(hold capacity)利用率较高且便于装卸;

(3)船体的总纵强度主要由外板(shell plate)、内底板(inner bottom plating)、甲板板(deck plating)以及分布在其上的纵向构件(longitudinal member)来保证,总纵强度相对较差,故在较长的船上则需加厚钢板来保证总纵强度,从而增加了船舶的自重(sole weight);

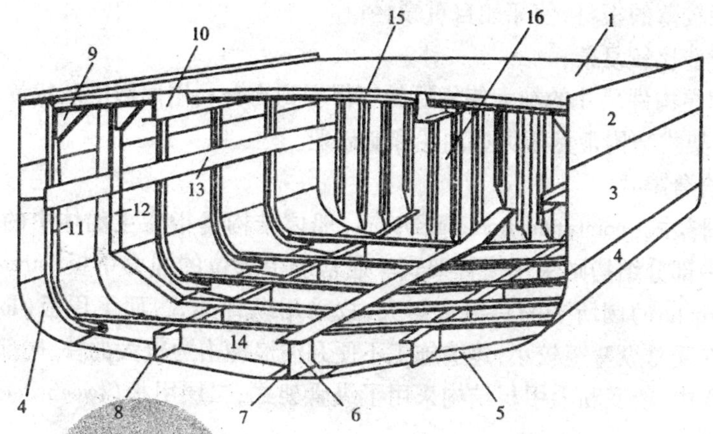

图 2-2　横骨架式结构

1-甲板板(deck plating);2-舷顶列板(sheer strake);3-舷侧板(side plating);4-舭列板(bilge strake);5-船底板(bottom plating);6-中内龙骨(center keelson);7-平板龙骨(plate keel);8-旁内龙骨(side keelson);9-梁肘板(beam knee);10-甲板纵桁(deck girder);11-肋骨(frame);12-强肋骨(web frame);13-舷侧纵桁(side stringer);14-肋板(floor);15-横梁(beam);16-横舱壁板(transverse bulkhead plating)

(4)船舶的横向刚性比纵向刚性大。

应用:横骨架式结构主要用于对总纵强度要求不高的中小型船舶和内河船舶。

2)纵骨架式

纵骨架式(longitudinal framing system)船体结构是指在主船体中的纵向构件(longitudinal member)排列密尺寸小,横向构件(transverse member)排列间距大尺寸也大,如图 2-3 所示。

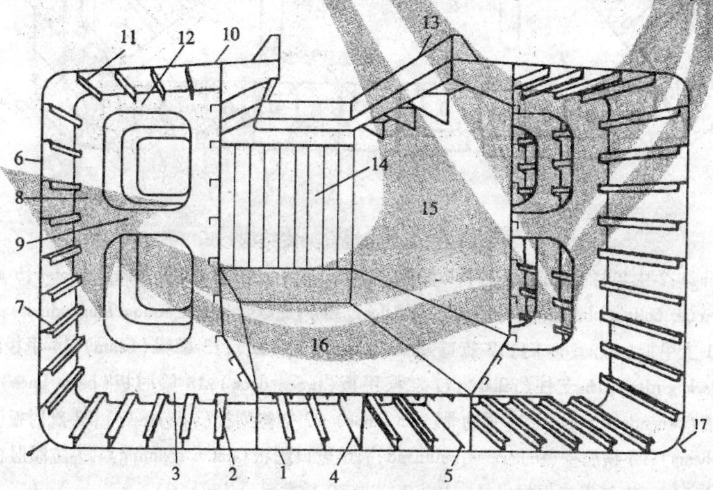

图 2-3　纵骨架式结构

1-船底板(bottom plating);2-船底纵骨(bottom longitudinal);3-肋板(floor);4-中桁材(center girder);5-旁桁材(side girder);6-舷顶列板(sheer strake);7-舷侧纵骨(side longitudinal);8-强肋骨(web frame);9-撑材(strut);10-甲板(deck);11-甲板纵骨(deck longitudinal);12-强横梁(web beam);13-舱口围板(hatch coaming);14-横舱壁(transverse bulkhead);15-纵舱壁(longitudinal bulkhead);16-内底板(inner bottom plating);17-舭龙骨(bilge keel)

纵骨架式船体结构的特点有：

(1)船体的总纵强度好；

(2)可选用较薄的板材，使船舶自重减轻；

(3)施工建造比较复杂；

(4)由于横向构件尺寸的加大使货舱舱容得不到充分利用而影响载货量，且装卸也不便。

应用：纵骨架式结构常见于大型油船和矿砂船。

3)纵横混合骨架式

纵横混合骨架式(combined framing system)船体结构是指在主船体中的一部分结构采用纵骨架式而另一部分结构则采用横骨架式。通常船中部位的强力甲板(strength deck)和船底结构(bottom structure)因所受的总纵弯矩大，故采用纵骨架式，而下甲板(lower decks)、舷侧(broadside)及在受总纵弯矩较小，建造施工不便和波浪冲击力较大的首、尾部位则采用横骨架式结构。图2-4中，船底和上甲板结构采用了纵骨架式，二层甲板(tween deck)和舷侧则采用了横骨架式结构。

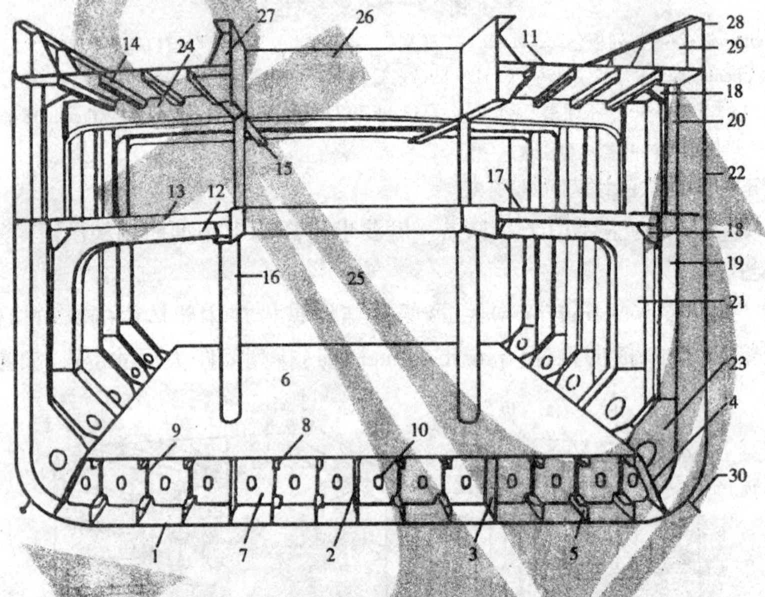

图2-4 纵横混合骨架式结构

1-船底板(bottom plating)；2-中桁材(center girder)；3-旁桁材(side girder)；4-内底边板(margin plate)；5-船底纵骨(bottom longitudinal)；6-内底板(inner bottom plating)；7-实肋板(solid floor)；8-内底纵骨(inner bottom longitudinal)；9-加强筋(stiffener)；10-人孔(manhole)；11-上甲板(upper deck)；12-舱口端梁(hatch end beam)；13-横梁(beam)；14-甲板纵骨(deck longitudinal)；15-甲板纵桁(deck girder)；16-支柱(pillar)；17-二层甲板(tween deck)；18-梁肘板(beam knee)；19-船舱肋骨(hold frame)；20-甲板间肋骨(tweendeck frame)；21-强肋骨(web frame)；22-舷侧列板(side strake)；23-舭肘板(bilge bracket)；24-舱口端横梁(hatch end beam)；25-横舱壁(transverse bulkhead)；26-舱口围板(hatch coaming)；27-防倾肘板(tripping bracket)；28-舷墙板(bulwark plating)；29-舷墙扶强材(bulwark stiffener)；30-舭龙骨(bilge keel)

混合骨架式综合了上述二种骨架形式的优点，既保证了总纵强度，又有较好的横向强度。同时，这种骨架形式也减轻了结构重量，简化了施工工艺，并充分利用了舱容和方便装卸。但在纵横构件交界处结构的连续性较差，连接处容易产生较大的应力集中。

纵横混合骨架式结构主要应用于大中型散装货船。

二、船底结构

船底结构(bottom construction)是保证船体总纵强度、横向强度和船底局部强度的重要结构。作用于船底上的外力有:水压力、机械设备和货物的负载、总纵弯曲引起的拉伸力和压缩力,进坞坐墩时墩木的反力、机械设备运转时的振动力等。

船底结构主要有双层底结构和单层底结构两种类型。

(一)双层底结构

双层底结构(double bottom construction)是指由船底板(bottom plating)、内底板(inner bottom plating)、内底边板(margin plate)、舭列板(bilge strake)及其骨架(framing)组成的底部空间。根据《钢质海船入级规范》的要求,船舶应尽可能在首防撞舱壁(fore collision bulkhead)至尾尖舱舱壁(afterpeak bulkhead)间设置双层底(double bottom)。客船当船长自 50m 至小于 61m 时,至少应自机舱前舱壁至防撞舱壁或尽可能接近该处之间设置双层底;当船长自 61m 至小于 76m 时,至少应在机舱以外设置双层底,并应延伸至防撞舱壁及尾尖舱舱壁或尽可能接近该处;当船长为 76m 及 76m 以上时,应在船中部设置双层底,并应延伸至防撞舱壁及尾尖舱舱壁或尽可能接近该处。

双层底内的油舱与锅炉给水舱、食用水舱之间,应设有隔离空舱。

1. 作用

双层底可以增加船体的总纵强度、横向强度和船底的局部强度;可用作油水舱装载燃油、润滑油和淡水;也可用作压载水舱以调整船舶的吃水、纵倾、横倾和稳性,进而提高空载时车叶和舵的效率,改善航行性能;万一船底板意外破损,内底板仍能防止海水进入舱内,从而提高了船舶的抗沉性(floatability);对液货船亦可提高船体的抗泄漏能力;它还能承受舱内货物和机械设备的负载。

2. 组成

双层底按骨架结构形式的不同分纵骨架式和横骨架式两种,如图 2-5、图 2-6 和图 2-7 所示。其主要组成部分有船底板、肋板、舭肘板、桁材、纵骨、内底板及内底边板等。

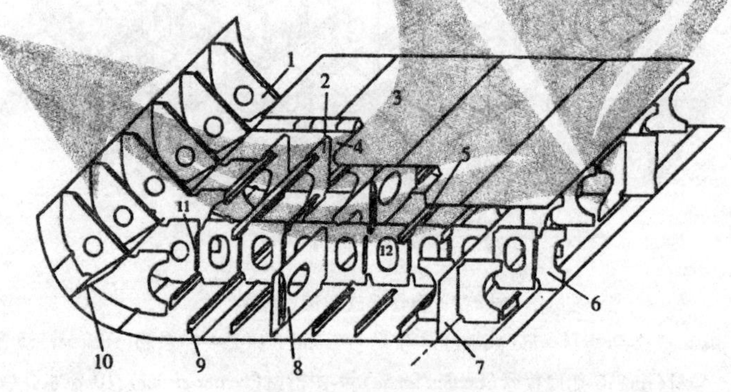

图 2-5 纵骨架式双层底结构

1-舭肘板(bilge bracket);2-肘板(bracket);3-内底板(inner bottom plating);4-水密肋板(watertight floor);5-内底纵骨(inner bottom longitudinal);6-实肋板(solid floor);7-中桁材(center girder);8-旁桁材(side girder);9-船底纵骨(bottom longitudinal);10-内底边板(margin plate);11-加强筋(stiffener);12-人孔(manhole)

图 2-6 实船的纵骨架式双层底结构

1）船底板（bottom plating）

船底板是指由平板龙骨（flat plate keel）至舭列板之间的外板。由于船底板各部受力不同，因此其板厚也有所不同，其中平板龙骨最厚。平板龙骨位于受力最大的船底纵中线上，并在船底最低处易于积水腐蚀。规范规定其厚度不得小于船底板厚度加 2mm，且均应不小于相邻船底板的厚度，其宽度在整个船长范围内应保持不变，但其宽度不必大于 1800mm。在船中部由于受总纵弯矩大，因此规范规定在船中部 0.4*L* 区域内的船底板厚度不得小于端部船底板厚度，并使船中部 0.4*L* 区域以外的船底板厚度逐渐向端部船底板厚度过度。

2）横向构件

(1)肋板

肋板（floor）是连接内底板和船底板的横向构件，并是保证船体横向强度和船底局部强度的重要构件。按其结构与用途的不同可分成实肋板、水密肋板和组合肋板。

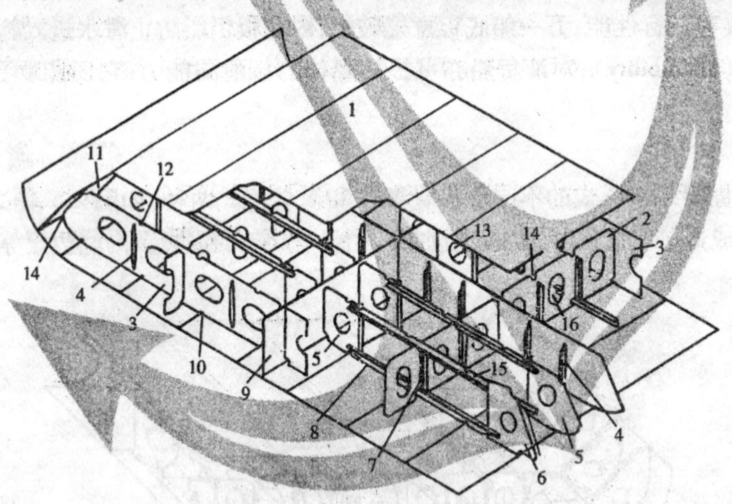

图 2-7 横骨架式双层底结构

1-内底板（inner bottom plating）；2-旁桁材（side girder）；3-实肋板（solid floor）；4-加强筋（stiffener）；5-肘板（bracket）；6-组合肋板（bracket floor）；7-扶强材（rib）；8-船底横骨（bottom frame）；9-中桁材（center girder）；10-流水孔（drain hole）；11-内底边板（margin plate）；12-透气孔（air hole）；13-减轻孔（lightening hole）；14-切口（incision）；15-内底横骨（inner bottom frame）；16-人孔（manhole）

①实肋板（solid floor）：又称主肋板，是非水密的横向构件。为减轻结构重量、人员进出及便于舱室之间空气和油水的流动，其上开有减轻孔（lightening hole）、气孔（air hole）和流水孔

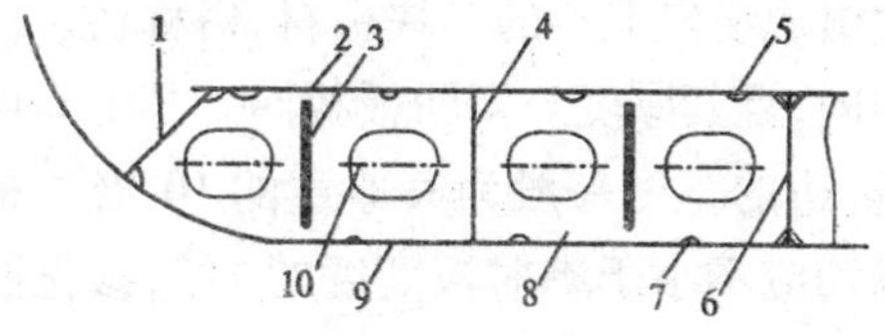

图 2-8 实肋板结构

1-内底边板(margin plate);2-内底板(inner bottom plating);3-加强筋(stiffener);4-旁桁材(side girder);5-气孔(air hole);6-中桁材(center girder);7-流水孔(drain hole);8-实肋板(solid floor);9-船底板(bottom plating);10-减轻孔(lightening hole)(人孔 manhole)

(drain hole),有些减轻孔专门设计成便于人员通过的人孔(manhole),除轻型肋板外,人孔的高度应不大于该处双层底高度的50%,且其位置在船长方向上应尽量按直线排列,以便人员出入。为增强实肋板的强度,在其上焊有加强筋(stiffener)。实肋板如图 2-8 所示。

对横骨架式双层底结构而言,至少每隔 4 个肋距设置实肋板,且间距不大于 3.2m,机舱、锅炉座下、推力轴承座下应在每个肋位上设置实肋板,横舱壁及支柱下应设置实肋板,距首垂线 0.2L 以前区域应在每个肋位上设置实肋板。

对纵骨架式双层底结构而言,应在机舱区域至少每隔 1 个肋位上设置实肋板,但在主机座、锅炉座、推力轴承座下的每个肋位处均应设置实肋板。横舱壁下和支柱下应设置实肋板,距首垂线 0.2L 以前区域应在每隔 1 个肋位上设置实肋板,其余区域实肋板间距应不大于 3.6m。

②水密肋板(watertight floor)

水密肋板从横向将双层底分隔成若干个互不相通的舱室,其上无开口。一般在水密横舱壁(watertight bulkhead)下均设有水密肋板。因它可能会受单面液体的压力,因此其厚度比实肋板厚度增加 2mm,但一般不必大于 15mm,垂直加强筋(stiffener)也应设置得密一些,其结构如图 2-9 所示。

③组合肋板(bracket floor)

组合肋板又称框架肋板,由内底横骨(inner bottom frame)、船底横骨(bottom frame)、肘板(bracket)和旁桁材(side girder)的扶强材(rib)组成。横骨架式双层底结构(transversely framed double bottom construction) 在不设置实肋板的肋位上设置该肋板,目前已较少采用,其结构如图 2-10 所示。

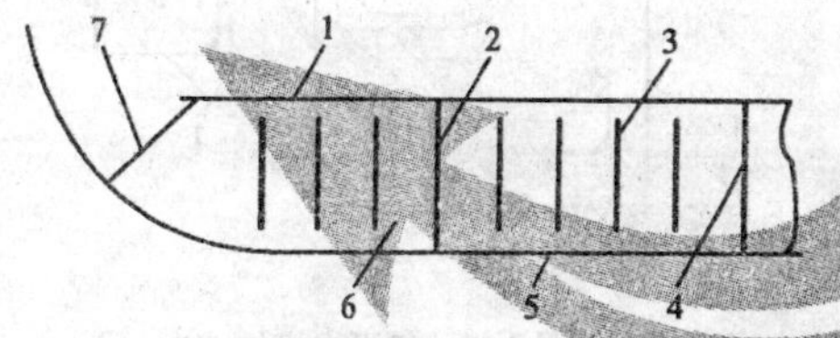

图 2-9 水密肋板结构

1-内底板(inner bottom plating);2-旁桁材(side girder);3-加强筋(stiffener);4-中桁材(center girder);5-船底板(bottom plating);6-水密肋板(watertight floor);7-内底边板(margin plate)

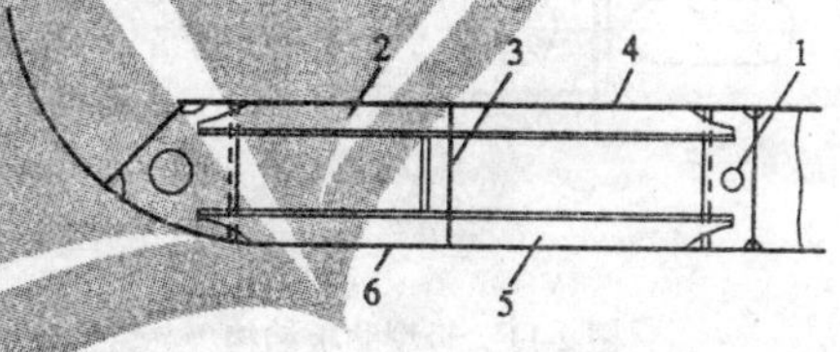

图 2-10 组合肋板结构

1-肘板(bracket);2-内底横骨(inner bottom frame);3-旁桁材(side girder);4-内底板(inner bottom plating);5-船底横骨(bottom frame);6-船底板(bottom plating)

组合肋板可用轻型肋板(lightened floor)代替,该肋板的腹板厚度与高度不小于所在区域的实肋板,但允许有较大的减轻孔,且与组合肋板相比,施工方便。轻型肋板结构如图 2-11 所示。

(2)舭肘板(bilge bracket):是连接肋板和肋骨使其组成横向框架的一块板材,俗称污水沟三角板,应在每个肋位上设置。舭肘板的宽度与高度相同,且其厚度与实肋板相同。其上有面板(face plate)或折边(flanging)以增强其刚度(面板或折边的宽度一般为其厚度的10倍),板上开有圆形的减轻孔和污水孔,但孔缘任何地方的板宽均应不小于舭肘板宽度的1/3,参见图2-5。它可保证舭部的局部强度和船体的横向强度。

3)纵向构件

(1)桁材

①中桁材(center girder):又称中底桁,是置于船底首尾纵中线上的纵向梁,它与平板龙骨(flat plate keel)、中内底板(center inner bottom plating)组成工字形纵向构件,是船底结构中重要的强力构件,俗称龙骨(keel)。规范规定在船中0.75*L*区域内,其上不得开人孔或减轻孔,其他区域(舱壁前后1个肋距内除外)可以开孔,但开孔的高度应不大于该处中桁材高度的40%。中桁材应尽量向首尾柱延伸,并应在中部0.75*L*区域范围内保持连续,其厚度规定为船端0.075*L*区域内可比船中0.4*L*区域内减少2mm、炉舱内应较船中0.4*L*区域内增厚2.5mm。

②箱形中桁材(duct keel):又称箱形龙骨,它是由两道对称布置于船底纵中线两侧的纵桁、内底板、船底板和骨材等组成的水密箱形结构,如图2-12所示。一般设置于机舱舱壁与防撞舱壁之间。箱形龙骨不仅能起到中桁材所能起的作用,同时还能将其用于集中布置各种管路和电气线路,以便于保护和维修这些设备,避免管路穿过货舱而妨碍装卸货。缺点是要占去一部分双层底舱容,故又称管隧(pipe tunnel)。按规定箱形龙骨的宽度(即侧板之间的距离)不应超过2m。箱形中桁材设有水密人孔和通向露天甲板的应急出口,其出口的关闭装置能两面操纵,围壁结构与水密舱壁要求相同。

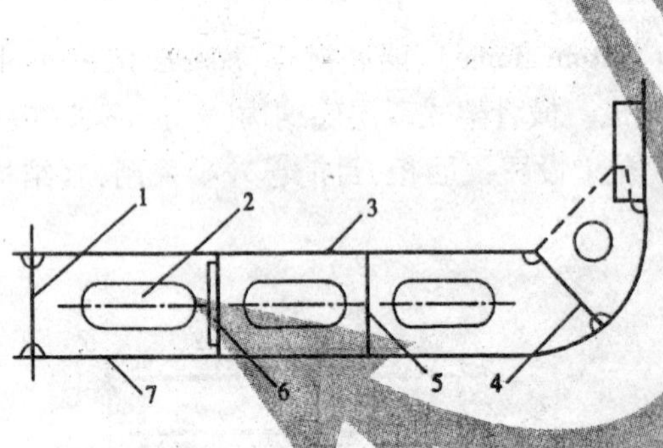

图2-11 轻型肋板结构

1-中桁材(center girder);2-减轻孔(lightening hole);3-内底板(inner bottom plating);4-内底边板(margin plate);5-旁桁材(side girder);6-加强筋(stiffener);7-船底板(bottom plating)

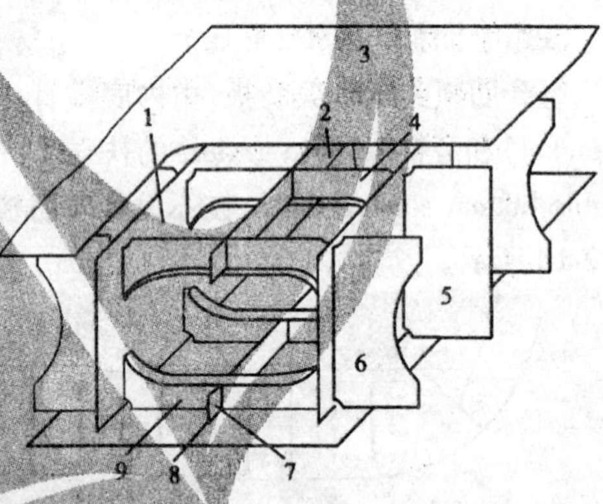

图2-12 箱形中桁材结构

1-水密纵桁(watertight longitudinal girder);2-内底纵骨(inner bottom longitudinal);3-内底板(inner bottom plating);4-内底横骨(inner bottom frame);5-主肋板(solid floor);6-肘板(bracket);7-船底纵骨(bottom longitudinal);8-船底中心线(bottom center line);9-船底横骨(bottom frame)

③旁桁材(side girder):又称旁底桁或旁龙骨,对称设置于中桁材两侧且平行中桁材,并与船底板和内底板相连,其上开有减轻孔、流水孔和气孔等,一般间断于实肋板之间。

其厚度可比中桁材减少 3mm，但均不小于相应的肋板厚度。

旁桁材的数量根据船宽而定，对横骨架式双层底结构而言，当船宽大于 10m 时，中桁材两侧至少应各设 1 道旁桁材；当船宽大于 18m 时，中桁材两侧应至少各设 2 道旁桁材，桁材之间的间距一般不大于 4m，距首垂线 0.2L 以前区域，旁桁材间距应不大于 3 个肋距。对纵骨架式双层底结构而言，当船宽大于 12m 但大于 20m 时，中桁材两侧至少应各设 1 道旁桁材。当船宽大于 20m 时，中桁材两侧至少应各设 2 道旁桁材，桁材之间的间距一般不大于 5m。

(2)纵骨(longitudinal)：是纵骨架式结构中设置的纵向构件，一般用尺寸较小的不等边角钢或小尺寸的 T 型钢制成。有内底纵骨(inner bottom longitudinal)和船底纵骨(bottom longitudinal)，分别连接在内底板和船底上，它是连续构件，穿过实肋板。当船长超过 200m 或纵骨采用了高强度钢时，船底纵骨应穿过水密肋板，但也可采用相应的替代结构。内底纵骨剖面模数为船底纵骨剖面模数的 85%，且船底纵骨的最大间距应不大于 1.0m。

纵骨是保证船体总纵强度的重要构件。

4)内底板和内底边板

内底板(inner bottom plating)是双层底上面的水密铺板，其两侧边缘与舭列板相连接的一列板叫内底边板(margin plate)。内底板和内底边板构成了双层底的内底，其长度也就是双层底的长度。

横骨架式双层底结构内底板在船端部 0.075L 区域内的厚度为船中 0.4L 区域内厚度的 0.9 倍，对双层底内为燃油舱的区域，内底板厚度应不小于 8mm。其厚度分布特点与船底板相似，即船中部较厚，两端稍薄，而中内底板因与中桁材相接，受力较大，其厚度也稍厚一些。此外，为便于人员进入双层底进行施工、清舱和检修，并从有利于通风的角度出发，在每个双层舱的内底板上至少开设有两个成对角线布置的长圆形或圆形人孔(manhole)，同时配有水密的人孔盖(manhole cover)。

内底边板处于船底结构向舷侧结构过渡的舭部位置，受力较复杂，且内底边板处易积水、腐蚀，故比内底板厚些。其结构形式有下倾式、水平式、上倾式和曲折式四种，如图 2-13 所示。下倾式内底边板与舭列板可构成污水沟(bilge drainage)，普通干货船较多采用；水平式内底边板施工方便，舱内平坦且强度好，一般客船、集装箱船、油船的油舱区域、一些干货船的货舱区域及其他船舶近首尾区域较多采用；上倾式内底边板便于散货的装卸，故散货船与矿砂船较多采用；曲折式内底边板因能与舭部外板形成一个有效的双层空间，故相比可提高船舶的抗沉性，主要用于经常航行在复杂水域的船舶。

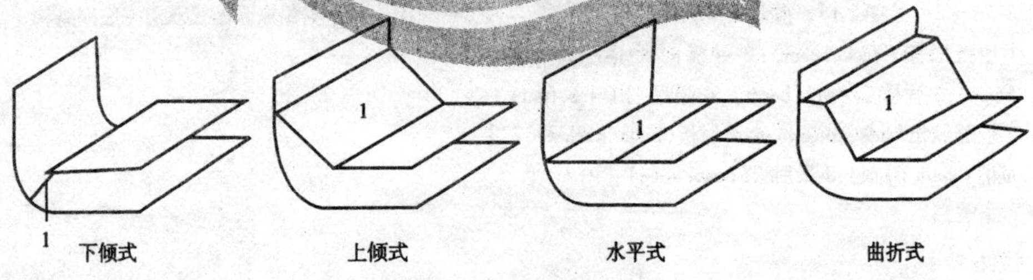

图 2-13　内底边板的结构形式

1-内底边板(margin plate)

上述四种内底边板的结构形式除下倾式外，其他三种均只能在舭部设置污水井(bilge

well)。

(二)单层底结构

单层底结构(single bottom construction)主要用于小型船舶、老式油船及内河船舶。结构简单,施工方便,但抗沉性和防泄漏能力差。主要构件有中内龙骨(center keelson)、旁内龙骨(side keelson)、船底纵骨(bottom longitudinal)、肋板(floor)及舭肘板(bilge bracket)等。

三、舷侧结构

舷侧结构(side shell construction)是指连接船底和甲板的侧壁部分,它要承受水压力、波浪冲击力、碰撞力、冰块的冲击和挤压力、甲板负荷、舱内负荷、总纵弯曲应力和剪切应力等外力的作用,是保证船体的纵向强度、横向强度,保持船体几何形状和侧壁水密的重要结构。

舷侧结构按骨架排列形式的不同有横骨架式和纵骨架式两大类,其主要组成部分有:舷侧外板、肋骨、强肋骨、舷侧纵桁、舷侧纵骨及舷边等,图2-14 和图2-15 分别为横骨架式和纵骨架式舷侧结构。

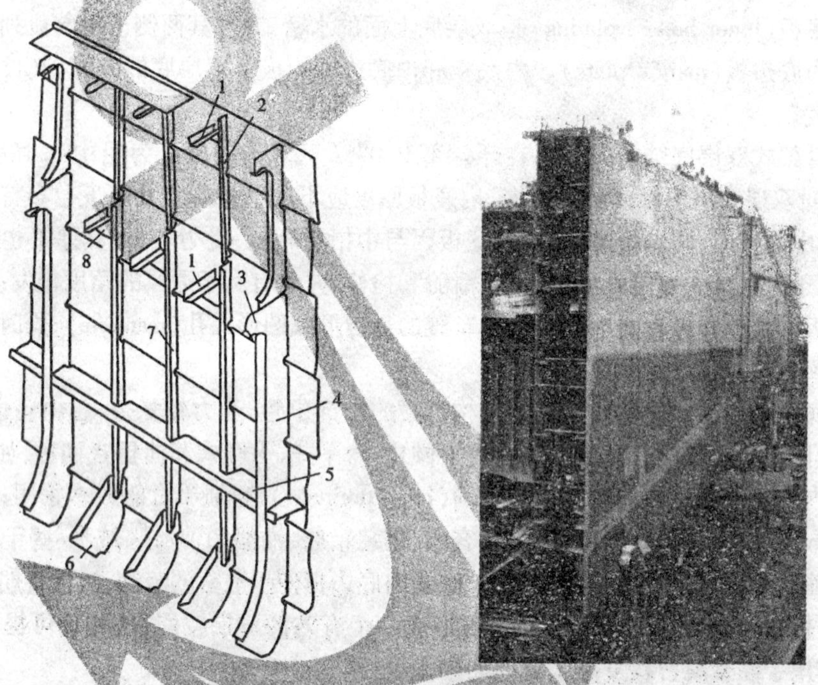

图2-14 横骨架式舷侧结构

1-甲板横梁(deck beam);2-甲板间肋骨(tween deck frame);3-强横梁(web beam);4-强肋骨(web frame);5-舷侧纵桁(side stringer);6-舭肘板(bilge bracket);7-主肋骨(main frame);8-梁肘板(beam knee)

图2-15 实船纵骨架式双层壳舷侧结构

1. 舷侧外板

舷侧外板(side plating)是指舭列板(bilge strake)以上的船体外板(包括舷侧列板和舷顶列板),与甲板边板(deck stringer)连接的舷侧外板称为舷顶列板(sheer strake)。舷侧列板在船中部较厚,向两端渐薄,靠近舭列板附近的要比上面的厚一些,同时在靠近首尾局部受力大的部位和尾轴附近的包板等也要加厚,对航行于冰区的船舶应根据规范的规定对它进行加厚。舷顶列板是受总纵弯矩最大的一列板,规范规定其宽度不得小于 0.1D(D 为型深),并规定在船中 0.4L 区域内,其板厚在任何情况下不得小于强力甲板边板厚度的 0.8 倍,也不得小于相邻舷侧列板的厚度。

2. 肋骨

肋骨(frame)是从肋板(floor)、舭肘板(bilge bracket)向上延伸的横向构件,并与梁肘板(beam knee)和横梁(beam)组成船体的横向框架。

1)肋骨的作用

肋骨的作用是支持舷侧外板,保证舷侧的强度和刚性。而与其他横向构件组成的框架,则可达到保证船体的横向强度,防止船舶在摇摆和横倾时产生横向变形。

2)肋骨的分类

肋骨按其所在位置一般可分为:主肋骨(main frame)、甲板间肋骨(tweendeck frame)和尖舱肋骨(peak frame)三种。对某些需进行局部加强(如冰区加强者)的船舶,还需在位于水线附近每一肋距(frame space)中间增设一短肋骨——中间肋骨(intermediate frame)。按肋骨的受力不同可分成普通肋骨(ordinary frame)和强肋骨(web frame)两种。

普通肋骨一般可用不等边角钢、小尺寸的 T 型钢或球扁钢制成;而强肋骨则由尺寸较大的 T 型组合材或钢板折边制成。在横骨架式舷侧结构中,一般每隔几个肋位设置一强肋骨(应从内底延伸至上甲板),其目的是增加局部强度,如机舱、货舱的舱口端梁处等;在纵骨架式舷侧结构中,强肋骨是唯一的横向构件,其在支持舷侧纵骨的同时,还起着保证船体横向强度的作用。

3)肋骨编号及肋距

为便于在船舶修造中指明肋骨位置及海损事故后能迅速准确地报告受损部位,必须对肋骨进行编号。肋骨编号以尾垂线为基准,主要有两种:一种是较普遍采用的编号方法,即以舵杆中心线为 0 号(无论有无舵柱),向首排列取正号,向尾排列取负号;另一种是少数有舵柱的船舶以舵柱后缘为 0 号,向首排列取正号,向尾排列取负号。

按规范规定,肋骨的最大间距应不大于 1.0m。

3. 舷侧纵桁和舷侧纵骨

舷侧纵桁(side stringer)多为横骨架式舷侧结构中设置的纵向构件,通常采用 T 型组合材,其腹板(web)与强肋骨(web frame)腹板同高,主要用来支承主肋骨。

舷侧纵骨(side longitudinal)是纵骨架式舷侧结构中的主要纵向构件,一般用尺寸较小的不等边角钢、小尺寸的 T 型钢或球扁钢制成,主要用来保证总纵强度和支持外板。

舷侧纵骨穿过强肋骨,其最大间距不大于 1.0m。

4. 舷边

舷顶列板与甲板边板的连接处称舷边(gunwale)。舷边处于高应力区域,受力大,此处的连接强度,对于船体承受总纵弯曲的能力具有重要作用,因此有其特殊的连接方法,一般有下列三种:

1)舷边角钢铆接法

这是一种老式的舷边连接形式,它是将等边角钢,即舷边角钢(gunwale angle bar)的两边

分别与舷顶列板和甲板边板铆接，如图 2-16a）所示。这种方法利用了铆接能重新分布应力（stress）和止裂（crack arrest）的特点，但其工艺复杂、工作量大，不适合现代化工艺的要求，因此在有些船上用扁钢代替角钢，即先将扁钢垂直焊接在甲板边板上，再把扁钢与舷顶列板铆接，如图 2-16b）所示，这种形式仅作为过渡连接形式，最终也将会被淘汰。

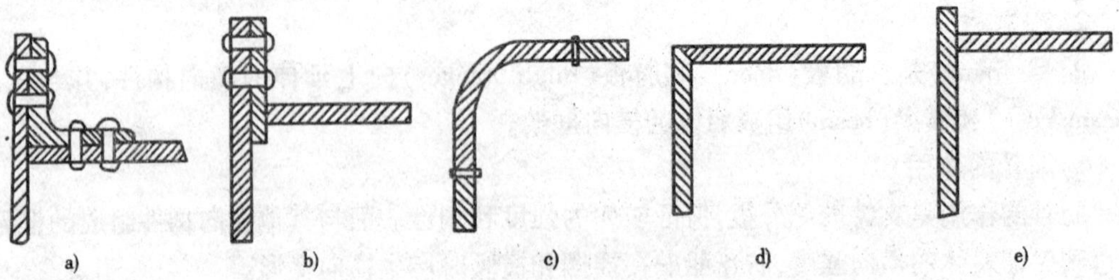

图 2-16　舷边的连接方法

2）圆弧连接法

这种方法是通过圆弧舷板使舷顶列板和甲板边板连成一个整体，如图 2-16c）所示。采用这种连接方法能使甲板和舷侧的应力过渡较为顺利、分布均匀，且结构刚性较大，但甲板有效利用面积减少，甲板排水易弄脏舷侧，此外由于线型变化问题，这种方法较适用于船中部位。规范规定圆弧舷板厚度至少应等于甲板板厚度，圆弧半径不得小于板厚的 15 倍，且在船中 0.5L区域内的圆弧舷板上应尽量避免焊接甲板装置。

3）舷边直角焊接法

这种方法是把舷顶列板和甲板直接焊接起来，如图 2-16d）和 e）所示。此种连接法施工简单，但易造成应力集中而产生裂缝，多用于中小型船舶及有舷边水柜的散装货船等。

5. 舷墙与栏杆

船舶在露天干舷甲板以及在上层建筑和甲板室甲板的露天部分均设置舷墙或栏杆。按规定，露天干舷甲板以及上层建筑甲板和第一层甲板室甲板的舷墙或栏杆的高度除经特别同意可适当降低高度外，其高度应不小于 1.0m。但对甲板上设计成装运木材的船舶，其舷墙高度至少应为 1.0m。

1）舷墙

舷墙（bulwark）的作用是保障人员安全，减少甲板上浪，防止甲板上的物品滚落入海。图 2-17 所示为舷墙结构示意图，主要由舷墙板（bulwark plating）、支撑肘板（buttress bracket）和扶手（armrest）等组成。在船中部，舷墙板不和舷顶列板相焊接，而是由支撑肘板支撑在甲板边板上，其下端与舷顶列板上端间留有一定空隙以利于排水，上端由扁钢或型钢做成扶手。对船长等于或大于 65m 的船舶，干舷甲板上的舷墙板厚度应不小于 6mm。舷墙不参与总纵弯曲。

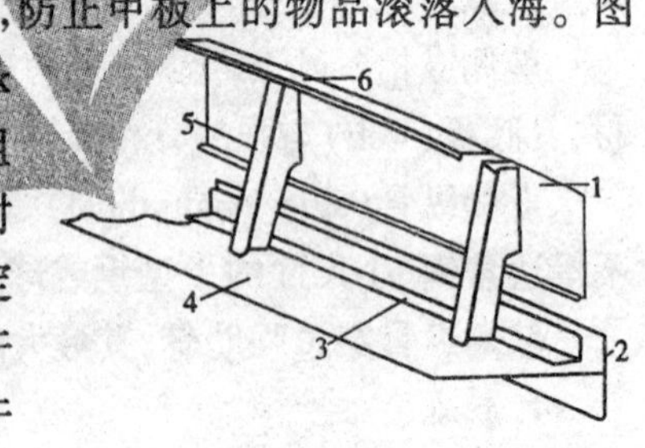

图 2-17　舷墙结构

1-舷墙板（bulwark plating）；2-舷顶列板（sheer strake）；3-舷边角钢（gunwale angle bar）；4-甲板边板（deck stringer）；5-支撑肘板（buttress bracket）；6-扶手（armrest）

2）栏杆

栏杆（hand rail）的作用主要是保障人员安全，防止甲板上的物品滚落入海。栏杆的最低一根横杆距甲板应不超过 230mm，其他横杆的间距应不超过 380mm。

四、甲板结构

甲板结构(deck construction)须承受总纵弯曲应力,货物的负载和波浪的冲击力等外力的作用,是保证船体总纵强度、横向强度、保持船体几何形状及保证船体上部水密的重要结构。由于营运、安装设备和进出人员的需要,在甲板上设置了各种不同的开口,这些开口破坏了甲板的连续性,减弱了结构的强度、刚度和稳定性,并在开口的角隅处易造成应力集中现象,因此在开口处都要对结构进行加强,从而使甲板结构显得比较复杂。

按骨架结构形式的不同,甲板结构可分成横骨架式(图 2-18)和纵骨架式(图 2-19、图 2-20)两种,其主要组成部分有甲板(deck)、横梁(beam)、甲板纵桁(deck girder)、甲板纵骨(deck longitudinal)、舱口围板(hatch coaming)及支柱(pillar)等。

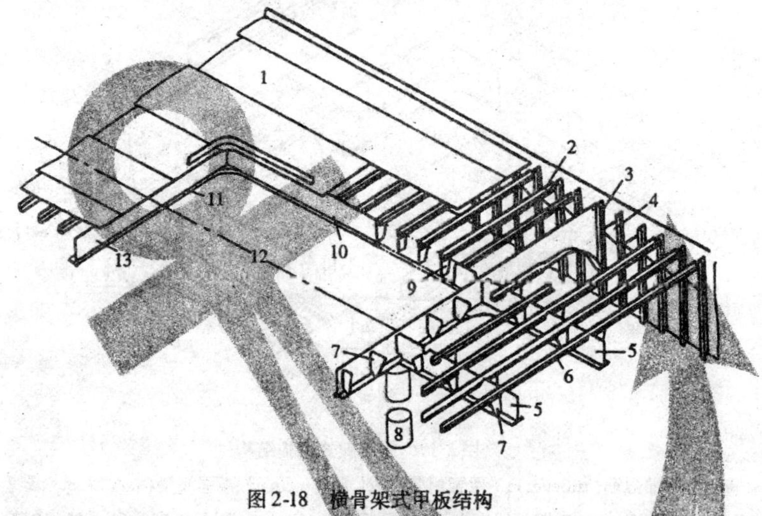

图 2-18　横骨架式甲板结构

1-下甲板(lower deck);2-半梁(half beam);3-主肋骨(main frame);4-梁肘板(beam knee);5-甲板纵桁(deck girder);6-横梁(beam);7-防倾肘板(tripping bracket);8-支柱(pillar);9-肘板(bracket);10-舱口纵桁(hatch side girder);11-圆钢(round bar);12-甲板纵中线(deck center line);13-舱口端梁(hatch end beam)

1. 甲板

1)分类

甲板按其作用可分成:强力甲板、舱壁甲板、干舷甲板、量吨甲板和遮蔽甲板等。

强力甲板(strength deck):当船体受总纵弯曲应力时,受力最大的一层甲板称强力甲板,如上层连续甲板(即上甲板,upper deck)及在船中部 0.5L 区域内长度不小于 0.15L 的上层建筑甲板和此上层建筑区域以外的上层连续甲板均为强力甲板。

舱壁甲板(bulkhead deck):水密横舱壁上伸到达的连续甲板称舱壁甲板。

干舷甲板(freeboard deck):按《1966 年国际载重线公约》量计干舷高度的甲板称干舷甲板,对除滚装船及滚装客船外的其他货船而言,该甲板通常是上甲板。

量吨甲板(tonnage deck):按《1969 年国际船舶吨位丈量公约》丈量船舶吨位时的基准甲板称量吨甲板,对除滚装船及滚装客船外的其他货船而言,该甲板通常也是上甲板。遮蔽甲板不可作为干舷甲板和量吨甲板。

遮蔽甲板(shelter deck):60 年代建造的某些船舶,在其甲板上设有吨位舱口的开口,并在

舱口设暂时性非水密封闭装置,这种甲板间舱(tween deck space)既可装货又不计入总吨位和净吨位的甲板称遮蔽甲板。

2)规范要求

上甲板是各层甲板中最厚的一层,规范规定在船中部0.4L区域内强力甲板的厚度应保持相同,并逐渐向端部甲板厚度过度,强力甲板(包括端部甲板)的最小厚度应不小于于6mm。甲板边板是上甲板受力最大的,且容易被甲板积水腐蚀,因此必须连续,厚度也是上甲板中最厚的一列板。在船中0.4L区域内的甲板比首尾两端和大开口线以内区域的甲板厚。为防止甲板开口角隅处因应力集中而产生裂缝,该处应为抛物线形、椭圆形或圆形,并应采取加强措施。

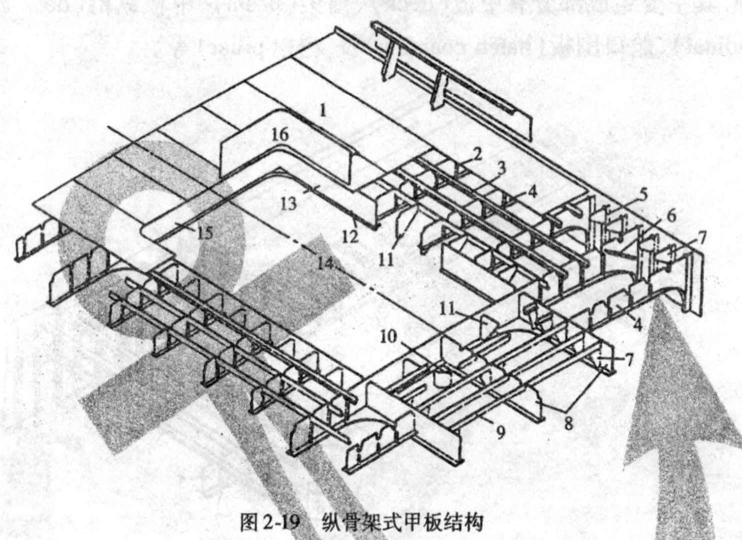

图2-19 纵骨架式甲板结构

1-上甲板(upper deck);2-加强筋(stiffener);3-甲板纵骨(deck longitudinal);4-强横梁(web beam);5-主肋骨(main frame);6-斜置加强筋(tilt stowing stiffener);7-肘板(bracket);8-甲板纵桁(deck girder);9-横梁(beam);10-管形支柱(tubular pillar);11-防倾肘板(tripping bracket);12-圆钢(round bar);13-舱口纵桁(hatch side girder);14-甲板纵中线(deck center line);15-舱口端梁(hatch end beam);16-舱口围板(hatch coaming)

图2-20 实船纵骨架式甲板结构

2. 横梁

横梁(beam)是甲板结构中的横向构件,起着承受甲板货、机器设备和甲板上浪时的水压力作用,同时还支撑舷侧,保证船体的横向强度。横骨架式结构中,横梁一般用尺寸较小的不等边角钢或小尺寸的T型钢制成,并装设在每一肋位上用肘板与肋骨连接。位于货舱口横围板下的横梁叫舱口端梁(hatch end beam),货舱开口范围内的横梁称半横梁(half beam),半横梁的尺寸与横梁相同,它一端由肘板与肋骨连接,另一端与舱口围板连接。在纵骨架式结构中一般每隔3~5档肋位装一强横梁(web beam),作为甲板纵骨的支架,在其上开切口让甲板纵骨穿过。

3. 甲板纵桁与甲板纵骨

在横骨架式结构中,甲板纵桁(deck girder)用尺寸较大的T型组合材制成,主要用来支撑横梁。甲板纵骨(deck longitudinal)是纵骨架式甲板结构中的重要构件,一般用不等边角钢或小尺寸的T型钢制成,其间距与船底纵骨相同,主要用来保证总纵强度,此外,还有主要用来支撑横梁的甲板纵桁。

4. 舱口围板

舱口围板(hatch coaming)是指设置于露天甲板(上甲板)货舱开口四周的纵向和横向并与甲板垂直的围板。其作用是保证工作人员安全,防止海水灌入舱内和增加甲板开口处的强度。

依据《国际航行海船法定检验技术规则》及《1966年国际载重线公约》附则I的有关规定,当舱口是在(位置1)露天的干舷甲板和后升高甲板上,以及位于从首垂线起0.25L以前的露天上层建筑甲板上时,舱口围板的最小高度应为600mm;当舱口是在(位置2)位于从首垂线起0.25L以后,且在干舷甲板以上至少一个标准上层建筑高度的露天上层建筑甲板上,以及在位于从首垂线起0.25L以前,且在干舷甲板以上至少两个标准上层建筑高度的露天上层建筑甲板上时,舱口围板的最小高度应为450mm。

舱口围板上缘一般用半圆钢加强,围板的外侧还有水平加强筋(horizontal stiffener)和防倾肘板(tripping bracket),以增加围板的刚性和防倾,纵向围板的下部与甲板纵桁处于同一直线上,兼作甲板纵桁的一部分,舱口围板如图2-21所示。

图2-21　实船舱口围板

舱口角隅处的加强方法有两种:一种是将舱口围板下伸超过甲板;另一种是将围板分成两块,分别焊在甲板开口边缘的上下面,在下面用菱形面板加强,如图2-22所示。

5. 支柱

支柱(pillar)是舱内的竖向构件,其作用是支撑甲板骨架,承受轴向压缩力,保持船体竖向形状。

支柱的上端应位于甲板纵桁和横梁的交叉节点处,下端应在船底纵桁与肋板的交叉节点处。多层甲板船上下层甲板间的支柱一般应设置在同一垂直线上。对需载运大件货的舱,为不妨碍装卸货,通常采用悬臂梁(cantilever beam)的结构形式来代替支柱,如图2-23所示。

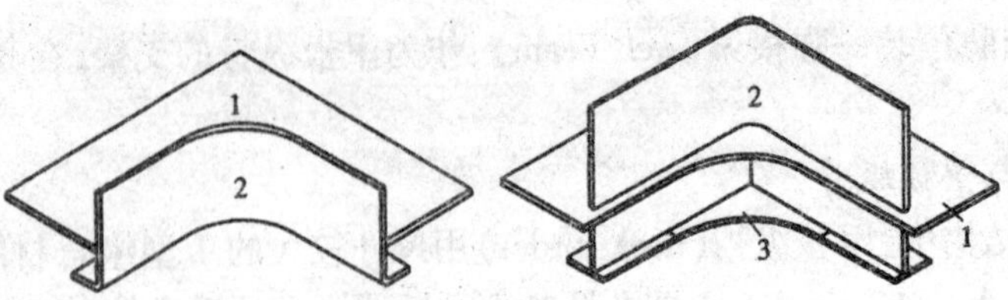

图 2-22 舱口角隅的加强方法

1-甲板(deck);2-舱口围板(hatch coaming);3-菱形面板(diamond plate)

6. 梁拱和舷弧

梁拱(camber)是甲板在两舷与舷顶列板交点的连线与纵中剖面线的交点,至横剖面中线与甲板板交点的垂直距离,简称为甲板的横向曲度,如图 2-24a)所示。梁拱可增加甲板的强度,便于排泄甲板积水和增加储备浮力。梁拱的取值范围一般在船宽(B)的 1/100 ~ 1/50 之间,干货船的梁拱通常取 $B/50$,客船的梁拱取 $B/80$。

在甲板的纵向上,首尾高而中间低所形成的曲线叫舷弧线(sheer curve)。在船长中点处舷弧线最低,从该点画一条与基线(base line)平行的直线,则舷弧线上任一点量至该线的垂直距离就称为该点的舷弧(sheer),如图 2-24b)所示。舷弧可增加储备浮力,便于甲板排水,减少甲板上浪和使船体外形更美观。舷弧的数值见表 2-5,其中位于首垂线处的舷弧叫首舷弧(fore sheer),位于尾垂线处的舷弧叫尾舷弧(after sheer),首舷弧是尾舷弧的 2 倍。

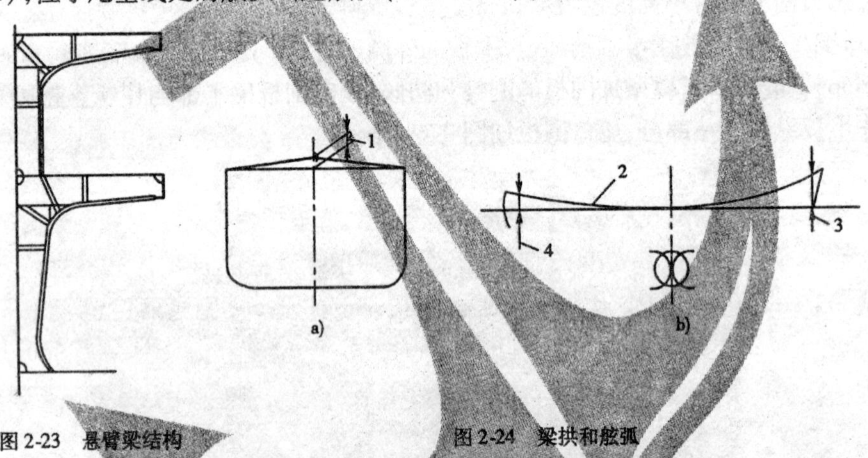

图 2-23 悬臂梁结构

图 2-24 梁拱和舷弧

1-梁拱(camber);2-舷弧线(sheer curve);3-首舷弧(fore sheer);4-尾舷弧(after sheer)

舷弧的数值 表 2-5

位置	舷弧值(mm)	位置	舷弧值(mm)
首垂线	50(L/3 + 10)	距尾垂线 L/3	2.8(L/3 + 10)
距首垂线 L/6	22.2(L/3 + 10)	距尾垂线 L/6	11.1(L/3 + 10)
距首垂线 L/3	5.6(L/3 + 10)	尾垂线	25(L/3 + 10)
船中	0		

注:表中 L 为船长,单位为 m。

五、舱壁结构

1. 舱壁的作用

主船体(main hull)在设计和建造时按要求设置了若干的横向和纵向舱壁(bulkhead),这些舱壁所起的作用归纳起来有如下几个方面:

(1)将船体内部分隔成若干个舱室,以便安装各种机械设备及装载货物、燃油、淡水、备品和压载水等;

(2)横舱壁(transverse bulkhead)对保证船体的横向强度和刚性起很大作用,它是船底、舷侧和甲板等结构的支座,可使船体各部位构件之间的作用力相互传递,其中水密横舱壁(watertight transverse bulkhead)是保证船舶抗沉性能的重要结构;

(3)纵舱壁(longitudinal bulkhead)可减少自由液面对船舶稳性的影响,较长的纵舱壁还可增强船舶的总纵强度(longitudinal strength);

(4)某些舱壁采用了防火结构,可在一定时间内防止火灾蔓延。

2. 舱壁的分类

舱壁一般按用途和结构形式的不同分两大类。

1)按用途分类

(1)水密舱壁(watertight bulkhead):一般是指自船底(船底板或内底板)至舱壁甲板的主舱壁(main bulkhead),它将船体分隔成若干个水密舱室。水密舱壁主要有两种:一种是水密横舱壁(watertight transverse bulkhead),这种舱壁能保证船体因海损事故造成某舱破损进水时不会蔓延至其他相邻舱室,使船舶仍有一定的浮力和稳性,从而提高船舶的抗沉性能。水密横舱壁依据船长和船型的不同,设置的总数应不少于表2-6所示的规定,对于船长大于190m的船舶,由直接计算确定。万吨级船按规定需设置6~7道,其中位于首尖舱(fore peak tank)与货舱(cargo hold)之间的首尖舱舱壁(fore peak tank bulkhead)即船舶最前的一道水密横舱壁又称防撞舱壁(collision bulkhead),也是最重要的一道水密横舱壁,其上不得开设任何门、人孔、通风管道或任何其他开口,并应通至干舷甲板。位于船尾的最后一道水密横舱壁即为尾尖舱舱壁(afterpeak tank bulkhead),水密尾尖舱舱壁应通至舱壁甲板,但当尾尖舱水密平台甲板在水线以上时,可仅通至水密平台甲板为止。另一种是水密纵舱壁(watertight longitudinal bulkhead),一般仅见于液货船(liquid cargo ship)。

船舶应设置的水密横舱壁数目 表2-6

	$L \leqslant 60$	$60 < L \leqslant 85$	$85 < L \leqslant 105$	$105 < L \leqslant 125$	$125 < L \leqslant 145$	$145 < L \leqslant 165$	$165 < L \leqslant 190$
中机型	4	4	5	6	7	8	9
尾机型	3	4	5	6	6	7	8

(2)防火舱壁(fireproof bulkhead):是根据规范对船舶防水结构要求而设置的具有一定隔热能力并能在一定时间内防止火灾蔓延的舱壁。按规定,机舱和客船起居处所的舱壁应采用防火舱壁。

(3)液体舱壁(liquid bulkhead):是液舱(油舱、水舱等)的界壁,它经常承受液体压力与振荡冲击力,故舱壁板较厚且其上的骨架尺寸也较大,并需保证水密或油密(oiltight)。

(4)制荡舱壁(wash bulkhead):是设于液舱内的纵向舱壁,主要用来减小自由液面的影响，其上开有气孔、油水孔和减轻孔。

2）按结构分类

按舱壁的结构形式来分，可将其分成平面舱壁、对称槽形舱壁及双层板舱壁三类。

（1）平面舱壁

平面舱壁（plane bulkhead）由舱壁板（bulkhead plate）和其上的垂直与水平骨架组成。大型船舶舱壁板的钢板长边沿水平方向布置，其厚度由下向上逐渐减薄。其上骨架竖向排列的称为扶强材（bulkhead stiffener），水平方向排列的称为水平桁（horizontal girder）。平面舱壁结构如图2-25所示。

图2-25 实船平面舱壁结构

（2）对称槽形舱壁

对称槽形舱壁（symmetrical corrugated bulkhead）由钢板压制而成，以其槽形曲折来代替扶强材。其优点是在保证具有同等强度的条件下，可减轻结构的重量，节约钢材，减少装配与焊接的工作量，便于清舱工作。缺点是所占舱容较大，不利于舱容的有效利用，一般用于油船、散装货船及矿砂船。对称槽形舱壁的剖面形状有三角形、矩形、梯形和弧形几种，如图2-26所示，其中梯形和弧形用得较为广泛，图2-27为单壳实船对称梯形舱壁，图2-28及图2-29所示分别为无底凳和有底凳对称梯形舱壁。

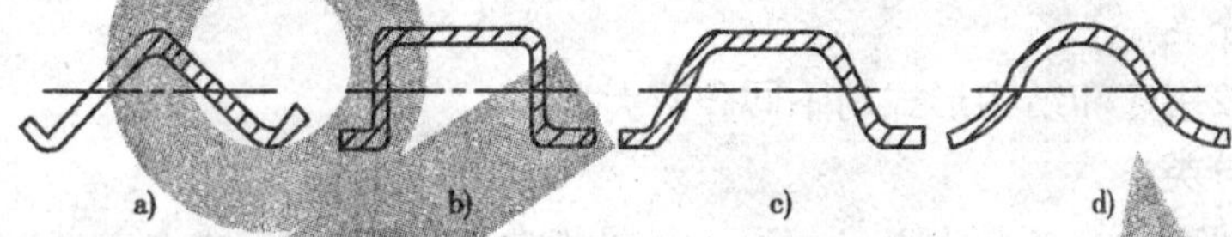

图2-26 对称槽形舱壁的剖面形状

a）三角形（triangle）；b）矩形（rectangle）；c）梯形（trapezoid）；d）弧形（arc）

图2-27 单壳实船对称梯形舱壁

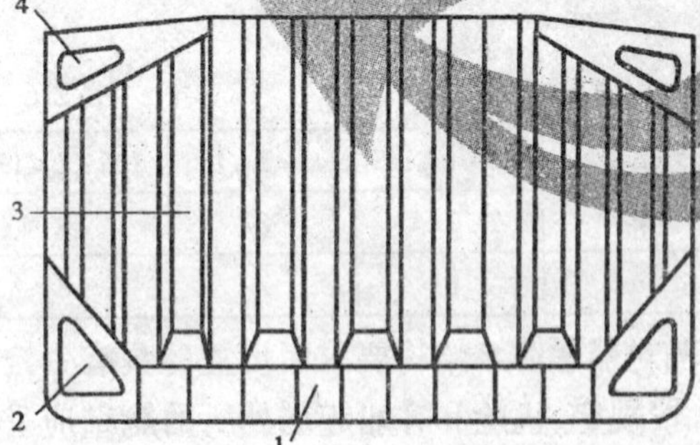

图2-28 无底凳对称梯形舱壁

1-双层底（double bottom tank）；2-底边舱（lower side tank）；3-对称梯形舱壁（symmetrical trapezoid bulkhead）；4-顶边舱（topside tank）

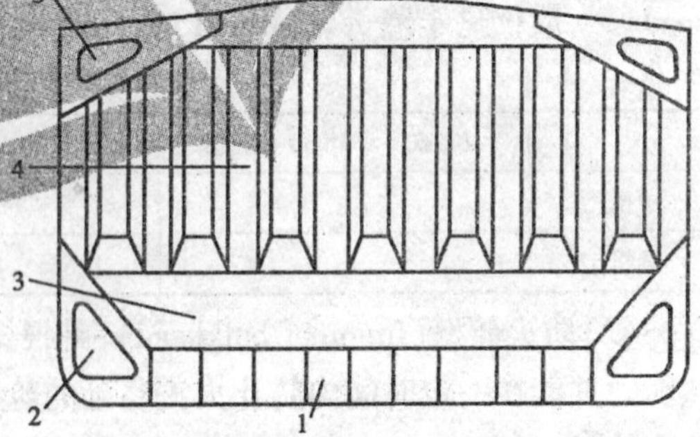

图2-29 有底凳对称梯形舱壁

1-双层底（double bottom tank）；2-底边舱（lower side tank）；3-底凳（lower stool）；4-对称梯形舱壁（symmetrical trapezoid bulk-head）；5-顶边舱（topside tank）

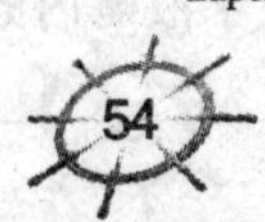

六、首尾结构

1. 首、尾端的形状

1）首端形状

首端形状如图 2-30 所示，一般有五种形状：

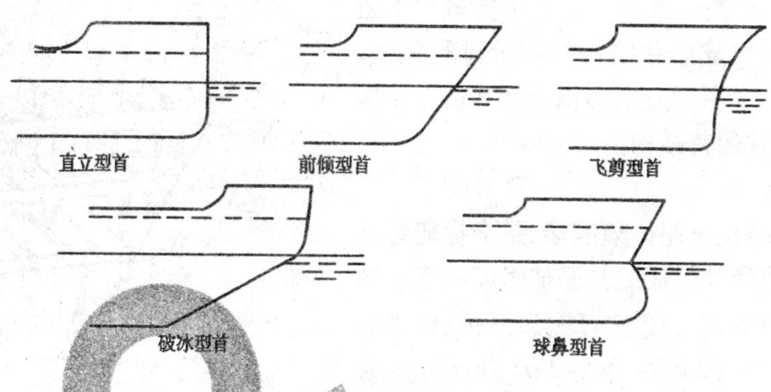

图 2-30 首端形状

（1）直立型首（straight bow）：首柱（stem）呈直线型，与基线（base line）基本垂直，多见于驳船（barge）和特种船。

（2）前倾型首（raked bow）：首柱呈直线前倾或微带曲线前倾，这种型式首部不易上浪，万一发生碰撞，船首水线以下部分也不易受损。

（3）飞剪型首（clipper bow）：设计水线以上呈凹形曲线，有较大的首楼甲板（forecastle deck），有利于锚和系泊设备的布置，船首也不易上浪。

（4）破冰型首（ice resistant bow ）：设计水线以下首柱呈倾斜状，与基线构成 30°夹角，一般多见于破冰船（ice breaker）。

（5）球鼻型首（bulbous bow）：设计水线以下首部前端有球鼻型突出体，其作用是减少兴波阻力（wave making resistance）和形状阻力（form resistance），目前海船广泛采用。

2）尾端形状

尾端形状如图 2-31 所示，一般有三种形状：

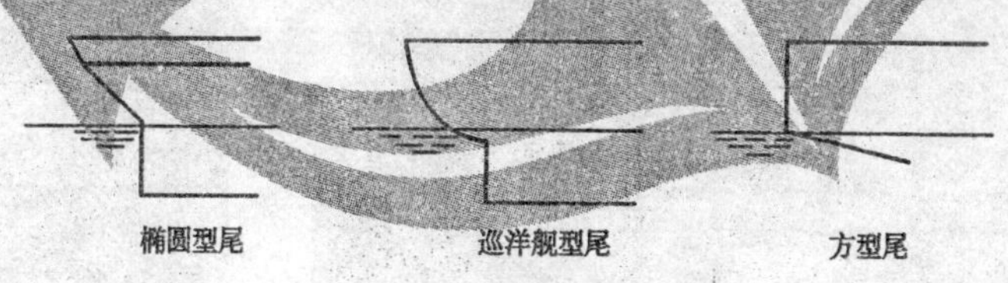

图 2-31 尾端形状

（1）椭圆型尾（elliptical stern）：船尾有短的尾伸部，折角线以上呈椭圆体向上扩展。

（2）巡洋舰型尾（cruiser stern）：有光顺曲面的尾伸部，有利于减少阻力，保护车叶与舵叶，海船广泛采用。

（3）方型尾（transom stern）：尾端有横向的尾封板（stern transom plate），以往多用于军舰，近年来商船也广泛采用，如集装箱船。

2. 船首结构的加强

船首结构(bow construction)通常是指从首部船底平坦部分起向船首部分的船体结构。首部要受波浪、冰块的冲击和水阻力的作用,一旦发生碰撞,应有足够的强度保证船舶的安全,同时船壳外板在此会拢,其外形应尽可能减少水阻力。为此,需对组成船首结构的部分进行加强。图 2-32 和图 2-33 所示分别为横骨架式船首结构及实船横骨架式船首结构。

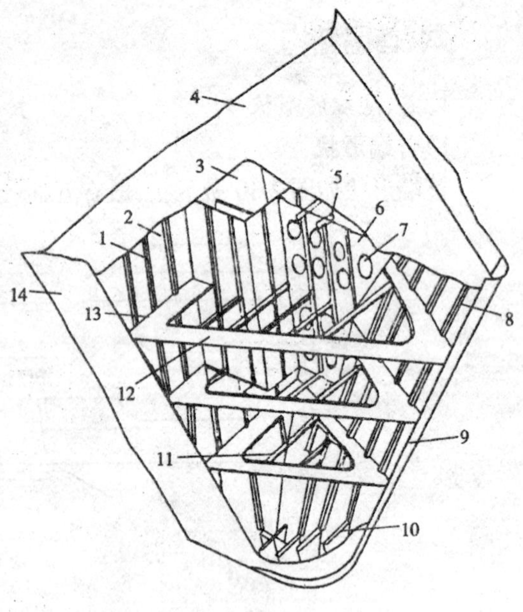

图 2-32 船首结构

1-舱壁扶强材(bulkhead stiffeners);2-首尖舱舱壁(forepeak tank bulkhead);3-锚链舱(chain locker);4-甲板(deck);5-横梁(beam);6-制荡舱壁(wash bulkhead);7-减轻孔(lightening hole);8-肋骨(frame);9-首柱(stem post);10-升高肋板(raised floor);11-强胸横梁(panting beam);12-舷侧纵桁(side girder);13-水平桁(horizontal girder);14-外板(shell plate)

1)首柱

首柱(stem)位于船体最前端,是会拢船首外板、保持船首形状及保证船首局部强度的强力构件(strength member)。首柱有钢板焊接、铸钢和混合型首柱三种,图 2-34 和图 2-35 所示分别为钢板首柱和混合型首柱。

2)首尖舱内的加强

首尖舱(forepeak tank)内采用下列几种方法加强,如图 2-32 所示。

(1)在每档肋位处设置实肋板,因其高度向船首逐渐升高,故又称为升高肋板(raised floor)。

(2)在中纵剖面处设置与升高肋板等高、等厚和具有同样面板的中内龙骨(center keelson),并延伸至与首柱牢固连接。

图 2-33 实船横骨架式船首结构

图 2-34 实船钢板首柱

(3)当舷侧为横骨架式时,应在每隔一档肋位处从肋板的上缘至最下层甲板间垂向设置垂向间距不大于 2m 的强胸横梁(panting beam),且至少应达到满载水线以上 1m 处,在每道强胸横梁处还应设置具有折边或面板的舷侧纵桁,并用肘板(bracket)与肋骨连接。当用开孔平

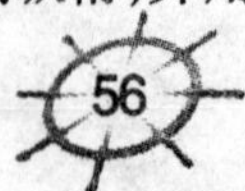

台(trepanned platform)结构代替强胸横梁和舷侧纵桁时,开孔平台的垂向间距应不大于2.5m,设置范围为从肋板的上缘至不低于满载水线以上1.0m,且每一开孔平台的开孔面积应不小于总面积的10%。

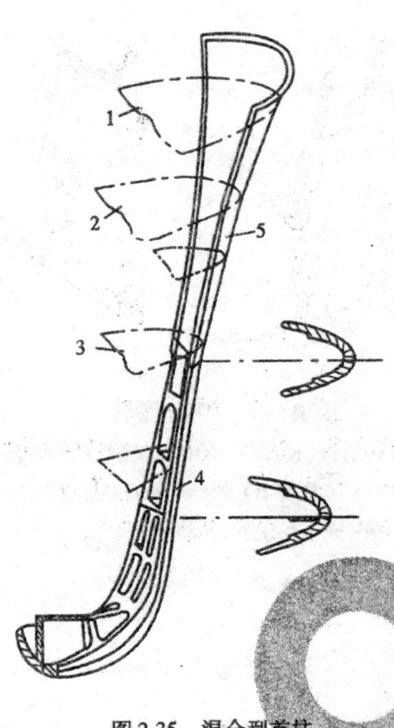

图2-35 混合型首柱

1-首楼甲板(forecastle deck);2-上甲板(upper deck);3-下甲板(lower deck);4-铸钢首柱(cast steel stem post);5-钢板首柱(steel plate stem post)

(4)当舷侧为纵骨架式且舱深超过10m时,应在适当位置设置一层或多层开孔平台,或者在每根强肋骨处设置一道或多道强胸横梁,并用肘板与强肋骨连接。

(5)当首尖舱被用作液舱且其最宽处的宽度超过0.5B时,应在中纵剖面处设置有效的支撑构件或制荡舱壁(wash bulkhead),以支持强胸横梁。当舱长超过10m时,尚应在舱内设置横向的制荡舱壁或强肋骨。

3)首尖舱外的舷侧加强

当舷侧为横骨架式时,对于从距首垂线0.15L至防撞舱壁区域内的舷侧结构,按下列要求加强:

(1)设置间断的舷侧纵桁(side girder),其腹板(web)与肋骨同高且与首尖舱纵桁同厚。

(2)若不设上述纵桁,则应加厚舷侧外板。

4)船首底部的加强

当船长等于或大于65m,且航行中最小首吃水小于0.04L时,应对其从首垂线向后的船底平坦部分进行加强。

(1)对横骨架式的双层底骨架,应在每挡肋位处设置实肋板,并应设置间距不大于3档肋骨间距的旁桁材,该旁桁材应尽量向首延伸。

(2)对纵骨架式的双层底骨架,应在每隔一档肋位处设置实肋板,同时应设置间距不大于3倍纵骨间距并尽量向船首延伸的旁桁材。船底纵骨剖面模数(section modulus)应比中部大10%。

(3)对单层底骨架,应设置间距不大于3档肋骨间距且尽可能地向船首延伸的旁内龙骨。

(4)船底板适当加厚。

3. *船尾结构的加强*

船尾结构(stern construction)通常是指尾尖舱舱壁(afterpeak tank bulkhead)以后的区域。该区域需承受水压力,车叶转动时的振动力和水动力、舵的水动力及车叶与舵叶的荷重等作用,因此必须对组成船尾结构的各部分进行加强。

1)尾柱

尾柱(stem post)是船尾结构中的强力构件(strength member),它位于船尾结构下部的最后端,用来会拢两侧外板,并支撑和保护车叶与舵,同时承受它们工作时的振动力和水动力,因此,尾柱可增强船尾的结构强度。

尾柱的上端应与尾肋板(transom floor)或舱壁(bulkhead)连接,底骨(sole piece)应向船首方向延伸至少三个肋距(frame spacing)并与平板龙骨(plate keel)连接。尾柱的形状比较复

杂,一般采用铸造件,大型船舶尾柱可先分段铸造后再焊接装配,如图2-36所示。

2)尾尖舱舱内的加强

对尾尖舱(afterpeak tank)舱内的加强措施有:

(1)在每档肋位处设置实肋板,其厚度较首尖舱肋板加厚1.5mm。

(2)对单螺旋桨船,其肋板应升高至尾轴管(stern tube)以上足够高度。

(3)当舷侧为横骨架式时,在肋板以上设置垂向间距不大于2.5m的强胸横梁和舷侧纵桁或开孔平台;当为纵骨架式时,应在舱顶设置适当数量的强横梁。

(4)在尾尖舱上部和尾突出体或巡洋舰尾的纵中剖面处加设制荡舱壁(wash bulkhead)。

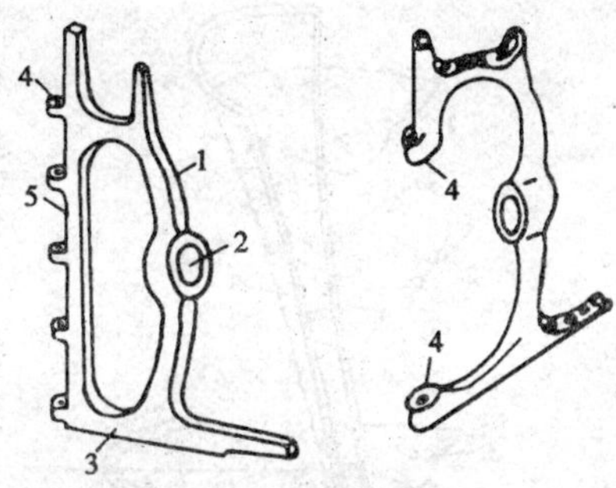

图2-36 尾柱的形状

1-推进器柱(propeller post);2-轴毂(propeller boss);3-尾柱底骨(sole piece);4-舵钮(rudder gudgeon);5-舵柱(rudder post)

3)尾尖舱上面的舷侧加强

对尾尖舱上面舷侧结构部分的加强措施有:

(1)加设强肋骨。

(2)加设腹板与肋骨同高的间断舷侧纵桁或加厚舷侧外板。

为扩大尾部甲板面积,安装舵机,保护车叶和舵,并改善航行性能,在船尾设计时有意将尾部向后悬伸一部分,称尾突出体,其大部分在设计水线(designed waterline)以上。图2-37所示为采用扇形斜肋骨(cant frame)和斜横梁(cant beam)的巡洋舰式尾突出体。

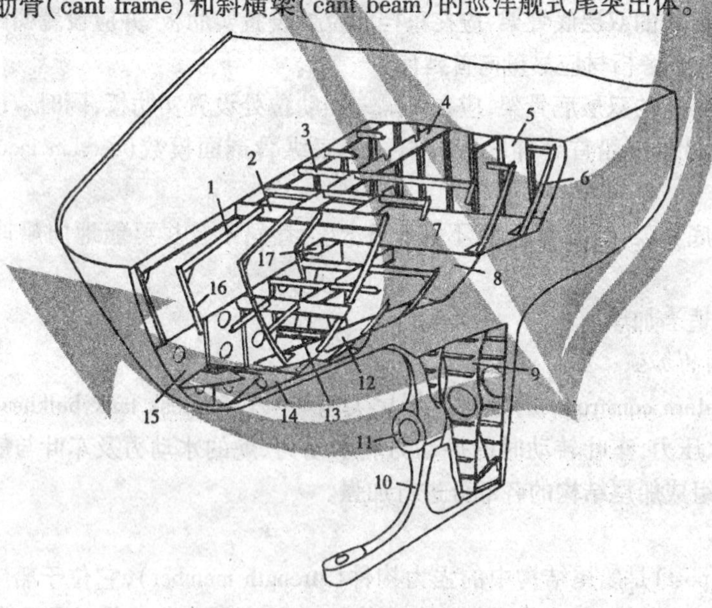

图2-37 巡洋舰式船尾结构与尾突出体

1-斜横梁(cant beam);2-强横梁(web beam);3-横梁(beam);4-甲板纵桁(deck girder);5-横舱壁(transverse bulkhead);6-肋骨(frame);7-舵机舱平台(steering gear room platform);8-尾尖舱舱壁(afterpeak tank bulkhead);9-尾升高肋板(stern raised floor);10-尾柱(stern post);11-轴毂(propeller boss);12-舷侧纵桁(side girder);13-强胸横梁(panting beam);14-肋板(floor);15-制荡舱壁(wash bulkhead);16-斜肋骨(cant frame);17-舵杆管(rudder case)

七、防火结构

从预防火灾发生的角度出发，船舶建立有一整套完善的防火措施（fire precaution），这些措施主要包括：控制可燃物、控制热源（火源）及控制通风等，同时为防止船舶一旦发生火灾事故后能有效地控制火势的任意蔓延，SOLAS公约及我国规范均规定船舶在设计和建造时，就应采取一定的防火结构（fire structure），即用符合规定的耐火材料（refractory material）将船舶划分为若干个主竖区。

1. 相关定义及要求

(1)起居处所（accommodation spaces）：系指用作公共处所（public space）、走廊（corridor）、盥洗室（lavatory）、居住舱室（cabin）、办公室（office）、医务室（hospital）、电影院（cinema）、游戏娱乐室（game & hobby room）、理发室（barber shop）、无烹调设备的配膳室（pantry of containing no cooking appliances）的处所以及类似的处所。

(2)公共处所（public space）：系指起居处所中用作大厅（hall）、餐室（dining room）、休息室（lounge）的部分以及类似的固定围蔽处所（similar permanently enclosed spaces）。

(3)服务处所（service spaces）：系指用作厨房（galley）、设用烹调设备的配膳室（pantry of containing cooking appliances）、储物间（locker）、邮件及贵重物品室（mail & specie room）、储藏室（store room）、不属于机器处所（machinery spaces）组成部分的工作间（workshop）以及类似处所和通往这些处所的围壁通道（trunk）。

(4)主竖区（main vertical zones）：系指由A级分隔分成的船体、上层建筑和甲板室区段，其在任何一层甲板上的平均长度和宽度一般不超过40m。

(5)不燃材料（non-combustible material）：系指某种材料加热至约750℃时，既不燃烧，也不发出足以造成自燃（autoignition）的易燃蒸气（inflammable vapours）根据《耐火试验程序规则》确定。除此以外的任何其他材料均可"可燃材料（combustible material）"。

(6)钢或其他等效材料（steel or other equivalent material）：系指本身或由于所设隔热物，经标准耐火试验规定的适用曝火时间后，在结构性和完整性上与钢具有等效性能的任何不燃材料（如设有适当隔热材料的铝合金等）。

(7)船体上层建筑、甲板室应以钢或其他等效材料制成。

(8)载客超过36人的客船，其船体、上层建筑及甲板室应以A-60"级分隔分为若干主竖区；载客不超过36人的客船，在其起居处所和服务处所的船体、上层建筑和甲板室应以A级分隔分为若干主竖区。

(9)客船只要实际可行，舱壁甲板以上形成主竖区限界面的舱壁，应与直接在舱壁甲板以下的水密分舱舱壁位于同一直线上。主竖区的长度和宽度最大可延伸至48m，但在任一层甲板上主竖区的总面积不得大于1600m²。主竖区的长度和宽度范围为主竖区限界舱壁的最远点之间的最大距离。

(10)起居处所与相邻的机器、货舱、服务处所之间应采用甲级分隔。

(11)液货船以外的货船，在任何情况下任一起居处所，或用A级或B级分隔作为限界面的各个处所的面积不得超过50m²。

2. 防火分隔(耐火分隔)

用于船舶防火分隔(fire resisting division)的舱壁和甲板有A、B、C三种级别:

1)A级分隔(A class division)

A级分隔即甲级分隔,系指由符合下列衡准的舱壁与甲板所组成的分隔:

(1)应以钢或其他等效材料作分隔材料,并有适当的防挠加强;

(2)其构造应在1h的标准耐火试验至结束时,能防止烟及火焰通过;

(3)应用经认可的不燃材料隔热,使在下列时间内,其背火一面的平均温度与初始温度相比升高不超过140℃,且在包括任何接头在内的任何一点的温度较初始温度升高不超过180℃:

"A-60"级 ………………………… 60min

"A-30"级 ………………………… 30min

"A-15"级 ………………………… 15min

"A- 0"级 ………………………… 0min

(4)主管机关可以要求按《耐火试验程序规则》对原型舱壁或甲板进行一次试验,以确保满足上述完整性及温升的要求。

2)B级分隔(B class division)

B级分隔即乙级分隔,系指由符合下列衡准的舱壁、甲板、天花板(ceiling)或衬板(furring)所组成的分隔:

(1)其构造应在标准耐火试验最初的半小时结束时,能防止火焰通过;

(2)具有的隔热值使之在下列时间内,其背火一面的平均温度与初始温度相比,升高不超过140℃,且在包括任何接头在内的任何一点的温度较初始温度升高不超过225℃:

"B-15"级 ………………………… 15min

"B- 0"级 ………………………… 0min

(3)用认可的不燃材料制成,且建造和装配中所用的一切材料均为不燃材料,但不排除符合相应要求的可燃装饰板的使用;

(4)主管机关可以要求按《耐火试验程序规则》对原型分隔进行一次试验,以确保满足上述完整性和温升的要求。

3)C级分隔(C class division)

C级分隔即丙级分隔,系指用认可的不燃材料制成的分隔,不必满足防止烟和火焰通过以及限制温升的要求。允许使用厚度不超过2.5mm的可燃装饰板。

八、其他结构

1. 轴隧结构与布置

轴隧(shaft tunnel)主要用来保护推进器轴(propeller shaft),同时也可作为机舱至尾室的通道,便于人员对尾轴和轴承进行保养和维修。在尾室后端近尾尖舱舱壁处设有向上直通至露天甲板的应急通道,即逃生孔(escape trunk),故轴隧既可作为应急时逃生之用,也可通风。中机型船(amidship-engined ship)的轴隧较长,要经过货舱;尾机型船(stern-engined ship)的轴隧较短。

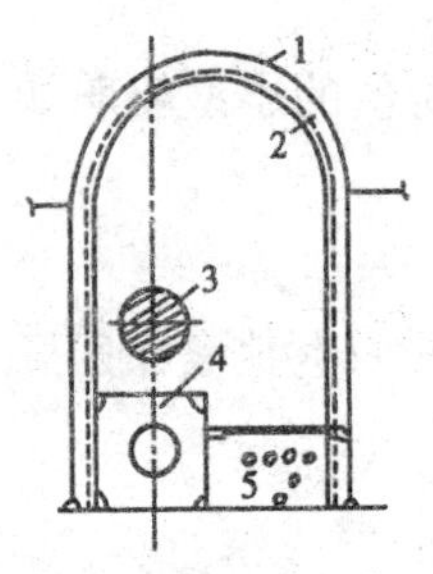

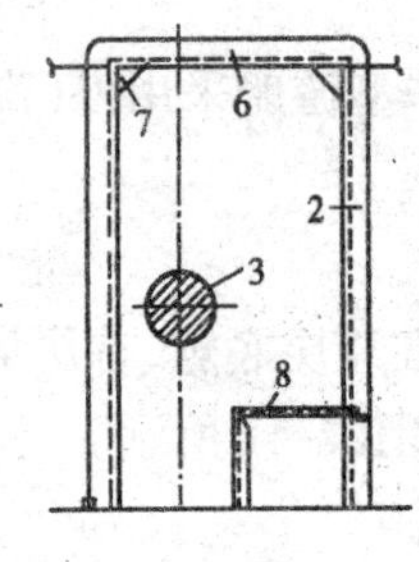

图 2-38 轴隧结构后视图

1-拱形顶板(arch top plating);2-扶强材(stiffener);3-推进器轴(propeller shaft);4-轴承基座(stool supporting shaft bearing);5-管系(piping);6-平顶板(flat top plating);7-肘板(bracket);8-格子板(grating)

单车船(single-screw ship)的轴隧不对称于中线面,通常偏于船舶右舷。为便于尾轴的安装与拆卸,轴隧的侧壁离尾轴法兰应有足够的间距。在货舱口下的轴隧顶板(top plating)应加厚 2mm,否则应加木铺板(batten ceiling)。轴隧必须水密,在机舱和轴隧间舱壁上应设有符合规范规定的滑动式水密门(slid watertight door)。应急通道的围壁应水密,其关闭装置应能两面操纵。图 2-38 所示为常见的轴隧横剖面,其中左图为拱形顶板(arch top plating),右图为平顶板(flat top plating)。

2. 舭龙骨

舭龙骨(bilge keel)设在沿船长方向的舭部,用来减轻船舶横摇,故又称减摇龙骨,图 2-39 所示为实船舭龙骨。

在长度方向,舭龙骨装在船中部,长度约在船长的 1/4 ~ 1/3 之内,宽度一般在 200 ~ 1200mm 之间,其原则是不能超出船的舷侧外板型线与船底板型线所围成的区域,以免靠离码头或进坞时碰坏。舭龙骨与外板应尽可能垂直相交,如图 2-40 所示。为避免因各种原因造成舭龙骨损坏时引起舭部外板受损,舭龙骨应连接在一根连续的扁钢上,此扁钢可焊接在船体上,舭龙骨上的端接缝、扁钢上的端接缝与外板上的端接缝都应相互错开。舭龙骨和扁钢不能突然中断,应逐渐减小,且在端点处的船体内应有适当的内部支持。

图 2-39 实船舭龙骨

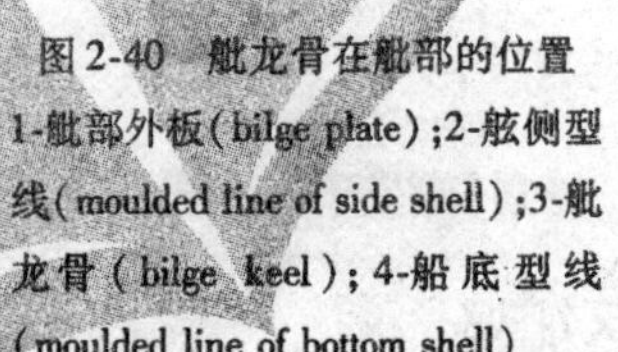

图 2-40 舭龙骨在舭部的位置

1-舭部外板(bilge plate);2-舷侧型线(moulded line of side shell);3-舭龙骨(bilge keel);4-船底型线(moulded line of bottom shell)

舭龙骨使用的结构材料主要有两种:一种为边缘加强型宽扁钢,另一种为扁钢与球扁钢组合型。连续的舭龙骨上往往开有减轻孔(其作用是既可减轻结构重量、减轻横摇,又可避免因舭龙骨受力过大而损坏),冰区加强型船舶,一般将舭龙骨设计成分段的非连续构件,其目的是避免造成连续损坏。

舭龙骨不承受船体的总纵弯曲强度。

除舭龙骨外,减摇鳍和减摇水舱也能起减摇作用,但由于该两类减摇装置与结构的最大共同缺点均是需设置专门的自动控制系统且价格昂贵,减摇水舱尚要使船舶明显损失一部分载

货能力，因此，减摇鳍和减摇水舱除极少数高价值的豪华型游船采用外（高价值的小型船舶如游艇等有使用减摇鳍减摇的），普通运输船舶几乎不用。

3. 船底塞

为便于坞修（dock repair）时能排除舱内积水，一般在双层底舱、首尾尖舱及其他紧靠船底的每个水舱内至少设置有一个船底塞（docking plug），如图 2-41 所示。

船底塞设置在每一水舱后部的水密肋板前一档肋距处，且在平板龙骨的两侧，并离开舱壁一段距离，以免被坞墩（docking block）堵塞而无法拆装。为防止海水腐蚀及脱落，船底塞一般用锰黄铜（manganese brass）或不锈钢（stainless steel）制成，并应在拆装完成后出坞前在船底塞外面用水泥封涂成一个半球形的水泥包。

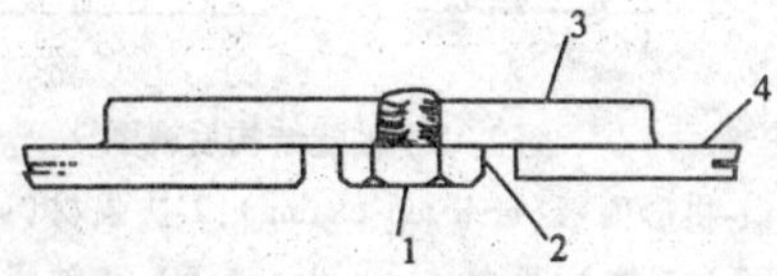

图 2-41　船底塞

1-船底塞（docking plug）；2-垫圈（insertion ring）；3-垫板（pad）；4-船底板（bottom plating）

4. 尾轴架

为能牢固地支撑螺旋桨并保护桨轴，一些双桨船将桨轴伸出船体外部部分用尾轴架（propeller shaft bracket）进行支撑和保护，图 2-42 所示为双臂（人字）尾轴架。按规范规定，尾轴架可采用铸钢、钢板焊接和分段铸件或锻件焊接构成。尾轴架固定处的船体骨架应予加强，支臂应伸进船体内部，并与肋板、纵桁和外板牢固连接。

5. 挂舵臂

挂舵臂（rudder horn）用于支承半悬挂舵。采用钢板焊接或铸钢，挂舵臂应伸入船体，并与加强的主体结构牢固地连接。图 2-43 所示为实船挂舵臂。

图 2-42　双臂（人字）尾轴架　　　图 2-43　实船挂舵臂

九、冰区加强

对航行于冰区（ice zone）的船舶需按规范的规定进行加强，其加强部位主要有甲板、船壳外板、舷侧骨架及首尾结构等。加强的方法主要有增加板厚、加大骨架尺寸和缩小骨架间距，具体细则在规范中有详细规定。

1. 冰级

按不同的冰况，航行冰区的加强分为如下 5 个冰级标志：

B1* 冰级：最严重冰况，相当于：IA Super；

B1 冰级：严重冰况，相当于：IA；

B2 冰级：中等冰况，相当于：IB；

B3　冰级：轻度冰况，相当于：IC；

B　冰级：除大块固定冰以外的漂流浮冰，如中国沿海情况。

B1*、B1、B2和B3冰级(ice class)标志的加强要求分别符合1985年《芬兰—瑞典冰级规则》附件I中对IA Super、IA、IB及IC的有关规定，主要适用于在冬季航行于北波罗的海的船舶。B冰级适用于中国沿海航行的船舶。

当船舶航行于冰区时，吃水线应不超过LWL线(指船首、船中和船尾最大吃水的允许折线连线)；当船舶航行于冰区时，至少应装载至BWL线(指船首和船尾最小吃水的连线)。

2. B级冰区加强

B级冰区加强要点有：冰带外板厚度至少应为船中部外板厚度的1.25倍，但不必大于25mm。如设置中间肋骨，则中间肋骨的垂向设置范围为压载水线以下1000mm至满载水线以上1000mm处；如不设置中间肋骨，则肋骨间距应为船中部肋骨间距的60%，但应不大于500mm。钢板焊接首柱自满载水线以上600mm处以下部分的板厚应为规范值的1.1倍，但不必大于25mm。

第三节　船体水密与抗沉结构

船体水密与抗沉结构主要包括水密横舱壁、双层底、双层舷侧(壳)及各种开口的水密装置(如水密门、窗、水密舱盖与道门盖等)。

一、对船体内水密横舱壁设置的特别要求

除"本章第二节船体结构第五部分舱壁结构"所述对水密横舱壁设置道数的要求外，尚应满足以下特别要求。

1. 对客船

(1)应设置首尖舱舱壁或防撞舱壁，该舱壁应水密延伸到舱壁甲板。除有特别说明外，该舱壁应位于距首垂线不小于船长的5%而不大于3m加船长的5%处。

(2)应设置尾尖舱舱壁和将机器处所与前后客、货处所隔开的水密舱壁，这些舱壁应水密延伸到舱壁甲板。

2. 对货船

(1)应设置防撞舱壁，该舱壁应水密延伸到干舷甲板。除有特别说明外，该舱壁与首垂线间的距离应不小于船长的5%或10m，取较小者，但经主管机关允许，可不大于船长的8%。

(2)应设置舱壁将机器处所与前后客、货处所隔开，该舱壁应水密延伸到干舷甲板。

二、船体开口的关闭设备

1. 水密舱壁上开口的关闭设备

1)防撞舱壁

防撞舱壁上不准开任何门或人孔、通风管道或任何其他开口。凡穿过防撞舱壁的管子应设有能在舱壁甲板以上操作的截止阀，该阀的阀体应设在首尖舱内的防撞舱壁上，以便在首部破损时能立即将它关闭。

2)水密舱壁上的水密门

任何动力滑动水密门的操纵装置,无论是动力式还是手动式,均应能在船舶向任一舷横倾至15°的情况下将门关闭。

任一动力滑动水密门应既能从驾驶室遥控关闭,也能用设置的独立的手动机械操纵装置从门所在位置的任一边用手开启和关闭该门。在控制位置应装设显示门是开启或关闭的指示器,并且在门关闭时发出声响报警。在主动力失灵时,动力、控制和指示器应能工作。

除所规定的航行中可以开启的门外,所有水密门在航行中应保持关闭。这些门在港口开启的时间和离港前关闭的时间均应记入航海日志中。

3)客船水密舱壁上的水密门

(1)结构与遥控操纵要求:每一动力滑动水密门,应为竖动式或横动式,最大净开口宽度一般限制为1.2m。其动力系统应和任何其他动力系统分开,且其遥控操纵位置设在符合要求的驾驶室内和舱壁甲板以上的手动操纵处。

(2)操作位置:现场用独立的手动机械装置从门所在舱壁的任一侧用手开启和关闭门,其控制手柄应装设在舱壁两侧地板以上至少1.6m的高度处,开启与关闭门时手柄的运动方向与门的移动方向一致,并清楚地标明;驾驶室集控台集中遥控关闭所有门(不能从集控台遥控开启任何一扇门);在舱壁甲板上可到达之处用全周旋摇柄转动或主管机关接受的具有同样安全程度的其他动作关闭该门。

(3)在船舶正浮时应满足的关门时间要求:现场手动机械装置将门完全关闭的时间应不超过90s;从驾驶室集控室遥控同时关闭所有门的时间应不超过60s;用动力关闭门时关闭速率应大致均匀,确保从门开始移动至门完全关闭的时间,在任何情况下应不少于20s或不大于40s。

(4)应设置一个与该区域内其他警报器不同的声响警报器。当该门用动力遥控关闭时,这种警报器应在门开始移动前至少5s但不超过10s发出声响,且连续发声报警直至该门完全关闭。在手动遥控操纵的情况下,只要当门移动时音响警报器能发出声响即可。此外,在乘客区域和高环境噪声区域,可以在门上的声响警报器增配一个间歇发光信号器。

(5)驾驶室内的集控台应设有标明每扇门位置的图,并附有发光指示器,以显示出每扇门的开启或关闭状态。用红灯表示一扇门完全开启,而绿灯表示一扇门完全关闭。当遥控关闭门时,红灯应以闪烁表示门处于关闭过程中。指示器电路应与每扇门的控制电路分开。

(6)动力滑动水密门需要的电源应由应急配电板直接供电,或由位于舱壁甲板上方的专用配电板供电。

(7)在甲板处所之间分隔货舱的水密舱壁上装设的水密门可为铰链式、滚动式或滑动式,但不必是遥控的。它们应装在最高处并尽可能远离外板。此类门应在开航前关妥,并应在航行中保持关闭,其在港内开启的时间和船舶离港前关闭的时间应记入航海日志中。无60s内关闭时间的要求。

4)货船的水密门和舱盖

(1)用以保证内部开口的水密完整性且通常在航行时关闭的出入门和舱盖,应在该处和驾驶室装设显示这些门或舱盖是开启还是关闭的设施。这类门或舱盖的使用应经值班驾驶员批准。

(2)可以装设结构良好的水密门用作大型货物处所的内部分隔,这些门可以是铰链的,滚动的或滑动的门,但不应是遥控操纵的。此类门应在开航前关妥,并应在航行中保持关闭。在港内开启的时间和船舶离港前关闭的时间应记入航海日志中。

2. 船壳板上的关闭设备

在限界线以下的船壳板上的开口越少越好,并应根据用途和位置设备相应的关闭设备。

(1)在封闭甲板以下处所或封闭的上层建筑处所的舷窗,应装设铰链式可靠的内侧舷窗,其装置应能有效地关闭和保证水密。

限界线以下的舷窗采用水密性和抗风浪性强的圆形舷窗并装有可靠的铰链舷窗盖。主要有永久关闭式舷窗,离港前关闭到港后方可开启的舷窗(启闭时间需记入航海日志)及航行中由船长决定是否关闭的舷窗三种。

(2)船壳板上的排水孔都有防止海水意外进入船内的装置。从舱壁甲板以下通到船壳板外的排水孔都配有自动止回阀,并在舱壁甲板上设有可以强制关闭的装置,或者设两个止回阀,其中一个的高度能使其随时可以检查并且是经常关闭型的。

(3)与机器连通的海水进水孔和排水孔,在管系与外板间或管系与装配在外板上的阀箱之间装设有易于到达且可就地控制的阀,设有表明阀处于开启或关闭的指示器。

3. 舱壁甲板以上的水密设施

舱壁甲板以上也采取水密措施以保证限界线以上水密的完整性。

(1)舱壁甲板和舱壁甲板的上一层甲板均不透风雨。露天甲板上的所有开口都可以关闭。

(2)舱壁甲板以上、第一层甲板以下所有舷窗都有舷窗盖,可以有效地关闭并保证水密。

(3)露天甲板上设有排水口或排水孔,可以在任何气候情况下将水迅速排出舷外。

第四节　船体主要结构图与总布置图

正确认识、掌握船体主要结构图和船舶总布置图的识图方法,是船舶管理人员尤其是船长和大副必须具备的一项基本功,对正确合理地使用和管理船舶(如货物配载、对船体的维护、保养和修理等)具有十分重要的现实意义。

一、船体主要结构图

船体主要结构图的用途主要表现在三个方面,首先,通过该图可以达到了解本船船体结构的尺度,其次该图亦是造船时计算强度和选用构件的依据,同时修船时亦可根据图上标明的板材和骨架的厚度与尺寸,用船体允许的蚀耗表算出允许蚀耗,对照实测结果来决定是否需要换新(renew)。常用的船体主要结构图有以下几种:

1. 基本结构图

基本结构图(basic construction plan)反映了船体纵、横构件的布置和结构情况,是全船的结构图样之一,即是绘制其他结构图样的依据,并是具体施工时的一张指导性图纸。主要包括纵中剖面结构图、各层甲板图及内底结构图等。

1)纵中剖面结构图(central fore-and-aft plane construction plan)

图上注有肋骨尺度和间距、甲板纵桁尺度、各种支柱尺度、纵舱壁厚度及其上的扶强材尺度、上层建筑的高度以及板的厚度和扶强材尺度等，如图 2-44所示。

2）各层甲板图（deck plan）

图上注有甲板板的厚度、甲板纵桁的尺度和间距、横梁尺度、舷边角钢尺度和各开口的位置及尺寸等，如图 2-45 所示。

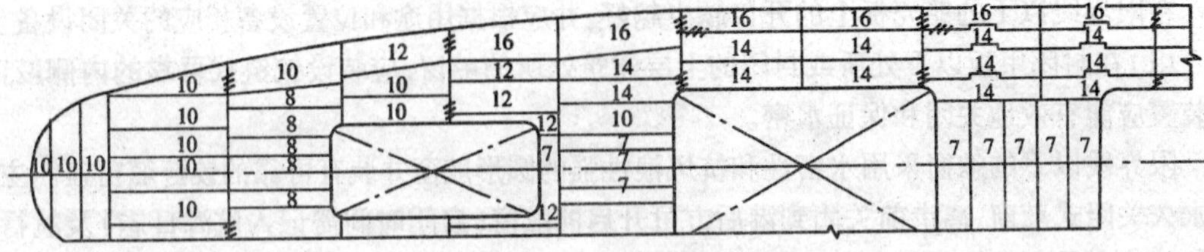

图 2-45 各层甲板图

甲板板（deck plating）由众多块钢板焊接组合而成，主体部分钢板的长边沿船长方向布置，首尾相接，并平行于船体纵中线。但由于甲板边板要保持一定宽度，故沿舷边呈折线状布置，且在大开口之间及首尾两端允许横向布置。

3）内底结构图（inner bottom construction plan）

图上注有内底板和内底边板的厚度、舭肘板尺度、内底和船底纵骨的尺度、肋板的厚度和尺度、中桁材和旁桁材的厚度和尺度。该图也叫双层底图（double bottom construction plan），如图 2-46 所示。

2. 外板展开图

1）外板的组成与名称

船壳外板是由许多块钢板经焊接组合而成的，钢板的长边沿船长方向布置。长边与长边相接叫边接，焊缝为边接缝，短边与短边相接叫端接，焊缝称端接缝。钢板逐块端接而成的连续长条板称为列板（strake）。位于船底平坦部分的各列板称为船底板（bottom plating），位于船体纵中线的一列船底板称为平板龙骨（flat plate keel）。由船底过渡到舷侧的转圆部分称为舭部（bilge），该处的列板称为舭列板（bilge strake）。舭列板以上的列板称为舷侧列板（side strake），其中与上甲板甲板边板（deck stringer）连接的这一列板称为舷顶列板（sheer strake）。在船舶首尾部，因实现线形变化使船体瘦削，需将相邻的某两列板合并为一列板，这种合并列板称并板（stealer strake）。组成船壳外板各列板的名称如图 2-47 所示。

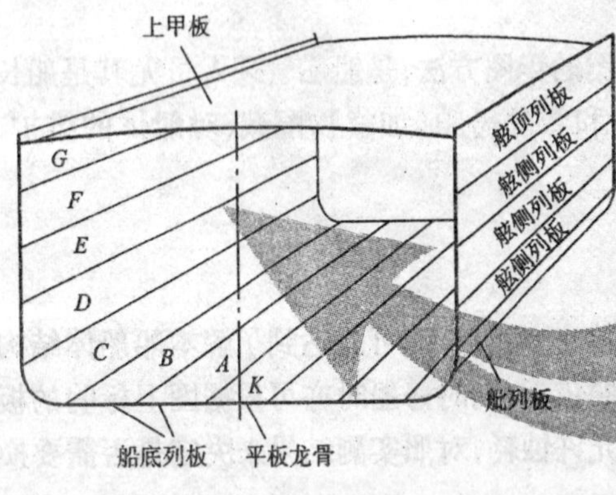

图 2-47 外板的名称

2）外板展开图的展开方法与特征

船体以首尾纵中线为基准左右对称布置，因此外板的布置也是左右对称的。外板展开图（shell expansion plan）由船壳外板沿基线（base line）横向展开而成，以表示船壳外板横向曲度展开后的形状，其纵向曲度不加展开，因此，在图上每一块钢板的宽度是其实际宽度，而长度却是其在基线上的投影长度，小于实际尺寸，且实际应用时一般仅绘制右舷的外板展开图，如图 2-48 所示。

3)外板展开图展示的信息与作用

外板展开图上有全船外板排列的边接缝、端接缝及分段线;钢板的编号、厚度及尺寸;外板上开口与加强覆板的位置、形状与尺寸;各层甲板、内底板、船底纵桁材、舷侧桁材、各道舱壁、肋骨和肋板(即船体纵、横骨架与构件)的位置线等。其作用是造船或修理时确定船体钢板的规格和数量,申请备料和订货的主要依据。

4)外板的编号方法

组成船壳外板的每块钢板在外板展开图中的确切位置用编号的方式表示,编号由列板与钢板序号两部分组成,并冠以左舷(P)或右舷(S)。对不同列板,以平板龙骨为基准并称其为K列板,与其相邻的列板为A列板,再次的列板为B列板,以此类推,但I、O、Q三字母不用;而同一列板中每块钢板的排列序号可从船首排起,也可从船尾排起,并用阿拉伯数字表示。如图2-47中船壳外板右舷C列第四块板(从船首算起),则可表示为SC4,同样“K6”则表示平板龙骨第六块板(从船首算起)。

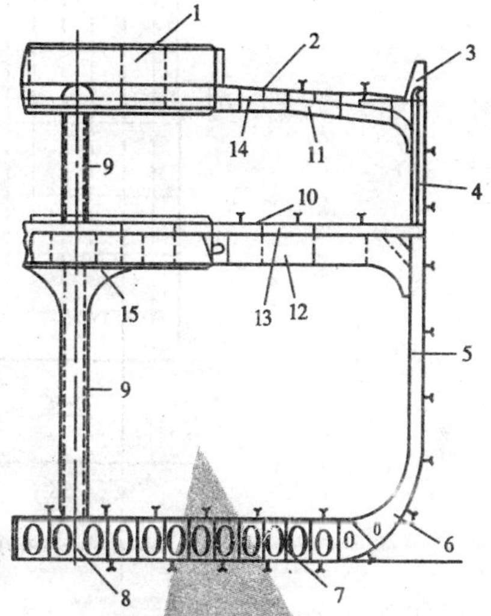

图2-49 中横剖面图

1-舱口围板(hatch coaming);2-上甲板(upper deck);3-舷墙扶强材(bulwark stiffener);4-甲板间肋骨(tweendeck frame);5-主肋骨(main frame);6-舭肘板(bilge bracket);7-实肋板(solid floor);8-中桁材(center girder);9-支柱(pillar);10-下甲板甲板板(lower deck deck plate);11-舱口端梁(hatch end beam);12-下甲板舱口端梁(lower deck beam);13-下甲板横梁(lower deck beam);14-上甲板横梁(upper deck beam);15-支柱肘板(pillar bracket)

3. 横剖面图

横剖面图(transverse section plan)主要包括中横剖面图(midship transverse section plan),机舱处横剖面图(engine-room transverse section plan)及货舱口处横剖面图(cargo hatch transverse section plan)。其上有一些重要的船舶尺度、横剖面形状及剖面处各构件的尺度等,图2-49所示为某船中横剖面图。

4. 舱壁图

舱壁图(bulkhead plan)上注有舱壁板的排列和厚度,扶强材及其肘板的尺度和水平桁材的尺度等,图2-50所示为平面舱壁结构图。

5. 坞墩图

坞墩图(docking plan)又称进坞图,是一张有关船体底部船壳线型的图纸。图上标明有船底骨架、航海仪器与海底阀所在位置及坞墩的分布形式与数量。其作用是指明船舶进坞时坞墩的正确排放位置与数量,避免因坞墩排放位置不合适而损坏船体、航海仪器船底装置或堵住海底阀,确保航海仪器船底装置和海底阀能得到及时检修。

二、总布置图

总布置图(general arrangement plan)是船舶各舱室的划分与位置、各种设备及位置的布置图。该图反映了船舶总的布置情况,比较集中体现了船舶的用途、任务和经济性。

完整的总布置图由船舶的右舷侧视图、货舱正视横剖面图、各层甲板与平台平面图、舱底

平面图、船舶主要尺度和技术数据及图纸名称、设计单位与日期和批准主管机关等组成，总布置图如图 2-51 所示。

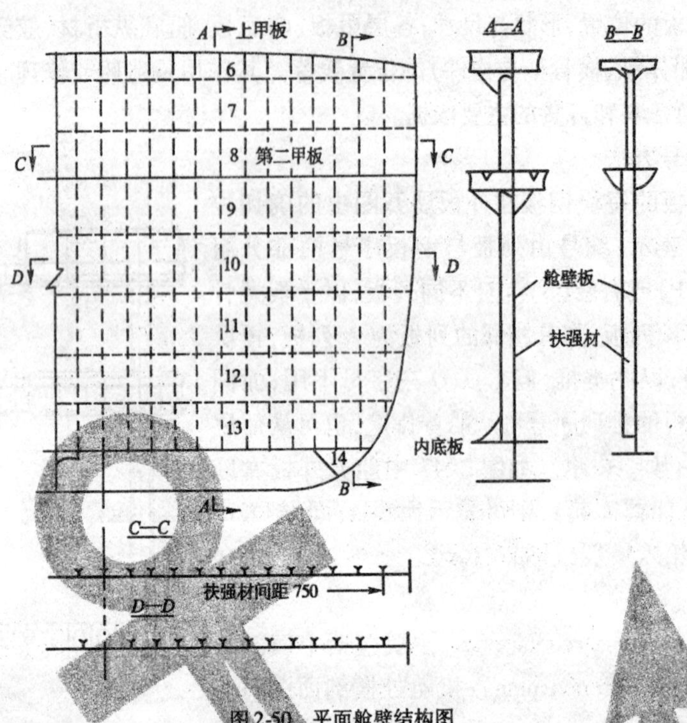

图 2-50　平面舱壁结构图

1. 右舷侧视图

右舷侧视图(starboard side profile plan)是将船舶的右舷侧面投影在首尾纵中线所在垂直平面上所得到的视图。该图主要包括全船的侧视概貌(如主船体轮廓、上层建筑位置、层高及形式等)、主船体内部机舱位置、货舱分布与数量、横舱壁位置与数量、甲板及平台位置与数量、甲板与救生设备的布置位置与数量等内容。

2. 货舱正视横剖面图

货舱正视横剖面图(hold section plan)是从船首正前方投影船舶货舱所得到的视图。该图主要包括货舱、船底及舷侧的布置形式、上层建筑布置形式与层高等内容。

3. 各层甲板与平台平面图(俯视图)

各层甲板与平台平面图(俯视图)主要包括：

(1)主船体所具有的各层甲板的俯视图；

(2)上层建筑(如首楼、尾楼、桥楼及甲板室等)各层甲板及平台的俯视图；

(3)各层甲板与平台上有关开口、舱室位置及大小；

(4)各层甲板与平台上有关门、窗、通道、扶梯的位置和方向；

(5)各层甲板与平台上有关设备、家具及其他用具的具体布置位置。

4. 舱底平面图

舱底平面图(俯视图-tank top view plan)主要包括：

(1)对单层底而言，体现船底上的布置情况；

(2)对双层底而言，体现了内底板上有关舱室与设备的布置位置和数量、双层底内部有关

舱室的划分位置与数量等。

5. 船舶主要尺度和技术数据

船舶主要尺度和技术数据(principal particulars)主要包括:最大长度、两柱间长(型长)、型宽、型深、设计吃水、服务航速、总吨与净吨、主机型号及功率、续航力、人员定额及船级等。

小结与习题

本章小结:

本章包括船用钢材及连接方法、船体结构和船体主要结构图与总布置图三部分内容。

本章在全面考量2011年新大纲对学员应了解和掌握知识点要求的基础上,依据《钢质海船入级规范》、《海船法定检验技术规则》及SOLAS公约有关规定编写而成,内容充分结合了航运发展的新特点和航海新技术在船舶建造中的应用,注重了理论与航海实践相结合的原则。鉴于本章有相当部分内容(如船体结构部分)比较复杂、抽象且枯燥难懂,故在编写内容时用了大量简单、直观、易懂的图片,十分便于学员理解和掌握。

本章"船用钢材及连接方法"内容为2011年新大纲非强制要求了解和掌握的知识点,但该部分内容又是学员学习"船体结构"、"船舶修理"、"船舶入级与检验"和今后在对船舶进行维护、保养和修理时,必须具备的基础知识,因此,仍将该部分内容作为一个完整的知识体系纳入本章。

本章难点和重点应放在船体结构和船体主要结构图部分,请学员在学习时加以注意。

思考题

1. 何谓主要构件与次要构件?请各举五例说明。
2. 何谓横骨架式结构?该种骨架具有哪些特点?
3. 何谓纵骨架式结构?该种骨架具有哪些特点?
4. 何谓纵横混合骨架式结构?该种骨架具有哪些特点?
5. 双层底有哪几方面的作用?
6. 简述双层底的主要组成部分。
7. 舷侧结构主要由哪些部分组成?
8. 简述圆弧形舷边的特点、应用要求和应注意的事项。
9. 梁拱和舷弧各有哪些作用?
10. 对称槽形舱壁与平面舱壁相比具有的优、缺点有哪些?
11. 组成主船体的横向构件主要有哪些?
12. 组成主船体的纵向构件主要有哪些?
13. 确保主船体横向强度的板材与构件有哪些?
14. 确保主船体纵向强度的板材与构件有哪些?
15. 简述甲板的主要组成部分。
16. 船体主要结构图有哪些?
17. 简述船舶总布置图的组成部分。

第三章 船舶管系

船舶管系随船舶种类的不同，种类众多，本章仅介绍如舱底水、压载、通风、消防、日用水、甲板排水及卫生排泄处理系统等几类通用的船舶管系（piping system）。

第一节　舱底水管系

一、舱底水管系的作用与应用

舱底水管系又称污水管系（bilge piping system），主要用于排除因船舶货舱内外温差引起的舱内湿空气形成的冷凝水、船舶水密装置如舱口盖（hatch cover）及货舱出入口（access）等的老化渗漏、清洗舱室水、尾轴与舵杆套筒填料函的老化渗漏、机器与管路的渗漏等最终集聚于货舱与机舱底部而形成的污水（bilge water）。在船舶发生海损事故而使舱室进水时，舱底水管系也可用来作辅助排水设备进行排水，以便采取有效的堵漏措施。

为能抽除及排干任何水密舱室中的水，所有船舶除固定用来装载淡水、压载水、燃油或液体货物以及设有在所有实际可能情况下能够使用的其他有效抽除设施的舱室外，其他水密舱室均设有有效的舱底水管系。

二、舱底水管系的组成

舱底水管系主要由以下几部分组成：

1. 污水沟与污水井

污水沟（bilge drainage）或污水井（bilge well）用于积聚舱内污水。

对双层底船而言，污水沟位于舱内舭部，由下倾式内底边板和舭列板围成。凡机、炉舱和货舱的内底板延伸至两舷不形成舭部污水沟者（即为其他形式的内底边板结构时），一般在舱底两舷后部的内底板上各设置一个凹入双层底的污水井，以便积聚污水。按规范规定，污水井

图3-1 实船污水井

的容积应不小于0.15m³。污水井通常由肋板将其分成前后相通的两部分，且容积前大后小，容积比一般为3比1，这样可最大限度地减少污物进入吸口所在的污水井后部区域，减少堵塞污水管路的可能性，如图3-1所示。此外，对装载散装干货的货舱，尚应在装货前将污水井盖用麻布包好，以免散货颗粒掉入污水井内。

2. 吸口与舱底水管路

1）吸口(suction)

按规范规定，每舷的污水沟或污水井内均应设置一个吸口，但对内底板向两舷升高及首、尾端狭窄的货舱，则在中纵剖面处设置一个吸口，对仅有一个货舱且该舱长度大于35m时，则在舱的前后端均应设置一个吸口。任何舱室或水密区域内的积水，均能通过至少1个吸口予以排出。

因船舶多处于尾倾状态，故吸口布置在各舱后部规定位置的最低处。为防止污物堵塞管路，货舱及除机器处所和轴隧外的其他舱室舱底水吸入管的开口端，应封闭在网孔直径不大于10mm的滤网箱(strum box)内，滤网箱的通流面积应不小于该舱底水吸入管截面积的2倍，滤网箱应便于拆装和清理。

2）舱底水管路(bilge pipe)

舱底水管路用于排出污水，一般布置在双层底内，也有布置在污水沟内的，具有管隧结构的大型船舶，总管布置在管隧内。为防止水密舱室间、水密舱室与货舱和机器处所间、干燥舱室与海水或舱柜间发生污水倒灌及各舱间相互沟通的可能性，下列附件上应装设截止止回阀(non-return valve)：

(1)舱底水分配阀箱或舱底水支管；

(2)舱底泵或舱底水总管上舱底水吸入软管的接管；

(3)直通舱底泵吸入管；

(4)舱底泵与舱底水总管之间的连接管。

舱底水管路的布置应能满足船舶在正浮或向任何一舷横倾小于5°时，均能排干污水。舱底水支管内径的一般应不小于50mm，直通舱底泵的舱底水管内径应不小于该船舱底水总管的内径，轴隧舱底水支管内径一般应不小于65mm，任何情况下，舱底水总管的内径应不小于最大舱底水支管的内径。连接舱底水总管和分配阀箱的连接管的截面积，应不小于连接于该阀箱的两个最大舱底水支管的规定截面积的总和，也不必大于所规定的舱底水总管的截面积。所有舱底水吸入管路，直至与舱底泵吸入阀箱连接之前，不应与其他管路有任何连接。

3. 舱底泵

当客船业务衡准数等于及大于30时，至少应配备四台动力舱底泵(bilge pump)，其中三台应为独立动力泵，另一台可由主机带动或仍为独立动力泵；当客船业务衡准数小于30时，至少应配备三台动力舱底泵，其中两台应为独立动力泵，另一台可由主机带动或仍为独立动力泵。除客船外的船舶，当船长大于91.5m时，至少应配备两台独立的动力舱底泵；当船长等于及小于91.5m时，至少应配备两台动力舱底泵，但其中一台可由主机带动或仍为独立动力泵。

所有的动力舱底泵均应为自吸式泵或带自吸装置的泵。每台动力舱底泵应能使流经所需

的舱底水总管的水流速度不小于2m/s。若独立动力的卫生泵、压载泵及总用泵的排量足够且为自吸式泵或带自吸装置的泵并与舱底水管系有适当的连接时,也可作为独立动力的舱底泵。

舱底泵与舱底水管系的连接,应确保当其他舱底泵在拆开检修时,至少有1台泵仍能继续工作。且泵及其管路的布置,应能使所连接的任何泵的工作不受同时工作的其他泵的影响。

4. 阀箱

为便于集中控制与简化管路,一般在机舱里设置若干阀箱(valve casing),当需要将某舱污水排出时,只要将该舱所属的阀门打开,舱底泵工作就能将污水经舷侧截止止回排水阀(non-return valve)排出。

5. 泥箱和油水分离器

泥箱(mud box)用于过滤污水,使污泥和杂质沉积在泥箱里,以防污物进入管路产生堵塞或损坏泵阀。

油水分离器(oil-water separator)用于分离出污水中的残油,以防污水排出时带出残油而污染海域。

6. 测量管

各舱的污水沟或污水井内均设有一根直通至舱壁甲板以上(一般为主甲板)用来测量其水位的测量管(sounding pipe),又称测深管。该管的上口设有旋塞(faucet)或螺纹盖(thread cap),以防污物进入管内,下口位于水位最深处(吸口附近),为避免测量尺下端的重锤(或棒)对船底板频繁撞击而损伤船底板,在下口处的船底板上焊有一圆形垫板,称防击板(striking plate)。

除舱底水管外,所有的液舱、隔离空舱及管隧等均设置有测量管,以便测量液位。测量管的内径不得小于32mm。

第二节　压载管系

一、压载管系的作用与应用

1. 作用

压载管系(ballast system)的作用体现在以下几个方面:

(1)既可用于向用作压载的舱室(如双层底舱、首尾尖舱、深舱、边舱、上下边舱及顶登和底登等)注入或排出压载水(ballast water),也可用于将某一压载舱(ballast tank)内的水调驳到其他压载舱内,以调整船舶的纵倾、横倾、吃水差和稳性等航海性能及船体强度。

(2)船舶发生海损事故造成破损进水的部位为压载舱所在区域时,压载管系可用于排除进水。对不对称进水,也可利用压载管系消除横倾。

(3)特殊船舶如破冰船可利用压载系统实施破冰作业,半潜及潜水船可利用其实现沉、浮作业。

2. 应用

压载管系应用于所有种类的船舶。

二、压载管系的组成

压载管系主要由以下几部分组成：

1. 压载管路和吸口

压载管路(ballast pipe)用来输送压载水，通向各用于压载的舱室。压载管的布置和各压载舱吸口的数量，应能满足船舶在正常营运条件下处于正浮或倾斜位置时均能将压载水注入或排出各压载舱，即在机舱前的各压载支管，布置在内底板以下双层底内或管隧(箱型中桁材)内，机舱里的压载支管布置在内底板上，机舱以后的压载支管布置在轴隧里，为便于集中控制，压载总管布置于机舱内(大型船舶也有布置在专用泵舱内的)。吸口设在各压载舱的后部，但当某压载舱长度超过35m时，则应在前后端均设置吸口，吸口处还应设过滤器。

船上压载管系的布置方式大致有独立式、单总管式、环形总管式、分组形总管式及重力排水式五种。其中散装货船及矿砂船多采用单总管式，散装货船也采用重力排水式。

2. 调驳阀箱

调驳阀箱(control valve easing)设在机舱或专用泵舱内，与各压载支管、总管和压载泵(ballast pump)相连接。阀门主要有：各压载支管的截止阀(stop valve)、排出舷外的舷侧排水阀(为截止止回阀，以防海水倒灌)、海底阀(或称通海阀 sea suction valve，为截止阀)。

调驳阀箱用来控制将舷外海水通过海底阀注入所需的压载舱，或将压载舱内的压载水通过舷侧排水阀(overboard discharge valve)排出舷外，以及在各压载舱之间实现调驳。

3. 空气管和测量管

1)空气管(air pipe)

图3-2 浮子式空气管头

空气管一般由空气管头和空气管筒体两部分通过法兰连接组成，空气管头型式有浮筒(浮子)式、浮球式、帽式、鹅颈式及测深兼透气式多种，图3-2为实船浮子式空气管头。空气管筒体下端与舱柜相通。

按规范规定，除污水沟(井)外，所有液舱(水舱、油舱)及隔离空舱和管隧均应装设空气管，必要时，轴隧也应装设空气管，以便液舱在注入或排出液体时，空气能自由地被排出或进入液舱。

空气管应从舱柜的高处引出并远离注入管，即相应舱室空气管的下端口应延伸且刚好穿过该液舱前部最高处的顶板并与之连接，如双层底舱空气管的下端口应延伸且刚好穿过该舱前部角落的内底板并与之连接。

空气管的上口应升高至干舷甲板以上的露天地点(如上甲板、上层建筑甲板等)或舱壁甲板以上或机器处所内较小的舱室空气管终止于机器处所内，其中双层底舱空气管的上口应升高至舱壁甲板以上。燃油和货油舱柜空气管的管端，装设有耐腐蚀且便于更换的金属防火网。

空气管在干舷甲板上离甲板的高度应不小于760mm，在上层建筑甲板上的高度应不小于450mm。对无法实现独立布置空气管的船舶(如客船)，则可将贮存同类液体的各舱柜空气管引至舱壁甲板以上后，与空气总管连接，并将该总管引至露天甲板以上，但空气总管的布置一般要有5°左右的斜度，以免管内积存液体。

一般空气管的内径不小于50mm，轴隧与管隧的空气管内径不小于75mm，油船空气管内

径不小于100mm,空气管不得兼作测量管。

2)测量管(sounding pipe)

各压载舱均设有测量管,其设置要求同舱底水管系。在机舱和轴隧处的测量管上口可升至花钢板(diamond plate)以上,并在管口设置自动关闭阀(automatic closing valve),以免油、水从测量管溢出。

第三节　通风管系

一、通风管系的作用与应用

通风管系(ventilating system)用于对货舱、机舱、客舱、船员起居处所和厨房等舱室进行通风,排除废气,补充新鲜空气,调节舱内的温度和湿度,防止承运的货物变质或自燃,改善旅客和船员的居住与工作条件。

二、通风方式

船上常见的通风方式有自然通风、机械通风和空气调节系统三种。

1. 自然通风

自然通风(natural ventilation)是利用空气流动时通风筒内外的压力差,使空气经通风筒排出舱外或进入舱内,或把通风筒对着风向使外界的空气经通风筒进入舱内以达到通风目的的系统。常用的通风筒有下列几种:

1)烟斗式通风筒(cowl-head ventilator)

图3-3所示为烟斗式通风筒,该种通风筒又称其为风斗。图中风斗套在座管上,风斗上的把手用来转动或取下风斗。这种通风筒主要用于向舱内送入新鲜空气,排出废气的效果不如排风筒。小型船舶的货舱和机舱用得较多,且在大风浪天气时需将风斗取下,用木盖盖住座管口并套上帆布罩扎紧,以防海水浸入舱室。

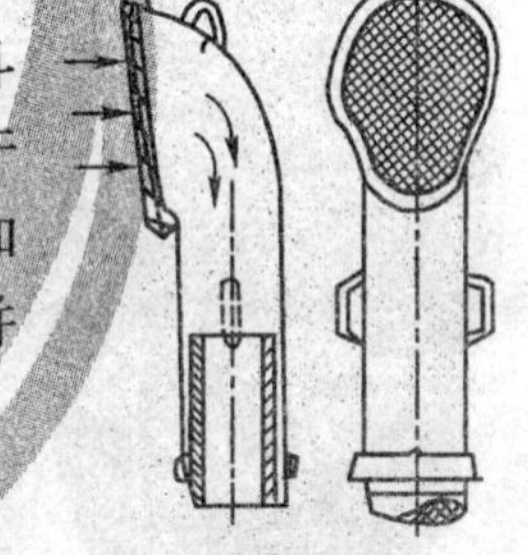

图3-3　烟斗式通风筒

2)排风筒(uptake ventilator)

图3-4所示为排风筒,风斗呈喇叭形,风从小口吹入,气流在座管上方加速而使其压力降低,舱内空气则经座管从大口处排出。该种通风筒在小型船舶靠近两舷的舱室用得较多。

3)鹅颈式通风筒(gooseneck ventilator)

鹅颈式通风筒有圆形、矩形和扁圆形三种型式,图3-5所示为矩形鹅颈式通风筒,筒口除设有铰链式盖板外,尚设有防鼠网,有的则设计成防浪形。该种通风筒主要用于船舶的物料间、储物间及类似舱室,其中小型船舶用得更多。

4)菌形通风筒(mushroom ventilator)

图3-6所示为菌形(又称蘑菇形)通风筒,它是在座管上设置一形如菌帽的圆盖,这种通风筒船上广泛使用。一些杂货船和多用途船则利用其起重设备组成部分中的起重柱(samson post)作为座管,在其上加设固定的菌形帽盖而构成货舱的自然通风筒。用于厨房和起居舱室

的通风筒则装有可调节螺杆，只需在室内旋转调节手轮就可达调节开口大小的目的。

为满足一旦通风筒所在舱室发生火灾事故后能在外部将其关闭，菌形通风筒均在菌形帽盖的顶部设置操作手轮或在筒体侧面设置操作手轮或手柄，以用于紧急情况时手动操作关闭通风筒，该类通风筒有的同时配备有风机和金属防火网。图3-7和图3-8所示为在菌形通风筒外部设置操作手轮的手动操作装置。

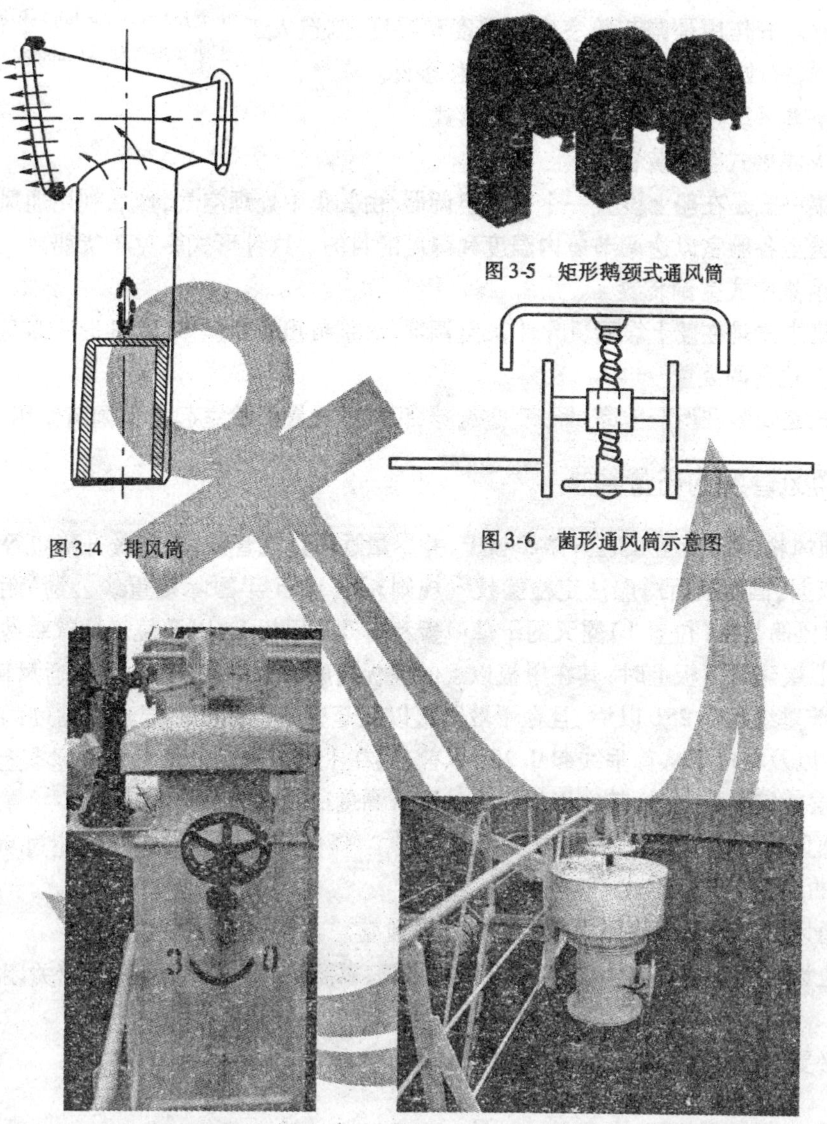

图3-4 排风筒

图3-5 矩形鹅颈式通风筒

图3-6 菌形通风筒示意图

图3-7 筒体侧面设置操作手轮的菌形通风筒

图3-8 盖帽顶设置操作手轮的菌形通风筒

2. 机械通风

机械通风(mechanical ventilation)是用风机(aerator)和管道把新鲜空气鼓入舱内或把舱内空气抽出，以达到通风的目的。主要用于起居舱室和货舱。图3-9所示为机械通风管系布置示意图。为避免在恶劣或潮湿天气时因通风的原因而使湿空气进入货舱引起货物潮湿，甚至发霉变质造成货损,可在普通机械通风机上加置除湿机或除湿剂,从而使输入舱内的新鲜空气变干燥。

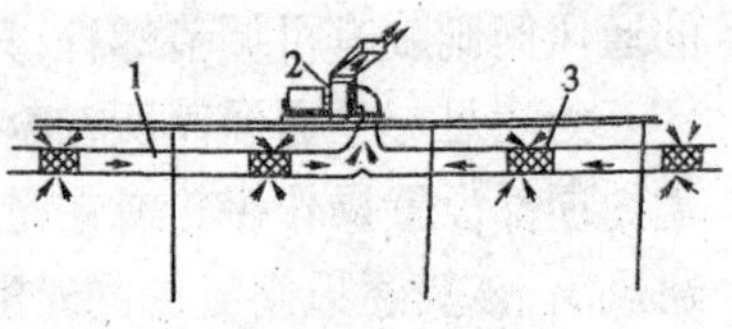

图3-9 机械通风管系

1-管路(pipe conduit);2-风机(aerator);3-吸口空气滤器(suction air filter)

3. 空气调节系统

空气调节系统(air conditioning system)是对外界空气进行过滤、加热(或冷却)和加湿(或去湿),并把处理后的空气送至各舱室。其作用是调节舱室内的温度和湿度,制造人工小气候,并最终改善船员和旅客的生活居住条件。

船用空调系统一般有下述三种设置形式:

1)中央集中式空调装置

中央集中式是在船上设置一个中央空调器,由其集中处理空气,然后利用通风管路将处理过的空气送至各舱室以达调节舱内温度和湿度的目的。这种形式多见于货船。

2)分组集中式空调装置

分组集中式是在船上设置几个中央空调器,分别负担部分舱室,这种形式多见于客船。

3)独立式空调装置

独立式是安装在所需舱室的小型空调器,仅对所设置的舱室起空气调节作用。

三、通风管系的布置要求

(1)通风帽(筒口)应设在开敞甲板上,并尽量远离排气管口、天窗及升降口等处。

(2)依据《国际航行海船法定检验技术规则》及《1966年国际载重线公约》附则I的有关规定,当通风筒是在(位置1)露天的干舷甲板和后升高甲板上,以及位于从首垂线起0.25L以前的露天上层建筑甲板上时,其在甲板以上的围板高度应至少为900mm;当通风筒是在(位置2)位于从首垂线起0.25L以后,且在干舷甲板以上至少一个标准上层建筑高度的露天上层建筑甲板上,以及在位于从首垂线起0.25L以前,且在干舷甲板以上至少两个标准上层建筑高度的露天上层建筑甲板上时,其在甲板以上的围板高度应至少为760mm。

(3)通风筒结构应坚固,并与甲板牢固连接,当任何通风筒的围板高度超过900mm时,必须有专门的支撑。

(4)通风管不得穿过舱壁甲板以下的水密舱壁。

(5)应设有能在外部关闭通风筒的有效装置,以防火灾时能利用其迅速关闭通风筒控制火势。

(6)必要时通风筒口应设风雨密装置。

第四节 其他管系

一、甲板排水管系

1. 作用与组成

甲板排水管系(deck scupper system)是用于排除露天各层甲板或地板积水的系统。主要由甲板排水器(deck scupper)和排水管(deck scupper pipe)组成,如图3-10~图3-12所示。

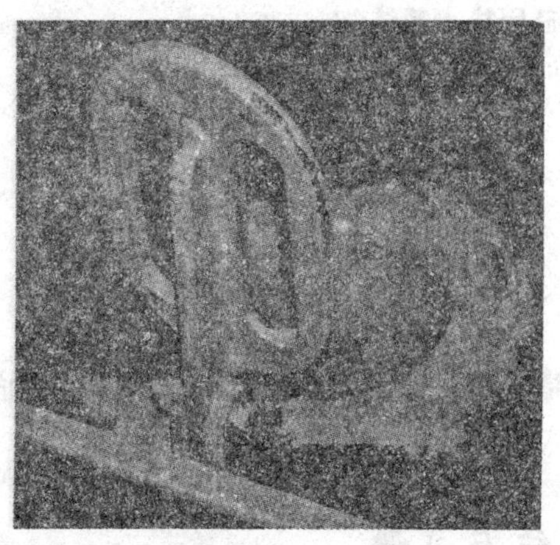

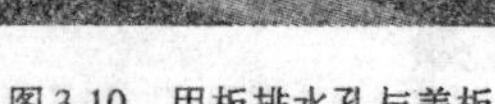

图 3-10　甲板排水孔与盖板

图 3-11　甲板排水管

图 3-12　舷侧排水孔

2. 应满足的要求

(1)为防止污物进入排水口而堵塞排水管，在排水口处设有盖板。

(2)非封闭的上层建筑和甲板室的排水管和泄水管应引至舷外。

(3)排水孔应避免开在救生艇及舷梯的吊放区域内，否则必须设置挡水罩或其他有效装置。

(4)穿过外板的排水管和泄水管管壁必须加厚。

(5)为防止海水倒灌，在所有开口排至舷外的排水管下口处设有止回装置，即起源于非封闭处所的任何水平面上的泄水孔和排水管，不论是在干舷甲板以下大于 450mm 处或在夏季载重水线以上小于 600mm 处穿过外板，均应在外板处设置止回阀(除满足有关要求者可省略外)。

二、消防管系

消防管系(fire extinguishing system)是指船舶按规范规定设置的各种固定式灭火系统(fixed fire extinguishing system)。船上常用的固定式灭火系统有:水灭火系统(water fire extinguishing system)、气体灭火系统(gas fire extinguishing system)、泡沫灭火系统(foam fire extinguishing system)、水雾灭火系统(water fog fire extinguishing system)、自动喷水系统(automatic sprinkling fire extinguishing system)及惰性气体保护系统(inert gas system)等，有关规范对上述灭火系统均作了非常严格和明确的规定。

在上述各灭火系统中，水灭火系统的甲板管系除主要用于灭火外，平时还可用于冲洗甲板、起锚时冲洗锚链和锚、与手提式泡沫枪装置配套使用、散装货船与可装载散装货的多用途船用其对货舱进行初洗及老式散装货船用其向顶边舱灌装压载水等。

三、日用水管系

日用水管系(domestic water supply system)用于供应船舶管理和船员生活用水。主要有日

用淡水系统(domestic fresh water system)、日用热水系统(domestic warm water system)及饮用水系统(potable water system)等。一般有下列三种供水法:

(1)重力水柜(gravity tank);

(2)压力水柜(pressure tank);

(3)循环泵(circulating pump)。

四、卫生排泄系统

卫生排泄系统(sanitary water system)是船上冲洗卫生设备的系统。为防止造成海洋污染,必须先经粪便处理系统处理后,方可排放入海。

小结与习题

本章小结:

本章包括舱底水管系、压载管系、通风管系、甲板排水管系、消防管系、日用水管系及卫生排泄系统几部分内容。

本章在全面考量2011年新大纲对学员应了解和掌握知识点要求的基础上,依据《钢质海船入级规范》、《海船法定检验技术规则》及SOLAS公约有关规定编写而成,内容充分结合了航运发展的新特点和航海新技术在船舶建造中的应用,注重了理论与航海实践相结合的原则。

本章需重点掌握的内容是舱底水管系、压载管系、通风管系及甲板排水管系几部分,请学员在学习时加以注意。

思考题

1. 舱底水管系的作用有哪些?
2. 舱底水管系的组成部分包括哪些?
3. 按规范规定,舱底泵是如何配备的?
4. 压载管系的作用有哪些?
5. 压载管系的组成部分包括哪些?
6. 压载管系是如何布置的?
7. 船舶通风管系的作用有哪些?通风管系在布置时必须满足哪些要求?
8. 布置船舶甲板排水管系时应满足哪些要求?

第四章
货舱、舱盖及压载舱

第一节　舱内设施

一、散货船舱内水位探测系统

1. 规定

500 总吨及以上国际航行的所有散货船，均应在货舱、压载舱和干燥处所安装符合规定要求和型式认可的水位探测器。

2. 要求

1)每一货舱内安装的水位探测器，均应能在该舱水位达到或高出货舱内底 0.5m 时发出一个听觉和视觉报警，并在水位高度达到不小于货舱深度 15% 但不超过 2m 时也应发出一个听觉和视觉报警。

2)对于用作水压载的货舱，可安装一个报警越控设备。

3)视觉报警器应能将每一货舱中探测到的两种不同的水位明显区分开。

4)防撞舱壁前方的任一压载舱中，当舱内的液位达到不超过舱容的 10% 应发出一个听觉和视觉报警。应安装一个报警越控设备以便当使用该舱时，使其水位报警越控。

5)除锚链舱以外，任何干燥处所或空舱，延伸至首货舱前方的任何部分，在水位高出甲板 0.1m 时应发出一个听觉和视觉报警。

6)听觉和视觉警报器应安装在驾驶室。

7)水位探测系统的供电由两个独立的电源供电，并有故障报警指示。

8)对水位探测器的安装要求：

(1)传感器应安装在货舱后部尽可能靠近中心线或在货舱的左右舷有保护的位置上，该位置能使传感器测出的水位能代表货舱的实际水位；

(2)探测器的安装不应阻碍任何测深管或其他用于测量货舱或其他舱室水位测量器具的使用;

(3)传感器和设备应安装在便于对其进行检验、维护和修理的地方;

(4)探测器设有的任何过滤器部件应能在装货之前予以清洗;

(5)安装在货舱内的电缆和任何相关联的设备应防护,例如装在结构牢固的管道内或有类似防护的位置上,以免其被货物或与散货船操作相关的装卸机械损坏。

二、舱底板与护舷板

在装卸货物时为了保护货舱内的双层底顶板(内底板)和船壳板不被碰撞,船舶在航行途中因船体出汗使紧贴钢板的货物造成湿损,一般在杂货船及舱内装载杂货的多用途船的货舱内,装有舱底木铺板和舷侧护舷木条(板),如图4-1所示。

1. 舱底木铺板

在双层底船的舭部污水沟上以及单层底船的肋板、舭肘板上,应铺设遮蔽板并应设有局部的活动铺板,以便对污水沟及双层底进行检查。如果在货舱口下方的内底板上铺设木铺板,则木铺板下面应垫横向木条,该木条的厚度至少应为30mm。如在双层底舱内不装燃油,则可直接铺设在先涂好一层沥青化合物或其他有效敷料的内底板上。活动铺板间及与舱底板之间的缝隙应塞严密,每次装货前,尤其装谷物时,应检查缝隙情况,以免堵塞舱底水管路吸口处的过滤网。

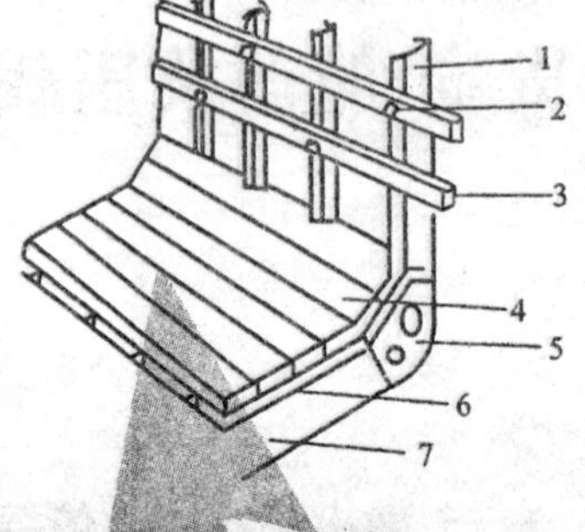

图4-1 舱内设施

1-肋骨(frame);2-钩(hook);3-护舷板(side board);4-舱底板(inner bottom board);5-舭肘板(bilge bracket);6-内底板(inner bottom plating);7-双层底舱(double bottom tank)

无论是单层底还是双层底船,如果在货舱内铺设木铺板,则其厚度应根据船长L按下列规定选取:

(1)$L \leqslant 60$m,木铺板应不小于50mm;

(2)60m $< L \leqslant 90$m,木铺板应不小于55mm;

(3)$L > 90$m,木铺板应不小于60mm。

但位于货舱口下方的内底板或轴隧顶板如增厚2mm,可免铺设木铺板;如使用抓斗或其他类似机械进行装卸,则在货舱口下方的内底板上铺设上述要求的双层木铺板,如内底板已增厚5mm,则可免铺设木铺板。

货舱内的人孔盖及其附件,应尽量不高出内底板或木铺板,如高出内底板,则对每一个人孔应先加钢镶框,再加上木铺板或钢盖板,使其逐渐过渡。

如货舱舱壁的另一侧为深油舱且具有加热设备时,应在货舱一侧铺设木铺板或敷设绝缘材料。如铺设木铺板,其厚度如以上规定。

铺设木铺板的双层底柜顶板或轴隧顶板的外表面,应涂刷沥青溶液或其他有效的涂料;不铺设木铺板的双层底柜顶板或轴隧顶板则应涂刷油漆。

对在舱内设有二层舱或三层舱的,则二层舱或三层舱通常不铺设木铺板。

2. 护舷木板

在装运杂货的舱内,其两舷侧的肋骨上沿船长方向由上向下每隔一定间距焊上朝上的铁钩,护舷木条可直接架在铁钩上。护舷木条边缘之间距不超过300mm,其宽度与厚度应根据

船长 L 按下列规定选取：

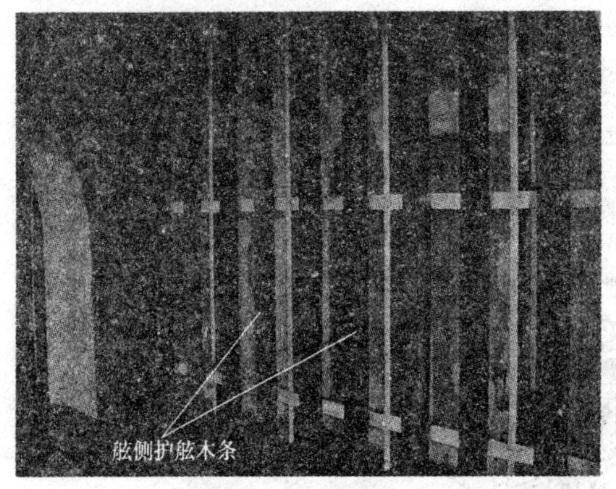

图 4-2　舷侧护舷木条

(1) $L \leq 60\text{m}$，护舷木条的宽度应不小于 100mm，厚度应不小于 30mm；

(2) $60\text{m} < L \leq 90\text{m}$，护舷木条的宽度应不小于 120mm，厚度应不小于 40mm；

(3) $L > 90\text{m}$，护舷木条的宽度应不小于 150mm，厚度应不小于 50mm。

也有在货舱两舷舷侧相邻肋骨间垂向设置护舷木条的，如图 4-2 所示。护舷木条亦可采用钢质材料。

木铺板及护舷木板经常在装卸货物时被碰断。舱底板受水湿后易腐烂，因此舱内应尽量保持干燥，发现腐烂及折断的木板，应及时更换。

第二节　货　舱　盖

一、概述

舱口是完成非散装液体货物的装卸作业的通道，而货舱盖(hatch cover)是用于封闭货舱口，保证船舶货物安全并使之保证船体水密的一种封闭设备，同时还应具有一定的承载大件货压力的能力。货舱盖开启与关闭的机械化、自动化程度高低，直接关系到船舶货物装卸的效率与质量、船员的劳动强度和船舶的停港时间，现代船舶对货舱盖自动化程度的要求也越来越高。货舱盖主要有以下几种分类方法：

1)按结构形式和开关方式分有滚动式、折叠式和吊移式三种。

2)按实现货舱盖开关动力型式的不同，可将其分为机械牵引式和液压式两种。

3)按制造材料的不同，可将货舱盖分为木质、钢质、铝质及玻璃钢四种。

(1)木质货舱盖制造简单、重量轻，但开关费时，劳动强度大，目前仅在内河较小的货船上还时有见到。

(2)铝质和玻璃钢舱盖具有重量轻、耐腐蚀的优点。但铝质舱盖制造复杂，造价昂贵。玻璃钢舱盖的刚度差，容易老化剥蚀，目前只用作某些小船的轻型舱口盖。

(3)钢质舱盖：相比具有较好的强度、刚度和稳定性，制造工艺简单、易于实现水密，成本较低，且较易实现开关舱的机械化。钢质舱盖是目前最为广泛应用的舱盖。

二、滚动式货舱盖

滚动式(rolling type)货舱盖主要有滚翻式、滚移式和滚卷式三种。下面介绍较常用的滚翻式和滚移式两种。

1. 滚翻式货舱盖

1)组成与特点

滚翻式货舱盖由盖板、水密装置、滚轮装置、导向曳行装置和压紧装置五部分组成。

各盖板之间用链条连接,每块盖板上都有一对行走滚轮(为偏心轮),可沿舱口围板两边的轨道面板行走。还有一对平衡轮,该平衡轮不设置在板宽的中心线处,而是稍偏上,这样,当盖板进入舱口端的收藏坡道时,在重力作用下盖板便翻转成直立状态而存放,舱口较长时可将全部盖板分成两半,开启后,分别存放在舱口的两端。如图 4-3 所示。

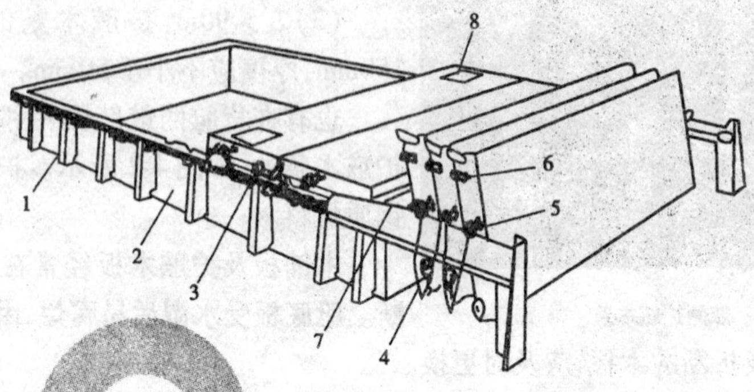

图 4-3 滚翻式货舱盖

1-舱口围板扶强材(brackets);2-舱口围板(hatch coaming);3-偏心轮(eccentric wheel);4-连接链条(connecting chain);5-上滚轮(upper roller);6-压紧器(clamping device);7-上升轨(wheel ramp);8-导装面板(leading panel)

除上述较老结构形式的滚翻式货舱盖外,目前,还有一种改进型滚翻式货舱盖,其主要改进点是行走滚轮不再偏心,而是利用设置在两侧舱口面板下部的千斤连杆来代替偏心轮作用,这样就最大限度地减少了船员的劳动强度和工作量,也提高了该类舱盖开关舱的效率。图 4-4所示为该改进型货舱盖。

图 4-4 千斤连杆改进型货舱盖

1-千斤连杆(hoisting drive link);2-平衡轮(上滚轮,upper roller);3-行走滚轮(run contact roller);4-上升轨(wheel ramp);5-止动器(chock);6-压紧楔(dogging wedge);7-压紧器(dogging device)

滚翻式货舱盖具有结构简单,与其他类型舱盖相比具有造价低廉、便于维修,在尺度、布置和用途上限制较少等优点,缺点是需要存放货舱盖的空间较大,提升及压紧作业所需的时间较长,且该型老式货舱盖在开启前和关闭后的偏心轮的翻转较费时,劳动强度大。所以该种类型货舱盖在船上的应用有逐渐减少的趋势。

2)操作特点

关舱时,先将开舱钢索的一端用卸扣与收藏处的第一块盖板上(前)端中部眼板相连,拉住开舱钢丝的另一端并穿过在舱口正前上方桅屋(mast house)壁或其他相应结构上的开口导向滑车后,将其端部眼环套在吊货钩上,操纵起货绞车或克令吊起重手柄,利用吊货钩牵引开舱钢丝拉动第一块盖板,盖板平衡轮沿上升轨(导轨)滚动,继后盖板之间相互由链条拉动而

移动，当盖板后部行走滚轮与导轨接触后，则盖板绕导轮轴转动，直至其衔接轮与前块盖板上的衔接轮座吻合为止。以后继续沿舱口围板水平材上滚动，至第一块盖板前端与止动器相碰时为止。舱盖就位后，翻转偏心滚轮至偏心位置（改进型舱盖仅需利用千斤顶将千斤连杆落下即可），舱盖四周下面的橡胶水密条压在舱口围面板的槽内，同时打上所有压紧楔及压紧器，以防舱盖移动并保证舱口水密。

开舱时，脱开全部压紧楔及压紧器（不能有遗漏），并保持轨道清爽，然后翻转偏心滚轮（改进型舱盖仅需利用千斤顶将千斤连杆顶起即可），使舱盖脱离舱口围面板水平材，各盖板借衔接轮装置推动，作与关闭时的相反动作，至全部盖板竖直于收藏位置为止。

3)滚翻式货舱盖的开关操作要点和注意事项

(1)开舱操作要点

①打开盖板顶和盖板周围的全部压紧楔与压紧器；

②将开舱钢丝一端通过卸扣与第一块盖板前中部的眼板相连，另一端通过舱口后端正上方桅屋壁或其他相应结构上的开口导向滑车后，最终将其端部眼环套在吊货钩上；

③用千斤顶将每个偏心滚轮顶起并转动，使其轴处于中心位置（改进型舱盖仅需利用千斤顶将千斤连杆顶起即可），使舱盖脱离舱口围面板水平材；

④操纵起货绞车或克令吊起重手柄，利用吊货钩牵引开舱钢丝拉动第一块盖板，并由该盖板驱动其他盖板向后移动至逐块盖板滚至导轨，最后反转直立在舱口后端的收藏处；

⑤扣住舱盖固定钩，整理好索具。

(2)关舱操作要点

关舱操作步骤和开舱基本相反。

①打开舱盖固定钩；

②将开舱钢丝穿过在舱口正前上方桅屋壁或其他相应结构上的开口导向滑车后，将其端部眼环套在吊货钩上；

③全面检查舱口围面板，看有无影响盖板滚动及其他杂物，并清理干净；

④操纵起货绞车或克令吊起重手柄，利用吊货钩牵引开舱钢丝拉动第一块及其他盖板，直至第一块盖板前端与止动器相碰时为止；

⑤用千斤顶将每个偏心滚轮顶起并转动，使其轴处于偏心位置（改进型舱盖仅需利用千斤顶将千斤连杆落下即可），使舱盖压合在舱口围面板水平材；

⑥打上所有压紧楔及压紧器，以防舱盖移动并保证舱口水密；

⑦整理好所有索具。

(3)开关舱注意事项

①开关舱的指挥者为水手长（如认为有必要，值班驾驶员也可亲自指挥），所有操作人员应听从指挥，精力集中。

②开舱前必须确认所有压紧楔和压紧器全部打开，且压紧器放置到位，以免阻碍行走滚轮的正常滚动。

③盖板之间的连接链条应保持两面对称，否则将因两侧拉力不对称，而使舱盖板脱轨，严重的会使盖板掉入舱内。

④起货机或克令吊开关手在操纵时，动作应缓、稳，要特别注意第一块盖板，曳行速度要

慢,如操作不当,同样会使舱盖板脱轨,严重的会使盖板掉入舱内。

⑤船舶有较大纵倾时关舱,要特别注意可能发生的盖板自由滑动现象。

⑥如船舶有较大横倾时,应特别注意防止盖板脱轨,必要时可用压载水调整后再进行开关舱操作。

⑦开舱后,必须用固定钩或链条将盖板固定,防止滑脱。

⑧开关舱时,所有操作人员均要注意安全,规范操作,以防发生事故。

⑨开关舱操作过程中如发生盖板脱轨事故,可利用起重设备或机械差动绞辘,将盖板吊起调整到位后,再继续操作。

2. 滚移式货舱盖

滚移式货舱盖主要有横移式(又称侧移式)和背载式两大类型。

1)横移式货舱盖

横移式货舱盖通常由两块舱盖板组成,舱口较小的船则用一块盖板制成,围舱口四周的盖板边缘设有规定数量的盖板压紧装置。每块盖板的四角都安装有行走滚轮,用液压动力驱动。按盖板数量的不同,该类型货舱盖可分为单侧横移型和两侧横移型两种,如图4-5和4-6所示。开舱时,盖板向单侧或分别向舱口两侧平移,并存放在存放轨道上。

图4-5 单侧横移型货舱盖

图4-6 两侧横移型货舱盖

横移式货舱盖具有结构简单,操作方便,便于维修,且不需要翻转或折叠的优点。但其具有需要较大的存放空间,人员行走不便的缺点。因此,对配备两侧横移型货舱盖的船舶,其舱口宽度不得超过船宽的一半。

横移型货舱盖广泛应用于大型散货船和油/矿兼运船。

2)背载型货舱盖

背载型货舱盖与侧移型货舱盖类似,也为横移型,不同点是其两块盖板中有一块带有动力滚轮,另一块不带。开舱时,先利用安装在舱口围板上的四个液压顶杆将不带动力的盖板顶到足够的高度,以便带有动力的盖板滚到其下面,再将不带动力的盖板放置在带有动力盖板之上,两块盖板便可一起移向存放处。如不需将舱口完全打开,则可将盖板存放在舱口的一侧,这样可减少占用甲板的存放空间,该种类型货舱盖船上较少使用。

三、折叠式货舱盖

折叠式货舱盖(又称铰链式货舱盖),按驱动方式的不同可分为液压驱动式(用液压)、钢索驱动式(用绞车)、直接拉动式(用船上起重机或吊杆)。

1. 液压驱动式折叠货舱盖

液压驱动式折叠货舱盖由成对且互相铰接在一起的盖板组成。舱盖开启后，借助固定钩或止动器使盖板保持直立状态存放。图4-7所示为两页液压折叠式货舱盖，其开舱过程为，油缸柱塞伸长，使铰接点上升，两块盖板逐渐翻转折合起来而实现开舱。其中靠近舱口端的盖板因与铰接臂相连，故而较短，其转轴离舱口也有一定的距离。图4-8所示为实船两页液压折叠式货舱盖处于开启过程中。

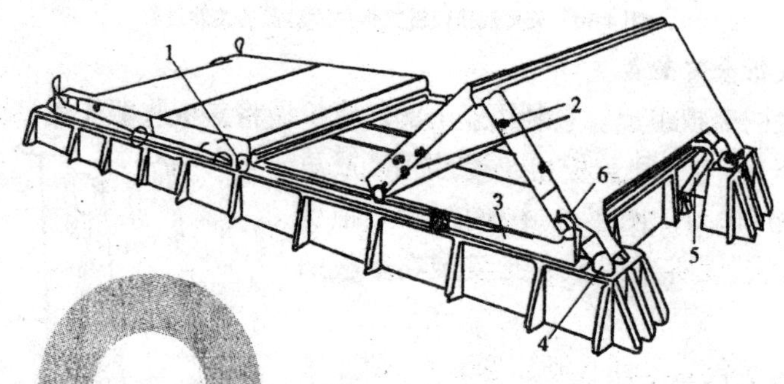

图4-7　折叠式货舱盖

1-滚轮(wheel)；2-压紧器(cleat halves)；3-上升轨(wheel ramp)；4-铰链(slotted hinges)；5-液压千斤顶(hydraulic cylinder)；6-固定钩(fixed hook)

对大小适中的货舱口，一般均采用两组两页液压铰接盖板实现关舱，并分别收藏在舱口的两端。对货舱较大且舱口也长的船舶，也有采用多页铰接式盖板，且为一端收藏。图4-9和图4-10所示分别为四页液压铰链式舱盖五页液压铰链式舱盖，其中四页液压铰链式货舱盖开关过程的顺序是：

图4-8　两页液压折叠式货舱盖开启过程中

图4-9　四页液压铰链式货舱盖

1)开启过程

第二组盖板(3+4)开始起升，同时拖动第一组盖板(1+2)；第二组盖板起升结束，第一组盖板才开始起升，直至全部开启完毕。当舱盖开启到贮存位置时，收藏钩自动落下，扣住舱盖，达到完好固定。

2)关闭过程

第一组盖板下滑完毕，第二组盖板开始下滑同时推动第一组盖板，第二组盖板下滑结束，全部关闭完毕。

图 4-10 五页液压铰链式折叠货舱盖的关舱过程

2. 直接拉动式折叠货舱盖

它由三块铰接的盖板组成。它利用船上的起货机械将盖板收藏于舱口端部。钢索穿过铰接于端板上的滑车,再与中间盖板相连接,拉紧(或放松)钢索可开启(闭)舱口。图 4-11 中铰接滑车、拖曳眼板置于板宽之中点,其余构件成对地安装在盖板的两边。

直接拉动式舱盖便于采用自动压紧装置,使压紧的操作与关闭舱口的过程同时进行,因而与滚翻式相比操作更为简捷,而与液压折叠式相比价格又较便宜,但是需利用船上的吊杆(或起重机)相配合。

3. 钢索驱动式折叠货舱盖

钢索驱动式折叠货舱盖在操作时,其动作与液压式完全相同,但由于穿引钢索比较麻烦,因而开关舱所需时间较长,船舶已较少使用。

4. 液压折叠式货舱盖开关舱操作注意事项

(1)如开关舱的液压动力是与起重设备共用,则在使用前必须检查换向阀的导向。

(2)开启共用液压动力时,必须先开辅助油泵,过约 1min 后再开主油泵,同时检查整个系统的压力状况;

(3)操纵控制手柄的动作特征与人的思维方式相同,即手柄向前关舱,手柄向后开舱,手柄处于中间(直立)位置为停止。

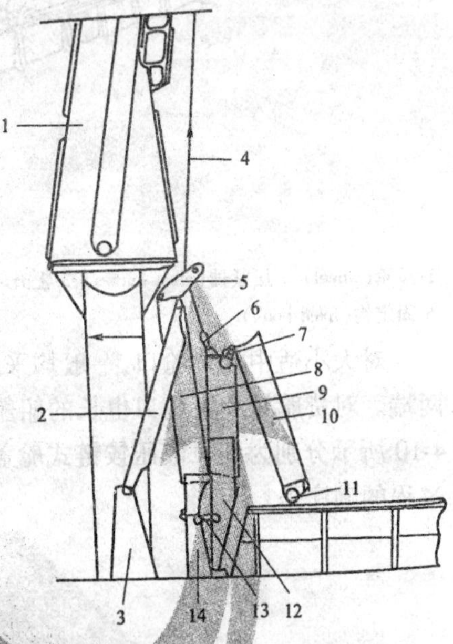

图 4-11 直接拉动式折叠舱盖

1-起货机(winch);2-存放臂(stowing arm);3-存放臂基座(stowing arm pedestal);4-钢索(wire);5-铰接滑车(hinged sheave);6-拖曳眼板(hauling eye-plate);7-铰链(hinge);8、9、10-板(panel);11-滚轮(wheel);12-关闭臂(closing arm);13-固定钩(securing hook);14-关闭臂基座(closing arm pedestal)

(4)开舱前必须完全打开所有的压紧装置,并放置到位;关舱后必须将所有压紧装置上紧。

(5)开关舱前必须注意检查轨道上有无障碍物或其他杂物,并及时清除。

(6)当滚轮接近斜轨时,应减慢速度,以防盖板碰撞压弯活塞杆。

(7)盖板完全开启后用固定钩将盖板固定,使其在收藏处保持直立状态。

(8)当盖板将要闭合时,同样应放慢速度,直至盖板完全关好。

(9)操作过程中,如发觉液压系统或其他部分有任何不正常声音或现象时,应立即停止操作,直到排除故障时为止。

四、吊移式货舱盖

吊移式货舱盖又称箱形货舱盖。该种货舱盖由箱型骨架与面板焊接组合而成，其盖板平面内设有若干埋置吊环，或根据所配备的船舶种类特征配备同类型的吊放装置（如集装箱船该种盖板则配备配套的底座），图 4-12 所示为集装箱船配备的吊移式货舱盖。

图 4-12　吊移式货舱盖

吊移式货舱盖本身不设置专用的驱动装置，而是由船上或港口的起货机械来进行吊移。开舱时，可将盖板堆放在甲板上或码头边（绝大多数船都是将盖板堆放在码头边），如该种盖板设计成水密结构，还可将其存放在舷边的水中。

吊移式货舱盖具有结构简单、操作方便、结构强度大及可满足在盖板上堆装大量货物等优点，且可获得最大的甲板开口面积，因此，该种货舱盖被集装箱船广泛使用。

第三节　货舱、舱盖及压载舱的检查、评估与报告

港口国监督在世界各地的发展和普及及监督标准的提高，随之带来的是检查程序更加严格、范围更广及频度更高。为应对 PSC 检查，对船舶的货舱、舱盖及压载舱进行有效的检查、评估和报告，是十分必要的。以免被滞留而使船期延误，甚至严重影响船公司和中国船旗声誉。

一、PSC 检查的一般过程

舱盖及货舱等部分状况不仅是形成最初印象的重要内容，也是 SOLAS 公约中关于船舶稳性与结构等具体要求的重要内容。

港口国监督检查官（PSCO）在登轮前，一般首先要观察船舶外观的总体状况，以获得对船舶的最初印象。然后检查证书、巡视各层甲板及有关舱室、设备等，从而获得对船舶的实际总体印象。如未发现明显缺陷依据，则结束检查，如怀疑船舶可能存在严重缺陷，则进行详细检

查。对在详细检查中发现严重缺陷，且足以构成滞留的，便采取滞留船舶的措施。当然，在初步检查过程也可能发现严重的可滞留缺陷，从而滞留船舶。

船舶纠正缺陷后，可申请复查，经港口国监督检查官员复查合格后，解除船舶滞留。对一般缺陷，港口国监督检查官员给出处理意见，如需复查，经复查合格后，船舶可以开航。

二、货舱、舱盖和压载舱 PSC 检查现状分析

表 4-1 所示为 2007 ~ 2009 年亚太地区与货舱、舱盖及压载舱有关的滞留缺陷分布，这些缺陷主要涉及到船体结构及载重线两个方面。

1. 涉及到船体结构方面的缺陷

(1) 甲板、舱口围板及其加强结构；

(2) 舷侧外板、舱壁板、肋骨及连接肘板；

(3) 压载舱等的腐蚀、肋骨脱焊及顶边舱框架腐蚀渗漏等。

2. 涉及到载重线方面的缺陷

(1) 货舱盖及水密压条；

(2) 风雨密门、通风筒、空气管等风雨密关闭装置损坏或严重锈蚀，不能保证水密完整性；

(3) 上甲板人孔盖及测量管管口旋塞或螺纹盖丢失或严重锈蚀；

(4) 舱口围板洞穿。

2007 ~ 2009 年亚太地区与货舱、舱盖及压载舱有关的滞留缺陷分布 表 4-1

主缺陷类别	缺陷数量	占比(%)
航行安全	28155	16.23%
载重线	12967	7.48%
稳性结构	12307	7.10%
MARPOL	11162	6.44%
ISM 相关	7787	4.49%
SOLAS 相关	7881	4.54%
STCW	3992	2.30%
其他	16079	9.27%

三、货舱、舱盖和压载舱的自我检查与报告

1. 自查与报告

针对货舱、舱盖和压载舱的 PSC 检查，船舶应有的自查是必须的。

船体和甲板基本养护状况的优劣程度是 PSCO 对船体结构好坏认定的第一印象，尤其是船壳板、舱盖及舱口、梯道、栏杆和管路盖板的锈蚀程度与损坏情况将直接影响到检查官员是否需要进行"更详细检查"的重要依据，因此，优秀的保养状态，良好的船容船貌是顺利通过船体结构检查的首要因素。

其次，按船舶抵港前关于货舱、舱盖与压载舱部分 PSC 自查项目表（表 4-2）进行自查，也是有效的手段之一。

船舶抵港前关于货舱、舱盖与压载舱部分 PSC 自查项目表　　表 4-2

类　别	检查项目	检查要求	自查结果
文件	维护计划	船舶结构与设备的维护保养已按计划进行，状况良好，无明显缺陷或缺陷已经按照程序要求上报公司。	
与载重线有关的结构与设备	通风筒	通风筒的围壁、支撑结构状况良好，无明显锈迹及破损洞穿或其他临时性修理措施（如粘贴胶布等）；	
		通风挡板完整、活络、无破损洞穿；	
		风雨密关闭装置结构完好，开关活络，能有效开启和关闭，“开”、“关”方向及舱名标志清晰。	
	空气管	空气管及管头结构（特别是管子根部及背部不易保养的部位）良好，无明显锈迹及破损洞穿。浮球活络水密，工作正常，防火网无破损。	
	载重线标识	甲板线、所有载重线标识清晰、准确且与背景颜色反差明显。	
	货舱舱口	舱口盖、舱口围板及附连的肘板结构良好，无明显锈蚀、裂纹、破损洞穿及变形；	
		舱口盖关闭正常，橡皮胶条完整且有弹性，表面无油漆，无明显漏水痕迹；	
		开关装置的滚轮、导轨、绞链状态正常，无过度腐蚀，液压管路无泄漏，系固螺栓完好且无过度腐蚀，舱口盖上的卡扣，舱口围下的止回泄水阀状况良好。	
	干舷甲板上除货舱舱口外的各种开口	盖板、围板及附连的加强结构良好，无明显锈迹、破损洞穿及变形；	
		盖板关闭正常，橡皮胶条完整且有弹性，表面无油漆，无明显漏水痕迹；	
		各种人孔、小导门、测量管结构良好，无明显锈迹、破损洞穿及变形；	
		盖板关闭正常，橡皮胶条完整且有弹性，表面无油漆，无明显漏水痕迹；	
		各种标示清楚。	
船体结构	船壳板	水线上船壳板无开裂、洞穿、严重变形（每档肋距范围内不超过 8mm），无漏水现象。	
	压载舱	压载舱液位无异常变化，其周围处所无进水发生，压载舱导门状况良好，无严重锈蚀、螺栓丢失；	
		压载舱内构件无严重腐蚀、裂纹或洞穿。	
	货舱	货舱污水井液位无异常变化，具备条件时进入货舱对货舱内部构件进行目视检查，无明显锈蚀、洞穿、裂纹及严重变形（每档肋距范围内不超过 8mm），无明显渗水痕迹。	
	水密门	水密门结构状况良好，能有效关闭，就地及遥控开关正常，声光报警正常，液压系统无渗漏痕迹。	
	甲板	主甲板结构良好，无明显破损、洞穿、裂纹及严重变形（每档肋距范围内不超过 8mm），无明显渗水痕迹。	
其他	散货船舱内水位探测系统	散货船货舱、压载舱、干隔舱进水报警系统试验正常。	

2. 平时维护保养和自查时应注意的事项

(1)船体结构因锈蚀或受损而造成的穿孔、裂口、裂缝等应进行永久性修复;

(2)舱口舱盖、通风筒、水密门、货舱道门都要保持良好水密性能与封闭功能;

(3)测量孔盖齐全有效;

(4)压载舱空气管透气正常;

(5)载重线标志、水尺标志、船名、船籍港清晰;

(6)积载应符合船体局部强度和总纵强度要求,不能超载且要达到适航的稳性值和浮态。

(7)散装船要特别注意各横舱壁、上边舱的纵桁、横框架、斜底板等处是否有扭曲变形现象。

小结与习题

本章小结:

本章包括散货船舱内水位探测系统;舱底木铺板和护舷板;各种类型船舶货舱盖;港口国监督对货舱、舱盖和压载舱的检查;货舱、舱盖和压载舱 PSC 检查现状分析及货舱、舱盖和压载舱的自我检查与报告等几部分内容。

本章是在全面依据 2011 年新大纲对学员应了解和掌握知识点要求的基础上编写完成的,充分体现了《钢质海船入级规范》、《海船法定检验技术规则》及 SOLAS 公约 2010 马尼拉修正案等有关新规定和新要求,内容充分结合了航运发展的新特点和航海新技术在船舶建造中的应用,注重了理论与航海实践相结合的原则。

除传统知识点"各种类型船舶货舱盖"外,本章中"散货船舱内水位探测系统"及"货舱、舱盖及压载舱的检查、评估与报告"是新增加内容,请学员在学习时加以注意。

思考题

1. 货舱盖的种类有哪些? 它们各自的结构特点是什么?
2. 试述四页液压绞链式货舱盖的开关舱特点。
3. 吊移式货舱盖有何特点? 是如何实现开关舱动作的?
4. 试述舱内设施的作用与种类。

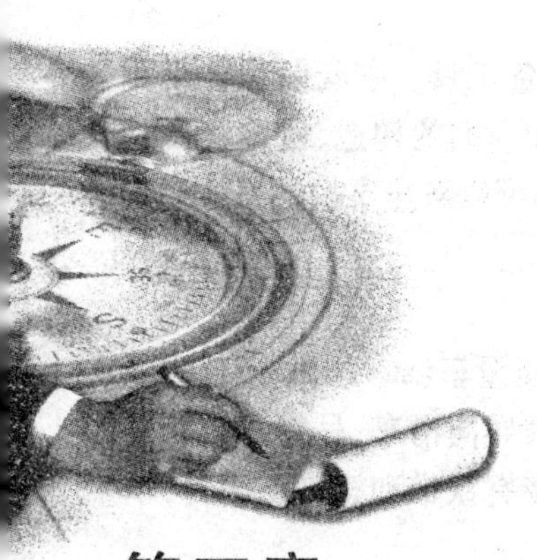

第五章 起重设备

起重设备系指安装于船上或海上设施上的吊杆装置、吊杆式起重机、起重机以及升降机和跳板等,并用于吊运或载运货物、设备、物品及人员等的设备。

船用起重设备,又称装卸设备。除滚装船、自卸船及不配备起重设备的船舶外,船用起重设备主要指吊杆装置、吊杆式起重机及起重机等。其中吊杆装置及吊杆式起重机是货船传统的装卸设备,它具有结构简单可靠、成本低廉、维修方便的优点,是早期货船上广泛使用的一种货物装卸设备。而起重机中的回转式起重机由于具有结构紧凑、操作方便和定点着放能力强的优点,故 20 世纪 60 年代以后就在船上得到了广泛应用。

本章主要介绍索具、起重机、轻型吊杆、重型吊杆及起重设备的检查、保养、试验与发证等几部分内容。

第一节　索　　具

配合绳索使用的配件统称为索具。常用索具主要有滑车、卸扣、钩、眼板、眼环、紧夹索、心环、索头环和花篮螺丝(又称松紧螺旋扣)等。绳索在使用中,根据工作需要,必须配置以上不同的索具,才能发挥它的作用。例如,用钢丝绳作为大桅支索来稳定大桅时,需要在甲板上和桅上安装眼板或眼环,钢丝绳的两端插接成带心环的琵琶头,然后用卸扣把它们连接起来,再用松紧螺旋扣达到收紧的目的。

起重设备系统中,又将非永久性附连于起重设备上的零部件称为可卸零部件,如链条、三角眼板、吊钩、滑车、卸扣、转环、钢索索节、有节定位索和花篮螺丝等。吊梁、吊架、吊框与类似设备亦称为可卸零部件。可卸零部件的安全工作负荷为可卸零部件经设计和试验证明能承受的最大载荷。此最大载荷应不小于起重设备在安全工作负荷下,可卸零部件会受到的最大负荷。

一、滑车与绞辘

滑车与绞辘是起重设备中的重要装置,也是船上许多工作的必备工具。它既可以改变用力的方向,也可以达到省力的目的。为保证工作顺利进行,必须掌握它们的构造、性能及其使用和保养的方法,这不仅有助于延长滑车与绞辘的使用寿命,而且也可以防止事故的发生。

1. 滑车

1)船用滑车(block)的种类

(1)按材质的不同分类:有钢质和木质两种,如图5-1所示。钢质滑车(steel block)起重量较大,一般与钢丝绳配套使用。起重设备中使用的吊货滑车、千斤索导向滑车、吊货导向滑车等均为钢质滑车。木滑车(wooden block)的滑车壳是木制的,其车带有铁带和索箍带两种,木滑车主要与纤维绳配套使用。

(2)按所具有的滑轮数不同分类:有单轮滑车、双轮滑车和多轮滑车,如图5-1和图5-2所示。

单轮铁滑车

单轮木滑车

图5-1 铁滑车和木滑车

图5-2 双滑轮和多滑轮滑车

(3)按车壳与车带结构的不同分类:有闭式与开口滑车两种,图5-3所示为单轮铁质开口滑车。开口滑车均为单轮的钢质滑车或木滑车,用来引导绳索改变拉力方向,而无需穿引绳头。起重设备系统中不允许使用开口滑车。

图5-3 铁质开口滑车

2)滑车的组成

不同种类的滑车,其组成结构基本是相同的,主要包括:挂头、车壳和隔板、车带、轴、滑轮和轴承,图5-4所示为单轮滑车的组成。

(1)挂头(oval eye):滑车挂头的形式很多,有钩子、眼环、旋转环和卸扣等,可根据工作需要来选取。滑车的强度以挂头的强度为准。

(2)车壳(steel side plate)和隔板(division plate):车壳有铁质或木质两种,用以保护滑轮和防止绳索滑脱。多轮滑车的滑轮之间则用隔板隔开。

(3)车带(tail strop):车带直接连在车壳上,滑轮轴上的力由车带来承受,然后传递到挂头上。

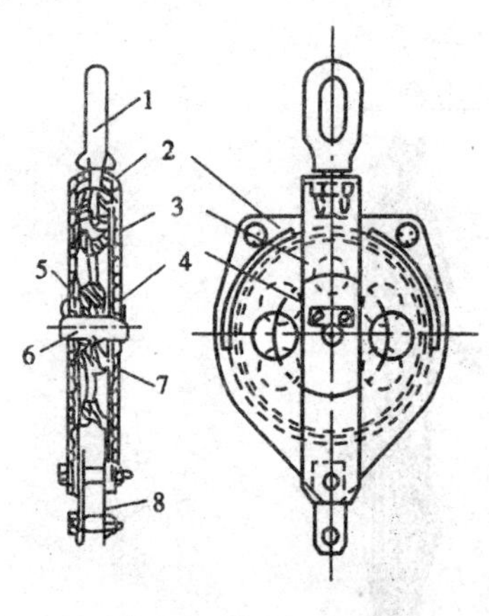

图5-4 滑车的组成

1-挂头（oval eye）；2-车壳（steel side plate）；3-车带（tail strop）；4-制动板（stopping plate）；5-轴承（bearing）；6-轴（spindle）；7-滑轮（cast-iron sheave）；8-车尾（tail）

（4）轴（spindle）：轴用钢制成，它穿过滑轮后固定在车带上。其固定方法有单头螺丝、双头螺丝和压板三种，受力大的滑车轴都采用压板固定法。

（5）滑轮（cast-iron sheave）和轴承（bearing）：钢质滑车的滑轮用钢制成，木滑车的滑轮材质有铁、铜或硬木几种。滑轮中心为轴承，系由铜、合金钢或滚珠制成。轴穿过轴承，滑轮在轴上能自由转动。

3）滑车应满足的基本要求

（1）滑车的构造应使滑轮与外壳及隔板之间保持较小的间隙，其中钢质滑车滑轮与外壳及隔板之间的间隙不得超过3mm，以免卡住绳索。

（2）滑车应具有有效的润滑，并能在不拆卸情况下对所有的轴承及头部吊环加注润滑剂。

4）滑车的规格

滑车的大小规格是以量自索槽底部的滑轮直径（mm）来表示的。起重设备中使用的滑车规格还以其起重量（千牛或吨）来表示，木滑车也有以车壳的长度（车头至车尾的长度，单位为英寸）来表示。

5）使用滑车时应注意的事项

使用滑车前应注意检查车壳、滑轮等有无裂缝；滑车使用过程中如发现有异常声音，则可能是轴承损坏或是滑轮缺油而转动不灵，应及时调换或加油；滑车的使用强度不应超过其允许的安全工作负荷。

2. 绞辘

滑车与绳索配合在一起使用称绞辘（tackle）。

1）绞辘各组成部分的名称

图5-5所示为绞辘各组成部分的名称。

辘绳（tackle-fall）：贯穿在滑车上的绳索。

力端（running end）：辘绳用力拉的一端。

根端（standing end）：辘绳固定在滑车上的一端。

定滑车（fixed block）：固定在某处不动的滑车。

动滑车（movable block）：吊重受力时移动的滑车。

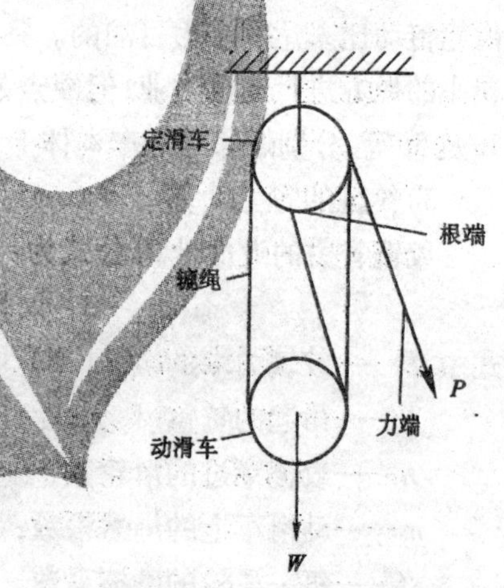

图5-5 绞辘各组成部位的名称

2）绞辘的种类

（1）单绞辘

单绞辘由一个单轮滑车和一根辘绳组合而成，如图5-6a）所示。

（2）复绞辘

复绞辘由一个定滑车和一个动滑车与辘绳组合而成，又称滑车组。复绞辘的命名是根据定滑车和动滑车所具有的滑轮数来确定的。如图5-6b）所示，由定滑车和动滑车组成的绞辘依次为1-1绞辘、2-1绞辘、2-2绞辘及3-2绞辘等，其中前一位数表示定滑车及其所具有的滑轮个数，后一位数表示动滑车及其所具有的滑轮个数。当定滑车与动滑车所具有的滑轮数不同时，一般将滑轮数多的滑车用作定滑车。

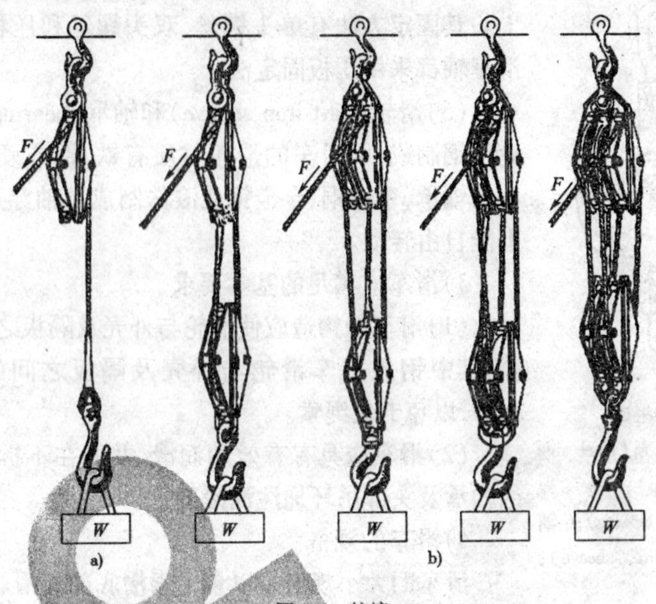

图5-6　绞辘

a)单绞辘；b)复绞辘(1-1、2-1、2-2、3-2绞辘)

1-1、2-2及3-3等绞辘，辘绳根端固定在定滑车尾眼上；2-1及3-2等绞辘，辘绳根端固定在动滑车尾眼上。

(3)机械差动绞辘

机械差动绞辘(differential pulley purchase)又称差动滑车、机械滑车、神仙葫芦。它是利用齿轮传动比来达到省力目的的。具有结构坚固、省力大、占地小及使用方便等优点，适宜于在狭小的地方进行起重作业，但缺点是工作速度较慢且吊升高度有限。其起重能力有1/2t、1t、3t及5t等，分别烙印在滑车本体上。

3)绞辘的省力计算

绞辘省力的近似计算公式为：

$$P = W(1 + f \cdot n)/m \times 9.8$$

式中：P——绞辘力端的拉力(N)；

W——吊起的货重(kg)；

n——绞辘穿过的滑轮数；

m——动滑车上的绳索根数；

f——每一滑轮的摩擦系数。

钢索通过钢质滑车滑轮时，应考虑滑轮的摩擦系数和钢索的僵性损失，此数值对滑动轴承取5%，对滚动轴承取2%，此要求适用于所有起重设备。如木滑车使用的是硬木滑轮，则其滑轮的摩擦系数可取10%。

4)使用绞辘时应注意的事项

(1)必须按规定正确选配辘绳，以免造成滑车或辘绳过度磨损。

(2)辘绳穿法应正确，应确保滑车受力平衡、辘绳不相互摩擦及绞辘工作平稳、安全省力。

(3)确定绞辘安全工作负荷时,不仅要考虑滑车和辘绳的强度,同时还应考虑到固定滑车和吊挂重物的连接构件的强度,应以系统中最薄弱构件的安全工作负荷作为绞辘使用的强度标准,不允许超负荷使用。

3. 滑车与辘绳的配置

滑车的大小与所配置的辘绳有一定的比例关系,根据规范规定,滑轮直径与绳索直径之比应不小于表5-1的规定值。

滑轮直径与绳索直径之比

表5-1

滑轮用途		滑轮直径/绳索直径	
		动索	静索
钢索	吊杆装置(包括吊杆式起重机)	13	8
	起重机、潜水器吊放系统	19	8
纤维索		6	

二、卸扣

卸扣(shackle)是连接各种绳头眼环和链索的可拆卸的环形金属构件,如图5-7所示。卸扣是船上最广泛使用的索具之一,由本体和横销两部分组成,横销有直插销和螺丝销两种,横销插入本体后,要用细钢丝扎牢或用开口销锁住,以防横销脱落。按卸扣本体形状的不同,有直形卸扣(straight shackle,又称U型卸扣)和圆形卸扣(circular shackle,又称马蹄形卸扣)两种。其大小以其本体的直径来表示,并在本体上打有其安全工作负荷标记,如没有安全工作负荷标记,则可根据卸扣本体直径按下式估算其许用负荷:

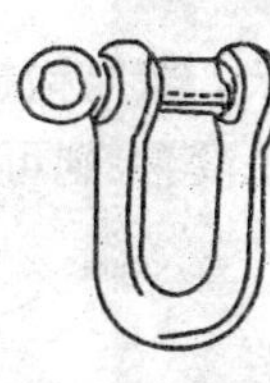

图5-7 卸口

$$直形卸扣许用负荷 = 4.5D^2(kg) = 44.1D^2(N)$$

$$圆形卸扣许用负荷 = 3.7D^2(kg) = 36.26D^2(N)$$

式中:D——卸扣本体直径(mm)。

三、钩

钩(hook)是船上常用索具之一,钩的种类较多,船上使用最广的是普通钩,如图5-8所示。钩使用方便,但它的强度比卸扣小,其强度要比同尺寸的卸扣小约4倍。钩的本体上应标记有安全工作负荷,如没有安全工作负荷标记,则可用下式进行估算:

$$圆背钩许用负荷 = 1.0D^2(kg) = 9.8D^2(N)$$

式中:D——圆背钩钩背直径(mm)。

钩的强度比卸扣小,使用时,应使钩背受力,以防钩子被拉直或变形。为防止使用时脱落,可在钩尖与钩背之间用绳子缠住。当钩斜钩在甲板、舷墙等处的活动眼环上时,应使钩尖朝上以防钩受力滑动使钩尖滑脱,如图5-9所示。当钩尖开口部分的间距超过原尺寸的15%时,应换新。

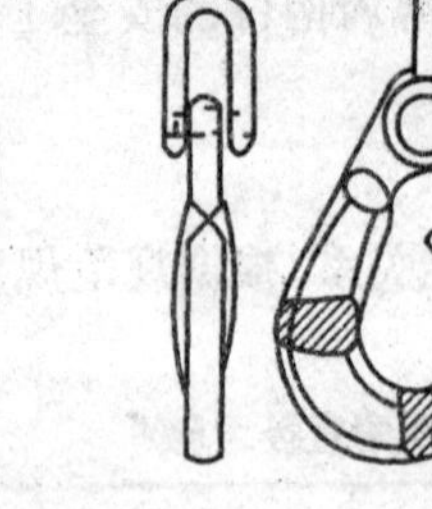

图 5-8 圆背钩

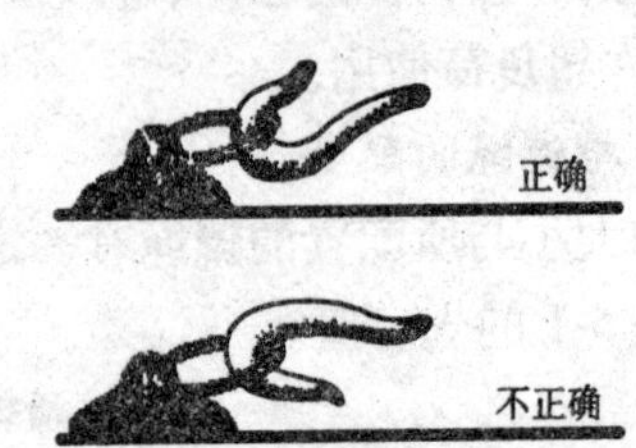

图 5-9 钩在活动眼环上的正确钩法

四、眼板

眼板(eye plate)是一块带眼的钢板,如图 5-10 所示。三角形眼板供拴系两吊货索及吊货钩。焊接在舷墙或甲板上的眼板,供拴系稳索或支索。眼板应有安全工作负荷标记,如没有,则可按下式进行估算:

$$眼板许用负荷 = 7.7D^2(\text{kg}) = 75.46\ D^2(\text{N})$$

式中:D——眼板的厚度(mm)。

眼板强度的衡量标准是眼板的厚度。

五、眼环

眼环(ring plate)由一个固定环和一个活动环组成,如图 5-11 所示。用以钩挂各种绳索,如千斤索、稳索等,其强度小于眼板。眼环应有安全工作负荷标记,如没有,则可按下式进行估算:

$$眼环的许用负荷 = 29.4\ D^2(\text{N})$$

式中:D——眼环的直径(mm)。

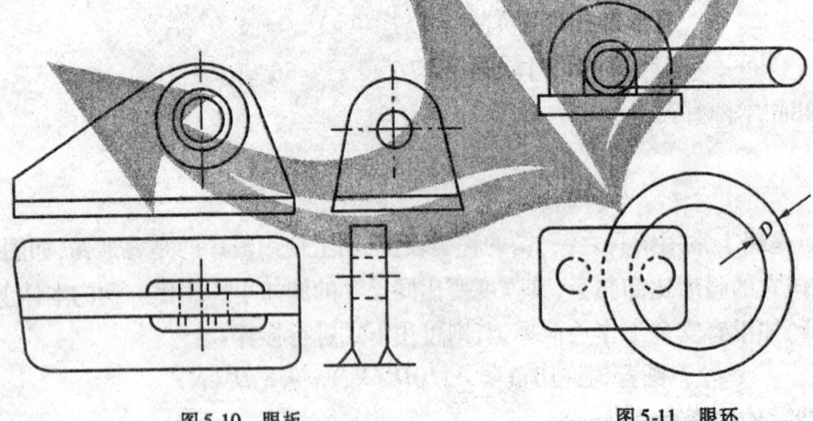

图 5-10 眼板　　图 5-11 眼环

六、心环

心环(thimble)又称嵌环,是一种钢制的环。有心形和圆形两种,其中心形嵌环多用于钢

丝绳，也可用于纤维绳，圆形嵌环则用于纤维绳，如图 5-12 所示。绳索在插接眼环时，将心环固紧在眼环内，可避免绳索受力时的急折，并可减少内缘的磨损。

心环的大小以其内圆的直径为准，配绳时应使心环的槽宽比绳索的直径大 1.5～2.0mm，较大的心环上具有型号和强度的标记。

七、紧索夹

紧索夹（clamp）又称绳头卸扣或钢丝夹头，由"U"型螺栓、螺帽和夹座组成，如图 5-13 所示。用于将钢丝绳的绳端和其绳干扎紧形成一个绳环（琵琶头），以便拴系在眼环、眼板、地令或与花篮螺丝相连，也可利用紧索夹将两根直径相近的钢丝绳临时连接在一起。紧索夹经常用于支索端固定和货物的系固，使用方便，拆装迅速，且省去了插接所需的大量时间，缺点是易使钢丝绳变形。

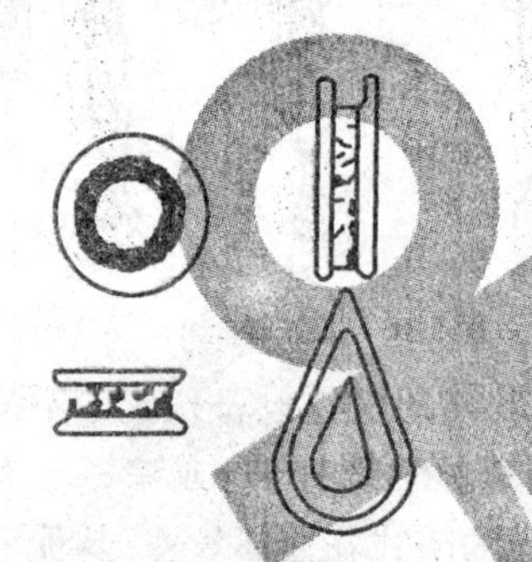

图 5-12 心环

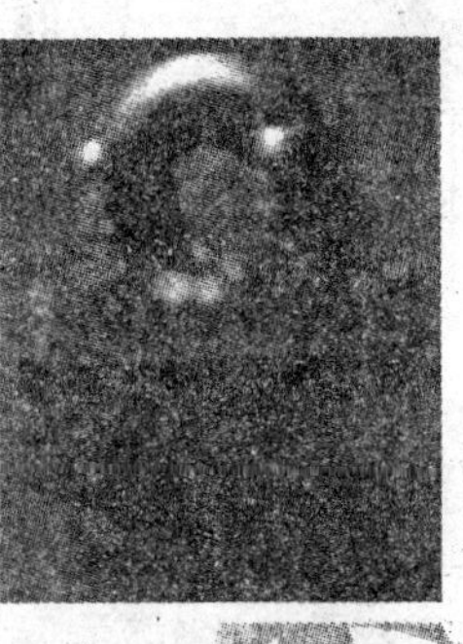

图 5-13 紧索夹

图 5-14 紧索夹的正确使用方法

紧索夹的大小以"U"型螺栓的开档来衡量，单位为毫米。选用时，开档的尺寸应与钢丝绳的直径相匹配。使用个数应与钢丝绳的直径成正比，数量至少为三只，钢丝绳越粗，使用个数越多，相邻紧索夹之间的间隔约为钢丝绳直径的 6 倍。使用时，其圆头应朝向绳头活端，"U"型螺栓上的两只螺帽应逐渐、交替拧紧，以防夹座倾斜损伤螺纹，如图 5-14 所示。

平时应注意检查紧索夹的螺纹部分并定期加油润滑，以防螺纹损坏或生锈咬死，同时还应注意检查"U"型螺栓有无压损变形现象，以免无法拆装。

八、索头环

索头环（rigging screw）有叉头和环头两种，如图 5-15 所示。环的下部设有上大下小的锥形圆孔，上部为叉头横销或环部，锥形圆孔的下部内径与钢丝绳的直径相同。使用时将钢丝绳绳头由下部小孔穿入，散开绳头后将铅锌金属溶液注入，待冷却后即可使钢丝绳与环连成一体。环部或横销可与卸扣等索具相连，常用于桅支索等强度要求大的静索上。

索头环的强度以环部或横销的强度来衡量。

九、花篮螺丝

花篮螺丝(turnbuckle)又称松紧螺旋扣(rigging screw),有闭式和开式两种,主体由两根带正倒螺纹的螺杆和一个螺纹筒(套)组成,螺杆端部有与其锻成整体的钩头、眼环或卸扣等多种结构形式,如图5-16所示。

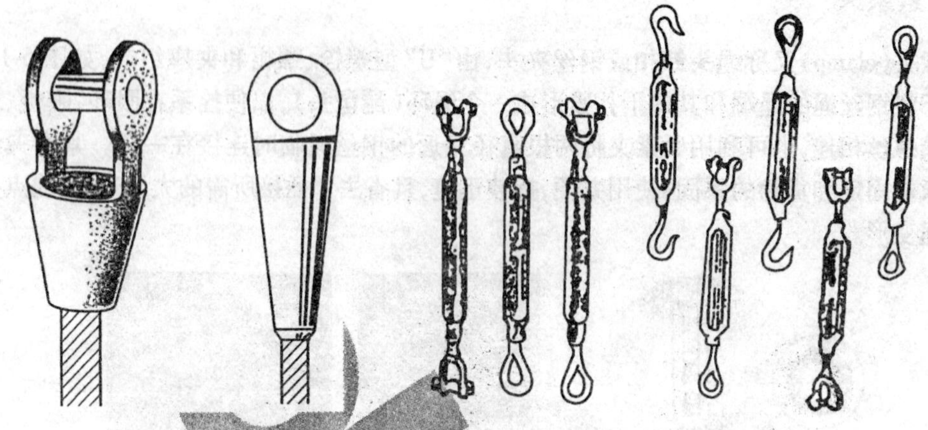

图5-15 索头环　　图5-16 花篮螺丝

花篮螺丝是用于收紧钢丝绳、链索或绑扎杆的专用索具,但起重设备系统中不得使用带钩子的花篮螺丝。使用时转动螺纹筒(套),使二根具正倒螺丝的螺杆伸长或缩短。为防止因受力或震动可能引起的自由转动,除设有制止自由转动装置的闭式花篮螺丝外,其他不具备此功能的花篮螺丝可在螺纹筒(套)及螺杆间嵌入制止块。花篮螺丝的大小以整个螺旋扣的最大与最小长度和螺杆的直径来表示。使用时,以其螺杆上的钩、卸扣或环的强度为依据,一般均有安全工作负荷标记和配套的证书。

平时应注意检查花篮螺丝的螺纹部分并定期加油润滑,以防螺纹损坏或生锈咬死,保证其转动灵活。用于露天静索上的花篮螺丝应先涂油后再用帆布包扎,以防生锈。

第二节　起　重　机

起重机于20世纪60年代开始在船上使用。具有占地面积小、工作面积大、结构紧凑、操纵灵活方便、装卸作业前后繁琐准备和收检索具工作少及装卸效率高等优点。其缺点是结构复杂、投资高、故障修复难度较大。

起重机是船舶应用最为广泛的一种起重设备。

一、起重机的种类

船用起重机如按动力源的不同,有电动和液压两种,其中电动式应用最为广泛。如按其使用方式的不同,又可分为回转式、悬臂式和组合式三种。

1. 回转式起重机

1)主要组成部分及基本参数

回转式起重机(whirley crane)又称克令吊,主要由基座、回转塔架、吊臂、操纵控制室和操纵装置等组成，如图 5-17 和图 5-18 所示。

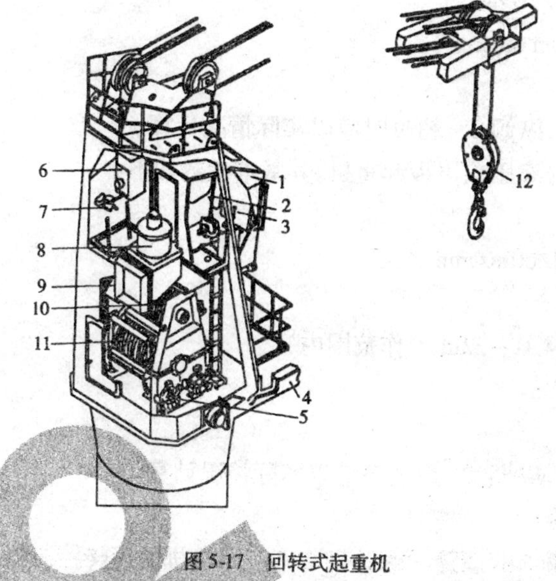

图 5-17　回转式起重机

1-控制室(cabin);2-变幅/旋转操纵杆(control lever for slewing/luffing);3-起货操纵杆(control lever for hoisting);4-吊臂(jib);5-油马达(oil motor);6-上油柜(head tank);7-过滤器(oil strainer);8-冷却器(oil cooler);9-限位器箱(differential limit switch box);10-变幅绞车(luffing winch);11-起货绞车(hoisting winch);12-吊货滑车(falling block)

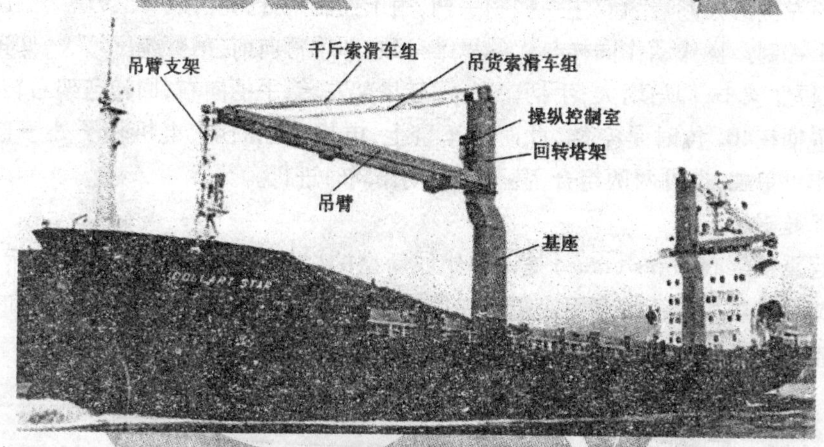

图 5-18　实船回转式起重机

起重机基座下端穿过主甲板与船体主结构进行有效连接，以确保具有足够的强度，上端设有上、下座圈和外围支承板等旋转支承及电动机、小齿轮和大齿轮等旋转机构。回转塔架支承在基座上端，包括上下二层，上层为操纵控制室，下层装有三部电动机，分别控制吊货索起升、吊臂的变幅及塔架旋转。吊臂根部固定在回转塔架底部，可绕根部支点上下俯仰，其头部设有两套滑车组供吊货索和千斤索用。

起重机基本参数随起重机使用方式的不同而有所不同，如上海船厂制造的电力式甲板起重机，其基本参数如下：

起重量　　5t

起升速度　18.9/36/73m/min

旋转速度　1.1/0.53/0.28r/min

变幅时间　27.8/57/109s

工作幅度　3.5～16m

回转角度　360°

船舶倾角　横倾5°,纵倾2°,超过时应以实际情况计算。

日本三菱重工生产的液压式甲板起重机,其基本参数如下:

起重量　30t

起升速度　16.5/33/60m/min

旋转速度　0.8rpm

变幅时间　37s(在4.0～22m工作范围内)

工作幅度　4.0～22m

回转角度　360°

船舶倾角　横倾5°,纵倾2°,超过时应以实际情况计算。

2)起重机的操作主令

在起重机操纵控制室内的座椅两侧分别装有三部电机的运转控制器。

位于座椅右侧的控制器为单主令控制手柄,用于控制吊货索的升降,由操作人员的右手控制。操作动作与人的思维一致,即手柄向前,吊钩下降;手柄向后,吊钩上升。

位于座椅左侧的控制器为双主令控制手柄,用于控制吊臂的变幅和回转塔架的旋转,由操作人员的左手控制。操作动作同样与人的思维一致,即手柄向前,吊臂幅度增大,仰角减小;手柄向后,吊臂幅度减小,仰角增大;手柄向左,回转塔架左转;手柄向右,回转塔架右转。应注意的是当旋转手柄在"0"位时是空档,此时刹车合上,电机定子断电,电机转子处于自由状态。以上三个动作可单独,也可两两组合,甚至三个动作同时进行。

2. 悬臂式起重机

悬臂式起重机(cantilever crane)是一种比较新型的甲板起重机,如图5-19所示。主要用于集装箱船或可装载集装箱的多用途船装卸集装箱,它利用伸出舷外的水平悬臂和在悬臂上行走的滑车组小车来完成装卸货作业。

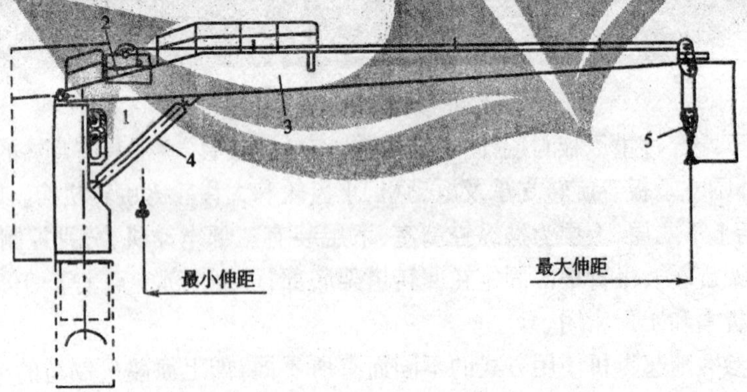

图5-19　悬臂式起重机

1-控制室(cabin);2-起货机(hoisting winch);3-吊臂(jib);4-液压千斤顶(hydraulic cylinder);5-吊货滑车(falling block)

悬臂式起重机与回转式起重机相比，具有结构简单，装卸效率高，维修方便等特点。

图 5-20 组合式起重机

3. 组合式起重机

组合式起重机（combination crane）又称双联回转式起重机，它是由两台单回转式起重机同装于同一个转动平台上组合而成的，两台单回转式起重机可各自单独作业，也可以合并在一起使用，一般情况下合并使用时的起重量为单独使用时的两倍。组合式起重机主要设置在集装箱船或可装载集装箱的多用途船上，如图 5-20 所示。

当两台起重机单独作业时，应将操纵控制室内的转换开关置于"单吊"位置，此时安装在公共大转盘上的两台起重机相互脱离，可分别绕各自的小转盘旋转，最大旋转角度 220°左右（各自在相反的方向上起算），这样若两台起重机同时作业于相邻的两个舱，回转时可能进入干涉区域，为有效防止两台起重机相互碰撞，设置了相应的安全装置，即在 140°的范围内设置相应的限位开关（回转角度限位器），当一台起重机进入干涉区时，限位开关起作用，使另一台起重机不能超越 140°的范围。

当需起吊重量超出单台起重机安全工作负荷的货物时，可将两台起重机的吊货钩通过一吊货横梁连接起来，并将操纵控制室内的转换开关置于"双吊"位置，此时两台起重机相互联锁组合，共同绕公共大转盘一起转动，回转角度正反 360°无限制。组合后的起重机有主吊（master crane）和副吊（slave crane）之分，操纵时由主吊操纵控制室内的控制手柄进行主、副吊合吊操纵。为保证合吊操纵时的安全和平稳，主、副吊设有吊货索起升同步装置和两吊臂变幅同步装置。

目前，由计算机控制的组合式起重机已在船上使用，可使组合后的起重机实现起升、变幅和回转三个自由度上的同步作业，整个操纵只需一人在操纵控制室内即可完成，也可实现遥控操作。

二、起重机的控制与保安装置

1. 起重机的控制装置

（1）应设有起升、回转、变幅与行走（如适用时）机构的控制系统。

（2）如起重机某机构需要越过限位器所限制的位置，则可设有停止限位器动作的越控开关，此开关应适当保护，防止发生意外动作。

（3）应设有超负荷保护或负荷指示器，超负荷保护应调整在不超过 110% 安全工作负荷时动作。

（4）具有不同安全工作负荷相应不同臂幅的起重机，应设有在给定臂幅能自动显示最大安全工作负荷的载荷指示器，并在载荷到达 95% 安全工作负荷时应发出警报，到达 110% 安全工作负荷时能自动切断运转动力。

（5）各机构应设有制动器，起升与变幅机构的制动器应为常闭式，并应具有应急释放的装置以使任何载荷能下降与就位，制动器的安全系数（制动力矩与额定力矩之比）应不小于 1.5。

(6)行走式起重机应装有夹轨装置,以防止起重机在风力或船倾作用下自动滑行。

(7)行走式起重机应设有锚定装置,以供起重机停用时予以固定。

(8)应设有声光信号装置,行走式起重机在轨道上行走时,应同时发出声光信号。

(9)具有不同安全工作负荷相应不同臂幅的起重机,应设有臂幅指示器。

2. 起重机保安装置

1)起升高度限位器:限制吊钩组合进入吊臂头部是由差动型限位装置来限制的。不管吊臂在什么位置,当吊钩组合向吊臂头部接近约剩2m时,起升的上升方向与变幅的下降方向自动停止,但吊钩能放下,吊臂能上仰。

2)最大与最小臂幅限位器:起重机工作幅度(臂幅)的限制由装在塔架转台侧面,受吊臂脚撞触的限位开关来保证。当吊臂臂幅达最小工作臂幅时,由安装在塔架头上的两个缓冲器顶住吊臂的横档,使其不再减小。当吊臂需要放置于支架时,脚踏转换开关,就能落下。

3)回转角度限位器:适用于回转角度有限制的起重机。

4)行程限位器:适用于行走式起重机与桥式起重机的行走吊车。

上述限位器动作后,应发出报警、切断运转动力并应能将吊运的载荷与起重机保持在限位器动作时的位置上,辅助起重机(如食品吊等)除外。

5)其他:

(1)吊臂最高、最低位置的限制系由起升卷筒旁边的限位装置保证,同时防止钢丝绳松脱。

(2)绞车卷筒上的钢丝绳长度设计,应确保当吊钩放到舱内最远位置时,卷筒上留存的钢丝绳在任何情况下不少于3圈。当吊钩升到最高位置,所需收进的钢丝绳全部绕上卷筒后,绞车卷筒凸缘应高出最上层钢丝绳不少于2.5倍钢丝绳直径。

(3)动力绞车制动器的有效制动力矩应不小于绞车额定值的1.5倍。

三、起重机的操作注意事项

以回转式起重机为例:

1. 使用前的准备

(1)打开水密门以便检查和通风,天热时须启动轴流风机。

(2)检查卷筒上的钢丝绳排列是否正常。

(3)升起吊臂,使其处于工作臂幅范围内。

(4)检查刹车及安全装置的可靠性。

2. 运转要点

(1)禁止横向斜拉货物。

(2)保持平稳操作,避免急速起动或停止,以使起重机震动达到最低程度,延长起重机的使用寿命。

(3)注意吊钩位置,在吊钩着地后不得再松钢丝绳,也不得在地上拖吊钩。

(4)传动失灵时,可将货物放在地上和将吊臂放下,将电机刹车小心、慢慢地松开。

(5)切记避免吊货钢丝绳在舱口摩擦,平时应加强检查。

(6)发生危急情况时,按紧急开关使各动作停止。

(7)船舶横倾角较大(接近5°)和刮大风时,应避免在最大工作臂幅处旋转。

(8)吊着货物时,操作者不能离开。

3. 放置

先将吊臂转到支架上方,再把旋转手柄放在空挡,然后脚踏转换开关,缓缓将吊臂落到支架上,再将旋转手柄回到零位。此时,变幅钢丝绳稍有收紧,切忌很紧或很松,以免钢丝绳在卷筒上松脱或乱绕,然后关闭各门窗。

第三节 轻型吊杆

根据《船舶与海上设施起重设备规范》的规定,经正确安装的起重设备在设计作业工况下,证明能吊起的最大静载荷称为起重设备的安全工作负荷(Safe Working Load,SWL)。轻型吊杆(light derrick)系指安全工作负荷等于和小于98kN的吊杆装置和吊杆式起重机。

一、轻型吊杆的组成

轻型吊杆主要由起重柱(桅)、吊杆装置和起重设备动力机械(起货机)三大部分组成,如图5-21所示。

图5-21 实船轻型双杆

1. 起重柱(桅)

起重柱(桅)(derrick post)是起重设备的主要组成部分之一。柱的下部设置吊杆承座,用以支持吊杆左右旋转、变幅和承受吊杆在作业时的作用力,柱的上部设置千斤索导向滑车眼板座,用以连接千斤索导向滑车并承受吊杆作业时千斤索的拉力。

起重柱(桅)一般为空心钢管,为确保其具有足够的强度,应至少有二层甲板作为支点,并与船体主结构作有效连接,具有足够强度的甲板室甲板可作为一个支点,连接处的船体结构或甲板室甲板应作加强。对起重柱(桅)上受集中载荷的部位,如吊杆承座、千斤索导向滑车眼板和桅支索眼板等部位,均应作适当加强(加厚)。起重柱(桅)的最小壁厚应不小于6mm,如起重柱(桅)兼作通风筒时,应不小于7mm。起重柱(桅)在千斤索眼板处的外径一般不小于其根部外径的85%。

起重柱(桅)的结构形式较多,常见的有单桅起重柱(samson post)、门式起重柱(goal post)、人字型起重柱(bipod mast)和"V"型起重柱(V-type derrick post)。

2. 吊杆装置

吊杆装置(boom device)由吊杆、绳索及索具等组成。

1)吊杆

钢质吊杆(boom)用以支撑吊货滑车。为在全长范围内直径与厚度保持不变的圆筒形等截面杆件,或中段直径与厚度保持一定长度不变,再向两端直径逐渐减少的变截面杆件。任何情况下钢质吊杆的壁厚不得小于4mm。

吊杆头部设有吊杆环眼箍,以对该部位作适当加强,并用以连接千斤索眼板、吊货滑车眼板和稳索眼板等。吊杆根部由叉头状眼板通过吊杆转轴(俗称鹅颈头,goose neck)与固定在桅或起重柱上的吊杆承座相连接,以实现吊杆左右回转和上下变幅。

2)绳索与索具

吊杆装置中所使用的绳索与索具(rope & rigging)主要有千斤索、吊货索、稳索等绳索和吊货与吊货导向滑车、千斤索与千斤索导向滑车、稳索用滑车、有节定位索、三角眼板、卸扣及吊货钩等索具,本处仅介绍各类绳索。

(1)千斤索

千斤索(topping lift)是承受吊杆载荷,并控制吊杆俯仰和/或回转的钢索。千斤索根端通过千斤索滑车组的千斤索滑车与吊杆环眼箍或眼板相连,另一端穿过千斤索导向滑车后垂直向下通至千斤索绞车,利用千斤索绞车的绞收或松放来控制千斤索的长度,实现调整吊杆仰角和/或左右回转(双千斤索无稳索吊杆)。

(2)吊货索

吊货索(cargo fall)是吊放货物,控制货物起升或降落的钢索。吊货索的一端与吊货钩相连(采用吊货滑车组的,则是通过吊货动滑车与吊货钩相连),双杆联合作业时,则是通过三角眼板将两根吊货索与吊货钩相连;另一端经吊杆头部的吊货滑车、中部的过桥滑车及吊杆根部的吊货导向滑车后引至起货绞车。由于吊货索动作频繁,故是最易磨损的绳索。

(3)稳索

稳索(guy)是用于调整和固定吊杆位置的钢索和/或纤维索。稳索的种类随轻型吊杆使用形式的不同而不同。

稳索的一端连接在吊杆头部吊杆环眼箍的两侧或该处两侧的眼板上,另一端引至稳索绞车或系固在舷墙地令(或眼板)上。对采用单千斤索单杆操作的轻型吊杆来说,稳索的另一端引至稳索绞车,并由绞车操作,此时的稳索称摆动稳索(又称牵索,slewing guy),摆动稳索通常在吊杆头部左右各设一根,通过绞车一绞一松,即可实现单杆的左右回转动作。对采用双杆联合作业的轻型吊杆来说,每根吊杆头部的外侧设两根稳索,称边稳索(俗称边盖,side guy),其中一根称调整稳索(俗称软盖,adjustable guy),一般由钢索与纤维索绞辘组合而成,其中绞辘中的定滑车通过卸扣与舷墙地令(或眼板)相连,人员手握辘绳力端。调整稳索仅用于吊杆的布置与调整,吊杆工作过程中基本不受力;另一根为保险稳索(俗称老盖,insurance guy),一般用有节定位索或钢索制成,其另一端与舷墙专用装置相连。保险稳索用于固定吊杆工作时的位置,并承受吊货时吊货索的水平张力,保险稳索是受力最大的绳索;两吊杆头部内侧间由一纤维索绞辘相连,称中稳索(俗称中盖,mid guy),绳辘力端通过设在起重柱(桅)桅肩上的导向滑车引至起重柱(桅)下部,并挽在专用羊角上固定。中稳索用于吊杆的布置、调整及防止吊杆在工作过程中的外张与晃动,受力最小。

3. 起重设备动力机械

起重设备动力机械(起货机)为布置起重设备与装卸货物的动力源。

1)起货机的种类和特点

船用起货机(cargo winch)主要有电动和电动液压两大类。

电动起货机(electric cargo winch)线路比较复杂,需要较高的管理维护水平,但其具有操作简单,运转平稳等特点,船上应用较为广泛。

液压起货机(hydraulic cargo winch)与电动起货机相比具有重量轻,体积小,操作方便,工作平稳等优点,并具有良好的制动能力,但制造安装较复杂,维护管理要求高,若使用或维护不当,高压油管接头及油管本身易爆裂造成漏油。目前,液压起货机已在船上广泛应用,并显示出其独特的优越性。

2)起货机的一般性能要求

(1)起货机的离合器和刹车应灵活可靠。

(2)制动器(刹车)的有效制动力矩应不小于其额定值的1.5倍。

(3)在电源中断或管路失压时,应设有防止货物落下的制动装置。

(4)应设有过载保护装置。

(5)操纵手柄的动作方向应与吊货钩的动作方向一致。

3)电动起货机的操作步骤与使用注意事项

(1)操作步骤

①通知机舱供电。

②接通控制箱上的电源开关。

③扳动操纵手柄在相应位置,即可获得相应的转动方向和回转速度。

④使用完毕后断开控制箱上的电源开关,并通知机舱停止供电。

(2)使用注意事项

①使用前应顺、倒车空转片刻,以确认起货机是否正常,同时检查刹车的可靠性。

②在增减运转速度时,应逐渐缓慢加速,以防因负荷突然加大而烧毁电机。顺、倒车换档时,应先将操纵手柄在断电点零位(空挡)处略停片刻,随后才可变换操纵方向。

③装卸货作业时,起货机副卷筒也同步转动,但严禁同时使用以防过载而发生事故。

④如电动机升温过高或减速箱内的油温超过规定值,应立即停止工作并请轮机人员检查。

4)液压起货机的操作步骤与使用注意事项

(1)操作步骤

①通知机舱供电,合上电动机电源开关,开启高压油泵阀门。

②检查高压油泵的压力是否正常,如不正常,须调节至适当压力。

③启动控制箱上的油泵开关时,应先按辅助油泵开关,过1mm后再按主油泵开关,并检查压力表指针是否正常。

④扳动操纵手柄,即可控制油马达的转动方向和回转速度。

⑤使用结束后,应先关主油泵再关辅助油泵,并通知机舱停止供电,最后关闭高压油泵阀门。

(2)使用注意事项

①使用前应顺、倒车空转片刻,以确认起货机是否正常,同时检查刹车的可靠性。

②操纵时应缓慢加大油压,以防因油压突增造成油管接头爆裂而导致漏油。

③装卸货作业时,起货机副卷筒也同步转动,但严禁同时使用以防过载而发生事故。

④使用过程中如发现升降速度不一致时,可按下述方法进行零位调整:

第一步：扳动操纵手柄使零位指示灯亮；

第二步：开启手柄旁的小阀；

第三步：将手柄置于中间位置；

第四步：关闭小阀。

二、轻型吊杆的种类与操作

1. 轻型吊杆的种类

轻型吊杆的种类主要有单千斤索轻型单吊杆、双千斤索轻型单吊杆和单千斤索轻型双吊杆几种，除此之外，还有液压传动式单吊杆等，但很少用。

轻型单吊杆与轻型双吊杆相比具有承吊重量大、吊杆和属具少、作业时可随时回转和变幅及有利于装卸舱内各部位的货物等优点，缺点是装卸速度较慢，常常需要三台起货机。

2. 轻型吊杆的操作

1）单千斤索轻型单吊杆

单千斤索轻型单吊杆的作业特点是吊杆头部转动带动货物移动。

单千斤索轻型单吊杆为吊杆头部设有一根千斤索和两根摆动稳索的轻型单吊杆。千斤索通过千斤索导向滑车后被引向千斤索绞车，吊杆的俯仰由千斤索绞车控制。吊杆头部两侧的摆动稳索通过相应的导向滑车，最终被引至同一起货机（绞车），并由该起货机进行同步控制，实现控制吊杆的左右摆动。摆动稳索的工作负荷按表5-2计算。

摆动稳索工作负荷 表5-2

吊杆安全工作负荷(kN)	摆动稳索工作负荷(kN)
$SWL \leqslant 49$	$0.5SWL+4.9$
$49<SWL\leqslant 147$	$0.1SWL+24.5$
$147<SWL\leqslant 588$	$0.25SWL$
$SWL\geqslant 735$	$0.2SWL$

注：SWL 在588～735kN之间时，摆动稳索工作负荷按线性内插法求得。

装卸货作业时，吊杆的俯仰由千斤索绞车控制，由摆动稳索绞车控制两根摆动稳索以同一速度一松一绞，配合使用吊货起货机完成货物装卸作业。

2）双千斤索轻型单吊杆

双千斤索轻型单吊杆能在带载情况下由一人即可进行回转和变幅操作，故又称吊杆式起重机。

该吊杆由左右分开的两套千斤索来操纵吊杆，无摆动稳索（牵索），如图5-22所示。双千斤索单吊杆的两台千斤索绞车均为双卷筒式，能控制吊杆的俯仰和回转。当两千斤索绞车以相同的转速同步绞进千斤索时，吊杆仰角就增大；若以相同的转速同步松出千斤索时，吊杆仰角就减小；当操纵一台起货机绞收一侧的千斤索，而另一台起货机以相同速度松出另一侧的千斤索时，则可控制吊杆向绞收一侧转出。

3）单千斤索轻型双吊杆

单千斤索轻型双吊杆由两套单千斤索单吊杆通过一定的方式联合起来形成了双杆联合（union purchase）操作系统，其布置如图5-23所示。

每根吊杆头部均设有千斤索、吊货索、保险稳索、调整稳索及中稳索。两千斤索控制各自吊杆的俯仰角度；各吊杆吊货索的首端通过三角眼板连接，另一端通过吊货滑车、过桥滑车及吊货导向滑车后被引至各自的起货机；保险稳索（老盖）起到减少吊杆受力的作用；吊杆左右位置的调整通过调整稳索（软盖）来完成；中稳索（内牵索或中盖）连接两根吊杆头部内侧，调整两吊杆的张角。

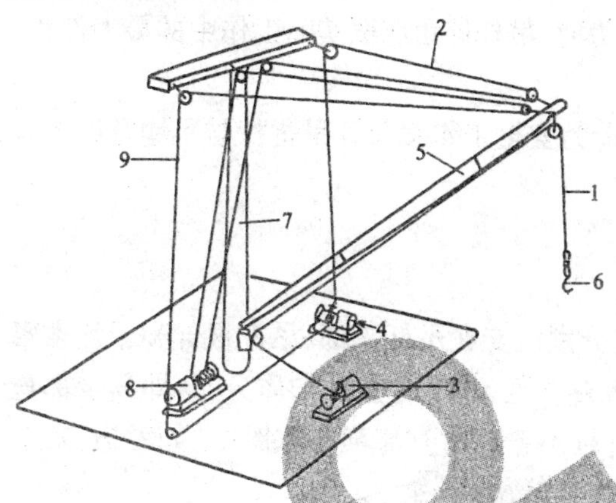

图 5-22　双千斤索轻型单吊杆

1-吊货索（cargo fall）；2-千斤索（topping lift）；3-起货机（cargo winch）；4-千斤索绞车（topping lift winch）；5-吊杆（boom）；6-吊货钩（cargo hook）；7-起重柱（samson post，SP）；8-千斤索绞车（topping lift winch）；9-千斤索（topping lift）

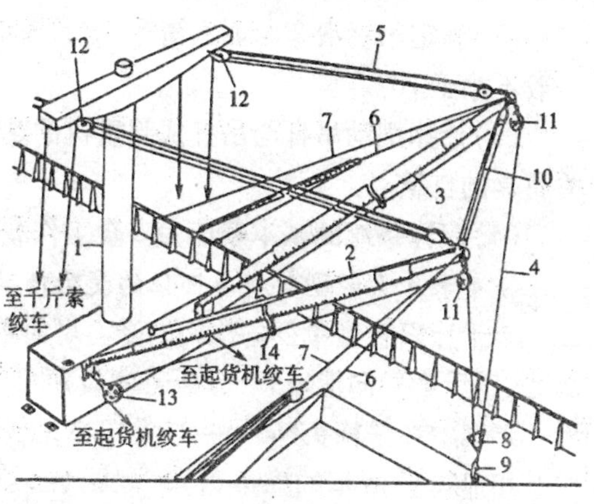

图 5-23　轻型双杆

1-起重柱（samson post，SP）；2-舷内吊杆（inside boom）；3-舷外吊杆（outside boom）；4-吊货索（cargo fall）；5-千斤索（topping lift）；6-调整稳索（adjustable guy）；7-保险稳索（insurance guy）；8-三角眼板（triangle eye-plate）；9-吊货钩（cargo hook）；10-中稳索（mid guy）；11-吊货滑车（cargo block）；12-千斤索导向滑车（topping lift guiding block）；13-吊货导向滑车（cargo guiding block）；14-过桥滑车（carrier block）

采用双杆联合操作时，布置在舷外的一根吊杆称舷外吊杆（俗称小关，outside boom），另一根布置在舱口上方的吊杆称舷内吊杆（俗称大关，inside boom）。利用千斤索、调整稳索及中稳索将两吊杆调整到各自所需的位置后，挽牢调整稳索、中稳索及保险稳索，完成吊杆的布置。

卸货时，利用舷内吊杆的起货机绞进吊货索，当绞收吊货索把货物吊起至超过舱口上沿后，再用舷外吊杆的起货机绞进吊货索，同时松出舷内吊杆的吊货索，将货物吊出舷外，最后，同时松出两根吊货索，将货物卸至指定的位置。装货时操作顺序则相反。

三、轻型吊杆的受力分析

1. 作用

掌握轻型吊杆受力情况，是设计起重设备有关零部件、选定规格尺寸和进行强度核算时的依据，是吊杆布置、调整和确保装卸货安全的依据，同时对装卸事故发生后的正确处理也有着重要意义。

2. 方法

吊杆受力分析主要有图解法和解析法两种，其中图解法比较简明、直观。

3. 要求

按规范规定，对轻型吊杆进行受力分析，必须满足以下几方面的要求：

(1)确定吊杆装置受力时，所取吊杆与水平的仰角，对轻型吊杆为15°，对重型吊杆为25°。如吊杆不可能在此仰角下工作时，则吊杆仰角可取为实际工作的最小仰角，但任何情况下，对轻型吊杆不得超过30°，对重型吊杆不得超过45°。

(2)确定吊货滑车与嵌入滑车(如设有时)受力时，吊杆仰角应取实际工作中的最大仰角，一般不小于70°。

(3)计算摆动吊杆与吊杆式起重机的基本载荷为安全工作载荷及吊货杆与吊钩及以上有关属具的自重。

(4)双杆系统的基本载荷为安全工作载荷。

4. 单千斤索轻型单杆各部位的受力情况

单千斤索轻型单杆各构件的受力可简单假定分别汇交在吊杆头部、吊杆根部和千斤索眼板处(千斤索导向滑车)。分析时假设所吊货物重量一定，吊杆自重为均质分布，即其全部重量一半集中在吊杆头部，另一半集中在吊杆根部，且不考虑所有滑车的摩擦力(如考虑，则应加上相应位置滑车的摩擦力)根据图解法原理，当吊杆吊起一定重量负荷并处于静止状态时，作用于吊杆头部的各个力、吊杆根部的各个力及千斤索眼板(千斤索导向滑车)处的各个力的合力为零，如图5-24所示。而轻型吊杆作业过程中各组成部分所受作用力中，又以吊杆所受的轴向压力及千斤索所受的张力最为关键，它们是直接关系到作业安全的两个力。

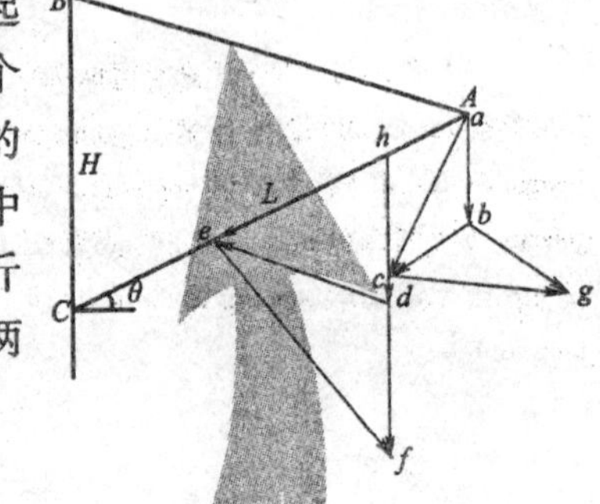

图5-24 轻型单杆受力图解分析

1)吊杆头部受力

为所吊货物重量(载荷)、过吊货滑车后的吊货索张力、吊杆的1/2自重、千斤索张力及吊杆所受轴向压力的反作用力的合力。

2)千斤索眼板(千斤索导向滑车)受力

为千斤索张力的反作用力及千斤索通过千斤索导向滑车后至千斤索绞车拉力的合力。

3)吊货滑车受力

为载荷与吊货索过吊货滑车后张力的合力。

4)吊货导向滑车受力

为过吊货滑车后吊货索张力的反作用力及吊货索通过吊货导向滑车后至吊货绞车拉力的合力。

5)吊杆承座受力

为吊杆轴向压力、1/2吊杆自重与吊货导向滑车受力的合力。

5. 单千斤索轻型单杆受力分析结论

1)单杆作业时，若吊货索或千斤索采用滑车组，则通过滑车组后的绳索张力，均应按滑车组的省力倍数来计算。

2)对一确定的吊杆而言：

(1)吊杆所受的轴向压力(用R表示)与吊杆仰角θ无关，它取决于所吊货物的重量及吊

货滑车组动滑车所具有的滑轮数 m。即当所吊货物的重量越重，吊杆所受的轴向压力就越大；吊货滑车组动滑车所具有的滑轮数越少，吊杆所受的轴向压力也越大。

(2)千斤索所受的张力(用 T 表示)与所吊货重、吊杆的仰角 θ 有关，与吊货滑车组动滑车所具有的滑轮数 m 无关。即当所吊货物的重量越重，千斤索所受的张力就越大；吊杆仰角 θ 越小，千斤索所受的张力也越大。

6.双杆作业系统受力分析基本要求

对双杆操作系统，当舷内、外吊货杆处于同一实际工作中的最小仰角下时，吊货杆的工作范围与长度应满足如下要求：

1)舷外吊杆的舷外跨距应不小于中部船宽舷外3.5m，或船舶所有人要求的舷外跨距。

2)舷内吊杆头部在货舱口内的投影位置应位于：

(1)当货舱口仅配有1对吊杆时，离货舱口对边距离不大于 $L/5$(L 为货舱口长度)；

(2)当货舱口同时配有2对吊杆时，离货舱口对边距离不大于 $L/3$；

(3)离货舱口边的距离为1.5m。

3)当吊货索夹角为120°时，其连接点(三角眼板)距舷墙或货舱口围板上缘的高度应不少于：

5m，当 $SWL \leqslant 19.6$kN 时；

6m，当 $SWL > 19.6$kN 时；

式中：SWL——双杆安全工作负荷，kN。

4)当吊货索间的夹角取120°时，连接两吊货索的三角眼板位于最低位置。

5)双杆操作的吊杆，应使吊杆在任何工作位置不发生倾翻情况，为满足此要求，一般应使千斤索上受力的减轻量(吊货索与保险稳索水平分力的合力)乘以吊杆仰角的正切所得之值不大于吊货索和保险稳索垂直分力之和。

6)双杆系统中连接两根吊杆头部的内牵索(中稳索)工作负荷应取双杆系统安全工作负荷的20%，但不小于9.8kN。

四、轻型双杆联合作业时的布置要领及操作注意事项

1.双杆联合作业时的布置要领

1)舷内吊杆(大关)

吊杆仰角：为避免千斤索张力降为零或为负值，最大仰角应小于75°，以防翻关。

保险稳索：尽量使其水平投影与吊杆水平投影成90°，以减小吊杆的水平分力，其下端应尽量布置在舷墙眼板或地令上(使其仰角越小越好)，以减小其张力。如吊杆的仰角较大，其下端可略向前布置一些(下端系结点接近舱口中部或中部略偏前)，这样可增大稳索与吊杆的夹角。

2)舷外吊杆(小关)

吊杆仰角：仰角应大于15°，一般45°左右，仰角太小会导致千斤索张力太大。吊杆与船舶纵中线的水平投影夹角宜保持在45°~65°之间，这样既可保证吊杆在舷外有一定的跨距，又可防止两吊杆头部的距离过大，同时可避免使两吊货索受力过大。

保险稳索：其根部应尽量向后并系结得高一些，即应系结在舷墙上专用于系固舷外吊杆保

险稳索根部的眼板或地令上，使其水平投影与吊杆的水平投影夹角不小于20°，以达到减小其对吊杆的作用力及不影响装卸货的目的。

舷外吊杆的跨距：应保证达3.5m及以上。

3）应注意的事项

（1）正确合理地选择舷墙上专用于系固保险稳索根部的眼板或地令，是双杆联合作业时的布置重点。

（2）双杆操作时，在轴向压力相同的条件下，其*SWL*约为单杆操作的40%～60%，必须引起足够的重视。

2.起落吊杆操作及应注意的事项

吊杆的起落操作应在水手长的指挥下进行（如认为有必要，也可以由值班驾驶员亲自指挥），起落吊杆可按下列步骤进行：

1）起吊杆

（1）打开吊杆支架铁箍，将稳索、吊货索、千斤索整理清楚，检查各个卸扣插销、细铁丝有无松动、脱落现象，再将吊货索松出适当长度，将吊钩从地令脱出。

（2）由一人将调整稳索绞辘一端扣结在舷墙面板地令或眼板上，再将辘绳在羊角上挽一道，握住力端，以便起吊杆时作适当松溜，使吊杆不左右摆动。由另一人控制中稳索并作适当的松放。

（3）操纵千斤索升降机（绞车）使吊杆升起，同时同步松出调整稳索与中稳索，当吊杆升至需要高度时，按止动开关使升降机停住，插上保险销子。

（4）调整好吊杆位置，将调整稳索与中稳索收紧挽住，然后将保险稳索系妥，收紧扣住。

2）落吊杆

（1）解开保险稳索，利用调整稳索与中稳索将舷外吊杆拉入舷内。

（2）拔出千斤索升降机的保险销子，脱开制动铁舌，启动升降机反转，松落吊杆。

（3）在吊杆接近支架时，由于吊杆下垂力非常大，必须特别缓慢细心操作，以免发生事故。

（4）支架受力后，扣上铁箍，将稳索、吊货索等整理清楚，检查保险销子、制动铁舌是否放好。

（5）将吊货钩钩在专用地令上，并适当收紧吊货索，以便固定吊杆和防止吊货钢丝绳卷筒上的钢丝松乱。

3）起落吊杆时应注意的事项

（1）操作前应将参与人数、人员分工、操作要点和注意事项交代清楚，并试转起货机。

（2）操作人员要集中精力，注意指挥者的指挥，不要左顾右盼。

（3）指挥者应站在适当而安全的位置，使作业人员能清楚地看到其指挥动作，以便正确执行。

（4）严禁吊杆下方站人。

（5）应根据人员的技术水平与熟练程度情况，配备足够的作业人员，如人员不足，应一根一根地起落，以确保安全。

（6）双杆同时起落时，操纵起货机者应互相配合好。

（7）起落过程中如发现滑车或起货机的转动有不正常的声音时，应暂时停止工作，进行详细检查,以防发生事故。

(8)一切绳索必须整理清楚,以防在吊杆的起落过程中有攀住或钩住他物的现象发生。

3. 双杆作业时操作注意事项

(1)严禁超关、拖关、游关和摔关。

(2)双杆操作时,两吊货索的水平分力是影响吊杆、稳索、千斤索受力的主要因素。当两吊货索夹角达120°时,每根吊货索的张力将达到所吊货物的重量。因此,货物不应吊起太高(以能过舱口围板和舷墙为准),以防两吊货索之间的夹角超过120°,使吊货索的水平分力、稳索与顶攀的受力剧增而导致严重后果。

(3)装卸货时应避免突然换向或急刹车。

图5-25　吊杆下方严禁站人

(4)作业中如发现有异常情况或异常声响时,应立即停止工作,待检查并消除故障后再继续工作。

(5)作业过程中是否对吊杆的布置进行调整由值班驾驶员决定,装卸工人不得任意改变吊杆的布置状态。

(6)装卸货过程中,吊杆下方严禁站人(图5-25),人员也不得从内档甲板通行。暂不工作时,吊货索应收绞起来,使吊货钩不碰到人头,吊货索不应盘在甲板上。

4. 起重设备有关绳索安全系数的规定

相对于钢索和纤维索破断负荷的安全系数 n,应不小于表5-3所列的规定。

安全系数 n

表5-3

绳索种类与用途			安全系数 n
钢索	动索	吊货索、千斤索、摆动稳索	$3 \leq n \leq 5$
	静索	保险稳索	4
		桅支索	$3 \leq n \leq 3.5$
纤维索			8

第四节　重型吊杆

为满足装运重大件货物的需要,一些杂货多用途船及专用重大件船除设置了轻型吊杆外,尚在中间舱口或重点货舱口配备了重型吊杆。

重型吊杆是指安全工作负荷(*SWL*)大于98kN的吊杆装置和吊杆式起重机。

一、重型吊杆的特点和种类

1. 重型吊杆的特点

由于重型吊杆(heavy derrick)的起重量大,其结构装置与轻型吊杆有所不同,主要表现在吊杆的根部、头部和绳索与索具三个方面。如图5-26所示。

(1)吊杆根部承座通常不设在桅或起重柱的下部,而是直接安装在甲板或专用平台上,承

座所在的甲板或平台下面设有支撑等加强结构。以承受巨大的吊杆轴向压力，减轻桅或起重柱的受力。

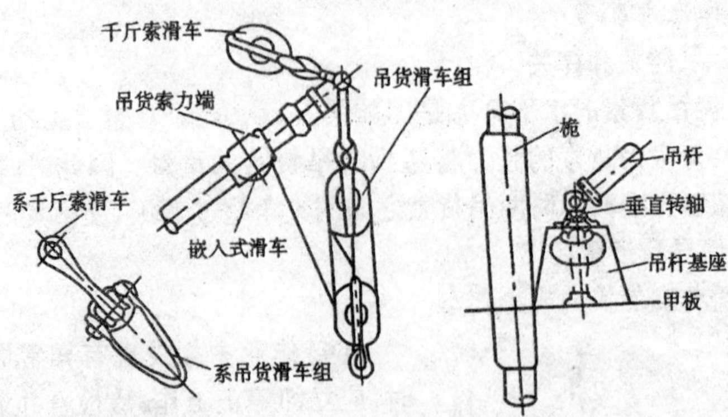

图5-26 重型吊杆结构特点示意图

(2)有的吊杆头部设有一嵌入式滑车(普通型和哈列恩型)，其作用是改变吊货索的走向，减少吊杆所受的轴向压力和千斤索张力。

(3)重型吊杆的千斤索和吊货索均采用多饼滑轮组，以减少起货机的负荷。

(4)为了提高重吊的利用率，有的重吊通过舱口倒换可供相邻的两个货舱使用(V型)。

2. 重型吊杆的种类与组成特点

目前，船舶常用的重型吊杆主要有普通型重吊、V型重吊及哈列恩式重吊等几种。

1)普通型重吊

普通型重吊又称带嵌入滑车式重型吊杆，结构如图5-27所示。

普通型重型吊杆的吊杆头部设有一个嵌入式滑车，吊货索的力端从吊货索滑车组的下部引出，经嵌入滑车和设在桅肩上的吊货导向滑车后引向起货机，这样通过嵌入滑车的设置改变了吊货索的走向，从而减小了吊杆所受的轴向压力和千斤索张力。千斤索也采用多饼滑车组，其动端从吊杆头部的千斤索滑车引出，穿过在桅肩上的千斤索导向滑车后引向千斤索绞车。设在吊杆头部左右的两根摆动稳索(牵索)则通过设在甲板上的导向滑车，由相邻货舱口上的两台起货机来操纵，吊杆的左右摆动由收绞一边的牵索和松放另一边的牵索来完成。该种重型吊杆共有四台起货机。

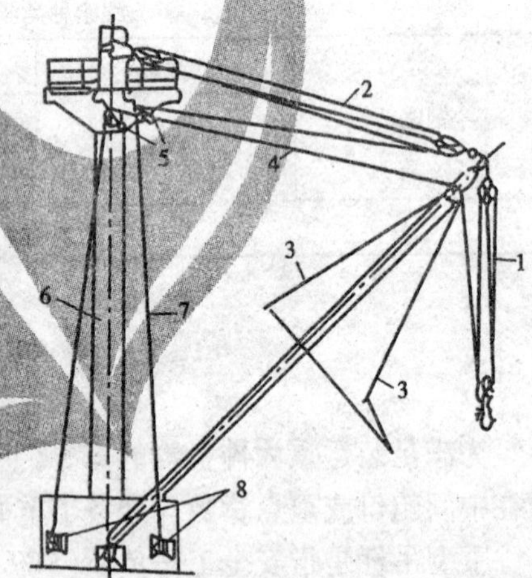

图5-27 普通型重型吊杆

1-吊货索滑车组(cargo fall tackle);2-千斤索滑车组(topping lift tackle);3-稳索(guy);4-吊货索(cargo fall);5-导向滑车(leading block);6-桅柱(mast);7-千斤索(topping lift);8-起货机(winch)

2)V型重吊

(1)组成特点

V型重吊又称施特尔根(Stulken)重吊，它不仅改善了普通型重吊的操纵使用性能，而且起重量大，安全工作负荷(*SWL*)一般在120～500t之间，最大的可达750t，如图5-28所示。

V型重吊主要由两根呈V型布置的起重柱、一根重型吊杆、两台起货绞车和两台千斤索绞车(共四台起货机)、左右两套千斤索及索具和适用于相邻两舱的吊货索及索具等组成。起重柱布置成V型的主要目的是能实现操作平稳和增大舷外跨距。

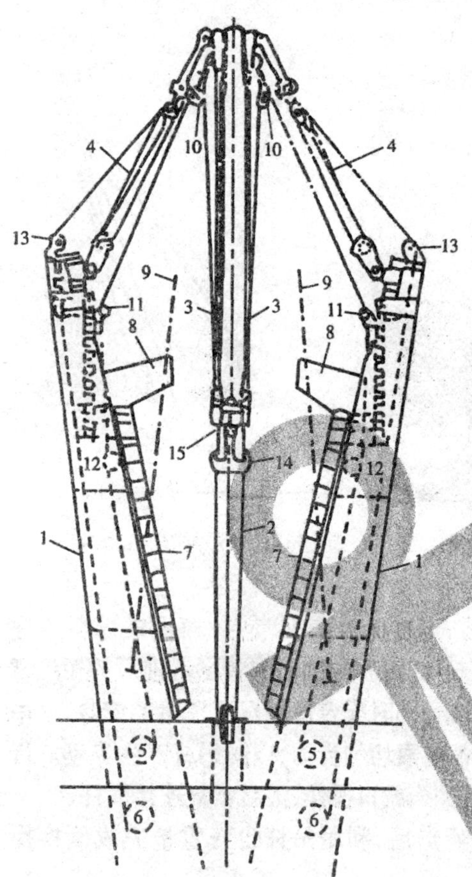

图5-28 V型重吊

1-起重柱(samson post, SP);2-重型吊杆(heavy derrick);3-吊货索滑车组(cargo fall tackle);4-千斤索滑车组(top-ping lift tackle);5-起重绞车(winch);6-千斤索绞车(topping lift winch);7-梯(ladder);8-控制台(control desk);9-轻型吊杆(derrick);10、11、12-吊货索导向滑车(cargo fall leading blocks);13-千斤索导向滑车(topping lift leading blocks);14-山字吊货钩(Flemish hook);15-连接横杆(connecting traverse)

V型重吊无稳索装置,吊杆头部由两套千斤索滑车组引导,每套滑车组由一个起货机带动,吊杆的变幅与旋转通过收绞或松放两根千斤索完成。以同一速度同时收绞或松放千斤索可使吊杆仰起或俯下,单独收绞一舷的千斤索将使吊杆向同一舷旋转并慢慢仰起,单独松放一舷的千斤索将使吊杆向另一舷旋转并慢慢俯下。如果以同一速度收绞一舷的千斤索并松放另一舷的千斤索将使吊杆以大约同样的高度向绞收一舷作较快的旋转。如果两千斤索以不同的速度收绞,吊杆将向收绞速度较快的方向旋转,如果以不同的速度松放,吊杆将背向松出速度较快的方向旋转。

吊杆滑车组采用无端法穿引,由两个上部吊货滑车和两个下部吊货滑车组合。滑车组钢丝绳的每一端先引向对应转动头滑车支座上的导向滑车,再引向吊货绞车。吊货滑车组由两部绞车来绞动。若只开动其中一部绞车,吊货钩升降速度减半。

使用双吊货滑车组时,两个下部吊货滑车并接于一个连接横杆,并通过其与山字型吊货钩相连,能吊起全部安全负荷。若仅使用单滑车组则不需要连接横杆,山字钩与作业的滑车组相连接,只能吊起安全负荷的一半。

V型重吊通常在其起重柱(桅)上同时配备有轻型吊杆,当V型重吊在一舱工作时,安装在起重柱上的轻型吊杆可同时在另一舱工作,从而大大提高装卸货效率,如图5-29所示。

(2)V型重吊的倒换舱口操作

V型重吊的最大优点是可通过倒换舱口来实现供相邻的两个货舱使用,从而大大提高了重吊的利用率。倒换舱口的操作方法有两种,但应特别谨慎小心,尤其是当船舶纵倾较大,由低的一端向高的一端倒换时,因此,操作前应严格按操作使用说明书允许的纵倾(吃水差)角度要求进行。如实际情况超过限度,应先调整纵倾后,再进行倒换操作。

①依靠吊货滑车组倒换舱口

以同速度同时绞收双千斤索(应控制绞收速度),使吊杆仰角缓慢达86°~88°;将吊货钩及连接梁从下部滑车拆下,其中一个滑车用绳套或直接用螺栓将其固定在吊杆根部的眼板上,吊货钩装在另一滑车上;将连接横杆用绳套与吊货钩连接,用另一绳套把吊货钩挂在为倒换舱

口而设的眼板上;用起货机绞收吊货索,当吊货钩、吊货滑车和横杆被拉至一定高度时吊杆即可倒换至另一舱口。如图 5-30 所示。

图 5-29 实船 V 型重型吊杆及起重柱上所配备的轻型吊杆

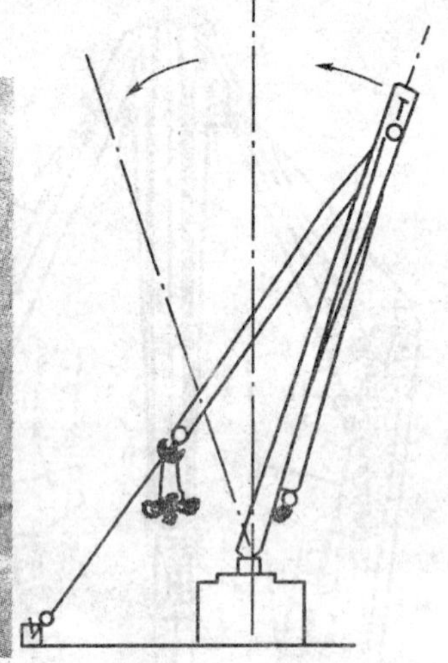

图 5-30 利用吊货滑车组倒换舱口

②利用短拉索绞收倒换舱口

图 5-31 所示为利用短拉索绞收倒换舱口操作过程,具体方法是:以同一速度慢绞双千斤索,使吊杆仰角缓慢上升至约 85°时为止。拆掉连接横杆,再根据倒换方向将向前向后的短拉索引至绞车,绞收需倒换舱口一侧短拉索,松放另一侧短拉索,同时配合使用双千斤索的绞收,使吊杆仰角逐渐增大至 90°(死点位置),此时一定要注意使各绳索均匀受力,以防吊杆产生晃动。待吊杆被拉过死点后,同时慢慢松放双千斤索滑车组,完成倒换舱口操作,最后装复连接横杆。

当船舶有足够纵倾且可利用时,即可在吊杆越过死点后,利用吊杆自身重量完成倒换操作,而无须再用短拉索来绞收。

(3)V 型重吊的固定

重型吊杆使用完毕开航前必须进行固定,以免航行途中因风浪及船舶摇摆引起吊杆晃动时损坏吊杆、绳索及索具,甚至影响航行安全。图 5-32 所示为固定方法。

①以同样的速度缓慢绞收两套千斤索滑车组,使吊杆竖起并与垂线夹角约成 8°;

②拆下吊货钩并放妥在专用槽架中,连接横梁不必拆下,并将其固定在支架上;

③绞紧全部吊货索及千斤索滑车组达固定吊杆目的。

如果航行时间较长,还应再加两副系紧滑车组,并用起货机绞紧两副系紧滑车组。

3)哈列恩式重型吊杆

哈列恩式(Hallen)重型吊杆与双千斤索轻型吊杆的结构大致相同,不同点(也是最大的改进)是哈列恩式重型吊杆在左右桅肩上各设有一个水平臂杆,水平臂杆设垂向和外侧牵索各一根,以确保臂杆与桅肩垂直,并可在横向方向上从与桅肩垂直状态各自向外侧转动 90°。而千斤索滑车组的定滑车系在臂杆上,千斤索的力端经过导向滑车后引向千斤索绞车。这样,吊杆无论向那一舷回转至最大角度时,两根千斤索均能维持一定的夹角并受力,从而,确保了吊杆的稳定并可随时被转回至舷内。吊货索采用滑车组,其力端经吊杆头部的嵌入式滑车和桅肩上的导向滑车后引向起货机。

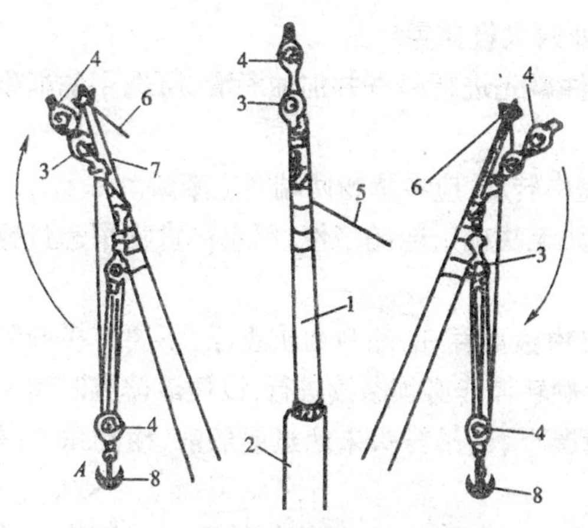

图5-31 利用短拉索绞收倒换舱口

1-吊杆(boom);2-起重柱(samson post, SP);3、4-吊货滑车组(cargo fall tackle);5-拉索(pull guy);6-吊货索(cargo fall);7-吊杆端部叉头(outrigger);8-山字吊货钩(Flemish hook)

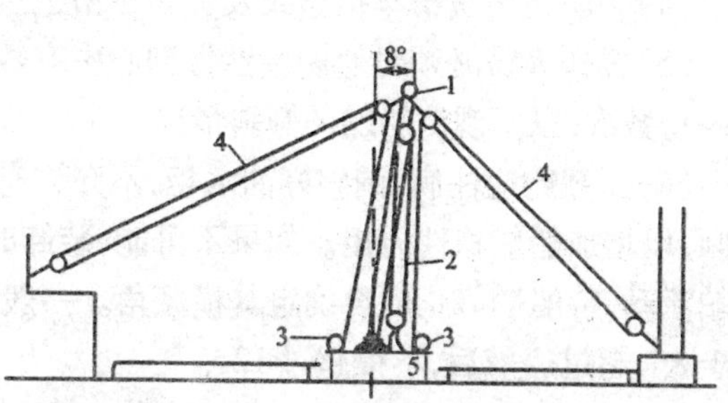

图5-32 V型重吊的固定

1-吊杆(boom);2-吊货滑车组(cargo fall tackle);3-起货机(cargo winch);4-系紧滑车组(securing tackle);5-连接横杆支架(connecting traverse bracket)

哈列恩式重型吊杆无稳索,共有三台起货机,吊杆装卸货的所有动作均由两根千斤索完成,即当双千斤索以同一速度松放或绞收时,吊杆仅作仰角改变;当双千斤索以同一速度一松一绞时,吊杆仅作左右回转;当双千斤索以不同的速度一松一绞时,吊杆在向绞收一侧回转的同时,仰角改变(绞收速度大于松放速度时,仰角增大,反之减小)。

二、重型吊杆的受力特点与操作使用注意事项

1. 重型吊杆的受力特点

由重型吊杆受力分析结果可得出如下结论:

(1)普通型重型吊杆采用嵌入式滑车,改变了吊货索力端的牵引力方向,从而使吊杆所受的轴向压力及千斤索受力均减小;

(2)吊货索滑车组在轻型吊杆装置中,对吊杆所受的轴向压力有影响,对千斤索所受的张力没有影响。但重型吊杆装置在吊重一定时正好相反,对吊杆所受的轴向压力无影响,对千斤索所受的张力有影响,即使千斤索所受的张力减小,但减小的幅度与滑车组动滑车所具有的滑轮数多少关系密切,滑轮数越多,减小的幅度相对减少,滑轮数越少,减小的幅度相对增大。

(3)吊货索与千斤索在到达绞车之前均要经过若干导向滑车。因滑轮摩擦力的作用使其张力逐渐增大,故应按最后的末端张力来选取吊货索及千斤索的强度。

(4)重型吊杆稳索受力与轻型单杆类同,但要充分估计到因吊举重大物件引起船舶横倾所产生的惯性力及吊杆支承转轴转动时的摩擦力。

2. 重型吊杆操作使用注意事项

重型吊杆的使用方法与轻型吊杆类似,但由于重型吊杆起重量大,又需要较大的舷外跨距,因此,除了应按轻型单吊杆的操作方法使用外,还必须注意以下几个方面的事项:

(1)大副、水手长应亲自到现场检查,并负责指挥操作。

(2)根据重吊布置及本次所要装卸的重件货特点,必要时应在作业前装好桅支索,以分散

桅或起重柱所受的应力，增加其强度，防止吊重作业时大桅摇晃。

(3)整理好所有绳索与索具，对滑车及转动部件事先进行检查并加油润滑，所选用的绳索与索具应有足够的强度。

(4)为防止吊货滑车组扭绞及货物在吊运过程中转动，应在货物两端系上牵索。

(5)操作人员必须对船舶稳性做到心中有数，如无法确定船舶稳性，则应在货物吊运过程中停止数次，以便观测船舶的倾斜情况。

(6)压载舱应注满，调整好油水柜，不允许有自由液面存在，船身力求正浮，不要有横倾和纵倾，以增加船舶稳性力矩。如果不可能，装卸时，旋转操作必须断续进行，以使液体有时间随船舶流动，待船舶静止后再确定其横倾角。一般情况下，当吊杆头未超过船舷前，横倾角不得大于8°，超过船舷后，不得超过12°。

(7)起货机操作应力力求平稳；起吊时，吊货钩应在货物上方；货物起吊后应仔细检查吊杆、绳索及索具情况，确认可靠后再吊起；货物吊离甲板不宜过高；吊杆旋转时要慢，且在旋转过程中要停下几次，仔细观察稳性情况，尤其是向舷外旋转时更应缓慢，以免加大横倾。

(8)重吊作业时的仰角一般控制在25°~75°范围内，双千斤索重吊回转角不大于60°，其他重吊不大于80°，作业时必须加以充分重视。

(9)船舶受风摇摆时，不宜进行重大件货物装卸作业。

第五节　起重设备的检查、保养、试验与发证

一、起重设备零部件不允许存在的缺陷

(1)吊货杆、臂架、桅柱等金属结构件的焊缝表面应均匀，不得有裂纹、焊瘤、咬口、气孔、夹渣及未填满的凹陷存在。

(2)吊货杆轴线的挠度不应超过其长度的1/1500，臂架轴线挠度不应超过其长度的1/1000。

(3)起重设备的金属结构件和固定零部件的最大蚀耗超过原尺寸10%或有裂纹、显著变形者，不许继续使用(绞车基座及周围构件的腐蚀极限为25%)。

(4)可卸零部件的耳环、链条环、环栓、拉板与吊钩等的最大蚀耗超过原尺寸10%，销轴的最大蚀耗超过原直径6%，或有裂纹、显著残余变形者，以及滑轮轮缘有裂纹或折断者，不允许继续使用

(5)吊货钩钩尖开口部分的伸长超过原有间距的15%或有裂纹时，必须换新。

(6)在转环或转钩的环栓上发现有显著变形或不能保证转动时，必须换新。

(7)钢丝绳有过度磨损、严重腐蚀及其他显著损坏，或在其10倍直径长度内发现有5%钢丝断裂时，必须换新。

(8)起重设备制动器衬垫有显著磨损，且摩擦面露出固定衬垫的铆钉时，必须换新。

(9)滑车的滑轮衬套或轮毂有显著磨损，轮缘折断或裂纹，滑车轴及耳环弯曲或显著磨损时，不许继续使用。

(10)电动起货机传动齿轮上有牙齿损坏或轮缘、轮辐和轮壳上有裂纹时，不允许继续使用。

二、起重设备的检查和保养

1. 检查和保养

起重设备的检查和保养一般按航次、季度和半年三个时间段进行，是一个由简单、容易和表面逐渐过渡到复杂、困难和彻底全面的过程。但必须充分结合本船的营运特点，因事实上有些船舶的航次时间比一个季度并不少多少，甚至超过一个季度。对此，必须要有清醒认识，以便制定一个切实有效可行的检查保养计划。

在各时间段的检查中，如发现有不允许存在的缺陷，则应立即换新或停止使用，以免发生事故。但对用于固定保险稳索根部的眼板或地令，因其位置系设计部门经过计算后确定的，除非经过核算证明，否则不应随意变动其焊接位置。

1）航次检查

（1）对与吊杆头部眼环箍相连的卸扣、环和滑车等进行外部检查，并用小锤轻敲，听是否有碎声。

（2）对吊货与吊货导向滑车、卸扣、转环等进行加油润滑。注意绑扎卸扣销子的细钢丝，如已锈断要及时换新。

（3）发现钢丝绳有断丝时，每月至少检查一次，一旦发现超过断丝数量，应立即换新。

（4）检查起货机与千斤索绞车制动装置的可靠性及钢丝绳在卷筒上的排列是否整齐。

（5）应特别注意检查绑扎卸扣销子的细钢丝，如果发现已脱落、锈蚀严重或断裂，应及时换新。

2）季度检查

（1）拆装吊货与吊货导向滑车，对其进行检查、清洁和加油，并记录滑车轴、衬套等的磨损情况。

（2）检查吊杆头部眼板和眼箍的磨损情况。

（3）检查稳索的眼板（环）和其他转环、索眼、卸扣、吊货钩等磨损情况。

3）半年检查

（1）拆装千斤索及千斤索导向滑车，对其进行检查、清洁和加油，并记录滑车轴、衬套及转环等受力部分的磨损情况。

（2）检查千斤索攀头竖销、横销的磨损情况，并记录。

（3）对千斤索进行清洁、除锈和加油，查看有无断丝和眼环插接处的锈蚀情况。

（4）检查稳索及稳索上的滑车，并保证其清洁。对保险稳索还应对其进行除锈和加油，查看有无断丝和眼环插接处的锈蚀情况。

（5）拆装鹅颈头，对其进行清洁、检查和加油润滑，测量并记录颈径和颈座内径及青铜垫片的磨损情况。

（6）检查吊杆承座横销磨损情况。

2. 吊货钢丝绳的调换方法

根据规范规定，吊货钢丝绳长度的确定方法是：钢丝绳的一端在吊货卷筒上至少绕3卷（实际使用时可增加至5卷），钢丝绳的另一端经吊货及吊货导向滑车后，再将其拖至舱底最远处。

（1）选择长度足够并与旧钢丝绳同规格型号的性钢丝绳，并敲压新钢丝绳一端的索环，以便易于穿过滑车。

(2)松放旧吊货钢丝绳吊货钩端至甲板,拆下吊货钩等索具,用一段细铁丝将新旧钢丝绳端部的索环顶头绑牢

(3)绞收旧吊货钢丝绳,同时引导新吊货钢丝绳穿过各滑车至起货机卷筒时停止。绞收过程中,严禁吊杆下方站人,以免伤人。

(4)解开细铁丝,将新吊货钢丝绳索环临时套在羊角上。

(5)倒转起货机,将旧吊货钢丝绳全部倒出后,再把新吊货钢丝绳的绳端固定在卷筒的专用固定位置处,绞进新钢丝绳,直至最上层至卷筒凸缘边距离不少于2.5倍钢丝绳直径时为止。

(6)截去钢丝绳另一端的多余部分,并将吊货钩等索具与该端绳头连接妥,完成更换操作。

三、起重设备的试验、检验和发证

1. 试验

1)一般规定

(1)起重设备首次使用前应进行试验,投入使用后应定期进行重复试验。

(2)起重设备在投入使用后,如有影响强度的部件进行了更换或修理,应按规定进行重复试验。

(3)可卸零部件在首次使用前以及进行更换或修理影响强度的部件后,应按规定进行验证试验。

2)可卸零部件的试验

每个可卸零部件应进行验证试验,验证负荷应符合表5-4的要求,验证负荷可用试验机或悬重法进行,保持验证负荷的时间应不少于5min。

可卸零部件的验证负荷(kN) 表5-4

可卸零部件名称	安全负荷 SWL	验证负荷
卸扣、吊货钩、环、转环、三角眼板、有节定位索、松紧螺旋扣、链条	$SWL \leq 245$	$2 \times SWL$
	$SWL > 245$	$1.22 \times SWL + 196$
吊梁、吊架、吊框和类似设备	$SWL \leq 98$	$2 \times SWL$
	$98 < SWL \leq 1568$	$1.04 \times SWL + 94$
	$SWL > 1568$	$1.1 \times SWL$
单饼滑车(SWL应取吊环载荷的1/2)		$4 \times SWL$
多饼滑车(SWL应取吊环载荷)	$SWL \leq 245$	$2 \times SWL$
	$245 < SWL \leq 1568$	$0.933 \times SWL + 265$
	$SWL > 1568$	$1.1 \times SWL$

可卸零部件验证试验后,应进行全面检查,不允许存在残余变形、裂纹或其他缺陷;对能转动的部件,应检查其是否能自由转动。

链条(长环或短环)除按规定进行验证试验外,尚应进行破断试验,一般每55m链条长度割取5环试样做破断试验,破断负荷应不小于4倍链条的安全工作负荷。

3)吊杆装置与吊杆式起重机的试验

(1)每根吊杆应按表5-5规定的试验负荷进行试验,试验程序应经同意。吊货杆应放置在经审查批准的设计图纸所规定的仰角位置(轻型15°、重型25°,特殊情况:轻型不大于30°、重型不大于45°)。试验应使用具有质量证明的重物悬挂于吊钩或吊具上进行。重物吊离甲板后保持悬挂时间应不少于5min。

起重设备的试验负荷(kN)　表5-5

安全工作负荷 SWL	试验负荷
$SWL \leqslant 196$	$1.25 \times SWL$
$196 < SWL \leqslant 490$	$SWL + 49$
$SWL > 490$	$1.1 \times SWL$

(2)保持悬挂试验认为合格后,尚应进行慢速升降重物,并进行绞车的制动试验;吊杆应向左右两舷摆动,并尽可能使摆幅增大。

(3)吊杆装置或吊杆式起重机有负荷指示器或超负荷保护器时,应进行校核或动作试验。对绞车做紧急制动试验时,检查重物是否能保持在原来的位置上。

(4)需作双杆操作的吊杆装置经规定的试验后,应进行双杆试验,试验负荷见表5-4规定。试验时应检查两根吊货索连接点的净空高度、吊货索夹角与保险稳索位置是否符合经批准的图纸要求。

(5)吊杆式起重机尚应连同试验负荷进行慢速变幅与回转试验。变幅角度按设计的工作角度,回转试验应在最低设计变幅角度下进行,回转极限角度按批准的设计图纸规定。

(6)吊杆装置或吊杆式起重机按规定的试验完毕后,应进行全面检查,核实是否有变形或其他缺陷存在。

4)起重机试验

(1)每台起重机应按表5-4规定的试验负荷进行试验,臂架应放置在经批准的设计图纸所规定的最大臂幅位置处。试验应使用具有质量证明的重物悬挂于吊钩或吊具上进行。重物吊离甲板后保持悬挂时间应不少于5min。

(2)负荷试验前,应在空载状态下对起重机的变幅、回转、制动、上下仰角的限位和可行走起重机行走功能进行试验,以检查起重机系统是否处于有效的工作状态。然后在试验负荷下进行慢速起升、回转与变幅试验,同时还应进行起升、回转与变幅机构的制动试验。可行走的起重机尚应在试验负荷下进行慢速全程行走试验。

(3)具有不同臂幅对应不同安全工作负荷的起重机,应在各个不同臂幅对应的试验负荷下进行试验,对要求减少中间臂幅试验负荷的试验,将予以特别考虑。

(4)对超负荷、超力矩保护装置应进行动作试验。

(5)液力起重机如起升全部试验负荷为不现实时,可减少试验负荷进行试验,但在任何情况下所采用的试验负荷,应不少于1.1倍安全工作负荷。

(6)起重机经超负荷试验后,应在安全工作负荷下进行起升、回转和变幅的各档运转速度的操作试验,以验证其运转情况、超负荷效能、负荷指示器与限位器等是否处于良好的工作状态。

(7)起重机试验完毕后应进行全面检查,核实是否有变形或其他缺陷存在。

2. 检验

1)一般要求

(1)起重设备在投入使用前应进行初次检验。投入使用后,应进行定期试验和检验。

(2)起重设备可卸零部件在首次使用前,以及在使用中更换或修理影响其强度的部件后,应进行验证试验和全面检查。

(3)当起重设备发生重大事故或发现重大缺陷,更换或修理影响其强度的部件时,船长或船东应及时报告船级社,以便能及时对起重设备进行检验。

(4)可卸零部件和钢索在每次使用前,应由船上职能人员进行检查,但在最近3个月内通过检查者除外。对发现有断丝的钢索,每月至少应检查一次。

2)起重设备的检验种类

(1)初次检验

初次检验应包括:

①申请单位应按规定提供图纸资料一式三份供批准和备查;

②核查业经批准的起重设备设计图纸和技术文件;

③对起重设备主要结构件、尺寸、装置、布置、材料、焊接和制造工艺的检查;

④逐个检查起重设备的零件,并检查证件,核对标记;

⑤起重设备在安装过程中应进行全面检查,安装完毕后,应按要求进行试验,确认整个设备有效地和安全地工作,任何停车、控制和类似装置的功能应正确,试验后,装置及其支承结构均应经检验确信无变形或扭曲。

起重机的产品出厂试验不能代替船上安装后的试验。

初次检验合格后应签发相应的证书,并在"起重和起货设备检验簿"上签署。

(2)年度检验

年度检验应在初次检验或换证检验每周年日前或后3个月内进行,检验的项目有:

①吊杆装置的吊货杆和附连于吊货杆、桅或起重柱和甲板上的固定零部件应进行外部检查;

②可卸零部件应进行全面检查;

③钢索应进行外部检查;

④绞车和起重机应进行全面检查;

⑤检查起重机械、绞车等装置的使用、保养和修理记录,以确认其装置处于正常的维护保养状态。

年度检验合格后应在"起重和起货设备检验簿"上签署。

(3)换证检验

在初次检验或换证检验后,每隔4周年,应进行以下项目的换证检验:

①吊杆装置的吊货杆和附连于吊货杆、桅或起重柱和甲板上的固定零部件应进行全面检查,吊杆装置应按要求进行负荷试验;

②起重机及可卸零部件应进行全面检查,起重机应按要求做负荷试验,确认在试验负荷下操作状况是满意的,超负荷和负荷指示器和限位开关工作有效。

换证检验合格后应签发起重设备检验与试验证书或双杆检验与试验证书(如适用时),并

在“起重和起货设备检验簿”上作相应的签署。

(4)损坏和修理检验

起重设备的损坏和修理,应及时通知主管船级社进行检验,其检验范围应为验船师能查明的损坏程度和原因所必需的范围。

起重设备检验时,如发现显著磨损或锈蚀超过以下规定时,应立即予以更换或修理:

①金属结构件和固定零部件的最大蚀耗超过原尺寸10%以上或有裂纹、显著残余变形者;

②可卸零部件的耳环、链环、环栓、拉板与吊钩等的最大蚀耗超过原尺寸10%以上,销轴的最大蚀耗超过原直径6%以上,或有裂纹、显著残余变形者,以及滑轮轮缘有裂纹或折断者;

③钢索有过度磨损、严重腐蚀或钢索在其10倍直径长度内有5%的钢丝折断者;

④起重设备的制动器衬垫有显著磨损,在摩擦面露出固定衬垫的铆钉者;

⑤传动齿轮牙齿损坏或轮缘、轮辐与轮壳上有裂纹者。

修理中更换的零件应附有试验证明,更换的构件材料应与原材料相当。

修理完成后应按规定进行负荷试验,合格后签发起重设备试验与检验证书,并在“起重和起货设备检验簿”上签署,尚未完成修理的设备应签注,该设备直到完成满意地修理和试验前不能使用。

损坏和修理检验完成后,可签发检验情况报告,其内容应清楚地阐明以下方面:出席损坏检验人员、说明损坏原因、发现的损坏程度和特征、进行过修理的范围和性质以及是否修复、试验负荷。

(5)展期检验

应船东申请,换证试验可推迟进行,但两次换证试验的间隔期不超过5年,且应是船旗国当局同意并授权CCS进行。

展期检验范围应不少于规定的年度检验范围,以确认其适合于预定用途并处于正常工作状态。

展期检验合格后应在“起重和起货设备检验簿”上作相应的签署

(6)若起重设备搁置或修理时间为12个月以上时,在重新投入使用前应进行一次检查。试验和检验的范围根据搁置和修理期间应进行的检验种类而定,如:换证检验和负荷试验到期,则应按规定完成试验和检验,并签发证书,新的换证检验周期应从此次试验和检验完成的日期开始。

3. 发证

1)签发证书的种类

(1)起重和起货设备检验簿;

(2)起重设备试验和检验证书;

(3)双杆试验和检验证书;

(4)可卸零部件试验和检验证书;

(5)铁制可卸零部件热处理证书;

(6)钢索试验和检验证书;

(7)起重设备检验报告;

(8)起重设备入级附加标志。

2)"起重和起货设备检验簿"的签发和签署

起重设备经初次检验发证的全部要求都满意地完成,应签发"检验簿"和起重设备试验和检验证书及相应的主管当局格式的证书(如适用时)。各类可卸零部件、绳索和设备的试验证书应附在"检验簿"上。

(1)"检验簿"第一部分:适用于吊杆装置的换证试验(即4年度全面检验)和年度检验完成后的签署;

(2)"检验簿"第二部分:适用于吊杆装置的绞车和起重机的年度全面检验完成后的签署。起重机每隔4年一次的负荷试验展期时也在此栏签署;

(3)"检验簿"第三部分:适用于钢制可卸零部件的年度全面检验完成后的签署;

(4)"检验簿"第四部分:适用于铁制可卸零部件的热处理完成后的签署;

(5)由船东申请停止起重设备时,应在"检验簿"第一部分或第二部分备注栏内说明停用的设备的位置和编号,并作签署;

(6)在检验中,如发现某些结构、设备和布置影响起重设备安全工作时,应在"检验簿"相应部分的备注栏内简要写出建议和要求,并作签署。

4. 船舶应备的起重设备资料和证书

为对船舶起重设备进行检验和维修,船舶应配备以下资料和证书:

(1)全船起货设备布置图;

(2)起货设备主要金属结构图;

(3)起货设备计算说明书;

(4)起重机总图和机构图;

(5)起重和起货设备检验簿。

四、起重设备的标记

1. 可卸零部件的标记

1)标记应包括以下各项:

可卸零部件的安全工作负荷,kN;

(1)试验年月;

(2)可卸零部件的编号;

(3)制造厂或试验单位的标记。

2)标记应打在明显的部位,以便检查,但应避免打在高应力区或应力集中的部位。标记的部位规定如下:

(1)吊钩:打在吊钩本体宽阔处,但不打在弯曲处;

(2)滑车:打在滑车的拉条或夹板上;

(3)卸扣:打在销孔附近的侧臂上;

(4)转环:打在耳环的两个侧面上;

(5)链条:打在链条两端的链环两侧;

(6)有节定位索:打在每个定位节上。

对小尺寸的可卸零部件,当打标记的位置受限制时,零件编号与日期可以不打。

2. 起重设备的标记

1)起重设备经初次试验与检验完毕后,应在吊货杆、臂架或相应的部件上离根部约50cm处打上试验标记。营运中的起重设备经改建或变更安全工作负荷,并经试验与检查完毕后,应在上述位置打上新的标记。

2)标记应包括下列各项:

(1)安全工作负荷,kN;

(2)试验年月;

(3)试验时吊货杆与水平所成的仰角或臂架幅度;

(4)检验单位钢印标记。

小结与习题

本章小结:

本章包括索具、起重机、轻型吊杆、重型吊杆、起重设备的检查、保养、试验与发证等几部分内容。

本章是在全面考量2011年新大纲对学员应了解和掌握知识点要求的基础上,依据《船舶与海上设施起重设备规范》有关规定编写而成的,内容充分结合了航运发展的新特点和航海新技术在船舶建造中的应用,注重了理论与航海实践相结合的原则。

本章对轻型与重型吊杆的受力分析部分根据实船实际应用情况作了较大幅度的改动,仅给出分析的作用、基本方法、要求、各重要组成部分所受的力及结论,至于繁琐的分析过程则省去不写,目的是让学员既能了解起重设备试验时的基本要求和方法,又能在实际的装卸货作业过程中根据结论对安全加以充分的注意。本章重点掌握的内容是索具、起重机、轻重型吊杆的受力分析结论及起重设备的检查、保养与试验几部分内容,请学员在学习时加以注意。

思考题

1. 试述绞辘各部分的名称及复合绞辘是如何命名的。
2. 何谓船用索具?船用索具主要有哪些种类及它们的作用是什么?
3. 轻型双吊杆的布置有哪些要求?
4. 试述轻型双吊杆作业的操作注意事项。
5. 重型吊杆的特点有哪些?
6. 试述使用重型吊杆时应注意的事项。
7. 试述电动起货机的特点及使用时的注意事项。
8. 试述液压起货机的特点以及使用时的注意事项。
9. 试述回转式起重机的操作注意事项。
10. 起重设备零部件不允许存在的缺陷有哪些?
11. 试述吊杆装置与吊杆式起重机是如何进行试验的。
12. 起重设备的试验负荷是如何确定的?
13. 起重机是如何进行试验的?
14. 起重设备的检验有哪些?各自检验的内容是什么?

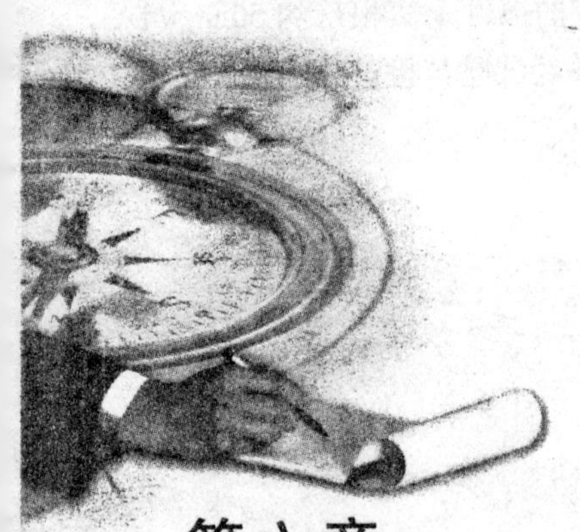

第六章 船舶系固设备

根据《1974 年国际海上人命安全公约(SOLAS)》1994 年修正案第Ⅵ/5 和Ⅶ/6 的要求,除移动平台、渔船、仅装载散装液体或固体货物的船舶及符合 IMO《国际高速船安全规则》的高速船外,所有国际航行的船舶均应在装载货物单元时随船配备经批准的《货物系固手册》(Cargo Securing Manual,CSM)。国内航行船舶可参照有关要求,但为非强制性规定。

本章就专门介绍《货物系固手册》的核心组成部分——货物系固设备。

第一节 定 义

1. 货物运输单元

货物单元(cargo transport units)系指车辆(如公路车辆、滚装拖车)、铁路车辆、集装箱、板材、托盘、便携式容器、可拆集装箱构件、包装单元、成组货,其他货物运输单元如船运箱盒,件杂货如线材卷,重货如火车头和变压器。不是永久固定在船上的船舶自用装载设备或其他部件,也被视作货物单元(如船舶自用铲车、抓斗等)。

2. 标准货

标准货(standardized cargo)系指已根据货物单元的特定形式在船上设置了经批准的系固系统的货物(如集装箱)。

3. 半标准货

半标准货(semi-standardized cargo)系指在船上设置的系固系统仅适应货物单元的有限变化的货物,如车辆(包括公路车辆、滚装拖车)及铁路车辆等。

4. 非标准货

非标准货(non-standardized cargo)系指需要专门积载和系固安排的货物,如普通件杂货等。

5. 货物系固设备

货物系固设备(cargo securing devices)系指所有用于系固(secure)和支持(support)货物单

元的设备,有固定式和便携式两种。

6. 最大系固负荷

最大系固负荷(maximum securing load,MSL)系指船上系固设备的许用负荷。当能提供等同或较高的强度时,安全工作负荷(safe working load,SWL)可代替 MSL。

7. 固定式系固设备

固定式系固设备(fixed securing device)系指焊接在船体结构内部(主要指货舱)及外部甲板、舱盖与支柱上的货物系固点及其支撑结构。

8. 便携式系固设备

便携式系固设备(portable securing device)系指用于货物单元系固和支撑的移动式设备。

第二节　标准货系固设备

标准货系固设备系指用于固定专用集装箱船及多用途船(适用时)在装载集装箱时所用的设备。该类系固设备均是经批准的专用设备。

一、固定式系固设备

标准货固定式系固设备主要包括:底座、固定锥、可折地令、眼板、导轨系统、支撑底座、集装箱绑扎桥等几种。

1. 底座

底座(foundation)直接焊接在舱底、甲板、支柱及舱盖上,相互之间的间距按集装箱四角角件孔的尺寸设计,并通过安放在其上的扭锁、底座扭锁或定位锥来对集装箱进行定位和固定。底座的种类主要有以下几种:

1)突出式底座(foundation)

突出式底座主要用于舱盖、支柱及甲板上,其主体部分突出于所在部位结构的表面,用于安放并固定扭锁。有单式、横向双式及纵向双式三种形式,如图 6-1 所示。

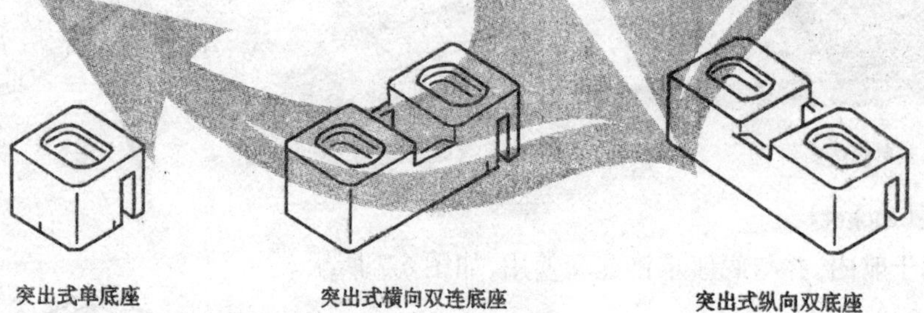

图 6-1　突出式底座

2)突出式滑移底座(sliding foundation)

突出式滑移底座焊接位置与作用同突出式底座,但该种底座允许在一定方向和距离内适当调整底座间的间距,以满足装载尺寸在长度或宽度上有一定变化的集装箱。有单滑移式、横向双连单滑移式、纵向双滑移式三种形式,如图 6-2 所示。

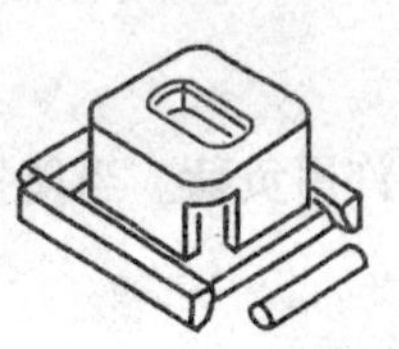

纵向单滑移式

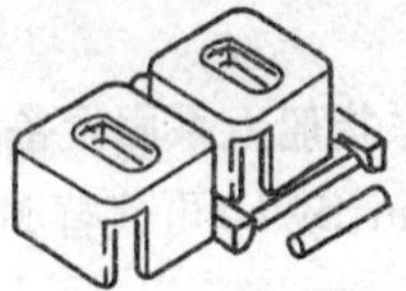

横向双连纵向单滑移式

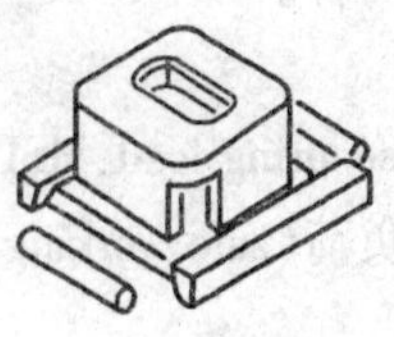

横向单滑移式

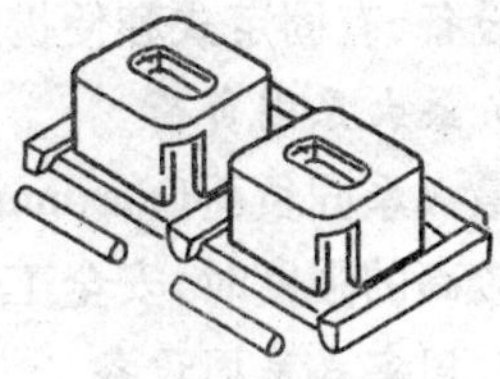

纵向双连横向双滑移式

图 6-2 突出式滑移底座

3)埋入式底座(imbed foundation)

埋入式底座主要用于舱底,也有用于舱盖上的,其结构表面略高于所在部位的结构表面,用于安放并固定扭锁。有单式、横向双式、纵向双式及四连式四种,如图 6-3 和图 6-4 所示。

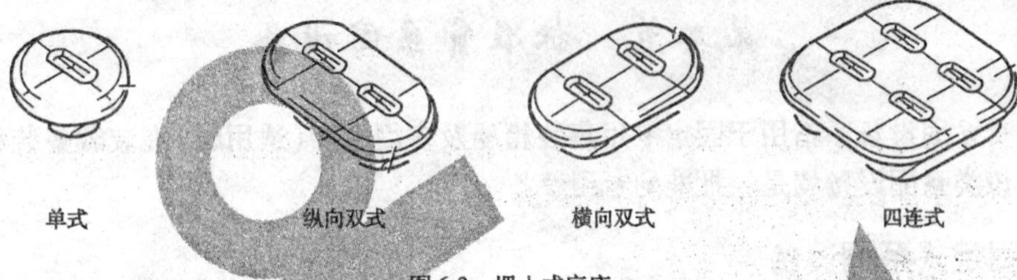

图 6-3 埋入式底座

4)燕尾底座(dovetail foundation)

燕尾底座又称燕尾槽,主要用于舱盖及甲板支柱上,并专用于与底座扭锁配套使用,有单式与横向双式两种,如图 6-5 所示。

5)板式底座(doubling plate foundation)

板式底座主要用于舱底,并与堆锥配套使用,如图 6-6 所示。

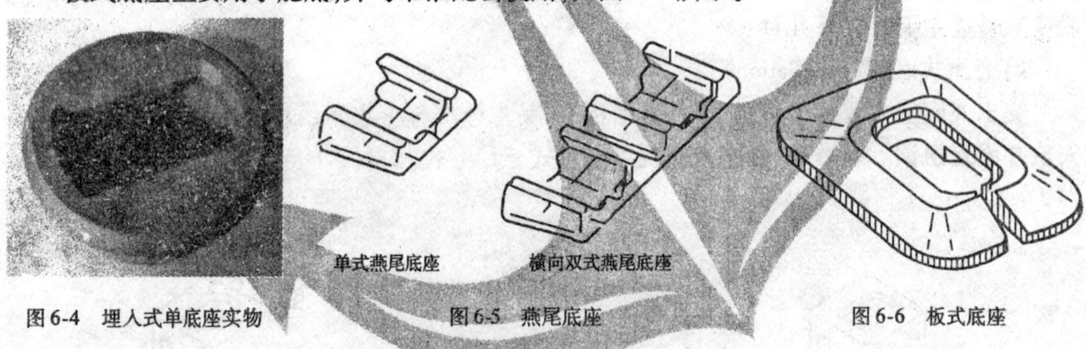

图 6-4 埋入式单底座实物　　图 6-5 燕尾底座　　图 6-6 板式底座

6)插座(socket)

插座用于舱内,并与底座堆锥配套使用,如图 6-7 所示。

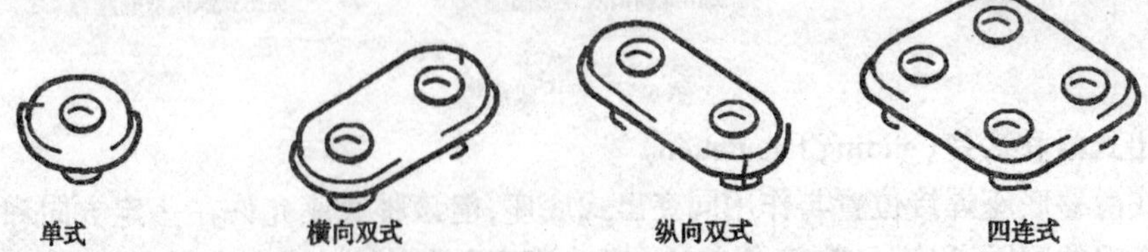

图 6-7 插座

2. 固定锥

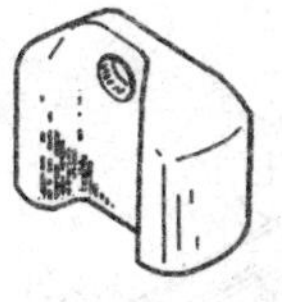
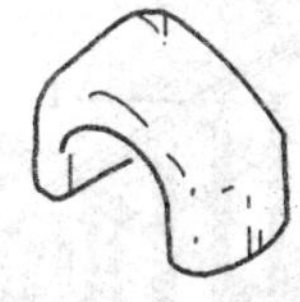
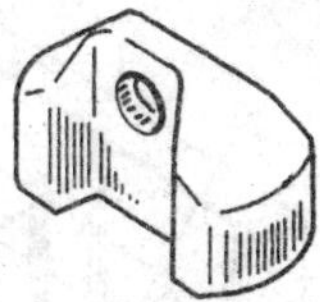
图 6-8　固定锥

固定锥(welding cone)通过一覆板直接焊接在舱底前后端导轨的底脚处,用于固定舱内最底层集装箱(固定锥插入集装箱的角件孔内),如图 6-8 和图 6-9 所示。

3. 可折地令

可折地令(lashing eye,D-ring)又称 D 形环,主要用于舱盖、甲板、集装箱支柱及绑扎桥上,多用途船也将其用于舱底。主要作用是作为一个系固点与花篮螺丝、绑扎杆等组成系固系统固定集装箱,可折地令如图 6-10 所示。

图 6-9　舱内导轨底脚处的固定锥

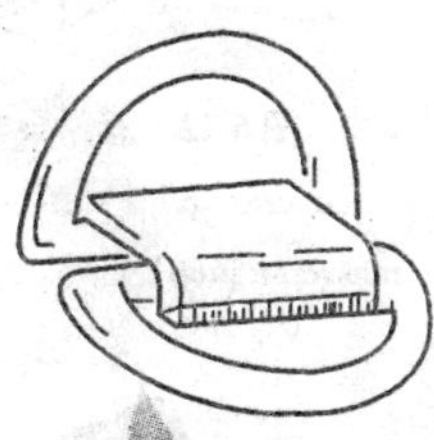
图 6-10　可折地令

4. 眼板

眼板(lashing plate)使用位置与作用同地令。但一般不用于舱内。眼板的结构形式有单眼、双眼、三眼及四眼等几种,其形式如图 6-11 所示。

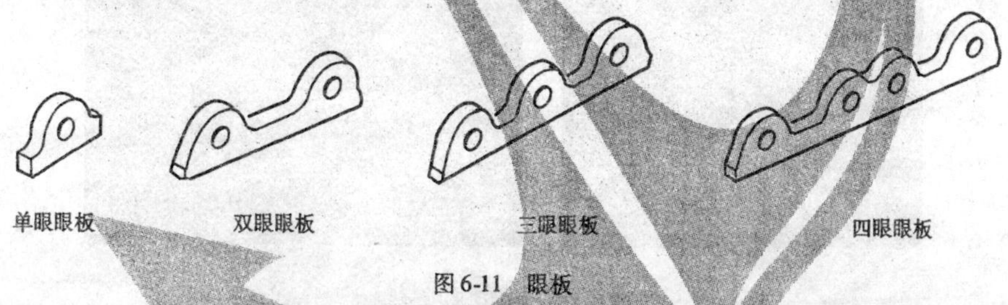

图 6-11　眼板

5. 导轨系统

导轨系统(cellguide system)可分为两类,一类是传统意义上的导轨系统,另一类则是目前船舶广泛应用的导轨系统。无论何种系统,其作用均是用于控制集装箱的歪斜、倾覆与滑移。

1)传统的导轨系统

传统的导轨系统又可称之为箱格导轨系统,如图 6-12 所示。一般由钢板和型钢构成,主要组成部分包括导轨(cellguide)、横撑材(transverse prop)、导箱构件(container guide member)等。导轨从内底延伸至导箱构件的下缘,安装在导轨顶部的导箱构件是引导集装箱进入箱格导轨系统的重要构件。该种导轨系统由于在货舱的中间区域均设置有导轨,且导轨与导轨之间由横撑材连接,这种导轨结构形式极大地限制了集装箱船舱内装载集装箱的灵活性,使集装箱船舱内适装能力下降,影响经济效益。

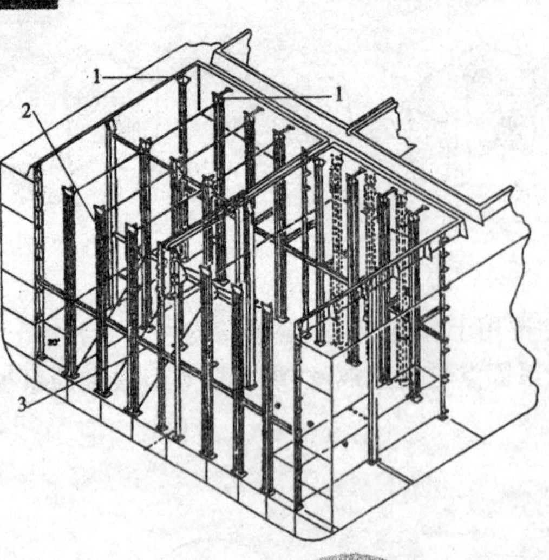

图 6-12　箱格导轨系统

1-导箱构件(container guide member);2-导轨(cellguide);3-横撑材(transverse prop)

该种导轨系统一般设置于舱内,也有在甲板上无舱口的位置处设置该系统的,但已较少采用。

2)船舶广泛应用的导轨系统

目前船舶广泛应用的导轨系统,是在传统导轨系统基础上的改进型,其设置方法是仅在舱内前后舱壁和两舷舷侧处设置导轨,有的甚至仅在前后舱壁处设置,导轨底脚处同时配备固定锥,舱内区域在 20 英尺位置处用高约 10cm 的导板(guide fitting)代替导轨。这样,在免去导轨与横撑材设置的基础上,满足了舱内装载 20 英尺或 40 英尺或同时装载 20 英尺和 40 英尺集装箱的航运需求,最大限度地提高了船舶对航运市场需求的适应性。图 6-13 和图 6-14 为导板,图 6-15 为实船在舱壁处设置的导轨。

图 6-13　导板

图 6-14　实船使用的导板

3)《规范》的有关规定

按《钢质海船入级规范》的规定,专用集装箱船导轨系统应满足:

(1)不应与船体构件形成整体结构,且应不受船体主应力的影响;

(2)应能将因船舶运动时产生的集装箱负荷传递到船体结构,并能承受由集装箱装卸时产生的负荷及阻止集装箱移动;

(3)为确保顺利吊装集装箱,每只集装箱与导轨之间的横向间隙之和应不超过 25mm,纵向间隙之和应不

图 6-15　实船横舱壁处设置的导轨

超过40mm。

6. 横向支撑底座

横向支撑底座(lateral support foundation)一般设置于多用途船舱内两舷舷侧,其作用是与横向支撑装置组成一支撑系统,以控制舱内上层集装箱因船舶运动可能产生的横向歪斜、倾覆、移动。横向支撑底座如图6-16所示。

7. 集装箱绑扎桥

集装箱绑扎桥(lashing bridge)设置于大型集装箱专用船甲板,上部设有眼板、D形环或可左右转动的眼板及便于人员安全行走的人行通道,用于系固高层集装箱。集装箱绑扎桥及桥上可左右转动的眼板如图6-17及图6-18所示。

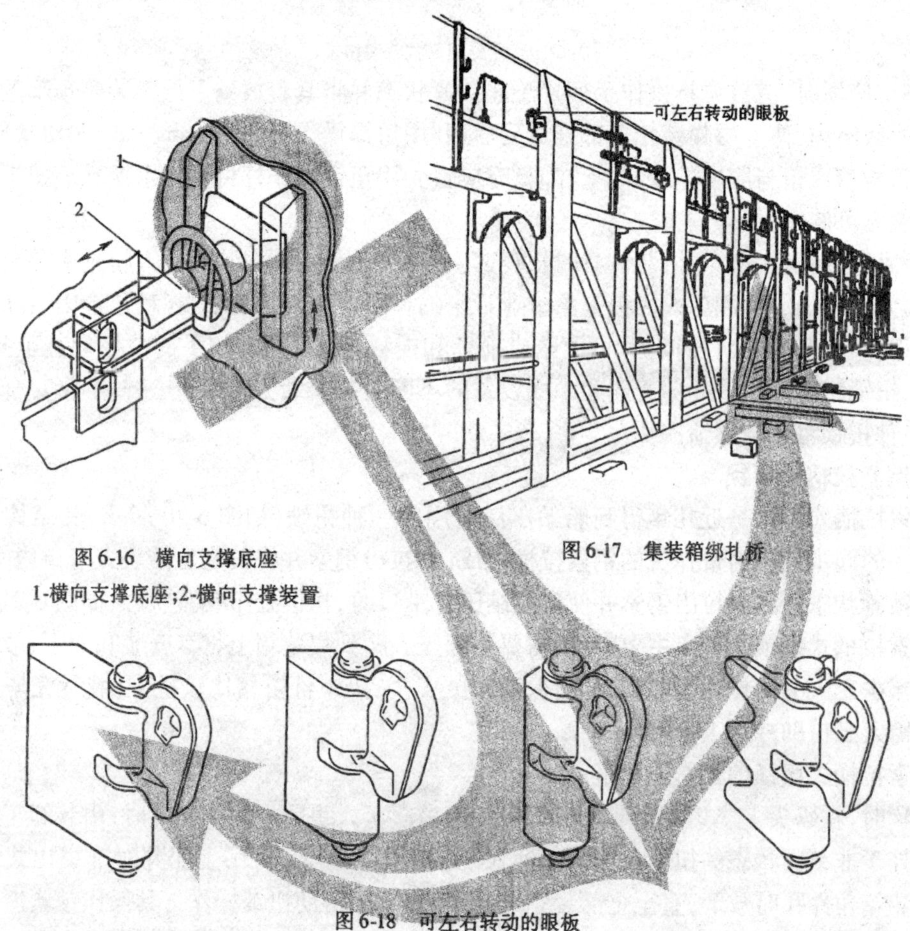

图6-16　横向支撑底座
1-横向支撑底座;2-横向支撑装置

图6-17　集装箱绑扎桥

图6-18　可左右转动的眼板

二、便携式系固设备

1. 扭锁

扭锁(twistlock)按结构特点、功能及优缺点的不同,可分为手柄式扭锁、钢索拉柄式扭锁、半自动扭锁及底座扭锁几种。

1)手柄式扭锁

手柄式扭锁又可称之为普通扭锁,是船舶最早使用的一种锁紧装置。主要用于甲板上上下层集装箱之间的连接锁紧或底层集装箱与突出式底座之间的连接锁紧，以防集装箱发生倾覆与滑移。

手柄式普通扭锁分左旋锁紧式和右旋锁紧式两种，图 6-19 所示为左旋锁紧式普通扭锁，也是目前船舶主要使用的一种结构型式，图中手柄位置为扭锁处于打开（非锁紧）状态，如将图中操作手柄从右向左旋转至极限位置时，扭锁达锁紧状态。

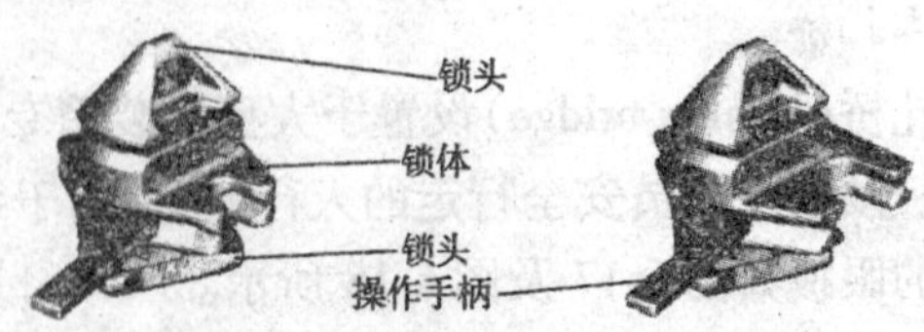

图 6-19　左旋锁紧式普通扭锁

为此，使用时，应首先将操作手柄置于非锁紧状态并将其置放到下层集装箱顶部的角件孔或突出式底座内，待上层集装箱全部堆放妥后，利用扭锁操作杆（operating rod）转动操作手柄，即可将箱与箱或箱与底座连结起来。卸箱时应首先用扭锁操作杆将操作手柄转至扭锁处于非锁紧位置方可卸箱。

该种扭锁的最大缺点是：装卸货时扭锁的安装或取下，必须由装卸工人爬到集装箱上去完成，从而大大增加了装卸工人因需上高作业带来的风险。此外，手柄式扭锁还会因装卸工人的野蛮操作（直接从高处将扭锁扔下）而造成损坏和损耗（如）严重，如手柄被摔弯甚至摔断、失去功能、扭锁跳落入水等。随着船舶系固设备的不断更新升级及对装卸工人作业安全要求的提高，该种扭锁将会被逐渐淘汰。

2）钢索拉柄式扭锁

钢索拉柄式扭锁是近几年得到船舶广泛应用的一种扭锁，如图 6-20 所示，其结构特征是上下锁头的同步转动由带弹簧的钢索拉柄完成，当拉出钢索并将其定位结压入卡口内时，扭锁处于非锁紧状态，反之，拉出钢索并使定位结脱开卡口时，扭锁处于锁紧状态，如图 6-21 所示。

钢索拉柄式扭锁的特点主要有：不需要装卸工人爬到集装箱上将其安装和取下，故能最大限度地减少工人上高作业的危险，从而保证人员安全；扭锁价格相比较适中；装货完毕后及卸货前仍需人工借助专用工具解锁。

钢索拉柄式扭锁的操作方法是：

装货时，在码头上当集装箱起重机将集装箱吊起至人手臂举起的高度时，由装卸工人在码头上将处于非锁紧状态的扭锁从下向上插入集装箱角件孔内，待吊上船并对准突出式底座或另一集装箱角件孔时放下，直至全部装完，再由装卸人工借助扭锁操作工具操作锁紧。

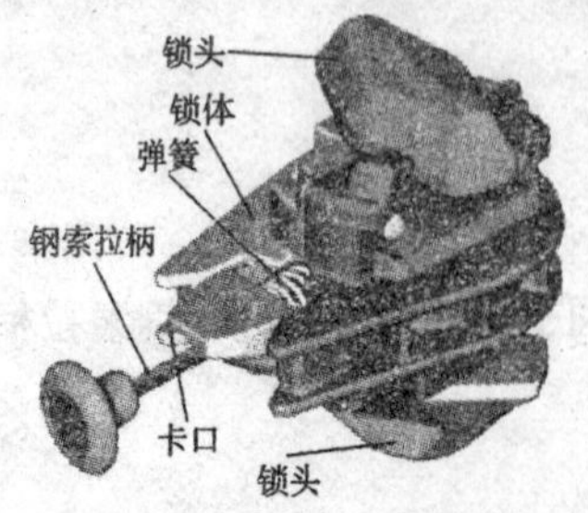

图 6-20　钢索拉柄式扭锁

图 6-21　钢索拉柄式扭锁实物（左图为非锁紧状态）

卸货前，应首先由装卸工人借助扭锁操作工具将钢索拉柄拉出并卡在卡口上解锁后，再由集装箱起重机将其吊至码头上，用人工将其卸下。

3）半自动扭锁

半自动扭锁（semi automatic twistlock）如图6-22所示，其作用同前述扭锁。半自动扭锁除具有无需装卸工人爬到集装箱上将其安装和取下的过程，最大限度地实现减少工人上高作业的风险，保证安全这一优点外，尚具有自动锁紧的功能，因而，既省去了装货后由人工锁紧的环节，又大大缩短了船舶在港的停港时间。因此，该种扭锁不仅得到了大力推广应用，同时也是某些国家港口当局强制要求使用的。

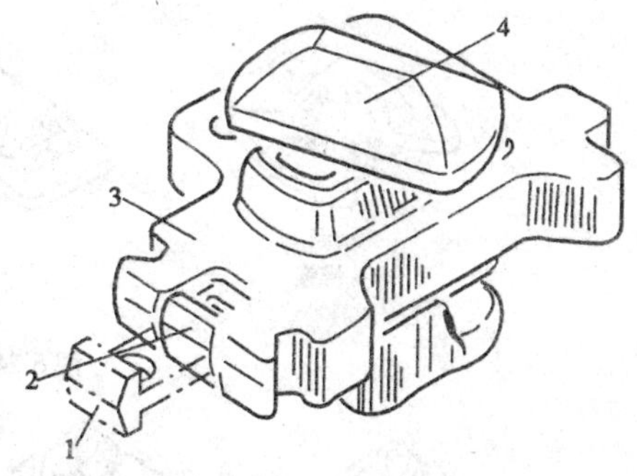

图6-22　半自动扭锁

1-锁销拉出（开锁）；2-锁销复位（锁紧）；3-锁体；4-锁锥

半自动扭锁的操作使用方法总体和钢索拉柄式扭锁相似，也是装货时在码头上当集装箱起重机将集装箱吊起至人手臂举起的高度时，由装卸工人在码头上将处于非锁紧状态的半自动扭锁从下向上插入集装箱角件孔内，待吊上船并对准突出式底座或另一集装箱角件孔时放下，该锁的自动装置即起作用并转动锁锥将箱与底座或箱与箱连接锁紧。

卸箱时，应首先由装卸工人借助扭锁操作杆（operating rod）将锁销（locking pin）拉出，从而打开扭锁与突出式底座或另一集装箱顶部角件孔的连接，再由集装箱起重机将其吊至码头上，由人工将其卸下。

4）底座扭锁

底座扭锁（bottom twistlock）如图6-23所示，仅与燕尾底座配套使用。其作用与操作使用方法同手柄式扭锁。

图6-23　底座扭锁

2. 堆锥

堆锥（stacking cone）按使用位置及功能的不同，可将其分为以下同种：

1）中间堆锥

中间堆锥（inter bridge stacking cone）上下锥头固定，垂向方向无锁紧功能，仅用于舱内箱与箱之间的连接。有单头与双头堆锥两种，如图6-24所示。

2）底座堆锥

底座堆锥（bottom stacking cone）之一又称可移动锥板（removable cone plate），如图6-25所示，其结构特点是上为锥头下为插杆，仅与舱底的固定式系固设备插座配套使用，有单头、横向双头、纵向双头及四连四种。另一种底座堆锥为单头，但上下均为锥头，如图 6-24 所示，这种堆锥与板式底座配套使用。

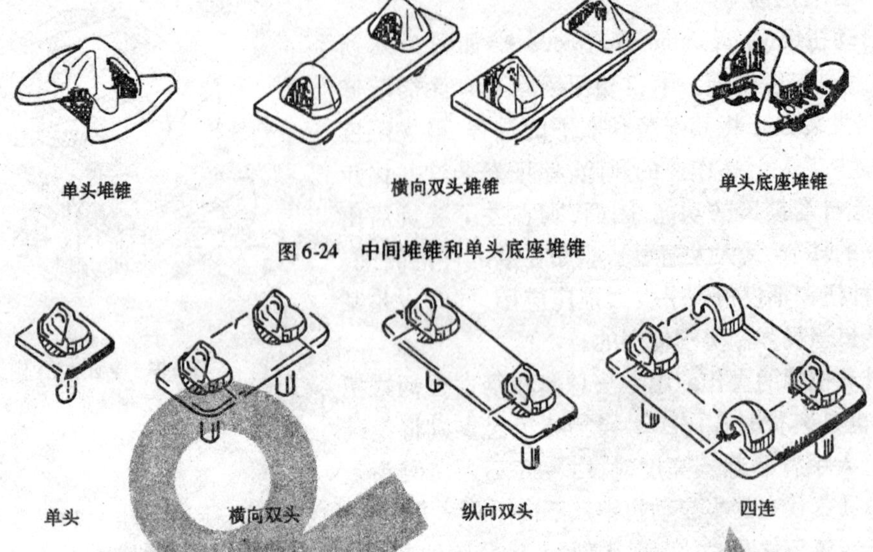

图 6-24　中间堆锥和单头底座堆锥

图 6-25　可移动锥板

3）自动定位锥（automatic fixing cone）

图 6-26 所示为自动定位锥，为全自动型，且也是由装卸工人在码头上完成将自动定位锥插入和取出集装箱角件孔这一过程。用于固定甲板上 40 英尺箱位处在装 20 英尺集装箱时处于中间的集装箱角件孔，并与半自动扭锁配合使用，即如在 40 英尺箱位处改装 20 英尺集装箱，则在 40 英尺箱位的前后两端用半自动扭锁，中间 20 英尺处用自动定位锥，这样不仅可起到半自动扭锁的作用，同时也克服了 40 英尺中间狭窄空间处无法操作的缺陷。自动定位锥已得到广泛应用，且也是发达国家港口当局强制要求配备的一种设备。

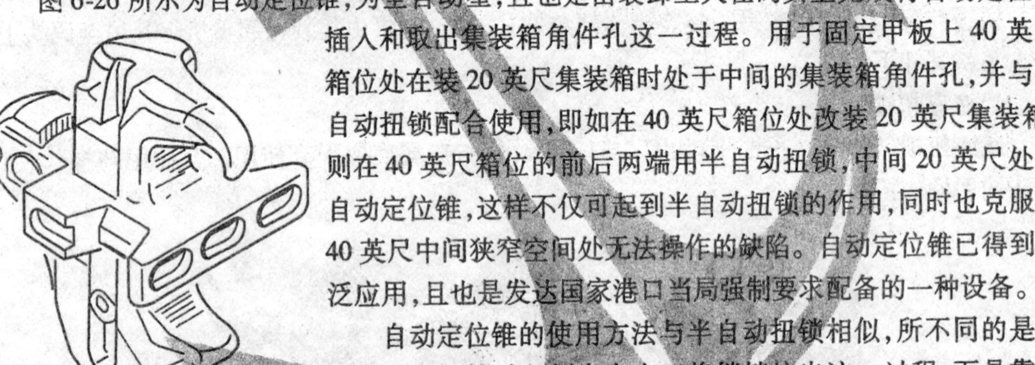

图 6-26　自动定位锥

自动定位锥的使用方法与半自动扭锁相似，所不同的是它不存在在卸箱时必须先由人工将锁销拉出这一过程，而是靠锁紧装置（locking device）自动将定位锥转换成非锁紧状态。即首先将 20 英尺集装箱一端的半自动扭锁由人工将锁销拉出，使之转为非锁紧状态，然后用集装箱起重机缓慢起吊，此时自动定位锥将会在起重机的拉力作用下，锁紧装置动作并解锁，从而完成卸箱工作。

4）调整堆锥

调整堆锥（levelling stacking cone）又称高度补偿锥，用于在装载某些非标准高度的集装箱时调整其高度至标准状态。调整堆锥如图 6-27 所示。

3. 桥锁

图 6-28 所示为桥锁（bridge fitting），用于对相邻两列最上层集装箱的顶部进行横向锁紧连接，以分散主系固系统的负荷。

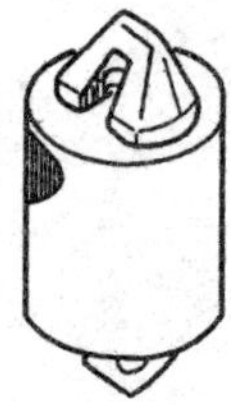
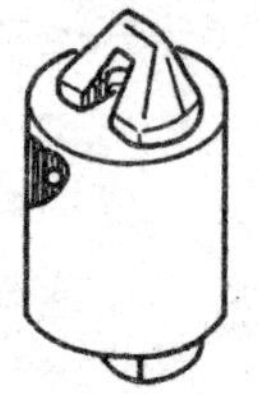
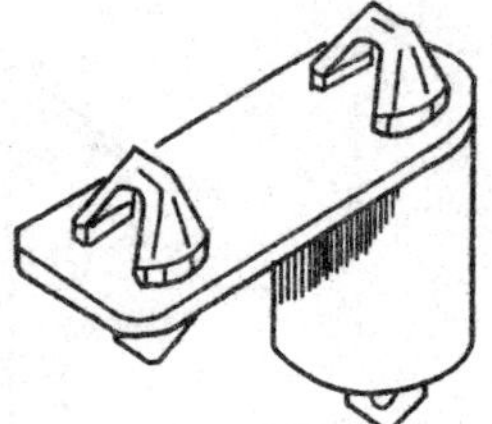

图 6-27 调整堆锥

目前桥锁仅在一些甲板上尚使用强度较小的扭锁或可装载集装箱的多用途船舱内与甲板上装载集装箱时使用。因为，在恶劣天气时，此种横向锁紧连接，有时甚至会对船舶安全带来负面影响。随着强度较大的钢索拉柄式扭锁、半自动扭锁及自动定位锥的进一步推广使用，桥锁在甲板顶层集装箱的使用功能将会最终被淘汰。

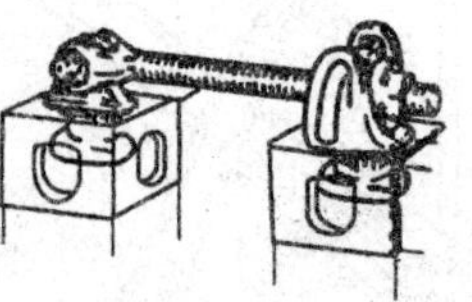
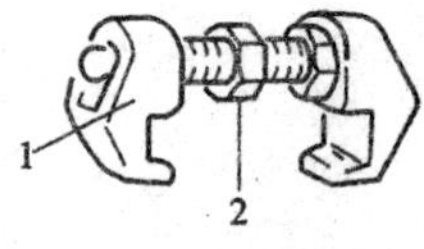

图 6-28 桥锁

1-锁钩(头)；2-调节螺母

桥锁的使用方法较简单，只需将桥锁的两个锁钩(头)分别插入相邻两集装箱的角件孔中，再旋转调节螺母，即可把集装箱连接拉紧。

4. 花篮螺丝与绑扎杆

花篮螺丝(turnbuckle，又称松紧螺旋扣)与绑扎杆(lashing bar，又称绑扎棒)如图 6-29 所示，该两种设备通常需组合成一个整体后，方可达到系固集装箱的目的。

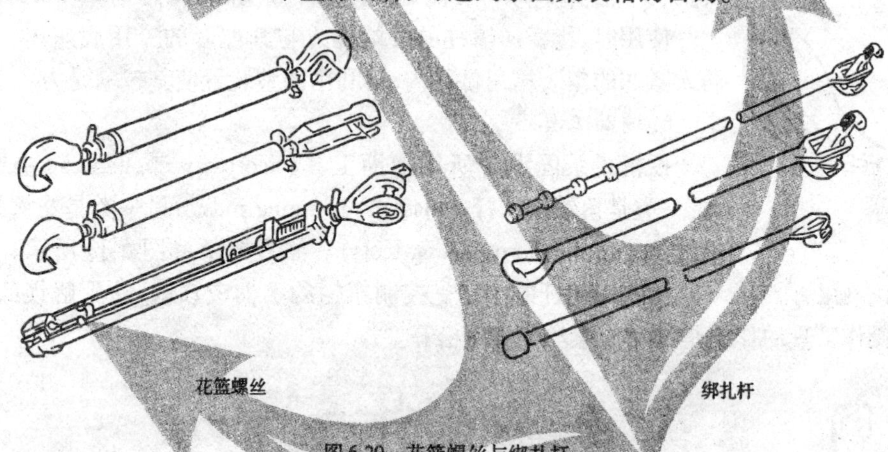

图 6-29 花篮螺丝与绑扎杆

图 6-30 所示为利用花篮螺丝与绑扎杆组合后系固集装箱的示意图，其操作方法是首先将绑扎杆与集装箱角件孔连接的一端插入集装箱的角件孔内，另一头与花篮螺丝相连，再将花篮螺丝与固定式系固设备地令或眼板相连，最后调整花篮螺丝，使整个系固系统紧固。

有时在利用上述系固系统系固时，因绑扎杆长度的原因，或有特殊系固要求，需加长绑扎杆，为此需使用加长钩(lengthening hook)，以满足系固需求。图 6-31 所示为加长钩。

5. 横向撑柱

横向撑柱(lateral support element)如图 6-16 所示，用于舱内无导轨或多用途船舱内装载集装箱时，对舱内紧靠两舷舷侧的最上层集装箱进行支撑，以防集装箱的歪斜、倾覆或横移。

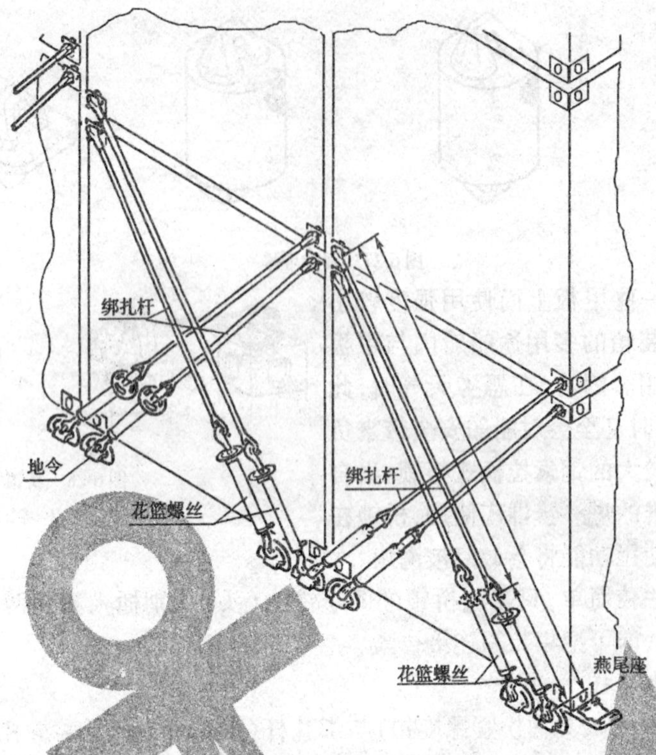

图 6-30　花篮螺丝与绑扎杆组合后系固集装箱的示意图

使用时，将横向撑柱的一端插入与其配套的专用底座内，另一端插入紧邻的集装箱角件孔内，再利用调整装置使其拉紧受力。

图 6-31　加长钩

6. 辅助工具

便携式系固设备所用辅助工具(accessory appliances)主要有两类：一类是扭锁操作杆(twistlock operating rods)；另一类是花篮螺丝操作工具(turnbuckle operating tools)。如图 6-32 和图 6-33 所示。

扭锁操作杆的作用是控制扭锁的手柄或锁销，达到解锁的目的；花篮螺丝操作工具的作用是将花篮螺丝收紧或松开。

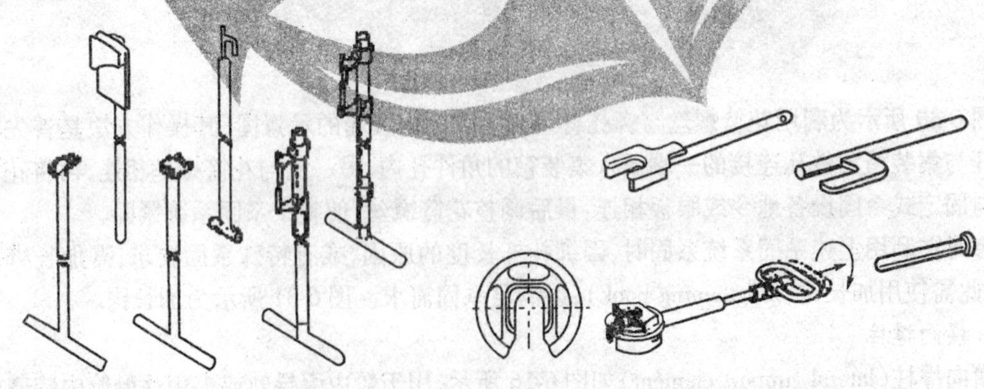

图 6-32　各种扭锁操作杆　　图 6-33　各种花篮螺丝操作工具

第三节　非标准与半标准货系固设备

一、非标准货系固设备

非标准货物系固设备系用于固定干货船、多用途船、滚装船、装载货物单元的散装货船和客船及近海供应船与电缆铺设和管道铺设专用船等在装载集装箱(无专用系固设备)、钢卷、重件货、普通件杂货及木材(货舱内)等时所用的设备。非标准货物系固设备按其性质的不同,分固定式系固设备和便携式系固设备两种。

1. 固定式系固设备

非标准货的固定式系固设备直接焊接在船体的舱壁、舷侧强肋骨、支柱及甲板上,必要时也可直接焊接在舱底及舱盖上。其主要类型有:

1)眼板

眼板(pad eye, eye plate)为一带眼的钢板,其结构型式如图 6-34 所示。

2)眼环

眼环(ring plate)由一固定环和一活动眼环组成,其结构型式如图 6-35 所示。

3)地令

地令(lashing ring)为一固定焊接眼环,其结构型式如图 6-36 所示。

图 6-34　眼板

图 6-35　眼环

图 6-36　地令

2. 便携式系固设备

非标准货所用的便携式系固设备种类主要有:

(1)系固链条(lashing chain)及紧链器(tension lever)如图 6-37 所示。

(2)钢丝绳(lashing wire rope)。

(3)系固钢带(lashing steel band)。

(4)卸扣(shackle),型式如图 6-38 所示。

(5)花篮螺丝(turnbuckle),型式如图 6-39 所示。

(6)紧索夹(clamp),型式如图 6-40 所示。

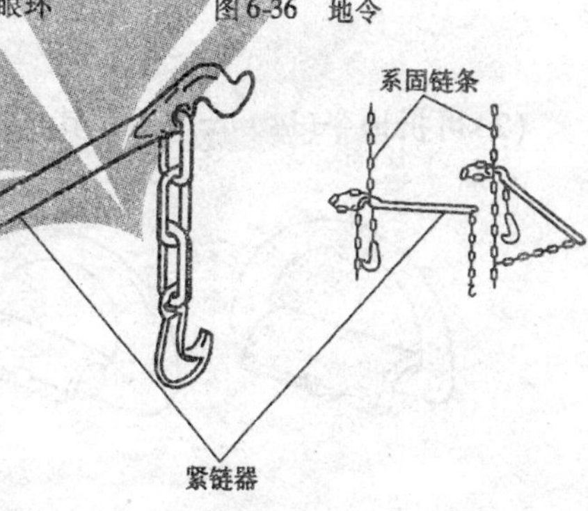

图 6-37　紧链器

3. 便携式系固设备的配套使用

因非标准货便携式系固设备的种类较多，且各自具有不同的特点。因此，实际使用时必须紧密结合各自的特点与要求配套使用。如钢丝绳必须与紧索夹、花篮螺丝配套或与紧索夹、花篮螺丝及卸扣配套；系固链条只有在利用紧链器的情况下，方可系紧货物。

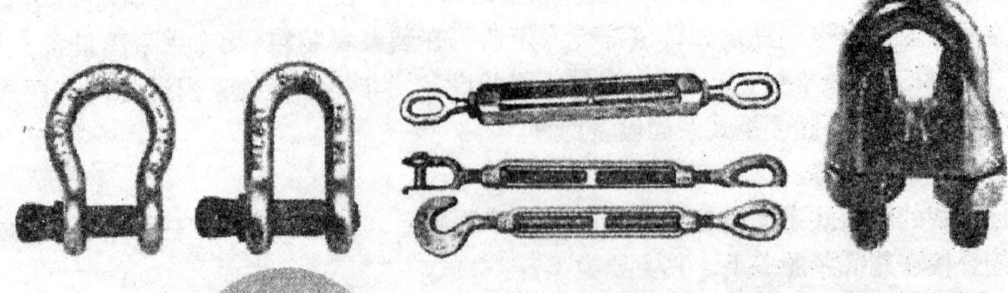

图 6-38　卸扣　　图 6-39　花篮螺丝　　图 6-40　紧索夹

二、半标准货物系固设备

半标准货物系固设备系用于固定滚装船及滚装客船在装载车辆（包括公路车辆、滚装拖车）及铁路车辆时所用的设备。半标准货物系固设备按其性质的不同，分固定式系固设备和便携式系固设备两种。

1. 固定式系固设备

(1) 系固槽座(lashing pot)，其结构型式如图 6-41 所示；

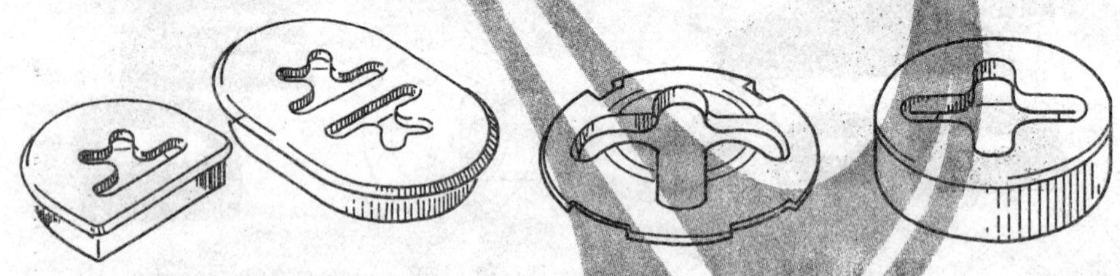

图 6-41　系固槽座

(2) 可折地令(lashing eye)，其结构型式如图 6-42 所示。

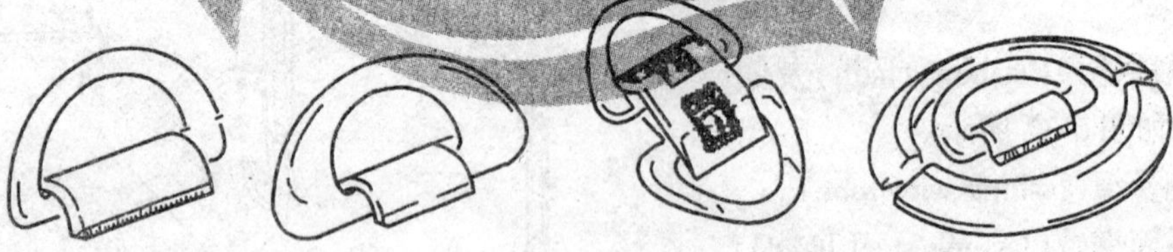

图 6-42　可折地令

2. 便携式系固设备

(1) 系固链条及紧链器，如图 6-43 与图 6-44 所示；

(2) 绑扎带(lashing band)：是系固车辆及滚装拖车的专用设备，如图 6-45 所示；

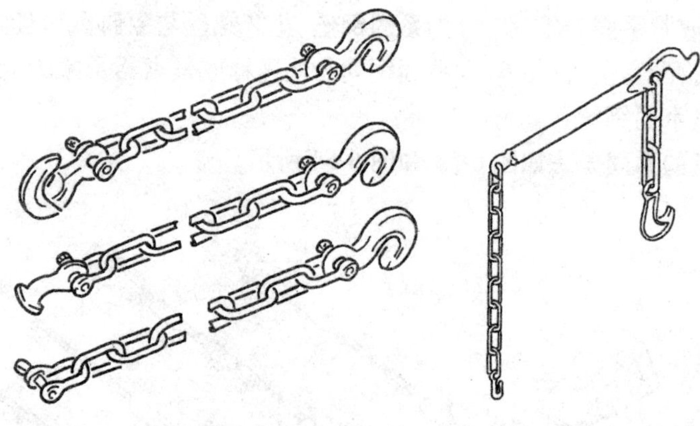

图 6-43　系固链条　　　　图 6-44　紧链器

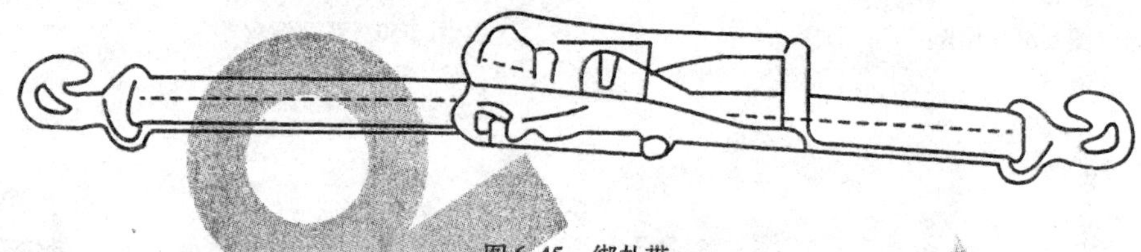

图 6-45　绑扎带

(3)象脚(elephant feet):插入槽座并通过其与其他便携式系固设备相连,如图 6-46 所示;

(4)拖车支架(trailer trestle):作拖车支架并固定拖车,如图 6-47 所示;

(5)拖车千斤顶(trailer support jack),用于拖车有轮端,并起一定支撑作用,以减少车轮滚动的风险,如图 6-48 所示;

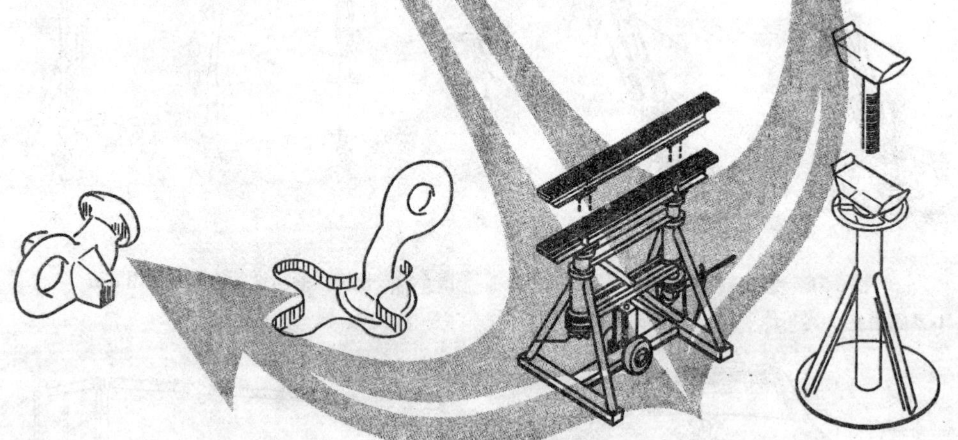

图 6-46　象脚及其使用　　　　图 6-47　拖车支架　　　　图 6-48　拖车千斤顶

(6)轮楔(wheel chock):固定车轮用,以增大摩擦力,如图 6-49 所示;

(7)系固钢丝(lashing wire),如图 6-50 所示;

(8)快速释放紧索器(quick release lashing):用于收紧并可快速释放系固钢丝,如图 6-51 所示。

(9)花篮螺丝(turnbuckle):用于收紧系固钢丝或系固链条。

3. 便携式系固设备的配套使用方法与系固

便携式系固设备的配套使用方法如图 6-52 所示,其中图 a)为系固链条与紧链器配套使用,并利用紧链器收紧系固链条;图 b)为系固钢丝、花篮螺丝与象脚配套使用;图 c)为系固链条、花篮螺丝与象脚配套使用;图 d)为系固钢丝与快速释放紧索器及象脚配套使用,并利用快速释放紧索器收紧系固钢丝。

典型半标准货的系固方法如图 6-53 和图 6-54 所示。

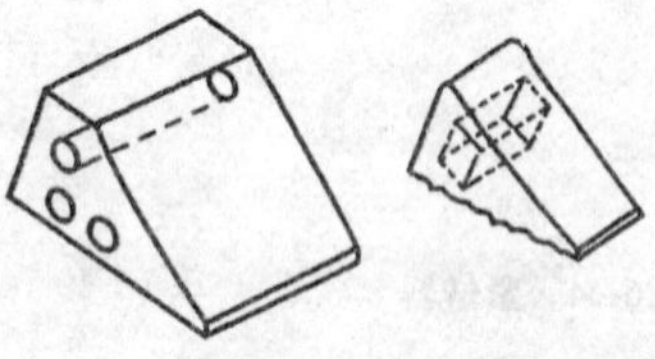

图 6-49 轮楔

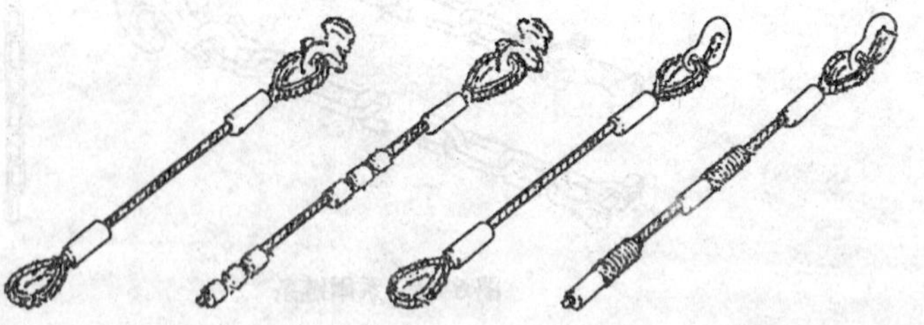

图 6-50 系固钢丝

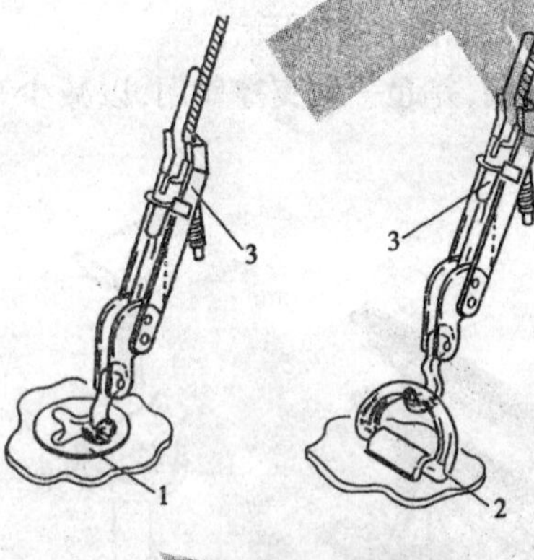

图 6-51 快速释放紧索器

1-系固槽座;2-可折地令;3-快速释放紧索器

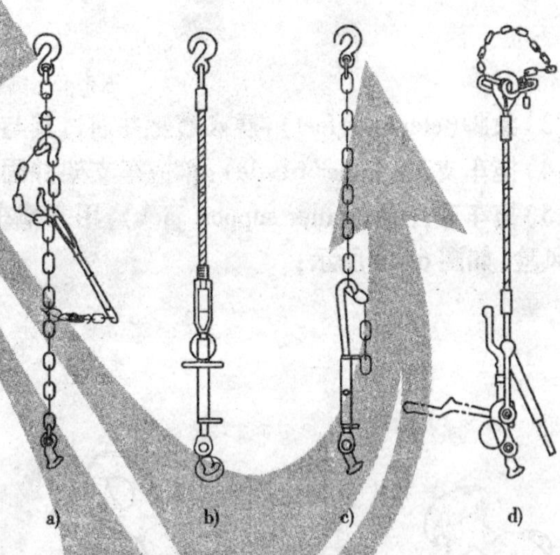

图 6-52 便携式系固设备的配套使用方法

图 6-53 汽车系固

1-绑扎带;2-可折地令

图 6-54 拖车系固

1-拖车支架;2-系固槽座;3-轮楔;4-拖车千斤顶;5-绑扎带

第四节 系固设备的系固原则、检查、维护保养与使用注意事项

一、系固原则

1)船长必须关注系固方案的制定、作业计划的安排与实施及监督工作,且均应事先作出计划,具体有以下几个要点:

(1)系固方案是否有效且可靠,有无考虑船舶航行中可能遇到的最恶劣天气的影响。

(2)能否确保货物单元再被系固后所受应力分布均匀,如有疑问,应对系固方案进行核对计算。

(3)船上系固设备是否适于所载货物单元,是否具有足够的强度且保养充分得当。

(4)系固设备是否足够,是否备有《系固手册》所规定的总数10%的系固设备备品。

(5)参与系固作业的人员是否具有相应的资质和经验,并充分了解有关作业原则。

(6)所用的系固钢索应长短适中。

(7)应确保在船舶离港前完成系固作业。

2)如认为有必要,应要求货方提供货物单元的装载与系固声明,说明其货物单元在集装箱和车辆中的包装、堆装、绑扎和系固方法均符合国际海事组织和国际劳工组织的《集装箱和车辆货物装载指南》(Guidelines for Packing Cargo in Freight Containers or Vehicles)的有关规定。

3)系固布置应确保货物单元不会发生危及船舶安全的移动。如采取措施避免因货物单元变形和收缩致使系固系统松动。对摩擦系数较小的货物单元,应在横向上紧密积载以防止其在航行中滑动,必要时可用软质木板或类似垫料加以衬垫,以增加摩擦力。

4)应确保系固通道畅通无阻,以便对货物单元进行系固和在航行中对系固的有效性作进一步检查。

5)船舶靠妥泊前,未经船长许可,不得破坏系固系统的完整性。

二、系固设备的检查与维护保养

船上系固设备应在船长负责下进行定期的检查和维修保养,这些检查和维修保养至少应包括:

1)对所有零部件的日常外观检查和保养

(1)所有固定式系固设备,在使用完以后,应立即进行受损检查。重新使用前,对已损坏或怀疑受损部件应进行修复并进行适当的强度测试。

(2)所有便携式系固设备在使用完以后及再次使用前应由专门人员负责损坏检查。种类不同的设备、已检查和尚未检查过的设备、常用和备用的设备均应分类整齐地存放。每隔3个月,应对所有便携式系固设备进行一次详细检查和加油活络。

(3)上述检查和维修保养在经历了恶劣天气、海况以后和特别加固用途以前应更加严格。

(4)标准货系固设备中的花篮螺丝、绑扎杆等的外观目视检查一般每10个月进行一次,维护保养周期一般在6~12个月之间;双功能扭锁、半自动扭锁、半自动定位锥及自动定位锥等的外观目视检查一般每10个月进行一次，维护保养周期一般在18～24个月之间。各类设备具体的外观目视检查与维护保养周期应参照厂家的产品说明书、所用材料及实际使用情况来确定，因不同的生产厂家所生产的产品质量是有所不同的，不能一概而论。

2）应按主管机关的规定接受授权的验船师对系固设备进行各项检查与检验。

3）清点船上现有系固设备及备品数量，应满足规定要求。

4）对不同种类系固设备具体的检查和维修保养要求如下：

应对每一设备的损坏和磨损情况进行检查，以发现有损于充分、安全地发挥其设计性能以及可能导致人身伤害的缺陷。如需用于特殊目的，使用前应对其进行检查，以确定其强度和功效是否适用。

所有系固设备磨损、锈蚀后的尺寸一般应不小于原有尺寸的90%，便携式系固设备内部转动部分允许的磨损、锈蚀一般应不超过原有尺寸的6%。

（1）各种底座、系固眼板、地令、固定锥、槽座及集装箱导轨系统

①应检查这些固定式系固设备与船体结构的焊接部位，如有缺陷和裂缝，则应开槽后覆焊。如船体本身有缺陷（如不平整），则应先将该设备将要重新焊接处的船体部分用合适方式予以修复。该船体部分包括舱底、横舱壁、舱盖、舷侧、集装箱支柱和甲板等；

②应检查其磨损、变形和其他缺陷。如该设备缺陷轻微且不影响其功能，可暂不修理。如有较严重的缺陷，则应用至少同等强度的设备进行更换（同型或其他型号），该设备重新附着船体的焊接操作应由持有相应证书的电焊工进行，并严格按焊接工艺操作，特别是靠近油舱的焊接操作；

③在使用该设备前，应将该设备处的灰尘、碎石以及前几航次的残留物清除干净；

④集装箱导轨系统应定期检查，以防止因变形、损坏而影响装卸货及货运安全，对变形或损坏的部分应及时修复；

⑤正常的除绣、油漆保养工作。

（2）花篮螺丝与绑扎杆

①花篮螺丝应经常加油活络，防止因腐蚀而咬死无法转动；

②应检查花篮螺丝的螺纹损坏情况，防止由于错咬而无法转动，当螺纹损坏严重时应予换新；

③应检查与绑扎杆连接端的磨损情况，如磨损严重应予换新，同时应检查卸扣端弹簧栓的状况；

④绑扎杆除应注意检查本体外，还应注意检查两头的磨损状况，若磨损严重或不能有效地绑扎时，应予换新；

⑤上述本体如有裂纹出现，则应立即更换。

（3）扭锁、桥锁、堆锥（包括自动定位锥）及横向撑柱

①在使用前，应检查其变形、损坏情况，如发现扭锁转不动、手柄断裂，应予修复，使其恢复功能，对损坏严重以致影响其功能的，应予换新。这里应特别注意半自动扭锁及自动定位锥的自动功能，如已失去，则应及时修复，无法修复的换新；

②桥锁及横向撑柱应经常加油活络，并检查螺纹情况；

③如发现上述本体有裂纹，则应立即更换；

④在集装箱的装卸、系固和拆系过程中，上述设备容易受到损坏，特别是在提升和放落这些设备时应避免野蛮操作而造成损坏；

⑤该类设备应及时收集在专用的箱子内，以防丢失。

(4)系固钢丝、系固链条、快速释放紧索器及紧链器

①系固钢丝（包括一般系固用钢丝绳）应被检查，看其是否有永久性拧节、压扁、油麻芯或纤维芯干枯和外露。如有发现应予更换；

②在系固钢丝的整个长度范围内，若发现在其10倍直径的任何长度内有超过5%的钢丝断裂、磨损或严重锈蚀，则应予换新；

③系固钢丝应定期涂钢丝油，以防因锈蚀而缩短使用寿命；

④存放于露天甲板的系固钢丝应用帆布罩罩好；

⑤必须注意检查快速释放紧索器，以保证其操作灵活、可靠；

⑥系固链条和紧链器如发现严重锈蚀或损坏，则应予换新；

⑦应仔细检查系固链条和紧链器每一链环的状况，若发现本体有裂纹出现，则应立即换新。如仅为轻微变形、磨损、腐蚀但不影响其强度和功能，则无须更换。

(5)卸扣和紧索夹

①应经常加油活络，防止应腐蚀而咬死或无法转动；

②本体如有裂纹出现，则应立即更换；

③应检查螺纹损坏情况，防止由于错咬而无法转动，当螺纹损坏严重时应予换新；

5)系固设备的检查和维修保养记录簿：

船上应有系固设备检查和维修保养的记录，以证明船舶对系固设备进行检查和维修保养所采取的行动。

6)船舶《系固设备记录簿》应由大副记录和保管。

三、系固设备的使用注意事项

为保证系固的可靠性，确保航行安全，使用系固设备时必须注意下列事项：

(1)所有系固设备必须具有由主管机关签发的证书。对正在使用但又无相应主管机关签发证书的现有系固设备，使用前务必确认其系固的可靠性，如无法确认，则应弃之不用。

(2)配套使用系固设备时，必须注重考虑各自最大系固负荷（*MSL*）的协调性，且应以系固系统中最小的 *MSL* 作为整个系固系统的 *MSL*。

(3)某些系固设备 *MSL* 的确认方法见表6-1所示。

由破断负荷确定 *MSL*　　表6-1

系固设备	*MSL*
卸扣、环、甲板眼板、低碳钢花篮螺丝	50%破断强度
纤维绳	33%破断强度
纤维网状绑扎件	70%破断强度
钢丝绳（第一次使用）	80%破断强度
钢丝绳（重复使用）	30%破断强度
钢带（第一次使用）	70%破断强度
钢链	50%破断强度

(4)补充或更新手柄式扭锁时,应注意新上扭锁与现有扭锁的转锁方向,必须保持一致,否则将会给装箱后的系固带来极大麻烦。

第五节 系固设备的检验

根据《钢质海船入级规范》的规定,船舶系固设备应接受的检验种类与船舶应接受的检验种类相同,具体规定如下:

一、入级检验

对系固设备的入级检验与对船舶的入级检验同时进行。

1)拟申请"配备集装箱系固设备"附加标志的船舶,应将下列图纸资料提交批准:

(1)集装箱排列和重量布置图;

(2)导轨结构图(如有时);

(3)非箱格导轨集装箱系固设备布置图;

(4)系固设备和配件详图;

(5)集装箱系固手册(船上应配有经主管机关批准的集装箱系固手册)。

2)建造中检验时,应对系固设备的材料、工艺及其布置作全面的检验。

3)船上应备有随时可查的系固手册,其内容至少应包括:

(1)系固设备简图;

(2)系固设备名称;

(3)系固设备制造厂标志或代号;

(4)系固设备的破断负荷;

(5)各系固设备的数量;

(6)原型试验证书的编号及日期;

(7)船用产品检验证书;

(8)集装箱堆装和布置图;

(9)系固设备布置图。

二、年度检验

与船舶的年度检验同时进行。目的是对系固设备进行一般性检查,以确认其是否处于有效的技术状态。主要包括:

(1)确认系固设备和系固手册的有效性;

(2)检查焊接在船体结构或货舱盖上的集装箱底座,核查是否存在裂纹和变形情况;

(3)检查导轨和相关构件是否存在裂纹、变形或腐蚀情况。

三、中间检验

与船舶的中间检验同时进行。其要求与年度检验的要求相同。

四、特别检验

与船舶的特别检验同时进行。检验项目有：

(1)对导轨结构作全面检查，特别是垂直导轨与横撑材间的连接节点，导向构件与导轨应处于良好的技术状态；

(2)全面检查可拆卸式框架或其他约束装置；

(3)检查固定在船体结构上的配件，对位于液舱区域的配件，其四周应无泄露；

(4)对照《船舶系固手册》全面检查所有的便携式系固设备；

(5)若发现系固钢丝绳在等于其直径10倍的任何长度内有超过5%的钢丝断裂、磨耗或腐蚀，则应予换新，若发现钢链发生蚀耗或损坏，也应予换新；

(6)如需更新系固设备，则新的系固设备应为认可的型式和产品。如无试验证书，则应按有关要求对新的系固设备进行相应的试验。

小结与习题

本章小结：

本章包括标准货系固设备，非标准与半标准货系固设备，系固设备的系固原则、检查、维护保养与使用注意事项及系固设备应接受的检验内容。

本章在充分考量2011年新大纲对《船舶系固设备》知识点要求的基础上，依据SOLAS公约1994年修正案第Ⅵ/5和Ⅶ/6的要求、《钢质海船入级规范》及《船舶系固手册编制指南》有关规定编写而成，内容充分结合了航运发展的新特点、航海新技术和新设备在船舶建造中的应用，图文并茂，注重了理论与航海实践相结合的原则。

本章需重点掌握的内容是标准货系固设备、系固设备的系固原则、检查、维护保养与使用注意事项及系固设备应接受的检验几部分，请学员在学习时加以注意，尤其是无集装箱船工作经历的学员。

思考题

1. 货物系固设备与最大系固负荷是如何定义的？
2. 系固设备的种类有哪些？又是如何定义的？
3. 半标准货物固定系固设备的种类主要有哪些？
4. 标准货物固定系固设备的种类主要有哪些？
5. 简述导轨系统的组成与应满足的要求。
6. 简述半自动扭锁的操作使用方法。
7. 简述自动定位锥的使用特点与方法。
8. 系固设备的使用注意事项有哪些？
9. 系固设备应接受的检验种类有哪些？

第七章 船舶与货物基础知识

海上货物运输是以船舶为运输工具、以货物为运输对象的一种运输方式。在整个运输过程中，包括船舶受载、配载、货物途中管理、卸载和交付等多个环节。在每一环节中，都首先涉及到船舶和货物两方面的若干基本概念和基础知识，因此，了解和掌握与货物运输有关的基础知识和基本概念，是做好货物运输工作的前提。

第一节　船体形状及其参数

船体的几何形状指船体的外部形状，能够反映出船体的大小、形状、肥瘦及和表面光顺程度，它与船舶航海性能、船体强度等密切相关。

一、型线图

船体的几何形状是比较复杂和不规则的，必须用型线图才能准确地表示出来。型线图(Lines plan)是描述船体几何形状和大小的图形。它是船舶设计、性能计算和建造的重要依据，其所表示的船体外形称为船体型表面。钢质船舶的型表面为其外板的内表面，即不包括船壳板和甲板板厚度在内的船体表面；木质船舶的型表面则船壳的外表面。

为了绘制型线图，需要建立三个相互垂直的基准面作为基本投影平面，如图 7-1 所示，包括中线面(Center line plane)、中站面(Midships plane)、基平面(Base plane)。

1. 中线面

通过船宽中央的纵向垂直平面。通常情况下它将船体分为左右对称的两部分。

2. 中站面

通过船长中点的横向垂直平面，且垂直于船舶的中线面。它将船体分为首尾两部分。

3. 基平面

通过中线面和中站面交线上的船底板上边缘、平行于设计水线面且与中线面和中站面相

互垂直的平面。基平面与中线面的交线称为基线。

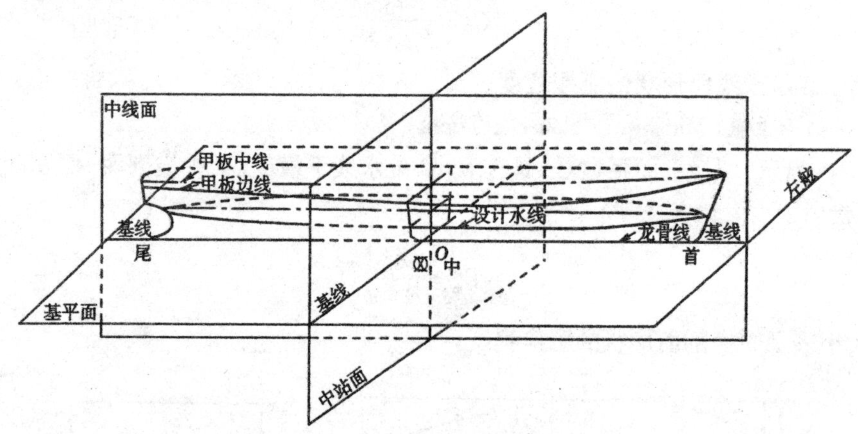

图 7-1 三个相互垂直的基准面

船体型表面与中线面的截面称为中纵剖面(Central lateral plane)。它的形状反映了甲板、船底和首尾端的侧视轮廓,对船舶操纵性、快速性及耐波性等有影响。

船体型表面与中站面的截面称为中横剖面(Midship section)。它的形状反映了舷侧外板的外飘程度、舭部升高和舭部半径的大小,对船舶阻力、横摇、舱容大小等有影响。

位于基平面以上设计吃水处并与基平面平行的水平面与船体型表面的截面称为设计水线面(Designed waterline plane)。它的形状对船舶阻力、稳性、船舶布置等有影响。

平行于三个基准面,在船体型表面上等间距截取若干个剖面,将这些剖面各自投影于相应的基准面上与中纵剖面、中横剖面及设计水线面(图 7-2)组成船体型线图。

型线图由纵剖面线图(Sheer plan)、横剖线图(Body plan)、半宽水线图(Half-breadth waterline plan)组成,如图 7-3 所示。

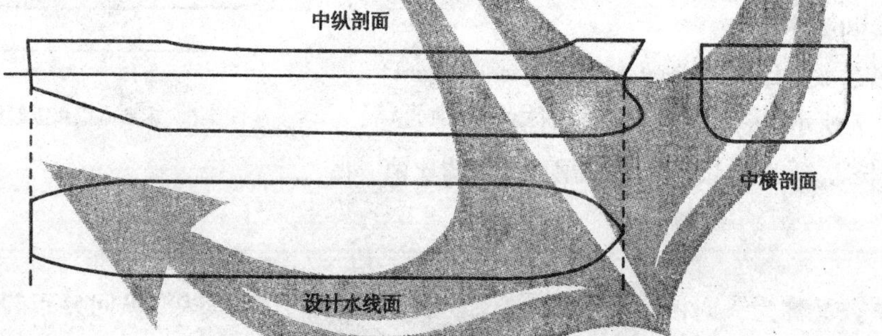

图 7-2 中纵剖面、中横剖面和设计水线面

二、船形系数

船形系数是粗略表征船体形状的特征参数,随船舶吃水而变化。船舶设计部门将常见的船形系数随吃水变化的曲线绘制在静水力曲线图(见本章第四节)中,以备查用。

1. 水线面系数(Waterplane coefficient)

如图 7-4 所示,水线面系数 C_w 是水线面面积 A_w 与船长 L_{bp} 和型宽 B 确定的矩形面积之比,即

$$C_w = \frac{A_w}{L_{bp} \cdot B} \tag{7-1}$$

C_w 值的大小表示水线面形状的肥瘦程度。

2. 中横剖面系数(Midship section coefficient)

如图 7-5 所示,中横剖面系数 C_m 是在 $L_{bp}/2$ 处水线下横剖面(中横剖面)面积 A_m 与型宽 B 和吃水确定的矩形面积之比,即

$$C_m = \frac{A_m}{B \cdot d} \tag{7-2}$$

C_m 值的大小表示中横剖面形状的肥瘦程度。

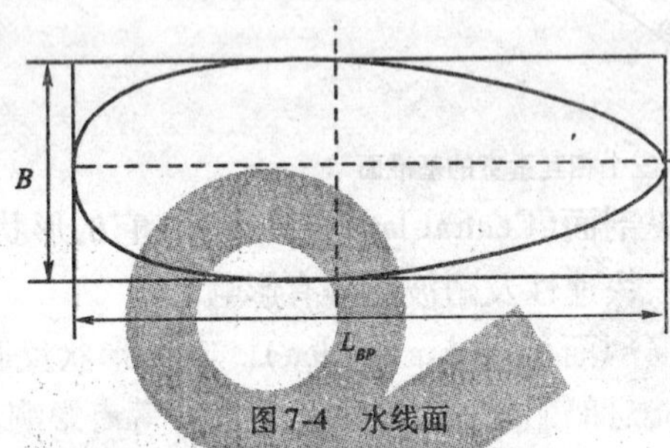

图 7-4 水线面　　图 7-5 中横剖面

3. 方形系数(Block coefficient)

如图 7-6 所示,方形系数 C_b 是船体的型排水体积 ∇_M 由船长 L_{bp}、型宽 B 和型吃水 d 确定的长方形体积之比,即

$$C_b = \frac{\nabla_M}{L_{bp} \cdot B \cdot d} \tag{7-3}$$

方形系数又称排水量系数,其值大小表示水线下船体形状的肥瘦程度。

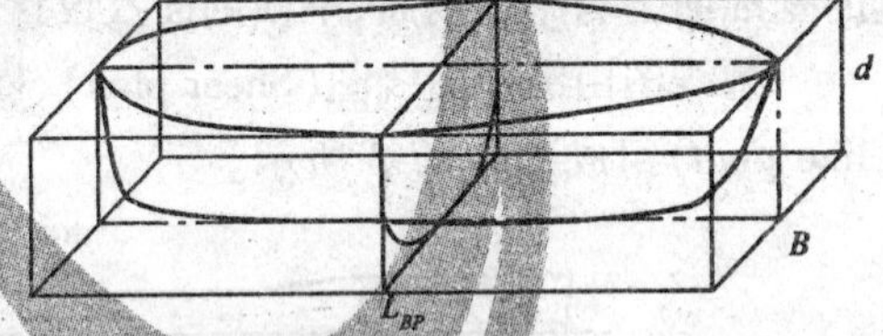

图 7-6 排水体积和矩形体积

4. 棱形系数 (Longitudinal prismatic coefficient)

如图 7-7 所示,棱形系数 C_p 是船体的型排水体积 ∇_M 与船长 L_{bp} 乘以中横剖面面积 A_m 之积的比值,即

$$C_p = \frac{\nabla_M}{L_{bp} \cdot A_m} \tag{7-4}$$

棱形系数又称为纵向棱形系数,其值大小表示水线下船体形状沿纵向分布的情况。

5. 垂向棱形系数(Vertical prismatic coefficient)

如图 7-8 所示,垂向棱形系数 C_{vp} 是船体的型排水体积 ∇_M 与吃水 d 乘以水线面面积 A_w 之积的比值,即

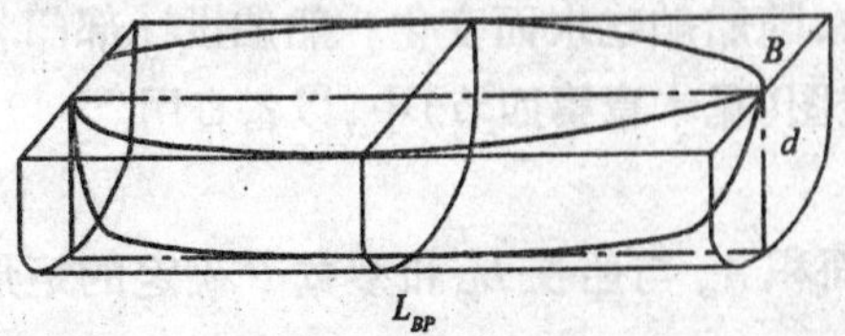

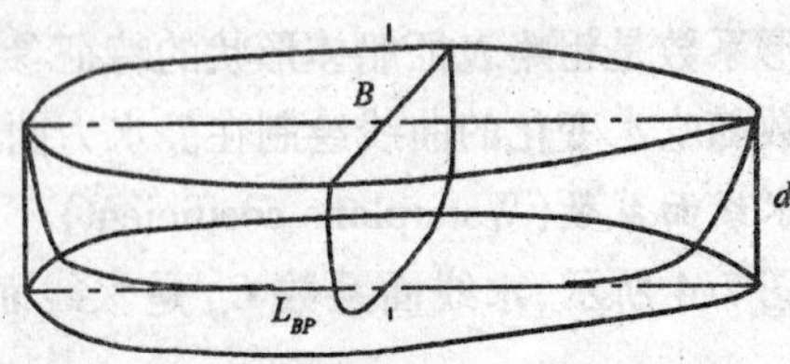

图 7-7 排水体积和棱形体积　　图 7-8 排水体积和水线面柱体积

$$C_{vp}=\frac{\nabla_M}{d\cdot A_w} \tag{7-5}$$

C_{vp}值大小表示水线下船体形状沿垂向分布的情况。

第二节　船 舶 浮 性

船舶浮性是指船舶在各种装载情况下具有漂浮在水面上保持平衡位置的能力，它是船舶的基本性能之一。

一、船舶平衡条件

船舶漂浮于水面上处于平衡状态，其平衡条件是：重力和浮力大小相等、方向相反并作用于同一垂线上。

重力为船舶自身质量量与船上所装载各类载荷（货物、油水等）质量之和乘以重力加速度；浮力为作用于船舶水线下静水压力的合力，它等于船体所排开同体积水的质量与重力加速度的乘积，而船舶排水质量为水线下排水体积与舷外水密度的乘积。作用于船体上的合力为零，意味着重力和浮力大小相等，且因重力的作用方向垂直向下，浮力作用方向垂直向上，两者作用方向相反，见图 7-9。

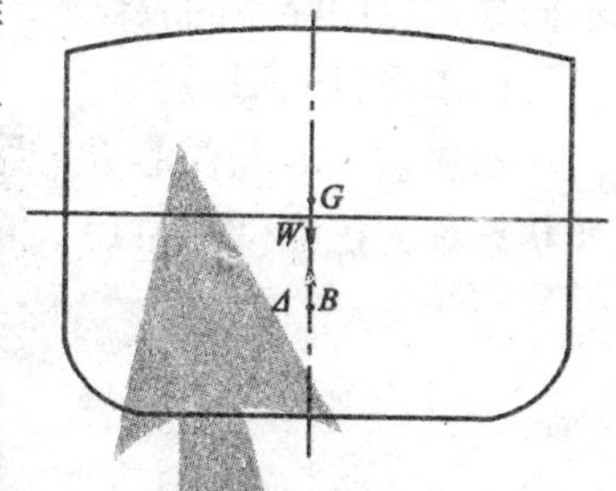

图 7-9　平衡条件

重力的作用中心称为重心（Center of gravity），以 G 表示；浮力的作用中心称为浮心（Center of buoyancy），以 B 表示，B 实际上也是水线下船体排水体积的几何中心。重力通过重心 G 垂直向下作用，而浮力通过浮心 B 垂直向上作用。当通过 G 的重力作用线与通过 B 的浮力作用线重合时，也就是说重心 G 和浮心 B 处于同一垂线上时，船舶所受合力为零。

二、船用坐标系

为了表示和确定船舶重心 G、浮心 B、船舶其他性能参数及船上各类载荷的装载位置，需建立一船用坐标系。船舶性能计算中所使用的坐标系如图 7-10 所示。

1. 坐标原点 o

坐标原点 o 通常取在中纵剖面、中横剖面和龙骨基线平面的交点处或取在中纵剖面、尾垂线剖面和龙骨基线平面的交点处，但有的船舶资料中 o 点则取在中纵剖面、首垂线剖面和龙骨基线平面的交点处。根据坐标原点的不同位置，通常将船用坐标系分为船中、船尾和船首坐标系三种。

2. 纵坐标 x 轴

中纵剖面与龙骨基线平面的交线为 x 轴，即 x 轴为沿船长方向的坐标轴，亦称纵轴，x 轴上的值则称为纵向坐标。其 x 坐标通常规定中前为 +，中后为 -；但也有与其相反者，如日本等国规定中前为 -，中后为正；对于船尾坐标系，其 x 坐标首向为 +。

3. 横坐标 y 轴

对于船中坐标系，y 轴为中横剖面与龙骨基线平面的交线，y 轴亦称为横轴，y 轴上的值称为横向坐标。对于船尾(首)坐标系,则 y 轴为尾(首)垂线横剖面和龙骨基线平面的交线。

4. 垂向坐标 z 轴

对于船中坐标系,中纵剖面和中横剖面的交线为 z 轴,z 轴也称为垂向轴,z 轴上的值称为垂向坐标。对于船尾(首)坐标系,则 z 轴为中纵剖面和尾(首)垂线处横剖面的交线。

按我国规范建造的船舶,通常采用船中坐标系且船首方向规定为正向。

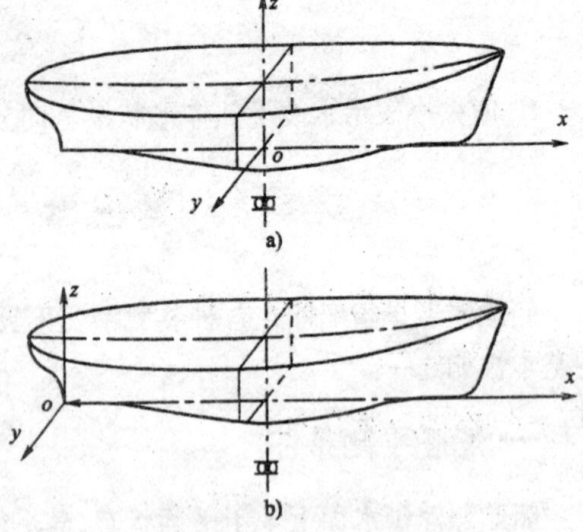

图 7-10 船用坐标系

三、船舶浮态

船舶浮态为船舶相对于静止水面的漂浮状态。船舶重心 G 与船舶浮心 B 相对位置关系的不同导致船舶浮态的表现形式不同,其首、中、尾六面吃水数值亦随之变化。

1. 正浮(Upright)

船舶重心 G 与浮心 B 的纵坐标和横坐标均对应相同,首、中、尾六面吃水相等,对应的漂浮状态称为正浮(图 7-11)。在正浮状态下,船舶的平衡条件可表示为:

$$\begin{cases} W=\Delta=\rho\nabla \\ x_g=x_b \\ y_g=y_b=0 \end{cases} \tag{7-6}$$

式中:W——船舶重力(9.81kN);

Δ——船舶浮力,即船舶排水量(9.81kN);

ρ——舷外水密度(g/cm³);

∇——船舶排水体积(m³);

x_g——船舶重心纵坐标(m);

x_b——船舶浮心纵坐标(m);

y_g——船舶重心横坐标(m);

y_b——船舶浮心横坐标(m)。

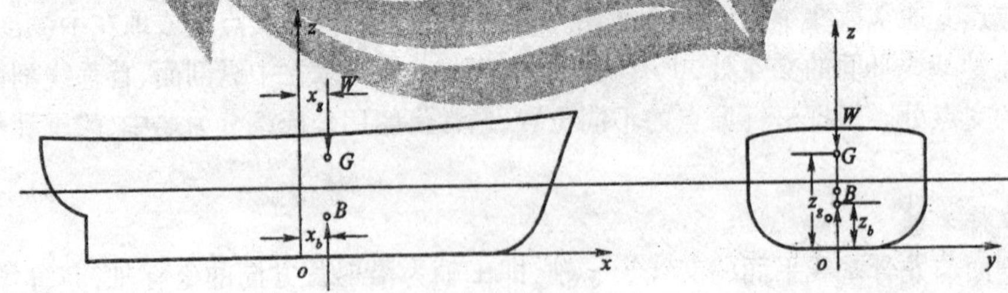

图 7-11 船舶正浮状态

2. 横倾(Listing)

船舶重心 G 与浮心 B 的横坐标不同,船舶左右舷吃水不相等,对应的漂浮状态称为横倾。

当重心 G 偏离中纵剖面即 $y_g \neq 0$ 时，则重心 G 和正浮时浮心 B 不再共垂线，重力和浮力所产生的力矩作用，将迫使船舶横向倾斜（图 7-12）。船舶倾斜后，浮心移至 B_1，重心 G 和浮心 B_1 位于同一垂线上，达到新的平衡，船舶出现横倾角 θ。

船舶横倾时的平衡条件可表述为：

$$\begin{cases} W = \Delta = \rho \nabla \\ x_g = x_b \\ y_g \neq y_b = 0 \end{cases} \tag{7-7}$$

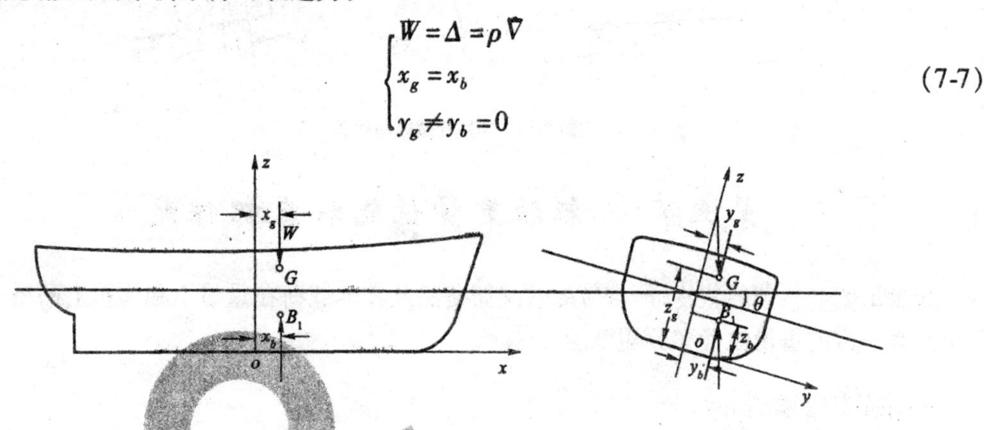

图 7-12　船舶横倾状态

3. 纵倾（Trimming）

船舶重心 G 与浮心 B 的纵坐标不同，船舶首、尾吃水不相等，对应的漂浮状态称为纵倾。当重心 G 和正浮时的浮心 B 不在同一垂线上（图 7-13），重力和浮力形成的力矩将迫使船舶纵向倾斜，纵倾后达到新的平衡，船舶出现纵横倾角 φ。

船舶纵倾时的平衡条件可表示为：

$$\begin{cases} W = \Delta = \rho \nabla \\ x_g \neq x_b \\ y_g = y_b = 0 \end{cases} \tag{7-8}$$

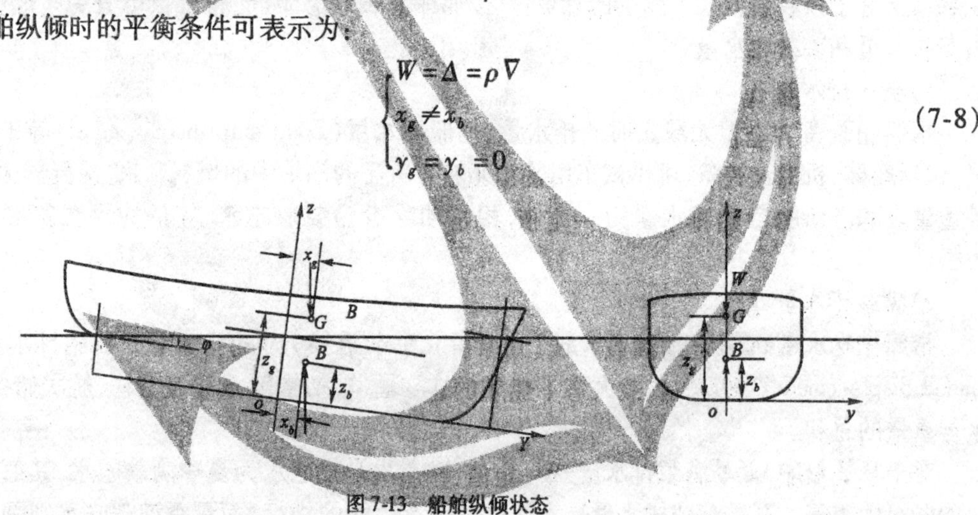

图 7-13　船舶纵倾状态

4. 任意倾斜（Listing & trimming）

船舶重心 G 与浮心 B 纵坐标和横坐标均对应不相同，船舶首、中、尾六面吃水均不相等，对应的漂浮状态为任意倾斜状态（图 7-14）。船舶任意倾斜状态实际上是横倾与纵倾叠加后的结果，因此，其平衡条件为：

$$\begin{cases} W = \Delta = \rho \nabla \\ x_g \neq x_b \\ y_g \neq y_b = 0 \end{cases} \tag{7-9}$$

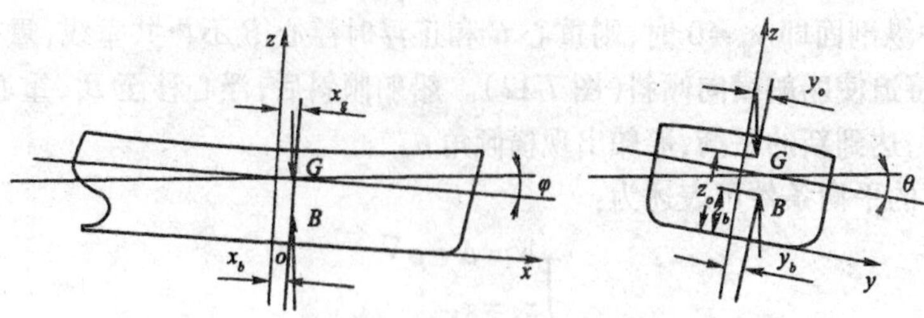

图7-14 船舶任意倾斜状态

第三节 船舶重量性能和容积性能

为满足船舶所载的货物、所携带的航次储备品及其他载荷在重量上和体积上的需求，船舶必须具有一定的重量性能和容积性能。

一、船舶重量性能

在最大允许吃水范围内，反映吃水与船舶(或)载重关系的性能，称为船舶重量性能。船舶重量性能的某些指标是决定装载货物重量能力的主要因素。

1. 排水量

排水量(Displacement)是指自由漂浮于静止水面上的静态船舶所排开水的重量。排水量在数值上等于该装载状态下船舶的总重量，按船舶装载状态不同，排水量可分为空船排水量、满载排水量和装载排水量。

1)空船排水量Δ_L

指船舶装备齐全但无载重时的排水量，空船排水量(Light ship displacement)等于空船重量，包括船体、机器及设备、可供试车用的但无航行所需的锅炉中的燃料和水、冷凝器中的淡水等重量之和。新船空船排水量为一定值，相应的吃水为空船吃水，其值均可在船舶资料中查得。

2)满载排水量Δ_s

指船舶吃水达到规定的满载水线(通常指夏季载重线)时的排水量。满载排水量(Full loaded displacement)等于在满载状态下船舶的总重量，包括空船重量及货物、航次储备、压载水等重量的总和。

对于具体船舶，夏季满载排水量为一定值，相应的船舶吃水为夏季满载吃水，其值均可在船舶资料中查得。夏季满载排水量是表征船舶重量性能的指标，而夏季满载吃水则是限定船舶装载吃水以保证船舶浮性的指标。

3)装载排水量Δ

装载排水量(Laded displacement)指船舶装载后吃水介于空船吃水与满载吃水之间的排水量，其值为该装载状态下空船、货物、航次储备、压载水等重量之和。

2. 载重量

船舶所能装载的载荷重量称为载重量。载重量分为总载重量和净载重量。

1)总载重量DW

总载重量(Deadweight)是指船舶在任意吃水时所能装载的重量。它包括在该吃水条件下船上所能装载货物、航次储备、压载水及其他重量的总和,其值为

$$DW = \Delta - \Delta_L \quad (7\text{-}10)$$

总载重量的大小可根据给定的船舶装载状态按其构成成分叠加获得,也可根据船舶吃水由式(7-10)确定。

船舶资料中作为船舶主要参数给出的总载重量是指夏季满载吃水所对应的总载重量,其值为一定值,即

$$DW_S = \Delta_S - \Delta_L$$

DW_S 作为船舶载重能力大小的重要指标,通常用来表征船舶大小和统计船舶拥有量,作为签定租船合同及航线配船、定舱配载、船舶配载的依据。

2)净载重量 NDW

净载重量(Net deadweight)指船舶具体航次中所能装载货物重量的最大能力,其值等于具体航次中所允许使用的总载重量 DW 与航次储备量及船舶常数的差值,即

$$NDW = DW - \sum G - C \quad (7\text{-}11)$$

式中:$\sum G$——航次储备量(t);

C——船舶常数(t)。

船舶净载重量因不同航次的航线、航程等因素的不同而变化,主要作为计算航次货运量的依据。

3. 航次储备量 $\sum G$

船舶具体航次中为维持正常运输需要所储备的消耗物质重量总和即为航次储备量(Restores for voyage),按其构成可分为固定储备量和可变储备量两类。

1)固定储备量 G_1

固定储备量 G_1 包括船员和行李、粮食和供应品及船用备品。由于构成 G_1 的各部分在航次储备量中所占比例很小,因此,无论航次时间长短,在计算 NDW 时可将 G_1 取一定值,故称固定储备量。

2)可变储备量 G_2

航次储备量中随航次时间长短及补给方案不同而变化的那部分物质的重量,它包括燃料、润料和淡水等,包括为了改善船舶性能所需注入的压载水重量。

4. 船舶常数 C

船舶参加营运后的空船重量与新船出厂时的空船重量之差称为船舶常数(Ship's constant)。船舶常数通常包括以下几部分重量:

(1)船舶定期修理和局部改装引起的空船重量改变量;

(2)货舱内货物、衬垫物料及垃圾的残留重量;

(3)液体舱柜、污水井内油、水的残留物或沉淀物;

(4)船上库存的废旧机件、器材及物料;

(5)为改善船舶性能而设置的固定压载物;

(6)船体外附着的海生物重量与其所受浮力的差值。

二、船舶容积性能

船舶所具有的容纳各类载荷体积的能力称为船舶容积性能，用来表征船舶容积性能的指标包括舱室容积、舱容系数、登记吨位及甲板货位。

1. 舱室容积

1）干货舱容积（Capacity of dry cargo holds）

指干货舱内能够被货物利用的最大空间体积。按所装载的货物不同，可分为散装容积和包装容积两种。

散装容积（Grain capacity）：指货舱内能够被无包装且呈颗粒、粉末、小块、球团等状的固体散货所利用的最大空间体积。其大小为两舷侧板内缘、前后横舱壁内缘、内底板或舱底板上缘至甲板下缘所围体积及舱口围板与舱口盖板下缘所围体积之和，并扣除舱内骨架、支柱、货舱护条、通风筒等所占空间体积。

包装容积（Bale capacity）：指货舱内能为包装货物或具有一定尺度的裸装货物所利用的最大空间体积。其大小为包括舱口围板所围体积在内，量自两舷侧肋骨或纵桁内缘、前后横舱壁骨架的自由翼缘、内底板或舱底板上缘至甲板横梁或纵骨下缘所围空间体积，并扣除舱内支柱、通风筒等舱内设备所占体积。

一般货舱的包装容积约为散装容积的90% ~95%。

2）液货舱容积（Liquid cargo capacity）

指货舱装载液体散装货物时可利用的最大空间容积。

3）液舱柜容积（Tank capacity）

指船舶能够为燃料、润料、淡水、压载水所利用的专用舱柜的最大容积。

船舶资料中均包括总布置图（General arrangement plan）、货舱容积表（Cargo holds capacity table）和液舱柜容积表（Tanks capacity table），提供了各货舱和液体舱柜的位置、形状、尺寸、容积及几何中心位置，是驾驶人员工作中的必备资料。

当各舱室未装至最大容积，可根据实际装舱深度查取相应舱室的舱容曲线或舱容表，从而确定实际装舱容积及重心位置。

4）甲板货位

对于某些种类的船舶，允许或适合于在上甲板装载一定数量的货物，如集装箱船、木材运输船、杂货船，而允许利用的甲板货位受到船舶稳性、安全瞭望、货物系固、甲板强度等方面的限制。集装箱船甲板可用货位于舱内容积之比为1:2 ~1:1，而木材船甲板可用货位与舱内容积相比，也基本接近。

2. 舱容系数μ

舱容系数（Coefficient of load）指全船货舱总容积与船舶净载重量之比，即每一净载重吨所占有的货舱容积。

$$\mu = \frac{\sum V_{ch}}{NDW} \tag{7-12}$$

式中：μ——舱容系数（m^3/t）；

$\sum V_{ch}$——全船货舱总容积（m^3），取包装容积或散装容积。

由于各具体航次 *NDW* 不同,因此相应的舱容系数也不同。船舶资料中的舱容系数是船舶在满载状态下保持最大续航能力时的数值。

船舶舱容系数是表征船舶适合装轻货还是重货的参数。舱容系数较大的船,适合于装载轻货,若装载重货,则货舱容积未得到充分应用;相反,舱容系数较小的船,适合于装载重货,若装载轻货,则载重量未得到充分应用。

3. 登记吨位

船舶登记吨位(Register tonnage)是指船舶为登记注册及便利海上运输的需要,按有关国家主管机关指定的丈量规范的规定丈量的船舶容积,以吨位表示其大小。凡船长不小于 24m 的我国海上航行船舶,根据中华人民共和国海事局《船舶与海上设施法定检验规则》(以下简称《法定规则》)中关于吨位丈量的规定丈量并核算船舶登记吨位,其数值记入船舶必备的"吨位证书"中。我国政府已参加了 IMO《1969 年国际船舶吨位丈量公约》,《法定规则》中有关国际航行船舶的吨位丈量方法与该国际公约一致。

根据船舶丈量的范围和用途不同,登记吨位可分为总吨、净吨和运河吨。

1) 总吨 GT

根据有关国家主管机关规定的吨位丈量规范规定,丈量船舶所有围蔽处所总容积后所核算的专门吨位为船舶总吨(Gross tonnage)。

船舶总吨的用途主要有:

(1) 表征船舶建造规模大小,作为船舶拥有量的统计单位;

(2) 船舶建造、买卖、租赁费用及海损事故赔偿费的计算基准;

(3) 国际公约、船舶规范中划分船舶等级、提出技术管理和设备要求的基准;

(4) 作为船舶登记、检验、丈量、登记等计费的依据;

(5) 作为一些港口使费的计算基准;

(6) 作为计算净吨的基础。

2) 净吨 NT

根据有关国家主管机关指定的吨位丈量规范丈量确定的船舶有效容积所核算的专门吨位为船舶净吨位(Net tonnage)。有效容积可理解为船舶用于载货和载客货处所的容积。

净吨主要用作计收各种港口使费(如港务费、引航费、码头费、灯塔费等)和税金(吨税)的依据。各国港口规定不同,其中也有按总吨、吃水等收取港口使费的。

3) 运河吨

苏伊士运河当局和巴拿马运河当局为维护各自国家的经济利益,均制定了相应的吨位丈量规范,运河吨(Canal tonnage)就是按运河当局颁发的丈量方法丈量后确定的登记吨位。它分为总吨和净吨两种,如表 7-1 所示。运河吨主要用于船舶在通过运河时,作为向运河当局交纳运河通过费的依据。凡航经运河的船舶,必须具备运河当局主管部门核定的运河吨位证书。

"Y"轮登记吨表　　表 7-1

按 IMO 公约丈量的登记吨		苏伊士运河吨		巴拿马运河吨	
GRT(GT)	NRT(NT)	GRT(GT)	NRT(NT)	GRT(GT)	NRT(NT)
10456	6407	10663	8467	11451	8781

第四节　船舶静水力资料

船舶在营运过程中，经常需根据具体装载情况计算和校核船舶若干性能，而在计算和校核时需要按实际装载情况确定船舶性能的某些参数，为此，船舶设计部门根据船舶型线图计算并编制成船舶静水力资料，供使用时查用。船舶静水力资料包括静水力曲线图、载重表和静水力参数表。

一、静水力曲线图

静水力曲线图(Hydrostatic curves)表示船舶在静止正浮时的浮性参数、稳性参数和船形系数与吃水关系的一组曲线。

1. 浮性参数曲线

浮性参数曲线包括：

1）排水体积曲线

它表示船舶排水体积(Volume of displacement)随吃水变化而变化的关系曲线。由于在静水力曲线图中排水体积是根据船体型线图计算所得，并未包括水线以下部分船壳及附体(螺旋桨、舵、舭龙骨等)的体积，因此称为型排水体积(Volume of moulded displacement)，而实际排水体积(Volume of real displacement)应为型排水体积与水线下船壳及附体体积之和。为方便计算，一般是将型排水体积乘以一个大于1的系数，该系数称为船壳系数。

设船壳系数为 k，型排水体积为 ∇_M，则实际排水体积 ∇ 为

$$\nabla = k\nabla_M \tag{7-13}$$

通常 k 值约在1.006～1.030范围内。一般情况下，对于不同船舶，小船 k 值较大，大船 k 值较小；对于同一船舶，吃水较小时 k 取大些，吃水较大时 k 取小些。新船 k 值可在船舶资料中查取。

2）排水量曲线

表示船舶排水量随吃水变化而变化的关系曲线，通常包括标准海水排水量和标准淡水排水量两条曲线。

3）浮心距基线高度曲线，简称 z_b 或 KB 曲线

表示浮心的垂向坐标随吃水变化而变化的关系曲线。

4）浮心距船中距离曲线，简称 x_b 曲线

表示浮心纵坐标(Longitudinal center of buoyancy, LCB)随吃水变化而变化的关系曲线。在船中坐标系中，我国规定：浮心在船中前，x_b 为正值；浮心在船中后，x_b 为负值。在船尾坐标系中，浮心纵坐标 x_b 则表示浮心距船舶尾垂线的距离。

5）漂心距船中距离曲线，简称 x_f 曲线

表示漂心纵坐标(Longitudinal center of floatation, LCF)随吃水变化而变化的关系曲线。在船中坐标系中，我国规定的符号同 x_b。在船尾坐标系中，x_f 为漂心距船尾垂线的距离。

船舶漂浮于水面上，水面与船体相交的平面即为水线面。船舶水线面的几何中心称为漂心 F(Center of floatation)。

船舶在正浮时，其漂心位置与水线面的大小及几何形状有关，而对于给定船舶，水线面的形状和大小取决于船舶不同吃水，因此，船舶漂心位置随吃水的不同而变化。

漂心位置以 x_f 和 y_f 表示。由于水线面形状左右对称于中纵剖面，故 $y_f=0$。而水线面形状一般都不对称于中横剖面，故 x_f 通常为不为零，而在船中附近。

6)水线面积曲线，简称 A_w 曲线

反映未包括船壳板厚度在内的水线面面积(Area of water planes)随吃水变化而变化的关系曲线。由水线面积可计算出船舶在不同水密度水域中每厘米吃水吨数 *TPC* 值。

7)每厘米吃水吨数曲线，简称 *TPC* 曲线

表示船舶在不同吃水时每厘米吃水吨数(Metric tow per 1 cm immersion)变化规律的曲线。静水力曲线图中各吃水时的 *TPC* 值一般为在海水中的数值。对于普通船舶，由于吃水不同时水线面积亦不同，且通常随吃水增大而增大，因此，每厘米吃水吨数 *TPC* 和水线面积随吃水变化的趋势是一致的。对于箱形驳船，其水线面积不随吃水而变化，故每厘米吃水吨数 *TPC* 为一确定值。

每厘米吃水吨数(Metric tons per 1 cm immersion)是指船舶平均吃水变化 1cm 时对应排水量的改变量。

设船舶平均吃水变化 1cm 时排水体积改变 $\delta\nabla$，其大小为：

$$\delta\nabla=0.01A_w$$

则排水量的改变量 $\delta\Delta$ 为：

$$\delta\Delta=\rho\delta\nabla$$

于是，可得每厘米吃水吨数表达式为：

$$TPC=0.01\rho A_w \tag{7-14}$$

2. 稳性参数曲线

稳性参数曲线包括：

1)横稳心距基线高度曲线，简称 *KM* 曲线

表示船舶不同吃水时横稳心距基线高度(Transverse metacenter above baseline)变化规律的曲线。

2)纵稳心距基线高度曲线，简称 KM_L 曲线

表示船舶不同吃水时纵稳心距基线高度(Longitudinal metacenter above baseline)变化规律的曲线。

3)每厘米纵倾力矩曲线，简称 *MTC* 曲线

反映吃水差变化 1cm 所需要的纵倾力矩(Moment to change trim 1cm)随吃水变化而变化的关系曲线。

3. 船形系数曲线

船形系数主要用来表示型船体的几何特征，在一定程度上反映船舶性能的优劣。静水力曲线图中的船形系数曲线表示船形系数随平均吃水变化的关系曲线。

船形系数曲线包括：

水线面系数曲线、中横剖面曲线、方形系数曲线、纵向棱形系数曲线和垂向棱形系数曲线。

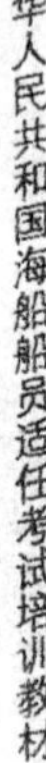

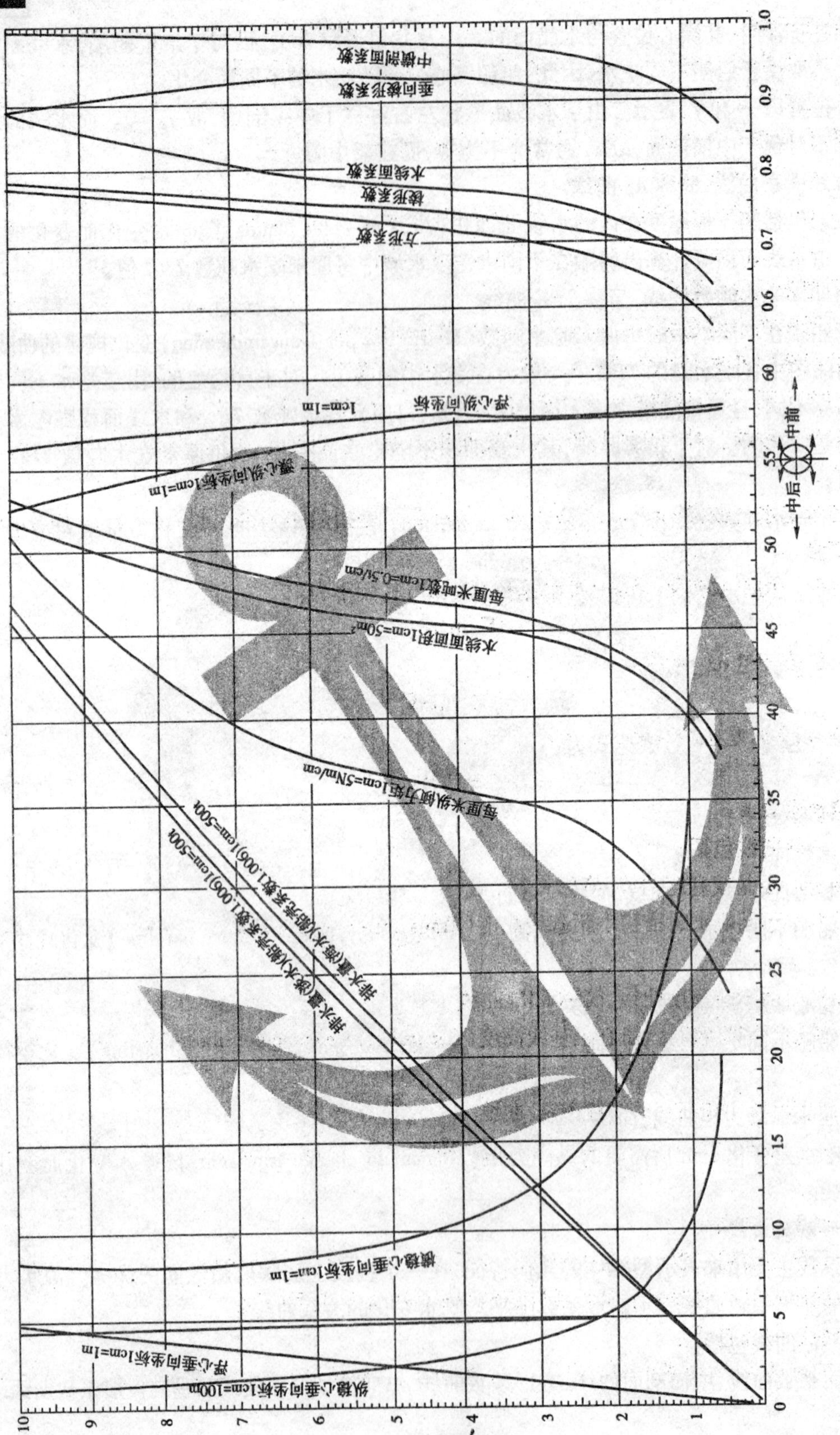

图 7-15 “T”轮静水力曲线图

4. 静水力曲线图的查取方法

静水力曲线图的垂向坐标代表船舶平均型吃水，横坐标代表船舶不同参数，以厘米数表示，各参数与厘米数的比例标于图中。各曲线厘米数的起算点可分为3种情况。

(1)坐标系原点，适应于除 x_b 曲线和 x_f 曲线以外的其他浮性参数和稳性参数曲线；

(2)以符号¤表示的船中，适应于 x_b 曲线和 x_f 曲线；

(3)在不同的厘米数处直接标出小于1的小数，适应于船形系数曲线。

图7-15为"T"轮静水力曲线图。其查取方法是：作船舶装载状态下平均型吃水的水平线，与所查曲线相交，读取交点对应横坐标上的厘米数，并按所查参数与厘米数比例换算成实际参数值。

二、载重表尺

载重表尺(Deadweight scale)是指船舶在静止、正浮状态时常用浮性和稳性参数随吃水变化而变化的关系图表。载重表尺中给出了不同吃水时的海水中和淡水中的排水量Δ、总载重量 *DW*、每厘米吃水吨数 *TPC* 以及每厘米纵倾力矩 *MTC*、横稳心距基线高度 *KM*、浮心距船中 x_f 等值。在提供给船上的载重表中，其所列参数种类也不尽相同，如图7-16所示。

载重表尺比静水力曲线图更方便、实用，其查取方法为：根据装载状态下的实际平均吃水作一水平线，该线与所查参数栏刻度相交，直接读出刻度对应数值即为所查参数值 。

三、静水力参数表

静水力参数表(Hydrostatic data table)是以数值表的形式给出了船舶各性能参数与吃水的数值关系。与上两种形式的图表比较，静水力参数表具有简便、可靠的特点，它根据船舶平均型吃水或船中平均吃水直接读出所查参数值而无需进行辅助线和比例转换。根据船舶的大小，静水力参数表的吃水间距分为1cm、2cm、5cm、10cm不等。因此，为减少查表误差，建议尽量使用静水力参数表。

应该指出的是，船舶在纵倾状态下的静水力数值与正浮状态下是有所不同的。因此新造的大多数船舶除列出船舶正浮状态条件下的静水力数值外，还列出在不同吃水差(如 t 为 2.0m、1.0m、-1.0m、-2.0m、-3.0m、-4.0m 等)时的静水力数值。表7-2为"K"轮正浮状态时的静水力参数表，表7-3为"K"轮纵倾状态时的静水力参数表。

"K"轮静水力参数表($t=0$)　　表7-2

d (m)	Δ(SW) (t)	Δ(FW) (t)	*TPC*(SW) (t)	*TPC*(FW) (t/cm)	*MTC* (t·m/cm)	*KM* (m)	*KB* (m)	x_b (m)	x_f (m)
10.00	23520	22946	26.49	25.84	249.9	8.905	5.225	1.105	-2.615
9.80	22980	22420	26.32	25.67	245.8	8.860	5.115	1.189	-2.442
9.60	22443	21896	26.16	25.52	241.9	8.815	5.008	1.271	-2.270
9.40	21923	21388	26.02	25.38	238.2	8.775	4.902	1.349	-2.099
9.20	21401	20879	25.88	25.25	234.6	8.735	4.810	1.420	-1.934
9.00	20881	20371	25.75	25.12	230.9	8.690	4.696	1.492	-1.767
8.80	20375	19878	25.60	24.97	227.1	8.661	4.581	1.572	-1.543
8.60	19869	19384	25.45	24.83	223.1	8.618	4.416	1.655	-1.305
8.40	19361	18889	25.32	24.70	219.5	8.599	4.371	1.730	-1.099
8.20	18849	18389	25.15	24.54	216.0	8.589	4.270	1.801	-0.917

续上表

d (m)	Δ (SW) (t)	Δ (FW) (t)	TPC (SW) (t)	TPC (FW) (t/cm)	MTC (t·m/cm)	KM (m)	KB (m)	x_b (m)	x_f (m)
8.00	18334	17886	25.02	24.40	212.4	8.575	4.167	1.873	−0.715
7.80	17836	17401	24.93	24.32	209.2	8.529	4.060	1.939	−0.502
7.60	17337	16914	24.86	24.25	205.7	8.542	3.950	2.018	−0.290
7.40	16842	16431	24.74	24.14	202.8	8.563	3.846	2.072	−0.083
7.20	16384	15949	24.57	23.97	200.0	8.584	3.745	2.111	0.120
7.00	15855	15468	24.39	23.79	196.9	8.599	3.642	2.153	0.323
6.80	15375	14982	24.31	23.71	195.1	8.642	3.542	2.209	0.539
6.60	14853	14491	24.22	23.63	193.3	8.683	3.445	2.268	0.758
6.40	14368	14018	24.15	23.56	191.7	8.730	3.342	2.314	0.961
6.20	13897	13558	24.08	23.50	190.2	8.779	3.232	2.352	1.158
6.00	13421	13093	24.02	23.43	188.9	8.833	3.123	2.391	1.355
5.80	12937	12621	23.93	23.35	187.6	8.914	3.027	2.437	1.506
5.60	12448	12144	23.84	23.26	186.4	9.008	2.939	2.482	1.671
5.40	11968	11676	23.77	23.19	185.3	9.114	2.833	2.519	1.800
5.20	11491	11210	23.70	23.12	184.3	9.255	2.719	2.548	1.890
5.00	11014	10745	23.64	23.06	183.3	9.388	2.606	2.573	1.980
4.80	10536	10279	23.57	23.00	182.3	9.557	2.492	2.589	2.071
4.60	10059	9814	23.51	22.94	181.3	9.712	2.380	2.597	2.162
4.40	9587	9353	23.46	22.89	180.3	9.936	2.275	2.621	2.247
4.20	9120	8897	23.24	22.85	179.1	10.222	2.186	2.659	2.329
4.00	8653	8441	23.39	22.81	177.9	10.482	2.090	2.695	2.404
3.80	8185	7985	23.27	22.71	176.7	10.813	1.980	2.702	2.449
3.60	7717	7529	23.17	22.60	175.5	11.198	1.867	2.708	2.493
3.40	7251	7074	23.07	22.50	174.2	11.613	1.764	2.715	2.536
3.20	6791	6626	22.97	22.41	172.8	12.136	1.670	2.729	2.579
3.00	6333	5187	22.89	22.33	171.5	12.657	1.571	2.741	2.622

"K"轮静水力参数表($t = -2.0$m) 表 7-3

d (m)	Δ (t)	V (m^3)	TPC (t)	MTC (t·m/cm)	KM (m)	KB (m)	x_b (m)	x_f (m)
2.50	8203	7979	35.99	326.4	25.61	1.31	−2.18	4.01
2.60	8562	8328	36.10	329.1	24.65	1.36	−1.89	4.03
…	…	…	…	…	…	…	…	…
5.50	19767	19227	37.76	370.22	13.67	2.89	8.97	4.24
5.60	20144	19594	37.81	371.48	13.54	2.94	8.88	4.12
5.70	20523	19962	37.86	372.75	13.41	3.00	8.79	4.00
5.80	20901	20331	37.91	374.02	13.29	3.05	8.70	3.87
5.90	21280	20699	37.96	375.30	13.18	3.10	8.61	3.74
6.00	21660	21068	38.01	376.59	13.08	3.15	8.53	3.59
6.10	22040	21438	38.06	377.91	12.99	3.20	8.44	3.44
6.20	22421	21809	38.11	379.31	12.90	3.25	8.36	3.29
6.30	22802	22180	38.17	380.77	12.81	3.30	8.27	3.13
6.40	23184	22551	38.23	382.29	12.73	3.35	8.19	2.98
6.50	23567	22923	38.29	383.87	12.64	3.40	8.10	2.82
…	…	…	…	…	…	…	…	…
8.00	29391	28588	39.5	417.3	11.89	4.17	6.83	0.54
8.10	29786	28972	39.6	420.4	11.87	4.22	6.74	0.39
8.20	30182	29358	39.7	423.7	11.84	4.27	6.66	0.23
8.30	30579	29744	39.9	427.1	11.82	4.32	6.57	0.08
8.40	30978	30132	39.9	430.6	11.80	4.38	6.49	−0.18
8.50	31377	30520	40.1	434.4	11.78	4.43	6.40	−0.24
8.60	31778	30910	40.1	438.3	11.76	4.48	6.32	−0.43

续上表

d (m)	*Δ* (t)	*V* (m³)	*TPC* (t)	*MTC* (t·m/cm)	*KM* (m)	*KB* (m)	x_b (m)	x_f (m)
8.70	32179	31300	40.3	442.3	11.74	4.53	6.23	-0.57
8.80	32582	31692	40.4	446.2	11.73	4.58	6.15	-0.73
8.90	32986	32086	40.6	450.2	11.71	4.64	6.06	-0.9
9.00	33392	32481	40.8	454.3	11.70	4.69	5.98	-1.06
9.10	33800	32877	40.9	458.5	11.69	4.74	5.89	-1.22
9.20	34209	33274	40.9	462.8	11.69	4.79	5.80	-1.39
9.30	34618	33673	41.1	467.1	11.68	4.85	5.72	-1.55
9.40	35029	34073	41.2	471.5	11.67	4.90	5.63	-1.71
9.50	35441	34473	41.2	475.8	11.67	4.95	5.55	-1.86

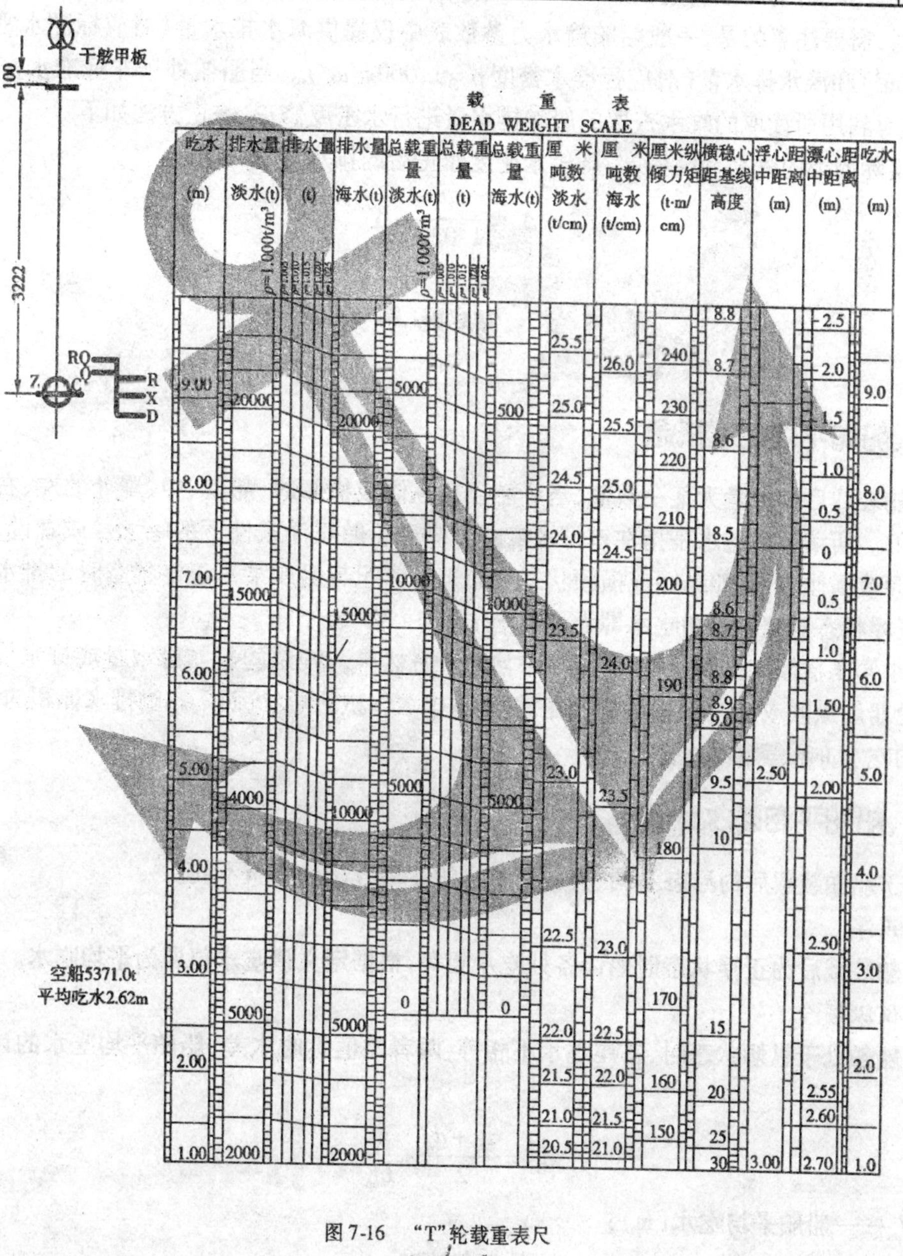

干舷甲板

载　重　表

DEAD WEIGHT SCALE

空船5371.0t

平均吃水2.62m

图7-16　"T"轮载重表尺

正浮状态时的静水力参数表根据船舶平均型吃水查取相应数值。纵倾状态时的静水力参数表提供了在已知浮态条件下，吃水和吃水差与船舶性能参数的关系，该表以船中平均吃水及吃水差查取相关参数。可用于在装载浮态已知条件下查取相应的初稳心高度 KM，从而计算船舶初稳性 GM；也可用于已知装载浮态时排水量及装货量的计算。

四、静水力参数表应用

利用静水力参数表，驾驶人员可方便地对船舶装载问题进行计算，即求算船舶吃水与装载之间相互的数值关系，以下通过例题说明它们的计算方法。另外，在通常装载情况下船舶稳性及浮态的计算，可利用本表查取如 KM、MTC、x_b、x_f 等相关计算参数。

同时，需要注意的是，一般船舶静水力参数表中仅提供海水排水量（对应标准水密度 $\rho = 1.025g/m^3$）和淡水排水量（对应标准水密度 $\rho = 1.000g/m^3$）。当船舶处于非标准水密度水域中时，应对利用所读取的吃水查取的船舶排水量进行水密度修正，修正方法如下：

设实际测得的海水密度为 ρ'，则经水密度修正后的排水量 Δ_d 为

$$\Delta_d = \frac{\rho'}{1.025} \cdot \Delta \tag{7-15}$$

第五节 船舶平均吃水

一、船舶平均吃水概念

船舶装载后排水量为某一数值，当船舶存在纵倾或横倾时，船首、中、尾处的左、右舷吃水是不同的。所谓平均吃水是指在该排水量时对应于船舶正浮条件下的吃水。或者说，当船舶存在纵倾或横倾时，船舶纵倾或横倾状态下的排水体积与船舶某一正浮状态时的排水体积相同，该正浮状态对应的船舶吃水即为平均吃水。

在小倾角横倾和纵倾条件下，某一平均吃水必然有一确定的船舶排水量或排水体积相对应，无论船舶纵倾或横倾状态怎样改变，仅影响排水体积的形状，而不影响排水体积的大小，因此，平均吃水亦称等容吃水。

二、船舶平均吃水计算

由于船舶装载后的浮态不同，其平均吃水的计算方法也有所不同。

1. 正浮

船舶装载后为正浮状态时船体各处吃水相等，根据定义该吃水值即为平均吃水。

2. 仅纵倾

当船舶处于纵倾状态时，首尾吃水不相等，两者差值称吃水差，船舶平均吃水的计算可表示为

$$d_m = \frac{d_F + d_A}{2} + \frac{x_f}{L_{bp}} \cdot t \tag{7-16}$$

式中：d_m——船舶平均吃水（m）；

d_F——船舶首吃水(m)；

d_A——船舶尾吃水(m)；

t——船舶吃水差(m)，$t = d_F - d_A$；

x_f——正浮水线漂心纵坐标(m)：

L_{bp}——船舶型长(m)，通常称船长；

$\frac{x_f}{L_{bp}} \cdot t$——船舶平均吃水的漂心修正量(m)，或称纵倾修正。

若船舶吃水差较小，$\frac{x_f}{L_{bp}} \cdot t$ 可忽略，则船舶平均吃水为

$$d_m = \frac{d_F + d_A}{2} \tag{7-17}$$

3. 仅横倾

当船舶处于横倾状态时，左右舷吃水不相等，其平均吃水为

$$d_m = \frac{d_{FP} + d_{FS}}{2} = \frac{d_{¤P} + d_{¤S}}{2} = \frac{d_{AP} + d_{AS}}{2} \tag{7-18}$$

式中：d_{FP}，d_{FS}——船首左、右舷吃水(m)；

d_{AP}，d_{AS}——船尾左、右舷吃水(m)；

$d_{¤P}$，$d_{¤S}$——船中左、右舷吃水(m)。

4. 任意倾斜

当船舶同时存在纵倾和横倾时，六面吃水均不相等，该浮态对应的平均吃水可按下式算出

$$d_m = \frac{d_{FP} + d_{FS} + d_{¤P} + d_{¤S} + d_{AP} + d_{AS}}{6} + \frac{x_f}{L_{bp}} \cdot t \tag{7-19}$$

式中，吃水差 t 为

$$t = \frac{d_{FP} + d_{FS}}{2} - \frac{d_{AP} + d_{AS}}{2}$$

5. 船体有拱垂变形时平均吃水的计算

以上求取船舶平均吃水时均将船体视为刚体，而实际上船体为一弹性体。因此，船舶在某一浮态下会存在一定纵向弯曲变形，引起船舶吃水的改变。

船体纵向弯曲变形后，在船中处测得船中吃水为 $d_{¤}$，与弯曲变形前平均吃水 d_m 有一差值 $\delta d_{¤}$。在船中下垂(中垂，Sagging)情况下，$\delta d_{¤}$ 为正值；而在船中上拱(中拱，Hogging)情况下，$\delta d_{¤}$ 为负值。由此可见，当船舶存在拱垂变形时，按上述方法求得的平均吃水与实际平均吃水相比，存在一定误差，应予以修正。考虑拱垂变形影响后，船舶平均吃水可按下式计算：

$$d_m = \frac{d_F + 6d_{¤} + d_A}{8} + \frac{x_f}{L_{bp}} \cdot t \tag{7-20}$$

上式的实质是，船舶中部的排水体积较大，在计算平均吃水时船中吃水取较大权数。应该指出，当货物交接是以水尺检量方法确定的货物重量为准时，尚应对上述方法求得的平均吃水再加以修正，以达到更高的精度要求。

三、舷外水密度改变对吃水的修正

船舶航行于不同水域之间，舷外水的密度也时常发生变化。在船舶总重量不变的情况

下，舷外水密度的变化导致船舶排水体积改变，为保持重力与浮力的平衡，船舶吃水必然发生改变。

1. 基本公式

设舷外水密度由 ρ_1 变化到 ρ_2，且船舶排水量 Δ 保持不变，根据船舶在标准密度海水中的 TPC 与 A_w 的关系式，可得到船舶进出不同水密度水域时平均吃水变化量为：

$$\delta d_\rho = \frac{\Delta}{100TPC}\left(\frac{\rho_s}{\rho_2} - \frac{\rho_s}{\rho_1}\right) \tag{7-21}$$

式中：ρ_1——原水域舷外水密度（g/cm^3）；

ρ_2——新水域舷外水密度（g/cm^3）；

ρ_s——标准海水密度（g/cm^3），取 $\rho_s = 1.025g/cm^3$；

TPC——标准海水中的每厘米吃水吨数（t/cm）。

2. 淡水水尺超额量和半淡水水尺超额量

船舶由标准密度海水（$\rho_1 = 1.025$）水域进入标准密度淡水（$\rho_2 = 1.000$）水域时平均吃水的增加量称为淡水水尺超额量（Fresh water allowance）FWA。由式（7-21）可得：

$$FWA = \frac{\Delta}{4000TPC} \tag{7-22}$$

船舶由标准密度海水水域进入水密度为 $1.000 < \rho_2 < 1.025$ 的水域时平均吃水增加量称为半淡水水尺超额量，可按以下公式求取。

$$\delta d = (41 - 40\rho_2)FWA$$

或

$$\delta d = 40FWA(1.025 - \rho_2) \tag{7-23}$$

3. 新水域船舶平均吃水的近似计算

设船舶在原水域的水密度为 ρ_1，平均吃水 d_1；进入新水域时水密度为 ρ_2，平均吃水 d_2，船舶进入新水域近似平均吃水为：

$$d_2 = \frac{\rho_1}{\rho_2}d_1 \tag{7-24}$$

在对吃水计算精度要求不高的情况下，应用式（7-24）可免去查表及繁琐计算。在实际工作中，可根据具体情况选取不同的计算公式，区别对待。

例 7-1："T"轮 0800 时观测吃水为 $d_F = 3.40m$，$d_A = 5.40m$ 并开始装货；1200 时吃水为 $d_F = 6.20m$，$d_A = 6.40m$，若不计油水消耗，求上午共装货多少吨（$L_{bp} = 140$ m）？

解：（1）求 0800 时的平均吃水 d_{m1} 和 1200 时的平均吃水 d_{m2}

$$d_{m1} = \frac{d_{F1} + d_{A1}}{2} + \frac{t \cdot x_f}{L_{bp}} = \frac{3.40 + 5.40}{2} + \frac{(-2.0) \times 2.25}{140} = 4.37m$$

其中，x_f 由 $d'_m = \frac{d_A + d_A}{2} = \frac{3.40 + 5.40}{2} = 4.40m$ 查表 7-2 所得。

$$d_{m2} = \frac{d_{F2} + d_{A2}}{2} = \frac{6.20 + 6.40}{2} = 6.30m$$（t 较小，平均吃水不需漂心修正）

（2）由表 7-2 查取排水量

$d_{m1} = 4.37$ m 时 $\Delta_1 = 9517t$

$$d_{m2} = 6.30\ \text{m 时}\ \Delta_2 = 14133\text{t}$$

(3)计算载货量 p

$$p = \Delta_2 - \Delta_1$$

$$p = 14133 - 9517 = 4616\text{t}$$

例 7-2:某轮于某浅水港口装货,该港限制吃水为 8.50m,若船舶本航次需装有燃油、淡水等航次储备共 1100t,船舶常数 172t,试计算该航次最大载货量。($\Delta_L = 5371$t)

解:(1)由限制吃水查取 Δ(表 7-2)

$$d_m = 8.50\text{m 时}\ \Delta = 19615\text{t}$$

(2)求最大载货量 NDW

$NDW = 19615 - 5371 - 1100 - 172 = 12972\text{t}$

例 7-3:某轮在始发港开航时 $d_m = 8.90$m,航行及停泊中油水消耗 750t,并计划在该中途港卸下 1800t 货后再加装 1600t 货物,试求该船驶离中途港时的平均吃水。

解:方法 1

(1)查取始发港开航时的排水量 Δ_1

由 $d_m = 8.90$m 查表 7-2,得 $\Delta_1 = 20628$t

(2)计算驶离中途港时的排水量 Δ_2

$$\Delta_2 = 20628 - 750 - 1800 + 1600 = 19678\text{t}$$

(3)根据 Δ_2 查取驶离中途港时的平均吃水 d_{m2}

由 $\Delta_2 = 19\,678$t 查表 7-2,得 $d_{m2} = 8.52$m

方法 2

(1)由 d_{m1} 查取每厘米吃水吨数 TPC

$$d_{m1} = 8.9\ \text{m 时},\ TPC = 25.67\ \text{t/cm}$$

(2)计算油水消耗和中途港装卸货后平均吃水改变量 δd

$$\delta d = \frac{\sum p_i}{100TPC} = \frac{-750 - 1800 + 1600}{100 \times 25.67} = -0.37\ \text{m}$$

(3)计算驶离中途港时平均吃水 d_{m2}

$$d_{m2} = d_{m1} + \delta d = 8.90 - 0.37 = 8.53\text{m}$$

本例表明,当船舶载荷变化不大时,应用 TPC 求算平均吃水改变量,其误差较小,而计算简便。

例 7-4:某轮 0730 时观测吃水为 $d_F = 5.50$m,$d_A = 7.48$ m 并开始装货;1130 时吃水为 $d_F = 6.82$m,$d_A = 8.85$m,装货期间加水 $p_w = 263$t,求上午共装货多少吨。

解:(1)求 0730 时的船中平均吃水 d_{m1} 和 1130 时的船中平均吃水 d_{m2}

$$d_{中m1} = \frac{d_{F1} + d_{A1}}{2} = \frac{5.50 + 7.48}{2} = 6.49\text{m}$$

$$t_1 = d_{F1} - d_{A1} = 5.50 - 7.48 = -1.98\text{m}(\ t\ \text{较大,按}\ t = -2.0\text{m 计})$$

$$d_{中m2} = \frac{d_{F2} + d_{A2}}{2} = \frac{6.82 + 8.86}{2} = 7.84\text{m}$$

$$t_2 = d_{F2} - d_{A2} = 6.82 - 8.86 = -2.04\text{m}(\ t\ \text{较大,按}\ t = -2.0\text{m 计})$$

(2)由表 7-3 查取排水量

$$d_{\square m1}=6.49\ \text{m}, t=-1.98\ 时\ \Delta_1=23529\text{t}$$

$$d_{\square m2}=7.84\ \text{m}, t=-2.04\ 时\ \Delta_2=28761\text{t}$$

(3)计算载货量 p

$$p=\Delta_2-\Delta_1=28761-23529-263=4969\text{t}$$

例 7-5:某轮当装至平均吃水 $d_m=7.01\text{m}, d_A=9.05\ \text{m}$ 时尚有 1150 t 待装,求货物装完后平均吃水的增加量。

解:(1) $d_{\square m}=\dfrac{d_F+d_A}{2}=\dfrac{7.01+9.05}{2}=8.03\text{m}$

$$t=d_F-d_A=7.01-9.05=-2.04\text{m}(\ t\ 较大,按\ t=-2.0\text{m}\ 计)$$

(2)由 $d_{\square m}=8.03\ \text{m}, t=-2.04$ 时查得 $TPC=39.49\text{t/cm}$

(3) $\delta d=\dfrac{1150}{100\times 39.49}=0.29\text{m}$

第六节　载重线标志与载重线海图

为保障船舶航行安全和发生海损时仍能保持定的航海性能,并使船舶具有尽可能大的装载能力,《1966 年国际载重线公约》(The International Convention on Load Lines, 1966)及《法定规则》均规定必须在船舶两舷勘绘载重线标志,以限制船舶满载时的最大吃水。

一、船舶干舷

1. 储备浮力

船舶能够漂浮于水面上,必须具备浮力与重力相等的平衡条件。当船舶在波浪中或冰区航行时甲板上浪和水线以上船体结冰,船体破损使舱内进水等均会使船舶重量增加。为了保证船舶浮性,需要在满载水线以上储备一定的水密船体容积,以适应临时性载荷增加而使船体提供相应浮力的需要。满载水线以上船体水密空间所具有的浮力称为储备浮力(Reserved buoyancy)。

储备浮力是船舶适航性的重要指标,它包括满载水线至干舷甲板间水密空间及满足强度要求的舱壁和水密封闭装置的上层建筑内部的空间容积所提供的浮力。储备浮力的大小与船舶尺度、类型、航区和航行季节等因素有关,海船的储备浮力约为排水量的 25% ~40%,河船的储备浮力约为排水量的 10% ~15%。

2. 船舶干舷 F

船舶干舷(Free boards)是指在船中处从干舷甲板上边缘向下量到载重线上边缘(或满载水线)的垂直距离。干舷甲板指用以计算干舷的甲板,通常指最高一层露天全通甲板。

船舶干舷 F 与型深 D、型吃水 d 的关系为

$$F=D+\varepsilon-d \tag{7-25}$$

式中:ε——干舷甲板边板厚度(m)。

显然,干舷可以作为衡量储备浮力大小的尺度。干舷越大,储备浮力也越大。干舷大小与

船舶装载及航行安全有着密切关系。一艘船载重越多，吃水越大，干舷就越小，储备浮力越小。为了保障船舶安全并使船舶具有尽可能大的装载能力，公约和规则规定了船舶在任何装载情况下应具有的最小干舷值。

应该清楚，公约和规则中规定的最小干舷值，是顾及船舶形状、类型、航区及航行季节等因素所需具有的储备浮力大小而确定的，但是以强度、稳性、抗沉性均符合有关法规的要求为前提条件。当由储备浮力确定的最小干舷若与强度、稳性及分舱等要求所决定的干舷不一致时，应取其大者。

船舶最小干舷分为夏季、热带、冬季、北大西洋冬季和淡水最小干舷，其中夏季最小干舷是确定其他最小干舷的基准，而夏季最小干舷是由船舶主尺度、丰满度、船舶类型、上层建筑、舷弧等因素所决定的。

二、载重线标志

1. 国际航行非木材甲板货船载重线标志

此类载重线标志见图 1-3。它由甲板线、载重线圈和各载重线组成。从甲板线上边缘至圆环中心垂直距离称为夏季最小干舷。此类载重线共有以下 6 种：

(1)夏季载重线(Summer loadline)：其高度与载重线圈中的水平线一致，标有缩写字母“S”，通常所说的船舶满载吃水是指龙骨基线至夏季载重线上边缘的垂直距离，称夏季吃水。

(2)热带载重线(Tropical loadline)：标有缩写字母“T”，热带最小干舷较夏季最小干舷小1/48 的夏季吃水。

(3)冬季载重线 (Winter loadline)：标有缩写字母“W”，冬季最小干舷较夏季最小干舷大1/48 夏季吃水。

(4)夏季淡水载重线(Fresh water loadline in summer)：较夏季载重线高 $\Delta_s/40\ TPC$(cm)或夏季吃水的 1/48，标有缩写字母“F”。

(5)热带淡水载重线(Tropical fresh water loadline)：较热带载重线高 $\Delta_s/40\ TPC$(cm)或 1/48 的夏季吃水，标有缩写字母“TF”。

对于船长不大于 100m 的船舶，尚应加绘北大西洋冬季载重线(Winner North Atlantic loadline)，较冬季干舷大 50mm，标有字母“WNA”。

表 7-4 为“T”轮在不同载重线时对应的船舶吃水、干舷、排水量和总载重量值。

“T”轮不同载重线时的船舶参数　　表 7-4

载重线	实际吃水(m)	干舷(m)	排水量(t)		总载重量(t)	
			淡水	海水	淡水	海水
空船	2.642	9.680	5371		0	
夏季	9.022	3.322		20 881		15 510
冬季	8.835	3.510		20 405		15 034
热带	9.210	3.135		21 367		15 996
夏季淡水	9.224	3.120	20 881		15 510	
热带淡水	9.412	2.933	21 367		15 996	

2. 国际航行木材甲板货船的载重线标志

公约和规则规定,对于在干舷甲板或上层建筑的露天部分装载木材货物,且船舶结构、设备和装载均满足公约和规则要求的木材船,可勘绘和使用木材载重线。由于木材甲板货给船舶提供了一定的附加浮力,增加了抵御海浪的能力,因而木材最小干舷比相应的其他船舶最小干舷小些。木材载重线在通常载重线以外另行勘绘,位于载重线圈后方一定距离处。各载重线一端在规定字母前加标“L”,LT 载重线对应的干舷较 LS 载重线对应的干舷小 1/48 的夏季木材吃水,LW 载重线对应的干舷较 LS 载重线对应的干舷大 1/36 的夏季木材吃水,LWNA 载重线对应的干舷与 WNA 载重线对应的干舷相同,对于淡水木材干舷的规定同其他货船,木材载重线标志如图 7-17 所示。

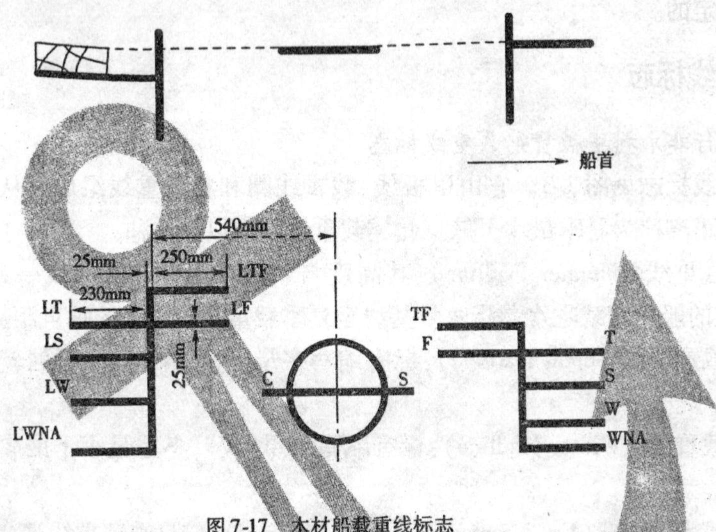

图 7-17 木材船载重线标志

3. 国内航行船舶载重线标志

对于我国国内沿海航行的船舶,由于沿岸海面风浪较小,对稳性、强度、抗沉性等的要求可低于国际航行船舶,储备浮力也可相应减小,因此,根据《法定规则》规定,其干舷可降低要求。国内航行船舶载重线标志如图 7-18 所示,载重线下半圈与标志同色,两侧标以字母 ZC,共有夏季、热带、淡水和热带淡水 4 条载重线,并在各载重线一端分别标有 X、Q、R、Q 汉语拼音缩写。

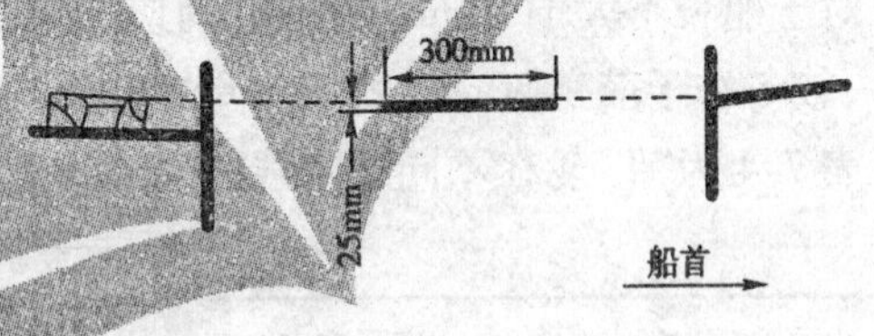

三、载重线海图

船舶航行于不同海区和季节,可能遭遇的风浪大小不同,公约和规则要求在不同的风浪条件下使用不同的载重线以确定所允许装载的最大吃水。根据世界各海区在不同季节期的风浪状况,公约和规则中的《商船用区带、区域和季节期海图》(简称载重线海图)将其划分成不

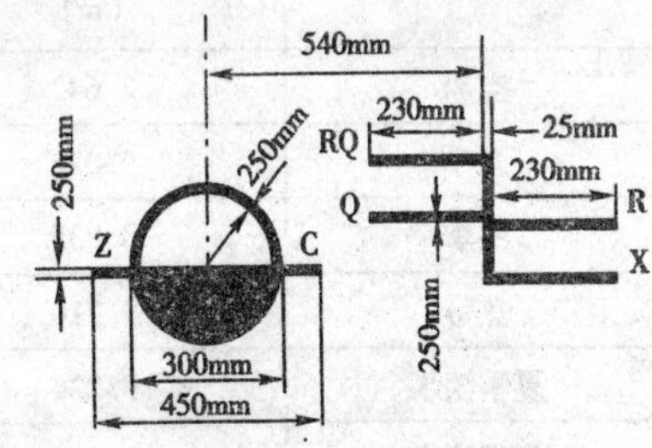

图 7-18 国内航行船舶载重线标志

同的区带和季节区域。

1. 世界海区划分的标准

《1966年国际载重线公约》规定世界海区划分的标准是：

夏季：蒲氏8级及以上风力不超过10%；

热带：蒲氏8级及以上风力不超过1%，并且10年内任一单独日历月份在5°平方区域内热带风暴不多于一次；

冬季：其余风力情况。

2. 世界海区划分的种类

根据长期观测和积累的全球不同海区在不同季节内风浪的大小和频率的资料，将世界海区划分为：

1)区带(Zones)

指一年各季节中风浪变化不大，因此允许船舶全年使用同一载重线的海区。区带可分为：

(1)夏季区带(Summer Zones)：指允许全年使用夏季载重线的海区，该海区出现大风的频率较热带区带高些。

(2) 热带区带(Tropical Zones)：指允许全年使用热带载重线的海区。

2)季节区域(带)(Seasonal Zones or seasons Zones)

指一年各季节期风浪变化较大，因而船舶在不同季节期内允许使用不同载重线的海区。季节区域(带)可分为：

(1)热带季节区域(带)(Tropical seasonel Zones areas)：在该区域内航行的船舶，当处于规定的热带季节期(Tropical seasonal periods)时，允许使用热带载重线；当处于规定的夏季季节期(Summer seasonal periods)时，则允许使用夏季载重线。

(2)冬季季节区域(带)(Winter seasonal Zones, or areas)：在该区域内航行的船舶，当处于规定的冬季季节期(Winter Seasonal periods)时，允许使用冬季载重线；当处于规定的夏季季节期时，则允许使用夏季载重线。

对于船长不大于100m的船舶，航行于北大西洋冬季季节区带Ⅰ的全部和Ⅱ中位于15°W和50°W两子午线之间的部分且处于冬季季节期内时，应使用北大西洋冬季载重线。

各季节区域(带)中不同季节期的起讫日期见附于本书最后的载重线海图。

3. 我国沿海海区的划分

1)国际航行船舶

根据公约规定，我国沿海海区分别属于夏季区带和热带季节区域。我国政府在加入《1966年国际载重线公约》时，就该公约对我国沿海海区划分的规定声明保留。我国政府规定，我国沿海海区分为南北两个热带季节区域，即：

(1)香港—苏阿尔恒向线以北：夏季季节期自10月1日至来年4月15日；热带季节期自4月16日至9月30日；

(2)香港—苏阿尔恒向线以南：夏季季节期自10月1日至来年1月20日，热带季节期自1月21日至9月30日，比公约规定延长了5个月。

国际航行的中国籍船舶可按上述规定执行，而悬挂缔约国国旗的外国籍船舶仍可执行公约的规定。

2)国内航行船舶

《法定规则》中对国内航行船舶的季节区域和季节期的划分也做了如下规定：

(1)汕头以北的中国沿海

季节期：热带：自4月16日至10月31日

夏季：自11月1日至来年4月15日

(2)汕头以南的中国沿海

季节期：热带：自2月16日至10月31日

夏季：自11月1日至来年2月15日

四、载重线标志的勘绘和使用

1. 载重线标志的勘绘和"国际船舶载重线证书"

依据公约和规则所核定的船舶最小干舷，由船级社或由其委托指定机关负责勘绘船舶载重线标志，并发给"国际船舶载重线证书"。当船舷为暗色底者，载重线标志漆以白色或黄色；当船舷为浅色底者，则应漆以黑色。它们应由主管机关认可，并勘绘在船中两舷作为永久性标志。

"国际船舶载重线证书"有效期为5年，在证书签发每周年前后3个月进行年度检验，以保证船体和上层建筑无实质性改变，使有关装置和设备处于有效状态。每5年至少有一次定期检验，以保证船体结构、设备、布置、材料和构件尺寸符合公约和规则要求。

2. 载重线标志的使用

船舶在营运期间使用载重线标志时，应注意以下事项：

(1)船舶所勘绘的载重线位置与证书所载相符合；

(2)保持载重线标志清晰可见；

(3)保持证书在有效期内，展期不超过5个月；

(4)保证船体和上层建筑、有关装置和设备无实质性变动；

(5)封闭的上层建筑所有出入口关闭设备应当能够保持风雨密，其出入口的门槛高度应至少为380mm(干舷甲板上门槛严重锈蚀或破损是PSC扣船的原因之一)。

(6)船舶载重量应受到限制以保证船舶无论在出港时、航行中还是到港时，由区带或区域、季节期所确定的载重线不被水线淹没；

(7)当船舶处于载重线海图中的区带或区域分界线港口装货且驶向使用较高载重线的海区，则适用较高载重线；反之，适用较低载重线。

(8)当船舶处于密度为1.000g/cm^{3}的淡水中，应根据水域位置及季节期使用淡水或热带淡水载重线。若密度大于1.000g/cm^{3}时，此宽限量应以1.025g/cm^{3}和实际密度的差值按比例决定。

(9)船舶从江河或内陆水域的港口驶出时，准许超载量至多相当于从出发港至海口间所需油水及其他物料的重量。

(10)对于船舶由于气候恶劣或其他不可抗力的原因而发生绕航或延滞情况，可背离公约中的有关规定。

第七节　货物分类和基本性质

一、货物分类

海上运输的货物，品种繁多，包装、规格、特性、装运方式等各不相同，因而货物分类的方法也不尽相同，不同的分类方法只能表征货物的某一方面特点。从便利货物运输角度考虑，可采用以下几种分类方法。

1. 按货物形态和装运方式分

1）杂货

杂货（General cargo）是指具有一定形式的包装货物、同包装货物一起运输的散装货物、裸装货物和货物单元及需专门运输的特殊货物。

散装货物包括非整船运输的固体散装货物（如矿石、煤炭、盐、生铁块等）。

裸装货物指卷、盘、捆、张、个等形式的无包装货物，如盘圆、筒纸、钢棒、型钢等。

货物单元指由于其重量、尺寸或特殊性质需对其积载、系固进行特别处理的货物，如车辆、成套设备、可移动罐柜、托盘、货物组件等。

需专门运输的特殊货物指由于其性质或运输要求的限制需专门运输或可以专门运输的某些货物，如木材、各种钢材、冷藏货物等。

2）固体散装货物

固体散装货物（Solid bulk cargo）指直接装船而不需包装和标志的大批量投入运输的块、粒、粉、末等形状的货物，如化肥、矿石、粮谷、煤炭、水泥等。固体散装货物一般以专用固体散货船运输。

3）液体散装货物

液体散装货物（Liquid bulk cargo）指直接装船而不需包装和标志的大批量液体货物，如石油及其产品、液化气体、液体散装化学品等液体散装货物，一般以专用液体散货船运输。

4）集装化货物

集装化货物（Unilised cargo）指将若干包件或若干数量组成一个搬运单位且需专门船舶运输的货物，如集装箱、托盘货、载驳船上的方驳等。

2. 按货物特性及运输要求划分

1）危险货物

危险货物（Dangerous cargo）指具有燃烧、爆炸、腐蚀、毒害、放射射线等性质，在装卸、贮存或运输中如处理不当，可能会引起人身伤亡、财产毁损或造成海洋污染的物质和物品，如爆炸品、压缩气体、酸、碱等。危险货物有包装危险货物、固体散装危险货物和液体散装危险货物3种形式，应按照相应的国际规则谨慎装运，防止事故的发生。

2）特殊货物

特殊货物（Special cargo）指除危险货物外，性质特殊、在运输过程中易影响其他货物或易被其他货物及环境所影响的货物，如气味货、扬尘污染货、冷藏货、吸湿货等。

3）一般货物

一般货物(Normal cargo)指其性质对运输无特殊要求的货物。

应该清楚,特殊货物和一般货物的划分并无明确界限,在某些运输条件下为特殊货物,而在某些运输条件转化后则应视为一般货物。

二、货物性质

货物在装运过程中.由于自身的自然属性、化学组成和结构等不同,当受到温度、湿度、微生物等不利环境因素的影响以及装卸作业中的外力影响,都可能引起货物在质量和数量上的变化,造成货物使用价值的降低或丧失及数量上的减小。货物发生质量和数量变化的现象,主要是其物理、化学、生物和机械性质引起的变化。为避免产生货运事故,应了解各种货物所具有的相关特性。

1.货物的物理特性

货物的物理性质是指货物受外界因素影响而发生物理变化的性质,主要包括吸湿、散湿、冻结、熔化、吸附、胀缩、挥发、物理爆炸、放射射线等性质。

1)吸湿和散湿性

货物吸湿和散湿性是指货物具有吸附或散发水蒸气或水分的性质。影响其大小的主要因素一是货物的成分与结构,在货物成分中含有亲水基团以及货物结构疏松多孔,如棉、麻、茶等物品。二是货物本身的水汽压与周围空气中的水汽压关系当货物表面水汽压小于空气中水汽压时,货物就吸湿;反之,货物就散湿。

在运输中,货物含水量过多,会造成货物潮解、溶化、分解、生霉等变质现象。含水量过少,会使货物损耗、发脆、开裂等。为防止货物吸湿变质,需熟悉各种货物的安全含水量,加强温、湿度控制和采取防潮措施。

2)挥发性

货物挥发是指液体货物表面能迅速气化变成气体向周围空间散发,如汽油、酒精、原油等物品。

液体货物挥发的原因是由于液货表面的分子运动比其内部分子更为活泼,它的表面蒸汽压大于空气压力,故不断向空气中扩散。一般说来,货物温度高、物质沸点低、空气流动快、液货表面积大、气压低时,挥发速度就快。

在运输中,货物的挥发使货物重量减少,质量降低,还会产生有毒、腐蚀、易燃等危险性气体,使船舶处于潜在危险状态。控制液体货物挥发的主要措施是降低货物温度,使用坚固完好和封口严密的包装。

3)热变性

货物热变性是指货物因温度变化后引起形态变化的性质。有些散装货物如煤炭、矿砂等,如果水分含量较高时,在低温条件下冻结成块。某些低熔点货物在超过一定温度范围后,在形态上发生变化,如软化、变形、粘连、熔化等,此类货物有松香、橡胶、石蜡等。货物热变后,虽在成分上未发生质的变化,但容易造成货损、倒垛、沾染其他货物、影响装卸作业等后果。

货物热变与含水量、熔点、外界温度等因素有关,在运输中应控制货物含水量、低熔点货物装载于阴凉低温舱位、适当控制温度等措施。

4)胀缩性与物理爆炸性

液体货物具有热胀冷缩的特性，如处置不当，当温度上升后会引起体积膨胀而溢出舱内，导致水域污染。桶装油类遇高温会使油桶鼓起甚至破裂漏油，装于钢瓶内的压缩气体遇高温可引起内部气压急剧上升，当超过容器耐压值时，会引起物理爆炸。

5）放射性

货物放射性是指放射性物质其原子核能自发地、不断地放出无形射线的性质。这些射线如无合格的防护屏蔽会杀伤细胞、破坏人体组织，从而引起对人身的伤害。

2. 货物化学性质

货物的化学性质是指货物在光、氧、水、酸、碱等作用下，发生改变物质本质的化学变化的性质。货物发生了化学变化，意味着货物质量改变，轻者货物受损，重者还会殃及其他货物及发生危机船舶及人员安全的严重事故。

与海上运输有关的货物化学性质有氧化、腐蚀、自热、自燃、爆炸等性质。

1）氧化性

氧化是指货物与空气中的氧或放出氧的物质间所发生的化学变化。易于氧化的物质很多，如金属类、油脂类、易自燃货物等。

一般情况下，氧化过程是十分缓慢的。如果氧化产生的热量不易散发而积聚，就会导致货物内部温度升高而产生自热现象。当温度超过其自燃点时，如有足够的氧气便会在无外界火源条件下发生自燃现象，如煤炭、鱼粉、金属粉末等。对一些发热量较大、燃点较低的货物，如黄磷、赛璐珞制品等，应特别注意防止自燃事故。

金属锈蚀也是一种氧化现象。金属及其制品表面在接触水、空气或酸、碱、盐时发生氧化反应而生成氧化物。

橡胶的老化、茶叶的陈化也是在氧化作用下产生的现象。

2）腐蚀性

腐蚀性是指某些货物能对其他物质发生破坏性作用的化学性质。引起腐蚀的原因是由于货物的酸性、碱性、氧化性和吸水性所致。例如，钢铁与盐、酸作用，使钢铁制品遭到破坏；烧碱和油脂作用，灼伤人的皮肤；浓硫酸能吸收动植物水分，使之碳化变黑；漂白粉的氧化性，能破坏有机物。常见的腐蚀性货物主要为酸类、碱类物质。

3）燃烧和化学爆炸性

燃烧是指物质相互化合而产生光和热的过程，一般指物质与氧的化合。某些物质易于被外部火源点燃并持续燃烧，如铝粉、棉、硫等。

化学爆炸性是指货物在外界高温、高压或机械冲击等外因作用下所产生的剧烈化学反应。爆炸反应的主要特点是反应速度极快，并放出大量的热和气体，产生冲击破坏力。爆炸和燃烧的主要区别在于反应速度。

3. 货物机械性质

货物机械性质是指货物的形态、结构在外力作用下发生机械变化的性质。货物的机械变化取决于货物的质量、形态和包装强度。

在运输中，货物所受外力大致分为堆码压力、振动冲击力、翻倒冲击力及跌落冲击力，货物和包装的耐压强度，是最常用的机械性指标。由于货物在运输中受力是不可避免的，因此要求货物和包装具有抵抗外界压力和机械冲击力、避免变形或结构破坏的能力。

货物发生机械变化的形式主要有破碎、变形、渗漏、结块、散捆等。

4. 货物的生物性质

货物的生物性质是指有生命的有机体货物及寄生在货物上的生物体,在外界条件影响下为维持生命而发生生物变化的性质。生物变化的表现形式有酶、呼吸、微生物及虫害作用。

1)酶的催化作用

一切生物体内物质分解与合成都需要酶的催化来完成,它是生物新陈代谢的内在基础,因此酶的催化作用在生物变化中占有重要的地位,如粮谷的呼吸、后熟、发芽、发酵、陈化等都是酶作用的结果。

影响酶的催化作用因素有温度、pH 值、水分等。

2)呼吸作用

呼吸作用是有机体货物在生命活动过程中,为获取热能维持生命力而进行的新陈代谢现象。呼吸可分为有氧呼吸和缺氧呼吸。有氧呼吸是有机体货物内在葡萄糖或脂肪、蛋白质等,在氧气充足条件下受氧化酶的催化,进行氧化反应,产生二氧化碳和水,并释放出热量。

缺氧呼吸是在无氧条件下,有机体货物利用分子内的氧进行呼吸。葡萄糖在酶的催化下转化为酒精和二氧化碳,并释放出少量热量。这种缺氧呼吸实质上是一种发酵作用。

旺盛的有氧呼吸可造成有机体中营养成分大量消耗并产生自热、散湿现象,而严重的缺氧呼吸所产生的酒精积累过多会使有机体内细胞中毒死亡。影响呼吸强弱的因素有温度、含水量、氧的浓度等。为货物安全运输,应控制有关因素,使货物处于微弱的有氧呼吸中。

3)微生物作用

微生物作用是微生物吸取货物中的营养物质,进行生长及繁殖的生理活动过程。有机体货物在微生物作用下,会引起生霉、腐败和发酵发热等质量变化现象。易受微生物作用的货物主要有肉类、鱼类、乳制品、蛋类及果菜类。另外,谷物、纸张、丝棉织品、橡胶等货物因内部含有淀粉、糖分、纤维素及少量蛋白质等而易受霉菌作用。

常见危害货物的微生物有细菌、霉菌和酵母菌等。微生物作用的主要影响因素有货物含水量及环境温度和湿度。为此,控制货物含水量和环境的温、湿度是防止微生物危害的主要措施。

4)虫害作用

虫害作用是指鼠、蚁等对有机体货物的蛀食作用。常见易受虫害作用的货物主要有粮谷类、果菜类、毛皮制品等。

第八节　普通货物包装与标志

为使得件杂货物方便地装运、堆垛、储藏和交接,从而确保货物的运输数量和质量,货物必须具有合格的包装和标志。

一、货物包装

为保证货物完整和便于货物的运输和保管,给货物加以包裹和捆扎所用的包皮或捆扎物称为货物的包装。

1. 货物包装的作用

货物包装的作用主要体现在：

(1)防止货物水湿、破损、污染、机械损伤等，保证货物运输质量；

(2)防止货物撒漏、脱落、丢失、短缺等，保持货物数量完整；

(3)防止货物本身的危害及危险性的扩散，保证人身、财产及环境安全；

(4)便于货物搬运、堆垛、装卸及理货。

2. 货物包装的形式

根据货物性质需要，某些货物包装为外包装和内包装的组合。外包装的作用主要是防止货物受外界机械力量的冲、挤压或跌落等造成破损或残缺、防止货物散落、撒漏及便于装卸。内包装的作用是防止货物受外部环境变化而受损、污染和变质，具有防潮、防震、防异味感染和气味散失等作用。应注意的是，缓冲填塞材料也是内包装的重要组成部分。

常见的货物包装形式如表 7-5 所列。

货物包装种类表　　表 7-5

包装名称		缩写		适装货类
		单数	复数	
箱装	箱装(CASE)	C/ -	C/S, Cs	箱的总称
	木箱(BOX)	Bx	Bxs	小箱，适装五金等
	木箱(CHEST)	Cst	Csts	小型轻便箱，适装茶叶等
	明格箱(SKELETON CASE)	C/ -	C/S, Cs	土豆、红葱等
	胶合板箱(VENEER)			
	夹板箱(PLYWOOD BOX)			
	席包箱(MATTED)	M/Bx	M/Bxs	
	柳条箱(WILLOW CASE)			
	亮格箱(CRATE CASE)	Crt	Crts	自行车、玻璃、机械等
	纸板箱(CARDBOARD CASE)			
	纸箱(CARTON)	Ctn	Ctns	易碎品、香烟、日用品等
包捆装	包、捆(BALE)	B, Bl	Bs, Bls	纺织品等
	机包(PRESSED BALE)	Bl	Bls	棉花、棉布、纸张等
	席包、蒲包(MAT)			
	布包(BURLAP)	Blp	Blps	砂糖、籽棉等
	麻布包(JUTE CLOTH)			
袋装	袋(BAG)	Bg	Bgs	袋装总称，粮食、水泥等
	麻袋(GUNNY BAG)	Bg	Bgs	大米、豆类、砂糖等
	草袋(STRAW BAG)	Bg	Bgs	谷物、食盐等
	布袋(CLOTH BAG)	Bg	Bgs	面粉、滑石粉、淀粉等
	布袋(SACK)	Sk, Sx	Sks, Sxs	
	聚乙烯袋(POLYETHY-LENE BAG)	Bg	Bgs	化肥、氯化氨等
	牛皮纸袋(PAPER BAG, KRAFT BAG)	Bg	Bgs	水泥、石灰、化肥等

续上表

包装名称		缩写		适装货类
		单数	复数	
桶装	鼓形桶(BARREL)	Brl	Brls	油类、肠衣、松脂等
	桶(KEG)	Kg	Kgs	小五金、油漆等
	桶(CASK)	Csk	Csks	水泥、碱性材料等
	罐头桶(CAN)	Cn	Cns	油漆等
	听(TIN)			猪油、油漆、药品等
	铁桶(DRUM)	Drm	Drms	酒类、燃料、药品等
	桶(TUB)			酱、酱油等
	手提桶(PAIL)			油漆等
	桶(BUTT)			酒等
	大木桶(HOGSHEAD)	Hghd	Hghds	烟叶、酒类等
特殊包装	瓶(BOTTLE)	Botl	Botls	酒类、化学药品等
	柳筐瓶(DEMIJOHN)	Dmjn	Dmjns	酸类等
	坛(JAR)			榨菜、咸蛋、酸类等
	钢瓶(CYLINDER)			液化气体、压缩气体
	细颈瓶(FLASK)			化学药品等
	笼(CAGE)	Cg	Cgs	鸟类容器等
	篓、篮(BASKET)	Bkt	Bkts	水果、蔬菜等
	包裹(PARCEL)			样品、赠品、行李等
裸装	裸装(UNPACKED)			汽车、挖掘机等
	盘(COIL)	Cl	Cls	盘圆、铁丝、绳索等
	卷(ROLL)	Rl	Rls	卷席、筒纸、油毡等
	卷(REEL)			电线、电缆铁丝等
	捆、扎(BUNDLE)	Bdl	Bdls	铜棒、铁筋、藤条等
	大捆(SKID)			马口铁、废铁片等
	管(PIPE/TUBE)			钢管、铁管等
	块(INGOT/SLAB/CASTWHEEL)			铸铁块、铅块、豆饼块等
	棒(BAR)			铁棒、铁条、角铁等
	张(SHEET)	Sht	Shts	铁皮、铜板等
	个、件(PACKAGE)	Pkg	Pkgs	个数的总称
	个、件(PIECE)	Pc	Pcs	铁条、型钢等
	对(PAIR)	Pr	Prs	成套的车轮等
	组(SET)			成套的轮胎等
	头、匹(HEAD)	Hd	Hds	牛马等

在贸易合同中，通常对有关货物包装形式、材料及包装方法等具有特定要求，货物托运人

应负责对货物予以妥善包装。货物在装载时,应根据包装形式选择相应的适当舱位,并监督货物外表面状态良好,以确保货物运输质量并顺利交付。

二、货物标志

在按件托运的货物上或包装上,为了便于货物的运输,由发货人涂刷、印染、拴挂、粘贴一定的文字、代号和图案,它们统称为货物标志。

货物标志的作用是便于工作人员在运输的每个环节中识别和区分货物,以利于货物的分票、理货和交接;同时,显示出货物重量、尺码、性质及注意事项等,在装运中启示工作人员正确操作,以保证货物的完整和人身及船舶安全。

货物标志要求简要、清晰、准确、完整、牢固和耐久。标志位于货物或包装的两面或两端部位明显处,尺寸大小适当,使用的材料应牢固、耐久,使用的颜料应其有耐温、耐晒、耐磨损和不溶于水的特性,应保证在船舶抵达目的港前清晰可辨。标志不应对货物质量产生不利影响,货物标志应符合国际和国家的有关规定。

目前,在国际贸易中已形成了较为统一和完整的货物标志模式。根据货物标志的地位和作用不同,一般可分为主标志、副标志、原产国标志、指示标志和危险货物标志五种。

1. 主标志(Main mark)

运输标志(Carriage mark)是为方便货物收发、交接和运输而制作的标志,可分为主标志和副标志。

主标志是货物运输标志的主体,又称发货标志。主标志通常以简单的几何图形(如三角形、圆形、菱形等)配以文字表示,包括收货人名称、贸易合同编号或信用证编号及发货符号。

货物主标志在有关货运单证如装货单(Shipping Order)、提单(Bill of Lading)、舱单(载货清单)(Manifest)等均应全部记载它的内容。

2. 副标志(Counter mark)

副标志是主标志的补充,其内容一般包括:

1)货名(Description of goods)

货物名称一般指具体标准运输名称,应以英文和生产国家两种文字书写,文字高度不低于5 cm。

2)目的港(Destination)

目的港需用文字直接写出到达港的全名,不得使用简称、缩写和代号,没有目的港的货物,海关一般不予放行。

3)件号(Package number)

它是将同一主标志中的货物分成若干组,再将每组按顺序在货物或外包装上编印顺序号。件号用来辅助主标志区分货组和计算包件数量。

货物件号的编制形式通常有以下几种:

(1)按顺序号逐件编排,如 No. 1,No. 2,等等。

(2)按货组编制统号。对货件品质、规格相同的大批量货物,可以分组,每组均使用相同的批组编号,如 No. 201/300 或 No. 201-300 表示品质、规格完全相同序号自 201 至 300 一组货件中的某一件。

(3)按货组编制组合号。为了方便运输过程中的理货和交接,可将件号、总件号和批号组合编制,如 No. 8/20-5 表示该票货物系第 5 批,该批货物共有 20 件,此件为第 8 件。

(4)成套设备可编制套号,如 SET. C/No. (2)-2/3,表示第 2 套成套设备共有 3 箱,此箱为第 2 箱。

4)重量和尺码(Weight and measurement)

货件尺码指外包装或裸装货件的外形尺寸,重量通常标明总重和净重。货件的重量和尺码是用来计收运费、积载和装卸工作的依据。

货物副标志的内容在有关货运单证中根据需要抄录全部或部分。

3. 原产国标志(Country of origin mark)

原产国一般以英文和生产国文字表示。原产国标志是国际贸易中特殊需要的一种出口标志。对无原产国标志的商品,许多国家规定禁止进口,大多数国家则处以罚款。规定必须具备此种标志的原因是:不同国家的进口货物,规定不同的关税税率或限制进口数量;维护国内产业,防止与本国货物混淆。

4. 指示标志(Instructive mark)

指示标志又称保护标志,根据货物特性提醒有关人员在装卸、保管、开启等过程中应注意的事项,以确保货物质量完整。

在外贸运输中,国际间已形成了普遍通用的图案作为标记的指示标志,现在执行的国际标准是《包装—搬运图示标志》(ISO 780—1997)。我国制定有"包装储运图示标志"(GB 197—2000)。两个标准在标志图形、颜色、尺寸以及标志的使用方法上是等效的,如表 7-6 所示。

常见指示标志表　　表 7-6

序号 No.	标志名称 Instruction	标志图形 Symbol	含义 Meaning
1	易碎物品 FRAGILE		运输包装件内装易碎品,因此搬运时应小心轻放。Contents of the transport package are fragile therefore it shall be handled with care.
2	禁用手钩 USE NO HAND HOOKS		搬运运输包装件时禁用手钩。Hooks are prohibited for handling the transport package.
3	向上 THIS WAY UP		表明运输包装件的正确位置是竖直向上。Indicates correct upright position of the transport package.

续上表

序号 No.	标志名称 Instruction	标志图形 Symbol	含　义 Meaning
4	怕晒 KEEP AWAY FROM SUNLIGHT		表明运输包装件不能直接照晒。 Transport package shall not be exposed to sunlight.
5	怕辐射 PROTECT FROM RADIOACTIVE SOURCES		包装物品一旦受辐射便会完全变质或损坏。 Contents of the package may deteriorate or may be rendered totally unusable by penetrating radiation.
6	怕雨 KEEP AWAY FROM RAIN		包装件怕雨淋。 Transport package shall be kept away from rain.
7	重心 CENTRE OF GRAVITY		表明一个单元货物的重心。 Indicates the centre of gravity of the transport package which will be handled as a single unit.
8	禁止翻滚 DO NOT ROLL	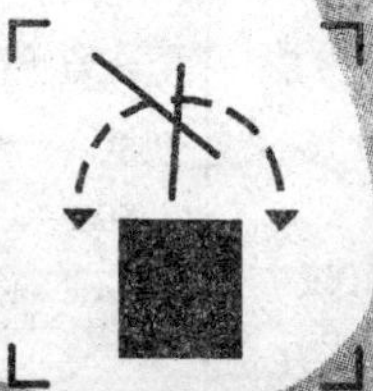	不能翻滚运输包装。 Transport package shall not be rolled.
9	此面禁用手推车 DO NOT USE HAND TRUCK HERE		搬运货物时此面禁放手推车。 Hand trucks shall not be placed on this side when handling the transport package.
10	禁用叉车 USE NO FORKS		不能用升降叉车搬运的包装件。 Transport package should not be handled by forklift trucks.

续上表

序号 No.	标志名称 Instruction	标志图形 Symbol	含义 Meaning
11	由此夹起 CLAMP AS INDICATED		表明装运货物时夹钳放置的位置。 Clamps shall be placed on the sides indicated for handling the transport package.
12	此处不能卡夹 DO NOT CLAMP AS INDICATED		表明装卸货物时此处不能用夹钳夹持。 Transport package should not be handled by the clamps on the sides indicated.
13	堆码重量极限 STACKING LIMIT BY MASS	kg max	表明该运输包装件所能承受的最大重量极限。 Indicates the maximum stacking load permitted on the transport package.
14	堆码层数极限 STACKING LIMIT BY NUMBER	*n*	相同包装的最大堆码层数，*n* 表示层数极限。 Maximum number of identical package which may be stacked on one another, where "n" is the limiting number.
15	禁止堆码 DO NOT STACK		该包装件不能堆码并且其上也不能放置其他负载。 Stacking of the transport package is not allowed and no load should be placed on the transport package.
16	由此吊起 SLING HERE		起吊货物时挂链条的位置。 Slings shall be placed where indicated for lifting the transport package.
17	温度极限 TEMPERATURE LIMITS		表明运输包装件应该保持的温度极限。 Indicates temperature limits within which the transport package shall be stored and handled.

5. 危险货物标志(Dangerous goods mark)

危险货物标志通常指危险货物包装标志,根据《国际危规》和《水路危规》的相关要求标示,主要起警示作用,所以色彩非常鲜艳(详见第十三章)。

图 7-19 为某一箱装货物标志。

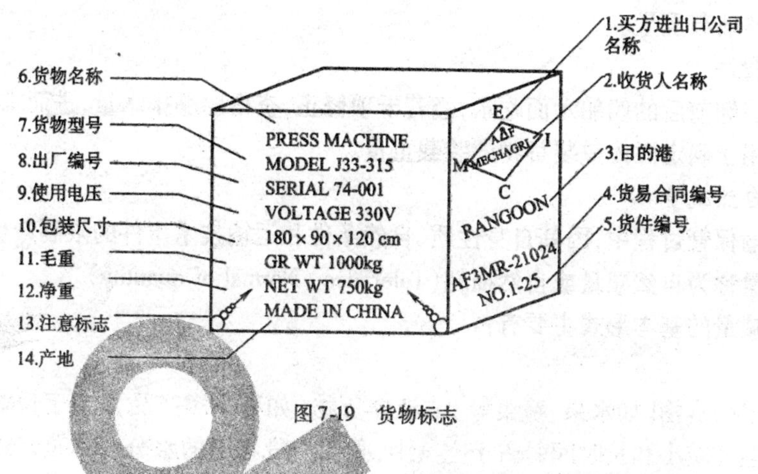

图 7-19　货物标志

第九节　货物重量、体积和件数

货物的重量、体积和件数是货物交接、积载、计收运费及承运人货物赔偿的重要依据。因此,船舶驾驶人员应清楚它们的实际含义及计算方法。

一、货物的重量

1. 货物重量的概念

1)包装货物的重量

对于件杂货物、集装化货物及特殊货物,货物重量可分为总重(Gross weight)、净重(Net weight)及皮重(Tare weight)。在海运生产中,货物的重量一般是指货物总重量,它用于船舶装载量、稳性、强度、吃水计算及货物运费的计收。

2)散装货物的重量

固体散装货物和液体散装货物的重量可分成装船重量(Loaded weight)和卸船重量(Discharged weight),二者一般并不相等,其原因是在装船和卸船时货物衡重存在的误差、货物运输中可能发生的损耗,运输合同应事先列明这类货物的运费按何种重量计收。

货物重量单位常用公吨(Metric ton,t)和千克(kg),但某些国家仍沿用长吨(Long ton, L/T)和短吨(Short ton, S/T)等非标准重量单位,应注意它们的换算。

2. 货物的计重方法

货物计重方法主要有以下几种:

1)定量包装法

对品质、规格相同且定量一致的包装货物,可选出一定数量的代表性包件进行衡量,用求得的平均重量来推算出整批货物的总重量,该重量应与填报重量误差不大于2%。

2)衡重法

利用各种衡器及电子仪器对货物称重。该方法一般用于港方对货物装卸数量的估计，而不作为货物的交接数值。

3）液货计量法

通过观测液舱内液面高度及货温和货物密度来计算舱内液体重量。该方法主要用于确定散装液体货物的装载重量。

4）水尺检量法

通过观测装卸前后的船舶六面吃水，经若干项修正，查得船舶排水量，进而求得货物重量。这种方法主要用于确定固体散装货物的装载重量。

3. 货物的自然减量

货物在运输保管过程中，因其自身性质、自然条件和运输技术条件的限制产生的重量上不可避免的减少量称为自然减量或自然损耗（Tolerance，Normal of quantity）。

引起自然减量的基本形式主要有：

1）干耗

含水分较多的货物［如水果、蔬菜等］或液体货物（如石油类产品），由于运输途中货物周围温度增高或湿度减小和长时间暴露于空气中，必然使货物中的水分自然蒸发或一些液体货物挥发而造成重量减少。

2）散失

粉末、颗粒状货物（如矿粉、水泥、粮谷）在装卸运输中因飞扬及通过包装缝隙的散落而引起重量减少。

3）流失

液体货物通过包装的非人为渗透或沾粘在装载容器（如液舱）内的残液而形成货物损耗。

货物自然减量的大小通常以自然损耗率来表示，它是指货物自然减量与接受货物时总重量之比（%）。货物自然损耗率与货物种类、装卸方式和次数、包装形式、气候条件和运输时间等因素有关。贸易合同中可订有损耗限度条款。依据国际航运习惯，一些货物公认的自然损耗率见表7-7。

常见货物自然损耗率表　　表7-7

货物种类		自然损耗率
谷物（散装及包装）	运程小于540n mile	0.10%
	运程为540～1080n mile	0.15%
	运程大于1080n mile	0.20%
煤炭		0.11%～0.15%
水泥		0.70%
矿石		0.12%～0.13%
盐（散装）		0.85%～3.00%
盐（袋装）		0.30%
蔬菜类		0.34%～3.40%
水果类		0.21%～2.55%

续上表

货物种类	自然损耗率
肉类	0.34% ~2.55%
鱼类	0.21% ~1.70%
蛋类	0.51%
酒类	0.08% ~0.34%
糖	0.06% ~0.85%

货物在运输中的非事故性减量在公认的自然损耗率或贸易合同中规定的损耗限度内时，船方不承担赔偿责任。但由于装运过程中船方货物管理失职，则可能会引起赔偿纠纷。

二、货物体积

件杂货物、固体散装货物及特殊货物的体积是指其所占空间的大小，在生产中常采用满尺丈量法求得。其丈量方法是：取若干件或若干数量的货物，堆积成规则形状，丈量其体积；求取单件或单位重量货物的平均体积，从而计算出整票货物的总体积。对于件杂货物，常取12 ~20件；对于固体散装货物，常取1 ~5t左右；对于特殊货物，常取8 ~24件。

固体散装货物进行满尺丈量时，可利用特制的盒子，将一定重量的货物装于盒中，整平货物表面并量出体积。

对形状过于特殊的货物，在量得最大体积后可做适当扣减，如可将突出的基脚、把手、固定眼环等长度的一半免量，也可视情况采用分割丈量方法。

液体散装货物可利用某种仪器测算出在标准温度下的密度，并根据货物重量来确定相应体积。

货物的体积单位常用 m^3，但一些国家仍沿用英制单位 ft^3(cft)，应注意它们之间的换算。

三、货物的件数

货物可以单独计数的一个包装称为一件。件是可数货物的一个计量单位，船舶在装货过程中应对货物的件数予以核实，避免产生货差事故。

货物件数的计算方法为：

(1)对于普通包装货物，每一包装的货物作为一件；

(2)对于集装箱、托盘等类似装运器具集装的货物，提单载明在此类装运器具中的货物件数，则以提单中所列明的件数为准；若提单中未载明，则每一装运器具视为一件；

(3)如果集装箱、托盘或类似包装器具非由承运人所提供，则应作为一件货物对待；

(4)特殊包装的货物应特别对待。

四、货物数量的交接

货物数量涉及到运费、赔偿及船舶装运等诸多方面，因此，货物数量正确合理交接在船舶营运中尤为重要。

1. 托运人的责任

托运人托运货物时，应当妥善包装，并向承运人保证货物装船时所提供的货物品名、标志、

包数或件数、重量或体积的正确性。由于货物数量不正确而对承运人造成的损失,托运人应负责赔偿。如果托运人提供的货物数量与实际不符合,不仅造成计费差错,而且承运人按托运人所提供的错误数字配舱并装船可能导致舱容短缺或溢余,致使船方和港方临时修改装载计划,造成装卸待时,作业混乱,杂货退关,计量收费等后果。

2. 船舶对货物数量的核对

在装货港或卸货港,如果船方对托运人申报的货物数量有怀疑时,可要求进行检查。经核查属货名及货物数量不实,承运人将向货方放收取一定数量的违约赔偿金。货方应对所申报的货物名称、数量或内容与实际装载不符而导致的船舶或货物灭失、损坏负责赔偿。

3. 船方对货物数量的责任

船方应对不能免除赔偿责任的货物数量短缺负责赔偿。船方对货物数量的责任一般限为重量、体积或件数之一,根据不同货种确定。对包装件杂货,船方只对件数负责;对于固体散货,船方只对重量负责;对木材等货物,船方只对体积负责。

4. 承运人对货物灭失或损坏的赔偿限额的计取方法

承运人对货物灭失或损坏的赔偿限额,按货物件数、总重或其他货运单位计算。

五、货物运费的计算标准

按航运业务惯例,除贵重或高价货物、特殊货物以外,其他一般货物均按其重量或体积计收运费,即把货物分成计重货物和容积货物两类。

1. 计重货物

指按货物总重计算运费的货物。在运价表中以符号“W”表示,其运费计费单位为重量吨,如公吨、长吨等。

2. 容积货物

指按货物量尺体积计算运费的货物。在运价表中以符号“M”标注,其运费计费单位为容积吨或称尺码吨。一容积吨(尺码吨)为 $40ft^3$($1.1328m^3$)。

若重量为1t的货物其体积约为 $40ft^3$ 者,在运价表中标注有“W/M”,表示重量吨和容积吨中按较高者计收运费。

国际上通常把将每公吨货物体积小于 $40ft^3$ 者列为计重货物,大于 $40ft^3$ 者列入容积货物。

第十节 货物亏舱和积载因数

一、货物的亏舱

货物在舱内堆装时所占舱容一般均大于按满尺丈量法所得体积,也就是说,货舱的部分空间在堆放货物时未被货物充分利用。货物在舱内所占体积与量尺体积的差值称为亏舱(Broken space of cargo),即

$$\delta V = V_{ch} - V_c \tag{7-26}$$

式中:δV——亏舱(m^3);

V_{ch}——货物所占货舱容积(m^3);

V_c——货物量尺体积(m^3)。

造成亏舱的原因主要有：

(1)货物包装与货舱周界间存在的空间容积；货物的包装形式与货舱形状不相适应、货舱内有碍堆装货物的设备和构件等均使货物包装与舷侧、舱壁、甲板间形成一定未利用空间；

(2)货舱在某一方向上尺度不等于在相应堆垛方向上货件尺度的整倍数，遗留空间无法被利用；

(3)货物系固所用容积；

(4)货物衬垫物及隔票物所占容积；

(5)为给货物留出通风道而造成的容积损失；

(6)货物装舱时留出的必要空档所具有的空间容积；

(7)货物装载时不可能充满整个货舱空间而在甲板下存在一定空档，该空档所具有的货舱容积；

(8)因货物堆垛不紧密.货件间空隙过大而造成的容积损失。

为充分利用货舱容积，在装货时应尽量减少亏舱。各类货物的亏舱大小通常以亏舱率(Ratio of broken space)为衡量指标。亏舱率是指货物装载亏舱与所占货舱容积之比，以 C_{bs} 表示，即

$$C_{bs}=\frac{\delta V}{V_{ch}}=\frac{V_{ch}-V_c}{V_{ch}} \tag{7-27}$$

亏舱率大小与许多因素有关，如货物种类和性质，包装大小与形状，货舱大小、形状及舱内设备布置，货物堆垛方式和质量，配载技术等。各种包装形式及常运固体散货的亏舱率如表7-8 所示。

部分杂货亏舱率表　　表 7-8

货物的包装形式	亏舱率(%)	货物的包装形式	亏舱率(%)
各种包装杂货(General cargo)	10~20	大木桶(Hogshead)	17~30
规格统一的箱装货(Case)	4~20	散装货：煤炭(Coal)	0~10
规格统一的袋装货(Bag)	0~20	谷类(Grain)	2~10
规格统一的小袋货(Sack)	0~12	盐(Salt)	0~10
规格统一的捆杂货(Bale)	5~20	矿砂(Ore)	0~20
规格统一的鼓形桶货(Barrel)	15~30	木材(Timber)	5~50
规格统一的铁桶货(Drum)	8~25		

二、货物积载因数

货物的积载因数(Stowage factor)是指每吨货物的量尺体积或所占舱容。它具有两种形式，即不包括亏舱积载因数和包括亏舱积载因数，也可称为量尺积载因数和装舱积载因数，其单位为 m^3/t。

1. 不包括亏舱(量尺)积载因数 SF_0

不包括亏舱(量尺)积载因数是指每吨货物的量尺体积，即

驾驶专业

$$SF_0 = \frac{V_c}{p} \tag{7-28}$$

式中：p——货物重量(t)；

V_c——p 吨货物的量尺体积(m^3)。

2. 包括亏舱(装舱)积载因数 SF

包括亏舱(装舱)积载因数是指每吨货物所占货舱容积，即

$$SF = \frac{V_{ch}}{p} \tag{7-29}$$

式中：V_{ch}——p 吨货物所占货舱容积(m^3)。

根据亏舱率 C_{bs} 和积载因数的定义，上述两种货物积载因数之间存在如下关系：

$$SF = \frac{SF_0}{1 - C_{bs}} \tag{7-30}$$

货物积载因数是件杂货物、固体散装货物及特殊货物运输中经常使用的概念。不包括亏舱的积载因数是货物自身的一个特征，货物运输资料中列出的积载因数、货主申报的积载因数、装货清单列明的积载因数一般均属此种。包括亏舱的积载因数实际上已不单纯是货物自身特征，其大小还与船舶、装载等非货物因素有关。货运主管人员应根据实际经验积累，尽量准确地确定装舱积载因数值，以便减小货物的容积占有量的估算误差。

三、积载因数的应用

积载因数主要用于船舶配载计划制定时区分货物轻重、确定舱内配货重量或计算货物舱容占有量及对船舶装载状态的判别。

1. 区分货物轻重

从船舶配载角度，货物轻重是由货物积载因数与船舶舱容系数相对关系而确立的。而货物积载因数小于船舶舱容系数时，该货物可视为重货；反之，视为轻货；两者相近时，则为中等货。

2. 舱内配货重量及舱容计算

已知某货舱容积或配装数种货物后所剩余容积 V_{ch}，则舱内可配装积载因数为 SF_0 或 SF 的货物吨数 P 为

$$\begin{cases} P = \dfrac{V_{ch}}{SF} \\ P = \dfrac{V_{ch}(1 - C_{bs})}{SF_0} \end{cases} \tag{7-31}$$

3. 舱内配货后所占容积的计算

已知某货物配装数票积载因数为 SF_{0i} 或 SF_i 的货物，则货物所占货舱容积为

$$\begin{cases} V_{ch} = \sum P_i \cdot SF_i \\ V_{ch} = \sum \dfrac{P_i \cdot SF_{0i}}{1 - C_{bsi}} \end{cases} \tag{7-32}$$

4. 船舶装载状态判别

通过航次所装货物的平均积载因数与船舶舱容系数进行比较，可以对船舶的装载状态做

出判断。所谓货物的平均积载因数是指包括亏舱在内的航次所装货物总体积与航次货运量的比值,即平均每吨货物所占货舱容积数。

在货源充裕的条件下,当货物平均积载因数小于船舶舱容系数时,船舶满载但未满舱;反之,当货物平均积载因数大于船舶舱容系数时,船舶满舱但未满载;当货物平均积载因数等于船舶舱容系数时,船舶既满舱又满载。

小结与习题

本章小结:

了解并熟悉与货物运输有关的船舶和货物的基础知识及相关概念,是做好货物运输工作的前提。

本章内容主要包括船舶浮态,船舶容重性能,船舶静水力曲线图表,船舶平均吃水,干舷和载重线标志,货物的性质,货物的包装和标志,货物的计量和交接,货物亏舱及积载因数等。通过船舶基础知识的学习,可以充分了解实船静水力资料和载重线的应用方法,了解舷外水密度对船舶吃水的影响,切实掌握船舶容重性能的内容及其应用;通过货物基础知识的学习,可以了解货物性质对安全海运的影响,识别货物的包装形式和标志,熟练掌握货物计量和交接的方式,减少货物亏舱,在熟悉积载因数概念的基础上应用其进行有关货舱需装货物重量和货物所需装载舱容的计算。

思考题

1. 图示说明入级 CCS 的船长为 180m 的远洋固体散货船的载重线标志。
2. 图示说明入级 LR 的船长为 150m 的远洋木材船的载重线标志。
3. 货物亏舱的主要原因有哪些。
4. 简述船舶重量性能和容量性能的衡量指标。
5. 船舶总吨 GT 的用途有哪些。
6. 简述货物积载因数 *SF* 的主要用途。
7. 简述货物包装和标志的主要作用。
8. 简述货物自然减量的产生原因及其基本表现形式。
9. 试列举船舶常数产生的原因。
10. A 轮在海水中的吃水为 8.00m 时,查得排水量 $\Delta = 18000t$, $TPC = 25t/cm$。某航次计划由标准海水港驶往一半淡水港($\rho = 1.010g/cm^3$),抵达目的港的限制吃水为 8m,预计途中消耗油水 200t,在不考虑其他因素的情况下,问出发时该轮的最大平均吃水及其对应的排水量。
11. S 轮自国内海水港开往澳洲某港,开航时平均吃水 $d_M = 9.0m$,排水量为 19120t, $TPC = 28t/cm$,途中消耗油水共 600t,求进入澳洲某港($\rho = 1.015g/cm^3$)时的平均吃水。(假定澳洲某港港外水密度 $\rho = 1.025g/cm^3$)

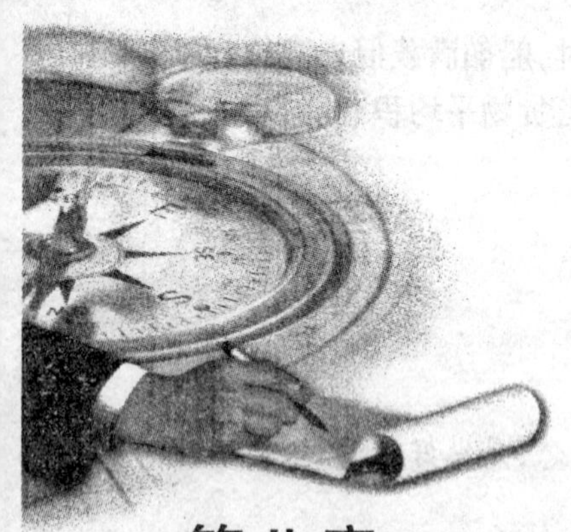

第八章
船舶载货能力

第一节　船舶载货能力概述

一、载货能力的基本概念

船舶的载货能力是指在具体航次中船舶所能装运货物的种类和数量的最大限值。货物数量指货物的重量、体积或件数。船舶的载货能力包括载货重量能力、载货容量能力和特殊载货能力。

1. 载货重量能力

指在具体航次中船舶能够装运货物重量的最大限值，即船舶的航次净载重量 *NDW*。其大小受到船舶航经海区所允许使用的载重线、航线上的限制水深、航程长短、油水及其他储备品的装载及补给计划、船舶强度及稳性、船舶常数等因素的限制。对于船龄较长的旧船，载货重量能力尚应考虑船体强度因素。

2. 载货容量能力

指具体航次中船舶装载的货物所允许使用的最大载货处所容积或容量。各种不同的船舶，其载货容量能力有所不同。

1）杂货船

对于杂货船，在装载件杂货时载货容量能力一般是指船舶货舱的包装容积。但在某些航次中所运载的部分货物允许装于上甲板，此时载货容量能力尚需计及上甲板载货空间。

2）固体散装货船

对于固体散装货船，由于通常运载固体散装货物，因此，载货容量能力一般是指船舶货舱的散装容积。但在运输件杂货时，则应使用包装容积。

3）液体散装货船

液体散装货船的载货容量能力应为适当扣减膨胀余量后的液舱容积。

4)木材甲板货运输船

木材甲板货运输船除在舱内装载木材外,还需在甲板上装运数量较大的木材甲板货,对于所装载的具体木材货种,在满足船舶性能的前提下,甲板货的装货容积应具体分析和计算。因此,木材甲板货运输船的载货容量能力应包括货舱容积和所能装载甲板木材的上甲板空间容积。

5)集装箱船

对于集装箱船,其载货容量能力一般以换算箱容量来衡量。所谓换算箱容量是指能够承载集装箱的最大限额,通常是指标准箱 TEU 容量,用它作为集装箱船大小的重要标准。

3. 特殊载货能力

特殊载货能力是指船舶结构和设备所具有的装载某些特殊货物的能力。例如,船舶货舱及甲板强度、吊杆起吊能力、系固设备等可以表征船舶承运重大件货的能力;船舶货舱的电器及电缆设备、通风装置及消防设备是否合理、污水井处于良好状态;集装箱船所设置的外接电源和插座位置决定了船舶载运冷藏集装箱的能力;某些杂货船具有深舱容量或冷藏舱大小和制冷压缩机性能,决定了该船装载某些动植物油或冷藏货物的能力。

二、船舶载货能力的核算

充分利用船舶载货能力是取得良好营运效益的基本要求之一,而在拟定货物装载计划时,首先要对船舶载货能力予以核算。

1. 核算目的

载货能力的核算目的是比较航次货运任务与船舶载货能力是否相适应,以便判明船舶能否接受该航次装货清单中所列的货物品种和数量,如出现船舶的载货重量能力和容量能力均未得到充分利用,即亏载、亏舱过多,应及时联系,尽量争取追加货载,以免造成运力浪费;若货物数量过多,在重量、体积、件数及特殊要求等方面有一项或数项超出船舶相应能力,致使货物不能全部装船,则应及早退掉部分货载,以免影响货主备货、货物报关及船舶装载和开航。

2. 核算方法

不同种类的船舶,其载货能力的核算方法也不尽相同,一般核算方法如下:

1)计算航次最大货运量

根据本航次的具体航行情况,如港口、航道水深情况、船舶航经的海区和所处的季节期、航程长短及所装载货物的积载因数等因素,通过计算确定航次最大货运量。

2)确定船舶的载货容量能力

按预计所装货物种类确定船舶允许使用的载货空间容积。对于无甲板货装载情况,则船舶载货容量仅限于货舱容积;对于甲板上装载情况,应考虑货物在甲板上可用位置,以及该位置上装载时可堆高度和可装位置受到船舶结构和设备、船舶稳性和操纵性等方面约束。

3)了解船舶特殊载货能力

针对本航次装货清单中所列具有特殊装运要求的货物品种,详细查阅船舶资料及有关档案,了解船舶相关的特殊载货能力。

总之,本航次计划所运载的货物能否被船舶全部接受,应满足以下条件:

$$\left.\begin{aligned}\sum Q &\leqslant NDW \\ \sum V_c{}' &\leqslant \sum V_{ch} + \sum V_d\end{aligned}\right\} \tag{8-1}$$

如有特殊货物，则对船舶结构、设备等方面要求应得到满足。

式中：$\sum Q$——航次货运量(t)；

NDW——航次净载重量(t)；

$\sum V_c{}'$——包括亏舱的航次货物体积(m^3)；

$\sum V_{ch}$——货舱总容积(m^3)；

$\sum V_d$——甲板可用载货空间容积(m^3)。

第二节 航次净载重量计算

船舶的载货重量能力以航次净载重量来表征其大小。对于具体航次，由于航线上的若干条件不同，相应的航次净载重量也不会相同，因此，为确定船舶在具体航次中的载货重量能力，每一个航次均应计算航次净载重量。

综合考虑各方面的影响，航次净载重量应按下式计算

$$NDW = DW - \sum G - C \tag{8-2}$$

一、船舶总载重量的确定

船舶具体航次所允许使用的最大总载重量(或排水量)受到3个方面影响，即航经航道或港口泊位水深的限制、载重线海图对船舶吃水的限制及船舶性能的限制。

1. 吃水受限下的总载重量 DW_1

当船舶航经的港口及水道水深受限时，应在考虑航线上浅水域位置、水深、水密度等因素影响后，合理确定所允许使用的最大总载重量或排水量。

1）确定航线最浅水深处的船舶限制吃水 d_L

最浅水深处船舶限制吃水为

$$d_L = D_d + H_w - D_a \tag{8-3}$$

若船舶过浅时有纵倾，还应考虑船舶吃水差的影响。

式中：d_L——航线最浅水深处的船舶限制吃水(m)；

D_d——航线最浅水深处的基准水深(m)；

H_w——过浅时可利用的潮高(m)；

D_a——航线最浅水深处船底富余水深(m)。

航线最浅处船底富余水深与船舶吨位、航速、航道底质、船载货物性质等因素有关，显然，当船舶吨位较大、航速较高、航道底质坚实、船舶装运具有某种危险特性的货物，则富余水深应大些，否则可适当小些。港口要求的富余水深一般各港口当局均有规定，对我国港口，富余水深可取0.5～0.7m。

2）计算过浅时船舶所允许的排水量 Δ_1

根据过浅时的限制吃水 d_L 查取静水力资料，可得相应的海水排水量 Δ_{12}。若过浅水域水密度为 ρ，则经水密度修正后的船舶排水量 Δ_{11} 为

$$\Delta_{11} = \frac{\Delta_{12} \cdot \rho}{1.025} \tag{8-4}$$

3）计算由始发港至航线最浅水深处的油水消耗量 δG

设船舶由始发港航至水深受限处所需时间为 t(d)，航行每天消耗油水为 g_s(t/d)，则

$$\delta G = t \cdot g_s \tag{8-5}$$

4）计算船舶在始发港所允许的最大总载重量（或排水量）

$$\begin{cases} \Delta_1 = \Delta_{11} + \delta G \\ DW_1 = \Delta_1 - \Delta_L \end{cases} \tag{8-6}$$

式中：Δ_L——出厂时船舶空船重量(t)。

2. 载重线海图限制下的总载重量 DW_2

根据本航次船舶航经的海区及所处的季节期，从载重线海图中确定该船应使用的载重线，据此可以求得载重线限制下的总载重量 DW_2。

由于不同航线上航经的海区种类不同，因而载重线限制下的总载重量确定方法也不相同，大体上可分为以下几种情况：

1）船舶整个航次在使用同一载重线的海区航行

船舶整个航次在同一区带航行，或在不同区带和季节区域航行，但所处季节期相同，则允许使用同一载重线。此种情况下，按相应的载重线确定总载重量。

2）船舶由使用较低载重线海区航行至使用较高载重线海区

船舶由较低载重线海区驶入较高载重线海区，为满足船舶在始发港载重线要求，则只能允许使用较低载重线，此种情况下，按较低载重线确定总载重量。例如，船舶由使用夏季载重线海区驶入使用热带载重线海区，则按夏季载重线确定总载重量。

3）船舶由使用较高载重线海区航行至使用较低载重线海区

船舶由高载重线海区驶入低载重线海区，应视其高载重线海区段油水消耗量情况来确定船舶总载重量，此时总载重量的确定应按下列方式进行。

$$A \xrightarrow[\text{航程(海里)}]{\text{高载重线}} B \xrightarrow[\text{航程(海里)}]{\text{低载重线}} C$$

(1) 当 $\delta G_{A-B} \geqslant \delta\Delta_{H-L}$ 时，$DW_2 = DW_H$

若船舶在高载重线海区航行中油水等储备品消耗量 δG_{A-B} 大于船舶高载重线与低载重线对应的排水量之差 $\delta\Delta_{H-L}$，则在始发港可允许使用高载重线对应的总载重量 DW_H。

(2) 当 $\delta G_{A-B} < \delta\Delta_{H-L}$ 时，$DW_2 = DW_L + \delta G_{A-B}$

船舶在高载重线海区航行中油水等储备品消耗量 δG_{A-B} 小于船舶高低载重线对应的排水量之差 $\delta\Delta_{H-L}$ 时，则在始发港允许使用的总载重量 DW_2 为低载重线对应的总载重量与高载重线航段油水等储备品消耗量之和，即高低载重线之间的某一水线。

4）船舶在多次改变载重线海区航行

船舶在航程中多次改变使用载重线时，可根据下述方法，合理确定所允许使用的总载重量或排水量。

$$A \xrightarrow[\text{航程(海里)}]{\text{T}} B \xrightarrow[\text{航程(海里)}]{\text{S}} C \xrightarrow[\text{航程(海里)}]{\text{W}} D$$

由于船舶进入每一航段前在考虑油水消耗后其实际水线均与所允许使用的载重线一致，从整个航程要求，船舶本航次允许使用的排水量为

$$\Delta_2 = \min\{\Delta_W + \delta G_{A\sim C}, \Delta_S + \delta G_{A\sim B}, \Delta_T + \delta G_A\} \quad (8\text{-}7)$$

船舶所允许使用的总载重量为

$$DW_2 = \Delta_2 - \Delta_L$$

3. 船舶性能限制下的总载重量 DW_3

船舶总载重量的确定应保证船舶的营运安全，即确保具有可靠的船舶性能，如旧船满载状态下的船舶纵强度、木材船装载后的船舶稳性等。因而，船舶性能对总载重量也有一定的限制作用。

综上所述，在始发港允许使用的总载重量 DW 应根据下式确定，即

$$DW = \min\{DW_1, DW_3\} \quad 或 \quad \min\{DW_2, DW_3\} \quad (8\text{-}8)$$

二、船舶航次储备量的计算

船舶航次储量 $\sum G$ 由固定储备量 G_1 和可变储备量 G_2 构成，即

$$\sum G = G_1 + G_2 \quad (8\text{-}9)$$

1. 固定储备量 G_1

固定储备量包括船员和行李、粮食和供应品及船舶备品等。由于构成 G_1 的各部分在航次储备中所占比例很小，因此，在计算航次净载重量时，可将 G_1 视为定值，不按航次时间长短具体计算，其大小可按船舶资料中数值计。

2. 可变储备量 G_2

可变储备量 G_2 包括燃润料、淡水，其大小按航行时间、补给方案及航次储备天数确定。可变储备量 G_2 中还应包括压载水重量。

1) 在始发港装满油水

由于航线较长、始发港油价较低且所运货物运费较低及途中无挂靠港口等原因，船舶所有人或租船人要求船舶在始发港加满油水舱柜。此值可认为是一定值，从船舶资料中查取。

2) 按航次需要及补给方案确定

按航次需要及补给方案可由下式确定可变储备量：

$$G_2 = (t_s + t_r) \cdot g_s + t_b \cdot g_b \quad (8\text{-}10)$$

式中：t_r——船舶航行储备天数(d)；

t_b——船舶预计停泊天数(d)；

g_s——航行中每天油水消耗量(t/d)；

g_b——停泊时每天油水消耗量(t/d)。

(1) 船舶航行天数 t_s

船舶航行天数是航程与平均航速的比值。航速(n mile/d)通常取无风流时的实际平均航速。对于航程，应在设计航线上按转向点分段计算，其取值方法为：当航次储备在始发港一次性加足时，应为整个航线对应的航程；当航次储备在中途港补加时，应为始发港至油水补给港间的距离与油水补给港至最后目的港间的距离中较大者。不同航段应分别计算。

（2）航次储备天数 t_r

航次储备天数 t_r，应根据航线长短及其海况、船况、船舶吨位、油水补给方案等因素确定。显然，航线越长、船舶主机状况不佳，吨位越大，航次储备天数应适当增加。

（3）停泊天数 t_b

停泊天数为到达下一次油水补给港前总的停泊时间。如果在到达第一油水补给港前无挂靠港，则可取 t_b 为两天，因为一般情况下到达油水补给港后两天内可以加装油水。如果在到达第一油水补给港之前有若干停靠港，则可按预计装卸速度和货物装卸数量估算停泊时间。

（4）航行油水消耗定额 g_s

航行中每天燃料、润料消耗量按平均航速确定。在计算淡水消耗量时，对于有制淡设备的船舶，可在考虑船员生活用水消耗量的基础上，适量增加淡水消耗定额。

（5）停泊油水消耗定额 g_b

停泊期间油水每天消耗量对使用还是不使用船上装卸设备的情况略有差别。

3. 船舶必须配备足量的航次储备

配备足量的航次储备量是船舶适航的必要条件之一，是保证船舶适航时应尽的责任，即油水等储备量不足时船舶应负不适航的责任。配备足量航次储备品应遵循如下原则。

（1）一般情况下装载的航次储备品按正常消耗应有 20% 的富余量；

（2）在没有可预见风险的情况下，在东南亚各国间航线上取航次储备天数 3 天，在印度洋和澳洲航线上取航次储备天数 5 天，在非洲、欧洲及美洲航线上取航次储备天数 7 天；

（3）在有可预见风险情况下，如冬季、台风季节或其他恶劣天气易发生季节，航次储备天数可取上述数据的两倍或更大；

（4）根据航程、船况、货物等因素，可适当增加航次储备天数 3 ~ 5 天；

（5）油水补给港口的选择按习惯性、便利性、经济性等来确定；

（6）考虑到船舶所有人或承租人的利益，船舶不得装载过多的航次储备品。

（7）配备足量航次储备品的责任在船舶，无论该费用是否由船舶所有人支付。

三、船舶常数的测定

营运中船舶的船舶常数总是不断变化的，因此需对其大小予以测定。一般船舶在进行年度修理后都要重新测定船舶常数。

船舶常数的测定应在船舶空载时，选择平静的水面进行，具体步骤如下：

（1）观测船舶六面吃水，测定舷外水密度；

（2）计算船舶平均吃水；

（3）测算船舶油水及其他备品、物料和压载水 $\sum G$；

（4）由平均吃水查取当时的排水量 Δ；

（5）计算测定船舶常数时的空船重量 Δ'_L。

$$\Delta'_L = \Delta - \sum G \tag{8-11}$$

（6）求取船舶常数 C

$$C = \Delta'_L - \Delta_L \tag{8-12}$$

例 8-1：某船修船出厂后在港内（$\rho = 1.006\text{g/cm}^3$）测定船舶常数，船舶观测吃水及相关数

据如下，求船舶常数。

首吃水：左 3.47m，右 3.53m；中吃水：左 4.15m，右 4.45m；尾吃水：左 5.05m，右 5.15m。船上存有燃油 1030t，淡水 441t，压载水 2050t，出厂时空船重量 Δ_L 为 5371t，$L_{bp}=140$m。

解：(1)求拱垂修正后的平均吃水 d_m

$$d_m=\frac{\frac{(d_{FP}+d_{FS})}{2}+\frac{(d_{AP}+d_{AS})}{2}+6\times\frac{(d_{\otimes P}+d_{\otimes S})}{2}}{8}$$

$$=\frac{\frac{(3.47+3.53)}{2}+\frac{(5.05+5.15)}{2}+6\times\frac{(4.15+4.45)}{2}}{8}=4.30\text{m}$$

(2)求纵倾修正后的平均吃水 d'_m

由 d_m 查取静水力资料，有 $x_f=2.30$m

$$d'_m=d_m+\frac{t}{L_{bp}}\cdot x_f=4.30+\frac{(3.50-5.10)\times 2.30}{140}=4.27\text{m}$$

(3)按 d'_m 查取标准海水中的排水量 Δ'

$$\Delta'=9283\text{t}$$

(4)将标准海水中的 Δ' 换算到 $\rho=1.006\text{g/cm}^3$ 时的排水量 Δ

$$\Delta=\Delta'\cdot\frac{\rho}{1.025}=\frac{9283\times 1.006}{1.025}=9111\text{t}$$

(5)求船舶实际空船重量 Δ'_L

$$\Delta'_L=9111-(1030+441+2050)=5590\text{t}$$

(6)计算船舶常数 C

$$C=5590-5371=219\text{t}$$

例 8-2：某船 2 月 15 日由大连开往新加坡，航程 2619n mile，航速 13kn。燃料及淡水每天消耗 33.7t，固定储备量 26t，船舶常数 219t，航行储备天数 3 天，试求该船往返两个航次的净载重量。

解：1)大连至新加坡航次净载重量计算

(1)根据载重线海图，大连至香港海区，2 月 15 日属于夏季区带，而香港至新加坡海区，2 月份属于热带季节期。本航次船舶是使用夏季载重线海区航至使用热带载重线海区，因此总载重量为

$$DW=DW_s=15510\text{t}$$

(2)航次储备量 $\sum G$ 为

$$\sum G=\left(\frac{2619}{13\times 24}+3\right)\times 33.7+26=410\text{t}$$

(3)该航次净载重量为

$$NDW=15510-410-219=14881\text{t}$$

2)新加坡回航大连航次净载重量计算

(1)根据载重线海图，船舶是由使用热带载重线的海区航行至使用夏季载重线的海区。

(2)新加坡至香港的油水消耗量 $\delta G_{A\sim B}$ 为

$$\delta G_H = \frac{1438}{13 \times 24} \times 33.7 = 155\text{t}$$

(3)该船热带与夏季载重线对应的排水量之差 $\delta\Delta_{H-L}$ 为

$$\delta\Delta_{H-L} = 21367 - 20881 = 486\text{t}$$

(4)由于 $\delta G_{A-B} < \delta\Delta_{H-L}$，因此本航次允许使用的 DW_{max} 为

$$DW_{max} = 15510 + 155 = 15665\text{t}$$

(5)该航次净载重量为

$$NDW = 15665 - 410 - 219 = 15036\text{t}$$

第三节　充分利用船舶载货能力

充分利用船舶载货能力是提高船舶营运效益的重要措施之一。当货源充足时，根据航次货载特点，合理使用和挖掘船舶载货能力，尽可能多地装载拟运货物，以取得更好的经济效益。

1. 提高船舶的载重能力

当货源充足且航次货载以重货为主时，充分利用船舶载货能力的关键在于能否提高船舶的载重能力，即能否在保证安全的前提下增加船舶的总载重量，同时尽可能减少航次储备量和船舶常数，具体可采取以下几项措施来提高船舶的载重能力：

(1)根据航线上的限制水深或航次所应使用的载重线正确确定船舶的最大装载吃水。

(2)根据航线具体情况(如气候、油价等)合理确定燃料、淡水补给方案，尽可能地减少不必要的航次储备量。

(3)清除船上的垃圾、废料和杂物，排净不需要的压载舱内残留的压载水，定时进坞清除舷外船体附着的海生物，以减少船舶常数。

(4)合理编制配载计划，尽量避免或减少为调整船舶浮态、船舶稳性、船体受力而打入的压载水。

(5)散装液货船满载时，应尽量清除舱内的底脚和垫水。

(6)吃水受限时，各舱货物的重量分配应保证过浅时平吃水且无初始横倾。

2. 充分利用船舶的容量能力

当货源充足但航次装载主要是轻货时，船舶的载货能力主要取决于其容量能力。此时，可从以下几个方面出发，充分挖掘船舶容量能力的潜力。

(1)确保货舱及其他载货处所结构及设备完好，保证其适货性，使所有载货处所处于可用状态。

(2)对于杂货船，应对不同包装的件杂货选择合适的舱位。大包装、硬包装的货物配置在舱容较大、形状规则的中部舱室，小包装、软包装的货物配置在舱容狭小、形状不够规则的首尾舱室，同时留出一些小件货物来填充其他货物无法装载利用的空位。另外，还应督促装卸工人提高装货质量，做到紧密堆码，减少货物的亏舱。

(3)固体散装货物装载时应做好平舱工作，最大限度地提高舱容利用率。

(4)对于集装箱船，应着重提高配载计划的编制水平，使所有的箱位能够充分利用，如统筹安排 20ft 箱、40ft 箱和特殊箱的箱位，使计划装载的所有集装箱都得到合适的装舱位置。稳性不足时，应保证重箱在下、轻箱在上，并适当采取压载措施。

(5)装载轻质液体货的液体散装货船，根据航线油温变化合理确定膨胀余量。

3. 充分利用船舶的特殊载货能力

当航次货载中的特殊货物或忌装货物较多时，船舶的特殊载货能力就可能出现不足现象。为了能尽可能多地承运特殊货物或忌装货物，可以从以下两个方面加以考虑。

(1)保证与承运特殊货物有关的船舶结构和设备处于完好状态，如与冷藏货物装载有关的制冷设备性能和冷藏舱舱容、与重大件货物装载有关的船舶重型吊杆和船体局部结构、与危险货物有关的舱室防火隔离结构等保持与货物装载要求相适应的技术状况。

(2)对于忌装货物或相互具有隔离要求的危险品集装箱，除了保证舱室有关结构和设备完好外，通过合理配载，使较多的忌装货物或危险货物集装箱配装于船上。

4. 轻重货物合理搭配

对于杂货船，如果货源充足且航次货载有较大的选择余地，应使船舶的载重能力与容量能力能同时得到充分利用，达到满舱满载。

1)船舶整体计算

公司货运部门在为船舶分配航次货载时，应注意轻重货物合理搭配，尽量使船舶满舱满载，即航次货运量等于航次的净载重量，航次货载的总体积等于船舶的总舱容。配载时，往往是多种货物的品种与数量已经确定，而待选的货物品种及数量是其中的若干种，此时，在待选的货物中选择一票重货和一票轻货，通过求解以下方程组求得所选的重货重量 P_H 和轻货重量 P_L。

$$\begin{cases} P_H + P_L = NDW - \sum P \\ P_L \cdot SF_L + P_H \cdot SF_H = \sum V_{ch} - \sum V_c \end{cases} \tag{8-13}$$

式中：SF_L，SF_H——轻货及重货包括亏舱的积载因数（m^3/t）；

$\sum P$——已选货物的总重量（t）；

$\sum V_c$——已选货物所需的舱容（m^3）。

2)单一货舱计算

编制航次配载计划时，为了满足吃水差及纵向强度的要求，各货舱拟装货物重量往往已经确定，此时，同样需要按轻重搭配的原则，在满足各舱装货重量要求的同时，使各个货舱都达到满舱。通过求解以下方程组，可得到各货舱所选定的重货重量 P_H 和轻货重量 P_L。

$$\begin{cases} P_H + P_L = P - \sum P' \\ P_L \cdot SF_L + P_H \cdot SF_H = V_{ch} - \sum V'_c \end{cases} \tag{8-14}$$

式中：P——单一货舱所确定的装货重量（t）；

V_{ch}——单一货舱容积（m^3）；

$\sum P'$——单一货舱内已选货物的总重量（t）；

$\sum V_c'$——单一货舱内已选货物所需的舱容（m^3）。

例 8-3：某船满载排水量 $\Delta_s = 20881$t，空船排水量 $\Delta_L = 5371$t，航次储备量 $\sum G = 1928$t，船舶常数 $C = 200$t，货舱总容积 $\sum V_{ch} = 21090m^3$。本航次拟配装铜块（$SF_1 = 0.37m^3/t$）、棉花（$SF_2 =$

2.83m³/t)、沥青($SF=1.36m^3/t$)和亚麻($SF=2.80m^3/t$)四种货物。现计划装载铜块5200t、棉花1000t,问应再装沥青和亚麻各多少吨可达到满舱满载(四种货物的积载因数均为装舱积载因数)。

解:(1)求航次净载重量 NDW

$$NDW = DW - \sum G - C = 20881 - 5371 - 1928 - 200 = 13382\text{t}$$

(2)求沥青重量 P_3 和亚麻重量 P_4

$$\begin{cases} P_3 + P_4 = NDW - (P_1 + P_2) \\ P_3 \cdot SF_3 + P_4 \cdot SF_4 = \sum V_{ch} - (P_1 \cdot SF_1 + P_2 \cdot SF_2) \end{cases}$$

将已知数据代入公式,有

$$\begin{cases} P_3 + P_4 = 7182 \\ 1.36P_3 + 2.8P_4 = 16336 \end{cases}$$

解方程组,得

$$\begin{cases} P_3 = 2620.6\text{t} \\ P_4 = 4561.4\text{t} \end{cases}$$

由计算可知,船舶应再装沥青2620.6t和亚麻4561.4t才能达到满舱满载。

小结与习题

本章小结:

本章重点讲述了具体航次船舶总载重量、航次储备量及船舶常数的计算方法,总结了如何提高和充分利用船舶重量能力、容量能力和特殊载货能力的措施,给出满舱满载计算公式并用例证说明其应用。

在确保安全的前提且货源充足的条件下,应充分利用船舶具体航次的载货能力。为此,必须了解船舶载货能力的含义及如何计算并充分利用船舶的载货能力的主要途径。

思考题

1. 载货能力核算的内容及要求有哪些?
2. 简述提高船舶载重能力的措施。
3. 简述提高船舶容量能力的措施。
4. 简述测定船舶常数的步骤。
5. 如何根据载重线海图确定船舶装载水尺?
6. X轮在 A 港装载后经 B、C 港到 D 港卸货,其载重线适用及航行距离情况如下:

$$A\frac{\text{热带载重线}}{\text{2035n mile}}B\frac{\text{夏季载重线}}{\text{3210n mile}}C\frac{\text{冬季载重线}}{\text{1024n mile}}D$$

已知该轮空船重量5330t,热带满载吃水9.55m,$\Delta_T=21440$t,夏季满载吃水9.35m,$\Delta_S=20920$t,冬季满载吃水9.15m,$\Delta_W=20400$t,船舶航速15节,航行储备时间为5天,装卸及等待补给时间为2天,粮食备品和船员行李等为30t,航行每天耗油水30t,停泊每天耗油水为15t,船舶常数 $C=200$t。该航次所用油水在A港装足,且所载货物不满舱。求:

(1)离 A 港时的最大装货量。

(2)若离开时 A 港港水密度 $\rho = 1.015\text{g/cm}^3$，平均吃水为 9.20m，求装完货后该船的排水量。

7. M 轮在 A 港装载后经 B 到 C 港卸货，其载重线及航程情况如下：

$$A\frac{\text{夏季载重线}}{3550\text{n mile}}B\frac{\text{热带载重线}}{2450\text{n mile}}C$$

已知该轮空船重量 $\Delta_0 = 5330\text{t}$，各载线及排水量：$d_T = 9.55\text{m}$，$\Delta_T = 21440\text{t}$；$d_S = 9.35\text{m}$，$\Delta_S = 20920\text{t}$，船舶航速 14kn，航行储备时间 6 天，装卸及等待补给时间 3 天，粮食备品和船员行李等共 20t，航行每天耗油水 30t，停泊每天耗油水 10t，船舶常数 $C = 208\text{t}$。该航次所用油水在 A 港装足。已知航次所载货物装舱积载因数 $SF = 1.5\text{m}^3/\text{t}$，货舱舱容 20000m^3。

求：离开 A 港时的最大装货量。

8. L 轮从 A 港装货经 B 港、C 港至 D 港卸货，该轮 A 港开航时存油水 500t，计划在 B 港加补油水。航次情况如下：

$$A\frac{\text{热带载重线}}{2080\text{n mile}}B\frac{\text{夏季载重线}}{5100\text{n mile}}C\frac{\text{热带载重线}}{1150\text{n mile}}D$$

已知该轮空船重量 8850t，热带满载吃水 $d_T = 10.77\text{m}$，$\Delta_T = 50388\text{t}$，夏季满载吃水 $d_S = 10.55\text{m}$，$\Delta_S = 49350\text{t}$，航速 13kn，航行储备 5 天，装卸及等待时间共 3 天，粮食备品和船员行李等共 30t。消耗定额：航行：50t/d，停泊：15t/d，船舶常数 $C = 236\text{t}$。本航次船舶所载货物不满舱。

求：(1)在 B 港应加油水重量。

(2)该轮航次最大装货量。

9. D 轮满载排水量 15000t，空船排水量 4000t，航次储备量及船舶常数 1500t，船舶总舱容 12000m^3，本航次计划配装罐头($SF_1 = 0.8\text{m}^3/\text{t}$，$C_{bs} = 10\%$)1500t，棉纺织品($SF_2 = 4.8\text{m}^3/\text{t}$，$C_{bs} = 12\%$)1000t，还配装日用工业品($SF_3 = 3.5\text{m}^3/\text{t}$，$C_{bs} = 14\%$)及五金($SF_4 = 0.55\text{m}^3/\text{t}$，$C_{bs} = 11\%$)。为了达到满舱满载，日用工业品和五金应各配多少吨？(所有货物的积载因数为量尺积载因数)

第九章 船舶稳性

船舶在外力(矩)作用下偏离其初始平衡位置而倾斜,当外力(矩)消失后船舶能自行恢复到初始平衡状态的能力称为船舶稳性(Ship's stability)。为了保证船舶营运安全,船舶必须具有适当的稳性,以抵御船舶在装卸、靠泊及航行中所受到的外力矩而不致倾覆。

第一节 船舶稳性分类

船舶稳性通常可按以下方法分类:

1. 按船舶倾斜方向分

按船舶不同的倾斜方向,可分为横稳性和纵稳性。横稳性指船舶绕纵向轴(x 轴)横倾时的稳性,纵稳性指船舶绕横向轴(y 轴)纵倾时的稳性。

由于纵稳性力矩远大于横稳性力矩,故实际营运中不可能因纵稳性不足而导致船舶倾覆。

2. 按横倾角大小分

按船舶横倾角大小,可分为初稳性(Initial stability)和大倾角稳性(stability at large heeling angle)。初稳性指船舶微倾时所具有的稳性(小倾角稳性),微倾在实际营运中将倾斜角扩大至10°~15°且甲板边缘入水角;大倾角稳性指当倾角大于10°~15°或甲板边缘入水角时的稳性。

3. 按作用力矩的性质分

船舶稳性按其所受作用力矩的性质可分为静稳性(Statical stability)和动稳性(Dynamical stability)。静稳性指船舶在倾斜过程中不计及角加速度和惯性矩时的稳性;动稳性指船舶在倾斜过程中计及角加速度和惯性矩时的稳性。

4. 按船舱是否进水分

按船舶是否破舱进水将稳性分成完整稳性(Intact stability)和破舱稳性(Damaged stability)。船体在完整状态时的稳性称为完整稳性,而船体破舱进水后所具有的稳性则称为破舱稳性。

第二节　船舶初稳性

一、船舶平衡状态

船舶漂浮于水面上，其重力为 W，浮力为 Δ，G 为船舶重心，B 为船舶初始位置的浮心。在某一性质的外力矩作用下船舶发生微倾，由于微倾后水线下排水体积的几何形状改变，浮心由 B 移至 B_1 点，倾斜前后浮力的作用线交于点 M；排水量一定时，可假定 M 点为一定点，称为横稳心或初稳心（Transverse metacenter or Initial metacenter）。此时，重力和浮力虽然大小相等、方向相反，但二者的作用线却不再共垂线，二者形成了一个恢复力矩，称为复原力矩（Righting moment），也称静稳性力矩 M_R。该稳性力矩大小为

$$M_R = \Delta \cdot GZ \tag{9-1}$$

式中：M_R——静稳性力矩(9. 81kN. m)；

Δ——船舶排水量(t)；

GZ——静稳性力臂（Statical stability lever）(m)，是船舶重心 G 至倾斜后浮力作用线的垂直距离，通常称作稳性力臂或复原力臂。

当外力矩消失后船舶能否恢复到初始平衡位置，取决于复原力矩与船舶倾斜方向的关系，由此可以判断船舶处于哪种平衡状态。

1. 稳定平衡

如图 9-1a）所示，船舶倾斜后，重心 G 在初稳心 M 之下，重力 W 和浮力 Δ 产生一恢复力矩，方向与倾斜方向相反，在此力矩作用下，船舶将会恢复到初始平衡位置，所以称为稳定平衡（Stable equilibrium）。

2. 随遇平衡

如图 9-1b）所示，船舶倾斜后，重心 G 与初稳心 M 重合，重力 W 和浮力 Δ 虽然作用在同一垂线上但不产生力矩，因而船舶不能恢复到初始平衡位置，所以称为随遇平衡或中性平衡（Neutral equilibrium）。

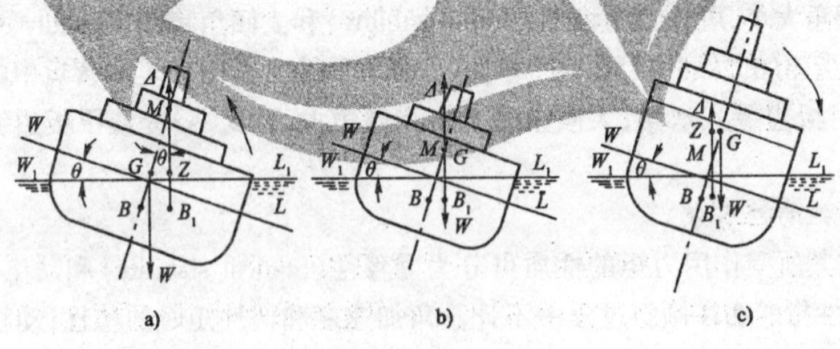

图 9-1　船舶平衡状态

3. 不稳定平衡

如图 9-1c）所示，船舶倾斜后，重心 G 在初稳心点 M 之上，重力 W 和浮力 Δ 产生一倾覆力

矩，方向与倾斜方向相同，在此力矩作用下船舶将继续倾斜，所以称不稳定平衡(Unstable equilibrium)。

二、船舶初稳性衡量标志

船舶在小倾角条件下，静稳性力矩 M_R 可表示为

$$M_R = \Delta GM\sin\theta \tag{9-2}$$

$$GZ = GM\sin\theta \tag{9-3}$$

式中：GM——船舶重心与稳心间的垂直距离，称为初稳性高度(Initial metacentric height)(m)；

θ——船舶横倾角(Angle of transverse inclination)。

由上式可见，在排水量及倾角一定情况下，静稳性力矩大小取决于重心和稳心的相对位置，即取决于 GM 大小。当 M 点在 G 点之上，GM 为正值，此时船舶具有稳性力矩并与 GM 值成正比；当 M 点在 G 点之下，GM 为负值，此时船舶具有倾覆力矩亦与 GM 值成正比；当 M 点和 G 点重合，GM 为零，此时稳性力矩为零。

由此分析可知，GM 可以作为衡量船舶初稳性大小的标志。欲使船舶具有稳性，必须使 $GM>0$。

由式(9-2)可见，静稳性力矩 M_R 与排水量成正比。在排水量较小的装载状态下，欲保持一定量的静稳性力矩，则必须增大船舶的初稳性高度。

三、初稳性高度 GM 的表达式

由图 9-2 可见，初稳性高度可表示为

$$GM = KB + BM - KG = KM - KG \tag{9-4}$$

或表示为

$$h = z_b + r - z_g = z_m - z_g \tag{9-4)'$$

式中：KB、z_b——浮心距基线高度(m)，简称浮心高度；

BM、r——横稳心半径(m)；

KM、z_m——横稳心距基线高度(m)；

KG、z_g——船舶重心距基线高度，简称重心高度(m)。

横稳心半径 r 是浮心 B 与稳心 M 间的垂向距离。计算表明，在微倾条件下船舶浮心移动的轨迹是以 M 为圆心、r 为半径的一段圆弧。

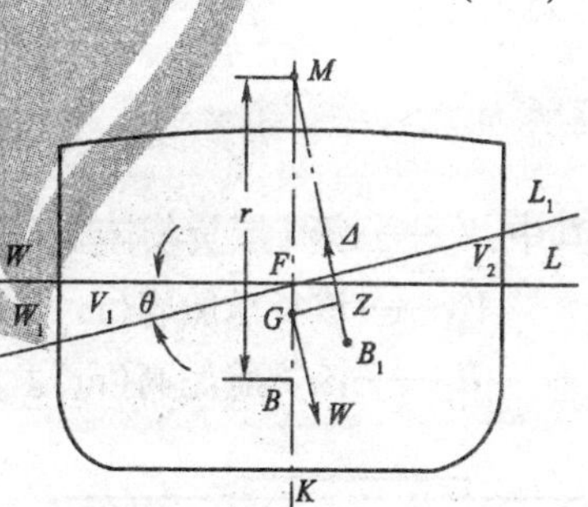

图 9-2　船舶初稳性高度

由图 9-2 可知，z_m 为 z_b 与 r 两者之和，其值仅与船舶装载吃水 d 有关。

四、初稳性高度的求取

设未考虑自由液面影响的船舶重心高度为 KG_0，则在装载后初稳性高度可由式(9-4)求取，即

$$GM_0 = KM - KG_0$$

1. KM 的查取

根据船舶装载后的平均吃水查取静水力曲线图、静水力参数表或载重表，即可得到相应平均吃水时的 KM 值。

2. KG_0 的计算

根据合力矩定理，KG_0 可按下式求得

$$KG_0 = \frac{\sum p_i z_i}{\Delta} \tag{9-5}$$

式中：p_i——构成排水量的第 i 项载荷重量(t)，包括空船重量 Δ_L、船舶常数 C、各货舱货物重量、各液舱柜油水重量、船员及其供应品、船用备品等；

z_i——第 i 项载荷重量 p_i 的重心高度(m)；

$\sum p_i z_i$——全船垂向重量力矩(9.81kN·m)。

1）空船重量及其重心高度的查取

对于某一船舶，空船重量 Δ_L 及其重心高度 z_L 为定值，它们可在船舶稳性计算资料中查找。

2）货物重心高度的确定

（1）计算法

对于某一货舱内装载积载因数差异较大的多种货物时，用计算法确定各层货物的重心高度，有利于减小船舶重心高度 KG 值的计算误差。各层货物的重心高度可按下式求出

$$z_i = \varepsilon_c h_{ci} + h_b \tag{9-6}$$

式中：h_b——货层底面距基线高(m)；

ε_c——货层重心系数，中部货舱 ε_c 取 0.50，首尾部货舱 ε_c 取 0.54～0.58；

h_{ci}——第 i 货层高度(m)，可由下式求得：

$$h_{ci} = \frac{V_{ci}}{V_{ch}} \cdot H_c \tag{9-7}$$

其中：V_{ci}——第 i 层货物体积(m^3)；

V_{ch}——该货舱舱容(m^3)；

H_c——该货舱舱高(m)。

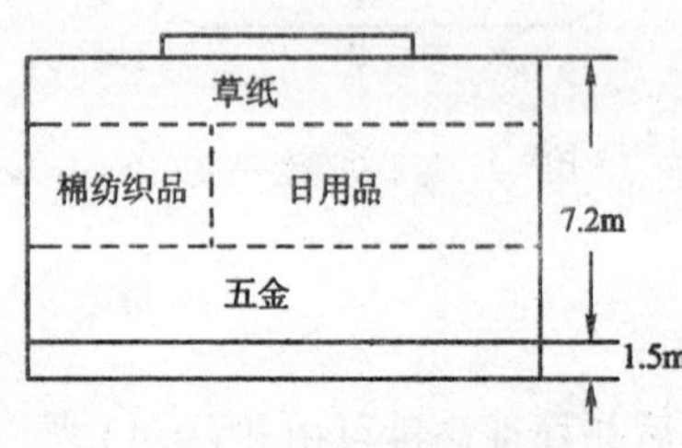

图 9-3 货物配置图

例 9-1：某船在 No. 3 底舱装载小五金 1600t（SF = 0.50m^3/t）、棉织品 100t（SF = 4.50m^3/t）、日用品 120t（SF = 4.60m^3/t）及草纸 90t，（SF = 7.20m^3/t），货物在舱内配置如图 9-3，试计算各货物重心高度 z_i 及该舱货物总重心高度 z_h。已知该舱舱容 V_{ch} = 2710m^3，舱高 H_c = 7.2m，双层底高为 1.5m。

解：①列表计算货物重心高度 z_i（表 9-1）

货物重心高度计算表　　表9-1

货　名	p_i(t)	SF_i(m^3/t)	V_{ci}(m^3)	h_{ci}(m)	z_i(m)
五金	1500	0.6	900	2.39	1.5+2.39/2=2.70
棉织品	100	4.5	450	2.66	1.5+2.39+2.66/2=5.22
日用品	120	4.6	552		
草纸	70	7.2	504	1.34	1.5+2.39+2.66+1.34/2=7.22

②求货物总重心高度 z_h

$$z_h=\frac{\sum p_i z_i}{\sum p_i}=\frac{1500\times2.70+220\times5.22+70\times7.22}{1500+220+70}=3.19\text{m}$$

在实际工作中，为简化计算，无论货舱内装载多少种货物及积载因数是否相差较大，均以舱内所装货物总体积中心作为该舱货物计算重心；如货物基本满舱，则取舱容中心作为该舱货物计算重心。由此简化计算所得货物重心高度与实际值显然有一定出入，但其计算方法简单，且求算的 *GM* 值比实际 *GM* 偏小，因而偏于安全。

(2)舱容曲线(或舱容表)查取法

对于装载单一货种的某些散货船或杂货船，船舶资料中提供了各货舱舱容曲线或舱容表，使用时直接由货物总体积查出货物装舱后的重心高度。图9-4为某船某一货舱的舱容曲线。

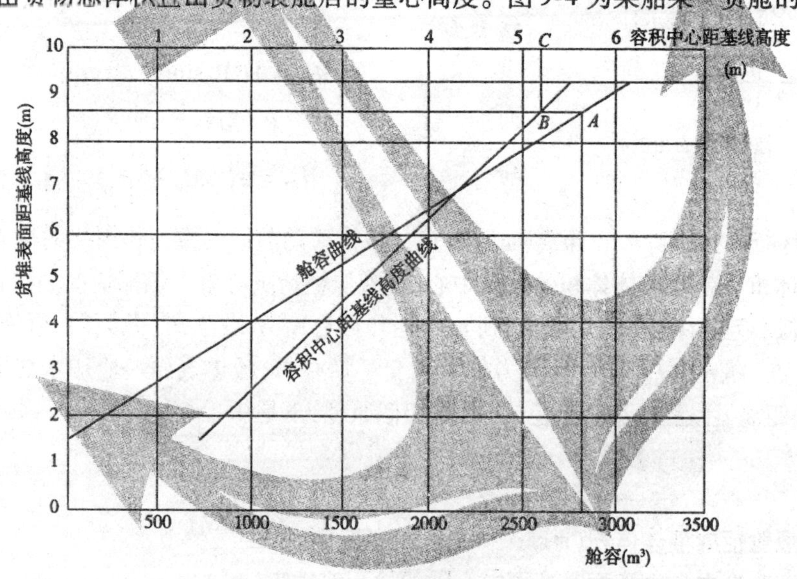

图9-4　货舱舱容曲线

根据所装货物的体积，在下方横坐标轴上找到相应位置点，由该点向上作横坐标轴的垂线，交舱容曲线于 *A* 点，过 *A* 点作横坐标轴平行线交容积中心距基线高度曲线于 *B* 点，再由 *B* 点向上作横轴垂线交于上方横坐标轴 *C* 点，*C* 点对应数值即为该舱货物重心高度。

3)油水重量及其重心高度的确定

各油水舱的油水重量及其重心高度可根据量尺深度查相应液舱舱容曲线或舱容表。液舱舱容曲线或舱容表的形式及查取方法与货舱相同。

第三节 影响初稳性的因素及其计算

影响船舶初稳性的因素主要有自由液面影响、船内载荷移动影响、悬挂物影响及船内载荷重量变动影响。

一、自由液面对初稳性高度的影响

船上各液体舱柜在液体未充满整个舱内空间时随船舶横倾而向倾斜一侧移动，该自由流动的液体表面称为自由液面。当船舶倾斜时，舱柜内液体随之流动，使液体的重心向倾斜一方移动，产生了一与稳性力矩方向相反的倾斜力矩，从而减少了原有的稳性力矩，也即降低了船舶初稳性高度。

1. 自由液面对初稳性高度修正值表达式

如图9-5所示，当船内液体舱柜内重为 p 的液体重心位于 q_1 点时，船舶重心位于 G 点，则静稳性力矩为

$$M_R = \Delta GM_0 \sin\theta$$

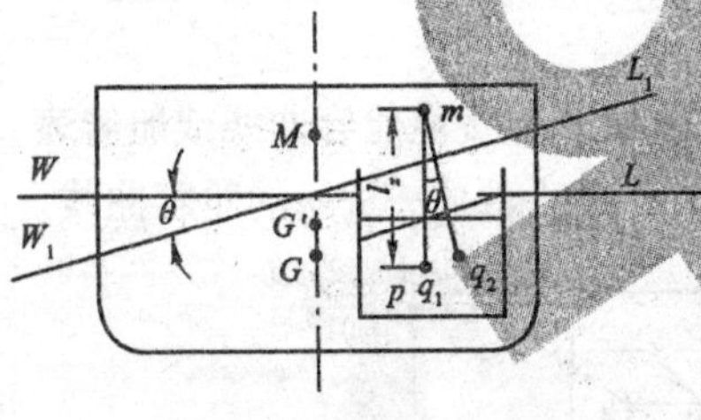

图9-5 液体舱柜自由液面

当船舶横倾 θ 角时，液体移动后重心也随之由 q_1 点移至 q_2 点，产生了一横倾力矩 $p \cdot q_1q_2$，使原有的稳性力矩减少为

$$M_{R1} = \Delta GM_0 \sin\theta - p \cdot q_1q_2$$

而

$$p \cdot q_1q_2 = l_z \sin\theta$$

故

$$M_{R1} = \Delta\left(GM_0 - \frac{pl_z}{\Delta}\right)\sin\theta \qquad (9\text{-}8)$$

式中：l_z 为液体重心 q_1 到 m 点距离(m)，m 点是液体移动前后两重力作用线的交点。

由于液体重心就是液体体积的几何中心，将液舱柜情况与整个船舶情况加以比照：液舱横倾→船舶横倾；液舱内液体重心由 q_1 到 q_2→船舶浮心由 B 移至 B_1；微倾前、后液舱两重力作用线交于 m 点→船舶微倾前后两浮力作用线交于稳心 M；液体表面→船舶水线面；液体重心 q_1 到点 m 的距离 l_z→船舶稳心半径 r。根据相似原理，于是得

$$l_z = \frac{i_x}{v}$$

式中：v——液舱柜内液体体积(m^3)；

i_x——液舱柜内自由液面对液面中心轴的面积惯性矩(m^4)。

令 ρ 为舱柜内液体密度，则 $p=\rho v$，将q_1q_2、l_z 及 p 的表达式代入式(9-8)，得

$$M_{R1} = \Delta\left(GM_0 - \frac{\rho i_x}{\Delta}\right)\sin\theta \qquad (9\text{-}8)'$$

对比 M_R 和 M_{R1} 表达式可知，由于自由液面影响而使初稳性高度减小，其减小值 δGM_f 可表示为

$$\delta GM_f = \frac{\rho i_x}{\Delta} \qquad (9\text{-}9)$$

当存在多个自由液面时，δGM_f 为

$$\delta GM_f = \frac{\sum \rho i_x}{\Delta} \tag{9-10}$$

2. 自由液面惯性矩 i_x 的确定

1)查船舶资料

通常船舶稳性计算资料或液舱柜容积表中提供了“各液舱自由液面惯性矩 i_x 表”,表 9-2 为“N”轮 No.2 燃油舱自由液面惯性矩表(燃油密度 $\rho = 0.95\text{g/cm}^3$)。

根据《2008 年国际完整稳性规则》,对初稳性高度 GM 修正时,自由液面惯性矩 i_x 应按 0°横倾角计算。

“N”轮 No.2 燃油舱自由液面惯性矩 i_x 表 表 9-2

H(m)	FILL(%)	V(m^3)	i_x(m^4)
0.00	0.0	0.0	0.0
0.10	0.1	0.2	0.1
0.20	0.4	0.8	0.2
0.30	0.9	1.9	0.6
0.40	1.6	3.4	1.1
0.50	2.5	5.3	1.9
……	……	……	……
1.50	23.7	51.1	40.7
1.60	27.1	58.4	49.3
1.70	30.7	66.1	59.0
1.80	34.5	74.4	70.0
1.90	38.6	83.1	82.2
2.00	42.8	92.1	83.3
2.10	46.9	101.1	83.3
……	……	……	……
3.10	88.8	191.3	83.3
3.20	93.0	200.3	83.3
3.30	97.1	209.3	61.8
3.40	99.7	214.8	2.5
3.48	100.0	215.4	0.0

2)公式计算法

船舶资料中缺乏时,形状较规则自由液面的惯性矩可按下列公式计算。

普通货船液体舱(柜)液面形状呈矩形、三角形和梯形,i_x 可按下述公式求算。

(1)矩形液面

$$i_x = \frac{1}{12} l b^3 \tag{9-11}$$

式中:l——液面长度(m);

b——液面宽度(m)。

(2)等腰三角形液面

$$i_x = \frac{1}{48}lb^3 \tag{9-12}$$

(3)等腰梯形液面

$$i_x = \frac{1}{48}l(b_1 + b_2)(b_1^2 + b_2^2) \tag{9-13}$$

式中:b_1,b_2——液面前、后两端宽度(m)。

(4)直角三角形被面

$$i_x = \frac{1}{36}lb^3 \tag{9-14}$$

(5)直角梯形液面

$$i_x = \frac{1}{36}l(b_1 + b_2)(b_1^2 + b_2^2) \tag{9-15}$$

一般船中附近舱柜多为矩形液面,首尾附近舱柜多近于梯形或三角形液面,计算 i_x 时应区别对待。

图 9-6 为船舶各种液体舱柜液面形状示意图。

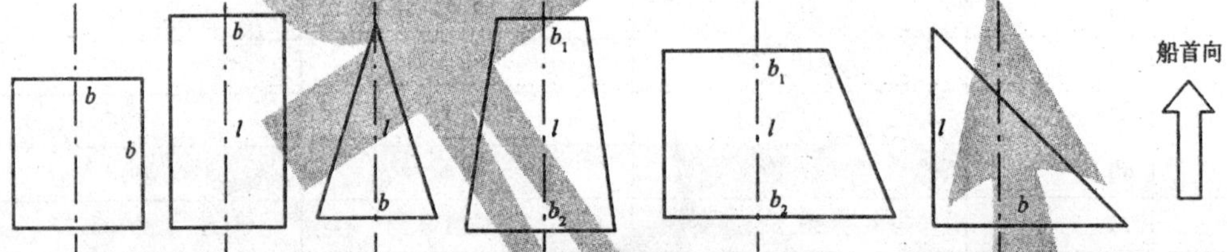

图 9-6 各种液体舱柜液面形状

3. 自由液面修正后的初稳性高度表达式

当液舱(柜)内液体未装满时,初稳性高度应进行自由液面修正,经自由液面修正后的初稳性高度 GM 可表示为

$$GM = KM - KG_0 - \delta GM_f \tag{9-16}$$

例 9-2:某船装货后 Δ = 18 500t,全船垂向重量力矩 $\sum p_i z_i$ = 143 375 ×9 81kN · m,查得 KM = 8.58m,现有 No. 1 燃油舱(左)(l = 11.00m,b = 4.00m,ρ = 0.97g/cm^3)和尾尖舱(l = 11.00m,b_1 = 11 .50m, b_2 = 3.40m)未满,尾尖舱为淡水舱,试计算经自由液面修正后的初稳性高度 GM。

解:(1)求 KG

$$KG_0 = \frac{\sum p_i z_i}{\Delta} = \frac{143375}{18500} = 7.75\text{m}$$

(2)计算 i_x 和 δGM_f

No. 1 燃油舱:$i_{x1} = \frac{1}{12}lb^3 = \frac{1}{12} \times 11.0 \times 4.0^3 = 58.7\text{m}^4$

尾尖舱:$i_{x2} = \frac{1}{48}l(b_1 + b_2)(b_1^2 + b_2^2)$

$$=\frac{1}{48}\times 11.00\times(11.50+3.40)\times(11.50^2+3.40^2)=491.1\text{m}^4$$

$$\delta GM_f=\frac{\sum\rho i_x}{\Delta}=\frac{0.97\times 58.7+1\times 491.1}{18500}=0.03\text{m}$$

(3)计算 GM

$$GM=KM-KG_0-\delta GM_f=8.58-7.75-0.03=0.80\text{m}$$

4.减小自由液面影响的措施

船舶在建造和营运中，应尽量减小自由液面对稳性的影响，其具体措施包括：

1)减小液舱(柜)宽度

液体散装货船因装载大量液体货，其自由液面对稳性影响较大，为此船舶在设计时，通常都设置一道或两道纵向舱壁，将液舱宽度减小。对于普通货船的双层底内，其左右也是水密分隔成两个液柜。

可以证明，矩形液面的液舱内设置一道纵向舱壁将其宽度二等分，i_x 将减至原来的1/4；设置两道纵向舱壁将其宽度三等分，i_x 则减至原来的1/9。对于等腰梯形或等腰三角形液面的液舱，若中间设置一道纵向舱壁，将其左右宽度等分，i_x 则会减至原来的1/3。增设横舱壁则不会减少自由液面对稳性的影响。

2)液舱(柜)应尽可能装满或空舱

对于液体散装货船，各液体货舱在考虑适当的膨胀余量后应尽量装满，若舱容有剩余，则可保留若干空舱，以减少具有自由液面的舱数。

对于普通货船的油水舱，应逐舱装载和左右舷舱对称使用，这样可保持在航行中船舶未满液柜数最少。

3)保持甲板排水孔畅通

在开航前应认真检查上甲板两舷排水孔是否畅通，并防止航行过程中堵塞，以确保甲板上浪后能迅速排出，减小因上浪而在上甲板形成自由液面的作用时间。航行中如遇严重甲板上浪，应适当采取改向或减速措施，并注意排除排水孔排水障碍物。

4)注意纵向水密分隔是否有漏水连通现象及是否有不必要的积水

液舱(柜)内纵向隔壁因锈蚀、不适当受力或建造缺陷，致使漏水连通而形成较大自由液面。另外，船舶在营运中各污水舱内会积聚一定污水，应及时测量并排出。

5)在排水量较小时，更应重视液舱内自由液面对稳性的不利影响。

二、船内载荷移动

船舶在营运中，经常遇到船内重物的移动问题，如在航行中舱内货物因船舶横摇剧烈而移动，配载时为调整船舶稳性而将舱内货物垂向移动等。

1.船内载荷水平横移

船内载荷水平横移，将使船舶产生横倾角；船在海上航行由于横摇导致载荷横移时，同样使船横倾。

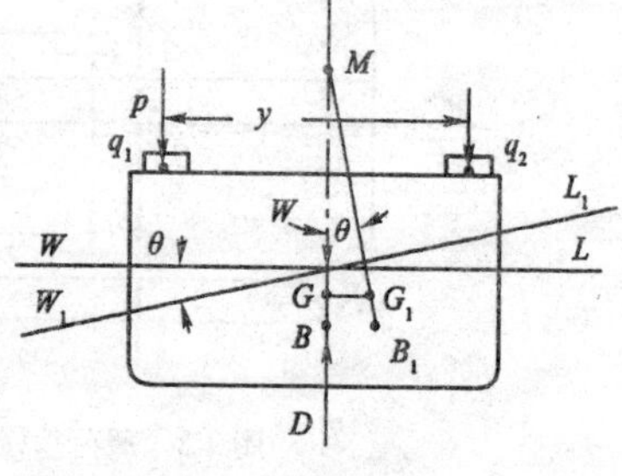

图9-7 载荷横移

如图9-7所示，船舶排水量为 Δ，重心位于 G 点，浮心位

于 B 点，此时船舶重力和浮力通过 G 点和 B 点构成初始平衡力系，平衡于正浮水线 WL。现将船内载荷 p 自 q_1 水平横移至 q_2 处，其水平横移距离为 y。根据平行力移动原理，船舶重心将随之由 G 水平横移至 G_1，并有

$$GG_1 = \frac{py}{\Delta}$$

此时，由于浮力和重力不再作用于同一垂线上而形成力偶，该力偶矩将迫使船舶向载荷移动方向的一侧横倾。在船舶横倾过程中，由于水线下排水体积形状的改变，浮心将随之向横倾一侧移动。当浮心移至 B_1 时，B_1 与 G_1 又重新作用于同一垂线上，构成重力和浮力新的平衡力系，船舶将不再继续倾斜，并停留于该横倾位置上，此时的平衡水线为 W_1L_1。初始水线 WL 与横倾后的水线 W_1L_1 之间的夹角 θ 即为船舶横倾角。考虑直角三角形 MGG_1，并有

$$\tan\theta = \frac{GG_1}{GM}$$

将 GG_1 表达式代入，则得

$$\tan\theta = \frac{py}{\Delta GM} \tag{9-17}$$

2. 船内载荷垂移

船内载荷垂向移动，将引起船舶重心的垂向改变，从而导致初稳性高度的变化。

如图 9-8 所示，设船舶排水量为 Δ，船舶重心位于 G 点，现将船内重量为 p 的载荷由 g_1 垂向移至 g_2 处，即载荷 p 的重心高度由 z_1 变为 z_2，其垂向移动距离 z 为

$$z = |z_2 - z_1|$$

因而载荷垂移引起的初稳性高度改变量 δGM 在数值上等于船舶重心的垂移量 GG_1，即

$$\delta GM = \mp\frac{pz}{\Delta} \tag{9-18}$$

由上可知，船内载荷上移，船舶重心上移，GG_1 取 +，δGM 降低，δGM 为负值；船内载荷下移，船舶重心下移，GG_1 取负值，GM 增大，δGM 为正值。重物移动后的初稳性高度 GM_1 可表示为

$$GM_1 = GM + \delta GM \tag{9-19}$$

三、货物悬挂

如图 9-9 所示，设船舶排水量为 Δ，重心位于 G 点，船内重量为 p 的悬挂货物其重心位于

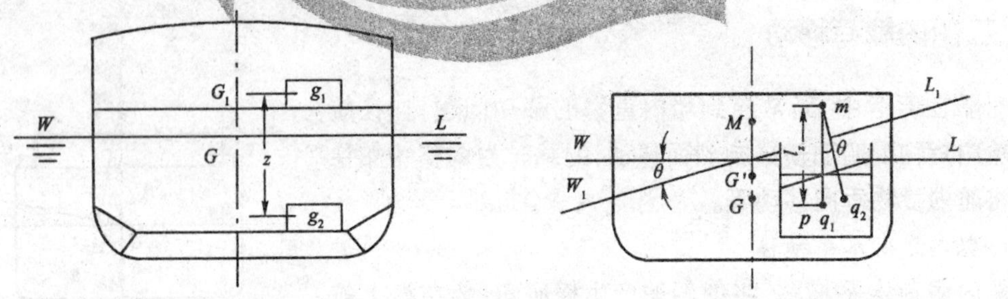

图 9-8　载荷垂移　　　　图 9-9　货物悬挂

q_1 点且悬挂于 m 点时，当船舶横倾 θ 角时，p 在其重力作用下将由 q_1 点移到 q_2 点。由此悬挂

货物对船舶产生横倾力矩 $p\cdot q_1q_2$，从而减少了原有的稳性力矩，则稳性力矩 M_{R1} 变为

$$M_{R1}=\Delta\left(GM\sin\theta-\frac{pl_z}{\Delta}\right)\sin\theta$$

所以，当船上存在悬挂货物时，船舶的初稳性高度将会减小，其值为

$$\delta GM=\frac{pl_z}{\Delta} \tag{9-20}$$

考虑货物悬挂后的初稳性高度为

$$GM_1=GM-\frac{pl_z}{\Delta} \tag{9-21}$$

对照式(9-18)和式(9-21)，显而易见，悬挂货物对初稳性的影响相当于把货物自重心 q_1 点垂直上移到悬挂点 m 处，从而使船舶重心 G 点上移，致使初稳性高度减小了如式(9-20)所示数值，可以把它的重心理解为在悬挂点 m 处，m 点称为悬挂重物的虚重心。

四、载荷重量增减

船舶运营中，中途港货物的装卸、油水的补给和消耗、压载水的注入和排放、船舶在海上遭遇危险而抛弃货、船舶破舱进水、船体结冰及甲板上浪等均可视为重量增减。船上重量增减后其排水量变化，船舶重心 G 及稳心 M 位置也发生改变，从而引起初稳性高度改变。

根据重量增减的不同数量及求取初稳性高度改变量的不同方法，可分成大量增减和少量增减两种情况。若船舶初始排水量为 Δ，重量增减量为 $\sum p_i$，则一般认为当 $\sum p_i>10\%\Delta$ 时为重量的大量增减，当 $\sum p_i<10\%\Delta$ 时为重量的少量增减。

1. 重量大量增减

设船舶重量增减前排水量为 Δ，KG 为重量增减前船舶重心高度，$\sum p_i$ 为重量增减量，z_i 为各重量的重心高度，则重量增减后船舶重心高度为

$$KG_1=\frac{\Delta\cdot KG+\sum p_iz_i}{\Delta+\sum p_i} \tag{9-22}$$

按上式计算时，重量增加 p_i 取 +；重量减少 p_i 取 −。

根据重量增减后船舶新的排水量 $\Delta_1=\Delta+\sum p_i$ 查取静水力资料，可得重量增减后的初稳心距基线高 KM_1，于是重量增减后船舶新的初稳性高度为

$$GM_1=KM_1-KG_1 \tag{9-23}$$

应当清楚，上述方法对于重量少量增减同样适用，只是为了使计算更方便，可用下述方法计算重量少量增减时初稳性高度改变量。

2. 重量少量增减

如图 9-10 所示，已知船舶初始排水量为 Δ，重心位于 G 点，重心高度为 KG，现在船上 q 处加载重量为 p 的重物，已知 p 的重心高度为 KP，则加载后船舶新的重心高度 KG_1 为

$$KG_1=\frac{\Delta\cdot KG+p\cdot KP}{\Delta+p}$$

由于加载前船舶初稳性高度为 $GM=KM-KG$，现假设加载后初稳心 M 点位置不变，则加载后船舶初稳性高度 $GM_1=KM-KG_1$，于是可以得出加载前、后初稳性高度改变量为：

$$\delta GM = \frac{p(KG - KP)}{\Delta + p} \tag{9-24}$$

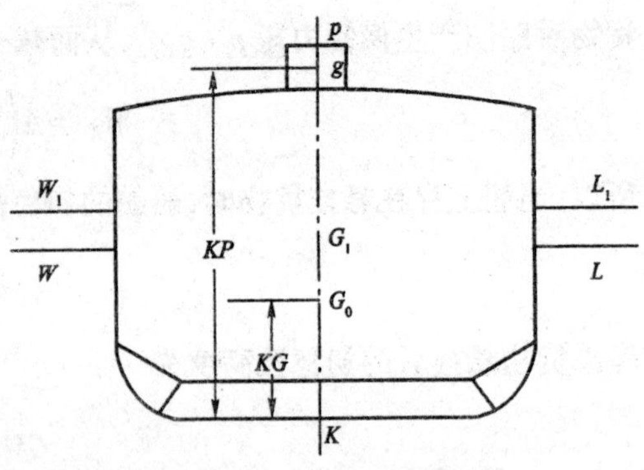

图 9-10 重量少量增减

式(9-24)即为重量少量增减时初稳性高度改变量近似计算公式。按上式计算时,规定:加载 p 为正值,卸载 p 为负值。

当多个载荷增减时,可将上式改写成

$$\delta GM = \frac{\sum p_i(KG - KP_i)}{\Delta + \sum p_i} \tag{9-25}$$

应该指出的是,船上载荷变更后,相应排水量改变,而排水量改变后对 KM 的影响在某些装载状态下可以忽略不计,而在另外某些装载状态下则因变化较大而不能忽略。一般情况下,在排水量较小时,尽管载荷增减量较少,也会引起 KM 值的较大变化。因此,在应用式(9-24)和式(9-25)计算 δGM 时,应充分考虑不同装载状态下 KM 曲线的变化率,以减小 δGM 的计算误差。通常,船舶在排水量较小时,KM 变化较快,在排水量较大时,KM 变化较慢。

当在某些装载状态下 KM 值随 Δ 变化较快即 KM 曲线斜率较大时,为提高 δGM 的计算精度,建议利用式(9-22)、式(9-23)计算载荷重量变化后的初稳性高度 GM。

第四节 船舶大倾角静稳性

船舶在海上航行中,由于风浪的作用往往使船舶横倾角超过 10°~15°,这时船舶的稳性就称为大倾角静稳性。对此,船舶驾驶人员应引起足够重视,以确保船舶安全。

一、大倾角静稳性基本概念

1. 大倾角稳性和初稳性的区别

首先,两者对应的船舶横倾角不同。

船舶横倾角 θ 小于 10°~15°时对应的稳性为初稳性,而横倾角大于 10°时对应的稳性即为大倾角稳性。

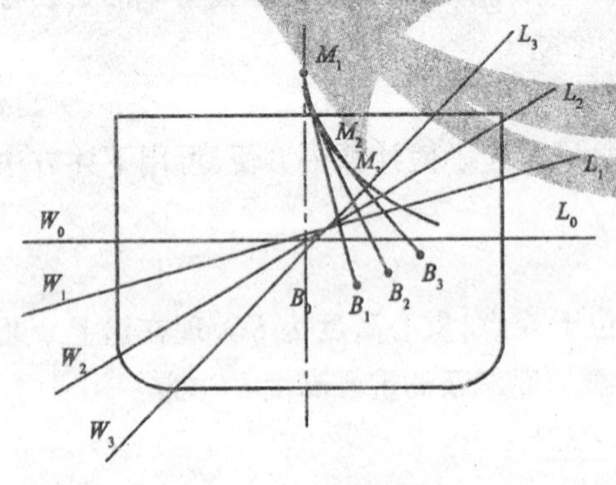

图 9-11 船舶大倾角横倾

其次,船舶在大倾角横倾时相邻两浮力作用线交点不再为定点 M。从图 9-11 可以看到,横倾角增大时两浮力作用线交点偏离 M_1 点而交于 M_2,M_3,…上。实际上在小倾角范围内倾斜前后相邻两浮力作用线交点是交在稳心 M 点附近,因为非常靠近,所以在讨论初稳性时作为定点处理。

初稳心为定点的假设虽有一定误差,但误差极小可以忽略不计,从而使初稳性问题得以简化。

再次,船舶大倾角横倾时倾斜轴不再过初始水线面漂心。船舶倾角较大时,当倾斜水线超出上甲板边缘后,其形状发生突变,若过初始水线面漂心作倾斜水线,则倾斜前后排水体积不相等,

这与等体积倾斜条件相矛盾。

最后，船舶大倾角稳性不能用 GM 作为标志来衡量。由于稳心 M 不为定点，在不同倾角下稳心 M 具有不同位置，因而不能以 GM 来衡量大倾角静稳性的大小。

2. 大倾角静稳性衡量标志

船舶在外力矩作用下发生大倾角横倾，当外力矩消失后，船舶重力和浮力仍然形成力偶，其力矩即为静稳性力矩，表示式同前，即

$$M_R = \Delta \cdot GZ$$

船舶在排水量一定的条件下，稳性力矩 M_R 大小取决于船舶重心 G 到倾斜后浮力作用线的垂直距离，即取决于静稳性力臂 GZ，并与 GZ 成正比，因此，静稳性力臂 GZ 可以作为衡量大倾角静稳性的基本标志。

二、静稳性力臂的求算

由于不同的船舶可能给出不同形式的稳性交叉曲线，因此，静稳性力臂表达式也不同。目前船舶资料中提供的稳性交叉曲线归纳起来常用的有基点法、假定重心法、初稳心点法 3 种。

1. 静稳性力臂表达式

1）基点法

设未考虑自由液面影响的船舶静稳性力臂为 GZ_0，如图 9-12 所示，选定基点 K 作为量取力臂的参考点，则 GZ_0 可表示为：

$$GZ_0 = KN - KH \tag{9-26}$$

式中：KN——形状稳性力臂（Lever of forn stability）(m)，它为龙骨基线中点（坐标原点）到倾斜后浮力作用线的垂直距离。

KH——重量稳性力臂（Lever of stability by weights）(m)，它为龙骨基线 K（坐标原点）到倾斜后重力作用线垂直距离。

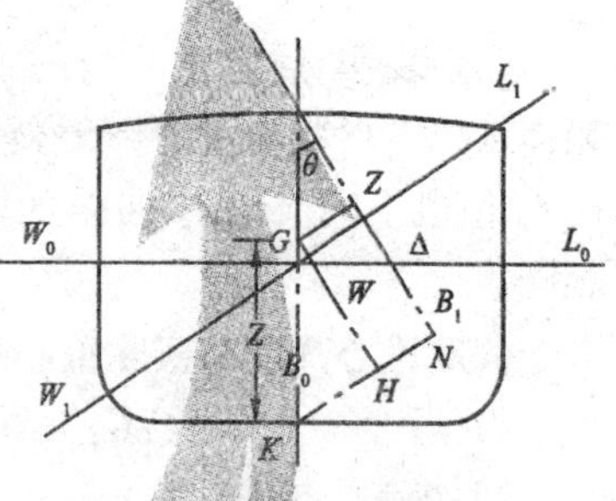

图 9-12　基点法静稳性力臂

图中表明，形状稳性力臂 KN 与水线下船体形状有关，船舶在不同排水量、不同横倾角时水线下船体形状也不同，相应的 KN 值也不同。KN 值由船舶装载排水体积 V（或排水量 Δ）及横倾角 θ 查稳性交叉曲线（Cross curves of stability）（图 9-13）或稳性交叉数值表得出。由图中可以看出，重量稳性力臂 KH 仅与船舶重心垂向位置有关，其值为 $KH = KG\sin\theta$。

综上可知，基点法的静稳性力臂可表示为

$$GZ_0 = KN - KG_0\sin\theta \tag{9-27}$$

2）假定重心法

现选定假定重心点 G_A 作为量取力臂的参考点，如图 9-14 所示，静稳性力臂可由下式表示：

$$GZ_0 = G_AZ_A + G_0G_A\sin\theta \tag{9-28}$$

式中：G_AZ_A——形状稳性力臂(m)，它为 G 点到倾斜后浮力作用线距离；

$G_0G_A\sin\theta$——重量稳性力臂(m)。由于 G_A 为定点，因此重量稳性力臂值仅与船舶装载重心位置有关。

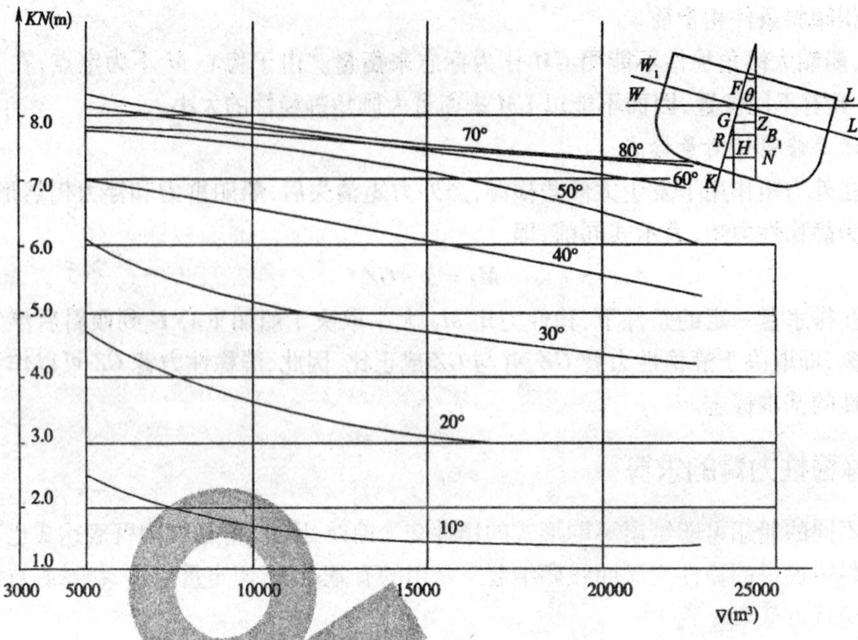

图 9-13　基点法稳性交叉曲线

图中表明，假定重心法的形状稳性力臂 G_AZ_A 大小仅与船体水线下形状有关，船舶在不同排水量、不同横倾角时的 G_AZ_A 值也不同。G_AZ_A 曲线如图 9-15 所示，查取方法与 KN 相同。

假定重心高度与实际重心高度的差值可用下式确定：

$$G_0G_A = KG_A - KG_0 \tag{9-29}$$

图 9-14　假定重心法形状稳性力臂

3）初稳心点法

初稳心点法选定初稳心点 M 作为量取力臂的参考点，由于初稳心点 M 随船舶吃水（或排水量）而改变，故其参考点不像基点 K、假定重心 G_A 那样固定不变。

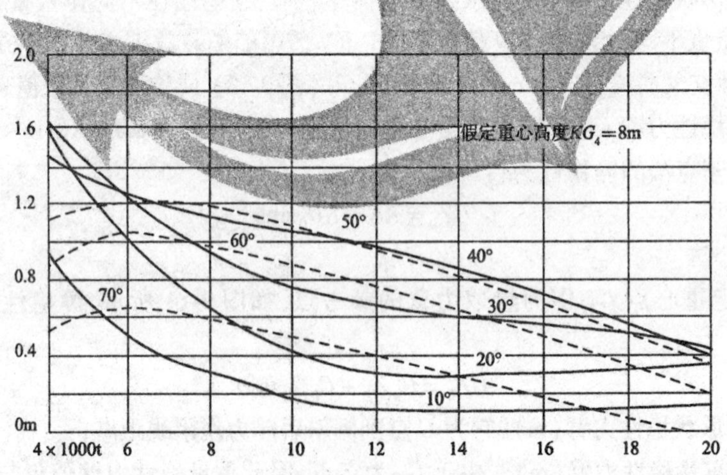

图 9-15　假定重心法稳性交叉曲线

如图9-16所示，静稳性力臂可由下式确定：

$$GZ_0 = MS + GM_0\sin\theta \qquad (9\text{-}30)$$

式中：MS——形状稳性力臂(m)，它为初稳心 M 点到倾斜后浮力作用线的垂直距离；

$GM_0\sin\theta$——重量稳性力臂(m)。船舶在吃水一定时，初稳心 M 为一定点，故重量稳性力臂仅与船舶重心位置有关。

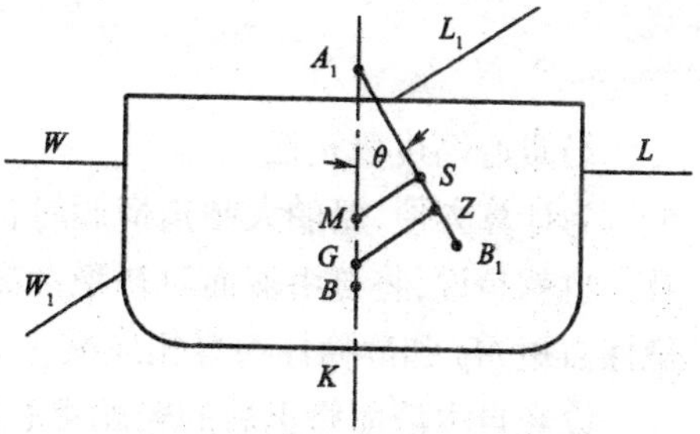

图9-16　初稳心点法静稳性力臂

图中表明，初稳心点法的形状稳性力臂 MS 仅与排水体积形状有关，船舶在不同排水量、不同横倾角时的 MS 值也不同。MS 曲线如图9-17所示，根据船舶吃水与横倾角查取。

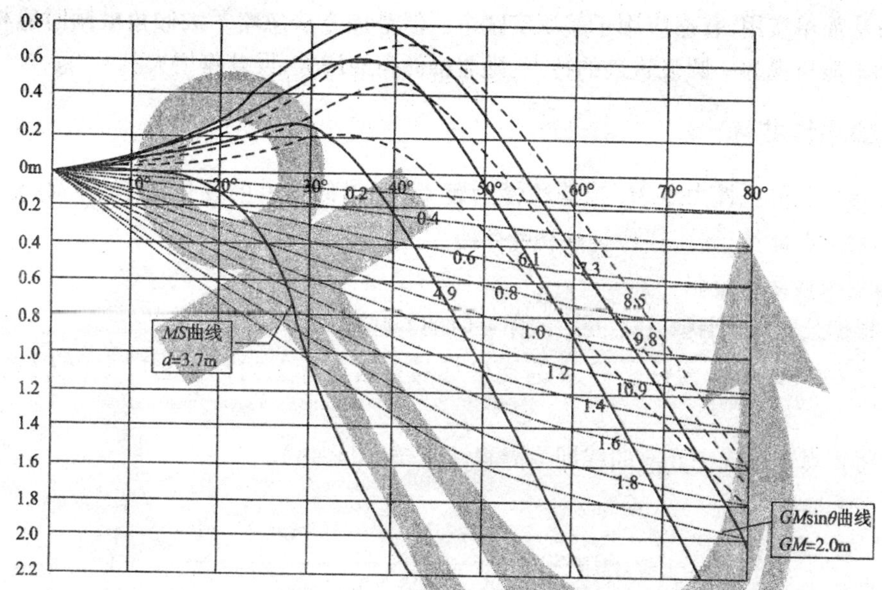

图9-17　初稳心点法稳性交叉曲线

2. 静稳性力臂的计算

在计算各倾角时的静稳性力臂值时，如同 GM 计算一样，也需进行自由液面修正，即液舱内自由液面使静稳性力臂减小。液舱内的液体随船舶倾角的增大而引起自由液面较大变化，从而引起自由液面倾侧力矩的较大变化。

自由液面对静稳性力臂的修正可由下述两种方法完成。

1)查取“液舱自由液面倾侧力矩表”

船舶资料中提供了不同倾角时“液舱柜自由液面倾侧力矩表”。该倾侧力矩是通过确定每个液舱内实际液体移动前后的重心，按重物移动来计算的。经自由液面倾侧力矩修正后的静稳性力矩

$$M_R = \Delta \cdot GZ_0 - \sum M_{fi} = \Delta\left(GZ_0 - \frac{\sum M_{fi}}{\Delta}\right) \qquad (9\text{-}31)$$

式中：$\sum M_{fi}$——各液舱柜自由液面倾侧力矩总和(9.81kN·m)。

由上式可得经自由液面修正后的静稳性力臂 GZ_0 为

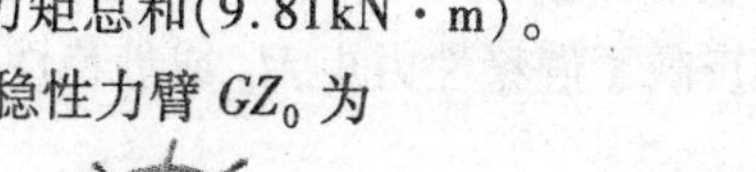

$$GZ = GZ_0 - \frac{\sum M_{fi}}{\Delta} \tag{9-32}$$

2)重心高度修正法

为计算方便,船舶大倾角横倾时自由液面对稳性的影响可采用修正重心高度的方法来计及。也就是说,将自由液面对初稳性高度的减小值 δGM_f 视为船舶重心高度的增大,从而使静稳性力矩 M_R 和静稳性力臂相应减小。

设经自由液面修正后的船舶重心高度为 KG,则

$$KG = KG_0 + \delta GM_f \tag{9-33}$$

于是,经自由液面修正后的静稳性力臂可表示为

$$GZ = KN - KG\sin\theta = (KN - KG\sin\theta) - \delta GM_f\sin\theta \tag{9-34}$$

该方法简单实用,普遍应用于航海实践中。但是该方法忽略了大倾角横倾时舱柜中液体重心移动不能再视为一圆弧轨迹的特点,随着横倾角的增大,误差将增大。

三、静稳性曲线

为完整反映静稳性力矩 M_R 或静稳性力臂 GZ 随横倾角 θ 的变化规律,将 M_R 或 GZ 与 θ 关系绘制成一条曲线,该曲线称为静稳性曲线。

1. 静稳性曲线的绘制

(1)根据公式分别计算出不同横倾角 θ 时的 GZ(或 M_R);

(2)以 GZ(或 M_R)为纵坐标、θ 为横坐标的直角坐标系内标出相应点(θ_i, GZ_i)或(θ_i, M_{Ri});

(3)将各点连接成一光滑曲线即为静稳性曲线(图 9-18)。

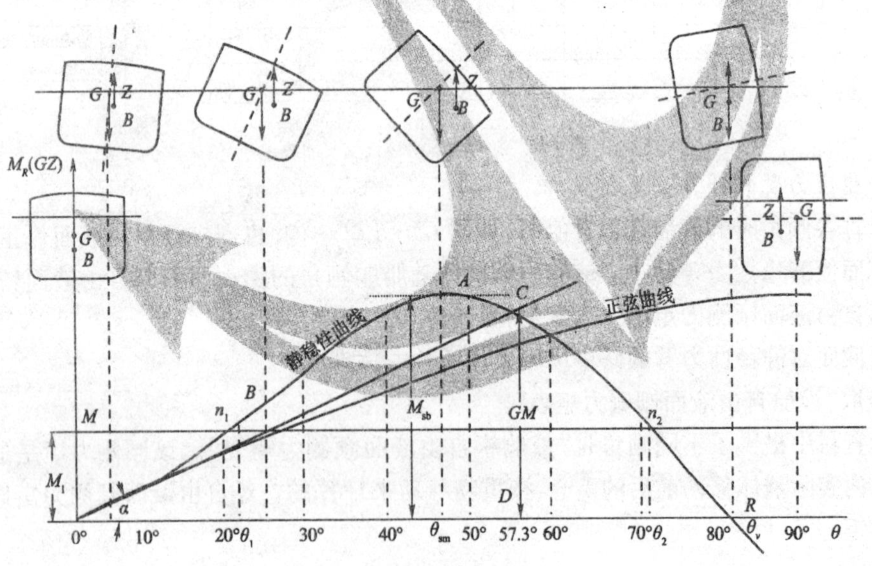

图 9-18 静稳性曲线

2. 静稳性曲线的主要特征

静稳性曲线全面反映了静稳性力矩 M_R 或静稳性力臂 GZ 随横倾角 θ 增大而变化的趋势

及任一横倾角时的 M_R 或 GZ 的大小，观察该曲线的形状以及表征船舶稳性状态的若干参数，可以得出静稳性曲线的以下特征。

1）静稳性曲线在原点处的斜率

可以证明，静稳性曲线在原点处的斜率等于初稳性高度 GM。若将 $GZ = GM\sin\theta$ 曲线绘制在静稳性曲线图上，该曲线为一正弦曲线。将该正弦曲线与静稳性曲线相比较可以发现，在横倾角较小时，两条曲线重合。随着横倾角增大两条曲线逐渐分离，这说明在小倾角条件下 GZ 可以用 $GM\sin\theta$ 表示其大小，即 GM 可以表征船舶初稳性的大小，而大倾角时 GZ 不能再以 $GM\sin\theta$ 来表示，即 GM 不能表征大倾角稳性的大小。

在 GZ 曲线图上求取 GM 的方法是：先过原点作 GZ 曲线的切线，然后在 $\theta = 57.3°$ 处量取该切线的纵坐标值即为 GM。

2）静稳性曲线上的反曲点

当横倾角增大至甲板浸水角（Angle of deck immersion）时，静稳性曲线上升段出现一反曲点，在该点以前，曲线上升较快；在该点之后，曲线上升趋势减缓，反曲点处曲线斜率最大，这是因为船舶横倾至甲板浸水角前后浮心位置改变最大所决定的。

反曲点对应的角度即为甲板浸水角。

3）静稳性曲线上的极值点

当横倾角增大至某一角度，静稳性曲线取得极值点，它标明了曲线最高点的位置，反映出船舶在横倾中所具有的最大静稳性力矩（臂）M_{Rm}（GZ_{max}），以及取得静稳性力矩（臂）最大值时船舶的倾斜状态。极值点对应的横倾角通常用 θ_{smax} 表示，一般在 35°～45°左右。

4）稳性消失点

静稳性曲线过极值点后呈下降趋势，即随着横倾角的增大，M_R（或 GZ）逐渐减小，当横倾角达到某一角度时，M_R 或 GZ 等于零，此时稳性消失，表现在静稳性曲线图上则为曲线第二次与横坐标轴的交点即为稳性消失点，对应的横倾角称为稳性消失角 θ_v（Angel of vanishing stability），自 O 到 θ_v 称稳性范围（Range of stability）。船舶横倾角超过 θ_v 时，M_R（或 GZ）出现负值，即船舶产生倾覆力矩。对于一般装载状态下的货船而言，θ_v 约为 70°～80°。

5）静平衡位置和静平衡角

设有一静态外力矩 M_h（Statical heeling moment）缓慢作用于船上使船横倾，当倾角达到某一角度时船舶不再继续倾斜，此时船舶处于静平衡状态，该位置其静平衡条件为

$$M_h = M_R \tag{9-35}$$

即静态外力矩与稳性力矩相等，方向相反，其合力矩为零。

若静态外力矩 M_h 为一常量，它不随横倾角 θ 而变化，则可在静稳性图上画出纵坐标为 M_h 且平行于横轴的直线，M_R 曲线和 M_h 直线的第一个交点满足式（9-35）静平衡条件，所对应的横倾角即为静平衡角或称静倾角 θ_s（Angel of statical inclination）。

当 $M_{h1} > M_R$ 时，静平衡被打破，船舶将继续倾斜，直到 $M_{h1} = M_{R1}$，船舶达到新的静平衡时停止倾斜。

当静态外力矩 M_h 继续增大并使 $M_h > M_{Rm}$ 时，船舶将不能保持静平衡，而使船体继续倾斜直至倾覆。因此，最大静稳性力矩 M_{Rm} 是表示船舶在静力作用下抵御外力矩的最大能力，只有满足 $M_h \leq M_{Rm}$，才能确保船舶在静态外力矩作用下不致倾覆。

3. 影响静稳性曲线的因素

在影响船舶静稳性曲线的若干因素中，包括船舶尺度和装载状态参数两部分，前者是就不同船舶而言，后者则对同一船舶而论。

1）干舷

对于干舷高度相异的不同船舶，在船宽、吃水和重心高度相同条件下，静稳性曲线形状因干舷不同而不同。如图 9-19 所示，干舷较大的船甲板浸水角也大，故静稳性曲线极值点位置滞后，曲线与横坐标轴交点也后移。当横倾角 θ 小于干舷较小船舶的甲板浸水角时，各船移动后的浮心在同一位置处，故此阶段各条静稳性曲线重合，M_R 或 GZ 值相等，各曲线在原点处的斜率亦相等。

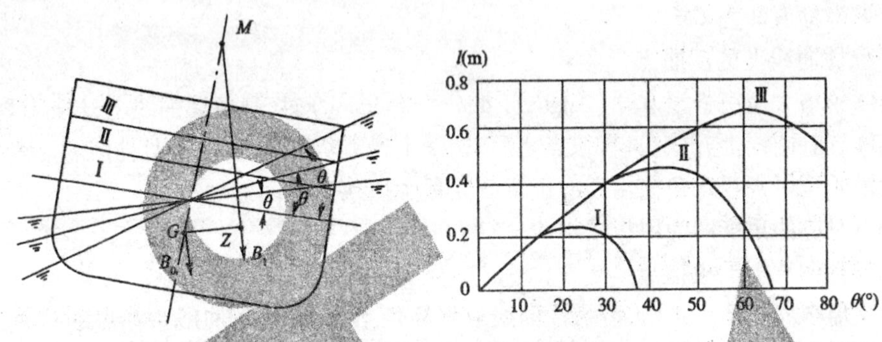

图 9-19　不同船宽船舶的静稳性曲线

当横倾角 θ 逐渐增大，干舷较小的船舶静稳性曲线首先达到极值点，而干舷较大的船舶静稳性曲线却在继续升高。由此可知：干舷越大，最大静稳性力臂 GZ_{max}、极限静倾角 θ_{sm}、稳性消失角 θ_v 也增大。另外，干舷大小对船舶初稳性不产生影响。为保证船舶具有足够的储备浮力和稳性，对于海上航行船舶，要求有较内河航行船舶更大的干舷值。

2）船宽

对于吃水和重心高度相同但船宽不相同的船舶，其静稳性曲线形状也不同。在相同横倾角条件下，宽度较大的船浮心向倾斜方向移动的距离较大，即形状稳性力臂 KN 值较大，则静稳性力臂 GZ 值也较大，致使静稳性曲线升高，GZ_{max} 增大。但宽度较大的船甲板浸水角较小，因而静稳性曲线极值点的位置将在较小横倾角时出现，同时曲线与横坐标轴提前相交。由此可见，船宽越大，最大静稳性力臂 GZ_{max} 越大，而 θ_{sm} 和 θ_v 越小，静稳性曲线形状越陡峭，如图 9-20所示。对于远洋航行船舶，为保证航行中的适度稳性，其水线下船宽不宜太大。

3）排水量（或吃水）

对于同一艘船，当排水量（或吃水）不同时，其形状稳性力臂 KN 值亦不同，从而引起静稳性力臂 GZ 值的变化，对应的静稳性曲线形状不同。若船舶重心高度相同，由于排水量（或吃水）较小时，甲板浸水角较大，形状稳性力臂 KN 值亦呈现增大趋势，因而，表征静稳性曲线的特征值 GZ_{max}、θ_{sm} 和 θ_v 等也比排水量（或吃水）较大时大些。

应该注意的是，由于排水量不同，因此相应装载状态时的静稳性力矩 M_R 也不同。

4）船舶重心高度

对于同一艘船舶，在排水量相同时，若船舶重心高度不同，则其重量稳性力臂 KH 值不同，从而引起静稳性力臂 GZ 的变化。由 KH 表达式可知，当船舶重心高度增大时，不同横倾角对

应的 GZ 值均减小，且减小幅度随横倾角的增大而增大。因此，重心高度较小时对应的静稳性曲线除原点外处处高于重心高度较大时对应的静稳性曲线。由图 9-21 可见，当重心高度增大时，最大静稳性力臂 GZ_{max}、极限静倾角 θ_{sm} 和稳性消失角 θ_v 均减小。

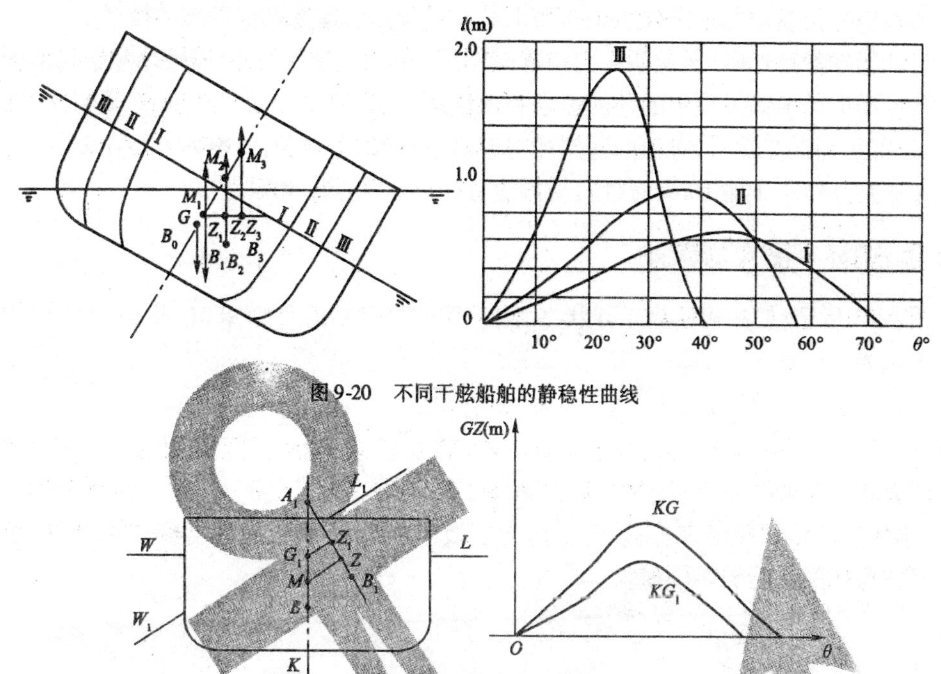

图 9-20 不同干舷船舶的静稳性曲线

图 9-21 不同船舶重心高度的静稳性曲线

5）自由液面

液舱内存在自由液面时对船舶稳性的影响相当于增大船舶重心高度，因而，自由液面的存在使静稳性曲线下降，GZ_{max}、θ_{sm} 和 θ_v 减小。

6）初始横倾

当船舶重心偏离中纵剖面时，船舶会出现初始横倾角，设船舶重心横坐标为 GG_1 由图9-22可知，船舶在倾侧一方的静稳性力臂 G_1Z_1 与船舶重心位于中纵剖面时的静稳性力臂 GZ 的关系为

$$G_1Z_1 = GZ - GG_1\cos\theta \tag{9-36}$$

即静稳性曲线下降，GZ_{max} 和稳性范围减小。

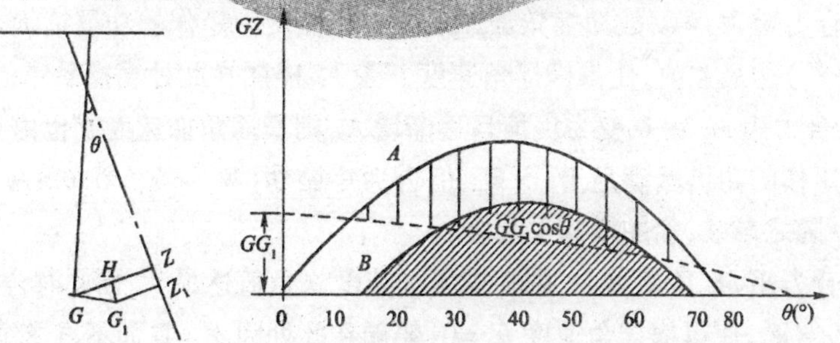

图 9-22 初始横倾下的静稳性曲线

第五节 船舶动稳性

所谓动稳性指船舶在动态外力矩作用下计及横倾角加速度和惯性矩的稳性。

在讨论船舶静稳性时，通常假设力矩逐渐作用于船上，使外力矩与静稳性力矩处处平衡，因而不需考虑船舶横倾过程中的角加速度和惯性矩。船舶在海上航行中时常受到外力矩的突然作用，如阵风的突然袭击、海浪的猛烈冲击、拖轮急拖或急顶等，此类外力矩在较短时间内有明显变化或突然作用于船上，则应计及横倾过程中的角加速度和惯性矩。

一、船舶动平衡及动倾角

如图 9-23 所示，船舶初始为正浮状态，然后受一定常动态外力矩 M_h 作用，此时作用于船舶的合力矩 M_c 为

$$M_c = M_h - M_R \tag{9-37}$$

设外力矩 M_h 做功以 W_h 表示，稳性力矩 M_R 做功以 W_s 表示，它们在数值上分别等于各自曲线下的面积。船舶在横倾过程中，只要 M_h 和 M_R 不等，即合力矩 M_c 不为 0，则产生一角加速度 θ''，迫使船舶作加（减）速横倾；只要外力矩做的功 W_h 不等于稳性力矩做的功 W_s，船舶就具有一定的角速度使船舶继续横倾。

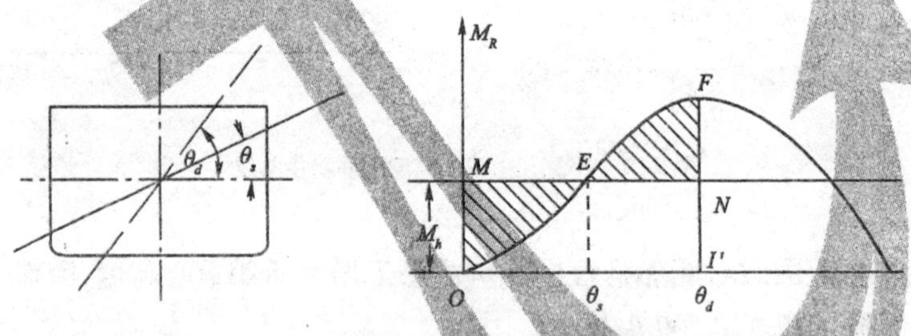

图 9-23 船舶动平衡

船舶在动态外力矩作用下的横摇过程可分为以下几个阶段：

(1) $\theta = 0$：合力矩 M_c 最大，故横摇角加速度 θ'' 最大，而两力矩作的功 $W_h = W_s = 0$，故横摇角速度 $\theta = 0$，船舶在 θ'' 迫使下开始横摇；

(2) $0 < \theta < \theta_s$：合力矩 M_c 逐渐减小，因而横摇角加速度 θ'' 逐渐减小；而两力矩做的功 $W_h > W_s$，且合力矩作的功（$W_h - W_s$）增大，使得横摇角速度 θ' 增大，船舶加速横摇；

(3) $\theta = \theta_s$：合力矩 $M_c = 0$，故横摇角加速度 $\theta'' = 0$；而两力矩作的功继续满足 $W_h > W_s$，且合力矩做功（$W_h - W_s$）达最大值，使得横摇角速度 θ' 最大，船舶在此处横摇最快；

(4) $\theta > \theta_s$：合力矩 M_c 由 0 变为负值且逐渐增大，则横摇角加速度 θ'' 也由 0 变为负值并逐渐增大；而两力矩作的功仍然满足 $W_h > W_s$，但合力矩做功（$W_h - W_s$）在 $\theta > \theta_s$ 后逐渐减小，使得横摇角速度 θ' 随之渐减，船舶横摇也渐缓；

(5) $\theta = \theta_d$：合力矩 M_c 负值最大，则横摇角加速度 θ'' 负值达最大；而此时合力矩做的功（$W_h - W_s$）$= 0$，即 $W_h = W_s$，使得横摇角速度 $\theta' = 0$，船舶在此处因 $\theta' = 0$ 而不再继续向前横摇；

(6) $\theta < \theta_d$：合力矩 M_c 负值在 $\theta = \theta_d$ 处为最大值，故 θ'' 负值最大使得船不能停留在 θ_d 处而

迫使船舶反向横摇。这样，船舶在 M_h 和 M_R 作用下于 θ_s 左右做下一周期的横摇运动。

事实上，船舶在周期性横摇过程中，由于舷外水对船舶横摇的阻尼作用，横摇运动的摆幅将逐渐减小，最终于 θ_s 处静止下来。

在动态外力矩作用下船舶发生倾斜，当角速度为零时不再向倾斜方向继续倾斜，此时船舶处于动平衡状态。船舶达到动平衡时的横倾角称动平衡角（Angel of dynamical stability），简称动倾角，以 θ_d 表示。

由上分析可知，船舶在动态外力矩作用下达到动平衡的条件为

$$W_h = W_R \tag{9-38}$$

即外力矩作的功等于稳性力矩作的功时，船舶达到动平衡。在静稳性曲线图上，表现为面积 OME 等于面积 EFN；两个面积相等时其右边界线对应横倾角即为动倾角。

二、船舶动稳性大小的基本标志

船舶在动态外力矩作用下发生倾斜，考虑了船舶倾斜过程中的角加速度和惯性矩的影响，船舶抵抗外力矩的能力不能再以稳性力矩来衡量，而是应以稳性力矩做的功来衡量。由此可见，船舶动稳性在不同装载状况下其大小应以稳性力矩做的功来表征。稳性力矩所做功 W_R 亦称动稳性力矩，以 M_d 表示。

由于动稳性力矩 M_d 在数值上等于静稳性力矩 M_R 曲线下的面积，而 $M_R = \Delta \cdot GZ$ 并设 Δ 为常量，于是定义静稳性力臂 GZ 曲线下的面积为动稳性力臂 l_d（Dynamical stability lever）。则动稳性力矩 M_d 为

$$M_d = \Delta \cdot l_d \tag{9-39}$$

由上式可知，在排水量一定的条件下，稳性力矩所做的功取决于动稳性力臂 l_d，并与其成正比，因此动稳性力臂 l_d 可以作为船舶动稳性大小的基本标志。

三、最小倾覆力矩 $M_{h\min}$

1. 基本概念

在静稳性曲线图上，外力矩曲线下面积与稳性力矩曲线下面积相等时对应的横倾角即为动倾角。由作图求 θ_d 可知，当外力矩 M_h 增大时，M_h 曲线位置提高，曲线下的面积增大。为取得动平衡，需有更多的 M_R 曲线面积抵偿，则计算曲线面积时的右边界线后移，相应的动倾角增大。如图 9-24 所示，当外力矩 M_h 增大到某一数值时，曲线图中坐标纵轴、M_R 曲线及 M_h 直线所包围的面积 OME 等于 M_h 直线与 M_R 曲线所围冠状面积 EFP，使得船舶动平衡达到极限位置。若将 M_h 值再增大时，则无论横倾角多大，M_h 曲线下的面积恒大于 M_R 曲线下的面积，船舶不再满足动平衡条件，也就不存在动平衡位置。

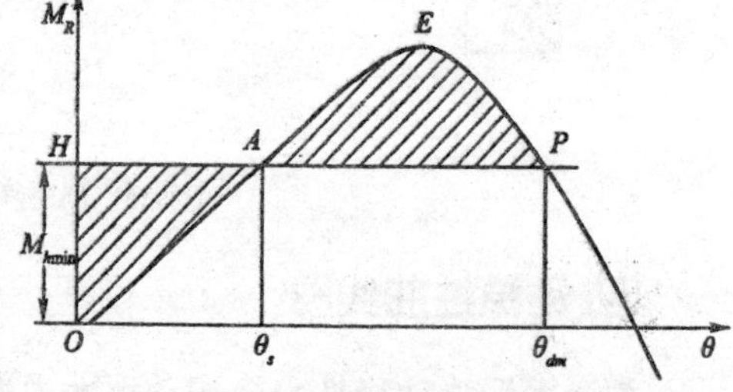

图 9-24 最小倾覆力矩求取

显而易见，从动稳性角度分析，船舶在极限动平衡时对应的外力矩为船舶能够承受外力矩的最大能力，或者说，该外力矩是使船舶倾覆所需要的最小值。当实际外力矩大于该值时，船舶因动平衡不复存在而导致倾覆。因此，将船舶在极限动平衡

时的外力矩称为最小倾覆力矩(Minimum capsizing moment),以 M_{hmin} 表示。它是衡量船舶动稳性的重要参数。船舶在最小倾覆力矩作用下所对应的动倾角称为极限动倾角(Maximum angle of dynamical inclination),以 θ_{dm} 表示。

从动稳性要求来考虑,保证船舶不致倾覆的条件应为

$$M_h \leqslant M_{hmin} \tag{9-40}$$

2. *初始横摇角及甲板进水角对最小倾覆力矩的修正*

根据《法定规则》(国内航行船舶分册)规定,对圆舭形船舶,在求取最小倾覆力矩 M_{hmin} 时,应进行船舶初始横摇角及甲板进水角的修正。

1)初始横摇角 θ_i 修正

船舶在波浪中横摇,其横摇角为 θ_i,当船横摇至一舷 θ_i 角而开始回摇时,受到与回摇同方向的突风作用,在上述不利条件下求取最小倾覆力矩。

根据规则规定,初始横摇角 θ_i 与稳性航区、横自摇周期、核算装载状态的型吃水及重心高度、船舶类型和舭龙骨尺寸等因素有关。

在静稳性曲线图上,坐标原点 O 右侧的静稳性力矩曲线是船舶向一舷横倾时的静稳性力矩 M_R 值,取为正值,O 点左侧的静稳性力矩曲线是船舶向另一舷横倾时的静稳性力矩 M_R 值,因两者力矩方向相反,故 M_R 取负值。在横坐标上自 O 点向左侧量取初始横摇角 θ_i 角并由此作垂线,该垂线构成计算曲线面积的左边界线。

在曲线图上作一平行于 θ 轴的直线 M_h。设 a 为 θ_i 左边界线、M_h 直线及 M_R 曲线所围成的左下方面积,b 为 M_R 曲线与 M_h 直线所围成的右上方面积,且所作水平线 M_h 满足:面积 a = 面积 b,则此时所对应的外力矩 M_h 即为所求取的最小倾覆力矩 M_{hmin}。如图 9-25a)所示。

2)甲板进水角 θ_f 的修正

所谓进水角(Angle of flooding)θ_f 是指船舶横倾至最低非水密开口开始入水时的横倾角。《法定规则》规定,当船舶横倾至进水角 θ_f 使船舶舱室进水后,船舶稳性将视为完全丧失。因此,在静稳性曲线图上,θ_f 以后的曲线下面积将不再计入。

利用图解法在静稳性曲线图上求取 M_{hmin} 时,需将面积 b 的右边界线回移至 θ_f 处。其他同 1)。如图 9-25b)所示。

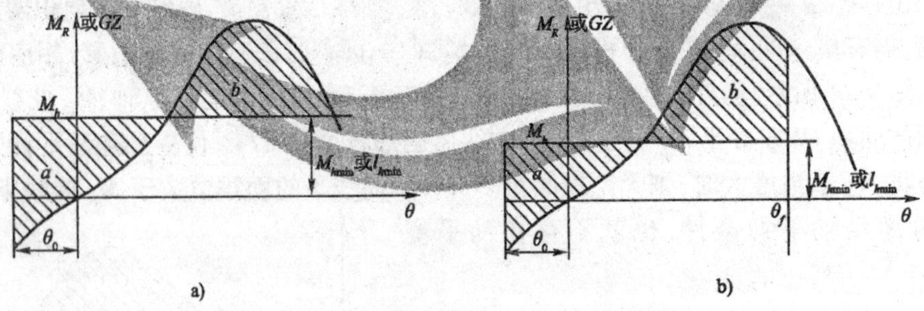

图 9-25 利用静稳性曲线图求取最小倾覆力矩

四、动稳性曲线图

为全面反映动稳性力矩或动稳性力臂随横倾角变化规律,将 M_d 或 l_d 与 θ 间数值关系绘

制成曲线，该曲线称为动稳性曲线。

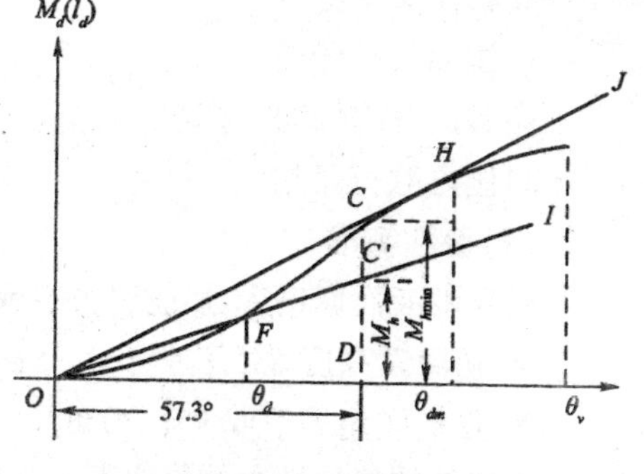

图 9-26 动稳性曲线应用

动稳性曲线主要有以下用途：

1）已知外力矩 M_h 时求动倾角 θ_d

在假定外力矩在横倾过程中为一常量前提下，在静稳性曲线图上外力矩所做功是以高为 M_R、长为 θ 的矩形面积，可用 $W_h = M_h \cdot \theta$ 来计算。显然，外力矩做的功随 θ 增大而线性增加，则在动稳性曲线图上，$W_h \sim \theta$ 为一过原点且其斜率为 M_h 的直线。

如图 9-26 所示，在横坐标上量取 $\theta = 57.3°$（1 rad），过该点作垂线并在垂线上截取 M_h，得截点 C'，然后将原点与截点 C' 连接成直线，该直线即为 W_h 曲线。W_h 曲线与 M_d 曲线在交点处满足动平衡条件，因而两曲线交点对应横倾角即为动倾角 θ_d。

2）求最小倾覆力矩 M_{hmin} 和极限动倾角 θ_{dm}

由上可知，当 M_h 增大时，W_h 也成正比增大，反映在动稳性曲线图上，W_h 曲线斜率增大即曲线上抬，W_h 曲线和 W_R 曲线交点后移，动倾角 θ_d 增大。当 W_h 曲线上抬到与 M_d 曲线相切时，船舶达到极限动平衡位置，该外力矩 M_h 则应为船舶最小倾覆力矩 M_{hmin}。

如图 9-26 所示，过原点作动稳性曲线的切线，切点对应横倾角即为极限动倾角 θ_{dm}，再在横坐标轴上量取 $\theta = 57.3°$（1rad）并过该点作垂线，使之与切线相交于 C 点，则交点 C 的坐标值即为最小倾覆力矩 M_{hmin}。

第六节 对船舶稳性的要求

为了保证船舶营运安全，国际海事组织（IMO）和世界各航运国家就船舶稳性最低要求颁布了相应规则。本节将分别介绍 IMO 和我国《法定规则》规定的船舶稳性衡准。

一、中国海事局《法定规则》对船舶稳性的基本要求

1.《法定规则》对船舶稳性要求的适用范围

中国海事局《法定规则》中有关稳性的要求，适用于悬挂中华人民共和国国旗的各种民用船舶，但帆船、机帆船、非营业性游艇以及水翼船、气垫船和滑行艇等动力支承船除外。

为明确船舶在不同范围的海域内营运时对稳性的不同要求，《法定规则》以我国海域为中心将世界海洋区域划分为：

- 远海航区（Ⅰ类航区）——指所有海域；
- 近海航区（Ⅱ类航区）——指渤海、黄海及东海距岸小于 200n mile 的海域，台湾海峡，南海距岸小于 120 n mile（海南岛东海岸及南海岸距岸小于 50n mile）的海域；
- 沿海航区（Ⅲ类航区）——指台湾海峡东西两岸、海南岛东海岸及南海岸距岸小于 10n mile 的海域，除上述区域外距岸小于 20n mile 的海域，除东沙、西沙、中沙及南沙群岛以外的其他沿海岛屿距岸小于 20n nine 的海域；
- 遮蔽航区——指舟山群岛等岛区。

2. 稳性基本要求

1)国际航行船舶

应满足 IMO《2008 年国际完整稳性规则》规定的稳性衡准。

2)国内航行船舶

(1)稳性衡准

经自由液面修正后,船舶稳性在所核算的装载状况下必须同时满足:

- 初稳性高度 GM 不小于 0.15m;
- 在横倾角等于或大于 30°时的静稳性力臂 $GZ_{30°}$ 应不小于 0.20m;若进水角小于 30°时,则进水角处的静稳性力臂值应不小于该值;
- 最大静稳性力臂对应横倾角 θ_{sm} 应不小于 25°;且进水角 θ_f 应不小于最大静稳性力臂对应横倾角 θ_{sm};
- 稳性衡准数 K 不小于 1。

当船舶宽深比 $B/D>2$ 时,则对 θ_{sm} 的要求可适当减小,其减小值 $\delta\theta$ 为

$$\delta\theta=20\left(\frac{B}{D}-2\right)(K-1) \tag{9-41}$$

式中:D——船舶型深(m);

B——船舶型宽(m),但 $B/D>2.5$ 时,取 $B/D=2.5$;

K——稳性衡准数,但当 $K>1.5$ 时,取 $K=1.5$。

(2)稳性衡准数 K 的求取

稳性衡准数 K 是指船舶最小倾覆力矩(臂)与风压倾侧力矩(臂)之比,即

$$K=\frac{M_{h\min}}{M_w}=\frac{l_{h\min}}{l_w} \tag{9-42}$$

式中:$l_{h\min}$——最小倾覆力臂(Minimum capsizing lever)(m);

$$l_{h\min}=\frac{M_{h\min}}{9.81\Delta} \tag{9-43}$$

l_w——风压倾侧力臂(Wind upsetting lever)(m),船舶资料中具有风压倾侧力臂曲线(图 9-27)时可根据排水量直接查取,或下式计算:

$$l_w=\frac{M_w}{9.81\Delta} \tag{9-44}$$

M_w——风压倾侧力矩(Wind upsetting moment)(kN·m)。

根据《法定规则》的规定,风压倾侧力矩 M_w 应按下式求得

$$M_w=p_w\cdot A_w\cdot z_w \tag{9-45}$$

式中:A_w——船舶正浮时水线以上船体及甲板货侧投影面积(m^2),它与船舶装载吃水及甲板货装载情况有关;

z_w——计算风力作用力臂,即 A_w 面积中心至水线的垂直距离(m);

p_w——单位计算风压(kPa),按船舶限定航区和 Z_w 由《法定规则》提供的 p_w 曲线图

查取。

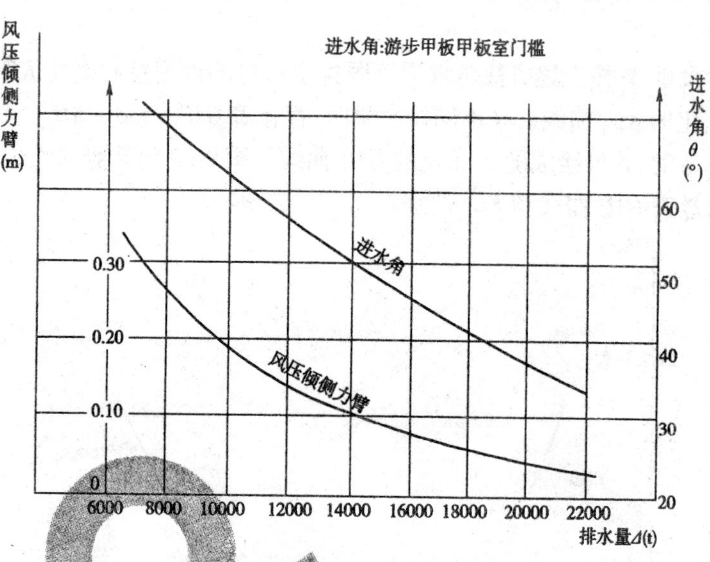

图9-27　风压倾侧力臂曲线

对于一般货船，在不考虑甲板货装载条件下，M_w，或 L_w 仅与船舶吃水(或排水量)有关，因此，许多船舶资料中提供了随船舶排水量变化的风压倾侧力臂曲线或风压倾侧力臂数值表，以方便计算稳性衡准数 K。

船舶在装载状况确定后，可相应绘出动稳性曲线图，在计算初始横摇角 θ_i 和进水角 θ_f 的影响后，可求出在该装载状况下的最小倾覆力矩或力臂，最终求得稳性衡准数 K。由稳性衡准数 K 的定义可知，《法定规则》规定的 $K\geqslant1$ 意味着 $M_{h\min}\geqslant M_w$，而 $M_{h\min}$ 为船舶可承受动态外力矩的最大能力，因此，稳性衡准数 K 是衡量船舶动稳性的重要参数。

(3)最小许用初稳性高度 GM_c 和许用重心高度 KG_c

为便于船员校核船舶实际营运中的稳性，《法定规则》中规定，在船舶资料中必须提供最小许用初稳性高度 GM_c 或许用重心高度 KG_c 曲线。船舶最小许用初稳性高度 GM_c 是指同时满足船舶稳性基本衡准指标时对初稳性高度 GM 的最低限制值，亦称临界初稳性高度；而许用重心高度 KG_c 则为满足稳性基本衡准指标时对船舶重心高度 KG 的最高限制值，亦称极限重心高度。由于 KG_c 和 GM_c 随排水量(或吃水)而改变的相关性，故船舶资料中只需提供 GM_c 曲线和 KG_c 曲线中的任意一种即可满足使用需要。

当排水量 Δ (或吃水 d)一定时，计算船舶稳性所需的若干参数 KM、KN、M_w、θ_f 均已确定，而静稳性曲线和动稳性曲线均随船舶重心高度 KG 而变化。现给定一组 KG 值，使 $KG_1>KG_2>KG_3$……，分别绘制静稳性曲线族和动稳性曲线族，并确定出初始横摇角 θ_i，则在这些曲线中可以找到：

①某一 KG 值，使其满足 $KG=KM-0.15\text{m}$，令该 KG 值为 KG_{c1}

②在某一 KG 值的静稳性曲线上 $GZ_{30°}=0.2\text{m}$，令 $GZ_{30°}=0.2\text{m}$ 要求时的船舶重心高度为 KG_{c2}；

③在某一 KG 值的静稳性曲线上 $\theta_{sm}=25°$，令 $\theta_{sm}=25°$时的船舶重心高度为 KG_{c3}；

④在某一 KG 值的动稳性曲线上 $M_{h\min}=M_w$，即 $K=1$，令 $K=1$ 时的船舶重心高度为 KG_{c4}。

现取 $KG_c=\min\{KG_{c1},KG_{c2},KG_{c3},KG_{c4}\}$，则 KG_c 为同时满足稳性4项基本要求的许用重心高度。

改变船舶排水量Δ，按上述方法可求得不同排水量时的许用重心高度 KG_c，于是可绘制出随排水量Δ而变化的 KG_c 曲线。在不同排水量时，存在着 $GM_c=KM-KG_c$，因此可得到相应的最小许用初稳性高度，并可绘成随Δ变化的 GM_c 曲线。图9-28为某船 GM_c 曲线。GM_c 和 KG_c 由船舶装载排水量查 GM_c 曲线和 KG_c 曲线。

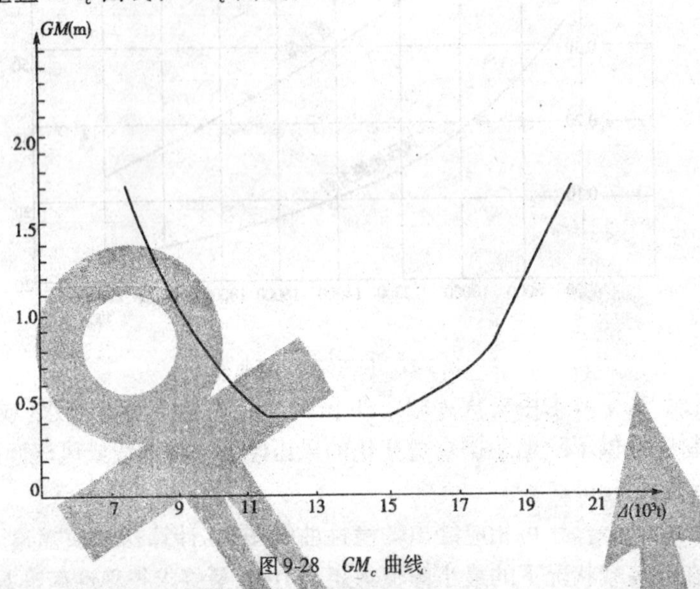

图9-28 GM_c 曲线

显然，KG_c 或 GM_c 是满足稳性衡准的综合指标，若船舶装载后初稳性高度 GM 或重心高度 KG 满足

$$GM \geqslant GM_c \tag{9-46}$$

或

$$KG \leqslant KG_c \tag{9-47}$$

则说明该装载状况满足《法定规则》对稳性的基本要求。

(4)稳性特殊要求

除上述稳性基本要求外，《法定规则》还提出了稳性特殊要求，它包括一般规定及对客船、木材船、液货船、集装箱船、拖船、高速船等船舶稳性的特别要求。对具体营运船舶有关的主要内容有：

①船舶除对出港时稳性进行校核外，尚应对到港时的稳性予以核算，以确保在整个航次中稳性满足要求；

②船舶到港前如不加压载稳性不合要求时，应对航行中途的稳性加以核算；

③船舶稳性不合格必须采用永久性压载时，须征得船舶所有人和船级社的同意.并采取有效措施，以保证压载可靠性；

④由于船舶结构和设备、货物装载性质的特殊性，对木材船、液货船、集装箱船及其他专门用途船的稳性特殊要求，有关内容在相应章节中介绍。

(5)稳性核算时应注意的事项

根据《法定规则》规定，并考虑对船舶安全的要求，船舶在核算其稳性时应注意以下事项：

①对稳性衡准中各项指标的核算时，都应计及自由液面修正，对消耗液体舱和航行途中加压载水的压载舱，应假定每一类液体至少有一对边舱或一个中心线上的液体舱存在自由液面，且所取的舱或舱组的自由液面应为最大者。

②满载液货舱应按装载至98%舱容高度计算0°横倾自由液面的影响；

③装满98%以上舱容的液体舱及存有通常剩余液体的空舱，可不计自由液面的影响；

④计算时应精确计入满载舱、部分装载舱及舱内有剩余液体的各液舱内实际液位高度，对初稳性高度的修正应计算船舶正浮时的自由液面惯性矩，对船舶大倾角稳性的修正应计算船舶不同横倾角状态时的移动力矩对复原力臂的影响。

⑤无限航区船舶在使用冬季载重线或北大西洋冬季载重线的区域内航行，以及国内沿海船舶在冬季航行于青岛(36°04′N)以北时，应计及结冰对稳性的影响。按规则要求，对船体甲板或步桥水平投影面积、水线以上两舷侧投影面积及前面正投影面积上结冰重量予以计算，将其视为重量增加。

⑥尽量避免船舶的初始横倾。在核算船舶稳性时，我们总是假设船舶初始处于正浮状态，而未考虑在装载后或航行中可能出现的横倾，此初始横倾可认为是船舶载荷横移所致，因此，它使船舶稳性力矩 M_R 减小 $\Delta GG_1\cos\theta$，即船舶静稳性力臂 GZ 减小 $GG_1\cos\theta$ 值。船舶在正浮条件下满足稳性要求，而在某一初始横倾状态下船舶稳性则不一定满足要求，对此应引起足够重视，并尽量避免船舶具有初始横倾角。

⑦考虑到船舶在营运过程中外部条件的复杂性和变化性以及船舶自身状态的改变等诸多因素的影响，如船舶随浪航行、大风浪突袭、舱内货物移动、货舱进水等，船舶稳性按规则核算后虽已符合各项要求，但船长仍应注意船舶装载和气象、海况等情况，谨慎驾驶和操作。在船舶遭遇到特殊情况或紧急情况而采取应变措施时，应注意船舶的稳性，防止发生倾覆的危险。

二、IMO对船舶稳性的要求

IMO《2008年国际完整稳性规则》规定，船长大于或等于24m的国际航行货船应满足规则中的相应完整稳性衡准要求，该规则分为A、B两部分，其中A部分为强制性要求，B部分为建议性要求。

1. IMO完整稳性衡准

A部分衡准要求：

在核算装载状态下，经自由液面修正后

(1)初稳性高度 GM 应不小于0.15m；

(2)复原力臂 GZ 曲线下的面积：

- 在横倾角0°~30°间所围面积 $A_{0°\sim 30°}$ 应不小于0.055m·rad；
- 在横倾角0°~40°或进水角中较小者间所围面积 $A_{0°\sim \min\{30°,\theta_f\}}$ 应不小于0.090m·rad；
- 在横倾角30°~40°或进水角中较小者间所围面积 $A_{30°\sim \min\{40°,\theta_f\}}$ 应不小于0.030m. rad；

(3)横倾角等于或大于30°处的复原力臂应不小于0.20m；

(4)最大复原力臂对应的横倾角 θ_{sm} 应不小于25°；

(5)对 $L\geqslant 24$m 的船舶，尚应满足天气衡准。

《2008年国际完整稳性规则》规定了在正常装载状况下船舶抵抗横风和横摇联合作用应

具有的能力。

(1)船舶受到垂直作用在其中心线上的一个稳定风压的作用下，产生稳定风压倾侧力臂 l_{w1}，此时船舶的静倾角为 θ_0；横倾角 θ_0 不应超过16°或甲板边缘浸水角的80%，取小者。

(2)假定在横浪的作用下，船舶由静倾角 θ_0 向上风舷横摇至 θ_1 处；

(3)然后船舶受到一个阵风作用，产生阵风风压倾侧力臂 l_{w2}；

(4)在此情况下，复原力臂曲线下的面积应满足面积 $b \geq$ 面积 a，见图9-29。

在进行上述稳性核算时，各项具体规定包括：

(1)风压倾侧力臂 l_{w1} 和 l_{w2} 不随横倾角 θ 变化；

(2)风压倾侧力臂 l_{w1} 和 l_{w2} 按下式求取

$$\begin{cases} M_{w1} = p_w \cdot A_w \cdot z_w \\ l_{w1} = \dfrac{M_{w1}}{\Delta} \\ l_{w2} = 1.5 l_{w1} \end{cases} \tag{9-48}$$

式中：M_{w1}——稳定风压倾侧力矩(kN·m)；

p_w——单位计算风压(Pa)，取 $p_w = 504$Pa；经主管机关批准，对于在受限制区域运营的船舶所用的 p_w 值可酌减。

A_w——水线以上船体和甲板货的侧投影面积(m^2)；

z_w——A_w 的中心到水线下船体侧面积中心或近似地到吃水一半处的垂直距离(m)。

(3)波浪作用下的初始横摇角 θ_1 按如下方法确定：

$$\theta_1 = 109k \cdot x_1 \cdot x_2 \sqrt{r \cdot s} \tag{9-49}$$

式中：k——与船舶舭部形状、龙骨面积有关的系数；

x_1——与型宽与装载吃水有关的系数；

x_2——与方形系数的有关的系数；

r——与 d 和重心位置有关的数；

s——与船舶横摇周期有关的数。

(4)计算面积时右边界角 θ_2 的确定：

$$\theta_2 = \min\{\theta_f, \theta_c, 50°\}$$

式中：θ_f——船舶进水角(°)；

θ_c——l_{w2} 与 GZ 曲线的第二个交点对应横倾角(°)。

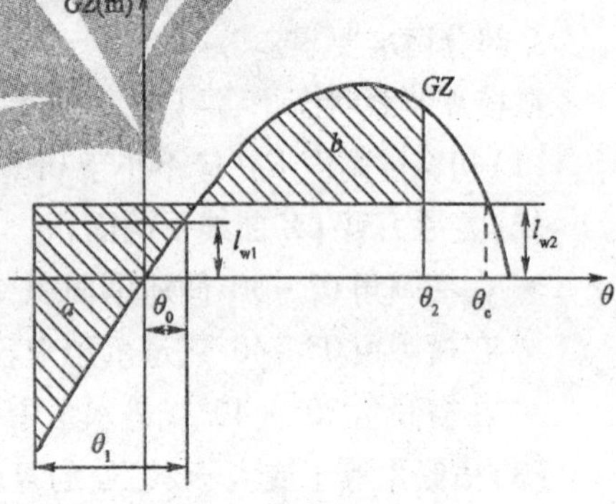

图9-29　IMO 天气衡准

2. 稳性核算时的注意事项

(1)在确定自由液面对稳性的影响时，应假定对于每一类液体，至少横向有一对舱柜或者中心线上有一个舱柜具有自由液面，并且所考虑的舱柜或者舱柜组应是自由液面影响最大者。

(2)凡舱柜内装载液体小于98%时，应考虑自由液面的影响。当舱柜名义上满舱，即装载

液体为98%或以上时,则不必考虑自由液面的影响。但是名义上满舱的液货舱应作98%装载率的自由液面修正,对出稳性高度的修正应基于横倾角5°时液面惯性矩除以排水量,对复原力臂的修正建议基于液货的实际移动力矩。

(3)在航行中进行压载或排放压载水作业时,应考虑该作业最繁重的时间段计算自由液面影响。

(4)对初稳性高度进行自由液面修正时,自由液面惯性矩按0°计算;对复原力臂进行修正时,基于每一计算横倾角的实际液体移动力矩进行计算或者在横倾角0°时计算的惯性矩的基础上,对每一计算横倾角处的惯性矩进行修正。

(5)船舶由于任何开口进水会沉没时,稳性曲线在相应的进水角处切断,船舶稳性被认为完全丧失。

第七节　船舶稳性检验与调整

稳性过小或过大都对船舶安全产生不利影响,因此在营运中,船舶应具有适度稳性,需采取必要措施保证船舶稳性满足其安全要求。

一、稳性过小或过大对船舶安全的影响

1.稳性过小

船舶稳性过小时,首先不能保证船舶具有抵御风浪的能力,导致船舶翻沉;其次,影响船舶正常操纵。船舶在用舵转向或避让来船时,产生转舵力矩使船横倾,当稳性过小时,出现较大横倾角。另外,稳性过小时,船舶横摇周期增大,维持在倾斜状态的时间增长,对主辅机工况带来不利影响。

2.稳性过大

稳性过大时,船舶摇摆剧烈,船员工作生活不适,船用仪器使用不便,船舶结构受力过大,更严重的是,货物因剧烈摇摆而易于移动或翻倒,从而使船舶出现较大初始横倾,船舶稳性降低,甲板易于上浪,船舶操纵困难,具有倾覆的危险性。

二、船舶稳性的适用范围

过大稳性或过小稳性都是船舶正常营运所不允许的,因而应给出船舶稳性的适用范围。船舶装载后的稳性在该范围内除遭遇特别恶劣天气和海况外,应能满足船舶安全要求。稳性适用范围与船舶大小、船舶类型、装载状况,航行海区和日期等因素有关,难以给出一确切稳性范围。综合稳性规则、船舶统计资料及船员海上经验,可给出大致的稳性适用范围,以供参考。

从稳性规则对船舶稳性的要求考虑,船舶最小初稳性高度应为 $GM = GM_c$;从船舶摇摆性考虑,横摇周期不宜过小,以免船舶剧烈摇摆,一般认为船舶自由横摇周期不小于9s,而对于一般货船横摇周期在15~16s左右是比较合适的,则船舶未经自由液面修正的最大初稳性高度应为 $GM_{max} = GM_{T_\theta = 9s}$,船舶稳性的适用范围应为 $[GM_c, GM_{T_\theta = 9s}]$,而横摇周期为15s左右对应的 GM 值则为适宜值。

当船舶缺少有关资料无法给出稳性适用范围时，可参照表 9-3 所列出的各类船舶稳性统计数据。对万吨级船舶满载时 GM 取(4% ~5%)B 较适宜。

营运船舶稳性统计表 表 9-3

船型	GT	状态	GM/B	船型	GT	状态	GM/B
客船及客货船	3000 ~5000	空船	0.084 ~0.111	矿油兼用船	40000 ~100000	空船	0.228 ~0.285
		满载	0.052 ~0.064			满载	0.090 ~0.149
货船	5000 ~10000	空船	0.088 ~0.167	集装箱船	3000 ~10000	空船	0.093 ~0.155
		满载	0.057 ~0.092			满载	0.023 ~0.045
	10000 ~20000	空船	0.101 ~0.181		20000 ~40000	空船	0.094 ~0.150
		满载	0.077 ~0.092			满载	0.007 ~0.029
油船	10000 ~140000	空船	0.321 ~0.325	木材船	5000 ~10000	空船	0171 ~0.224
		满载	0.161 ~0.167			满载	0.076 ~0.078
散货船	5000 ~70000	空船	0.141 ~0.194	车辆渡船	8000 ~10000	空船	0.056 ~0.058
		满载	0.069 ~0.110			满载	0.049 ~0.062

三、船舶稳性的检验及判断

在船舶稳性校核中，由于各种固有误差和计算误差的影响，使校核结果与稳性实际状况往往难以完全吻合，这些误差包括船舶资料自身误差和查取误差、货物积载因数误差、货物装载位置误差、货物重心位置确定误差、液舱内液体测量误差、液体因温度变化引起的重心变化、船舶常数的不确定性、驾驶人员的核算技术等。因此，驾驶人员应利用某些时机，采取一定方法，进行实船的稳性检验及判断，以便能及时发现同题，正确评价本船稳性状态。采取必要措施，确保船舶安全营运。

1. 测定船舶横摇周期检验稳性

船舶横摇周期是指船舶横摇一个全摆程所需的时间(s)。船舶自正浮起横摇至一舷的倾角称为一个摆幅，4 个摆幅称为一个全摆程。

船舶在波浪中航行其摆幅可能有所改变，但摇摆周期基本稳定而可认为与摆幅无关。船舶在静水中无阻尼横摇周期(自由横摇周期，简称自摇周期)T_θ 与船舶初稳性高度 GM 在数值上存在一定关系，因而通过测定船舶自摇周期可检验船舶稳性大小。在波浪中测定的摇摇周期因舷外水的阻尼力矩、波浪的干扰力矩、液舱内未满舱的液体移动力矩等因素的影响而与船舶自摇周期有所差异，难以区别自由横摇区，从而影响自摇周期测定的可靠性，但自由摇摆的特征是每一全摆程周期相同，只要留心观察即可分辨出来。

《法定规则》中提供的船舶自摇周期 T_θ 与 GM_0 的关系式为

$$T_\theta = 0.58f\sqrt{\frac{B^2+4KG^2}{GM_0}} \tag{9-50}$$

式中：f——按 B/d 由表 9-4 查得的系数；

B——船舶型宽(m)；

d——船舶装载吃水(m)；

GM_0——船舶装载状况下未经自由液面修正的初稳性高度(m)。

f值查算表　　表9-4

B/d	≤2.5	3.0	3.5	4.0	4.5	5.0	5.5	6.0	6.5	>7.0
f	1.00	1.03	1.07	1.10	1.14	1.17	1.21	1.24	1.27	1.30

IMO《2008国际完整稳性规则》给出的 T_θ 与 GM_0 关系式为

$$T_\theta = \frac{2CB}{\sqrt{GM}} \tag{9-51}$$

式中:C 为横摇周期系数,按下式计算

$$C = 0.3725 + 0.0227(B/d) - 0.0043(L/10)$$

如船中部舷侧为倾斜式或外漂式,则

$$C = 0.3085 + 0.0227(B/d) - 0.0043(L/10)$$

GM——船舶装载状况下经自由液面修正的初稳性高度(m)。

对于船长不足70m的船舶,IMO建议使用如下简便公式

$$GM_0 = (f'B/T_\theta)^2 \tag{9-52}$$

驾驶专业

式中:f'——横摇周期系数,其值与船舶大小、形状、装载情况、液体数量等因素有关,对空船或压载时 f' 取0.88;对满载船舶,液体占总载重的20%、10%和5%时,f' 分别取0.78、0.75和0.730。

在测定船舶横摇周期求取 GM 时,应注意以下几点:

(1)在实测 T_θ 时,应多测几次横摇周期,测量次数 $n \geq 5$,以减小测量误差;若测量 n 次共用时间为 t,则 $T_\theta = t/n$,并重复测量2~3次,以校正每次测量的误差。

(2)海上实测时,应选择海浪较小的时机,以减小波浪周期的干扰。

(3)应注意抛弃那些偏离其他大多数测定值较远的读数。

(4)由于各种因素的影响,利用 T_θ 求得的 GM_0 只能是估算和检验船舶稳性的近似手段。

(5)有的船舶资料中提供了 GM_0 与 T_θ 关系曲线或数值表,使用时根据船舶装载吃水或排水量以及所测横摇周期查取初稳性高度(图9-30)。

2. 船上载荷横移或横向不对称增减检验稳性

船舶通过调拨左右舱压载水、吊杆同时起吊货物、在一舷压载舱注排压载水、消耗一舷油水等方法迫使船舶产生一横倾角,用以检验船舶在港或航行中的稳性。

船上载荷横移后产生横倾力矩,从而引起船舶横倾,横倾角可由倾斜仪读出。于是可得

$$GM = \frac{py}{\Delta \cdot \tan\theta} \tag{9-53}$$

式中:p——载荷横移重量(t);

y——载荷横移距离(m);

θ——自倾斜仪读取的横倾读数(°)。

船上横向不对称载荷增减后,由于载荷增减量较小,可认为载荷增减后初稳心位置不变。设载荷增量为 p,先将其置于船舶中纵剖面上的 KP 处,所引起的初稳性高度变化亦可忽略不计,然后由中纵剖面横移至实际位置处,则船舶产生横倾角 θ,于是有:

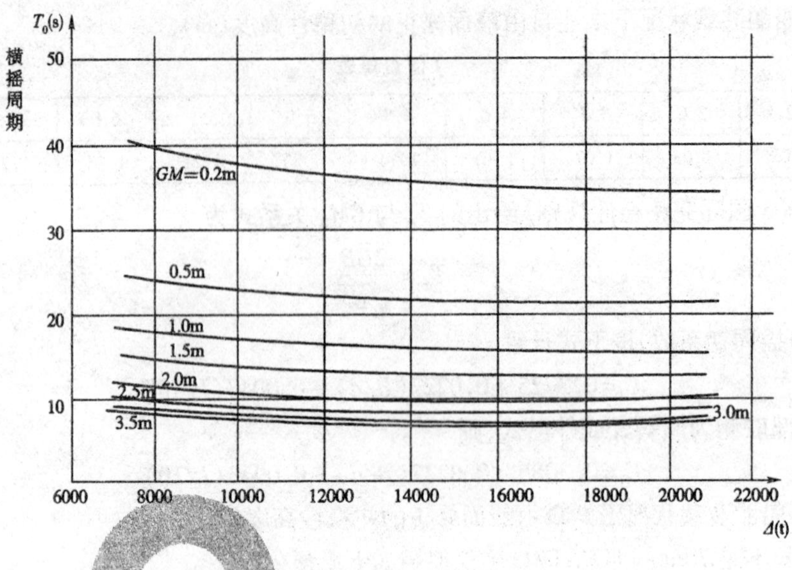

图 9-30　$GM_0 \sim T_\theta$ 曲线

$$GM = \frac{p y_p}{(\Delta + p)\tan\theta} \tag{9-54}$$

式中：y_p——载荷 p 的横坐标，即 p 的重心至中纵剖面距离（m）。

3. 观察船舶征状

船舶当稳性过小时，由于稳性力矩小而使得抵抗横倾力矩的能力减弱，因而即使船舶在较小横倾力矩作用下，也会出现较大横倾角，具体表现在：

（1）船舶在较小风浪中航行时，横摇摆幅较大，摇摆周期较长；

（2）油水使用左右不均时，船舶很快偏向一舷；

（3）用舵转向或拖轮拖顶时，船舶明显倾斜且复原较慢；

（4）甲板上浪、舱内货物少量移动、货舱少量进水时船舶出现较大横倾角；

（5）货物装卸时因吊杆起落摆动或舱内货物左右不均而横倾异常，或缆绳受力过大。

船舶稳性过大时主要表现在航行中稍有风浪即摇摆剧烈，横摇周期较小。

四、船舶稳性调整

为保证船舶安全，在整个航次中船舶应具有适度的稳性。当稳性不符合要求时，需做必要调整。就整体来讲，稳性调整的方法可概括为：船内载荷的垂向移动及载荷横向对称增减调整船舶初稳性高度。

1. 载荷垂移法调整 GM

载荷垂向移动调整船舶稳性的手段适应于配载计划编制阶段。由于载荷垂移前、后船舶排水量不变，故初稳心距基线高度 KM 不变，因此，载荷垂移所引起的船舶重心高度改变量在数值上就等于初稳性高度改变量。船舶在配载计划编制时，经校核后若稳性过大，可将载荷上移；反之将载荷下移。

设初稳性高度调整前为 GM，现确定将其调整为 GM_1，则初稳性高度调整量为

$$\delta GM = |GM_1 - GM| \tag{9-55}$$

并拟采用货物垂移的方法来调整,其垂移距离为 Z,则需要移动的货物重量 p 应由下式求出。

$$p=\frac{\Delta\cdot\delta GM}{Z}\tag{9-56}$$

当上下舱单独移货因满舱而无法实现时,可采用上下舱轻重货等体积互换的方法达到调整稳性的目的。设轻货重量为 p_L,积载因数为 SF_L,重货重量为 p_H,积载因数为 SF_H,应调整的初稳性高度改变量为 δGM,而轻货与重货之间的垂移距离为 Z,则由以下关系式可求出所移轻货和重货数量。

$$\begin{cases}p_H-p_L=p=\dfrac{\Delta\cdot\delta GM}{Z}\\ p_H\cdot SF_H=p_L\cdot SF_L\end{cases}\tag{9-57}$$

解之,得

$$\begin{cases}p_L=\dfrac{p\cdot SF_H}{SF_L-SF_H}\\ p_H=p_L+p\end{cases}\tag{9-58}$$

利用载荷垂移调整船舶稳性虽为配载图编制时经常使用的方法,但在具体应用时也应注意诸因素的限制,以防顾此失彼。例如,货物垂向移动后应满足卸货港序的要求;因所载货物的重量、包装、体积或尺寸等影响,配载后无法垂移;货物是否适合于移至新舱位,是否与周边其他货物相容;货物移至新舱位其装载要求能否满足、甲板强度是否超出等。这些因素都需在货物调整前予以充分考虑。

例 9-3:某轮某航次配载草图拟就后,计算得船舶排水量 $\Delta=20881\text{t}$,全船垂向重量力矩为 $\sum p_iz_i=158487\times9.81\text{kN}\cdot\text{m}$,查得 $KM=8.69\text{m}$。

(1)试计算初稳性高度 GM;

(2)为了将初稳性高度调至 0.90m,拟将装在第二舱的五金($SF=0.75\ \text{m}^3/\text{t}$,$z_P=6.5\text{m}$)和麻袋($SF=2.88\ \text{m}^3/\text{t}$,$z_P=12\text{m}$)位置互换,试计算这两种货物各调换多少吨才能满足需要?

解:(1)计算初稳性高度

$$KG=\frac{\sum p_iz_i}{9.81\Delta}=158487/20881=7.59\text{m}$$

$$GM=KM-KG=8.69-7.59=1.10\text{m}$$

(2)计算轻重货物调换吨数

$$p=\frac{\Delta\cdot\delta GM}{z}=\frac{20881\times0.20}{12.0-6.5}=759.3\text{t}$$

$$p_L=\frac{p\cdot SF_H}{SF_L-SF_H}=\frac{759.3\times0.75}{2.88-0.75}=267.4\text{t}$$

$$p_H=p_L+p=267.4+759.3=1026.7\text{t}$$

2. 载荷增减调整 GM

船舶配载时、装载后或航行中在某些情况下可利用载荷增减方法调整稳性。载荷增减调整 GM 包括未满载时加压载水、吃水较大或满载时排压载水、加装货物及抛货,一般此种调整方法应属于少量载荷增减,因此可应用相应计算方法予以计算。

设载荷改变前船舶初始参数分别为 Δ、KM、KG、GM,现拟在重心高度 KP 处增减载荷,使船舶初稳性高度达到 GM_r 值,则可按以下方法求取载荷增减量 p。

根据式(9-24)求取载荷增减量 p

$$p=\frac{\Delta\cdot\delta GM}{KG-KP-\delta GM} \tag{9-59}$$

式中:δGM——初稳性高度调整量(m),$\delta GM=GM_r-GM$

若液体舱柜内存在自由液面,则载荷增减量 p 算式应为

$$p=\frac{\Delta\cdot\delta GM+\rho i_x}{KG-KP-\delta GM} \tag{9-60}$$

例 9-4:某船某航次 $\Delta=20375\text{t}$,$d=8.80\text{m}$,$KM=8.66\text{m}$,$KG=8.06\text{m}$,现拟采取加压载水的方法调整稳性,问需在 No.2 压载舱($KP=0.80\text{m}$)加多少吨压载水才能使初稳性高度调至 0.80m。(不考虑自由液面影响)

解:(1)船舶初始初稳性高度 $GM=8.66-8.06=0.60\text{m}$

(2)初稳性高度调整量 $\delta GM=GM_r-GM=0.80-0.60=0.20\text{m}$

(3)根据式(9-58)求压载水注入吨数

由式(9-58)可得

$$p=\frac{20375\times0.20}{8.06-0.80-0.20}=557\text{t}$$

五、船舶初始横倾调整

当船舶重心偏离中纵剖面时,则会出现初始横倾角,它将使船舶稳性力矩减小,从而降低船舶稳性,对船舶安全营运是十分不利的。因此,船舶在航行中应保持无初始横倾角,按船舶安全航行的技术要求,船舶初始漂浮状态的左(右)横倾角一般应不超过 1°。当超过该值时,应予以调整。

1. 船舶初始横倾形成的原因

1)配载时各舱货物重量左右不对称

配载图编制时,向舱内配置的货物在中纵剖面两边的重量不对称,使船舶重心偏离中纵剖面。尤其是在件杂货种类较多或集装箱重量分布较复杂的情况下,更容易出现船舶重心偏离的现象。

2)货物装卸时左右不均衡

货物在装卸过程中难免产生重量左右不均衡的情况,在排水量较小时船舶将出现较大横倾,对此应给予充分重视。因此,要求值班人员及时与装卸工人联系,尽量做到均衡作业。

3)液舱柜内液体左右不均衡

液体散货的装载、航行中油水的使用、压载水的注入和排放等如处理不当,均会引起船舶横倾。为此,要求船舶在液体舱位重量安排、油水使用上尽量使其保持重量横向均衡。

4)舱内货物横移

船舶在航行中由于风浪较大引起货物横移,从而使船舶重心向移货方向偏移,出现一定横倾角。为避免货物移动,在积载时应加强装货监督和检查,使舱内或甲板货物堆装紧凑平整.减小空档,并做好系固。根据风浪情况,提前下舱检查并采取适当措施,减小船舶摇摆,必要时

绕航或就近避风。

5)使用船上重吊装卸重大件货物

使用船上重吊进行重大货件装卸作业时,船舶将产生横倾角。为避免横倾过大,通常均使用船舶两侧的平衡水舱来对船舶横倾予以控制。

2. 船舶初始横倾的调整

船舶出现初始横倾后应予以调整,调整方法有以下两种。

1)载荷横移

用载荷横移方法调整船舶横倾适应于配载图编制时货物横移或装卸后压载水、淡水的调拨。设船舶初始横倾角为 θ,需将横倾角调至 θ_1,根据载荷横移原理,需调整的横倾力矩值为调整前船舶所承受的横倾力矩 $\Delta GM\tan\theta$ 与调整后船舶所承受横倾力矩 $\Delta GM\tan\theta_1$,之差,即

$$py = \Delta GM(\tan\theta - \tan\theta_1)$$

于是有

$$p = \frac{\Delta GM(\tan\theta - \tan\theta_1)}{y} \tag{9-61}$$

式中:y——载荷横移距离(m)。

若消除初始横倾角,即使 $\theta_1=0$,上式则成为

$$py = \Delta \cdot GM\tan\theta$$

$$p = \frac{\Delta GM\tan\theta}{y} \tag{9-62}$$

例 9-5:某船装载后 Δ =18 000 t, GM =1.02 m,船舶由于装载原因右倾2°,现拟调拨 No.2 压载舱(左、右)压载水将船调至正浮,已知两舱容积中心横向间距为 10.0m,求压载水调拨数量。

解:已知:$\theta=2°$,$\theta_1=0°$,$y=10.0$m,应用式(9-62)可得

$$p = \frac{18000 \times 1.02 \times \tan 2°}{10.0} = 64.1\text{t}$$

2)载荷增减

用载荷横向不均衡增减方法调整船舶横倾包括:某一舷注入(排出)压载水、在某些情况下一舷加载部分货物、海上一侧抛弃货物、油水横向不对称装载或使用等,但最常用的方法仍是通过注排压载水将初始横倾予以消除或减小。

设已知初始排水量 Δ 和初稳性高度为 GM,为消除或减小初始横倾角 θ,需将载荷 p 加载于距中纵剖面横向距离为 y_P 处,使其横倾角降至 θ_1。此时,需调整的横倾力矩值 py_P 与调整后船舶的稳性力矩 $(\Delta+p)GM_1\tan\theta_1$ 作用方向相同,两者之和应与载荷增加前船舶所承受的横倾力矩 $\Delta \cdot GM\tan\theta_1$ 相等,即

$$py_P + (\Delta+p)GM_1\tan\theta_1 = \Delta GM\tan\theta \tag{9-63}$$

若完全消除初始横倾,即 $\theta_1=0$,则式(9-63)为

$$py_p = \Delta \cdot GM\tan\theta \tag{9-64}$$

例 9-6:某船 Δ=19 869t, KM=8.62m,KG=7.51m,船舶呈右倾 $\theta=3°$,现拟在 No.4 压载舱(右)(y_P=5.25m,KP=0.79m)注入压载水使船舶横倾减至 θ_1=1o,求应加多少吨压载水可

满足要求？（不考虑自由液面的影响）

解：将已知条件代入公式可得

$$p=\frac{19868\times(8.62-7.51)\times(\tan3^\circ-\tan1^\circ)}{5.25+(8.62+0.79)\times\tan1^\circ}=142.4\text{t}$$

六、保证船舶适度稳性的措施

为使船舶在整个营运中具有安全而适度的稳性，驾驶人员应采取必要及必需的若措施，以确保船舶营运安全，这些措施归纳起来大体有以下若干项。

1. 了解船舶状况及航线情况

驾驶人员应对所在船舶的技术状况做认真的分析和研究，从中了解船舶装载或压载的能力、重量分布及相应的稳性状态；熟悉本航线所经海区的自然条件、可能出现的气象现象等，从而确定既安全又适当的稳性大小。

2. 合理配载

在编制配载计划时，根据所确定的适度稳性大小分配各舱配货比例，合理搭配各类货物，制定切实可行的系固方案，以适应船舶稳性需要。为便于在船舶稳性校核前就能有效地控制船舶重心高度，减少或避免船舶装载方案确定后出现稳性校核不适当的情况，驾驶人员应当注意不断总结特定船舶在不同排水量条件下，各层舱间的合理分配货物重量比例。根据经验，对于万吨级船舶满载时，底舱和二层舱装载量所占全部载货量的比例约为 65%：35%；对于具有 3 层甲板的船舶，底舱、下二层舱、上二层舱的配货比例大体为 55%：25%：20%。

3. 合理调整船舶稳性

当船舶装载状况的稳性不满足要求或需将实际装载后的稳性调至适度值，应予以合理调整。在采取加（排）压载水方法时，应注意自由液面对稳性的影响，且加（排）压载水后因排水量的变化导致许用重心高度或最小许用初稳性高度改变。加装甲板货时因受风面积增大，引起风压倾侧力矩增大致使稳性衡准数减小。

4. 货物紧密堆垛，防止大风浪航行中移位

在货物装载过程中.应加强值班监装，确保舱内货物堆垛紧凑，以防止船舶在大风浪中航行因大幅度摇摆而造成货物移位，严重影响船舶稳性。

5. 合理平舱

对于件杂货而言，各舱装载后应保持货物表面基本平整，不允许出现不同舱位处的货物表面凹凸不平，尤其是因舱口前后两端因堆垛困难而将其舱位弃之不用；对于固体散货，根据装货数量和货舱形状确定是否采取分段平舱，无论如何，散货装载完毕时应保证货物表面平整，对于满载舱应尽量将货物充满整个货舱空间，以减少或防止货物移动，必要时采取止移措施。

6. 尽量减少自由液面影响

船舶在稳性较小的情况下，应尽量减小液体自由液面对稳性的不利影响，具体措施见本章第二节。

7. 消除船舶初始横倾

船舶的初始横倾使静稳性力矩降低，从而对船舶的大倾角静稳性、动稳性都产生不利影响。因此，船舶在整个航次中，即无论在装卸及航行中，都应避免出现初始横倾角。如由于不

可避免的原因而存在初始横倾，应及时予以调整。

8. 航行中做好货物检查和加固

船舶在航行中应经常下舱检查货物情况，一旦发现问题及时采取措施，尤其是在大风浪到来之前，应对可能产生移动的货物予以加固，检查货舱的水密情况及甲板货堆装情况。

9. 改变船舶与波浪的相对位置

就船舶安全性而言，通常应考虑船舶在横风和横浪作用下造成船舶在海上大幅度横摇甚至发生倾覆的危险状态，以及船舶随浪中航行且波峰居中引起稳性损失。

当船舶在风浪中航行，最不利状态是在横浪的作用下船舶由初始状态向上风舷横摇，当刚开始回摇时船舶在正横方向受到一突风作用，船舶稳性力矩与突风力矩的作用方向相同，将加剧船舶横倾。

当船舶随浪航行，如果波长近似等于船长且航速较慢时，波浪将自船尾至船首通过船舶，而对速度较快的船，将静止在某一波浪上一段时间。尤其是波速接近船速时，船舶与波浪的相对位置将保持不变。若波峰居于船中，船舶的稳性将小于静水中稳性；若波谷居于船中，船舶的稳性将大于静水中稳性。

此外船舶迎浪或随浪航行时，当船舶横摇固有周期与波浪周期之间存在一定的关系时，即使海况不是非常恶劣，船舶也有可能在很短时间内发生较大幅度的横摇，即伴随着显著的纵摇运动船舶将在短时间内产生很大的横摇角，这一现象称为参激横摇。

要发生参激横摇，必须满足一定的参数条件，比如波长要近似等于船长，波高要达到某一临界值，横摇阻尼要足够小，以及航速和航向条件等。参激横摇与普通横摇都属于船舶稳性的范畴，但两者的本质区别在于，参激横摇并非来自外界环境的直接影响，而是由于船舶在波浪中自身稳性的周期性变化而引起。

上述危险状态涉及到船舶与波浪相对位置，因此在航行中可通过改向或变速的措施来改变船舶与波浪的相对状态，以脱离相应的危险境遇，改变船舶的外部环境。

10. 船长的责任

IMO 稳性规则特别指出，鉴于船舶形式和大小以及航行环境的复杂性，防止船舶发生稳性事故的安全问题仍未完全解决。因此，尽管船舶稳性符合规则要求，但并不能保证由于忽略周围环境而不致倾覆或解除船长责任。

船长应当清楚，稳性满足了有关规则的规定只是满足了最低的要求。为了顾及船舶其他航行性能和经济性能，不可能孤立地要求船舶在任何风浪及操纵情况下不致倾覆。在稳性基本衡准中虽已考虑了横风横浪的联合作用，但船舶实际航行环境可能出现远比规则规定的横风和横浪联合作用更恶劣的状况。因此，船舶在航行中船长应注意其装载、气象和海况等情况，运用良好船艺谨慎驾驶。

七、船舶纵倾对稳性的影响

当船舶有纵倾时，其水线面面积与正浮时的水线面面积不同，因而计算所得的稳心半径 $BM(r)$ 和横稳心距基线高度 KM 也发生了变化；同时由于排水体积的形状也发生了变化，所以形状稳性力臂 KN 也与纵向正浮时不同。当船舶存在微小纵倾时，可根据船舶的排水量或平均吃水查船舶正浮时的 KM、KN 等参数进行稳性计算。

但是,当船舶存在较大纵倾时,上述计算存在一定的误差,因此应根据船舶纵倾时的静水力参数表和稳性横交曲线查取船舶 KM 和 KN。

船舶纵倾对稳性的影响可从表 9-5 ~ 表 9-8 所示的数据清楚地表示出来。

静水力参数表($t=0$m) 表 9-5

d_m (m)	Δ (t)	∇_m m^3	x_f (m)	x_b (m)	KB (m)	KM (m)	MTC (t·m/cm)	TPC (t/cm)
…	…	…	…	…	…	…	…	…
5.00	17676	17194	3.969	5.316	2.585	14.658	376.13	37.94
5.10	18056	17563	3.864	5.288	2.637	14.497	378.03	38.01
5.20	18436	17933	3.753	5.258	2.689	14.339	380.00	38.08
5.30	18818	18304	3.636	5.227	2.741	14.183	382.01	38.15
5.40	19199	18675	3.514	5.194	2.793	14.032	384.07	38.23
5.50	19582	19047	3.387	5.159	2.845	13.886	386.16	38.30
…	…	…	…	…	…	…	…	…

静水力参数表($t=-2$m) 表 9-6

d_m (m)	Δ (t)	∇_m m^3	x_f (m)	x_b (m)	KB (m)	KM (m)	MTC (t·m/cm)	TPC (t/cm)
…	…	…	…	…	…	…	…	…
5.00	17512	17033	2.772	0.960	2.591	14.948	390.30	38.42
5.10	17896	17407	2.660	0.994	2.643	14.785	393.02	38.52
5.20	18282	17783	2.545	1.026	2.695	14.624	395.76	38.61
5.30	18669	18159	2.427	1.056	2.747	14.466	398.54	38.71
5.40	19056	18536	2.305	1.083	2.800	14.312	401.36	38.81
5.50	19445	18914	2.176	1.107	2.852	14.163	404.23	38.91
…	…	…	…	…	…	…	…	…

注:表中 d_m 为船中平均吃水。

KN 参数表($t=0$m) 表 9-7

Δ(t)	10°	20°	30°	40°	50°	60°
…	…	…	…	…	…	…
17000	2.636	5.320	7.472	8.979	9.912	10.421
17500	2.590	5.245	7.429	8.958	9.903	10.429
18000	2.548	5.173	7.386	8.937	9.894	10.435
18500	2.509	5.105	7.344	8.916	9.885	10.437
19000	2.475	5.041	7.302	8.895	9.876	10.436
19500	2.446	4.979	7.262	8.874	9.867	10.430
20000	2.418	4.920	7.222	8.849	9.858	10.423
…	…	…	…	…	…	…

KN 参数表($t=-2\text{m}$)

表 9-8

Δ(t)	10°	20°	30°	40°	50°	60°
…	…	…	…	…	…	…
17000	2.677	5.392	7.546	9.040	9.942	10.440
17500	2.632	5.318	7.506	9.018	9.933	10.447
18000	2.589	5.248	7.465	8.996	9.923	10.452
18500	2.551	5.181	7.425	8.972	9.914	10.453
19000	2.516	5.118	7.386	8.948	9.904	10.451
19500	2.486	5.057	7.347	8.922	9.894	10.445
20000	2.458	4.999	7.308	8.894	9.885	10.437
…	…	…	…	…	…	…

第八节 船舶稳性资料的应用

为便于驾驶人员掌握船舶的稳性情况，船舶设计或建造部门应向船上提供经船舶检验机构(船级社)核准的船舶稳性报告书(Stability report)或船舶装载手册(Loading manual)或稳性及吃水计算书(Trim and stability calculation book)。作为船舶驾驶人员，应了解船舶稳性资料的内容，学会熟练使用船舶稳性资料则是其基本职责。

一、船舶稳性资料的主要内容

根据《法定规则》的规定，船舶稳性资料应由船舶设计或建造部门负责提供并经船舶检验机构(船级社)审核批准，至少应包括下列内容：

1. 船舶主要参数

1)船舶尺度

包括：总长 L_{oa}、垂线间长 L_{bp}、型宽 B、型深 D 和型吃水 d。

2)船舶载重参数

空船排水量 Δ_L、满载排水量 Δ_s 和总载重量 DW 等。

3)船舶登记吨

总吨 GT 和净吨 NT。

2. 基本装载情况稳性总结表

根据不同种类船舶，《法定规则》规定的基本装载情况不完全相同。对于一般货船，基本装载情况至少包括满载出港、满载到港、空船压载出港、空船压载到港，并且假定：出港时油水装满为 100%，到港时油水剩余 10%，舱内货物重量均匀分布，重心取在容积中心处；压载时提供压载方案。实船上的基本装载情况往往包括更多的装载状态，以便船员对实际装载状态都可以找到一个与之相似的基本装载情况作比照。

根据各装载情况的重量和重心计算、纵倾及初稳性计算结果，绘制出静稳性曲线图，从而求出各装载情况下的稳性特征值，形成总结表。总结表的主要内容包括：装载状况、Δ、DW、

d_F、d_A、t、GM、KM、GZ_{30}、θ_{sm}、T_θ、稳性是否合格、备注等。

由于基本装载情况稳性总结表列出了主要装载状况下的初稳性、大倾角静稳性和动稳性各项特征值，因而它全面反映了船舶稳性的整体状态，是船舶稳性资料中的最重要内容之一。表9-9为根据我国《法定规则》建造的某国内航行船基本装载情况稳性总结表。

基本装载情况稳性总结表　　表9-9

装载情况	Δ(t)	DW(t)	压载水(t)	压载舱名	吃水(m)		GM (m)	GM_0 (m)	GZ_{30}(m)	θ_{sm}	K	稳性情况
					d_F	d_A						
满载出港	19650	14090			8.99	9.83	1.11	1.11	0.46	30°	3.91	符合
满载到港	18421	12861	310	尾深舱、尾尖舱	8.60	8.82	0.58	0.57	0.35	32°	2.64	符合
空载压载出港	8920	3360	1578	所有压载水舱	2.75	6.63	2.48	2.48	1.87	45°	4.09	符合
空载压载到港	7381	1821	1578	所有压载水舱	3.02	4.94	2.28	2.25	1.30	43°	2.27	符合

3. 主要使用说明

船舶稳性资料中就如何使用以及相应的注意事项做了说明和解释，主要包括所适用的稳性规则、稳性及吃水的计算方法、获取良好稳性的途径、使用船舶稳性资料的注意事项。当船舶需要实际核算装载状态稳性时，应对稳性的各项指标进行计算，并判明是否全部满足要求。若稳性不满足或不适当，应采取适当措施予以调整。

应该强调的是，船舶稳性虽已符合规则要求，但营运中还可能遇到诸多不利情况，要求船长应注意船舶装载、气象及海况等情况，谨慎驾驶，确保船舶安全。

4. 各种基本装载情况稳性计算

对每一基本装载情况，列表给出空船、各货舱货物、各液舱油水、船员及行李、备品等各项重量及重心位置、重量垂向和纵向力矩，从而求得船舶在该装载状态下的Δ、d_F、d_A、d_m、KG_0、GM、δGM_f、T_θ 等值；绘制出静稳性曲线图和动稳性曲线图，从而求得 K、GZ_{30}、θ_{sm} 等特征值。该项计算为稳性总结表提供了数据来源。

5. 液舱自由液面惯性矩表和力矩表

自由液面惯性矩表提供了各液舱在不同深度的 i_x 值，供修正初稳性高度查用，有的船除列出各液舱 i_x 值外，还列有各液舱自由液面力矩值，以方便使用。

6. 进水点位置及进水角曲线

船舶某些开口比如货舱口、通风筒等在关闭时不能满足《法定规则》中关于风雨密的要求，因而不能保持开口装置的有效状态，这些开口的端点即为进水点，船舶横倾至进水点时，则认为稳性完全丧失。作为驾驶人员，应清楚本船进水点位置及相应进水角，以防范大风浪海况下船内进水，也为大倾角稳性计算提供数据。图9-28为某船进水角 θ_f 与排水量关系曲线。

7. 许用重心高度曲线图或最小许用初稳性高度曲线图

为了使船员便于掌握船舶在营运过程中稳性是否满足我国《法定规则》或IMO《稳性规

则》的要求，在船舶稳性资料中提供了许用重心高度曲线或最小许用初稳性高度曲线。

除上述《法定规则》规定的内容外，船舶稳性资料中一般还载有用于常规稳性、吃水计算的若干图表，如静水力参数表、各类舱容及中心坐标、稳性交叉曲线或图表、加载100t货物首尾吃水变化标尺或图表、风压倾侧力臂曲线、横摇周期与*GM*关系曲线等。对于有稳性特殊要求的船舶，还应提供相应的计算资料。由于船舶稳性资料是船舶稳性校核的原始资料，驾驶人员妥善保管、完备交接、正确使用；船舶经过重大改装后，对有关资料应予以更新。

应该指出，不同国家的船舶稳性资料，对于不同船舶其所包括的内容不完全相同，在使用时应首先了解其基本内容及所适应的稳性规则。

二、船舶稳性资料的应用

根据船舶稳性资料中提供的船舶资料可知，它的主要用途是为使驾驶人员了解和掌握船舶稳性的整体状况、核算船舶实际装载状态下的稳性。

1. 了解和掌握船舶稳性的整体状况

驾驶人员通过对报告书或手册的认真研读，可了解和掌握船舶稳性的整体状况，如基本装载情况下的稳性各项特征值大小，与稳性最低标准的比较，各舱重量的配装、压载状况下的压载水配置、油水重量及其分布、船舶横摇周期大小等。对于接班驾驶人员，应从报告书或手册以及船舶营运实际经验中尽快、准确了解本船稳性情况，以利有针对性地采取有效措施确保船舶安全。

2. 核算船舶实际装载状态下的稳性

有必要对其稳性予以核算的实际装载状态应包括船舶出港前装载状态、航行中稳性最不利装载状态、装卸期间因特殊原因致使船舶重心过高而对船舶稳性有任何怀疑时、认为有必要的其他情况等。船舶的稳性无论在开航时、航行中，还是在港前都应该满足衡准中各项要求。港内状态的船舶稳性，由于遮蔽条件较好，可视其停泊期间的气象条件，酌情降低其对稳性的要求，但应至少满足对船舶初稳性的最低要求。

对船舶在航期间的稳性校核，大体可分为以下两种情况：

1）实际装载状况与报告书或手册中某一基本装载情况大致相同

船舶稳性资料中所列各种典型装载情况，是船舶设计时拟定的基本装载工况，经核查其稳性满足衡准中各项要求。若船舶营运中的装载状况与船舶稳性资料中所列某一基本装载情况大致相同且稳性稍好于该基本装载情况时，可认为船舶实际营运条件下的稳性与船舶稳性资料中的核算结果相同，而不再对其予以重复计算。

2）实际装载状况与报告书或手册中的基本装载状况不相同

由于船舶营运中的装载状况大多与报告书或手册中的基本装载状况不一致，因此需对其作认真准确的校核。其核算过程如下：

（1）计算船舶的排水量及重心高度

①根据装载计划，分别求取各货舱货物重心高度。

各货舱货物重心高度可按各种货物体积中心确定其相应重心，或由各货舱舱容曲线查取。

②各液舱柜液体重心由舱柜容积表或舱容曲线查取。

③求取排水量并计算船舶重心高度*KG*。

(2)求液舱柜自由液面对初稳性高度修正量

由液体舱柜名称查取“液体舱柜自由液面惯性 i_x 表”,按式(9-10)计算自由液面对 GM 的修正量。

(3)查取初稳心距基线高 KM

根据装载排水量 Δ,查静水力资料得到相应的 KM 值。

(4)计算经自由液面修正后的初稳性高度 GM_0

(5)核算船舶稳性是否满足稳性衡准的要求

若船舶稳性资料中给出许用重心高度 KG_c 曲线或最小许用初稳性高度 GM_c 曲线,则由装载排水量 Δ 查得相应的 KG_c 或 GM_c 值,当实际装载状态下的 GM 或 KG 满足式(9-46)或式(9-47)时,则认为符合稳性衡准中的各项要求。

若船舶稳性资料中未提供许用重心高度曲线或最小许用初稳性高度资料时,首先应决定采用何种稳性规则(如 IMO《2008 年国际完整稳性规则》)对船舶稳性作核算。在此种情况下,一般应先绘制出静稳性曲线图,校核其大倾角静稳性及动稳性的各项指标是否满足。

在校核时,应注意甲板货的侧投影面积较大时对船舶稳性的影响,弄清船舶资料中的 KG_c 曲线和 GM_c 曲线中是否已考虑了甲板货的影响,若未考虑或难于确定时,应加算动稳性衡准某些指标(如稳性衡准数 K 或 IMO 的稳性天气衡准)。

(6)稳性状态的合理调整

经核算船舶稳性不符合规则要求,或认为稳性状态不理想。可对其作适当调整。当采用载荷增减方法(如加、排压载水)调整时,应注意载荷增减后对许用重心高度或最小许用初稳性高度的影响,考虑载荷增减后对船舶稳性的相对改变。

3. 校核船舶的摇摆性

校核船舶摇摆性的目的,是使船舶避免在航行中落入谐摇区,从而保证船舶安全。根据海面通常的波长范围,对于自摇周期小于 12s 的船舶横对波浪时,有很多机会将落入谐摇区,尤其是自摇周期在 9s 左右时落人谐摇区的概率更大。而当自摇周期大于 14s 时,则船舶发生谐摇的概率就较小。因此,对于航行中的船舶,在满足对其完整稳性最低要求的前提下,实际装载状态时未经自由液面修正的初稳性高度应同时满足

$$GM \leqslant GM_{T_\theta=9s} \tag{9-65}$$

式中,$GM_{T_\theta=9s}$值可由船舶稳性资料提供的 $GM \sim T_\theta$ 曲线查取,或按式(9-50)、式(9-51)求算。当船舶自摇周期接近 9s 时,与波浪发生谐摇的可能性较大,而横摇周期低于 9s 时,船舶摇摆剧烈,船体结构受力过大,船员工作生活环境恶化,可能造成货物移位,因此应尽量避免船舶横摇周期 T_θ <9s,以确保船舶安全航行。

小结与习题

本章小结:

稳性是影响船舶安全运营的航海性能之一。为了保证安全,船舶必须具有适度的稳性,以抵御船舶在装卸、靠泊及航行中所受到的外力矩而不致倾覆。

本章重点讲述了稳性的定义和分类,初稳性的衡量指标及其计算,影响初稳性高度的因素

及其计算，大倾角稳性的衡量指标及静稳性曲线的特征，动稳性的相关概念；稳性规则对营运船舶的稳性要求；稳性的检验和调整，保证船舶具有适度稳性的措施，及稳性资料的正确应用。

通过学习，学会利用船舶资料熟练核算航次船舶稳性是否满足规则的要求，掌握稳性检验和调整的方法，将船舶稳性保持在适宜的范围内，保证船舶安全。

思考题

1. 船舶稳性的分类有哪些？

2. 为什么不能用 GM 来衡量船舶大倾角稳性的大小？

3. 船舶平衡状态有哪些？并简述其特点。

4. 简述调整船舶稳性的方法及其适用范围。

5. 简述船舶稳性的检验方法及其特点。

6. 我国《法定规则》对国内航行普通干散货船的稳性要求有哪些？

7. IMO《2008 年国际完整稳性规则》对普通干散货船的稳性要求有哪些？

8. 简述临界稳性高度和极限重心高度的定义及其应用。

9. 简述静稳性曲线的特征。

10. “P”轮空船排水量 $\Delta_L=5371$t，装货 11055t，燃油 1454t，淡水 318t（油水舱均装满），备品 50t，船舶常数 200t。装载后重心距基线高 $KG=7.08$m，稳心距基线高 $KM=8.58$m。

（1）求装货后的初稳性高度？

（2）因初稳性高度过大，为使船舶初稳性高度减小 0.20m，拟采取轻、重货上、下调换位置的措施进行调整。现某底舱装有钢块（$z_{p_1}=1.65$m，$SF=0.37$m^3/t），二层舱装有花生仁（$z_{p_2}=11.8$m，$SF=1.84$m^3/t），问钢块与花生仁各调换多少吨可达到预期目的。

（3）航行途中油水消耗情况如下：

燃油　260 吨　$Z_p=1.00$m

淡水　60 吨　$Z_p=5.00$m

由于油水消耗同时产生自由液面（燃油舱长 $l=11.0$m，宽 $b=4.0$m，燃油密度 $\rho=0.88$t/m^3；淡水舱长 $l=11.0$m，舱前端宽 $b_1=6.0$m，舱后端宽 $b_2=3.0$m）未满，求到港时经自由液面修正后的初稳性高度。

11. “L”某轮空船排水量 $\Delta_L=5371$t，$NDW=13580$t，实装货物 12187t，油水等 1928t（液舱均装满），船舶常数 200t，全船垂向力矩 158472×9.81kN·m，稳心距基线高 $KM=8.85$m。现拟在上甲板装载部分货物，若要求 $GM\geqslant0.60$m，求最多能在 $z_p=13.75$m 处装多少吨甲板货。

第十章 船舶吃水差

船舶吃水差(Trim)是指首吃水与尾吃水的差值,用符号 t 表示。当船舶首吃水大于尾吃水时,t 为正值,称为首吃水差(Trim by head),相应纵向浮态称作首倾,俗称拱头;当船舶首吃水小于尾吃水时,t 为负值,称为尾吃水差(Trim by stern),称作尾倾,俗称尾沉;当船舶首吃水和尾吃水相同时,t 为零,称作平吃水(Even keel)。应当注意的是,世界上某些航运国家(如日本)将尾吃水与首吃水的差值定义为吃水差,这与我国定义的吃水差符号恰好相反。为保证船舶的航行性能,要求船舶具有适宜的吃水差和吃水。

第一节 营运船舶对吃水差及吃水的要求

一、船舶吃水差及吃水对航海性能的影响

船舶吃水差及吃水对操纵性、快速性、耐波性都会产生一定的影响。尾倾过大,船舶操纵性变差,航速降低,船首部底板易受波浪拍击而导致损坏,特别是处于空载时船首瞭望盲区增大;首倾且轻载时使螺旋桨和舵叶的入水深度减小,影响船舶的推进效率和舵效,,首部甲板容易上浪,而且船舶在风浪中纵摇和垂荡时,使螺旋桨和舵叶易露出水面,造成飞车。

船舶空载航行时,因吃水小,影响螺旋桨和舵叶的入水深度,使船舶操纵性、快速性和耐波性变差。另外,因受风面积的增大,也会影响船舶稳性。

船舶在航行中保持足够的吃水和适度尾倾,使螺旋桨和舵叶及船首底部在水面下具有足够深度,它可以使船体水下部分流体线型良好,螺旋桨沉深增大,有利于提高推进效率,同时也改善了舵效,减少甲板上浪及波浪对船首底部结构的拍击,并增大了船舶的抗风浪能力。

二、营运船舶对吃水差的要求

由上所述,船舶在航行中为保证其航海性能,应使船舶适度尾倾。船舶开航前,尾吃水差

适宜值与船舶大小、装载状况、航速等因素有关。实践经验表明，万吨级货船适度吃水差为：满载时 -0.3～-0.5m；半载时 -0.6～-0.8m；轻载时 -0.9～-1.9m。各船具体情况不同，驾驶人员应根据本船实际状况确定适当尾吃水差值。对于船速较高的船舶，出港前静态时允许稍有首倾，转入正常航行后由于舷外水的压强相对降低使船处于一定尾倾。大吨位船舶满载进出港或浅水区因水深限制，则要求船舶平吃水，以免搁浅，并有利于多装货物。对有些港口，在计收某些港口使费时与船舶最大吃水有关，因此，出入此类港口的船舶，应尽量保持平吃水。另外，实验表明，船舶不同装载状况下若航速一定，存在一纵倾状态使船舶航行阻力最小，因而所耗主机功率也最小，从而节省了燃料或者在相同主机功率消耗下航速最快，该纵倾状态称为最佳纵倾。某些船舶资料中提供了最佳纵倾图谱，使用时可根据船舶装载排水量和航速查取。

三、空载航行船舶对吃水及吃水差的要求

船舶在空载时，因为船舶吃水过小及不适当的吃水差会给船舶安全航行带来不利影响，所以应通过加压载水的方法使船舶的纵向浮态满足一定要求。

船舶空船压载后的吃水，至少应达到夏季满载吃水的50%，冬季航行时因风浪较大，应使其达到夏季满载吃水的55%以上。为了保证营运船舶的安全，IMO 提出了压载航行最小吃水的要求。我国上海船舶运输科学研究所在分析了 IMO 浮态衡准后，建议远洋船舶的纵向浮态应满足以下要求：

对船长 $L_{bp} \leqslant 150$m 的船舶

$$\begin{cases} d_{F\min} \geqslant 0.025 L_{bp} \\ d_{M\min} \geqslant 0.02 L_{bp} + 2 \end{cases} \tag{10-1}$$

对船长 $L_{bp} > 150$m 的船舶

$$\begin{cases} d_{F\min} \geqslant 0.012 L_{bp} + 2 \\ d_{M\min} \geqslant 0.02 L_{bp} + 2 \end{cases} \tag{10-2}$$

应该指出，不同种类及吨位的船舶，由于其压载舱容积不同，压载舱注满压载水后能否满足上述衡准，船长应从船舶资料中获取答案，做到心中有数。一般地说，对于专用船舶，如液体散货船、固体散货船、集装箱船等，其压载能力均可满足最小吃水要求。

对于尾吃水，应使螺旋桨具有足够的入水深度。船舶营运实践表明，当螺旋桨沉深 h（螺旋桨轴中心线至水面的垂距）与螺旋桨盘面直径 D 的比值，即螺旋桨沉深比$\dfrac{h}{D}<0.50$时，将显著影响螺旋桨的推力和转矩；当$\dfrac{h}{D}>0.625\sim0.750$时，可改善其快速性。在恶劣气象条件下，会引起船舶大幅度的纵摇，因此要求保持螺旋桨具有较大的沉深。

同时船舶吃水差与船长之比$|t|/L_{bp}$应小于2.5%，即纵倾角小于1.5°。

第二节　船舶吃水差及首、尾吃水的计算

在配载计划编制后，应根据载荷重量的纵向分布情况，对船舶吃水差及首、尾吃水予以计算。

一、吃水差产生的原因

若装载后船舶重心纵向位置与正浮时船舶浮心纵向位置在同一垂线上，则船舶首、尾吃水相等，吃水差为零，即船舶处于平吃水状态。

如图 10-1 所示，若装载后重心纵向位置与上述正浮状态的浮心纵向位置不在同一垂线上，则船舶将产生一纵倾力矩，迫使船舶纵倾。随着船舶纵倾，水线下排水体积的形状发生变化，浮心也随之移动。当船倾斜至某一水线时，重心与纵倾后的浮心重新在与新水线垂直的垂线上，则船舶达到平衡，此时船舶首、尾吃水不相同，从而产生吃水差。

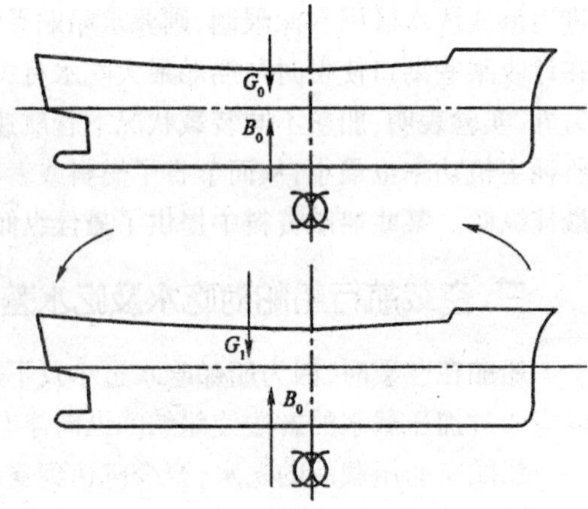

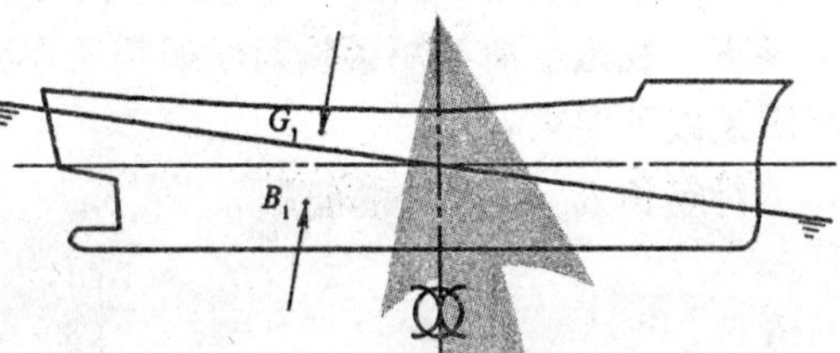

图 10-1　吃水差的产生

二、吃水差计算原理

船舶装载后由于重心纵向位置不与正浮时浮心纵向位置在共垂线，浮力与重力形成一力偶，产生一纵倾力矩 M_{RL}，由图 10-1 可知，该力矩可表示为

$$M_{RL}=\Delta\cdot(x_g-x_b) \tag{10-3}$$

式中：x_g——船舶重心纵坐标，即船舶重心距船中距离(m)；

x_b——船舶浮心纵坐标，即正浮时船舶浮心距船中距离(m)。

MTC 为每形成 1cm 吃水差所需的纵倾力矩值，称为每厘米纵倾力矩(Moment to change trim one centimetre)，可利用公式 $MTC=\dfrac{\Delta\cdot BM_L}{100L_{bp}}$ 计算，BM_L 为船舶纵稳心半径(m)，对于箱型船，$BM_L=\dfrac{1}{12}BL_{bp}^3$。

则吃水差算式可表达为

$$t=\frac{\Delta\cdot(x_g-x_b)}{100MTC} \tag{10-4}$$

三、吃水差及首、尾吃水的基本计算

船舶在计算吃水差及首、尾吃水时，可按下述程序进行。

1. 计算船舶排水量和重心纵坐标

$$\Delta=\sum p_i$$

$$x_g=\frac{\sum p_i x_i}{\Delta} \tag{10-5}$$

式中：p_i——构成排水量的第 i 项载荷重量(t)，包括空船重量 Δ_L、船舶常数 C、各货舱所装货物、各项航次储备等，各货舱货物重量由配载图确定；

x_i——p_i 的重心纵向坐标(m)，我国规定：重心在船中前，x_i 为正值；重心在船中后，x_i 为负值；

$\sum p_i x_i$——全船纵向重量力矩(9.81kN·m)。

x_i 的求取：

1)空船重心的纵坐标 x_L

空船重心的纵坐标 x_L 值，可查取船舶资料获得。

2)油水等重心纵坐标 x_i

无论是否装满，均按舱容中心对待，舱容中心纵坐标可查液舱柜容积表。

3)各舱货物重心纵坐标 x_i

一般地说，各舱货物重心可近似取为货舱容积中心，相应舱容中心纵坐标可由货舱容积表查取。

2. 由装载排水量查静水力资料，获取有关计算参数

根据装载后的 Δ，从静水力图表中查得 d_m、x_b、x_f 和 MTC。应该注意的是，在船中坐标系中，浮心、漂心在船中前时 x_b 和 x_f 取 +，在船中后则相应取-。

3. 计算船舶吃水差 t

按式(10-4)求取船舶在装载状态下的吃水差。

4. 计算船舶首吃水 d_F 和尾吃水 d_A

由图 10-2 可知，将吃水差 t 在首、尾吃水处的分配量 δd_F、δd_A 与平均吃水 d_m 叠加，即可求得 d_F 和 d_A，于是有

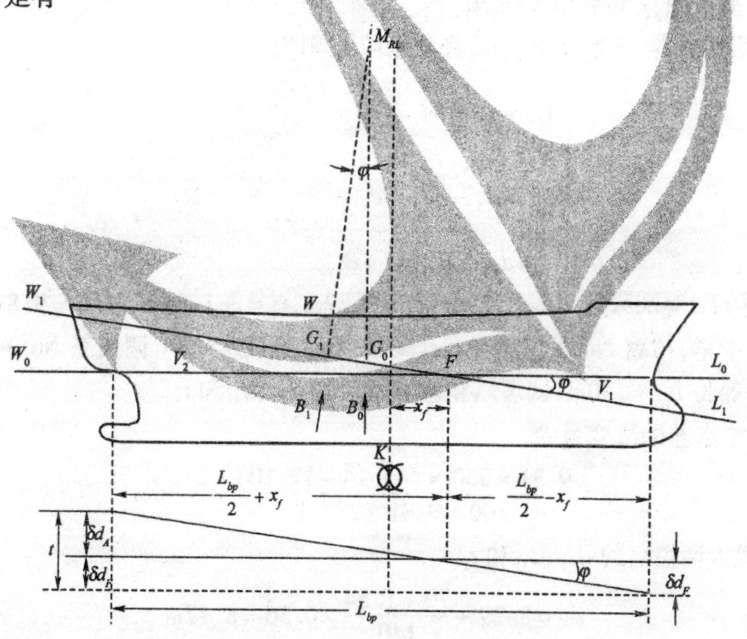

图 10-2　吃水差及首、尾吃水计算原理图

$$\begin{cases} d_F = d_m + \dfrac{L_{bp}/2 - x_f}{L_{bp}} \cdot t \\ d_A = d_m - \dfrac{L_{bp}/2 + x_f}{L_{bp}} \cdot t \end{cases} \tag{10-6}$$

当漂心在船中时,$x_f = 0$,式(10-6)可简化为

$$\begin{cases} d_F = d_m + \dfrac{t}{2} \\ d_A = d_m - \dfrac{t}{2} \end{cases}$$

第三节 载荷纵移、重量增减及舷外水密度改变对纵向浮态的影响

一、载荷纵移

载荷纵向移动包括配载计划编制时不同货舱货物的调整及压载水、淡水或燃油的调拨等情况。船上载荷纵移后产生了一纵倾力矩,引起吃水差改变,导致船舶纵向浮态发生变化。

设船舶装载排水量Δ,首、尾吃水d_F、d_A,吃水差t。船上载荷p沿纵向移动距离为x,从而产生纵倾力矩px,于是载荷移动引起的吃水差改变量δt为

$$\delta t = \frac{px}{100MTC} \tag{10-7}$$

式中,p前移,x为正值;p后移,x为负值。

载荷移动后新的首、尾吃水d_{F1},d_{A1}和吃水差t_1则为

$$\begin{cases} d_{F1} = d_F + \delta d_F = d_F + \dfrac{L_{bp}/2 - x_f}{L_{bp}} \cdot \delta t \\ d_{A1} = d_A - \delta d_A = d_A - \dfrac{L_{bp}/2 + x_f}{L_{bp}} \cdot \delta t \\ t_1 = d_{F1} - d_{A1} = t + \delta t \end{cases} \tag{10-8}$$

例 10-1:某船$\Delta = 20325\text{t}$,$d_F = 8.29\text{m}$,$d_A = 9.29\text{m}$,$x_f = -1.54\text{m}$,$MTC = 9.81 \times 227.1\text{kN} \cdot \text{m}$,为减小船舶中垂,拟将No. 3压载舱($x_{p3} = 12.1\text{m}$)压载水250t调拨至No. 1压载舱($x_{p1} = 45.14\text{m}$),已知船长$L_{bp} = 140\text{m}$,试求压载水调拨后的$d_{F1}$、$d_{A1}$和$t_1$。

解:(1)求吃水差的改变量δt

$$\delta t = \frac{9.81 \times 250 \times (45.14 - 12.10)}{100 \times 9.81 \times 227.1} = 0.36\text{m}$$

(2)求压载水调拨后的d_{F1}、d_{A1}和t_1

$$d_F = 8.29 + \frac{70 + 1.54}{140} \times 0.36 = 8.47\text{m}$$

$$d_A = 9.29 - \frac{70 - 1.54}{140} \times 0.36 = 9.11\text{m}$$

$$t_1 = 8.47 - 9.11 = (8.29 - 9.29) + 0.36 = -0.64\text{m}$$

二、重量增减

重量增减包括中途港货物装卸、加排压载水、油水消耗和补给、破舱进水等情况，按增减量及吃水差计算方法不同，可分为大量增减和少量增减两种。

1. 少量增减

载荷少量增加可以看成是先将载荷装在初始漂心的垂线上，船舶平行沉浮，然后再由漂心垂线位置上沿船长方向移至实际装载位置；重量少量减少则可看成是先将载荷沿船长方向移至漂心垂线上，然后由该处卸出。

1）平行沉浮的条件

载荷少量增减一般指载荷增减量小于10%船舶装载排水量的装卸情况，即 $p < 10\%\Delta$。

设船舶载荷增减前全船总重量为 W，排水量为 Δ，初始水线为 WL，显然此时船舶满足平衡条件，即

$$\begin{cases} W = \Delta \\ x_g = x_b \\ y_g = y_b \end{cases}$$

如图10-3所示，现假设载荷增加后船舶自初始水线 WL 平行下沉至水线 W_1L_1，WL 与 W_1L_1 两平行水线间的排水量为 $\delta\Delta$，排水体积为 $\delta\nabla$。δV 的浮心位于 k，其坐标为 x_k, y_k, z_k，在载荷少量增加的情况下，近似有

$$\begin{cases} A_w = A_{w1} \\ x_f = x_{f1} \end{cases}$$

式中：A_w——载荷增加前 WL 处水线面积（m^2）；

A_{w1}——载荷增加后 W_1L_1 处水线面积（m^2）；

x_f——载荷增加前漂心纵坐标（m）；

x_{f1}——载荷增加后漂心纵坐标（m）；

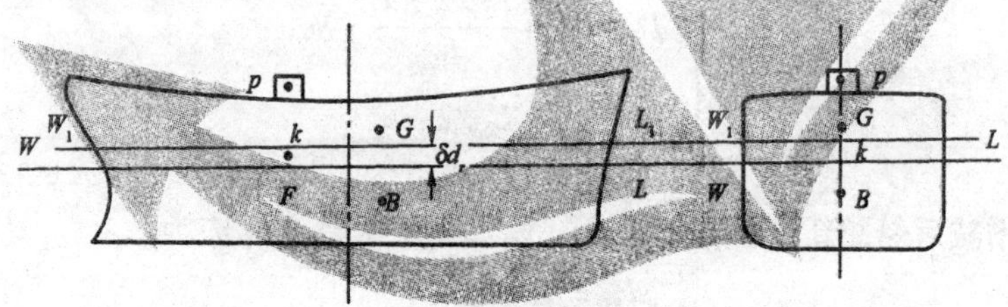

图10-3　船舶平行沉浮

由于浮心 k 点位于初始漂心 F 的垂线上，于是可知，载荷增加量 p 与排水改变量 $\delta\Delta$ 在满足平衡条件时，船舶将平行下沉，即

$$\begin{cases} x_f = x_p \\ y_f = y_k = 0 \end{cases} \tag{10-9}$$

式中：x_p——载荷重心纵坐标（m）；

y_p——载荷重心横坐标（m）。

由上可知，船舶平行沉浮的条件是：少量增减的载荷重心位于初始漂心 F 的垂线上。

2）载荷少量增减对纵向浮态影响计算

现以重量增加为例。如图 10-4 所示，设重量增加前船舶初始状态时的首、尾吃水为 d_F 和 d_A，平均吃水 $d_m=\dfrac{d_F+d_A}{2}$，相应的船舶参数为 TPC、MTC 和 x_f，现拟将载荷 p 装于 x_p 处。

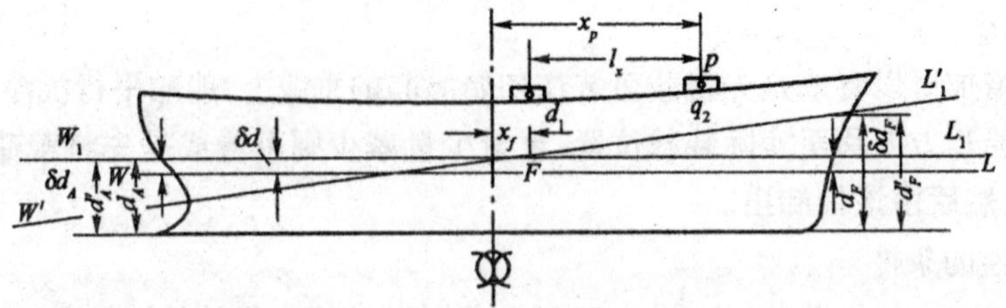

图 10-4　少量装载

首先假设载荷 p 装在初始漂心的垂线上，船舶平行下沉，此时吃水平行改变量 δd 为

$$\delta d=\frac{p}{100TPC} \tag{10-10}$$

然后将载荷 p 由漂心垂线处水平移至实际装载位置 x_p 处，则纵移距离为 x_p-x_f，载荷纵移后将引起吃水差的改变，其吃水差改变量 δt 可写成

$$\delta t=\frac{p(x_p-x_f)}{100MTC} \tag{10-11}$$

由式(10-11)可见，当载荷装于漂心前($x_p>x_f$)时，$\delta t>0$，船舶尾倾减小或首倾增大；而载荷装于漂心后($x_p<x_f$)时，$\delta t<0$，船舶首倾减小或尾倾增大；载荷装于漂心垂线上($x_p=x_f$)时，$\delta t=0$，船舶原纵倾状态不变。

在利用式(10-10)和式(10-11)计算 δd 和 δt 时，规定：装载时 p 取正值，卸载时 p 取负值。

在考虑了平行沉浮和纵倾改变的影响后，由于少量装卸引起的船舶首、尾吃水改变量 δd_F 和 δd_A 可由下式求得

$$\begin{cases}\delta d'_F=\delta d+\dfrac{L_{bp}/2-x_f}{L_{bp}}\cdot\delta t\\[2ex]\delta d'_A=\delta d-\dfrac{L_{bp}/2+x_f}{L_{bp}}\cdot\delta t\end{cases} \tag{10-12}$$

少量载荷增减后船舶新的首尾吃水 d_{F1}、d_{A1} 和新吃水差为 t_1 应为

$$\begin{cases}d_{F1}=d_F+\delta d'_F\\ d_{A1}=d_A+\delta d'_A\\ t_1=d_{F1}-d_{A1}=t+\delta t\end{cases} \tag{10-13}$$

例 10-2：某船由某港开航时 $\Delta=20122\text{t}$，首吃水 $d_F=8.50\text{m}$，尾吃水 $d_A=8.90\text{m}$，航行途中油水消耗：燃油 300t($x_P=-10.50\text{m}$)，柴油 20t($x_P=-40.00\text{m}$)，淡水 90t($x_P=-68.00\text{m}$)，求船舶抵港时的首、尾吃水 d_{F1}、d_{A1}。已知 $\Delta=20122$ t 时 $x_f=-1.42\text{m}$，$TPC=25.5\text{t/cm}$，$MTC=9.81\times225.1\text{kN}\cdot\text{m/cm}$，$L_{bp}=140\text{m}$。

解：(1)计算油水消耗后船舶吃水平行上浮量 δd 及吃水差改变量 δt

$$\delta d=\frac{(-300)+(-20)+(-90)}{100\times25.5}=-0.16\text{m}$$

$$\delta t=\frac{9.81\times[-300\times(-10.50+1.42)-20\times(-40+1.42)-90\times(-68+1.42)]}{100\times9.81\times225.1}=-0.42\text{m}$$

(2)计算首、尾吃水改变量 δd_F、δd_A

$$\delta d_F=(-0.16)+\frac{70+1.42}{140}\times(-0.42)=-0.37\text{m}$$

$$\delta d_A=(-0.16)-\frac{70-1.42}{140}\times(-0.42)=0.05\text{m}$$

求船舶抵港时的首、尾吃水 d_{F1}、d_{A1}。

$$d_{F1}=8.50-0.37=8.13\text{m}$$

$$d_{A1}=8.90+0.05=8.95\text{m}$$

2. 大量增减

载荷大量增减前后其吃水改变较为显著,而不同吃水时的 TPC、MTC 和 x_f 有明显差别,因此若利用少量增减的方法确定装卸后的纵向浮态将引起较大的误差。

载荷大量最增减时,吃水差及首、尾吃水计算可按下式步骤进行。

1)求载荷增减后的船舶排水量和重心高度

设船舶初始状态时排水量为 Δ,重心纵坐标为 x_g,载荷增减量为 $\sum p_i$,纵向力矩为 $\sum p_i x_i$,则载荷增减后的排水量 Δ_1 和重心高度 x_{g1} 为

$$\begin{cases}\Delta_1=\Delta+\sum p_i\\ x_{g1}=\dfrac{\Delta x_g+\sum p_i x_i}{\Delta_1}\end{cases}\tag{10-14}$$

其中,装载时,p_i 取正值;卸载时,p_i 取负值。

2)由载荷增减后的排水量查取有关静水力参数

根据 Δ_1 查静水力参数表得载荷增减后的 d_{m1}、x_{b1}、x_{f1} 和 MTC_1。

(1)计算载荷增减后的吃水差 t_1

$$t_1=\frac{\Delta_1\cdot(x_{g1}-x_{b1})}{100MTC_1}\tag{10-15}$$

(2)计算载荷增减后的首尾吃水 d_{F1},d_{A1}

$$\begin{cases}d_{F1}=d_{m1}+\dfrac{L_{bp}/2-x_f}{L_{bp}}\cdot t_1\\ d_{A1}=d_{m1}-\dfrac{L_{bp}/2+x_f}{L_{bp}}\cdot t_1\end{cases}\tag{10-16}$$

当然,上述计算方法也适用于少量载荷增减的情况,只是为了简化计算而利用公式(10-11)、(10-12)及(10-13)来计算少量载荷增减时船舶吃水差及首、尾吃水。

例 10-3:某船开航前 $\Delta=16860\text{t}$,$x_g=-1.71\text{m}$,$d_m=8.10\text{m}$,$d_F=7.78\text{m}$,$d_A=8.38\text{m}$,$x_f=-4.3\text{m}$。航行中油水消耗:燃料油 200t($x_P=3.00\text{m}$)、柴油 18t($x_P=-40\text{m}$)、淡水 80 t($x_P=-60\text{ m}$),船舶到中途港后在下列舱位(表 10-1)加载部分货物。已知当 $\Delta_1=18562\text{t}$ 时,$d_{m1}=8.78\text{m}$,$x_{b1}=-1.30\text{m}$,$x_{f1}=-5.60\text{ m}$,$MTC_1=9.81\times228\text{kN}\cdot\text{m/cm}$,$L_{bp}=145\text{m}$,求船舶驶离中

途港时的首、尾吃水 d_{F1}、d_{A1}。

加载货物数量表

表 10-1

舱　名	重量(t)	重心纵坐标(m)	重量纵向力矩(9.81kN・m)
No. 1 二层舱	500	52.84	26420
No. 3 二层舱	500	7.95	3975
No. 5 二层舱	1000	-56.57	-56570
合计	2000		-26175

解：(1)求 Δ_1 和 x_{g1}

$$\Delta_1 = 16860 - 298 + 2000 = 18562\text{t}$$

$$\begin{aligned}\sum p_i x_i &= -200\times(-30) - 18\times(-40) - 80\times(-60) + 500\times 52.84 + 500\times 7.95 \\ &\quad + 1000\times(-56.57) \\ &= 14656\text{t}\cdot\text{m}\end{aligned}$$

$$x_{g1} = \frac{16860\times(-1.71) - 14655}{18562} = -2.34\text{m}$$

(2)求 t_1

$$t_1 = \frac{9.81\times 18562\times(-2.34 + 1.30)}{9.81\times 100\times 228} = -0.84\text{m}$$

(3)求 d_{F1} 和 d_{A1}

$$d_{F1} = 8.78 + \frac{72.5 + 5.6}{145}\times(-0.84) = 8.33\text{m}$$

$$d_{A1} = 8.78 - \frac{72.5 - 5.6}{145}\times(-0.84) = 9.17\text{m}$$

三、舷外水密度改变对吃水差的影响计算

大型船舶装载吃水通常受港口水深限制，为了尽量多装货物，要求船舶平吃水进出港；同时，船舶从海上航行到目的港，或由港内航行至海上，往往又是进出于不同水密度的水域。因此，在配载时需解决船舶进出不同水密度水域时的吃水改变量和吃水差改变量。

图 10-5 所示，船舶由水密度 ρ_0 水域进入水密度 ρ_1 水域前，其初始水线为 WL，此时重力通过重心 G 与浮力通过浮心 B 构成平衡力系。

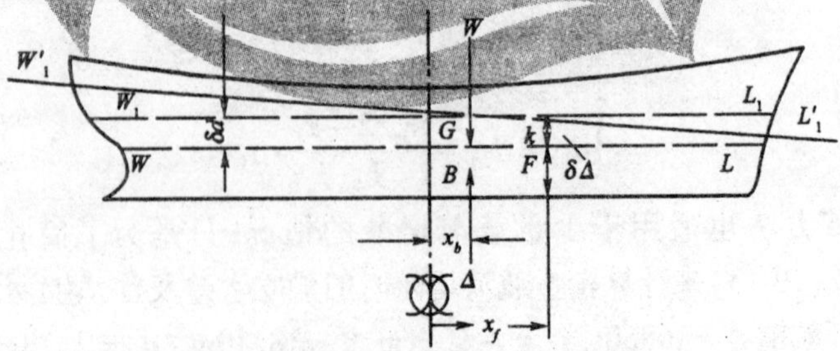

图 10-5　船舶由海水入淡水时吃水差改变量

设船舶排水量为 Δ，每厘米吨数为 TPC，则船舶进入水密度为 ρ_1 的水域平行下沉后吃水改变量 δd 为

$$\delta d = \frac{\Delta}{100TPC}\left(\frac{\rho_s}{\rho_1} - \frac{\rho_s}{\rho_0}\right)$$

式中：ρ_s——标准海水密度，$\rho = 1.025\text{g/cm}^3$。

相应水线为 W_1L_1，则 WL 和 W_1L_1 之间的排水量改变量 $\delta\Delta$ 为

$$\delta\Delta = 100\delta d \cdot TPC$$

而 $\delta\Delta$ 的作用中心位于 k，k 为 WL 与 W_1L_1 之间排水体积的几何中心。由于 $\delta\Delta$ 通常较小，故 k 的纵坐标近似取为 x_f。此时原水线 WL 下的排水量变为 $\Delta - \delta\Delta$，其浮心位置仍在 B 处。这就相当于原排水量 Δ 内的 $\delta\Delta$ 由 B 点移至 k 点，纵移距离为 $x_b - x_f$，使船舶产生纵倾力矩，其大小为

$$M_{RL1} = \delta\Delta \cdot (x_b - x_f)$$

由此引起吃水差改变 δt，其值为

$$\delta t = \frac{\delta\Delta \cdot (x_b - x_f)}{100TPC}$$

将 δd 和 δt 表达式代入，可求得船舶进入水密度 ρ_1 水域时吃水差改变量 δt 表达式，即

$$\delta t = \frac{TPC \cdot (x_b - x_f)}{MTC} \cdot \delta d_\rho \tag{10-17}$$

同理，可由式(10-12)和式(10-13)求得最终平衡水线处的吃水和吃水差。

例 10-4：某船由海上航行至港外锚地准备进港，已知船舶排水量 $\Delta = 19869\text{t}$，首、尾吃水分别为 $d_F = 8.20\text{m}$，$d_A = 9.00\text{m}$，求船舶进港时($\rho = 1.010\text{g/cm}^3$)的船舶首、尾吃水。

解：(1)根据 $\Delta = 19869\text{t}$ 查取 x_b、x_f、TPC 和 MTC

$x_b = 1.66\text{m}$，$x_f = -1.31\text{m}$，$TPC = 25.5\text{t/cm}$，$MTC = 9.81 \times 223.1\text{kN} \cdot \text{m/cm}$

(2)计算吃水改变量 δd_ρ

$$\delta d_\rho = \frac{19869}{100 \times 25.5} \times \left(\frac{1.025}{1.010} - \frac{1.025}{1.025}\right) = 0.12\text{m}$$

(3)计算吃水差改变量 δt

$$\delta t = \frac{25.5 \times 0.12 \times (1.66 + 1.31)}{223} = 0.04\text{m}$$

(4)计算船舶首、尾吃水 d_{F1} 和 d_{A1}

$$d_{F1} = 8.20 + 0.12 + \frac{1}{2} \times 0.04 = 8.34\text{m}$$

$$d_{A1} = 9.00 + 0.12 - \frac{1}{2} \times 0.04 = 9.10\text{m}$$

第四节 吃水差比尺

为简化吃水差及首、尾吃水的计算，船舶资料中多配备有吃水差比尺计算图表，方便船舶驾驶人员使用。

吃水差比尺是一种少量载荷变动时核算船舶纵向浮态变化的简易图表，它表示在船上任意位置加载100t后，船舶首、尾吃水改变量的图表。为了使用的方便，多数船上配备了如表

10-2 所示的吃水差比尺数值表。

加载 100t 首尾吃水变化数值表 表 10-2

吃水 (m)	排水量 (t)	No.1 货舱 $x_p=50.37$m		No.2 货舱 $x_p=31.19$m		No.3 货舱 $x_p=12.15$m	
		$\delta d'_F$(cm)	$\delta d'_A$(cm)	$\delta d'_F$(cm)	$\delta d'_A$(cm)	$\delta d'_F$(cm)	$\delta d'_A$(cm)
4.0	8 653	17.34	−9.03	12.12	−3.82	6.93	1.36
4.5	9 823	17.87	−9.66	12.14	−4.01	6.96	1.34
5.0	11 014	18.35	−9.66	12.15	−4.16	6.99	1.31
5.5	12 208	17.75	−9.48	12.09	−4.09	7.01	1.25
6.0	13 421	17.12	−9.28	12.05	−4.03	7.03	1.18
6.5	14 610	17.08	−9.12	12.07	−3.99	7.10	1.10
7.0	15 855	17.02	−8.95	12.07	−3.96	7.15	1.00
7.5	17 089	16.73	−8.55	11.92	−3.78	7.15	0.96
8.0	18 334	16.41	−8.17	11.75	−3.61	7.12	0.91
8.5	19 615	16.05	−7.75	11.55	−3.41	7.08	0.90
9.0	20 881	15.70	−7.37	11.35	−3.23	7.04	0.87

吃水 (m)	排水量 (t)	No.4 货舱 $x_p=-10.67$m		No.5 货舱 $x_p=-33.35$m		首尖舱 $x_p=66.35$m	
		$\delta d'_F$(cm)	$\delta d'_A$(cm)	$\delta d'_F$(cm)	$\delta d'_A$(cm)	$\delta d'_F$(cm)	$\delta d'_A$(cm)
4.0	8 653	0.71	7.57	−5.48	14.74	21.71	−13.38
4.5	9 823	0.77	7.73	−5.42	14.55	21.70	−13.82
5.0	11 014	0.80	7.86	−5.35	14.36	21.69	−14.25
5.5	12 208	0.91	7.64	−5.17	14.01	21.51	−14.56
6.0	13 421	1.01	7.43	−4.98	13.64	21.33	−13.65
6.5	14 610	1.14	7.20	−4.79	13.26	21.26	−13.39
7.0	15 855	1.26	6.95	−4.60	12.85	21.15	−13.11
7.5	17 089	1.43	6.63	−4.25	12.27	20.73	−12.52
8.0	18 334	1.57	6.34	−3.94	11.74	20.29	−11.98
8.5	19 615	1.73	6.06	−3.59	11.19	19.80	−11.36
9.0	20 881	1.86	5.79	−3.28	10.67	19.33	−10.81

吃水 (m)	排水量 (t)	No.1 压载舱 $x_p=45.14$m		No.2 燃油舱 $x_p=30.65$m		No.3 燃油舱 $x_p=12.10$m	
		$\delta d'_F$(cm)	$\delta d'_A$(cm)	$\delta d'_F$(cm)	$\delta d'_A$(cm)	$\delta d'_F$(cm)	$\delta d'_A$(cm)
4.0	8 653	16.03	−7.61	11.98	−3.67	6.92	1.38
4.5	9 823	15.98	−7.89	11.99	−3.84	6.94	1.35
5.0	11 014	15.93	−8.16	12.00	−4.00	6.97	1.32
5.5	12 208	15.85	−8.01	11.96	−3.94	6.99	1.26
6.0	13 421	15.74	−7.84	11.91	−3.88	7.02	1.20
6.5	14 610	15.71	−7.72	11.93	−3.85	7.08	1.11
7.0	15 855	15.67	−7.59	11.93	−3.82	7.14	1.02
7.5	17 089	15.42	−7.25	11.79	−3.64	7.14	0.97
8.0	18 334	15.14	−6.93	11.62	−3.49	7.11	0.93
8.5	19 615	15.82	−6.56	11.42	−3.29	7.07	0.91
9.0	20 881	14.52	−6.24	11.23	−3.12	7.02	0.88

1. 吃水差比尺的制作原理

由公式(10-11)、(10-12)可得：

$$\begin{cases}\delta d'_F = p\cdot\left[\dfrac{1}{100TPC}+\dfrac{L_{bp}/2-x_f}{L_{bp}}\cdot\dfrac{(x_p-x_f)}{100MTC}\right]\\ \delta d'_A = p\cdot\left[\dfrac{1}{100TPC}-\dfrac{L_{bp}/2+x_f}{L_{bp}}\cdot\dfrac{(x_p-x_f)}{100MTC}\right]\end{cases} \quad (10\text{-}18)$$

取 $p=100\text{t}$，改变 x_p 即可得到 $\delta d'_F$ 和 $\delta d'_A$。

2. 吃水差比尺的使用

(1)根据吃水或排水量及舱室名称查表 10-2 得 $\delta d'_F$ 和 $\delta d'_A$ 值；

(2)若实际装载量是 p 吨，则由式(10-18)可知，其首、尾吃水改变量 $\delta d''_F$ 和 $\delta d''_A$ 为

$$\begin{cases}\delta d''_F = \dfrac{p}{100}\cdot\delta d'_F\\ \delta d''_A = \dfrac{p}{100}\cdot\delta d'_A\\ \delta t'' = \delta d''_F - \delta d''_A\end{cases} \quad (10\text{-}19)$$

当船舶少量卸载时，将 p 取为负值即可，即利用吃水差比尺查得的数值不变，符号相反。

虽然查取数值表比较方便，但数值表中仅提供了将载荷加在各舱容积中心处时 $\delta d'_F$ 和 $\delta d'_A$ 值，这对于液体舱柜是可以的，而对于货舱，由于加载位置不一定恰在货舱容积中心处，如加于舱口前端或后端，所以按货舱容积中心查取的 $\delta d'_A$、$\delta d'_A$ 值会存在误差。因此货舱长度较大的船舶，会在数值表中列出每舱前半舱、后半舱加载时各自的 $\delta d'_F$、$\delta d'_A$ 值。

第五节　吃水差调整

在船舶配载时、装卸中、装卸后及航行中均有可能因吃水差不当而予以调整，其调整方法包括载荷纵移和重量增减两种。

一、纵向移动载荷

1. 适用范围

1)船舶配载计划编制时纵移货物

配载计划编制时若吃水差不满足要求，可通过将不同货舱内的货物做必要调整来实现所需吃水差。但应注意，货物纵移的同时对船舶纵强度及局部强度、货物相容性、货舱适货性、卸货港顺序等多方面造成影响。

2)装卸后及航行中液舱内载荷调拨

船舶在装卸后或在航行中，可通过调拨液舱内的压载水、淡水及燃料来达到调整吃水差的目的。在调拨时，也需考虑船舶纵强度及自由液面的影响。

2. 载荷纵向移动重量计算

设载荷纵移前船舶吃水差为 t，现欲使吃水差调至 t_1，拟由 x_1 处纵移至 x_2 处，求取载荷移量 p 时可采用如下两种方法。

1)公式计算法

已知吃水差调整量，载荷纵移距离 $x=x_2-x_1$，则载荷纵移量为

$$p = \frac{100\delta t \cdot MTC}{x} \tag{10-20}$$

2)吃水差比尺法

若载荷由 x_1 处移至 x_2 处,则可认为载荷由 x_1 处卸出,再在 x_2 处装入。

首先,由吃水差比尺分别查出在 x_1 处卸 100t 和在 x_2 装 100t 时首、尾吃水改变量 δd_{FD} 和 δd_{AD}、δd_{FL} 和 δd_{AL},则相应的吃水差改变量为

$$\begin{cases} \delta t_D = \delta d_{FD} - \delta d_{AD} \\ \delta t_L = \delta d_{FL} - \delta d_{AL} \end{cases}$$

考虑在 x_1 和 x_2 处装、卸 100t 后总的吃水差改变量 δt_T 为

$$\delta t_T = \delta t_D + \delta t_L$$

然后,按下式求得载荷移动量

$$p = 100 \cdot \frac{\delta t}{\delta t_T} \tag{10-21}$$

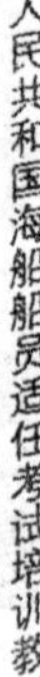

二、增减载荷

1. 适用范围

1)加(排)压载水

船舶在装卸中,为避免出现过大吃水差,除通过合理安排装(卸)舱顺序外,可用加(排)压载水方法对当前吃水差作适当的调整;船舶在航行中,因油水消耗引起吃水差不恰当改变,加(排)压载水予以调整,也是常用方法之一。

2)航行中油水消耗

合理安排油水消耗的舱室顺序,可在一定程度上改善船舶当时的吃水差。

3)装载结束前利用货物所预留机动货载调整吃水差

货物装载结束前,通常在首、尾部货舱留出部分机动货载,视当时吃水差的具体情况确定装舱位置,机动货量大小应根据预计装载最后阶段可能出现的最大吃水差确定。

4)锚地驳卸

对于大吨位船舶,当港口水深受限时,常常在锚地驳卸部分货物使船舶吃水满足要求后方可进港。

2. 载荷重量求取

设载荷增减前船舶吃水差为 t,现欲将吃水差调至 t_1,拟在 x_p 处增大载荷来实现,求取载荷增加量 p。

1)公式法

已知吃水差调整量 $\delta t = t_1 - t$,载荷增减前漂心纵向坐标 x_f 和每厘米吃水差力矩 MTC,则载荷增减量为

$$p = \frac{100\delta t \cdot MTC}{x_P - x_f} \tag{10-22}$$

2)吃水差比尺法

在吃水差调整量已知情况下,根据加〔减〕载位置及初始排水量查取吃水差比尺表得到加

载 100t 首、尾吃水改变量 $\delta d'_F$、$\delta d'_A$，而 $\delta t_T=\delta d'_F-\delta d'_A$，由此可得载荷增减量 p 为

$$p=100\cdot\frac{\delta t}{\delta t_T} \tag{10-23}$$

应该指出，用式(10-22)和式(10-23)计算载荷增减量时仅适用于少量增减情况，若应用于大量增减情况，误差会较大。

无论是采用载荷纵移法还是载荷增减法来调整吃水差，都会引起船舶载荷纵向分布的改变，从而影响船舶纵强度，因此，在制定吃水差调整方案时必须兼顾纵强度要求，谨防出现顾此失彼的情况。表 10-3 提供了兼顾纵强度要求的吃水差调整原则。

吃水差调整原则表　　表 10-3

吃水差 t	船舶纵向变形	载荷调整原则
首倾	中拱	前部→中部
首倾	中垂	中部→后部
首倾	无拱垂	前部→后部
尾倾	中拱	后部→中部
尾倾	中垂	中部→前部
尾倾	无拱垂	后部→前部
平吃水	中拱	前、后部→中部
平吃水	中垂	中部→前、后部

例 10-5：某船到港前 $\Delta=19000\text{t}$，$d_F=8.21\text{m}$，$d_A=8.71\text{m}$，查得 $MTC=9.81\times217\text{kN}\cdot\text{m/cm}$，$x_f=-0.97\text{m}$，进港时要求船舶平吃水，问应在首尖舱($x_p=66.35\text{m}$)加多少吨压载水才能满足要求。

解：(1)求吃水差调整量 δt

进港前　　$t=d_F-d_A=8.21-8.71=-0.50\text{m}$

进港时　　$t_1=0$

吃水差调整量　　$\delta t=t_1-t=0-(-0.50)=0.50\text{m}$

(2)求加压载水数量 p

$$p=\frac{100\times0.5\times217}{66.35+0.97}=161.2\text{t}$$

例 10-6：某船拟以平吃水驶过某水道，当装货至 $d_F=5.90\text{m}$，$d_A=6.30\text{m}$ 时，尚有 500t 货待装。已知船长 $L_{bp}=140\text{m}$，$TPC=24\text{t/cm}$，$MTC=9.81\times190\text{kN}\cdot\text{m/cm}$，$x_f=1.25\text{m}$，现将 500t 货物分装于 No.1 舱($x_{P1}=50.75\text{m}$)和 No.5 舱($x_{P5}=-33.45\text{m}$)内，问应如何分配才能使首尾吃水相同？装货后吃水为多少？

解：(1)求吃水差改变量 δt

$$\delta t=t_1-t=0-(5.90-6.30)=0.40\text{m}$$

(2)求 No.1 舱和 No.5 舱装货吨数

设 No.1 舱装货 p_1 吨，No.5 舱装货 p_5 吨，则有

$$\begin{cases}p_1+p_2=500\\ \dfrac{p_1(50.75-1.25)+p_2(-33.45-1.25)}{100\times190}=0.40\end{cases}$$

中华人民共和国海船船员适任考试培训教材

解方程得

$$\begin{cases}p_1 = 296.3\text{t} \\ p_5 = 203.7\text{t}\end{cases}$$

3）求装货后吃水 d_{F1} 和 d_{A1}

$$d_{F1} = d_{A1} = d_m + \frac{t}{L_{bp}} \cdot x_f + \delta d = \frac{5.90 + 6.30}{2} + \frac{-0.40}{140} \times 1.25 + \frac{500}{100 \times 24} = 6.30\text{m}$$

小结与习题

本章小结：

船舶在实际营运中，吃水差对其操纵性、快速性和耐波性有很大影响。为了使船员能在实际工作中了解本船的性能及船舶对吃水差的要求，掌握熟练计算和调整船舶吃水差的方法，本章重点介绍了吃水差对营运船舶的影响及船舶对吃水差的要求，吃水差的计算公式和调整方法，影响吃水差的因素及其计算，以及如何正确使用吃水差比尺。

思考题

1. 某轮配载草图拟就后，经计算排水量 $\Delta = 18000\text{t}$，中前纵向力矩 $180000 \times 9.81\text{kN}\cdot\text{m}$，中后纵向力矩 $216000 \times 9.81\text{kN}\cdot\text{m}$，查得船舶平均吃水 $d_m = 8.06\text{m}$，每厘米纵倾力矩 $MTC = 210 \times 9.81\text{kN}\cdot\text{m/cm}$，漂心纵向坐标 $x_f = -1.0\text{m}$，浮心纵向坐标 $x_b = 1.8\text{m}$，船舶最佳纵倾值 -0.66m。因各舱均装满，现确定将 No.3 舱重货（$x_{p3} = 10.0\text{m}, SF = 1.0\text{m}^3/\text{t}$）和 No.5 舱轻货（$x_{p5} = 50.0\text{m}, SF = 2.5\text{m}^3/\text{t}$）互移，使其满足最佳纵倾要求，问两舱应各移多少吨货物。

2. 某轮首吃水 $d_F = 7.10\text{m}$，尾吃水 $d_A = 7.30\text{m}$，现将 500t 货物分装于中前 39.88m 及中后 50.12m 的舱内，已知该轮此时漂心坐标 $x_f = -2.75\text{m}$，每厘米纵倾力矩 $MTC = 192.5\text{t}\cdot\text{m/cm}$，每厘米吃水吨数 $TPC = 24\text{t/cm}$，船长 $L_{BP} = 140\text{m}$。问应如何分配才能使首尾吃水相等，装货后的首尾吃水是多少？

3. 某轮拟以平吃水驶过广州莲花水道，当装货至首吃水 $d_F = 5.90\text{m}$，尾吃水 $d_A = 6.30\text{m}$ 时，尚有 200t 货物待装，已知船长 $L_{BP} = 140\text{m}$，问将此 200t 货物装在距船中多远处，此时装货后的平均吃水是多少？

第十一章 船舶强度

船舶是由骨架和板材组成的浮动物体。船舶在建造、下水、营运和进坞修理等各个过程中都要受到船舶及其装载物的重力、舷外水压力、波浪冲击力、船舶运动时各种惯性力等作用。为保证船舶安全,船体结构必须具有抵抗各种内外作用力使之发生极度变形和破坏的能力,这种能力称为船体强度(Strength of ships)。按照外力的分布和船体结构变形的范围,船体强度可分为总强度和局部强度。总强度又可分为纵向强度、扭转强度和横向强度。纵向强度是指船体结构抵抗因垂向受力沿纵向分布变化造成的总纵弯曲和剪切变形导致结构极度变形和破坏的能力。横向强度是船体结构抵抗垂向受力沿横向分布变化造成的结构极度变形和破坏的能力。扭转强度是指船体结构抵抗扭转变形或破坏的能力。局部强度是指船体构件抵抗局部变形或破坏的能力。从船舶安全积载的需要出发,主要应考虑纵强度和载货部位的局部强度。具有较大货舱开口的集装箱船舶还应当考虑满足船体扭转强度的条件。

第一节　船舶纵向强度

一、船体纵向结构的受力分析

受力分析表明,在船舶所受的各种作用力中,对船体总纵强度影响最大的是重力和浮力。当船舶所受的重力和浮力沿纵向分布严重不一致时,船舶纵向强度条件得不到满足,即船体受力超过纵向强度允许范围,将导致船体纵向强力构件(如甲板、龙骨等)发生永久变形或损坏。分析和核算船舶重力和浮力沿纵向的分布是校核船体总纵强度的第一步。

1. 船体受力及其纵向分布

船体正浮时所受的重力和浮力分别是两个垂直于基平面的平行力系。这两个平行力系沿船舶纵向的分布特征决定了分段船体的垂向合外力的大小。

1)重力沿纵向的分布

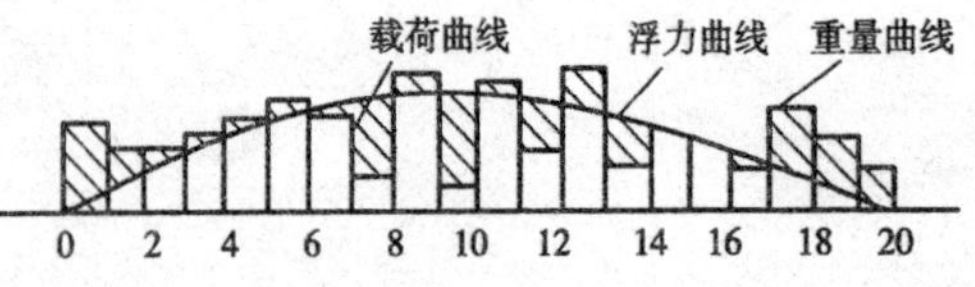

图 11-1 重力、浮力和载荷的分布曲线

假设在纵向坐标为 x 的位置处取一单位长度的船体，该段船体的重量总和为 $P(x)$，则称沿船舶纵向位置 x 变化的函数 $P(x)$ 为重力分布密度函数，称相应的曲线为重力分布密度曲线。由于船体重量沿纵向分布的不连续性，重力分布密度函数及其曲线也是不连续的，如图 11-1 所示。

2）浮力沿纵向的分布

同样假设在纵向坐标为 x 的位置处取一单位长度的船体，该段船体所受的浮力为 $b(x)$，则称沿船舶纵向位置 x 变化的函数 $b(x)$ 为浮力分布密度函数，相应的曲线称为浮力分布密度曲线。由于船体表面基本光滑连续，所以浮力分布密度曲线是一条光滑连续的曲线，见图 11-1。

3）垂向合外力沿纵向的分布

纵向坐标为 x 的单位长度的船体所受的重力和浮力的差值，就是该段船体所受的垂向合外力，称为载荷。载荷分布密度函数用 $f(x)$ 表示，相应的曲线用图 11-1 中的阴影部分表示。阴影在浮力分布密度曲线之上，表示该段船体所受的重力大于浮力，$f(x)$ 为正；反之，则表示该段船体所受的浮力大于重力，$f(x)$ 为负。

2. 横剖面上的切力和弯矩

由于分段船体上存在载荷，船体的横剖面上将受到切力和弯矩的作用。

1）切力及其分布曲线

如果船体纵向坐标为 x 的横剖面一侧载荷分布密度曲线下的面积代数和不等于零，就意味着该侧船体所受的重力和浮力总数不相等。为了维持平衡，该侧船体必然受到来自另一侧船体的作用力，该作用力的大小与本段船体所受的重力和浮力的差值大小相等，但方向相反。这一作用力就是通过穿过横剖面的船体纵向有效构件传递的内力——切力（Shear force，SF）。切力随纵向位置 x 变化的关系用分布函数 $SF(x)$ 表示，相应的曲线就是切力分布曲线，如图 11-2 所示。

在数值上，横剖面上所受切力的绝对值，等于该剖面之任何一侧的船体所受的重力与浮力的差值。当剖面船尾一侧的船体所受的重力大于浮力时，剖面上的切力为正；反之为负。经验表明，切力绝对值的最大值一般出现在距船舶首尾 1/4 船长处。

2）弯矩及其分布曲线：如果纵坐标为 x 的剖面一侧载荷曲线下的面积对该剖面所取的面积静矩之代数和不等于零，即剖面一侧的重力对剖面的力矩不等于该侧浮力对剖面的力矩。同样，另一侧船体必须通过穿越横剖面的船体纵向有效构件向该侧船体传递一个内部力矩，使得该侧船体所受的力矩之代数和等于零而达到平衡。这一内部力矩就是弯矩（Bending moment，BM）。弯矩随纵向位置 x 变化的关系用分布函数 $BM(x)$ 表示，相应的分布曲线如图 11-2 所示。

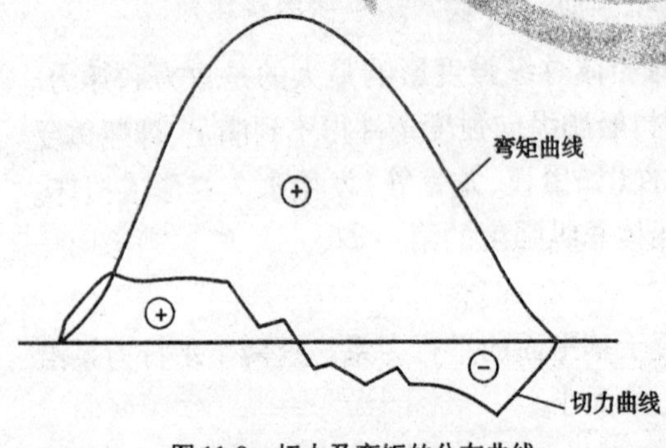

图 11-2 切力及弯矩的分布曲线

在数值上，剖面上所受的弯矩等于该剖面任何一侧的重力与浮力的差值对该剖面力矩的代数和。当剖面船尾一侧的船体所受的重力对剖

面所取的力矩大于浮力对剖面所取的力矩时，剖面上的弯矩为正；反之为负。弯矩绝对值的最大值通常出现在船中处。

3. 波浪切力与波浪弯矩

船舶在波浪中航行时，由于波浪的存在，一部分水下船体露出水面，而另一部分水上船体则沉入水中，会使浮力沿船舶纵向的分布发生变化，进而使船舶各横剖面上的切力和弯矩较之静水面下的值发生变化。波浪中剖面所受的切力与同样装载状态下在静水中的切力的差值，称为波浪切力，用 SF_W 表示。波浪中剖面所受的弯矩与同样装载状态下在静水中的弯矩的差值，称为波浪弯矩，用 BM_W 表示。波浪切力与波浪弯矩的计算方法，在有关规范中均有规定。

4. 剪切变形与弯曲变形

切力与弯矩作用于船体，将使船体出现剪切变形和弯曲变形。

1) 剪切变形

取单位长度的船体，如果忽略该段船体上所承受的载荷，则其前后两端剖面会受到大小相等、方向相反的切力的作用，使该段船体出现如图 11-3 所示的剪切变形。剪切变形的结果是使穿过横剖面上的船体有效纵向构件相对于穿过相邻剖面的同一构件发生垂向位移，并使船舶的舷侧板、纵舱壁承受剪切应力。舷侧板或纵舱壁上剪切应力的最大值出现在过横剖面形心的水平线附近。

2) 弯曲变形

取单位长度的船体，忽略切力对其的作用，则其前后两端所受的弯矩大小相等，方向相反，使该段船体发生如图 11-3 所示的弯曲变形。弯曲变形的结果是使船舶纵向构件的中心线出现弯曲，并使的横剖面上出现不同程度的正应力。正应力的最大值通常出现在上甲板。

3) 船体的拱垂变形

由于切力的作用使船体产生剪切变形；由于弯矩的作用，使船体产生弯曲变形。剪切变形和弯曲变形共同构成了船体纵向变形。从船舶整体观察，较为直观的是总纵弯曲变形，也称拱垂变形。如图 11-4 所示。当船舶首尾部重力大于浮力而中部浮力大于重力时，所出现的弯曲变形称中拱变形。中拱变形将使甲板结构受拉，船底结构受压。当中拱变形的船舶在波浪中处于图 11-4a) 所示的不利位置，即船中处于波峰上，且波长等于船长时，中拱变形达到最大。当船舶中部重力大于浮力而首尾部浮力大于重力时，所出现的弯曲变形称为中垂变形。中垂变形将使甲板结构受压，船底结构受拉。当中垂变形的船舶在波浪中处于图 11-4b) 所示的不利位置时，中垂变形达到最大。

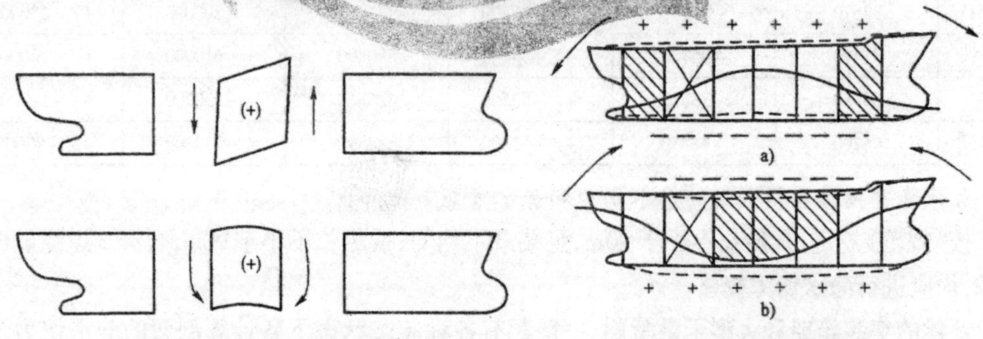

图 11-3 剪切变形与弯曲变形

图 11-4 船体拱垂变形及方向

二、船体纵向强度的校核方法

1. 许用切力和许用弯矩

我国船舶的设计须保证船体各横剖面在我国《钢质海船入级与建造规范》(本章简称《规范》)规定的各设计装载状态下能满足船舶剪切和弯曲强度条件。但是,为了防止船舶在使用过程中出现极端不均匀的装载状态危及船体结构,船舶设计部门根据各个剖面上构件的实际尺度及其布局和使用的材料,按照《规范》规定,推算出船舶各个横剖面上正、负两个方向上最大允许的静水切力和静水弯矩,作为该剖面的许用切力和许用弯矩,供船舶装载时校核强度条件之用。在船舶的使用过程中,必须保证各剖面正、负两个方向上的切力和弯矩的绝对值不超过其相应的许用值。

表 11-1 为集装箱船"Z"轮各剖面许用切力和许用弯矩表。

"Z"轮各剖面的许用切力和许用弯矩表　　表 11-1

Frame	Shear forces in kN			Bending moment in kNm		
	Sea		Harbour	Sea		Harbour
	Hogging	Sagging	Hogging/Sagging	Hogging	Sagging	Hogging/Sagging
30	43840	-42260	+/-49100	390780	-270000	+/-760000
48	46460	-43440	+/-56600	1001500	-700000	+/-1600000
58	43010	-39660	+/-56600	1750000	-1220000	+/-2500000
83	56170	-52020	+/-73000	2084000	-1500000	+/-3200000
101	58180	-54030	+/-75000	2800040	-1900000	+/-4200000
117	58240	-55820	+/-74100	2800040	-1900000	+/-4400000
137	59980	-59980	+/-74800	2800040	-1900000	+/-4700000
153	59980	-59980	+/-74800	2800040	-1900000	+/-4700000
171	59980	-59980	+/-74800	2800040	-1900000	+/-4700000
189	59800	-59800	+/-74800	2572090	-1700000	+/-4500000
207	58530	-59250	+/-74800	2293540	-1500000	+/-4200000
225	52470	-55670	+/-73100	1862720	-1300000	+/-3700000
243	34030	-38540	+/-58000	1550390	-1100000	+/-3100000
261	32670	-37180	+/-56500	1083260	-800000	+/-2300000
279	31190	-35700	+/-55100	880890	-610000	+/-1800000
297	35580	-38880	+/-52500	466860	-330000	+/-1100000
315	45200	-46850	+/-52500	384590	-270000	+/-820000

2. 计算并校核各横剖面的静水切力和静水弯矩

按《规范》规定,凡船长不小于 90m,且装载不均匀;或船长不小于 90m,且有 2 道纵舱壁的船舶,均应进行静水切力校核。

新建的集装箱船和大型干散货船,一般都有各种装载状态下各计算剖面的静水切力及静水弯矩的计算资料和随船舶资料提供的计算表格。在掌握各计算剖面之间的船体重量和装载

重量,并准确计算船舶的平均吃水和吃水差的前提下,可算出与船舶实际吃水相近的基准吃水下的纵强度计算数据。根据实际吃水和基准吃水的差值和吃水差对各横剖面静水切力和静水弯矩进行修正计算后,可得到的所有计算剖面上的实际静水切力和静水弯矩。将计算所得的各剖面静水切力和静水弯矩与表11-1所列的相应剖面的许用切力和许用弯矩相比较,如果各剖面的静水切力和静水弯矩在港内或在海上的正负两个方向的许用切力和许用弯矩的范围之内,则说明该装载状态下,船体结构在港内或是在海上是安全的。

3. 船中静水弯矩估算法

对于中小型船舶,可利用船中静水弯矩计算法校核船舶总纵强度。其原理是:首先,可以根据本船的船体中横剖面模数,确定船体中横剖面允许承受的最大静水弯矩 M_R,以此作为校核船舶总纵弯矩的衡准。然后,根据船舶具体装载状态,求出船舶在该航次实际装载时作用于船体的静水弯矩 M'_S。将两者进行比较,可以确定船舶所受总纵弯矩是否在允许范围内。

(1)船中剖面实际静水弯矩 M'_S 计算

$$M'_S = 9.81 \times \frac{1}{2}[(\sum|W_{Li} \cdot X_i| + \sum|P_i \cdot X_i|) - \sum|B_i \cdot X_i|] \quad (\text{kN} \cdot \text{m}) \tag{11-1}$$

式中:$\sum|W_{Li} \cdot X_i|$——空船各部分重量 W_{Li} 对舯力矩绝对值的和;

$\sum|P_i \cdot X_i|$——除空船重量外的船上各种装载 P_i 对舯力矩绝对值的和;

$\sum|B_i \cdot X_i|$——船体每一段浮力 B_i 对舯力矩绝对值的代数和,可由 d_m 查取。

显然,对特定船 $M'_S = f(\sum|P_i \cdot X_i|, d_m)$

(2)船中剖面允许静水弯矩 M_s 计算

$$M_s = 0.155 \cdot W_d - M_w \tag{11-2}$$

式中:M_w——波浪附加弯矩,对特定船为常量。

W_d——由船体中横剖面有效纵向构件的面积及其分布决定的甲板剖面模数,可从船舶资料中查取。该值每年须扣除腐蚀量0.4%~0.6%,使用年限小于5年的船舶可取下限值,使用年限在10年以上时应取上限值。

(3)M'_S 与 M_s 的比较

①当 $|M'_s| \leq M_s$ 时,总纵强度不受损伤;当 $|M'_s| > M_s$ 时,总纵强度不满足要求;

②当 $M'_s > 0$ 时,船舶呈中拱状态;当 $M'_s < 0$ 时,船舶呈中垂状态。

该方法因仅校核船舯一个横剖面,所以,对大型船舶而言,往往失去应用价值。

4. 强度曲线图及其数值表

1)强度曲线图简介

我国1989年以前的《规范》对于普通干货船的抗弯强度仅要求船中处的剖面模数不小于根据静水弯矩和波浪弯矩以及许用应力计算的临界值。当吃水一定且不考虑吃水差的影响时,营运中的特定船舶能否满足这一要求,取决于载荷对船中弯矩是否处于安全范围内。因此,对于执行1989年以前《规范》的普通干货船,当不需要校核切力时,使用强度曲线图来校核船体的总纵强度,是一种简单而有效的方法。

"Q"轮的强度曲线图如图11-5所示。图中的纵坐标为除空船重量以外船上各种载荷对船中力矩的绝对值之和 $\sum|P_iX_i|$。横坐标为平均型吃水。图中有五条曲线:中央的点划线表示船中剖面的静水弯矩等于零时不同吃水下 $\sum|P_iX_i|$ 临界值。点划线两侧的虚线,分别表示

在中拱或中垂的情况下，船中剖面处的静水弯矩的绝对值等于空船状态下静水弯矩的绝对值时，不同吃水下$\sum|P_iX_i|$临界值。图中最外侧的两条实线，则表示在中拱或中垂的情况下，船中剖面静水弯矩的绝对值等于《规范》所允许的临界值时，不同吃水下$\sum|P_iX_i|$临界值。点划线上各点，表示船体在静水中无总纵弯曲变形。点划线上方的区域，表示船舶在静水中呈中拱变形，点划线下方的区域，则表示船舶在静水中呈中垂变形。实线以外的区域，表示船体的拱垂变形超出《规范》允许的最大值，是不允许范围。实线内侧、虚线外侧区域，表示船舶的拱垂变形虽未超出《规范》的允许值，但较空船状态大，称为允许的范围。而虚线内侧区域，表示船舶在静水中的拱垂变形较空船状态时小，称为有利范围。

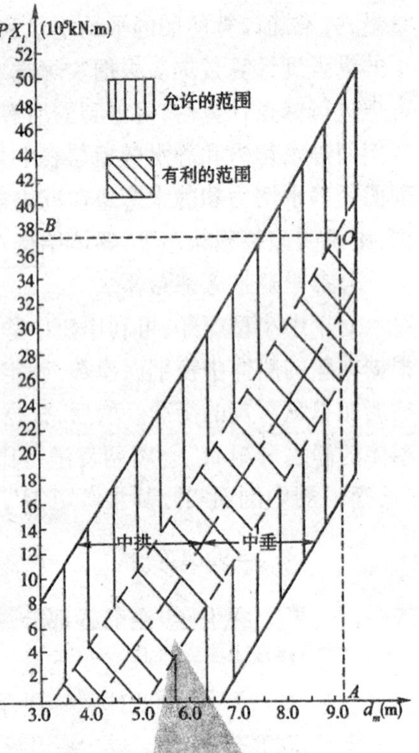

图 11-5 "Q"轮强度曲线图

2)强度曲线图的使用

利用强度曲线图校核船舶总纵变形的步骤如下：

(1)根据船舶在装载状态下的平均型吃水在横坐标上确定一点，过该点作横坐标的垂直线。

(2)根据船舶所装载的货物、油水、物料、供应品、船舶常数等(不包括空船重量)求出各种载荷对船中力矩的绝对值之和$\sum|P_iX_i|$，据此在纵坐标上确定一点，过该点作一水平线。

(3)上述垂直线与水平线相交于一点。根据该点在强度曲线图中的位置，即能判断船体是呈中拱还是中垂变形，其变形程度是处于有利、允许还是不允许范围。

3)载荷弯矩许用力矩表及其使用

载荷弯矩许用力矩表表 11-2 所示。表中所列数据是不同吃水时，强度曲线图上五条曲线所对应的载荷对船中力矩绝对值之和的临界值。利用该数值表核算船体变形非常方便。

"Q"轮载荷弯矩许用力矩表　　表 11-2

型吃水 d_M (m)	排水量 Δ (t)	载荷对船中弯矩值 $\sum\|P_iX_i\|$(kN·m)				
		中拱状态		中垂状态		
		允许范围	有利范围	有利范围		允许范围
3.14	5565	1028807	0	—	—	—
3.50	6320	1223930	195122	—	—	—
4.00	7380	1498826	470017	—	—	—
4.50	8480	1792420	763610	182094	—	—
5.00	9600	2089947	1061138	479621	—	—
5.50	10730	2397059	1368250	786733	205215	—
6.00	11860	2703190	1674381	1092864	511346	—

续上表

型吃水 d_M (m)	排水量 Δ (t)	载荷对船中弯矩值 $\sum \lvert P_iX_i \rvert$(kN·m)				
		中拱状态			中垂状态	
		允许范围		有利范围	有利范围	允许范围
6.50	13050	3034817	2006008	1424491	842973	—
7.00	14240	3366120	2337311	1755794	1174277	145468
7.50	15440	3700347	2671539	2090021	1508503	479695
8.00	16660	4046375	3017566	2436049	1854531	825723
8.50	17920	4412681	3383871	2803355	2220837	1192029
9.00	19200	4781389	3752580	3171063	2589546	1560737
9.20	19710	4933023	3904213	3322697	2741179	1712371
9.39	20205	5078632	4049823	3468306	2886789	1857980
9.40	20240	5093799	4064991	3483473	2901955	1873147

例 11-1:"Q"轮某装载状态各舱的装载情况如表 11-3 所示。试分别利用强度曲线图和载荷弯矩许用力矩表校核其是否满足要求。

解:(1)利用强度曲线图

根据表 11-3 计算得排水量为 14145 + 5565 = 19710t,对应的平均型吃水为 9.20m(A点)。载荷对船中力矩的绝对值之和$\sum \lvert P_iX_i \rvert$ = 370206(9.81kN·m)(B点)。过A点和B点分别作垂直线和水平线交于O点。因O点位于点划线与上方虚线之间,可以判断"Q"轮在该装载状态下,处于有利的中拱变形范围内。

(2)利用载荷弯矩许用力矩表

根据船舶平均型吃水 9.20m,在该数值表中查得该轮载荷对中弯矩的中拱有利范围为 3322697 ~ 3904213kN·m,已求得$\sum \lvert P_iX_i \rvert$ = 370206kN·m,说明"Q"轮在该装载状态下处于中拱有利范围内。

"Q"轮某装载状态下纵向力矩计算 表 11-3

项目	舱 室	载荷重量 P_i (t)	载荷重心距船中距离 X_i m)	载荷重量对船中力矩 P_iX_i (9.81kN·m) 中前(+) M_F	中后(-) M_A
货物	No.1 货舱	1145	52.83	60490	
	No.2 货舱	3142	31.61	99319	
	No.3 货舱	3386	7.90	26749	
	No.4 货舱	2741	-13.81		-37853
	No.5 货舱	1608	-54.99		-88424
	贵重货舱	158	-68.70		-10855

续上表

项目	舱室	载荷重量 P_i（t）	载荷重心距船中距离 X_i（m）	载荷重量对船中力矩 P_iX_i（9.81kN·m）	
				中前（+）M_F	中后（-）M_A
燃油	No.1 燃油舱（左、右）	456	7.64	3484	
	No.2 燃油舱（左、右）	372	-13.92		-5187
	燃油深舱（左、右）	167	-43.81		-7316
	燃油沉淀舱（左、右）	100	-43.85		-4385
	燃油日用舱（左、右）	46	-43.83		-2016
轻柴油	柴油舱（左、右）	142	-31.68		-4499
	柴油日用柜（左、右）	24	-39.35		-944
	柴油沉淀柜	34	-41.51		-1411
润滑油	滑油循环舱	20	-37.60		-752
	滑油储存舱	17	-43.29		-736
	气缸油舱（左、右）	14	-43.92		-615
	气缸油日用柜	1	-42.73		-43
淡水	饮水柜	60	-25.50		-1530
	淡水舱（左、右）	231	-50.75		-11723
	锅炉水舱	20	-40.31		-806
	气缸冷却水舱	13	-27.40		-356
其他	粮食	8	-34.00		-272
	船员和行李	10	-30.00		-300
	备品	10	15.00	150	
	常数	220	0	0	
总计		14145		$M_F = 190192$	$M_A = -180014$
				$(\|P_iX_i\| = M_F + \|M_A\| = 370206)$	

5. 船舶总强度电算校核方法

目前许多船舶配置了装载计算机，所以强度校核不再是用传统的手工计算方法，而可以通过计算机进行。运用计算机进行强度校核的基本原理如前所述，它是通过计算船舶在所核算装载状态下多个横剖面的静水切力，静水弯矩和扭矩的实际值与其相应剖面的最大允许值的比较来判断船体受力是否满足船体强度条件。其校核指标如下：

设对船体 n 个横剖面进行校核中第 i 个剖面的切力、弯矩和扭矩的校核指标分别为：RSF_i、RBM_i 和 RTM_i，则其含义是：

$$RSF_i = \frac{第\,i\,剖面实际所受切力}{第\,i\,剖面最大允许切力} \times 100\%$$

$$RBM_i = \frac{第\,i\,剖面实际所受弯矩}{第\,i\,剖面最大允许弯矩} \times 100\%$$

$$RTM_i = \frac{\text{第 } i \text{ 剖面实际所受扭矩}}{\text{第 } i \text{ 剖面最大允许扭矩}} \times 100\%$$

若同时满足：RSF_i、RBM_i、RTM_i(100% ($i=1,2,\cdots,n$)，则表明：船体受力满足其总纵强度条件和扭转强度条件。

船舶各个横剖面上船体最大允许的切力，弯矩和扭矩值由船舶设计部门提供，分为港内状况(忽略海上波浪对船体受力的不利影响)和海上状况两种，通常与船舶吃水无关(表11-1)。

运用计算机进行船体强度校核，具有计算准确，校核剖面较多(通常超过规范规定的最少7个的要求)，计算过程迅速，载荷装载方案调整方便等特点。

6. 满足纵强度条件的经验积载方法

前已述及，船体上所受的重力与浮力沿纵向分布不一致导致了载荷的产生。而载荷作用的结果产生了切力和弯矩，由此使船体出现了剪切变形和弯曲变形。如果能使船体所受的重力与浮力沿纵向的分布基本一致，就能减小船体所受的切力和弯矩。经验积载方法就是建立在这一原理之上，对于缺乏船体强度资料的老旧船舶，可以使用这一方法。

船体所受的浮力沿纵向的分布是由水线下排水体积沿纵向的分布决定的。而排水体积的纵向分布规律是与船体内部容积沿纵向变化的规律基本一致的。因此，控制船体总纵变形不致过大的经验配货方法就是按照各货舱容积的大小成正比地分配各货舱的货物的重量。即在中部较大的货舱内多装货，在首尾较小的货舱内少装货。各货舱装货重量 P_i 的计算公式为：

驾驶专业

$$\max\left\{\frac{V_{chi}}{\sum V_{ch}} \cdot \sum P - A_i, 0\right\} \leqslant P_i \leqslant \left(\frac{V_{chi}}{\sum V_{ch}} \cdot \sum P + A_i\right) \tag{11-3}$$

式中：P_i——第 i 舱应分配的货物重量(t)；

V_{chi}——第 i 舱的容积(m^3)；

$\sum V_{ch}$——全船各货舱的总容积(m^3)；

$\sum P$ —— 航次载货总重量(t)；

A_i —— 第 i 舱的调整值。

确定 A_i 的方法如下：

在实际工作中，船舶各货舱的装货重量还受到各种其他因素的影响，无法将其指定为一个唯一的数值。因此，允许对按舱容比例分配的各舱装货重量作少量的调整。调整值可取夏季满载时最大续航条件下全船载货重量按舱容比例在该舱的分配值的10%，也可取本航次全船载货重量按舱容比例在该舱的分配值的10%。前者调整范围较宽，便于操作；后者调整范围较小，较为安全。

此外还应注意，控制船体总纵变形不致过大的原则应自始至终地贯穿在船舶生产的各个环节。因此，在编制船舶积载计划和装卸计划时还应考虑以下几点：

(1)应防止装卸过程中货物重量沿船舶纵向分布不合理。对杂货船而言，应均衡各舱的装卸速度，防止在装卸中出现某一货舱中货物重量与其他货舱中的货物重量相差过分悬殊。

(2)在配货时应注意首尾舱的装货重量，因为首尾舱距中距离较大，装载货物的数量对弯矩的影响较大，而不少驾驶员往往在首尾舱中保留一定的舱容作为在装货快结束时调整船舶吃水差之用，这时必须防止出现过大的弯矩。

(3)应防止在中途港装卸货物以后，货物重量沿船舶纵向分布不合理。大批量的中途港

货物，其重量沿船舶纵向的分布也应遵循均衡的原则，切忌将中途港货物过分集中在一个货舱内。

(4)应综合考虑油水载荷的分布及船舶总体布置对船体总纵受力及变形的影响，据此最终确定货物重量沿纵向的分布。

此外，在波浪中航行时，视风浪情况，可采取改向或改速措施，避免船舶处于纵谐摇的存在和持续的状态，以减轻对船体纵强度的损伤。

7. 根据实船吃水判断船舶的总纵弯曲变形

经验表明，观测并比较船首、船中、船尾三处的左右平均吃水，可以判断船体拱垂变形的方向和程度。船中平均吃水 $d_{\otimes m}$ 大于首尾平均吃水 d_{m1}，说明船舶处于中垂变形状态；船中处的平均吃水小于首尾平均吃水，说明船舶处于中拱变形状态。同时，中部平均吃水与首尾平均吃水的差值的绝对值，可以反映出拱垂变形程度的大小。这一绝对值称为拱垂值 δ，计算公式为：

$$\delta = |d_{\otimes m} - d_{m1}| \quad (m) \tag{11-4}$$

式中：$d_{\otimes m}$——船中的平均吃水(m)；

d_{m1}——首尾平均吃水(m)。

根据经验，船舶正常拱垂值范围：$\delta \leqslant L_{bp}/1200$；极限的拱垂值 δ 范围：$L_{bp}/1200 < \delta \leqslant L_{bp}/800$；危险的拱垂值 δ 范围：$L_{bp}/800 < \delta \leqslant L_{bp}/600$。在正常拱垂值范围内船舶可以开航；在极限拱垂值范围内船舶只允许在预计航线天气较好时开航；在危险拱垂值范围内不允许开航，但允许船舶在港内装卸货物过程中短时间存在；在任何情况下均不允许船舶拱垂值超过 $L_{bp}/600$。

8. 用主机汽缸曲拐开档差值检验拱垂变形

船舶实际装载时测量的主机汽缸曲拐开档值与其标准值的差值称为开档差。船舶产生拱垂变形后，会直接影响开档差的大小。因此，可利用实际装载时测量的开档差(mm)与汽缸活塞冲程(mm)进行对比校验。开档差不大于汽缸活塞冲程的万分之一为有利范围；开档差大于汽缸活塞冲程的万分之一，而不大于万分之二，为允许范围；开档差大于汽缸活塞冲程的万分之二，为危险范围。

例 11-2："Q"轮货舱总容积 19591m^3，夏季满载时全船载货重量 12180t，本航次总载货重量 9000t，试用按舱容比例分配各舱货物重量的原则，计算各舱允许装货重量的上下限。计算结果见表 11-4。

"Q"轮按舱容比例分配各舱货物重量的计算实例 表 11-4

舱名	第一货舱	第二货舱	第三货舱	第四货舱	第五货舱	贵重舱	合计
各舱容积(m^3)	1834	5049	5460	4402	2587	259	19591
舱容百分比(%)	9.4	25.8	27.8	22.5	13.2	1.3	100
夏季满载时按舱容比例计算的各舱装载重量(t)	1145	3142	3386	2741	1608	158	12180
本航次按舱容比例计算的各舱装载重量(t)	846	2322	2502	2025	1188	117	9000

续上表

舱　名	第一货舱	第二货舱	第三货舱	第四货舱	第五货舱	贵重舱	合计
调整值1(夏季满载时该舱装载重量的10%)(t)	115	314	339	274	161	16	—
本航次各舱允许装货重量的上、下限值1(t)	961/731	2636/2008	2841/2163	2299/1751	1349/1027	133/101	—
调整值2(本航次该舱装载重量的10%)(t)	85	232	250	203	119	12	—
本航次各舱允许装货重量的上、下限值2(t)	931/761	2554/2090	2752/2252	2228/1822	1307/1069	129/105	—

三、船舶总体布置对总纵弯曲变形的影响

在采取措施改善载荷的纵向分布以减小船体拱垂变形时，除了可以用上述经验方法外，还可以根据船舶的总体布置形式分析其对船体拱垂变形的影响，进一步采取措施改善货物和油水等载荷重量的纵向分布，从而将拱垂变形降低到最小程度。

船体的总体布置主要指机舱和上层建筑的位置。现就不同的船舶总体布置情况对拱垂变形的影响分析如下：

1. 中机船

中机船的机舱位于中部。在满载时，因机舱的重量相对较轻而出现较大的中拱变形。而在空船压载航行时，则可能出现轻微的中垂或中拱变形。由此，在使用中机船时，应特别注意减缓满载状态的中拱变形。可以采取的措施如下：

(1)货物配置：舱容条件允许时，中部货舱可适当地多装货(接近装货重量的上限)，首尾部货舱适当地少装货(接近装货重量的下限)。中途港货物不要过多地配置在中部货舱，以免中途港卸货后出现更大的中拱变形。

(2)油水配置及使用：对中机船，正确配置和使用油水的原则是：满载出港，油水尽量集中在中部；使用时，尽量沿首尾两端依次向中部使用。

(3)正确使用深舱和冷藏舱：杂货船若有深舱或冷藏舱位于中部，应尽量利用其装货，避免空舱。

2. 尾机船

尾机船的机舱位于尾部。空航压载时，因首尾部机舱重量相对较重而使船舶处于较大的中拱变形状态。而满载时的拱垂变形因船舶规模的不同而异，大型尾机船满载时呈中垂变形，而普通规模的尾机船则可能处于中垂或中拱变形状态。尾机船最严重的中拱变形发生在空船压载状态。为此，应特别注意在空船压载状态下采取措施减轻中拱变形。

(1)合理安排压载水：尾机船空船压载航行时压载水的数量与位置应能同时达到减少尾倾、增加吃水和减缓中拱变形三个目的。为此，应尽量使用漂心以前靠近中部的压载水舱，而不能单独使用首部压载水舱，以免增大中拱变形。杂货船中部若有深舱，可作为压载水舱使用。油轮属于尾机船，作为空船压载使用的清洁压载舱应布置在中部略靠前的位置。

(2)油水分配及使用:油水配置与使用的原则与中机船满载时相同,即配置时自中部向首尾依次装载,使用时顺序相反。

3. 中后机船

中后机船的机舱位于中部偏后,满载航行时,可能处于较小的中拱或中垂变形状态,具体结果依据机舱的位置、长度和重量而变。压载航行时出现最大的弯矩,一般处于中拱变形状态,其变形程度较满载状态时大。由此,中后机船应着重注意减轻压载状态的中拱变形,具体措施和原则同尾机船的空船压载状态。

第二节 船舶局部强度

一、船舶局部强度的概念

船体所承受的重力和浮力,除了能使各个横剖面上出现切力和弯矩,从而使船体产生总纵弯曲变形和剪切变形外,还将在局部范围内对船体的结构(如甲板、平台、船底、舷侧等)产生压力,使这些结构产生局部变形。此外,还有波浪对船首底部的冲击力、冰块对船首的挤压力、机器的振动力,以及甲板承受重载荷而引起的局部外力等。局部变形虽属局部性质,但变形超过一定限度,同样会造成船体结构损坏。这种结构损坏虽然局限在局部范围内,但却能在所在的范围内使横剖面上抵抗切力和弯矩的有效构件的数量减少,从而使船体的总纵强度条件得不到满足。为此,要求船体结构必须具有抵抗在局部外力作用下产生的局部极度变形或损坏的能力,这种能力就是船体局部强度。对于营运中的船舶,则必须使船体所受的局部外力处于局部强度的允许范围之内。即保证船舶的局部强度条件得到满足。

二、局部强度的表示方法

船体的局部强度须在船舶的设计与建造中得到保证。对船舶使用者而言,特别关注的是各个载货部位的局部强度,即这些部位所能承载货物重量的能力,并在船舶货运工作中确保所有部位所承载的货物及其他载荷的重量不超过局部强度允许的极限值。所以,与装载有关的局部强度就是指各载货部位(如各层甲板、舱口盖、平台、舱底等)的承载能力,具体可用以下指标表示:

1. 均布载荷

均布载荷是指船舶不同载货部位单位面积允许承受的最大重量,单位为 kPa。

2. 集中载荷

集中载荷是指某一特定面积上允许承受的最大重量,单位为 kN。这一特定面积是指向该区域下的承重构件(如甲板纵桁)施加集中压力的骨材(如横梁)之间的面积。

“Q”轮各部位的均布载荷和集中载荷如表 11-5 所示。

3. 车辆甲板载荷

车辆甲板载荷指在舱盖、甲板或舱内装载车辆或使用车辆装卸货物时,甲板、舱盖或内底板允许承受的以特定车轮数目为前提的车辆及所载货物的总重量。某轮车辆甲板载荷如表 11-6 所示。

"Q"轮许用均布载荷和集中载荷一栏表 表 11-5

名称	货舱编号		
	第一货舱	第二、三、四货舱	第五货舱
上甲板	均布载荷 I. $P_h=0$ 时 $P_d=32.18$kPa(舱口外) $P_d=32.57$kPa(舱口间) II. $P_h=15.01$kPa 时 $P_d=32.18$kPa 集中载荷 $P=107.91$kN(舱口外) $P=45.62$kN(舱口间)	均布载荷 I. $P_h=0$ 时 $P_d=22.96$kPa(舱口外) $P_d=17.46$kPa(舱口间) II. $P_h=14.13$kPa 时 $P_d=20.90$kPa(舱口外) $P_d=17.46$kPa(舱口间) 集中载荷 $P=104.97$kN(舱口外) $P=34.83$kN(舱口间)	均布载荷 I. $P_h=0$ 时 $P_d=32.18$kPa(舱口外) $P_d=32.57$kPa(舱口间) II. $P_h=14.13$kPa 时 $P_d=19.62$kPa(舱口外) $P_d=17.46$kPa(舱口间) 集中载荷 $P=104.97$kN(舱口外) $P=34.83$kN(舱口间)
中间甲板	均布载荷 $P_h=P_d=21.58$kPa 集中载荷 $P=103.99$kN(舱口盖) $P=64.75$kN(舱口外) $P=83.88$kN(舱口间)	均布载荷 $P_h=P_d=22.96$kPa 集中载荷 $P=77.55$kN(舱口盖) $P=60.14$kN(舱口外) $P=81.42$kN(舱口间)	均布载荷 $P_h=P_d=22.96$kPa 集中载荷 $P=77.50$kN(舱口盖) $P=75.64$kN(舱口外) $P=81.42$kN(舱口间)
舱底或平台	压载平台载荷 在 173 肋骨前 $P=74.95$kPa 在 173 肋骨后 $P=117.72$kPa	舱底载荷 均布载荷 $P=154.02$kN 集中载荷 $P=85.84$kN	轴隧平台载荷 在 19 肋骨前 $P=102.02$kPa 在 19 肋骨后 $P=37.77$kPa

说明:(1)货舱甲板、舱口盖及舱底的承受载荷可根据计算求得,供装载货物时参考;

(2)载荷分集中载荷和均布载荷。所指的集中载荷其支承长度应大于一个骨材的间距;

(3)P_h 为舱口盖载荷,P_d 为甲板载荷。

某轮车辆许用甲板载荷 表 11-6

部位 载荷名称	上甲板	第二层甲板	内底板	上甲板舱口盖	二层甲板舱口盖
铲车货物和总重		98.1kN/4 个前轮 68.67kN/2 个前轮	98.1kN/4 个前轮 98.1kN/2 个前轮		

4. 堆积载荷

堆积载荷是指集装箱船的甲板、舱盖或舱底上不同的 20ft 或 40ft 集装箱底座所能承受的最大重量。集装箱船"Z"轮堆积载荷的资料如表 11-7 所示。

集装箱船"Z"轮堆积载荷 表 11-7

箱尺度 舱位	20ft 箱	40ft 箱
舱面	80.0t	100.0t
舱内	192.0t	240.0t

三、用经验方法确定的允许载荷

对载货船，如果有上述的资料，可直接查资料确定各载货部位的允许载荷；如果船上没有上述资料，可参考以下经验公式或经验数据确定甲板或舱底的均布载荷：

1. 上甲板

对设计时不考虑在露天甲板装货的船舶，不允许在上甲板装货。可以装载货物的上甲板，甲板横梁间的单位面积允许载荷 P_a 可按下式计算：

$$P_a = \frac{9.81 \cdot H_c}{\mu} \quad (\text{kPa}) \tag{11-5}$$

式中：H_c——甲板设计堆货高度，重结构船取1.5m，轻结构船取1.2m；

μ——船舶设计舱容系数（m^3/t）。

2. 中间甲板和舱底

中间甲板和舱底的单位面积允许载荷 P_a 可根据二层舱或底舱的高度 H_d 与船舶设计舱容系数 μ 确定：

$$P_a = \frac{9.81 \cdot H_d}{\mu} \quad (\text{kPa}) \tag{11-6}$$

式中：H_d——二层舱或底舱的高度（m）。

当船舶无 μ 资料时，规定取：$1/\mu = 0.72t/m^3$。对满足规范规定重货加强要求的船舶底舱，可取 $1/\mu = 1.20t/m^3$。

四、船舶局部强度的校核

1. 杂货船局部强度校核

（1）根据具体的积载计划，计算确定单位面积的实际载荷量 P_b 和所有有集中载荷限制部位的拟装货物重量 $\sum P'$。其中当货物垂直堆垛时 P_b 可按下式计算：

$$P_b = 9.81\sum_{i=1}^{n}\frac{H_{ci}}{SF_i} \quad (\text{kPa}) \tag{11-7}$$

式中：H_{ci}——自下而上第 i 层货物的货堆高度（m）；

SF_i——该层货物的积载因数（m^3/t）。

（2）比较 P_b 和 P_a。若该部位有集中载荷的要求，则还应比较该部位实际载货重量 $\sum P'$ 和集中载荷 P 与数值 n 的乘积。其中数值 n 为该货物底部所跨过的骨材间距数目。若 $P_b \leq P_a$ 且 $\sum P' \leq n \cdot P$，则该部位满足局部强度条件。否则，就应减少该部位的装货重量或采取在货物底部进行衬垫以扩大承载面积、降低单位面积实际载荷的手段，使上述两个条件同时得到满足。

2. 集装箱船局部强度的核算

（1）根据船舶资料查取具体装载位置集装箱底座上的堆积载荷 P_s。

（2）根据积载计划计算确定堆装在该底座上的 n 层集装箱重量之和 P_c：

$$P_c = \sum_{i=1}^{n} P_i \tag{11-8}$$

式中：P_i——自下而上第 i 层集装箱的总重量(t)。

(3)比较。若 $P_c \leq P_s$，则该底座满足局部强度条件。否则，就必须减少该底座上的集装箱的堆装层数或换装部分轻箱或空箱，使以上条件得以满足。

3.保证满足船舶局部强度的措施

在实际工作中，船上人员还应针对下述问题采取措施，以确保船体局部结构不受损伤。

(1)在校核是否满足船舶局部强度条件时，必须考虑到某些船舶因船龄较大，船体强力构件因锈蚀而使强度有所降低的情况，在计算时对均布载荷、集中载荷和堆积载荷保留一定的安全量。

(2)在堆装重大件时，应在货件下进行衬垫以扩大承载面积，降低单位面积的实际载荷和甲板或舱底下的骨材所分担的重量。衬垫应横跨相应骨材。若配装在二层舱或上甲板，应尽量安排在甲板下有支柱的位置。必要时还可临时补加支撑。

(3)除集装箱船外，一般干货船的上甲板舱盖上不允许装重货，必要时只能装少量轻货，以防舱口盖受力过重而变形漏水。

(4)舱内全部装载积载因数较小的重货或因堆装原因致使局部区域承载过重时，应对货舱舱底或甲板进行局部受力的校核。

例 11-3："Q"轮某航次在第四货舱上甲板舱口外装载一推土机，其重量为35t，每条履带与地面接触长度为4.0m，宽度为0.6m，问应如何衬垫才能满足甲板的局部强度条件。

解：(1)计算推土机履带与甲板的接触面积 A_b：

$$A_b = 2 \times 4.0 \times 0.6 = 4.8\text{m}^2$$

(2)计算甲板单位面积承受的载荷：

$$P_b = \frac{P}{A_b} = \frac{35 \times 9.81}{4.8} = 71.53 \text{ kPa}$$

由表11-5可知，上甲板实际承受的载荷大于均布载荷，即71.53 kPa > 22.96 kPa，故需采取铺垫垫木的措施。

(3)计算甲板上应铺垫垫木的面积 A'：

$$A' = \frac{P}{P_a} = \frac{35 \times 9.81}{22.96} = 14.95 \text{ m}^2$$

(4)推土机重量 $P' = 35 \times 9.81 = 343.35\text{kN}$，该处集中载荷 $P = 104.97\text{kN}$，两者比值为 $\frac{P'}{P} = \frac{343.35}{104.97} = 3.27$，所以下层垫木应沿横向跨甲板下甲板纵骨的方向设置，其长度至少应达到4倍的甲板纵骨的间距。

小结与习题

本章小结：

海船驾驶员要了解所驾驶船舶的船壳板和骨架的锈蚀状况；要经常检查船壳板与船体骨架连接处是否存在脱焊情况；当遇到船舶碰撞、搁浅、舱内装载的钢板腐蚀货物泄漏等事故时，要充分掌握船体的受损程度，及时提出修船申请。

另一方面，海船驾驶员在确定货物(或压载水)沿船长方向分布时，要注意采用各种方法校核船体纵向强度，尽可能保持每一段的船体重力和浮力分布大致相等，以减小船体各个横剖面的切力和弯矩，确保满足船舶纵向强度条件，延长船舶使用寿命。在选配货物(或压载水)舱位时要遵守每一舱左舷配货重量对中线面力矩和右舷配货重量对中线面力矩大致相等的原则，以满足船舶扭转强度条件。当遇装载重质货物时，要注意校核船体的局部强度并使之满足要求。

思考题

1. 船体强度的概念是什么，有哪些分类？

2. 船体横剖面上的切力和弯矩是如何产生的？分别使船体产生怎样的变形？其大小受什么限制？

3. 船体纵向强度条件的校核方法有哪些？

4. 船体总纵弯曲变形的大小受哪些因数的影响？实际生产中可采取哪些措施减缓这一变形？

5. 船体局部强度的概念是什么？不同情况下，船体局部强度分别用什么指标表示？其含义和所适用的船舶装载状况是什么？

6. "Q"轮垂线间长 $L_{bp}=148.0\text{m}$，$B=21.21\text{m}$，某航次计划在上海港装货8275t后开往伦敦、鹿特丹和汉堡港。燃油、淡水在上海港全部装足，"Q"轮计算所需的静水力数据见表11-8，各种载荷装载如表11-9所示。试求：

(1) 船舶离上海港时的初稳性高度 GM_1 和横摇周期 T_θ。

(2) 船舶离上海港时的吃水差和首、尾吃水。

(3) 利用该轮强度曲线数值表校核船舶离上海港时的纵强度状况(表11-2)。

表 11-8

型吃水 D(m)	排水量 Δ(t)	厘米吃水吨数 TPC (t/cm)	厘米纵倾力矩 MTC (9.81kN·m/cm)	横稳心距基线高度 KM(m)	浮心距舯距离 x_b(m)	漂心距舯距离 x_f(m)
7.60	15680	24.29	198.50	8.720	-0.370	-3.510
7.80	16180	24.46	202.00	8.740	-0.483	-3.895

表 11-9

项目	重量 (t)	重心距基线高度 (m)	重心距舯距离 (m)		垂向重量力矩 (9.81kN·m)	纵向重量力矩 (9.81kN·m)	
			舯前	舯后		(+)	(-)
No.1 二层舱	446	11.85	53.18				
底舱	424	6.97	52.38				
No.2 二层舱	468	11.42	32.19				
底舱	1685	5.51	31.30				
No.3 二层舱	472	11.18	8.00				

续上表

项目	重量(t)	重心距基线高度(m)	重心距舯距离(m)		垂向重量力矩(9.81kN·m)	纵向重量力矩(9.81kN·m)	
			舯前	舯后		(+)	(-)
底舱	1848	5.35	7.85				
No.4 二层舱	615	11.17		-13.87			
底舱	1066	5.37		-13.79			
No.5 二层舱	650	11.54		-55.56			
底舱	352	7.24		-54.25			
贵重舱	70	11.63		-68.7			
小计	8275						
No.1 燃油舱(左右)	456	0.77	7.64		351	3483	
No.2 燃油舱(左右)	370	0.77		-13.92	285		-5150
燃油深舱(左右)	166	6.25		-43.81	1038		-7272
燃油沉淀舱(左右)	99	7.12		-43.85	705		-4341
燃油日用柜(左右)	46	10.67		-43.93	491		-2021
柴油舱(左右)	210	1.02		-31.68	214		-6653
柴油日用柜(左右)	24	10.70		-39.35	257		-944
柴油沉淀柜	33	10.73		-41.51	354		-1369
滑油循环舱	20	1.32		-37.60	26		-752
滑油储存柜	17	10.70		-43.29	182		-736
气缸油柜(左右)	14	10.66		-43.92	149		-615
污滑油舱	25	0.67		-34.50	17		-863
小计	1480				4069		-27232
饮水柜	60	11.10		-25.50	666		-1539
淡水舱(左右)	230	3.30		-50.75	759		-11673
锅炉水舱	19	1.07		-40.31	20		-766
气缸冷却水舱	13	0.92		-27.40	12		-356
小计	322				1457		-14325
粮食	8	10.80		-34.00	86		-272
船员和行李	10	15.50		-30.00	155		-300
备品	10	13.00		15.00	130		150
常数	220	10.80		0	2370		0
小计	248				2747		-572
空船重量	5565	9.07		-8.63	50475		-48026
合计							

7."Q"轮在摩加迪沙港装载货物总重量为13378t。试按舱容比例(参考表11-4)分配货物重量的方法,计算各舱允许装货重量的上、下限。

第十二章
船舶抗沉性

船舶会因下列原因导致船舱进水：

(1)船舶搁浅或与他船碰撞使船壳破损；

(2)船体因严重腐蚀和/或受力超出船体强度条件，导致船体骨架断裂或船壳钢板开裂或脱落；

(3)相关阀门误操作或管系和阀门破损，如经货舱内的压载舱管道在舱内货物作业中被铲车撞破；

(4)其他原因，如大风浪使船舶舱面水密设备受损，船舱进水；开航时未将滚装船船首水密舱门(兼作连接泊位与船舱的跳板)关闭等。

船舱进水会影响船舶浮性、稳性和船体受力状况，严重时会导致船舶沉没、倾覆和船体强度受损。如何保证在船舱一定量进水下船舶仍具有最低限度的安全性能而不致于发生船舶倾覆和沉没，这是在船舶设计中必须要考虑的抗沉性问题。

抗沉性(Insubmersibility)是指船舶在一舱或数舱破损进水后，仍能保持一定浮性和稳性，使船舶不致沉没或延缓沉没时间，以确保人命和财产安全的性能。各类船舶对于抗沉性的设计要求是不同的。军舰的抗沉性要求要明显高于民用船舶；在民用船舶中，客船的抗沉性要求要高于货船，无限航区船舶的抗沉性又要高于沿海船舶，沿海船舶又要高于内河船舶。为保证船舶安全，国际有关公约和中国海事局《法定规则》都明确规定了各类民用船舶的抗沉性的具体要求。

在船舶设计中，是通过在船壳内用水密舱壁分隔船体成适当数量的舱室的方法来满足船舶的抗沉性要求。作为船舶驾驶员，需要了解驾驶船舶所能到达的抗沉性设计标准，掌握船舶一旦发生船舱进水时的船舶剩余浮性和破舱稳性的计算方法，熟悉当遇到船体破损进水时的应急处置程序和方法，以最大限度保证人命和财产的安全。

第一节 进水舱分类与渗透率

一、进水舱的分类

在抗沉性计算中，根据船舱进水的情况，可将进水舱分成下列三类：

1）第一类舱：进水舱被灌满，其舱顶位于水线以下且未破损（图 12-1a）。如船底触礁破损，舷外水涌入充满双层舱，但舱顶完好无损。因这类舱不存在自由液面，在抗沉性计算中可以将进水舱的进水载荷视作如同加载了一定量的固体载荷一样处理。

2）第二类舱：进水舱未被灌满，舱内外水不相联通（图 12-1b）。如为扑灭舱内火灾而在舱内注水，或破损舱的破损处已被堵漏器材堵住。与第一类舱不同的是，在抗沉性计算中这类舱需要考虑自由液面对船舶稳性的影响。

3）第三类舱：舱顶位于水线以上，舱内外水相联通（图 12-1c）。这是最典型的船舱进水情况。当船体水面下的破孔和裂缝较小时，这类舱的进水过程会持续较长时间，最终会保持舱内和船外处于同一水平面。在抗沉性计算中这类舱如果进水量不超过 10% ~15% 时，可以采用下列两种计算方法：

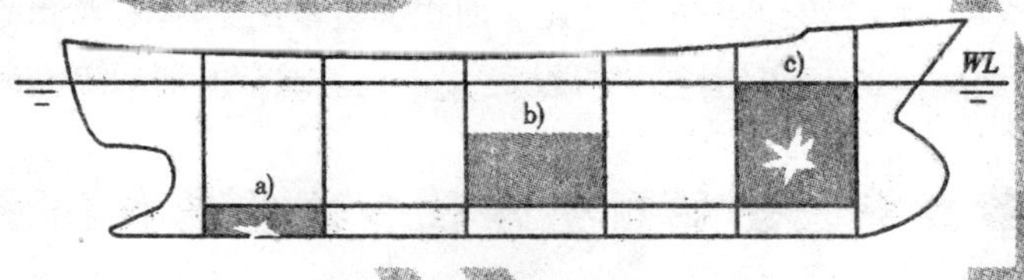

图 12-1 三种进水舱类型

a）第一类舱；b）第二类舱；c）第三类舱

（1）增加重量法

将破舱后进入船舱的水视作是增加的液体重量。采用这一方法的难点在于，在船舱进水过程中如何预测最终的船舶进水（即舱内水面与舷外水面平齐时）位置。采用过量进水逼近法，通过多次迭代计算过程就能较准确地确定这类舱进水终了的船舶进水位置和进水量。由于这一方法相对直观和简单，所以在遇船舱进水时船舶驾驶员经常被采用。

（2）损失浮力法

将破舱后的进水区域视作是不属于本船的，即该部分的浮力已经损失，损失的浮力靠增加吃水来补偿。由于对于整船而言，其排水量保持不变，所以，损失浮力法又被称为固定排水量法。船舶设计人员常常乐于采用这一方法。

二、渗透率

营运中船舶船舱内存在着各种构件、设备、机械、货物等，它们在舱内占据了一定的空间。当船舱进水后，其实际进水体积 V_1 总要小于空舱的型体积 V，两者之比称为（体积）渗透率 μ_v（Permeability），即：

$$\mu_v = \frac{V_1}{V} \tag{12-1}$$

体积渗透率μ_v的大小与舱室的用途、舱内装载情况有关。我国《法定规则》规定的体积渗透率μ_v如表12-1所示。各种货物体积渗透率的统计平均值见表12-2。

货船渗透率μ_v　　表12-1

处　所	渗透率μ_v	处　所	渗透率μ_v
贮物处所	0.60	机器处所	0.85
起居处所	0.95	空舱处所	0.95
干货处所	0.70	液体处所	0或0.95

各种货物渗透率的统计平均值表　　表12-2

货物名称	渗透率μ_v	货物名称	渗透率μ_v
包装面粉	0.29	箱装家具	0.80
箱装牛油	0.20	箱装机器	0.80
罐装食品	0.30	箱装轮胎	0.85
包装软木	0.24	汽车	0.95
木材	0.35	烟草、橡胶	0.68

为修正进水舱内自由液面对稳性的影响，产生了面积渗透率μ_a概念。它是指当船舱进水后，其实际进水面积a_1与空舱时的面积a之比。面积渗透率μ_a与体积渗透率μ_v之间并无一定的联系，通常μ_a大于μ_v。在一般的计算中可设定:$\mu_a=\mu_v$。通常所谓的渗透率是指体积渗透率。

第二节　船舶剩余浮性和破舱稳性衡准

长期以来，船舶抗沉性的安全衡准一直采用的是计算方便，物理概念清晰的确定性方法。该方法要求船舶设置一定数量的水密舱壁，使船舶破损后的浸水被限制在一定的范围内，由此来保证船舶在一舱和数舱破损后，其水线不超过限界线并具有一定的破舱稳性。

一、确定性方法

确定性方法是在船舶设计时，以一定的船舶破损统计资料确定船舶破损的大小及其位置，核算船舶剩余浮性和破舱稳性方法。

1.船舶破舱范围及其对剩余浮性和破舱稳性的要求

SOLAS公约中对"B-60型"船舶假定的船舶破损是:

(1)垂向破损范围，在一切情况下假定自基线向上无限制;

(2)横向破损范围在夏季载重水线平面上自船侧向船内垂直于中心线方向是$\min\{B/5, 11.5\}$,(m);

(3)纵向破损范围假定是$\min\{L_{bp}^{2/3}/3, 14.5\}$,(m)。当相邻两道横舱壁的纵向间距大于前述值，则认为是一舱进水，否则为二舱进水。当且仅当船长大于150m时才考虑机舱的破损进水。

(4)若有比上述破损范围小却能造成更为严重后果时，则应按此种较小的破损范围计算。

在上述船舶破损假定下如能满足下列船舶剩余浮性和破舱稳性要求则认为是符合"B-60型"船规定:

(1)经考虑船舶下沉、横倾及纵倾，船舶进水后的最终水线应位于可能发生继续向下浸水的任何开口下缘的下方；

(2)由于船舶不对称进水引起的横倾角不得超过15°，如果甲板没有任何部分被淹没，则可允许此角度增加到17°；

(3)在船舱进水状况下的初稳性高度应为正值；

(4)复原力臂曲线超过平衡位置应有一个20°的最小正值范围，且在此范围内的最大复原力臂至少为0.1m，复原力臂曲线下的面积应不小于0.0175rad·m。

2. 船体分舱相关概念

舱壁甲板(Bulkhead deck)是指船舶水密横舱壁上达的最高一层甲板。在船舶侧视图上，在舱壁甲板边线以下76mm处所绘的一条曲线称为安全限界线(简称限界线，Margin of safety line，图12-2)。限界线上各点的切线表示船舶破舱后所允许的最高水线。

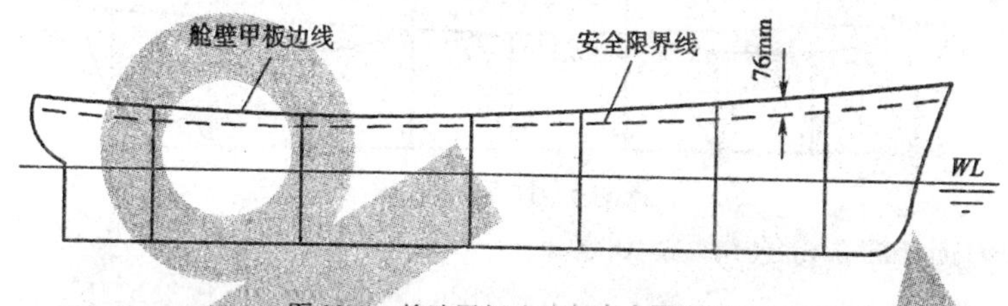

图12-2　舱壁甲板边线与安全限界线

为确保船舶破损后的水线不超过限界线，就需要限制船舶水密横舱壁的纵向间距。船舶进水后的水线恰与限界线相切时的船舱最大许可舱长称为可浸长度l_F(Floodable length)。船舱沿船长位置不同，其可浸长度也不同。

采用近似积分法可计算出沿船长方向各点的可浸长度，将其在船体侧面图上作为纵坐标绘成曲线，并在船首尾垂线处绘以$\theta=\arctan 2$的斜线的，称为可浸长度曲线(图12-3)。由于可浸长度与船舱所设定的渗透率μ_v有关。显然，μ_v越小，则可浸长度l_F越大。

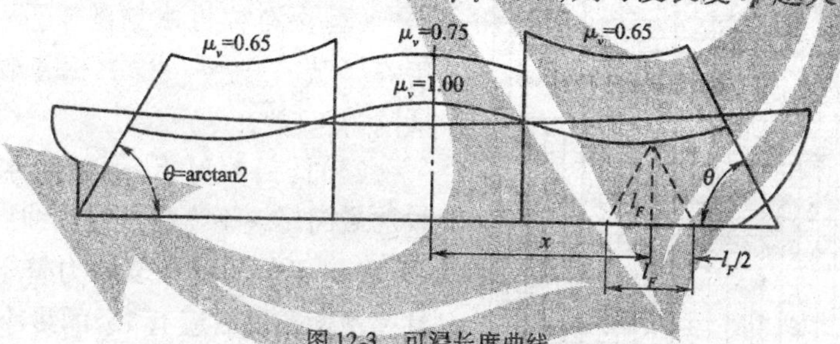

图12-3　可浸长度曲线

为便于体现对各类船舶抗沉性方面的要求不同，需要引入一个等于或小于1.0的表征抗沉性要求的系数，称为分舱因数(Factor of subdivision)F。船舶的分舱因数可由由船长和业务衡准数C_s查取(图12-4)。船舶的许可舱长l_p(Permissible length of compartment)是指将实际的可浸长度与分舱因数的乘积：

$$l_p=l_F\cdot F \tag{12-2}$$

沿船长方向各点的许可舱长绘成的曲线，称为许可舱长曲线(图12-5)。

若船舶在一舱破损后的水线不超过限界线但在两舱破后水线超过限界线，则该轮的抗沉性只能满足一舱不沉的要求，称为一舱制船；相邻两舱破损后能满足抗沉性要求的称为两舱制船;相邻三舱破损后能满足抗沉性要求的称为三舱制船。若采用决定抗沉性要求的分舱因数 F 表示。则对于一舱制船:$1.00 \geqslant F > 0.50$,对于二舱制船:$0.50 \geqslant F > 0.33$,对于三舱制船:$0.33 \geqslant F > 0.25$。

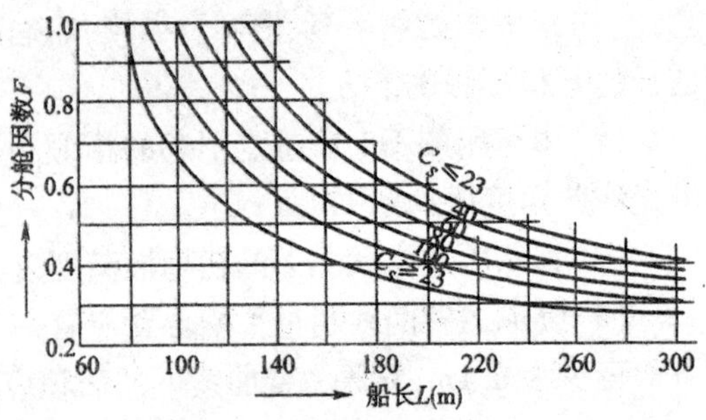

图 12-4 分舱因数曲线

3. 剩余浮性和破舱稳性衡准

我国《法定规则》对于国际航行单体客船的破舱稳性要求(若为不对称进水,已经采取的平衡措施后):

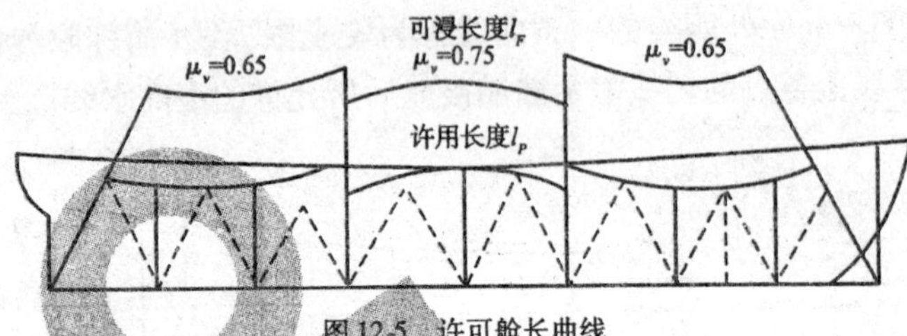

图 12-5 许可舱长曲线

(1)采用浮力损失法求得的 $GM_b \geqslant 0.05$m;

$$GM_b = \frac{\Delta_1}{\Delta_0} GM_g \qquad (12\text{-}3)$$

式中:GM_b、GM_g——表示采用浮力损失法和重量增加法计算的初稳性高度;

Δ_0、Δ_1——表示船体未破损前和最终平衡位置时的排水量。

(2)不对称进水情况下,一舱进水的横倾角≤7°,两个或两个以上相邻舱室进水引起的横倾角≤12°;

(3)任何情况下,船舶进水终了的破舱水线的最高位置不得超过限界线;

(4)正值的剩余复原力臂不应小于0.1m,且在平衡角以后应有15°的最小稳性范围;

(5)从平衡角到船舶进水角和稳性消失角(取小者)之间正值范围的复原力臂曲线下的面积应不小于0.015m·rad。

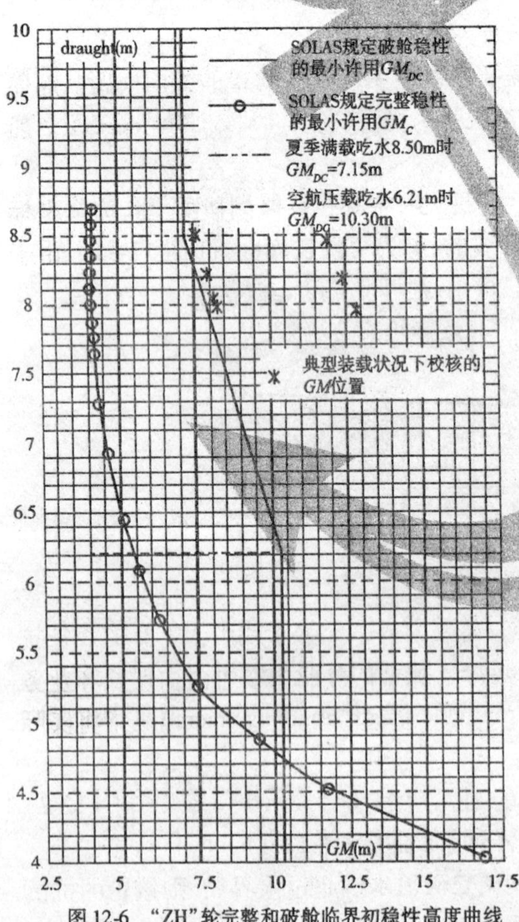

图 12-6 "ZH"轮完整和破舱临界初稳性高度曲线

如同可以将完整稳性的多项指标要求通过数学方法换算成一项临界初稳性高度要求一样,对于上述(1)、(4)和(5)三项指标也可以换算成一项破舱稳性极限初稳性高度 GM'_c 指标(图 12-6)。无论是客船还是货船,在船舶装载

手册等稳性资料中，若有这类资料的话，则破舱稳性要求就换算成需要满足：

$$GM \geqslant GM'_c$$

$$\begin{cases} \theta \leqslant 7^\circ & \text{一舱进水时} \\ \theta \leqslant 12^\circ & \text{多相邻舱进水时} \end{cases}$$

二、概率计算方法简介

采用确定性方法衡准船舶的抗沉性存在许多不足：如该方法所依据的船舶破舱统计是基于1950年前蒸汽机船年代的数据，另外随着船舶分舱因数减小，水密横舱壁数增加，表面上看似乎改善了船舶抗沉性，但实际上反而更加易于发生多舱同时破损的情况。

船舶在海上航行中发生船舱破损事故具有很大随机性质，因此采用概率计算方法研究船舶抗沉性的衡准应当更为合理。针对客船的基于概率论的抗沉性衡准方法的1960年SOLAS第二章第二节的等效规则已于1980年5月生效，适用于货船的基于概率性抗沉性衡准方法的1990年SOLAS修正案也于1992年2月1日生效。已于2009年1月1日生效的2009年SOLAS修正案已对概率计算方法的抗沉性衡准作了较大幅度修改，它适用于船长80m及以上的货船和所有客船（不论其船长）。

2009年SOLAS修正案对货船的抗沉性的衡准要求是，船舶能达到的分舱指数A应不小于要求的分舱指数R。船舶能达到的分舱指数是基于大量船舶破损事故统计资料的基础上设定船舶出现破洞位置和大小，并兼顾了船舶剩余浮性和破舱稳性要求后得出。该指数的计算是船舶设计中数据输入量最大、耗时最多、难度最大计算之一，目前全部依赖于专用软件如NAPA、Tribon等完成。要求的船舶分舱指数R是基于大量海损事故统计分析得出的一个最低的分舱标准，对于货船的计算公式是：

$$R = 1 - \frac{1}{1 + \frac{L_s}{100} \cdot \frac{R_0}{1 + R_0}} \qquad 80\text{m} \leqslant L_s \leqslant 100\text{m} \tag{12-4}$$

其中：

$$R_0 = 1 - \frac{128}{L_s + 152} \tag{12-5}$$

$$R = R_0 \qquad L_s > 100\text{m} \tag{12-6}$$

上式中L_s为船舶分舱长度，是指船舶处于夏季载重线吃水时，船舶在一层或数层限定垂向进水范围的甲板处或其以下部分的最大投影型长。

应当指出的是，无论是确定性方法还是概率计算方法，均未考虑船舶破损后的船体剩余强度问题。对于船舱舱壁腐蚀严重的船舶，当初始发生一舱进水后，存在着因进水舱水位过高，横舱壁水压过大导致破损，从而引起两舱或多舱进水的可能性。

第三节　船舱进水后浮态与稳性的计算

当船舶破损或其他原因导致船舱进水时，为判断船舶剩余的储备浮力和破舱稳性状况，船舶驾驶员应迅速进行船舱进水后的浮态与稳性计算，为在应急条件下做出正确决策提供依据。

一、一组舱进水参数计算

本节后面介绍了三种计算方法，但都是基于一个舱进水的条件。当遇到多于一个舱进水时，需要先将多个进水舱视作一组舱，或一个等值舱，并按下述公式计算出等值舱（一组舱）的有关参数。

(1)等值舱进水体积

$$V=\sum V_i \tag{12-7}$$

式中：V_i——第 i 个进水舱内进水的容积（m^3）。

(2)等值舱重心坐标（x_p,y_p,z_p）

$$x_p=\frac{\sum V_i x_{pi}}{\sum V_i} \tag{12-8}$$

$$y_p=\frac{\sum V_i y_{pi}}{\sum V_i} \tag{12-9}$$

$$z_p=\frac{\sum V_i z_{pi}}{\sum V_i} \tag{12-10}$$

式中：x_{pi}、y_{pi}、z_{pi}——第 i 个进水舱进水的重心纵向距舯、横向距中线面和垂向距基线高度（m）。

(3)等值舱自由液面惯性矩 i_x

$$i_x=\sum i_{xi} \tag{12-11}$$

式中：i_{xi}——第 i 个进水舱的自由液面惯性矩（m^4）。

二、第一类和第二类舱（少量进水）

仅适合于满足进水量不超过排水量的10%～15%条件。

1.查取船舶和进水舱资料

查取船舱进水前的参数：排水量 Δ、首吃水 d_{F0}、尾吃水 d_{A0}、初稳性高度 GM 和重心垂向高度 KG。

获取进水舱的有关参数：进水重心坐标（x_p,y_p,z_p）、进水的水密度 ρ，进水所占型舱容 V 和自由液面惯性矩 i_x。估算进水舱的体积渗透率 μ_v 和面积渗透率 μ_a。

由船舶排水量 Δ 从船舶装载手册等稳性资料中查取 TPC、MTC 和漂心距舯距离 x_f。

2.船舶浮态与稳性指标计算

基于前面章节中的船舶浮态和稳性计算公式，可以求取：

平均吃水的增量 δd：

$$\delta d=\frac{P}{100\cdot TPC} \tag{12-12}$$

$$P=\mu_v\cdot V\cdot\rho \tag{12-13}$$

式中：V——进水舱进水体积（m^3），可由进水舱的液面高度查其舱容曲线获取；

ρ——舱内进水的水密度（t/m^3）。

进水后船舶初稳性高度 GM_1：

$$GM_1 = GM + \frac{P(KG - z_p)}{\Delta + P} - \frac{\mu_a \cdot \rho \cdot i_x}{\Delta + P} \tag{12-14}$$

对于第一类舱因不存在自由液面，所以上式中 i_x 取 0。

进水后船舶横倾角 θ：

$$\tan\theta = \frac{P \cdot y_p}{(\Delta + P)GM_1} \tag{12-15}$$

进水后船舶吃水差改变量 δt：

$$\delta t = \frac{P(x_p - x_f)}{100MTC} \tag{12-16}$$

进水后船舶首吃水 d_{F1} 和尾吃水 d_{A1}：

$$d_{F1} = d_{F0} + \delta d + \frac{L_{bp}/2 - x_f}{L_{bp}}\delta t \tag{12-17}$$

$$d_{A1} = d_{A0} + \delta d - \frac{L_{bp}/2 + x_f}{L_{bp}}\delta t \tag{12-18}$$

进水后船舶吃水差 t_1：

$$t_1 = d_{F1} - d_{A1} \tag{12-19}$$

三、第一类和第二类舱（任意进水）

适合于少量和大量进水。因计算中需要用到船舶进水后的参数，所以本计算方法适合于船舱进水后的浮态和稳性计算。

1. 查取船舶与进水舱参数

查取船舶进水前的参数：排水量 Δ、首吃水 d_{F0}、尾吃水 d_{A0}、平均吃水 d_{m0}、初稳性高度 GM、自由液面倾侧力矩 $\sum\rho i_x$、船舶重心垂向高度 KG 和船舶重心距舯距离 x_g。

查取船舶进水后的参数：平均吃水 d_{m1}、KM_1、MTC_1、x_{f1} 和浮心距中距离 x_{b1}。

获取进水舱的有关参数：进水的重心坐标（x_p, y_p, z_p）、水密度 ρ，进水所占型舱容 V 和自由液面惯性矩 i_x。估算进水舱的体积渗透率 μ_v 和面积渗透率 μ_a。

2. 船舶浮态与稳性指标计算

平均吃水的增量 δd：

$$\delta d = d_{m1} - d_{m0} \tag{12-20}$$

进水重量计算 P：

$$P = 100\delta d \cdot TPC \tag{12-21}$$

船舱进水后船舶重心：

$$\left.\begin{aligned} x_{g1} &= \frac{\Delta \cdot x_g + P \cdot x_P}{\Delta + P} \\ z_{g1} &= \frac{\Delta \cdot z_g + P \cdot z_P}{\Delta + P} \end{aligned}\right\} \tag{12-22}$$

进水后船舶初稳性高度：

$$GM_1 = KM + KG_1 - \frac{\sum\rho i_x + \mu_a \cdot \rho \cdot i_x}{\Delta + P} \tag{12-23}$$

同样，对于第一类舱因不存在自由液面，所以上式中 i_x 取 0。

进水引起的船舶横倾角 θ：

$$\theta = \arctan \frac{P \cdot y_p}{(\Delta + P) \cdot GM_1} \tag{12-24}$$

船舶吃水差 t：

$$t_1 = \frac{(\Delta + P)(x_{g1} - x_{b1})}{100MTC_1} \tag{12-25}$$

进水后船舶首吃水 d_{F1} 和尾吃水 d_{A1}：

$$d_{F1} = d_{m1} + \frac{L_{bp}/2 - x_{f1}}{L_{bp}} t_1 \tag{12-26}$$

$$d_{A1} = d_{m1} - \frac{L_{bp}/2 + x_{f1}}{L_{bp}} t_1 \tag{12-27}$$

四、第三类舱计算（采用过量进水逼近法）

适合于进水量不超过排水量 10% ~15% 的条件。

1. 查取船舶与进水舱参数

查取船舶进水前的参数：排水量 Δ_0、首吃水 d_{F1}、尾吃水 d_{A1}、初稳性高度 GM、重心垂向高度 KG；

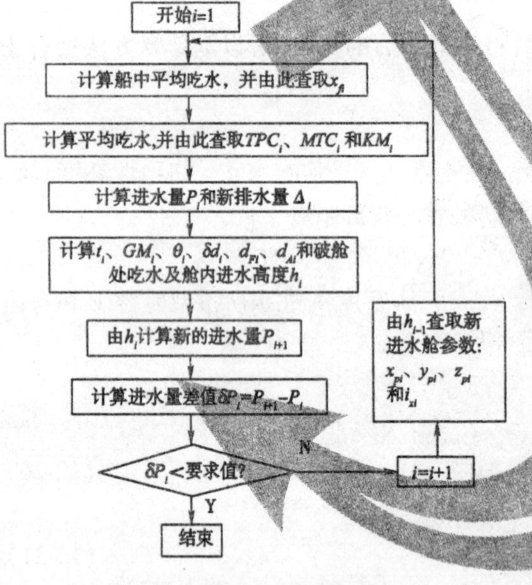

图 12-7　过量进水逼近法计算流程图

获取进水舱参数：进水舱舱底高度 h_d，进水舱空舱舱容 V_0，进水的重心坐标（x_{p1}，y_{p1}，z_{p1}）、进水水密度 ρ 和自由液面惯性矩 i_{x1}，估算进水舱的体积渗透率 μ_v 和面积渗透率 μ_a。

2. 船舶浮态与稳性指标计算

计算流程见图 12-7，其步骤是（初始 $i=1$）：

（1）依据船舶的首吃水 d_{Fi} 和尾吃水 d_{Ai}，计算船中吃水 $d_{Mi} = 0.5\,(d_{Fi} + d_{Ai})$，并据此从船舶装载手册等稳性资料中查取船舶漂心距中距离 x_{fi}；

（2）计算船舶平均吃水 d_{mi}：

$$d_{mi} = \frac{d_{Fi} + d_{Ai}}{2} + \frac{(d_{Fi} - d_{Ai}) \cdot x_{fi}}{L_{bp}} \tag{12-28}$$

（3）由平均吃水 d_{mi} 从船舶装载手册中查取 TPC_i、MTC_i 和 KM_i

（4）计算进水舱的进水量 P_i 和新的排水量 Δ_i：

$$P_i = V_{i-1} \cdot \mu_v \cdot \rho \tag{12-29}$$

$$\Delta_i = \Delta_{i-1} + P_i \tag{12-30}$$

当 $i = 1$ 时，V_0 取进水舱空舱舱容，Δ_0 即为进水前船舶的排水量。

（5）由下列公式分别计算船舶平均吃水的改变量 δd_{mi}、吃水差 t_i、首吃水 d_{Fi}、尾吃水 d_{Ai}、初稳性高度 GM_i、横倾角 θ_i、进水舱处吃水 d_{xi} 和进水舱水面距舱底高度 h_i：

$$\delta d_{mi} = \frac{P_i}{100TPC_i} \tag{12-31}$$

$$t_i = d_{Fi} - d_{Ai} + \frac{P_i(x_{Pi} - x_{fi})}{100MTC_i} \tag{12-32}$$

$$d_{Fi} = d_{mi} + \delta d_{mi} + \frac{L_{bp}/2 - x_{fi}}{L_{bp}} t_i \tag{12-33}$$

$$d_{Ai} = d_{mi} + \delta d_{mi} - \frac{L_{bp}/2 + x_{fi}}{L_{bp}} t_i \tag{12-34}$$

$$GM_i = KM_i - KG + \frac{P_i(KG - z_{Pi}) - \mu_a \rho \cdot i_{xi}}{\Delta_i} \tag{12-35}$$

$$\theta_i = \arctan \frac{P_i \cdot y_{Pi}}{GM_i \cdot \Delta_i} \tag{12-36}$$

$$d_{xi} = d_{mi} + \delta d_{mi} + \frac{x_{Pi} - x_{fi}}{L_{bp}} t_i + y_{Pi} \tan\theta_i \tag{12-37}$$

$$h_i = d_{xi} - h_b \tag{12-38}$$

式(12-37)中进水舱处吃水 d_{xi} 和进水舱水面距舱底高度 h_i 见图 12-8。

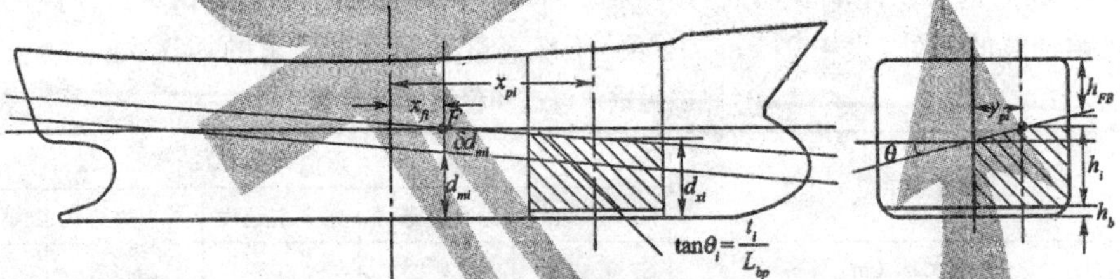

图 12-8　进水舱处吃水与水面距舱底高度

当需要计算船舶某处(纵向距船中 x_{pi})的干舷高度 h_{FB} 时,仍可采用式(12-37),但需要将该式中 y_{pi} 用该处的船舶半宽替代,并用该处船深减去吃水 d_{xi} 即可。

(6)依据进水舱水面距舱底高度 h_i,查船舶舱容资料获取进水舱空舱舱容 V_i,计算新的进水量 P_{i+1}:

$$P_{i+1} = V_i \cdot \mu_v \cdot \rho \tag{12-39}$$

计算新进水量与原进水量的差值:

$$\delta P_i = P_{i+1} - P_i \tag{12-40}$$

(7)判断 δP_i 是否满足计算精度要求,如满足要求则计算结束。否则,取 $i = i+1$,由 $h_i = h_{i-1}$ 查取进水的新重心坐标(x_{pi}, y_{pi}, z_{pi})和自由液面惯性矩 i_{xi},重新返回上述第(1)步。

例 12-1:已知重大件专运船"ZH"轮垂线间长 236.00m,型宽 41.60m,型深 13.50m;由船舶总布置图上量得:船首垂线处舱壁甲板深度 14.26m,宽度 8.20m;距首 $L_{bp}/4$ 舱壁甲板处深度 13.50m,宽度 41.60m;船中舱壁甲板处深度 13.50m,宽度 41.60m;距尾 $L_{bp}/4$ 舱壁甲板处深度 13.50m,宽度 41.60m;船尾舱壁甲板处深度 14.23m,宽度 10.20m。

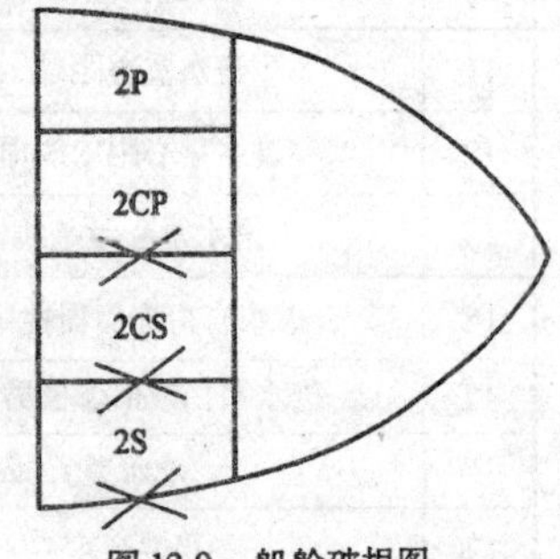

图 12-9　船舱破损图

假定该轮第 2 压载舱中有三道纵舱壁发生破损(图 12-9),拟采用过量进水逼近法核算该轮的浮态和破舱稳性状况。

解:由于是三个舱破损,所以需要先计算其等值舱的参数(初始取满舱状态下):

(1)初始满舱状态下的等值舱进水体积

$$V=\sum V_i=4217.34+4434.17+4434.17=13085.68\text{m}^3$$

(2)初始满舱状态下等值舱重心坐标

$$x_P=\frac{\sum V_i x_{Pi}}{\sum V_i}=\frac{4217.34\times 50.98+4434.17\times 51.20+4434.17\times 51.20}{13085.68}=51.13\text{m}$$

$$y_P=\frac{\sum V_i y_{Pi}}{\sum V_i}=\frac{4217.34\times 15.51+4434.17\times(-5.25)+4434.17\times 5.25}{13085.68}=5.00\text{m}$$

$$z_P=\frac{\sum V_i z_{Pi}}{\sum V_i}=\frac{4217.34\times 5.44+4434.17\times 5.32+4434.17\times 5.32}{13085.68}=5.36\text{m}$$

(3)等值舱自由液面惯性矩 i_x

$$i_x=\sum i_{xi}=3640.41+3907.08+3907.08=11454.57\text{m}^4$$

第 2 ~ 5 次循环计算过程中的等值舱计算略。

表 12-3 经过五次逼近计算,将进水舱的进水量误差从 1831.16t 降低到 3.51t(见表中第 26 项)。从船舶临界初稳性高度曲线中查得,该轮在平均吃水 9.24m 时,对应的破舱临界初稳性高度为 7.30m,远低于船舶破舱后计算的 7.97m。实际船舶呈右倾角 3.9°,小于要求的不大于 7°。船舶计算的五处(表中第 27 ~ 31 项)干舷高度也远大于要求的 0.076m。

"ZH"轮破舱进水浮态和稳性指标计算　　表 12-3

No	参数及单位	近似计算结果				
		第 1 次迭代	第 2 次迭代	第 3 次迭代	第 4 次迭代	第 5 次迭代
1	首吃水 d_{Fi}(m)	9.42	12.42	11.89	11.82	11.80
2	尾吃水 d_{Ai}(m)	7.11	6.35	6.48	6.49	6.50
3	船中吃水 $d_{\boxtimes}$(m)	8.27	9.38	9.18	9.16	9.15
4	漂心距中距离 x_{fi}(m)	5.06	3.79	4.04	4.04	4.04
5	船舶平均吃水 d_{mi}(m)	8.31	9.48	9.28	9.25	9.24
6	厘米吃水吨数 TPC_i(t/cm)	85.28	86.59	86.34	86.34	86.34
7	厘米纵倾力矩 MTC_i(t·m/cm)	1252.97	1311.07	1299.85	1299.85	1299.85
8	横稳心距基线高度 KM_i(m)	20.65	19.96	20.17	20.17	20.17
9	本次初始进水量 P_i(t)	10229.79	8398.62	8169.78	8093.46	8047.71
10	排水量 Δ_i(t)	76156.19	74325.02	74096.18	74019.86	73974.11
11	进水重心距舯 x_{pi}(m)	51.14	51.20	51.14	51.13	51.13
12	进水重心距中线面 y_{pi}(m)	5.03	5.25	5.01	5.00	5.00
13	进水重心距基线 z_{pi}(m)	6.79	5.59	5.44	5.35	5.36
14	进水自由液面惯性矩 i_{xi}(m^4)	11475.80	11458.30	11464.40	11454.60	11454.60
15	进水自由液面倾侧力矩 $\sum\rho\cdot i_{xi}$	7057.62	7046.85	7050.61	20918.00	20918.00
16	吃水差 t_i(m)	6.07	5.41	5.33	5.30	5.28
17	初稳性高度 GM_i(m)	8.64	7.96	8.16	7.98	7.97

续上表

No	参数及单位	近似计算结果				
		第1次迭代	第2次迭代	第3次迭代	第4次迭代	第5次迭代
18	横倾角 θ_i(°)	4.47	4.26	3.87	3.92	3.90
19	平均吃水改变量 δd_{mi}(m)	1.20	-0.21	-0.03	-0.01	-0.01
20	计算首吃水 d_{Fi}(m)	12.42	11.89	11.82	11.80	11.79
21	计算尾吃水 d_{Ai}(m)	6.35	6.48	6.49	6.50	6.50
22	进水舱处的吃水 d_{xi}(m)	11.09	10.75	10.65	10.64	10.63
23	进水液面距舱底深度 h_b(m)	11.09	10.75	10.65	10.64	10.63
24	液面下的舱容 V_i(m^3)	13656.30	13284.20	13160.10	13085.70	13080.00
25	本次计算进水量 P_{i+1}(t)	8398.62	8169.78	8093.46	8047.71	8044.20
26	本次进水改变量 δP_i(t)	-1831.16	-228.84	-76.32	-45.76	-3.51
27	船首舱壁甲板处干舷高度	1.52	2.07	2.16	2.18	2.19
28	距船首 L_{bp}/4 舱壁甲板处干舷高度	0.97	1.41	1.60	1.60	1.62
29	船中舱壁甲板处干舷高度	2.49	2.77	2.93	2.92	2.94
30	距船尾 L_{bp}/4 舱壁甲板处干舷高度	4.01	4.12	4.27	4.25	4.26
31	船尾舱壁甲板处干舷高度	7.48	7.37	7.39	7.38	7.38

结论:"ZH"轮若设定其第2压载舱中有三道纵舱壁发生破损,则该轮的浮态和破舱稳性满足《法定规则》要求。

应当特别注意的是,上述介绍的仅限于船舶剩余浮性和破舱稳性,并未涉及到船体破损后计算复杂的剩余强度。目前,国内外船级社等机构已能提供船舶应急响应服务(ERS:Emergency Response Service)。加入ERS的船舶,岸上ERS工程师将为其建立三维模型并全年无休地时刻准备着。一旦当加入ERS船舶遇到相关的紧急状况时,ERS工程师会迅速反映,并通过电话、传真、电邮等与船舶建立通信联系,ERS工程师将调用已建立的三维模型和快速计算软件,在短时间内即能够提供一份ERS报告。ERS报告中可以包括船舶剩余浮性、破舱稳性和破舱强度评估、漏油和船舶沉没时间预测等内容。

第四节　《船舶破损控制手册》简介

国际航行船舶依据《SOLAS公约》要求,自1992年2月1日或以后建造的都应备有与船舶破损相关的资料手册——《船舶破损控制手册》(The Instruction Manual of Ship Damage Control)。

配备《船舶破损控制手册》的目的是能够为船上高级船员提供船舶破损的相关资料和抗沉性的基本知识和计算方法,当船舶发生破损时,帮助船员判断船舶的进水情况,以便做出正确决策和采取应急措施,最大限度地保证确保生命和财产的安全。

《船舶破损控制手册》的主要内容由五部分组成:

一、船舶相关技术资料

1)船舶主要参数、货舱和机舱尺度

船舶主要参数包括船名、IMO 编号、呼号、船籍港、船型主尺度等。

货舱及机舱尺度包括每个货舱和机舱的最大长度和最大宽度,以便用于在遇船舶舱容资料丢失时估算舱内的进水容量。

2)排水泵排量和最大排水能力

分别列出船上每一通用泵、压载泵、主海水泵和消防泵的排水能力(m^3/h),并标注船舶货舱、机舱和压载舱的综合最大的排水能力(m^3/h)。

3)"船舶破损控制图"张贴位置

船舶破损控制图是一张比例不小于1:200,为清晰地显示各层甲板及货舱水密舱室的限界,限界上开口及其关闭装置和控制位置,以及扶正由于浸水产生的横倾装置位置等内容而专门绘制的船舶每层甲板的俯视图。

船舶破损控制图的张贴位置通常在驾驶台、货物控制室、艇甲板走廊等处。

二、船舶破损控制

主要包括对船舶破损控制图的说明以及要求高级船员熟悉和掌握的要求、本手册的日常监控管理、船舶发生破损后的应急措施等。

在船舶发生破损后的应急措施中应包括船公司的应急指挥中心办公室电话和传真号码,按照公司 SMS 文件应向公司报告的内容(发生破损的时间和地点、破损原因和部位、破损程度、发展趋势、已采取和打算采取的措施)和详细的"船舶破损/进水应急部署表"。

该部分还包括下列实操指导和注意事项说明:

1. 船舶碰撞造成破损后的应急措施

(1)船首撞入他船或被他船撞入后,可视情采取停车或保持微速前进措施,尽量保持两船咬合状态,防止扩大破损范围或从破损处大量进水造成船舶迅速沉没;

(2)应尽可能立即停车以减少破损面扩大,并立即进入堵漏排水部署;

(3)尽可能操纵船舶,使受损部位处于下风舷;

(4)近岸航行的碰撞,若有沉没危险,则应考虑抢滩的提前准备工作;

(5)对碰撞时的船首向、船位、碰撞时间、与他船碰撞的角度、部位、损害程度及所采取的措施应尽可能完全准确地记录,并将船名、船籍港、出发港、目的港通知对方船长。

2. 调整横倾及纵倾的注意事项

1)成功的堵漏加上排水,恢复船舶稳性并保持无初始横倾角状态是最理想的结果。然而,完全控制破损舱室的进水并将其排空,对于大型船舶因碰撞而造成较大破口而言,往往是难以实现的。船舶破损进水后可能造成船舶的横倾及纵倾,有时为减少进水,需要调整船舶的横倾及纵倾,使之达到最安全状态。

2)向相反的一舷注水,可以改变船舶的横倾,但应注意注水会造成船舶储备浮力的减小并造成新的自由液面,进一步恶化船舶的稳性;向前后大量压水可以改变船舶纵倾,但会影响船体强度,因此要谨慎。通过减小吃水可以减小进水量,尤其破损部位在水线附近更是如此。

减小吃水的方法可以酌情考虑排水、向他船驳货或抛弃部分货物。

3. 进入或逃出水密舱柜的方法

进入水密舱柜前，应严格执行相关操作规程，确保人身安全。尤其应对水密舱柜的含氧量进行测量，必要时进行通风；确保两人以上，在水密舱柜道门外留有专人负责通信联络，应为进入水密舱柜的工作人员提供足够的照明。

紧急情况下需要从水密舱柜立即撤离时，水密舱柜内的工作人员首先保持冷静清醒的头脑，沿进入路线反向迅速撤离。注意行动的有条不紊，前后联络，相互协调，相互照顾；若条件允许，撤离后立即关闭水密舱柜的水密道门，以防止进水情况可能的进一步恶化。

三、船舶破损控制须知

主要包括与抗沉性相关的一些基本知识、船长对船体破损风险的分析和评估船舶破损和处理的快速方法等。主要包括：

1. 船舱进水重量和进水速率估算公式

1）船舱进水重量 P(t) 计算公式（当船舶舱容资料丢失时）

$$P=\rho \cdot \mu_v \cdot \delta \cdot L \cdot B \cdot D \tag{12-41}$$

式中：ρ——进水的水密度（t/m^3）；

μ_v——渗透率；

δ——液舱方形系数，船首尾部舱取 0.4～0.5，船中部舱取 0.95～0.98；

L——船舱最大长度（m）；

B——船舱最大宽度（m）；

D——船舱内进水的深度（m）。

2）船体破损后进水速率 Q（m^3/s）计算公式：

$$Q=4.43\mu F\sqrt{H-h} \tag{12-42}$$

式中：μ——流量系数（小洞取 0.6，中洞取 0.7，大洞取 0.75）；

F——破洞面积（m^2）；

H——破洞中心至舷外水面垂直距离（图 12-10）（m）；

h——破洞中心至舷内水面垂直距离（图 12-10）（m）。

当舱内进水面未超过破洞中心时取 0。

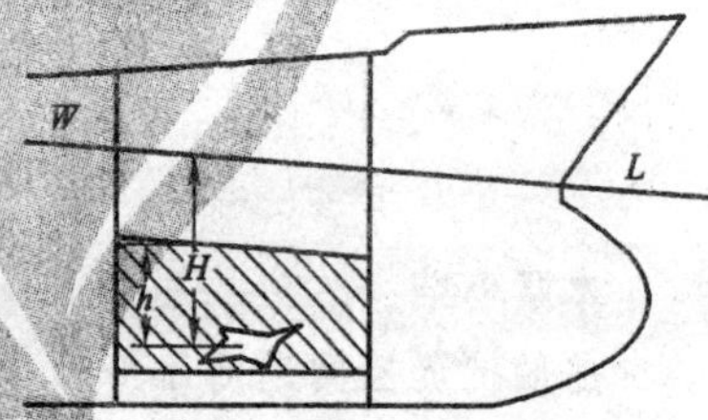

图 12-10　破舱中心位置

2. 船长对船体破损风险的分析

（1）远洋货船一般满足一舱制要求，即满足一舱进水不沉要求；

（2）船舶破损情况发现得越早，越准确，就越能及时将损害限制在最小范围。可通过测、看、听来及时发现和确定破损位置和程度；

（3）船舶前部的防撞舱壁的水密完好无损是十分重要的，特别是当艏尖舱破损进水时；

（4）首先根据破损原因，判断破损进水的类型。不同类型的破损，其危险性不同，处理方法也不同；

（5）根据多次的测量和记录可确定破损的部位、范围，并确定进水的速率；

（6）根据本手册所提及的本船稳性曲线图和本船完整稳性值，可判断破舱稳性是否符合要求。其中船舶初稳性高度值始终应保持正值；

(7)机舱发生破损进水时，可能会使船舶失去动力，应竭尽全力抢救，并尽早采取应急措施；

(8)如破损位置发生在水密舱壁上，可能导致两个舱进水，其危险性增大；

(9)立即关闭所有的水密和风雨密装置；

(10)确定船上人员的位置和安全性；

(11)采取尽量减少进水的措施，如发生碰撞，切不可立即退出分开。操纵船舶将破洞放在下风，酌情调整航速等；

(12)根据危险性的程度，采取尽量减少损失的措施。如抢滩坐浅等；

(13)视具体情况可采取移载法、排水或对称压载法，尽量保持正浮或减小横倾。同时注意对剩余储备浮力的损失和对安全的影响。要求船舶向一侧横倾不得超过20°，采取扶正措施后不得超过12°。但在任何情况下，海损水线的最高位置不得淹过限界线。防止船舶出现过度横倾和丧失稳性，导致倾覆；

(14)必要时可不惜消耗储备浮力以换取稳性以赢得时间，以便做好必要的抢救和脱险工作；

(15)酌情准备救生艇、筏等救生设备；

(16)根据进水情况，经抢救无效，如有超过限界线的可能，或由于所在的海区的风浪情况，有沉没或倾覆的危险，为挽救人命，船长有权做出弃船的决定。

四、附录

附录主要包括：

(1)本轮堵漏器材清单及检查和保养要点；

(2)本轮货舱、水舱和油舱的通风管、测量管、溢流管在甲板上的位置图；

(3)船舶破损时本轮水密装置操作程序及其须知。

小结与习题

本章小结：

船舶抗沉性问题对于海船驾驶员而言，重点是了解所驾驶船舶能够到达的抗沉性设计标准，了解船舶当破舱进水后需要满足的剩余浮性和破舱稳性的要求，掌握船舶一旦发生船舱进水时的船舶剩余浮性和破舱稳性的计算方法，以及熟悉《船舶破损控制手册》内容，以便船舶万一发生破损事故时，能够沉着应对，正确决策，最大限度地减小事故对船舶、船员和船公司所造成的损失。

海运货船，无论是采用确定性方法还是概率计算方法，通常都能满足"一舱制"的抗沉性设计要求。但一舱制船并非意味着只要多于一舱进水船舶必定沉没，或者仅限于是一个舱进水，船舶就不会有危险。因为仅仅达到"一舱制"船并未考虑船舶破损后的破舱稳性和剩余强度是否满足要求，且是基于所设定的船舶装载水线和货舱体积渗透率为条件。一艘船舶针对具体装载状况下的抗沉性所能达到的标准，海船驾驶员可以在发生事故前采用逐一假定船舶

一舱进水下核算船舶的剩余浮性和破舱稳性是否满足要求的方法来予以确定。

思考题

1. 请给出下列名词的定义：舱壁甲板、渗透率、限界线、可浸长度、分舱因数和许可舱长。

2. 船舶进水舱室分几类，它们有哪些主要区别？

3. 请简述《船舶破损控制手册》中“船舶破损控制图”显示的主要内容。

4. 《船舶破损控制手册》的主要内容包括哪些？

5. 某排水量5万吨的远洋船在满载状态下航行途中在第2货舱舱壁水线下发现船壳出现裂缝有海水涌入满载大豆的货舱，你认为应当采取哪些应急措施？

6. 已知某船参数：$L_{bp} = 95.0\text{m}$，$B = 12.4\text{m}$，$d_F = 5.80\text{m}$，$d_A = 6.30\text{m}$，$C_b = 0.71$，$C_{wp} = 0.78$，$x_f = 3.12\text{m}$，$GM = 0.42\text{m}$，$KG = 5.42\text{m}$，$MTC = 69.5\text{tm/cm}$。因船舶触礁，某原空舱的双层底舱受损进水（$\rho = 1.025\ \text{t/m}^3$），该舱体积：$V = 65\text{m}^3$，舱容中心位置 $x_b = 20\text{m}$，$y_b = 2.7\text{m}$，$z_b = 0.4\text{m}$，求船舶受损后的 GM_1、横倾角和首尾吃水。

第十三章
包装危险货物运输

凡具有爆炸、易燃、毒害、腐蚀和放射性等特性，在运输、装卸和储存过程中，容易造成人身伤亡、财产毁损和/或环境污染而需要特别防护的货物，均属危险货物（或称危险品，Dangerous cargo or Dangerous goods）。如硝铵炸药、黄磷、氰化钠、硝酸、钴-60、干冰等。

海上危险货物运输具有运量大、品种多、涉及部门广、风险大和运价高的特点。对此，许多国家都以立法形式制定了本国的危险货物运输规则。为了保证危险货物的运输安全，IMO 制定出版了《国际海运危险货物规则》（International maritime dangerous goods code，IMDG Code，简称《国际危规》）。根据 IMO 海安会的决议，从 2004 年 1 月 1 日起，《国际危规》中的主要部分已成为经修订的 SOLAS 1974 下的强制性规则。我国政府于 1982 年 10 月宣布承认该规则，使之成为我国在危险货物国际海运中必须遵守的基本规则。我国交通部以《国际危规》为蓝本，制定并颁布了《水路危险货物运输规则》第一部分——水路包装危险货物运输规则（简称《水路危规》），并于 1996 年 12 月 1 日在我国境内的危险货物水路运输中实施。

包装危险货物系指，除通常所指的带包装的各类危险货物外，还包括载于集装箱、可移动罐柜、公路或铁路车辆等运输单元内的无包装固体或液体的危险货物。若未特别指明，本章内所述危险货物均指包装危险货物。

第一节　包装危险货物的分类及特性

危险货物品种繁多，性质各异，且危险程度大小不一，多数兼有多种危险性质。为便于危险货物的安全运输和管理，有必要对其进行科学分类。《国际危规》和《水路危规》中，根据危险货物所呈现危险性或最主要危险性，将其划分为九个大类。对于具有一种以上危险性质的货物，要以占主导地位的危险性确定其归类，但在运输中还必须兼顾此类货物的其他危险性质（即副危险性）。

包装危险货物的具体分类：

一、第1类——爆炸品(Explosives)

1.定义

爆炸品系指在外界作用下(如受热、撞击等),能发生剧烈的化学反应,瞬时产生大量的气体和热量,使周围压力急剧上升,引发爆炸的物质和物品,也包括仅产生热、光、音响或烟雾等一种或几种作用的烟火物品。包括:

(1)爆炸性物质(Explosive substances)是指能通过本身的化学反应产生气体,其温度、压力和爆速会对周围环境造成破坏的固体或液体物质或几种物质的混合物。

(2)烟火物质(Pyrotechnic substances)指设计上为产生热、光、声、气体或所有这一切的结合达到一种效果的一种或几种物质的混合物,这些效果是通过非爆燃性、持续放热等一些化学反应产生。

(3)爆炸性物品(Explosive articles)是指含有一种或多种爆炸性物质的物品。

2.爆炸品的分类

按爆炸产生的危险性,《国际危规》将爆炸品分为6个小类。

第1.1类——具有整体爆炸(一经引发,瞬间几乎影响到全部货载的爆炸)危险的物质或物品。如起爆药、爆破雷管、黑火药、导弹等。

第1.2类——具有抛射的危险,但无整体爆炸危险的物质或物品。如炮弹、枪弹、火箭发动机等。

第1.3类——具有燃烧危险和有较小爆炸或较小抛射危险或同时兼有此两者危险,但无整体爆炸危险的物质或物品。该类物质能产生相当大的辐射热。如导火索、燃烧弹药、烟幕弹药、C型烟火等。

第1.4类——无重大危险的物质或物品。此类货物万一被点燃或引爆,其危险仅限于包装件内部,而对包装件外部无重大危险。如演习手榴弹、安全导火索、礼花弹、烟火、爆竹等。

第1.5类——有整体爆炸的危险但极不敏感的物质或物品。此类货物性质比较稳定,在着火试验中不会爆炸。但当船上大量运载时,则其由燃烧转变为爆炸的可能性大为增加。如E型或B型引爆器、铵油、铵沥蜡炸药等。

第1.6类——无整体爆炸危险的极不敏感的物品。指仅含有极不敏感的爆炸物品,被意外点燃或传播的可能性极小的单项物品。

3.爆炸品的特性及其衡量指标

化学爆炸性是爆炸品的主要特性。当受到摩擦、撞击、震动、高热、点燃、静电感应或与氧化剂、还原剂等不相容物质接触时都有引发爆炸的危险,放出具有足够能量的高温、高压气体,并迅速膨胀做功,从而对周围环境造成破坏。此外大多数爆炸品本身具有不同程度的毒性,而爆炸过程中会生成毒性气体(如一氧化碳)或窒息性气体(如二氧化碳、氮气)。在这类物品中,敏感度及爆炸能力过强的物品,若未经处理,则禁止运输。

衡量爆炸品危险性的指标包括:

(1)爆发点:将爆炸品加热规定时间(5s)能发生爆炸时的最低温度。用于反映其受热发生爆炸的敏感程度。在5s延滞期下,爆发点低于350℃是确认爆炸品的参考标准。

(2)爆轰速度:爆炸品爆炸时其爆轰波沿爆炸品内部传播的速度。以每秒传播的长度(m/

s)来表示。爆轰速度大于3000m/s是确认爆炸品的参考标准。

(3)冲击感度(撞击感度):用于表示爆炸品在机械冲击的外力作用下对冲击能量的敏感程度。常采用立式落锤试验仪来测试。即取0.05g试样,以10kg落锤从25cm高度处落下撞击爆炸品,进行50~100次测试,记录试样发生爆炸的百分比。该项爆炸的百分比大于2%是确认爆炸品的参考标准。爆炸品当混入坚硬物质(如金属屑、碎玻璃、沙石等)时,其冲击感度增加;混入惰性物质(石蜡、硬脂酸、机油等)时,其冲击感度降低。

(4)威力和猛度:这两个参数是用来衡量爆炸品对周围环境的破坏程度。威力是指爆炸品爆炸时对周围介质的破坏能力。这种能力取决于爆热的大小,同时还与爆炸后的气体生成物的性质有关。猛度是指爆炸品爆炸后对周围介质破坏的猛烈程度,其大小取决于爆轰压力,以及压力作用的时间。

二、第2类——气体(Gases)

1.定义

气体(Gases)是指在50℃时其蒸气压力大于300kPa,或在标准大气压101.3kPa、温度20℃时,完全呈气态的物质。经压缩或降温加压后,贮存于耐压容器或特制的高绝热耐压容器或装有特殊溶剂的耐压容器中的物质。根据气体在运输中的物理状态,可分为压缩气体、液化气体、冷冻液化气体和溶解气体四种。

压缩气体(Compressed gases)——被加压装于压力容器内运输,在20℃时完全呈气态的气体;

液化气体(Liquefied gases)——当包装运输时,在20℃时部分处于液态的气体;

冷冻液化气体(Refrigerated liquefied gases)——当包装运输时,因温低使部分气体处于液态的气体;

溶解气体(Gases in solution)——当包装运输时,其溶解于溶剂中的压缩气体。

2.气体的分类

根据气体在运输中的危险性,可细分为三个小类。

第2.1类——易燃气体(Flammable gases),该气体在温度20℃、标准气压101.3kPa时,与空气混合物中所占体积为13%或更低时可点燃;或该气体在温度20℃、标准气压101.3kPa时,不管最低燃烧极限是多少,与空气混合形成的燃烧范围至少有12个百分点。

此类气体泄漏时,遇明火、高温或光照,会发生燃烧或爆炸。如氢气,甲烷、乙炔、含易燃气体的打火机等。

第2.2类——非易燃、无毒气体(Non-flammable, non-toxic gases),此类气体泄漏时,遇明火不会燃烧,没有腐蚀性,吸入人体内无毒、无刺激,但多数在高浓度时有窒息作用。如氧气、压缩空气、氮气、二氧化碳等。此类还包括比固态和液态的氧化剂具有更强氧化作用的助燃气体。这类气体运输中还必须遵守第5类氧化物质的各项要求和规定。

第2.3类——有毒气体(Toxic gases),该气体被认为对人畜有强烈的毒害、窒息、灼伤和刺激作用。其中有些还有易燃和助燃作用。如氯气,氨,硫化氢、光气等;

3.包装运输气体的特性

(1)容器发生破裂或爆炸。诱发原因可能包括受热、撞击、耐压容器本身遭腐蚀或材料疲劳使容器的耐压强度下降等；

（2）本类气体中，除氧气和空气外，因某种原因发生大量泄漏，会冲淡空气中的氧气而影响人畜的正常呼吸，严重时会因缺氧而窒息；如泄露的气体为易燃、助燃气体，遇火星则极易引起燃烧或爆炸事故；有些气体具有显著地麻醉性和毒害性。若泄漏的气体若轻于空气（如氢气），则会积留于封闭货舱的顶部；若重于空气（如二氧化碳），则会积存在货舱的底部，具有潜在的危险性。

三、第3类——易燃液体（Inflammable liquids）

1. 定义

根据《国际危规》的规定，该类包括易燃液体和液态退敏爆炸品两类物质。

易燃液体是指在闭杯闪点低于60℃（相当于开杯试验闪点65.6℃）及以下时放出易燃蒸气的液体或液体混合物，或含有处于溶液中或悬浮状态的固体或液体（如油漆、清漆等）；还包括交付运输时温度等于或高于其闪点温度的液体（简称“高温运输液体”），以及在加温条件下运输或交付运输时其温度等于或低于最高运输温度时会放出易燃的蒸气的液体（简称“加温运输液体”）；本类不包括闪点在35℃以上的不助燃（燃点大于100℃，或其含水量大于90%）液体，也不包括由于其危险性已列入其他类别的液体。

液体退敏爆炸品（Liquid desensitized explosives）是指溶于或悬浮于水或其他液体物质，形成均质的液体混合物以抑制其爆炸特性的爆炸性物质，如硝化甘油酒精溶液（含酒精溶液1%～3%）、硝化甘油混合物（退敏的，液体的，未另列明的，按质量硝化甘油含量不超过30%）等。

2. 易燃液体的危险特性

1）挥发性

液体物质在任何温度下都会蒸发，在沸点温度时，液体开始沸腾，此时液体的蒸气压与外界气压达到了平衡，所有的液体都趋于变成气体。沸点是衡量液体挥发性的指标之一，一般来说，沸点低得液体挥发性大；另外，对于同一液体来说，表面积越大、外界温度越高、与液体表面接触的空气流动速度越快，挥发就越快。如果液体处于密闭容器中，挥发的结果使液体上方的空间充满蒸气，经过一段时间，液体和它的蒸气处于平衡状态，如果温度不发生变化，这一平衡将一直维持下去。在这样的密闭容器中，一定的温度下处于平衡状态时液体蒸气所具有的压力称作饱和蒸气压。饱和蒸气压是衡量液体挥发性的指标之一，易燃液体沸点低，饱和蒸气压高，其危险性就大。不同的液体，饱和蒸气压不同；同一液体在不同的温度下，饱和蒸气压也不同，温度升高，饱和蒸气压也随之升高。

2）易燃性

易燃液体挥发出的蒸气及易燃液体自身，遇明火极易燃烧。易燃液体的易燃性以闪点（Flash point，缩写：Fp）。它是指在给定的条件下，可燃气体或易燃液体的蒸气与空气的混合物接触火焰时产生瞬间闪火的最低温度。液体的闪点越低，其易燃性及危险性越大。可燃液体当其温度高于闪点时，接触火源有被点燃的危险。闪点依据其测试仪器是在密闭容器还是在开敞容器中加热液体而分为闭杯试验闪点（Closed cup，以 c. c. 表示）和开杯试验闪点（Open cup，以 o. c. 表示）。一般同一物质的闭杯试验闪点要低于开杯试验闪点约3～6℃。可燃液体的闪点，因其物理重现性较差，所以其测试的结果应当指明测试仪器的名称及试验条件。

燃点(Inflammable point)是指在给定的条件下,可燃气体或易燃液体的蒸气与空气的混合物接触火焰时能产生持续燃烧时的最低温度。对可燃液体,在相同条件下,其燃点常比闪点高出5℃左右。

3)爆炸性

易燃液体挥发出来的蒸气与空气混合后一旦接触火种就容易着火燃烧。易燃液体的燃爆性质也用爆炸极限表示,它是指易燃液体的蒸气与空气的混合物,能被点燃而引起燃烧爆炸的浓度范围,通常是用蒸气在混合物中所占体积的百分比浓度来表示。浓度范围的最低值称作爆炸下限,最高值称作爆炸上限。爆炸下限越小、爆炸极限浓度范围越大的液体,其易燃易爆性也越强。如汽油的爆炸极限为1.2% ~7.2%,乙醇为3.3% ~18%。

4)毒性:大多数易燃液体及其蒸气都有不同程度的毒性或麻醉性。

另外,易燃液体的密度和水溶性,对发生火灾时能否用水扑救至关重要。若液体溶于水,则不论其密度大小,都可用水扑救。若液体不溶于水且密度大于1,则也能用水扑救。若液体不溶于水且密度小于1,则禁止用水扑救,因浮于水面的燃烧液体会随水的流动而使火灾蔓延。

3. 易燃液体的包装分级

易燃液体按其易燃性确定的包装类:

包装类Ⅰ:初沸点≤35℃。如乙醛、二硫化碳、乙醚等;

包装类Ⅱ:初沸点>35℃,且闭杯闪点 Fp<23℃c.c。如汽油、乙醇、苯、丙酮、硝化甘油酒精溶液(含硝化甘油不超过1%,属液体退敏爆炸品)等;

包装类Ⅲ:初沸点>35℃,且23℃c.c. ≤ Fp ≤60℃c.c;包括高温运输液体和加温运输液体。如松节油、酒精饮料(满足按体积酒精含量超过24%但不超过70%,且容器大于250 l容积的条件)等。

四、第4类——易燃固体、易自燃物质和遇水放出易燃气体的物质(Inflammable solids; substances liable to spontaneous combustion; substances which, in contact with water emit flammable gases)

除上述第1类、第2.1类和第3类外,其余多数易燃物质都归入这一类。这类物质细和物品分为三个小类:

1)第4.1类——易燃固体(Inflammable solids),本类物质是在运输条件下,易于燃烧或易于通过摩擦可能起火的固体,易于发生强烈热反应的自反应物质(固体和液体),以及没有充分稀释的情况下有可能爆炸的退敏爆炸品。

易燃固体(Inflammable solids)是指易于燃烧和经摩擦可能起火的纤维状、粉末状、颗粒状和糊状的物质。这些物质与火源短暂接触时易于点燃且火焰蔓延迅速。如赤磷、硫磺、萘、赛璐珞制品(如乒乓球)、铝粉、棉花(干的)、黄麻等。此外,本类的大部分物质加热或卷入火灾会发出有毒的气体产物。

自反应物质(Self-reactive substances)是一些含有特殊物品的化合物,它们对热不稳定,即使没有氧气(空气)的参与也易产生强烈的放热分解,分解的温度因物质的不同而不同,分解速度随温度的升高而升高。物质的分解可能产生有毒气体或蒸气,还有些自反应物质在限定

条件下有爆炸分解的特性。《国际危规》给出了已确定的自反应物质清单，如苯磺酰肼等。

固体退敏爆炸品(Solid desensitized explosives)是指被水或酒精浸湿或被其他物质稀释后，形成均一的固体混合物来抑制其爆炸性的爆炸物质。如苦味酸铵，湿的，含水量不少于10%、三硝基苯，湿的，含水量不少于30%等。本类物质燃点低，对热、撞击、摩擦较为敏感，易被外部火源点燃，燃烧迅速，并可能散发有毒烟雾或有毒气体的固体。引起注意的是，这些物质在干燥的状态下，仍应作为第1类爆炸品看待。

上述有些物质，在其危险货物一览表中，有控制温度(能安全运输的最高温度)和危急温度(必须采取如抛弃等应急措施的温度)的要求。如自行加速分解温度小于或等于55℃的自反应物质应在控制温度下进行运输。

2)第4.2类——易自燃物质(Spontaneously combustible substances)。本类物质是指在运输条件下易于自发升温或遇空气易于升温，然后易于起火的液体或固体物质，包括引火性物质和自热物质。

引火性物质(Prophetic substances)是指即使数量很少，与空气接触5分钟内即可着火的物质。包括混合物和溶液，这些物质最容易自燃。

自热物质(Self-heating substances)是指除引火性物质外，在不提供能量的情况下与空气接触易于自行发热的物质，这些物质只有当数量大(若干千克)、时间长(若干小时或若干天)的情况下才会着火。物质自热导致自燃，是由于物质与空气中氧反应所产生的热量不能迅速散失所引起的。有些物质甚至在无氧条件下也能自燃。如黄磷、鱼粉(未经抗氧剂处理)、铁屑、油浸棉麻纸制品等。

自燃点(Spontaneous combustion point)是指在常温常压下，某一物质不需外界点燃，即能自行释放出使其气体或蒸气燃烧所需的最低能量时的温度。

3)第4.3类——遇水易放出易燃气体的物质(Substance emitting inflammable gases when wet)，本类物质是指与水反应易自发地成为易燃或放出达到危险数量的易燃气体的液体或固体物质。如碳化钙(电石)、磷化氢、钠、钾等。

属于上述第4类危险品的绝大多数是固体，只有4.2类和4.3类中有少量液体货物。第4类危险品除具有易燃的共性外，许多物品还具有腐蚀性、毒害性和爆炸性等。

五、第5类——氧化物质和有机过氧化物(Oxidizing substances and organic peroxides)

1. 分类

本类所涉及的物质因在运输过程中会放出氧气并产生大量的热，从而引起其他物质燃烧。这类物质可细分两个小类。

第5.1类——氧化物质(剂)(Oxidizing substance)

指虽然其本身未必可燃，但可释放出氧气会增加其他物质着火的危险性的物质。如溴酸钾、硝酸钠、高锰酸钾、过氧化氢、次氯酸钙(漂白粉)等。

第5.2类——有机过氧化物(Organic peroxides)

指其分子组成中含有过氧基的有机物，本身易燃易爆，易分解，对热、震动或摩擦极为敏感以及与其他物质起危险性反应等特性。这类物质比5.1类具有更大的危险性。其中许多物质在“危险货物一览表”中有控制温度和应急温度的要求。如过氧化二丙酰基(控制温度15℃,危急温度20℃)等,《国际危规》给出了已确定的有机过氧化物清单。

2.危险特性

1)氧化物质的危险性

(1)分子组成中含有高价态的原子或过氧基,显示出强氧化性;

(2)不稳定,易于受热分解,放出氧,促使易燃物燃烧;

(3)大多数氧化物质和液体酸类会发生剧烈反应,可能放出助燃或剧毒气体。

2)有机过氧化物的危险性

(1)比无机氧化物更容易分解,有些甚至在常温下即能分解;会迅速燃烧,对碰撞或摩擦或杂质很敏感;

(2)其分解产物是活泼的自由基,由自由基参与的反应属于链式反应,很难用常规的抑制方法扑救,而且许多分解产物是气体或易挥发物质,容易产生爆炸;

(3)有机过氧化物中的许多物质如与眼睛接触,即使是短暂的,也会对眼角膜造成严重的伤害。

六、第6类——有毒物质和感染性物质(Toxic and infectious substances)

1)第6.1类——有毒物质(Toxic)

指少量吞咽、吸入或皮肤接触,能破坏肌体的正常生理机能,严重伤害或损害人体健康,甚至危及生命的物质。归入这一小类的均为常温、常压下呈液态或固态的物质。如氰化钠、苯胺、四乙基铅(四乙铅)、砷及其化合物等。

这类物质的毒性主要用半数致死量 LD_{50}(Half-lethal dose,分口服和皮试)或半数致死浓度 LC_{50}(Half-lethal density)来度量。

急性经口吞咽毒性 LD_{50}:是指在14天内,使雄性和雌性刚成熟的天竺鼠半数死亡所施用的物质剂量,其结果以平均每千克动物体重所用毒物的剂量mg/kg表示。

急性皮肤接触毒性 LD_{50}:是指在白兔裸露皮肤上连续接触24小时,在14天内使试验生物半数死亡所施用的物质剂量,其结果以mg/kg表示。

急性吸入毒性 LC_{50}:是指使雄性和雌性刚成熟的天竺鼠连续吸入1小时,在14天内使其死亡半数所施用的蒸气、烟雾或粉尘的浓度,其结果如为粉尘和烟雾以mg/L表示,蒸气以mL/L或ppm表示。

显然,毒物的 LD_{50} 或 LC_{50} 越小,其毒性越大。《国际危规》和《水路危规》列入本类物质的标准见表13-1。

由有毒物质 LD_{50} 或 LC_{50} 确定的包装类 表13-1

包装类	经口吞咽毒性 LD_{50} (mg/kg)	皮肤接触毒 LD_{50} (mg/kg)	粉尘、烟雾吸入毒性 LC_{50} (mg/L)
Ⅰ	$LD_{50} \leqslant 5.0$	$LD_{50} \leqslant 50$(40②)	$LC_{50} \leqslant 0.2$(0.5②)
Ⅱ	$5.0 < LD_{50} \leqslant 50$	50(40②) $< LD_{50} \leqslant 200$	0.2(0.5②) $< LC_{50} \leqslant 2.0$
Ⅲ①	$50 < LD_{50} \leqslant 300$(固体:500②)	$200 < LD_{50} \leqslant 1000$	$2.0 < LC_{50} \leqslant 4.0$(10②)

注:①催泪气体的毒性数据处于包装类Ⅲ的范围内,但仍被分类为包装类Ⅱ。

②系《水路危规》的标准。

本类物质不少还具有易燃、腐蚀等特性。

有毒物质的状态，如固体毒物的颗粒越小，其毒性就越大；毒物的水解性与脂溶性越大，其毒性也越大；毒性沸点越低，越易引起中毒；液体毒物其挥发性越大毒害性也越大。

2）第6.2类——感染性物质。即指已知或有理由认为含有病原体的物质。病原体是会使动物或人感染疾病的生物体（包括细菌、病毒、寄生虫等）。主要包括含有感染性物质的生物制剂、医学标本，如排泄物、分泌物、血液、细胞组织和体液等，但《水路危规》这类中不包括疫苗。

感染性物质可划分为A和B两类。A类指当接触到该物质时，可造成人或动物的永久性致残、生命危险或致命疾病。A类又可细分为能引起人或人和动物疾病（UN 2814）的如埃博拉病毒、狂犬病毒等，和仅能引起动物疾病（UN 2900）的如口蹄疫病毒、牛瘟病毒等两种。B类指不符合A类标准的其他感染性物质。

运输这类物质中人畜中毒的主要途径是，毒物经呼吸道或皮肤侵入体内，而经消化道侵入的较少。因此，应当采取正确的防护措施，杜绝这些可能的中毒途径，以确保运输安全。

七、第7类——放射性物质（Radicactive material）

放射性物质是指能自原子核内部自行放出人感觉器官不能察觉的射线的物质。列入《国际危规》的放射性物质，是指所托运的货物中任何含有放射性活度和总活度都超过规则规定数值的任何含有放射性核素的物质。

1. 射线的种类、性质及其危害性

射线分为α射线、β射线、γ射线和中子流等。在各种放射性物质中，有些只能放出一种射线，有些能同时放出几种射线，如镭的同位素，在其核衰变中，就能同时放出前三种射线。这类物质的危险在于辐射污染。不同射线的性质和对人体造成的辐射危害是不相同的。

1）α射线

是带正电的粒子流，具有很强的电离作用。但射程很短，穿透能力很弱，因而α射线对人体不存在外照射，仅用一层衣服、纸张等即能被完全屏蔽。但一旦进入人体，α射线源因不能穿透人体，会使人体器官和组织因电离作用会受到严重损伤。

2）β射线

是带负电的粒子流，电离作用比α射线弱（约为其千分之一），但因其有很快的速度，穿透能力比α射线强，因此，这类射线对人体外照射危害较α射线大。

3）γ射线

是一种波长很短的电磁波，即光子流。不带电，以光速运动，能量大，穿透能力很强，约为α射线的1万倍，为β射线的50～100倍，不易被其他物质吸收。要完全阻挡或吸收γ射线是非常困难的。因此，这类射线对人体的主要危害是外照射。

4）中子流

不带电，穿透能力很强。一般认为，中子流引起对人体损伤的有效性是γ射线的2.5～10倍。因此，这类射线对人体的危害比γ射线要大。

对放射性物质外辐射的防护是采用屏蔽、控制接近的时间和距离。运输中要确保其包装完整无损，近距离作业人员必须穿戴防护用品，如铅手套、铅围裙、防护目镜等，有关人员应尽

量减少受强照射伤害的时间并增大与辐射源的距离(如选配货位远离生活居住处所)。这是因为放射线的强度与距放射源距离的平方呈反比。内辐射的防护是防止放射源由消化道、呼吸和皮肤三个途径进入体内。

2. 放射性量度指标

1)放射性活度(Radioactivity strength)

又称作放射性强度,用每秒内某放射性物质发生核衰变的数目或每秒内射出的相应粒子的数目来表示。它是度量放射性物质放射性强弱程度的一个物理量,反映了某种放射性物质放射性的强弱程度,单位是 Bq(贝可)。

2)放射性比活度(Specific activity)

又称作放射性比度,指单位质量(或体积)的放射性物质的放射性活度,单位是 Bq/g(贝可/克)。

3)剂量当量(Dose equivalent)

表示生物体受射线照射,每千克体重所吸收的相当能量,单位是 Sv(希),用以衡量生物体受射线危害的程度。国际公认的人体每年最大允许剂量当量为 0.005Sv。

4)辐射水平(Radiation level)

指单位时间所受的剂量当量,单位是 Sv/h(希/小时)。

《国际危规》规定,放射性物质系指该批托运货物的放射性活度和比活度都超过《国际危规》所规定数值(详见危规 2.7.7.2)的任何含有放射性核素的物质。

《水路危规》规定,放射性物质系指其放射性比活度大于 74Bq/g 的物质。

第 7 类中包括辐射源钴 60、核燃料铀 235、镭—铍中子源、放射性制品夜光粉等,但不包括人体内的辐射性同位素心脏起搏器和辐射药物。

5)运输指数 (Transport index,TI)

表示经控制后的辐射水平的指标,它是指距放射性货物包件和其他运输单元外表面,或表面放射性污染物和无包装的低比活度放射性货物表面 1m 处测得的辐射水平的最大值(Sv/h);对大尺度货物如罐柜、货物集装箱等,其 TI 值还应乘以在危规中提供的与货物横截面尺寸有关的放大系数。

八、第 8 类——腐蚀品(Corrosive substances)

1. 定义及分级

腐蚀品系指化学性质非常活泼,与人畜或其他物品接触,在短时间内能造成明显破坏现象的固体或液体物质和物品。大多由酸性、碱性和对皮肤、眼睛、粘膜等会造成严重灼伤的物质或物品组成。如硝酸、硫酸、冰醋酸、氢氧化钠。

腐蚀品按危险程度由下列标准确定其包装类:

包装类Ⅰ:在 3min 或少于 3min 的暴露期开始直到 60min 的观察期内,能使完好的皮肤出现坏死现象的物质。该类腐蚀品具有严重危险性。

包装类Ⅱ:在 3min 或 3min 以上 60min 以内的暴露期开始直到 14d 的观察期内,能使完好的皮肤出现坏死现象的物质。该类腐蚀品具有中等危险性。

包装类Ⅲ:在 60min 以上,4h 以内的暴露期开始直到 14d 的观察期内,能使完好的皮肤组

织出现坏死现象的物质。或者，不会引起完好动物皮肤出现可见坏死现象，但在试验温度为55℃时对规定型号的钢或铝的表面年腐蚀率超过6.25mm。该类腐蚀品具有一般的危险性。

2. 危险特性

不同的腐蚀品，腐蚀物的含量不同，被腐蚀材料不同，其腐蚀作用会有明显的差别。如双氧水水溶液，当浓度为3%时，则可用作伤口的消毒剂；而当浓度超过20%时，则对人体有强烈的腐蚀作用。又如浓硝酸对铝，浓硫酸对铁都无腐蚀作用；若两者交换，则铝和铁都会被严重腐蚀。因此，针对不同腐蚀品的特性，采取截然不同的防护措施是非常重要。

这类物质和物品中不少还具有易燃、氧化、毒害等一种或多种危险性质。

(1)腐蚀性：人体皮肤接触腐蚀品后会使皮肤、组织或器官的表面化学灼伤，如氢氧化钠会使皮肤脱水。许多腐蚀品都能与金属和非金属、无机和有机物发生反应，对其他货物或船舶结构和设备造成破坏。

(2)毒性：许多腐蚀品具有不同程度的毒性，特别是具有挥发性的腐蚀品，能挥发出有毒的气体和蒸气，在腐蚀人体的同时还能引起中毒。

(3)遇水反应性：腐蚀品中很多物品能与水发生反应生成烟雾，对眼睛和呼吸道有强烈的刺激作用，且在反应的同时放出大量的热。

(4)氧化性：腐蚀品中含氧酸大多是强氧化剂，本身会释放出氧气，或与其他物质反应时，夺取电子使其氧化。

九、第9类——杂类危险物质或物品(Miscellaneous dangerous substances and articles)

杂类危险物质或物品系指在运输中呈现的危险性质不包括在上述八类危险品中的物质和物品。

《国际危规》定义的第九类主要包括：

(1)危险特性符合SOLAS 1974第7章A部分规定，但未列入其他类别的物质和物品；

(2)危险特性符合MARPOL 73/78公约附则3规定的物质；

(3)在等于或高于100条件下运输或交付运输的液态物质，以及在等于或高于240条件下运输或交付运输的固体；

(4)未经相关国主管机关批准，能够改变动物、植物或微生物使其不同于正常的自然繁殖结果且不符合第6.2类定义的基因重组微生物(GMMOs, Genetically Modified Micro-Organisms)和基因重组生物(GMOs, Genetically Modified Organisms)。

《国际危规》第九类包括的具体物质或物品：以细微粉尘吸入可危害健康的物质，如蓝石棉；会放出易燃气体的材料，如聚苯乙烯珠体；锂电池类，如锂离子电池；救生设备，如气囊；一旦发火灾可形成二噁英的物质和物品，如多氯联苯；运输过程中存在危险但不能满足其他类别定义的物质和物品，如固态二氧化碳、鱼粉和机器中的危险货物等。

《国际危规》对于未列明含有多种危险性的物质、混合物和溶液，规定了确定其主危险性顺序(即危险性优先顺序)的方法。规定下列物质、材料和物品具有最高的优先级：

(1)第1类物质和物品；

(2)第2类气体；

(3)第3类液体退敏爆炸品；

(4)第4.1类自反应物质和固体退敏爆炸品；

(5)第4.2类引火物质；

(6)第5.2类物质；

(7)第6.1类中具有包装类Ⅰ的蒸气吸入有毒物质；

(8)第6.2类物质；

(9)第7类物质。

另外，《国际危规》在第2部分2.0.3.6中还给出了危险性优先顺序表。

我国《水路危规》对危险货物的分类与《国际危规》大体相同，由九个大类和二十四个小项(Division)组成。但《水路危规》中无1.6类，但在GB 6944—2005中对危险货物的分类与《国际危规》一致。《水路危规》第2类名称改为压缩气体和液化气体，其中第2.2项称为不燃气体；第9类名称改为杂类。考虑到腐蚀品的性质差异很大，《水路危规》第8类细分为8.1项酸性腐蚀品，8.2项碱性腐蚀品和8.3项其他腐蚀品三个小项，而《国际危规》该类未作细分。《水路危规》中第9类细分为9.1项杂类和9.2项另行规定的物质两项，但仅列有难以归入前八类中任何一类的“干冰”(属9.2类)一个物质，而《国际危规》该类也未作细分。

在《国际危规》Amdt. 32-04修正案中增加了新的第1.4章保安规定，提出了“后果严重的危险货物”的规定(属建议性)。所谓后果严重的危险货物是指具有在恐怖事件中被滥用的潜在可能、会产生诸如大量人员伤亡或巨大破坏的严重后果的危险货物。如大部分爆炸品(1.1类、1.2类、1.3类配装类C、1.5类、3类中退敏液体爆炸品、4.1类中退敏固体爆炸品)、有毒物质(2.3类有毒气体和6.1类包装类Ⅰ有毒物质)、6.2类中A类感染性物质等。第1.4章要求对发货人和从事后果严重的危险货物运输的其他人应采用、实施和遵守有针对性的保安计划。要求在保安计划中增加明确有关人员的保安职责，做好对所运危险货物的记录，正确评估保安风险，配备必要的能降低保安风险的设备和资源，制订出应对保安威胁、保安违章或相关事件的报告和处理的有效程序，确保尽一切可能限制运输信息的传播等内容。

第二节　危险货物的包装与标志

合格的危险货物包装是危险货物运输安全的根本保证，它除了能起到普通货物包装的作用外，同时还要确保危险货物在运输、装卸、储存过程中的安全以及能承受正常的风险。《国际危规》明确规定，危险货物交付运输时，必须粘贴正确的标志、标记或标牌，以便于从事货物运输的各类人员能对所接触的货物迅速加以识别，正确认识其危害性，并采取相应的安全措施和应急行动。

一、危险货物的包装

危险货物的包装形式多样，有常规包装、中型散装容器、大宗包装、可移动罐柜、公路罐车、集装箱、滚装运输组件和船载驳船等。《国际危规》在“第4部分——包装和罐柜规定”与“第6部分——包装、中型散装容器、大宗包装、可移动罐柜、多单元气体容器、公路罐车的构造和试验”中，对包装的使用、构造和试验进行了明确的说明。

1. 危险货物包装的分类

1)按封口分

(1)有效封口(Effectively closed):不透液体封口。

(2)气密封口(Hermetically sealed):不透蒸气封口。

(3)牢固封口(Securely closed):对封口最低要求,能防止干燥物质撒漏的封口。

2)按包装形式分

(1)单一包装(Single packaging)

指直接将货物盛装在包装容器中,其最大净重不超过400kg,最大容积不超过450L的包装。如:钢桶、塑料桶等。

(2)复合包装(Composite packaging)

指由一个外包装和一个内包装容器组成的在结构上形成一个整体,其最大净重不超过400kg,最大容积不超过450L的包装。如钢塑复合桶。

(3)组合包装(Combination packaging)

指将一个或多个内包装装于一个外包装内,其最大净重不超过400kg的包装。

(4)大(宗)包装(Large packaging)

指适合于机械装卸,净重超过400kg或容积超过450L,但容积不大于3.0m^3的包装。

(5)中型散装容器(Intermediate Bulk Container: IBC)

指刚性和柔性的可移动包装。其容积对于装载第7类物质和包装类Ⅱ和Ⅲ的固体和液体等不应大于3000L(3.0m^3),使用柔性、刚性塑料等装运包装类Ⅰ固体的不应大于1500L(1.5m^3)。

(6)罐柜(Tank)

指载货容量不小于450L的可移动罐柜(包括罐式集装箱)、公路或铁路罐车等。

3)按其适用范围分

可分为通用包装和专用包装两类。通用包装适用于第3、4、5、6.1类中的大部分货物和第1、8类中的部分货物。其余货物由于其各自特殊危险性质,只能采用专用包装。

2. 危险货物的通用包装

1)通用包装的等级

规则根据包装所能够承受危险货物的危险程度将危险品通用包装分为三个等级,即:

Ⅰ类包装——能盛装高度、中度和低度危险性的货物;

Ⅱ类包装——能盛装中度和低度危险性的货物;

Ⅲ类包装——能盛装低度危险性的货物。

2)通用包装的类型代码

通用包装的类型可用2~4位代码和拉丁字母表示。其代码的组成及含义:

(1)第一部分是阿拉伯数字,表示包装形式。通用包装形式有5种,分别是:1-圆桶;3-罐;4-箱;5-袋;6-复合包装。

(2)第二部分由一个或二个拉丁字母组成,表示包装材料。通用包装通常用下列几种材料:A-钢;B-铝;C-天然木;D-胶合板;F-再生木;G-纤维板;H-塑料材料;L-纺织材料;M-多层纸;N-玻璃、陶瓷或粗陶瓷。复合包装材料代码由两个拉丁字母组成,依次表示内容器和外包装

的材料。

(3)第三部分是阿拉伯数字,表示包装归属类型内某一类别。

在包装代码后可加"T"表示救助包装,加"V"表示特殊包装,加"W"表示采用不同规范制造的等效包装。

例如:1A1 表示不可拆装桶顶的钢制圆桶,6HB1 表示外部带有铝桶塑料容器。

3)通用包装的检验

由于危险货物的特殊性,为了确保安全运输,避免所装货物在正常运输条件下受到损害,对危险货物的包装必须进行规定的性能试验,经试验合格并在包装表面标注统一的合格标志后方能使用。根据《国际危规》的规定,常用包装的性能试验项目包括跌落试验、渗漏试验、液压试验、堆码试验等,且对每一类型的包装试验品只需按规定作其中一项或几项试验以及试验的要求都做了明确的说明,例如,对拟装满载固体货物的铁桶包装进行的跌落试验,规定的试验标准是:Ⅰ类包装的跌落高度是 1.8m,Ⅱ类包装是 1.2m,Ⅲ类包装是 0.8m。试验品若在规定的高度跌落于试验平台后,无影响运输安全的损坏,则视为合格。

4)通用包装的标记

经过试验合格的包装,都应在包装的明显部位标注清晰持久的包装试验合格标志。联合国规定的统一包装试验合格标志见图 13-1a)。

图 13-1a)显示代码的简要说明(详见《国际危规》第一册 6.1.2 包装类型的指定代码)如下:

u n 4C/Y100/S/09 NL/VL823

a)

G B 4C/Y145/S/09 CN/110001/P101

b)

图 13-1 包装标记

a)联合国包装标记示例;

b)我国包装标记示例

4C——用阿拉伯数字和字母表示的包装代码。第一位表示包装的类型(如 4 表示箱装),第二位(如属复合包装则和第三位)的大写拉丁字母表示包装的材料(如 C 表示天然木材)。若是复合包装,则第二和第三两位字母,依次表示复合包装的内包装和外包装的材料。若第三位(如复合包装则是第四位)有数字,则表示包装类型的特殊结构。

Y100——Y 是包装等级的代码。Ⅰ、Ⅱ和Ⅲ类包装分别用代码 X、Y 和 Z 来表示。包装等级不允许升级,但允许降级使用。如 X 级包装,可降级适用于Ⅱ或Ⅲ类包装等级的货物。100 是指本包装允许最大毛重为 100kg。

S——表示只适用于内装固体货物。

09——表示 2009 年制造。

NL——是按规定试验的批准国代号,NL 是荷兰的代号,CHN 是中国的代号。

VL823——是制造厂或主管机关规定的识别记号。

图 13-1b)是我国国标(GB 12463—90)"危险货物运输包装通用技术条件"规定的包装标志。其中 GB 表示包装符合我国国家标准, CN 是制造国代号(中国),110001 中前两位 11 是商检局代号,后四位 0001 是生产厂代号,PI01 是生产批号或生产月份。

对拟定装载无内包装液体货物的包装,在上述最大毛重位置改为标注相对密度(若其不超过 1.2,则可免除此项);在上述标注 S 位置,改为标注已通过液压试验的压力值(kPa)。此外,对经修复的包装,还需标注修复人名称、修复年份等内容。

对经修复的包装,按修复包装的批准国和修复厂家标出上述后两项,并需标出修复包装的年份和"R";如经渗漏试验,还应标出"L"。在包装的形式代码后可加上字母"T"表示救助包

装；"V"表示特殊包装；"W"表示等效包装。

3. 危险货物的专用包装

第1类的部分爆炸品，因对防火、防震、防磁等有特殊要求，需要选用《国际危规》中的"危险货物一览表"中规定的或主管部门批准的包装材料、类型和规格的专用包装。除一览表中有特别规定的以外，第1类爆炸品中其余的物质和物品的包装均应满足上述通用包装的Ⅱ类包装要求。

第2类危险货物均需采用耐压容器作为专用包装。本类货物的包装及其试验标准与标记要求，由各国有关的主管机关制定和监管。对于适合装载第2类危险品的通用容器，需要标注试验压力和使用压力，初次试验和最近一次定期试验的日期等；对于该类专用容器，还需增加气体的正确运输名称以及在15℃时的最大可充罐率或在15℃时的最大充罐压力（表压）。

第7类危险货物的包装，不但要能防护内装货物，而且要能起到将辐射减弱到允许强度并促进散热等作用。这类货物的包装设计及试验必须符合国际原子能机构（IAEA）有关文件的专门规定。按货物的运输指数（TI）和表面任何一点最大辐射水平（MaxRL）确定包装的三个等级：

包装类Ⅰ：$TI \approx 0$，且 $MaxRL \leq 0.005mSv/h$；

包装类Ⅱ：$0 < TI < 1$，且 $0.005mSv/h < MaxRL \leq 0.5mSv/h$；

包装类Ⅲ：$TI \geq 1$，且 $0.5mSv/h < MaxRL \leq 10mSv/h$；其中 $TI > 10$ 且 $MaxRL > 2mSv/h$ 的货物应以全船载单一货物的方式运输。

第7类危险货物的Ⅰ类包装的图案标志呈白色并须注明内装货物的放射性活度，Ⅱ、Ⅲ类包装的图案标志上部呈黄色下部白色，不但须注明内装货物的放射性活度还须注明其TI数值。这种包装分类方法恰好与危险货物通用包装等级分类方法相反，即危险程度越大，包装等级号也越大。

此外，第3、4、5、8等类中某些特殊危险货物也必须采用专用包装。如双氧水、黄磷、碳化钙等等。

应当注意的是，曾盛装过危险货物的空容器，除经清洗或处理外，均应保持其原危险货物标志，并视作所装过的危险货物对待。

二、危险货物的标志

由危险货物的标记、图案标志和标牌组成。正确的危险货物标志可使相关人员在任何时候、任何情况下都能对所涉及的货物迅速加以识别，引起警觉，采取相应的安全措施，万一遇到事故时，也能采取正确的行动。

1. 标记（Marking）

指按规定在危险货物包装外表面标注的简单文字或符号。除《国际危规》另有规定外，每个装有危险货物的包件都应标有危险货物的正确运输名称、联合国编号（如有）、海洋污染物标记（如有）。如：腐蚀性液体，酸性，有机的，未另列明的（辛酰氯），UN3265。

对于1.4类，配装类S的货物，除非贴有"1.4S"的标记，应标示类别和配装类。救助包件应标有"SALVAGE"（救助）字样。

2. 图案标志(Label)

指以《国际危规》中规定的色彩、图案和符号绘制成的尺寸通常不小于 100mm×100mm 菱形标志,用以醒目明了地标示包装危险货物的性质。

凡有次危险性的货物,除须带有表明其主要特性及类别的主图案标志外,还须同时带有表明其次危险性的副图案标志。主、副图案标志的差别在于,前者应标注而后者不标注其类(项)别号。

3. 标牌(Placarding)

是指放大的图案标志(不小于 250 mm×250 mm),适用于如集装箱、货车、可移动罐柜等较大的运输单元。

图 13-2　限量危险货标志

《国际危规》Amdt. 35-10 修正案中增加以限量运输的危险货物的标识要求(图 13-2)。限量内危险品的包件和仅含限量内货物的运输组件不需要显示海洋污染物标记、正确运输名称和联合国编号,只需按要求张贴限量危险或标志即可。

《国际危规》规定,危险货物所有标志均须满足经至少三个月的海水浸泡后,既不脱落、又清晰可辨。容量超过 450L 的中型散装容器应在相对的两侧标记。集装箱等货物运输组件或可移动罐柜应在两侧和两端加以标记。《水路危规》规定,危险货物标志应粘贴、刷印牢固,在运输中清晰,不脱离。《国际危规》和《水路危规》规定的危险货物标志和标牌分别见本书最后的附页。

我国《水路危规》第十七条规定:

“按本规则属于危险货物,但国际运输时不属于危险货物,外贸出口时,在国内运输区段包装件上可不标贴危险货物标志,由托运人和作业委托人分别在水路货物运单和作业委托单特约事项栏内注明“外贸出口,免贴标志”;外贸进口时,在国内运输区段,按危险货物办理。

国际运输属于危险货物,但按本规则规定不属于危险货物,外贸出口时,国内运输区段,托运人和作业委托人应按外贸要求标贴危险货物标志,并应在水路货物运单和作业委托单特约事项栏内注明“外贸出口属于危险货物”;

外贸进口时,在国内运输区段,托运人和作业委托人应按进口原包装办理国内运输,并应在水路货物运单和作业委托单特约事项栏内注明“外贸进口属于危险货物”。如本规则对货物的分类与国际运输分类不一致,外贸出口时,在国内运输区段,其包装件可粘贴外贸要求的危险货物标志;外贸进口时,国内运输区段按本规则的规定粘贴相应的危险货物标志。

第三节　危险货物的积载与隔离

合理选择危险货物的装载位置,正确处理不相容危险货物之间的隔离,对于保证危险货物的安全运输至关重要。为此,《国际危规》在“危险货物一览表”的“积载与隔离”栏中列出了对每一种危险货物在积载与隔离方面的具体规定;同时,在《国际危规》第 7 部分“运输作业的有关规定”中集中对海运危险货物配积载的一般原则以及各类危险货物配积载的共性问题作了详细规定,从而为危险货物的积载与隔离提供了指南。

一、危险货物的积载

1. 积载类划分

《国际危规》将载运危险品的船舶(第1类爆炸品除外)分为货船和客船。

货船指专门从事装运货物的船舶,并包括载客限额不超过25人或按船舶总长每3m不超过1人(取较大者)的客船;

客船指用于载运旅客及其行李和邮件的运输船舶,并包括载客数量超过上述限额的其他船舶。

依据危险货物安全装运舱位定义从A至E的五种积载类(表13-2)。积载类分类的目的是考虑到由于涉及危险货物的事故可能会迅速影响全船,这对于装运旅客或人员较多的船舶采取安全撤离的措施是困难的,所以对这类船应限制其装运危险性大或具有特殊危险的货物。在积载时,依据不同船舶类型和危险品的积载类(从"危险货物一览表"第16栏可查到),确定该货物时适应于载于舱面还是舱内,或禁止装运。

危险货物积载方式　　表13-2

	积载类A	积载类B	积载类C	积载类D	积载类E
货船	舱面或舱内	舱面或舱内	只限舱面	只限舱面	舱面或舱内
客船	舱面或舱内	只限舱面	只限舱面	禁止装运	禁止装运

2. 危险货物配积载的一般要求

所有危险货物的积载位置均应满足《国际危规》"危险货物一览表"第16栏的要求。

易燃易爆危险货物应尽可能保持阴凉,远离一切热源(包括火源、蒸气管道、加热盘管、舱壁的热辐射、烈日直射等)、电源及生活居住处所。

能产生危险气体的货物应选配于通风良好的处所或舱面。

遇水放出危险气体的货物应选配于水密和通风良好的干燥货舱。与易散发水分货物分舱配装。

对于易挥发的有毒物质、或易挥发的腐蚀性物质、或遇潮湿空气产生有毒或腐蚀性蒸气的物质、或释放强烈麻醉性蒸气的物质、或第2类易燃气体、或感染性物质和放射性物质等危险货物,应远离生活居住处所。

有强烈化学反应性质的货物(如爆炸品、氧化剂、腐蚀品),应清除舱内不相容的残留货物。严格满足与不相容货物之间的隔离要求。

海洋污染性货物应优先选择舱内积载。若选择舱面装载时,货位应选择具有良好保护和遮蔽的处所。若对所选货位的安全有任何怀疑时,应对货物进行妥善的系固。

在危险货物一览表中,对每一种货物都规定了其积载类。通常,危险货物在满足下列条件之一者,可在舱面积载:

(1)需要经常或特别接近查看;

(2)能形成爆炸性混合气体、能产生剧毒蒸气或对船舶有严重腐蚀作用。

在舱面积载时,要保证消防栓、测量管等类似设备和通道不受影响,并与之远离;要保证游步通道和所有船舶安全作业必需设备的通道不受影响。

3. 危险货物积载的特殊要求

1)第1类爆炸品的积载要求

第1类爆炸品中的不同货物,在"危险货物一览表"中,要求根据其特性分别用A型弹药舱积载、C型弹药舱积载和特殊积载三种类型装载。根据不同的船型给出了15种积载方式,详细内容见《国际危规》第7.1章。按《国际危规》要求,第1类爆炸品应尽可能地积载在靠近船舶中心线的舱位,不应积载在离任何明火、机械排气口、通风烟道口、可燃性物料库或其他着火源的水平距离6m以内处。通常应积载在能确保通道畅通并"远离"所有船舶安全操作所必须的其他设备,避开消防栓、蒸汽管道和进出口通道,同时离驾驶台、居住处所和救生设备的水平距离不少于8m。另外,载运爆炸品船舶需满足电器设备、避雷防护等特殊要求。

2)第2类气体危险品的积载要求

容器应衬垫以防止直接接触钢制甲板;容器垂向积载时,应成组积载并用坚实的木制箱或框围蔽,牢固绑扎;舱面积载时,应防止容器受到光照及其他热辐射;舱内积载时,应选择有机械通风装置的货舱。

3)第7类放射性物质的积载要求

除按《国际危规》中"危险货物一览表"第16栏所列方式积载外,承运放射性货物的船舶和集装箱等一次装运量不得超过《国际危规》规定的数值(表13-3)。

非独家运输条件下集装箱和运输工具的运输指数限值　　表13-3

集装箱或运输工具类型			在一个集装箱或同一运输工具上的运输指数总和的限值
小型集装箱			50
大型集装箱			50
车辆			50
海船	舱室或特定区域	(集合)包件或小型集装箱	50
		大型集装箱	200
	整船	(集合)包件或小型集装箱	200
		大型集装箱	无限值

《国际危规》规定,在常规运输条件下,运输工具外表任何一点的辐射水平不得超过2mSv/h,并且离运输工具外表面2m处的辐射水平不得超过0.1mSv/h。表面辐射水平大于2mSv/h的包件或集装包件,除非使用专门车辆或有特殊安排,不得由船舶运输。

二、危险货物的隔离

为了保证货物的安全运输,对互不相容的货物应作有效的隔离,最大限度地缩小危害范围,减少损失。

1. 隔离等级和划分

除第1类爆炸品之间的隔离要求另有规定外,《国际危规》将危险货物的隔离分为四个等级,见图13-3。具体含义分述如下:

(1)隔离1——远离(Away from):是指有效地隔离从而使互不相容的物质在万一发生意

外时不致相互起危险性反应,但只要在水平垂直投影距离不少于3m,仍可在同一舱室或货舱内或"舱面"上装载(图13-3a)。

(2)隔离2——隔离(Separated from):是指在"舱内"积载时,装于不同舱室或货舱内。如中间甲板是防火防液的,垂直隔离,即在不同的舱室积载,可以看成是同等效果的隔离。就舱面积载而言,这种隔离应不小于6 m的水平距离(图13-3b)。

(3)隔离3——用一整个舱室或货舱作垂向的或水平的隔离(Separated by a completed compartment or hold from):如果中间甲板不是防火防液的,只能用一介于中间的整个舱室或货舱作纵向隔离。就"舱面"积载而言,这种隔离即不少于12 m的水平距离。如果一包件在"舱面"积载,而另一包件在最上层舱室积载,也要保持上述的同样距离(图13-3c)。

(4)隔离4——用一介于中间的整个舱室或货舱作纵向隔离(Separated by an intervening complete compartment or hold from):单独的垂向隔离不符合这一要求。在舱内积载的包件与在"舱面"积载的另一包件之间的距离包括纵向的一整个舱室在内必须保持不少于24 m。就"舱面"积载而言,这种隔离应不少于24 m的纵向距离(图13-3d)。

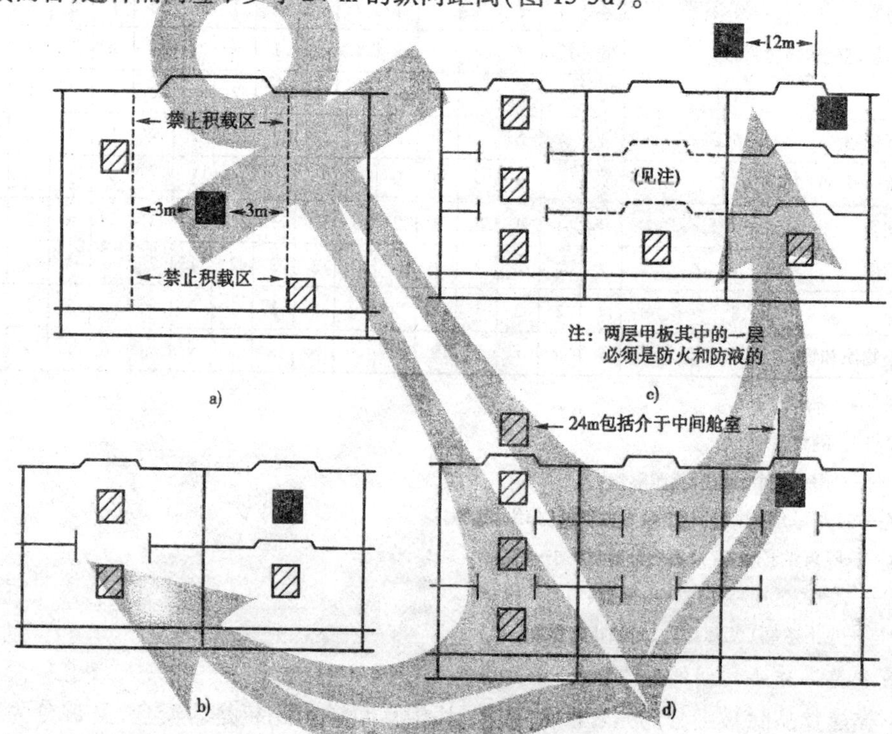

注:垂直实线表示货物处所(舱室或货舱)之间的防火防液横向舱壁。

图13-3 危险货物的隔离等级

包装危险货物之间的一般隔离要求见表13-4。

由于每种危险货物的性质差别很大,因此查阅"危险货物一览表"中对隔离的具体要求比查阅一般要求更为重要。同时,在确定隔离要求时还应当以危险货物主、副(如果存在时)标志的隔离要求中较高者为准。表13-4仅是包装危险货物之间的隔离表,对包装危险货物与散装危险货物,与危险品集装箱,以及与危险品滚装货物之间的隔离要求,参见相应的章节。

《国际危规》包装危险货物之间的隔离表 表 13-4

类别		1.1 1.2 1.5	1.3 1.6	1.4	2.1	2.2	2.3	3	4.1	4.2	4.3	5.1	5.2	6.1	6.2	7	8	9
爆炸品	1.1,1.2,1.5	*	*	*	4	2	2	4	4	4	4	4	4	2	4	2	4	×
爆炸品	1.3,1.6	*	*	*	4	2	2	4	3	3	4	4	4	2	4	2	2	×
爆炸品	1.4	*	*	*	2	1	1	2	2	2	2	2	2	×	4	2	2	×
易燃气体	2.1	4	4②	2	×	×	×	2	1	2	×	2	2	×	4	2	1	×
无毒不燃气体	2.2	2	2	1	×	×	×	1	×	1	×	×	1	×	2	1	×	×
有毒气体	2.3	2	2	1	×	×	×	2	×	2	×	×	2	×	2	1	×	×
易燃液体	3	4	4	2	2	1	2	×	×	2	1	2	2	×	3	2	×	×
易燃固体	4.1	4	3	2	1	×	×	×	×	1	×	1	2	×	3	2	1	×
易自燃物质	4.2	4	3	2	2	1	2	2	1	×	1	2	2	1	3	2	1	×
遇水放出易燃气体物质	4.3	4	4②	2	×	×	×	1	×	1	×	2	2	×	2	2	1	×②
氧化物质	5.1	4	4	2	2	×	×	2	1	2	2	×	2	1	3	1	2	×
有机过氧化物	5.2	4	4	2	2	1	2	2	2	2	2	2	×	1	3	2	2	×
有毒物质	6.1	2	2	×	×	×	×	×	×	1	×	1	1	×	1	×	×	×
感染性物质	6.2	4	4	4	4	2	2	3	3	3	2	3	3	1	×	3	3	×
放射性物质	7	2	2	2	2	1	1	2	2	2	2	1	2	×	3	×	2	×
腐蚀品	8	4	2	2	1	×	×	×	1	1	1	2	2	×	3	2	×	×
其他危险物质和物品	9	×	×	×	×	×	×	×	×	×	×	×	×	×	×	×	×	×

表中:1——“远离”;

2——“隔离”;

3——“用一整个舱室或货舱隔离”;

4——“用一介于中间的整个舱室或货舱作纵向隔离”;

×——隔离要求(如有)应查阅危险货物一栏表;

②——《水路危规》定义“2 ——隔离”;

*——见下述第 1 类爆炸品之间的隔离要求。

2. 第 1 类爆炸品之间的隔离要求

第 1 类爆炸品除被细分为六小类外,依据其相互间混合配装是否安全,又被分为 13 个配装类,分别用字母 A ~ L(不包括 I)、N 和 S 表示,通常标于其分类及小类(项)号后(如 1.4S)。危规对这类货物相互之间的隔离有明确的规定:配装类相同的货物可以同一舱室(包括可移动弹药箱等,以下同)配装。配装类 L 的货物不允许与除该配装类以外的货物同室装载。配装类 S 的货物可以与除配装类 A 和 L 外的货物同一舱室配装。配装类 C、D、E、和 G 的货物相互间可以同一舱室配装,配装类 N 的货物可以同 C、D、和 E 的货物相互间同一舱室配装。除上所述外,不同配装类的货物均不得同室装载。当不同配装类的货物在舱面装运时,除非按上述舱内隔离要求允许混合积载外,否则至少应隔开 6m 积载,其隔离要求见表 13-5。

凡属不同配装类货物在同一舱室、可移动弹药舱、集装箱或车辆内混合积载时,如果属于

第1类危险品，整个货载应按1.1（危险最大）、1.5、1.2、1.3、1.6和1.4（危险最小）顺序确定其最严格的积载要求。

允许混合积载的第1类货物　　表13-5

配装类	A	B	C	D	E	F	G	H	J	K	L	N	S
A	×												
B		×											×
C			×	×	×		×					×	×
D			×	×	×		×					×	×
E			×	×	×		×					×	×
F						×							×
G			×	×	×		×						×
H								×					×
J									×				×
K										×			×
L											×		
N			×	×	×							×	×
S		×	×	×	×	×	×	×	×	×		×	×

注：× ——表示可以在同一舱室、可移动弹药箱、集装箱或车辆中积载的相应配装类的货物。

3. 危险货物与食品之间的隔离要求

《国际危规》规定：

（1）第6.1类中包装类Ⅰ、Ⅱ或第2.3类的有毒物质积载应与食品"隔离"，除非这些物质与食品是分别装在不同的封闭运输组件内，如果这样，这些组件间不必隔离。

（2）第6.2类物质的积载应与食品"用一整个舱室或货舱隔离"。

（3）第7类放射性物质的积载应与食品"隔离"。

（4）第8类腐蚀性物质和第6.1类中包装类Ⅲ的有毒物质的积载应与食品"远离"。

第四节　危险货物的安全装运与管理

危险货物的海上运输，需要经历多个环节。严格遵守有关的法律法规，谨慎地处理好运输全过程中每一个环节，才能确保危险货物运输的安全；反之，运输中只要有一个环节稍有不慎，就可能酿成灾难性的事故，危及生命和财产安全，有时还会造成水域污染。我国对危险货物运输已具备了一整套较完善的法规和严格的管理体系。我国有关的法规、规章、条例等，对水路危险货物运输全过程中的各个环节，都提出了具体的要求。

一、受载前准备

1. 熟悉并配备有关法律法规

配备并熟悉有关IMO、挂靠港国家、主管部门、挂靠港地方、船公司等有关危险货物运输的文件。这类文件应当按规定及时更改，使之与最新版本一致。

与所运危险货物有关各类文件，主要包括：

(1)适合于国际海上运输的《国际危规》。

(2)适用于国内水路运输的《水路危规》。

(3)挂靠港国家或当地危险货物运输法规。

(4)国家、主管机关、船公司等颁发的条例、标准、规章和法规。

我国1982年起陆续颁布的《海上交通安全法》、《海洋环境保护法》、《防止船舶污染海域管理条例》、《船舶装运危险货物监督管理规则》、《集装箱装运包装危险货物监督管理规定》、《船舶载运外贸危险货物申报规定》等法律法规。以立法形式对危险货物运输的安全和防污染提出了原则性的规定。国家标准局自1985年起就危险货物的分类、品名、包装、命名原则等内容陆续发布了多个国家标准。

我国交通部于1996年11月颁布《水路危规》,2003年11月颁布《中华人民共和船舶载运危险货物安全监督管理规定》等。

船公司在SMS文件体系中有危险货物运输安全管理和应急处置方面的文件。

2. 获取并审查危险货物单证

1)危险货物单证所提供的信息

(1)基本信息:主要包括危险货物的正确运输名称;类别及分类(包括配装类、副危险性等);联合国编号;包装类;包装类型和总量等。

(2)补充信息:如可燃易燃危险货物的闭杯闪点、正确运输名称中未说明的副危险性、危险货物是否同时是“海洋污染物”等。

(3)其他信息:如使用通用条目运输的爆炸品,包括“爆炸性物质,未列明的”、“爆炸性物品,未列明的”和“导爆索,未列明的”这些没有具体条目的,生产主管机关应使用适当的危险性分类和配装类的条目,而且在运输单证上注明“在……国主管机关批准条目的规定下装运”;如果以温度等于或超过100℃时仍为液态,或以温度等于或超过240℃时仍为固态运输或交付运输物质的正确运输名称不能表达加温条件的,应在运输单证上的正确运输名称前加上“热”字。

2)应向托运人索要的主要的危险货物运输单证

(1)《危险货物技术说明书》。承运《国际危规》中感染性物质、放射性物质和按“未另列明”条目运输的危险货物以及新品危险货物时,船方必须向托运人索取经主管部门审核、批准的此类说明书。其内容包括品名、类别、理化性质、主要成分、包装类型、急救措施、撒漏处理、消防方法及其他运输注意事项等。

(2)《包装检验证明书》和《包装适用证明书》。前者用于表明指定类型的包装已经取样进行了所列的包装试验,并获得相应的试验结果。后者用于证明指定的包装适合于所列特定的危险货物装载。这两种证书都须经主管机关或其委托的权威机构的确认才能有效。

(3)《放射性货物剂量检查证明书》。托运放射性货物时必须附有经主管机关或其委托的权威机构确认的此类证书。其内容包括货名、物理状态、射线类型、运输指数、货包表面污染情况、包装等级、外包装破损时的最小安全距离等。

值得注意的是,《国际危规》要求承运人除非已通过纸质或电子的形式提供了危险货物运输单证或相关信息,否则不得接受危险货物运输。《国际危规》已明确承运人在接受危险货物运输时的责任。规则增加了危险货物相关信息须随货物到达目的地的规定,要求在移交货物

的同时将货物信息提供给收货人。此项规定实际上是要求危险货物运输信息要随货流转，这样可以保证危险货物运输各个环节的有关人员都可以迅速取得相关信息，准确把握货物的情况，对遇到的各种情况作出判断。如果是以电子形式提交的危险货物相关信息，规则要求须保证承运人能在整个过程中可以获得信息，并能随时打印成纸质文档。随着信息技术的迅速发展，电子单证在危险货物运输中使用得越来越多，《国际危规》并不排除电子单证的使用。但是，为了保障安全，规则要求电子单证必须能够在需要时迅速打印成纸质文档。《国际危规》还规定，要求托运人和承运人将危险货物运输文件、附加信息和单证至少保存3个月。

《水路危规》第二十三条规定，符合规定条件的危险货物，无需《限量危险货物证明书》，即可按普通货物条件运输。如在《水路危规》危险货物品名索引中注有＊符号的货物，其包装和标志符合规定，且每个包装不超过10kg，其中每一小包件内货物净重不超过0.5kg，每批托运货物总净重不超过100kg，只需在运单和作业委托单中注明“小包装化学品”字样，并按危规规定办理申报或提交有关单证，这类货物即可按普通货物条件投入运输。

3. 检查承运船舶的技术条件

各种危险货物对船舶技术条件有不同的要求。通常规定，除承运船舶持有有效的危险货物适装证书外，在承运危险货物，特别是承运《国际危规》第1、2.1、3、4.1、4.3和5.2类危险货物前，必须事先向船检部门申请对船舶结构、装置及设备进行临时检验，取得相应的适装证书后，方可接受承运。

4. 做好其他准备工作

危险货物的承运人或其代理应向海事主管部门（我国为海事局）提出装运申请（我国为“危险货物申报单”），以获取危险货物准装许可。

危险货物的承运人或其代理在危险货物装船前三天，应向监装部门（我国为海事局危管防污部门）申请监装，并附送经承运船船长审核的积载图和有效的危险货物适装证书的复印件。若船方未申请监装，监装部门有权对危险货物的装载过程进行法定监督。依据我国2004年1月1日起施行《中华人民共和国船舶载运危险货物安全监督管理规定》的规定，“船舶载运危险货物进、出港口，或者在港口过境停留，应当在进、出港口之前提前24小时，直接或者通过代理人向海事管理机构办理申报手续，经海事管理机构批准后，方可进、出港口”。

根据待装危险货物的性质，按《国际危规》中的EmS表和MFAG表中的规定，备妥合适的消防器材和相应的急救药品。

二、装货过程

1. 做好安全防护工作

（1）按港口规定悬挂或显示规定的信号，甲板上设立醒目的“严禁烟火”警告牌；严禁与作业无关的船舶傍靠船舷；应备妥相应的消防设备；夜间作业配备足够的照明设备；装卸爆炸品、有机过氧化物、一级毒品和放射性物品时，装卸机具应按额定负荷降低25%使用。

（2）船舶装卸易燃、易爆危险货物期间，要督促进入现场人员不得携带火种、穿带有铁钉的鞋或化纤工作服，不得在现场使用非防爆型照明、通风和机械设备，不得在甲板上进行能产生火花的检修或船体保养工作；禁止加油、加水；装卸爆炸品（第1.4S除外）时，不得检修和使用雷达。

(3)遇有雷鸣、闪电、雨雪或附近发生火灾时,应立即停止作业;遇危险货物撒漏、落水或其他事故时,应迅速上报,按要求采取妥善措施。

2. 严格按配积载计划进行装货操作

(1)认真检查危险货物包装是否完好,标志是否清晰、正确;凡包装有破损、渗漏、严重变形、沾污等影响安全质量的应坚决拒装。

(2)按计划做好堆装、隔离、衬垫等项工作。

(3)如需更改积载计划,对已申请监装的,则须经监装部门认可;若未申请监装的,则须经本船船长或大副同意。

(4)装货结束后,做好系固及全面检查工作

(5)备齐危险货物单证

如"危险货物舱单"、"危险货物实际积载图"、"危险货物安全积载证书"(如申请监装)等危险货物的单证,以备检查。

三、途中保管

载有危险货物的船舶,不论航行、锚泊或等待卸货期间,均要对危险货物进行有效的监管。应经常检查货物是否有移位、自热、泄漏及其他危险变化,定时测定货舱温度、湿度,合理进行通风,防止汗湿、舱温过高及舱内危险气体积聚。

如需进入可能引发中毒或窒息事故的货舱,甲板上必须专人看守,除非经过培训并戴有完备的自给式呼吸器等,否则进入前应对货舱进行彻底的通风并经检测以确认安全。载有易燃易爆危险货物的船舶,航行中应避开雷区,以免遭雷击。船舶的烟囱口应设置防火网罩。进入货舱人员不得携带火种、穿带有铁钉鞋或化纤工作服,舱内所使用的照明、通风和机械设备必须具有防爆特性。船上所有易燃易爆气体可及区域,不得进行任何能产生火花的检修或船体保养工作。

四、卸货过程

卸货前,船方应向装卸、理货等有关方详细介绍危险货物的货位、状态、特性、卸货注意事项等。对可能存在危险气体的货舱进行彻底通风。

卸货完毕后,应及时整理货舱。谨慎处理危险货物的残留物和垫舱物料。危险货物的残留物或含有这类残留物的洗舱水必须按国家和港口的规定处理,不得随意排放或倾倒。

五、危险货物事故的应急措施

1. 船舶载运危险货物应急反应措施

《国际危规》Amdt. 31-01 修正案《船舶载运危险货物应急反应措施》进行了大修改,并于2003 年 1 月 1 日起生效。该指南的目的是为涉及船上装运《国际危规》所列货物的火灾和溢漏事故应急提供建议,指南明确说明不包括散装货物和非危险货物等其他火灾和溢漏事故。在涉及危险货物的事故中,应根据本指南针对具体的危险货物、船型、危险货物包装的类型和数量、积载位置(舱面还是舱内)、是火灾还是溢漏事故等指导采取正确的行动。

该指南主要包括火灾应急和溢漏应急两大部分。使用时根据现有的联合国编号,查阅"EmS 指南——索引",确定 EmS 火灾的应急表号和 EmS 溢漏的应急表号,然后按表号阅读具

体的应急反应措施。如联合国编号 1808，其 EmS 火灾的应急表号是 F-A，EmS 溢漏的应急表号是 S-B，具体内容如表 13-6 和表 13-7 所示

F-A 火灾应急措施总体建议　　表 13-6

总体建议		在火灾中，暴露的货物可能爆炸或其他包装可能破裂。 尽可能在远处有防护位置上灭火。
舱面货物着火	包件	尽可能用多个水龙喷雾。
	货物运输组件	
舱内货物着火		停止通风并关闭舱盖。 使用货物处所固定的灭火系统。如不可能，则用大量的水喷雾。
货物暴露在火中		如可行，清除或抛弃可能着火的包件，否则用水冷却。
特殊情况：UN1381，UN2447		扑灭火后应按溢漏立即处理。

S-B 溢漏应急措施　　表 13-7

总体建议		穿戴合适的防护服和自给式呼吸器。 即便穿戴防护服也应避免接触。 清除污水和蒸气。短时间吸入少量气体也可造成呼吸困难。 用水洒在溢漏物上会激烈反应并产生有毒气体。 该物质对船舶结构造成损害。 污染的衣服用水清洗后清除。
舱面溢漏	包件（少量溢漏）	用大量的水冲洗至船外，不得直接向溢漏物喷水。清除污水。彻底清洁污染区域。
	货物运输组件（大量溢漏）	保护驾驶台和居住区处于上风处。用水喷雾驱除蒸气。保护居住区和船员免受腐蚀或毒气伤害。 用大量的水冲洗至船外，不得直接向溢漏物喷水。清除污水。彻底清洁污染区域。
舱内溢漏	包件（少量溢漏）	充分通风。不配戴自给式呼吸器不得进入。进入前应测试空间气体（有毒和爆炸危险）。如果不能测试不得进入，让其自然散去，保持清洁。 液体：保持良好通风，使用大量的水彻底冲洗，并泵出船外。 固体：收集溢漏物，处理下船，将残留物冲洗至舱底。使用大量的水，泵出船外。
	货物运输组件（大量溢漏）	保持驾驶台和居住区处于上风处。用水喷洒驱赶蒸气以保护船员和居住区免受有毒和腐蚀性蒸气的损害。 不得进入舱室。保持清洁。无线电咨询专家，待危险评估后按专家意见采取措施。 充分通风。不配戴自给式呼吸器不得进入。进入前应测试空间气体（有毒和爆炸危险）。如果不能测试不得进入，让其自然散去，保持清洁。通风系统工作时尤其注意防止毒气或易燃气体进入居住区、机房和工作区。 液体：保持良好通风，使用大量的水彻底冲洗，并泵出船外。 固体：收集溢漏物，处理下船，将残留物冲洗至舱底。使用大量的水，泵出船外。
特殊情况 海洋污染物 UN2802，UN2809		根据 MARPOL 公约报告要求报告事故。 不与水反应；对防护服腐蚀不严重。如可行收集溢漏物，尽量避免处理下船。用无线电寻求专家建议。

2. 危险货物事故医疗急救指南

《国际危规》补充本中的“MFAG 指南”是对化学品中毒的初步治疗和利用海上有限的有效设备进行诊断提供必要的建议。MFAG 指南提供的紧急抢救分三步法:第一步中提供了紧急抢救和诊断的流程图,先根据伤员的危急症状由第二步中提及的“表”对伤员实施紧急抢救,随后针对所涉及的特定危险货物对伤员进行诊断,以确定治疗方案;第二步给出了第一步抢救和诊断的流程图中特殊情况简要指导的 20 个表;第三步提供了第一步诊断流程图中涉及的 15 个附录,以提供详细资料、药品清单和表中提到的化学品清单。其中附录 14 中提供了船上医务室中要求配备的药品和设备清单。

第五节 危险货物运输规则简介

一、IMO《国际危规》

为加强海上危险货物管理,防止发生人身伤亡、船货损毁或海洋污染,依据并为实施 SOLAS 1974、MARPOL 73 / 78 附则 III 及《危险货物运输的建议书》(橙皮书),IMO 制定《国际海运危险货物规则》。它适用于任何总吨船舶的包装危险货物国际航线运输,不适用于散装的固态和液态危险货物以及船用物料和船舶设备的运输。

2010 年 5 月,国际海事组织海上安全委员会第 87 次会议通过了《国际危规》第 35 套修正案。根据海上安委会第 294 号决议(MSC294(87)),《国际危规》Amdt. 35-10 修正案于 2011 年 1 月 1 日起自愿实施,于 2012 年 1 月 1 日起强制实施。

1. 规则的主要内容

《国际危规》共 3 册。第 1 册内容是:总则、定义和培训;分类;包装和罐柜规定;托运程序;包装、中型散装容器(IBCs)、大宗包装、可移动罐柜和公路罐车的构造和试验;运输作业的有关规定。第 2 册内容有:危险货物一览表、特殊规定和免除;附录 A——通用和未另列明条目的正确运输名称清单;附录 B——术语汇编;索引。第 3 册是补充本,包括船舶载运危险货物应急反应措施(EmS 指南);货物运输组件(CTUs)的装载指南;危险货物事故医疗急救指南(MFAG);船舶安全使用杀虫剂;报告程序等。

《国际危规》将危险货物按其主要特性和运输要求分为九个大类,每一大类又细分为若干小类。危险货物一览表在危规中占了很大篇幅,该表所列危险货物按联合国编号(UN No.)顺序编排。联合国编号是指由联合国危险货物运输专家委员会制定的《危险货物运输建议书》(简称联合国“橙皮书”)中对每一种常运危险物质所用的以四位阿拉伯数字表示的编号,并在国际的航空、水运、铁路和公路运输方式中被公认。危险货物一览表中列出了四种条目:

(1)物质或物品的单一条目,如丙酮(UN No. 1090);

(2)物质和物品的通用条目,如香水(UN No. 1133);

(3)未列明的特定条目(如醇类,未列明(UN No. 1987);

(4)未列明的通用条目(如易燃液体,有机的,未列明(UN No. 1325)。

这样,《国际危规》实际上将所有的危险货物(包括尚未出现的一些化工新产品)都已包括在内了。危规采用概括描述和品种罗列并举的方法,来鉴别危险货物与非危险货物。船方在

承运具有危险特性但在危险货物一览表中未列明(Not Otherwise Specified,缩写为 N. O. S.)的货物时,必须要求托运人提供《危险货物技术说明书》,以确定该货物分属哪一类"未列明"条目,以便于采取相应的防护措施。

2.《国际危规》的使用方法

《国际危规》的使用方法是:首先熟悉第 1 册中的总则、分类、托运程序、包装规定,以及运输作业的有关规定;然后由危规第 2 册的索引查取特定危险货物的 UN No. ,并由此按 UN No. 顺序进一步查阅"危险货物一览表和特殊规定和限量免除"中的特定行,在该行内列有许多代码或编号,由代码或编号再查阅有关章节或附录,以获得其详细的说明。

根据是否已知拟载运危险货物的联合国编号(UN No.),《国际危规》的查阅有两种方法:

1)未知联合国编号

(1)按货物的正确运输名称(Proper shipping name or PSN)查其 UN No.

以货物的英文(按英文字母顺序)或中文(按汉语拼音字母顺序)正确运输名称查《国际危规》第 2 册"危险货物英文名称索引"或"危险货物中文名称索引",以获取其分类、UN No. 等。例如:对于危险货物 Calcium Carbide(碳化钙)可查得表 13-8 或表 13-9。

危险货物英文名称索引　　表 13-8

Substance, material or article	MP	Class	UN No.
Calcium Bisulphite, Solution, see	—	8	2693
CALCIUM CARBIDE	—	4.3	1402
……			

IMDG CODE(Amdt. 35-10)　　301

但货名若以阿拉伯数字、N-、希腊字母等作词头的,则查索引时,这类词头被忽略。

表 13-8 中,MP 列若标有"P"则表示海洋污染物,Class 列标有货物的分类号。物质、材料或物品名称后有"see"(同表 13-9 中"见"),系指该名称为同义词。

(2)按货物的 UN No. 查"危险货物一览表、特殊规定和限量免除"

在《国际危规》第 3 部分(第 2 册)中列有危险货物一览表。该表按危险货物联合国编号 UN No. 顺序列出 3000 多个危险货物条目。例如"碳化钙"按其联合国编号 1402 可查得如表 13-10 所示内容。

危险货物中文名称索引　　表 13-9

物质、材料或物品	联合国编号
tan	
碳黑,见	1361
碳化钙	1402
碳化铝	1394
……	

451

2)已知联合国编号

可直接按货物的 UN No. 查"危险货物一览表、特殊规定和限量免除"。

表 13-10 中,分类、副危险、包装类说明详见本章前面各节。"特殊规定"栏是列于危规第 3.3 章对该货物特殊规定的编号。如编号 951 的特殊规定是"使用散货包装须气密封口并具有氮气覆盖层"。危规第 3.3 章编号 900 的特殊规定列有一份禁止海运的物质清单。"限量"栏是规定该货物每一包装认可的最大量,可查《国际危规》3.5.1.2:免除量 E0 表示不允许作为可免除量;E2 表示每个内包装最大净重 30g,每个外包装最大净重 500g。危规中对于危险

性较小，托运量小于其规定限量的包装危险货物，可以按限量条款，相应地免除其有关运输要求。“包装”、“中型散装容器”和“可移动罐柜与散装容器导则”栏列出的是危规在第4章内对该货物所使用的各类包装提供详细规定的编号。“EmS”栏系危规补充本《船舶载运危险货物应急反应措施》(EmS)中火灾(共10个)和溢漏(共26个)的应急表号，以F-为首代码的是火灾应急表的表号，以S-为首代码的是溢漏应急表号。

危险货物一览表、特殊规定和限量免除　　表13-10

UN No.	正确运输名称(PSN)	类别或小类	副危险	包装类	特殊规定	限量免除		包装		中型散装容器	
						限量	免除量	导则	规定	导则	规定
1402	碳化钙	4.3	—	Ⅰ	—	0	E0	P403	PP31	IBC04	B1
1402	碳化钙	4.3	—	Ⅱ	951	500g	E2	P410	PP40	IBC07	B2

可移动罐柜与散装容器导则			EmS	积载与隔离	特性与注意事项
IMO	UN	规定			
—	BK2	—	F-G S-N	积载类B 与酸类隔离	固体。与水接触迅速放出极易燃气体乙炔，该气体能被反应所产生的热点燃。乙炔可与一些重金属盐组成高度爆炸性化合物。与酸类接触发生剧烈反应。
—	T3，BK2	TP33			

目前，《国际危规》每两年出版一个补篇(如Amdt. 35-10修正案，偶数年出版)，危规补篇奇数年(即通过后第一年)自愿实施，在偶数年(即通过后第二年)起强制实施。由于各缔约国可能选择不同的实施方式，所以在奇数年不同的国家可能根据危规补篇对同一货物采取不同的管理方式。因此，在奇数年要特别危规补篇的新规定，并掌握相关港口国实施危规补篇的情况，使货物的运输条件满足港口国主管机关的要求，从而保障危险货物的正常运输。

二、《水路危规》

《水路危规》是以我国现行的危险货物运输法规、条例、国家标准和《国际危规》为依据，参考了联合国危险货物专家委员会制定的《危险货物运输建议书》，并结合我国水运特点而制定的。该危规适用于我国境内从事危险货物的船舶运输、港口装卸、储存等业务，但不适用于国际航线运输(包括港口装卸)、军运和散装危险货物。

该危规的明细表采用简单明了的表格形式(表13-11)。表中列出了近4000种危险货物。在危险货物的标志、标记、船舶积载和隔离、可移动罐柜、中型散装容器等方面的规定基本上与《国际危规》相一致。危规明细表中所列的品名除正式学名外，还增加了常用名、英文名和分子式。危规根据各类危险货物的危险程度划分为一级和二级。判断危险货物的危险级别可由危险货物国标(GB 12268《危险货物品名表》)编号确定。国标编号由五位阿拉伯数字组成，第一位是危险货物类别号，第二位是项别号，最后三位是危险货物品名顺序号。若顺序号小于或等于500为一级危险品，大于500则为二级危险品。如品名“碳化钙(电石)”的国标编号是“43025”，表明该货物属第4类第3项，因为顺序号025 < 500，故该货物为一级危险品。

该危规内容包括：总则；包装与标志；托运；承运；装卸；储存与交付；消防与泄漏处理；附则，共八章73条和七个附件以及《船舶装运危险货物应急措施》和《危险货物事故医疗急救指

南》两个附录。目前出版了两大本，第一本内容由规则条文、附件二至附件六、运输单证和附录组成，第二本内容由附件一"各类危险货物引言和明细表"组成。

《水路危规》危险货物一览表　　表 13-11

编号	品名		特性及注意事项
	中文	英文	
43025	碳化钙 (电石) 分子式		黄褐色或黑色固体。与水接触迅速放出高度易燃气体乙炔，可被反应热点燃。乙炔与某些重金属盐形成极易爆炸的混合物；与酸反应剧烈。 密度(水=1)：2.22

包装					积载	灭火剂	《国际危规》			备注
标志	包装类	包装代码	每一容器重量	每一包装毛重或容重			UN No.	EmS No.	MAFG No.	
主 4.3	Ⅱ	气密封口			B	干粉、苏打粉、石灰、干砂，禁用水、泡沫	1402	4.3-03	705	禁用袋装；任何散装、充氮集装箱和可移动罐柜运输应符合有关规定

该危规的查阅方法是：按危险货物学名的第一个汉字笔画数（品名前若有外文 n、o、m、p、N、α、β、γ 等字母或阿拉伯数字 1、2、3 等除外）从危规附件一"各类危险货物引言和明细表"中"危险货物品名笔画索引表"查取危险货物品名编号，然后由该品名编号从"危险货物明细表"中查取特定危险货物的详细资料。

为方便外贸货物水路运输的需要，在该危规明细表中同时列出了《国际危规》（即 IMDG Code）的 UN No，应急表号 EmS No 和医疗急救表号 MFAG No。因 Amdt. 30-00 至 Amdt. 35-10 修正案对《国际危规》已作了大幅修改，致使 1996 年生效的《水路危规》明细表中 EmS No 和 MFAG No 两个表号目前已失效。

除查阅危险货物明细表外，对于特定危险货物通常还需要根据其类别从《水路危规》附件一中"各类危险货物引言"获取该类危险货物的一些共性说明，如货物特性、包装、积载、隔离、装卸、堆存保管等。

小结与习题

本章小结：

熟悉承运的包装危险货物特性，了解危规和相关文件的具体规定，是危险货物安全运输的基础。谨慎地处理好危险货物运输全过程中每一个环节，是危险货物安全运输的关键。

承运危险货物的船舶应满足特定危险货物对船舶运输技术条件的要求。装货前应将危规中特定危险货物的特性、标志、包装、积载、隔离、EmS 和 MFAG 等资料分发给相关船员，备妥有关消防器材和急救药品，精心编制积载计划并获主管机构核查通过；装卸中，现场应备妥消防器材，夜间提供充足的照明，认真核查装船危险货物的外表状况、标志和包装，严格监督危险货物的装卸、堆装、衬垫、系固等作业；运输途中，要经常检查危险货物的状况，定时测定舱内温度、湿度、危险气体含量等,合理进行货舱通风。

思考题

1.《国际危规》将危险货物分成哪几个大类?每一大类又细分为哪几个小类?

2. 衡量爆炸品危险性的指标有哪些?试给出其具体含义。

3. 衡量有毒物质毒性的指标是什么?试给出其具体含义。

4. 第3类易燃液体的包装类的划分标准是什么?

5. 放射性物质的射线有几种?各有何特点,如何防护?

6. 放射性物质表征其放射强度的指标有哪些?试给出其具体含义。

7. 危规将危险货物的包装分为几级?各级包装有何意义?

8. 什么是闪点、燃点、自燃点和爆炸极限?

9. 危险货物的包装试验项目有哪些?

10. 危险货物包装类型代码的构成及含义是什么?

11. 简述危险货物隔离的等级及其意义。

12. 简述危险品与食品的隔离要求。

13. 简述普通危险品的积载类含义。

14. 简述危险货物运输及监管的注意事项。

15.《国际危规》有几册?各册主要包含哪些内容?

16. 简述《国际危规》与《水路危规》的主要区别。

17. 简述《国际危规》和《水路危规》的查阅方法。

18. 请简述危险货物海运中装货前、装货中、运输途中和卸货中的注意事项。

第十四章 杂货运输

杂货(General cargo)是指品种繁杂,性质各异,包装形式不一,批量较小的货物的统称,如桶装松香、裸装钢管、散装生铁块、大型化工装置、原木、冷冻牛肉、货运卡车等等。目前杂货中不适应集装箱装载的货种多由杂货船或多用途船承运。杂货船的海运特点是:船舶吨位较小但适货能力强、航次靠港多、在港作业时间长、编制船舶积载计划的难度较大。

第一节 普通杂货装运与积载要求

一、普通杂货装运要求

按货物的性质和装运要求,杂货可分为普通杂货和特殊杂货两大类。普通杂货是指贮运保管中无特殊要求的货物,如五金工具、大理石、清洁用具等;特殊杂货由于其特性,在贮运保管中有特殊要求的货物,包括危险货物、贵重货物、重大件货物、冷藏货物、木材甲板货、滚装货物等。本节介绍除危险货物(第十三章)、重大件货物(本章第六节)、木材甲板货(本章第七节)、钢材货物(本章第八节)、冷藏货物(本章第九节)和滚装货物(本章第十节)外的其他杂货的主要特点和装运要求。

1. 贵重货(Valuable cargo)

指价格昂贵或具有特殊使用价值的货物,如精密仪器、高价商品、历史文物、展品等。

贵重货要求实行点交点接,以确保交货时货物外表状况、标志和件数与装货单证记载的一致。为防止货物被盗,应尽可能配置于贵重货舱;对于无贵重货舱的船舶,后卸港的贵重货物应配置于二层舱深处的角落里,其货位应尽量集中,并用其他货物作保护性隔离。先卸港的贵重货应后装先卸,配置于顶层舱的最上层,装毕应尽快关舱并在该舱进出通道口加锁。

2. 清洁货(Clean or fine cargo)

指除食品类货物以外的不能混入杂质或怕沾污的货物,如滑石粉、焦宝石、稀有金属、纸

浆等。

这类货物不得与易撒漏货物和扬尘污染货同装一室或相邻堆装。装货前应按要求做好货舱的清洁工作，装载时应做好衬垫，以防止其受污染。

3. 扬尘污染货(Dusty and dirty cargo)

指极易扬尘或易于污染其他货物的货物，如水泥、炭黑、颜料、立德粉、沥青等。

装载时主要应防止污染其他货物。这类货物不能与清洁货同装一室或相邻配装，应尽量先装后卸，最好配置于底舱的最底层，并尽量减少其堆装面积，以减少污染，装妥后应进行清扫铺盖，然后再装其他货物。

4. 液体货物(Liquid cargo)

指在杂货船的深舱内装运的散装液体货(如植物油、矿物油等)和各种桶装的液体货，如葡萄糖、蜂蜜、盐渍肠衣、化工产品、酱油、酱菜等。这类货物均为流质或含有流质。

散装液体货物应配置于深舱单独装载，对其他货物无影响。

包装液体货物与其他货物同装时，若有包装破损则会污染其他货物。这类货物应视其包装不同确定舱位。大桶包装的液体货物应在大舱打底，不宜配于小舱；装载时，货件与舱底之间、每层货物之间应铺一层木板，货堆高度不能超过限高(表 14-1)；若配于二层舱，大桶货在舱的四周一般只能堆 1~2 层高，其上配以其他小件货或轻货，以利装卸和充分利用舱容。不耐压的小包装液体货物应配置在二层舱或上甲板(外贸货必须在提单上有装于上甲板的标注)单独堆装，上面不得压其他货物，并在二层舱内的舱盖上加以铺盖，以防液体渗漏时流入底舱；当液体货不能铺满一层时应堆装在舱的后部，以利减少破损后的污染面。

几类包装的限高　　表 14-1

包　装	限高(层)	包　装	限高(层)
大桶装 200~300kg	5	纸袋装水泥	13
大桶装 300~400kg	4	坛装	3~4
大桶装 400~500kg	3	捆装蚕茧	4
大桶装 600kg 以上	2	捆装烟叶	5~6
亮格箱	5~7	纸板箱装烟叶	15

5. 散装固体货物(Bulk cargo)

指非整船装运的不加包装的块状、颗粒状、粉末状的货物。如矿石、粮谷等。

这类货物的主要特点是无包装且多数具散发水分和易污染其他货物特性。装运前应根据货物的要求做好货舱的准备工作，用麻袋布或其他等效材料铺盖舱内污水井，以防污水井盖的漏水孔被货物堵塞或货物落入污水井内。一般应选择大舱底舱作打底货，以利装卸，如因港序限制需配装于二层舱时，其底舱货物的上面应予铺盖，以防开启底层舱盖时舱内的残留散货污染底舱的上层货物；货物装舱后应按要求平舱；多票散货不宜同配一舱。这类货物不能使用小块、易破碎的材料作衬隔。

6. 气味货物(Smelly cargo)

指能散发各种异味的货物，如生皮、猪鬃、骨粉、樟脑、大蒜、八角等。它们的异味将对怕异味货造成污染。

气味货物一般可以分为香性气味货、臭性气味货、刺激性气味货和特殊气味货。装载时，气味不互抵的气味货应尽量集中配置,气味互抵的气味货应分舱室配置,所有的气味货应与所有的食品货及其他怕异味的货物分舱室配置,装于上甲板的气味货应尽量远离船员住室。

7. 食品类货物(Foodstuffs)

指可供人们食用的制成品、原料等,如糖果、奶制品、食糖、粮食、果仁、种子、茶叶、药品等。

食品类货物要求货舱清洁、干燥、无异味、无虫害、符合卫生要求。气味货物均不得与食品类货物同舱室配置,食品类货物与危险货物的隔离要求见第十三章。袋装食品货与扬尘污染货不能同舱室配置,有气密包装的食品货与扬尘污染货至少不能相邻配置。有些食品货还有怕热、有异味等特性,应根据其特殊装运要求合理选配舱位。

8. 易碎货物(Fragile cargo)

指不能受挤压、易于损坏的货物。如玻璃制品、陶瓷制品、各种瓶装酒类等。

装载时应配置于舱室的顶层或舱口位,后装先卸,以减少受损机会;易碎货的堆码层数不能超过限高,其上不应再堆装其他货物。

许多杂货因具有多种特性而分属多类货种(如盐汁肠衣,属桶装液体、食品类,有气味又有怕热特性),应将多类货种的多方面装运要求集中反映于这类货物的装运中,以保证其货运质量。

二、不同包装货物的装运要求

不同包装货物的正确装运对于保证货物运输质量及合理利用舱位,减少亏舱均有重要意义。

各种包装的杂货在垂向的堆装应该遵循较强包装的货物在下,较弱包装的货物在上的原则。需要上下分层堆装时,自下而上一般的次序应该是:裸装或桶装、捆装、箱装、袋装和易碎品。各种包装的装运要求如下:

1. 木箱(Wooden case)

较坚实耐压。大箱宜配装于中部大舱,如须装于二层舱时要考虑其高度,既要使之能装得进又不能造成过多的亏舱;小箱(Box)可配装于各个货舱,亦可作为充分利用舱容的填充货。木箱的堆高一般不受限制,若需要在其上面堆装重货时,应在货堆表面铺木板衬垫,以分散压力;大小相同的箱子应"砌墙式"(Brick fashion)堆码,并注意紧密稳固;在货舱底部的不规则部位应衬垫平整后再堆码木箱货。

2. 木格箱(Skeleton case or crate)

不耐压。根据内装货物不同,可配装于上甲板、冷藏舱或普通货舱内;在短航线上,装于木格箱内的新鲜蔬菜类货物可配置于有良好通风设备的二层舱上部的舱口位。较小的木格箱的限制堆高为5~7层箱高。

3. 纸板箱(Carton)

一般不耐压。可配装于各舱室的上层,多数堆装在其他货物的上层,其堆高一般不受限制,也应以"砌墙式"堆码并应紧密稳固。

4. 袋装(Bag)

随所装货物的种类不同,货袋的种类和大小也不同。麻袋(Gunny bag)一般用于装载粮食、化肥、砂糖等,其单件体积和重量均较大;布袋(Cloth bag)用于装载面粉、淀粉等,其单件体

积和重量较麻袋货小；纸袋（Paper bag）主要用于装载水泥，其单件体积和重量与布袋相近。还有各种编织袋，一般用于装载各种化工产品。袋装货比较松软，在各个舱室均可堆装，但更宜配装于首尾部舱室，以便让出中部大舱装载其他包装货物。

袋装货的堆码形式有重叠式（或称垂直式）（Bag on bag）（图 14-1a）、压缝式（Half bag）（图 14-1b）和纵横压缝式（图 14-1c）。其中，重叠式堆码操作简便，利于通风，但垛形不够稳固，故采用这种堆法时一般每码 6～7 层后将袋口转 90°角堆码 1～2 层，再继续堆码；压缝式堆码垛形较稳固，能充分利用舱容，适用于不需要良好通风的货物；纵横压缝式堆码其垛形稳固，但操作费力，一般在垛顶与垛端采用这种形式，以防货垛倒塌。在袋装货的顶层一般不宜堆装木箱货，除非必要时则应用木板衬垫后方能在袋装货上堆装木箱货。

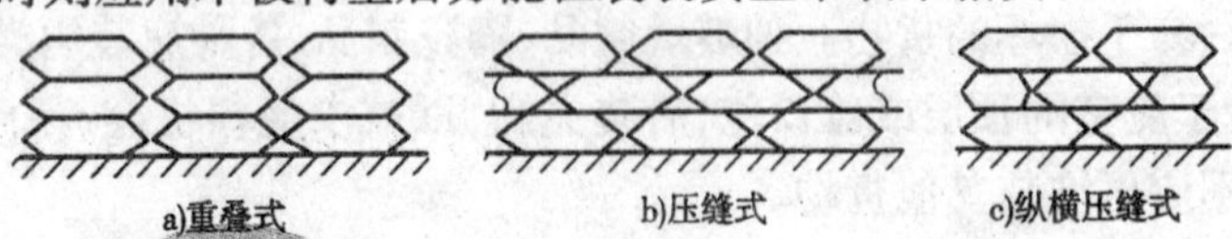

图 14-1 袋装货的堆码方式

5. 捆装

种类较多，包括：

（1）捆包（Bale），有人工捆包（Bale）和机械捆包（Pressed bale），其体积和重量各异，不怕挤压，可配装于各个舱室，更适宜配装于首尾舱。

（2）捆扎（Bundle），金属类捆扎货耐压，可作打底货；非金属类捆扎货多数不耐压，一般不能作打底货；长件金属类捆扎货宜配装于舱口尺度大、舱形规则的中部舱室，而且要顺着船舶首尾方向堆放，以防止船舶横摇时损伤船体。为防止各种金属管材受损变形，要求其堆码平整、紧密。

（3）捆卷（Roll）和捆筒（Coil）：金属类捆卷、捆筒货耐压（矽钢除外），可作打底货；非金属类捆卷、捆筒货不耐压，不能作打底货。捆卷和捆筒货均易滚动，为保证运输安全，堆放时其滚动方向应朝着船舶的首尾方向，并前后固定塞紧。这类货物宜配装于舱形较规则的中部大舱。

6. 桶装（Drum）

从材料而言有金属桶、木桶、三夹板桶、塑料桶等，从形状而言有圆形桶和鼓形桶。大的金属桶和大木桶多数内装流质货，其圆桶应直立堆放，桶口向上，空桶可以卧放；鼓形桶的强度为中间弱，两头强，桶口在腰部，因此应按图 14-2 的形式堆放，桶口要朝上，其底层和靠近舱壁处的空隙部位用木楔塞紧，以防滚动和坍塌。根据大桶的单重不同有一定的堆高限度（表 14-1），而且每层货桶之间应衬一层木板。大桶货应配装于中部大舱。在大桶货上衬一层木板后可以堆装其他货物。各种小桶货不能作打底货，一般应配装于二层舱或上甲板。内装流质货的货桶不应堆放于舱盖部位。

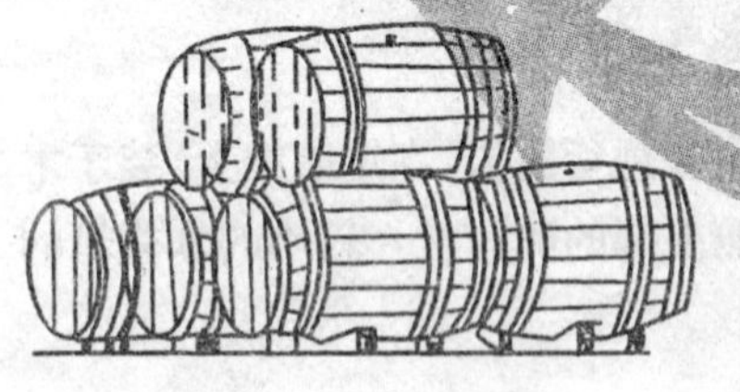

图 14-2 桶装货堆码

7. 裸装（Unpacked）

如钢轨、槽钢等，应作打底货，要求堆码平整和紧密，以利在其上堆放其他货物。详见第八节。

三、杂货的积载要求

为确保杂货的运输质量和提高船舶营运效益，应当掌握杂货舱位的选配原则，妥善处理杂货的堆码、衬垫、隔票与系固，正确确定不同到港货物的配货顺序，合理选配货位，以方便装卸操作，尽力缩短船舶在港停泊时间。

1. 杂货舱位选配原则

1）载货舱室选配原则

（1）特殊货物应优先选定舱室。如冷藏货物应配于冷藏舱，贵重货应配于贵重舱（如有），危险货应远离机舱、驾驶台及船员住处，重大件货物应配置于重吊所能及的大舱内或上甲板等；

（2）怕热货不宜配置于热源附近或温度较高的舱室；

（3）单件大、硬包装货应选配于中部大舱，单件小、软包装货应配于首尾小舱；

（4）载货体积接近舱容时，应注意各货舱的轻重货物合理搭配；

（5）先卸港重货配于底舱时应慎重，避免底舱出现货堆过高，以致于造成中途港卸载后该舱留下的后卸港货物容易倒塌。

2）正确处理货物忌装与隔离

性质互抵、至少不能相邻堆装的货物称为忌装货。忌装货混装后，轻则会影响货物的质量，重则会使货物丧失其使用价值甚至造成严重事故。因此，必须对忌装货进行隔离。

杂货的隔离要求有四种：

（1）不相邻：指至少不能相邻配装。即在互抵货物之间用其他不互抵的货物隔开就不属于互抵。如小五金（遇热包装外易渗防锈油）与丝绸、棉布等捆包装货物应要求满足不相邻的隔离要求。

（2）不同室：是指至少不能同室配装。即忌装货物不能装载在同一舱室。如食品类货物与轻微气味货一般应要求满足不同室的隔离要求。

（3）不同舱：指至少应隔室或不能同舱配装。即使分装于同一货舱的二层舱和底舱也不满足此项要求。如潮湿货和怕潮货应要求满足不同舱的隔离要求。

（4）不相邻舱：指至少不能相邻舱配装。如散装有毒危险货与散装食品之间应要求满足不相邻舱的隔离要求。

正确处理货物的忌装，必须明确各种常见货物的忌装要求和混装后果，并在货物装载的实际工作中严格地贯彻执行。表 14-2 列出了部分杂货的混装后果和忌装要求。

部分货物忌装表　　表 14-2

忌装货名		混装后果	忌装要求
钢材、生铁、金属设备、干电池等	酸、碱、化肥	酸、碱、化肥对钢材、生铁、金属设备有腐蚀作用，会使后者生锈；干电池遇酸碱后会起铜绿，会使之走电，腐烂	酸、碱、化肥与贵重钢材、设备、干电池不同舱室；与一般金属制品不相邻堆装
白铁皮、紫黄铜、铝锭、镀锌五金	纯碱	锌遇碱性就会加重锌皮锈蚀；纯碱腐蚀金属表层，并使金属发绿生锈	不同室

续上表

忌装货名		混装后果	忌装要求
白铁皮、黑铁皮	食盐	白(镀锌)铁皮、黑(镀锡)铁皮遇盐溶解,产生黄色锈水而退锌退锡,加速铁皮生锈	不同室
棉制品、皮制品、文具、纸张	酸碱	棉制品遇酸碱使棉花纤维脆弱,皮制品遇酸碱使皮面生裂纹,纸张文具遇酸碱受蚀,失去使用价值	不同室
橡胶	酸、碱、苯、乙醚、二硫化碳等	橡胶遇上述物质受腐蚀使其表面生裂纹,失去弹性或被溶解	不同室
玻璃及其制品	纯碱及潮湿货	玻璃接触纯碱会使玻璃表面受蚀发毛;其受潮后会影响其透明度或不易分开	不同室
硫酸铵、氯化铵过磷酸等酸性肥料	碱类	酸性化肥与碱作用,起中和作用,失去肥效	不同室
萤石、白云石、方解石	酸类	它们多为散装,萤石遇酸易产生有极毒和腐蚀性的氟化氢;白云石和方解石遇酸会溶解	不同室
尼龙及其制品	樟脑	两者有亲和力,樟脑气体进入尼龙纤维内部,影响其强度和染色牢度	不同室
水泥	食糖、氧化镁、铵肥	水泥遇万分之一的糖类会失去凝固作用,食糖混入水泥不能食用;水泥中如有氧化镁,在使用时氧化镁会与水化合,体积膨胀,影响水泥制品的质量;铵肥混入水泥会使水泥加速凝固,降低其使用价值,混入水泥的化肥也会降低肥效并影响土质	不同室
滑石粉、膨润土	生铁、矿砂等粉粒状货物	滑石粉混入杂质不能用做造纸、医药、化妆品等原料;膨润土为白色块状物质,作翻沙制模型用,混入杂质会影响翻砂质量	不同室
食品类货物	气味货	食品类货物混入异味影响食品的食用价值	一般至少不同室,对气味严重与极易吸味货或具有挥发性的气味货与食品类货物应不同舱
	有毒物质(包括有些中药材如鲜半夏等)	食品类货物混入有毒物质便不能食用	不同室或不同舱
耐火材料(镁砂、焦宝石、粘土、矾土等)	铁、煤、石屑、木块、氧化镁、氧化钙、垃圾等	耐火材料混入杂质会影响其制品的耐火温度,失去使用价值	不同室

续上表

忌装货名		混装后果	忌装要求
铅块、铝块、铝锭	铁锌煤等硬质杂质	铝锭为铜丝电缆的代用品,铅块用作电缆外层的保护层,混入杂质均会影响产品质量	不同室
精锌块、铁矿粉	各种矿、砂、煤等	混入杂质会影响其产品质量	不同室
焦炭	硫化铁	焦炭混入含硫物质会影响炼钢质量	不同室
生丝、棉麻及其制品	扬尘污染货	受污染后会影响其质量	一般应不同室,包装封闭时可不相邻
棉花及棉麻制品	桶装油类、种籽饼类五金机械类(内含防锈油)、火腿、肉类	该类物质油污后易自热、自燃且影响其质量	不相邻
纸浆、木浆及苇浆	生铁、砂渣、纯碱	纸浆、木浆及苇浆是造纸和人造棉的原料,混入杂质会影响其制品质量且会损坏机器	不同室
工艺品、棉花及其制品	潮湿货	工艺品受潮会影响其质量甚至失去其使用价值、棉花及其制品受潮会影响其质量甚至会发热自燃	不同舱
茶叶	酸性物质	茶叶中的茶碱与酸性物质中和使茶叶无味	不同室
茶叶、烟叶、罐头	潮湿货	茶叶、烟叶受潮霉变,罐头受潮生锈	不同舱
砂糖、水泥	潮湿货	砂糖受潮结块发酸;水泥受潮结块影响质量	不同舱
水果	粮谷	粮谷易发热,使水果受热蒸发水分而干枯;同时粮谷吸水易霉变	不同舱
硝酸	锌、镁粉、其他金属、松节油	混合后会发生燃烧或爆炸	不同舱

3)舱内货位选配原则

(1)垂向:重量较轻、外表清洁、易碎货应配于上层,重量较重、扬尘污染货、耐压货应配于下层。按包装形式由上而下一般顺序为:易碎货、纸箱货、木箱货、袋装货、捆装货、大桶货(或耐压的裸装货)。应注意货高倍数与舱高的吻合程度。货堆层数不应超过其限制层数。怕潮货应避开舱内易产生汗水部位(如露天甲板下、水线附近等)。

(2)纵向:后卸港货、桶装液体货、重污货应选配于靠舱后壁,单件重而大的货应配于舱口位下方。

(3)横向:保证各到港货左右舷配货重量对船舶中线面的力矩基本相等。

2. 杂货堆码、衬垫与隔票

1)杂货堆码(Stowing)

(1)货物在舱内堆码时垛形应符合稳固、有利于通风、操作方便、有利于充分利用舱容等要求;

(2)底舱大票货物应尽量平铺。必须扎位(Block stowage)时,应避免直立扎位、左右扎位和深扎位;

(3)各类包装的堆码高度不能超过其限高(表 14-1)。

2)杂货衬垫(Dunnage)

货物与货物、货物与船体之间的衬垫是保护货物完好、保证船货安全的重要措施之一。其作用是防止货物水湿、撒漏、污染、震动、撞击、压损、移动及防止甲板局部构件受损。

3)杂货隔票(Separation)

为提高理货工作效率,减少和防止货差,加快卸货速度,在货物装舱时,对不同卸货港、不同货主、不同提单号的货物应做好隔票工作。隔票的方法有自然隔票和材料隔票两种。自然隔票是指用不同包装的货物进行隔票;材料隔票是指用专门的隔票物进行隔票。常用的隔票材料有绳网、绳索、草席、帆布、油漆或粘胶布等。

在货物装载中,应根据货物品种的不同,正确选用隔票方法和材料。各类包装货物应尽可能采用自然隔票。钢材、钢管、原木等类货物多采用不同颜色的油漆、粘胶布和钢丝绳等进行隔票。

第二节 《货物堆装与系固安全操作规则》简介

为确保货物和船舶的安全运输,IMO 于 1991 年 11 月 6 日通过并经 1994 年和 2002 年修改的《货物堆装与系固安全操作规则》(Code of safe practice for cargo stowage and securing)(以下简称《CSS 规则》)已列入经修改的 SOLAS 1974,作为对其适用范围内船舶的强制性要求。

一、《CSS 规则》的适用范围和主要内容

规则适用于装载除散装固体、散装液体货和木材甲板货以外货物,特别是实践已证明在堆装和系固上会造成困难的货物的国际航行船舶。

1. 定义

(1)货物系固手册(Cargo Securing Manual):《CSS 规则》适用范围内船舶必须配备且须经主管机关或船级社审批的一种船舶法定文件。手册中主要提供:船舶固定系固设备布置图,船舶固定和活动系固设备强度与数量清单,船上货物单元的系固操作方法及系固实例,推荐的船上货物单元系固方案和货物单元系固有效性的评估方法等。

(2)《CSS 规则》中涉及的其他定义参见第六章第一节。

2.《CSS 规则》主要内容

规则包括七章和十三个附则。七章的主要内容如下：

1)总则。包括规则的适用范围；定义；系固设备应克服的货物移动力；货物特性对货物系固的影响；评估货物移动风险的标准；对《货物系固手册》的要求；对货物系固设备及货物资料的要求等。

2)货物安全堆装和系固原则。

3)标准化货物的堆装和系固。

4)半标准化货物的堆装和系固。

5)非标准化货物的堆装和系固。

6)恶劣气象条件下可以采取的行动：

(1)制定航线时，应尽量避开恶劣气候海域；

(2)改变航向和(或)航速，以降低船舶摇摆加速度；

(3)根据当时船舶稳性状况，打入或排出压载水，以改善船舶稳性；

(4)对货物单元装载处所增加检查次数，以确保其处于安全的系固状态；

(5)尽早避开不利的气象和海况区域。

7)货物移位时可以采取的措施：

(1)改变航向和(或)航速，以降低船舶摇摆加速度和震动；

(2)根据当时船舶稳性状况，打入或排出压载水，以改善船舶稳性；

(3)重新堆装和系固货物，尽可能增加摩擦力；

(4)寻找避风锚地或尽早避开不利的气候和海况区域。

规则 13 个附则中前 12 个附则介绍具有潜在移动危险的典型的 12 种非标准货物的堆装和系固建议，这些货物包括：

非集装箱船装运的集装箱、可移动罐柜(Portable tanks)、可移动容器(Portable receptacles)、滚动(轮载)货物(Wheel-based cargoes, Rolling cargoes)、笨重件货物(Heavy cargo items)、卷钢(Coiled sheet steel)、重金属制品(Heavy metal products)、锚链(Anchor chains)、散装金属废料(Metal scrap in bulk)、挠性中型散装容器(Flexible intermediate bulk containers)、舱内原木(Under-deck stowage of logs)和成组货物(Unit loads)。

规则附则 13 介绍了非标准货物系固有效性的评估方法。

IMO 制定《CSS 规则》的目的是：提请船舶所有人和经营人要确保船舶适合其预定的用途；提出船舶应配备合适货物系固设备的建议；提供货物堆装和系固的一般建议以减少船舶和人员的风险；对在堆装和系固上存在困难和具有潜在危险的典型货物给出具体建议；提出了在恶劣海况下可采取的行动以及货物移动可采取的补救行动的建议。

二、系固操作要求及注意事项

非标准货物系固操作时的注意事项：

1. 系索松紧要适宜

对货物的系固既要求做到紧固，不使其松动或折断，同时又要易于解开，以防万一发生危险时能立即松绑。应以一定的间隔时间(遇大风浪时应缩短间隔时间)对系索进行检查，发现系索松懈时应及时收紧。

2. 采用合适的系固角度，提高系固效果

为防止货件水平移动的系固，其系固角应尽量小（应不大于45°）。为防止货件倒塌的系固，其系固角可适当大些（一般不大于60°，图14-3）。应尽可能使各道系索受力均衡。

3. 采用正确的系固工艺

对货件的系固应左右、前后对称布置。当货件上无系索固定点需在同一侧固定时，每道系索应先绕货件一周后再在两侧固定（图14-4）。不能一索系多道。每个生根的地令上不能超过三根系索，且方向不能相同。对于车辆等带轮的货物，如为充气轮胎，则应将胎内气体放出一些，以利系固和防止货件滚动；如为铁轮（如火车车厢），一般应先用枕木铺垫，上铺铁轨，轮子与铁轨之间要用三角铁固定，并应将三角铁焊在铁轨上，如有条件最好先将铁轮用铁板封住，再用角钢将其焊在甲板上。装在舱内的重大件货物，除用系索固定外，一般还在垂向和水平方向用方木支撑，货件之间用木料钉住，以防航行途中移位。

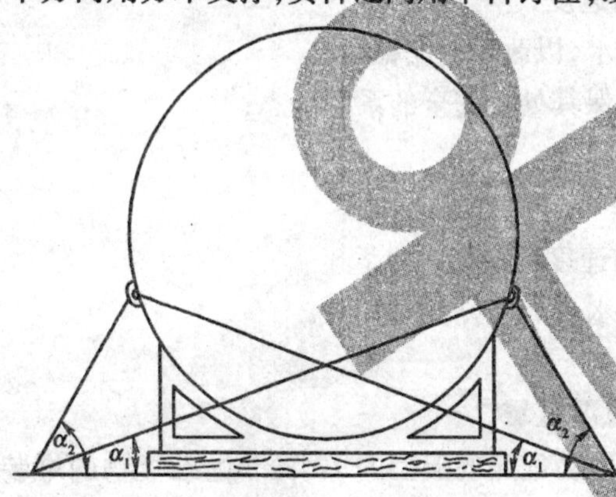

图14-3 选用合适的系固角度

α_1-防滑动的有利角度；α_2-防倾覆的有利角度

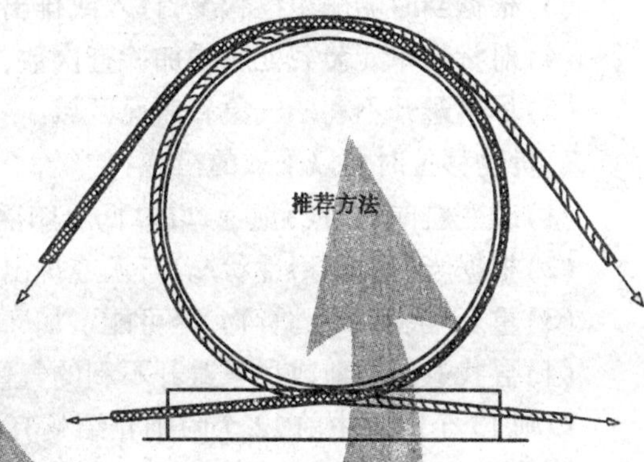

图14-4 无系索固定点货件的系固方法

4. 保证货件不受损伤

为避免货件在系索接触处出现压损或磨损，系索应在货件的规定部位进行系固。必要时须在系固部位加以衬垫。对于怕水湿的货物，除合理选择货位外，在系固前应先铺盖油布，在易腐蚀部位应涂以防护油脂。

三、系固索具的选取与系固道数的估算

1. 系固索具的选取

杂货船用于货物单元的系索常由钢丝绳、钢链、花篮螺丝、卸扣等组成。钢链系固操作方便，但不易收紧；钢丝绳则较易收紧，但强度较低，延展性较大。

2. 确定系固道数

《CSS规则》提供的防止货件横向移动的经验方法是：货件一侧（左或右）横向系索总的最大系固负荷 MSL 应等于或大于货件的重量（9.81kN），即：

$$\sum_{i=1}^{N_y} MSL_i = P \tag{14-1}$$

若设：$MSL_1 = MSL_2 = \cdots = MSL$，则

$$N_y = \frac{P}{MSL} \tag{14-2}$$

式中：N_y——横向系索的道数；

P——货件的重量（t）；

MSL_i——第 i 道系索的最大系固负荷（kN）。

3. 系索最大系固负荷 MSL 的确定

常用系固设备的 MSL 可根据其破断强度按表 6-1 确定。

垂直于木纹方向的木材取：MSL ＝0.3kN；

对于专用系固构件（如集装箱专用系固件），可用其许用工作负荷 SWL 用作 MSL；

当由多个不同 MSL 的系固属具串接使用时，则计算时的 MSL 应取其中的最小值。

4. 经验方法的设定条件

《CSS 规则》提供的上述经验方法设定的横向加速度为 $1.0g$（9.81m/s^2），适用于几乎任何类型的船舶，而忽略货件在船上的装载位置、船舶的稳性、装载状况以及航行季节和区域。该方法对于系固角，系固设备中受力不均匀分布的不利影响，以及摩擦力的有利影响均未考虑。

因此，在采用上述经验方法时，横向系索与甲板之间的夹角（即垂向系固角）不应大于 60°，而且应利用适当材料增大货件与船舶甲板之间的摩擦系数。垂向系固角大于 60°的系索有利于防止货件的倾覆，但不应计入阻止货件横向移动的约束力之中。

四、非标准货物系固有效性评估方法

装于船上的货物单元所受的外力主要由货物本身随船纵、横倾后的分力，船舶摇摆运动对货物的惯性力、波浪运动对货物的离心力，以及甲板货所受的风力和波溅力所组成。按船用坐标系，上述各种力可分解为纵向力、横向力和垂向力；从货物堆装和系固而言，横向力和纵向力是导致货件水平移动和倾覆的主动力。对货件的系固目的在于阻止货件的水平移动和倾覆（主要是横向倾覆）。

1. 非标准货物系固有效性评估方法

1）货件受力平衡条件

当货件在《CSS 规则》设定的恶劣海况下产生的移动力（或倾覆力矩）小于系固后阻止其移动的约束力（或力矩）时，货件将不会产生水平移动和倾覆，即：

当 $F_y \leq [F_y]$ 时，货件不会产生横向移动；

当 $F_x \leq [F_x]$ 时，货件不会产生纵向移动；

当 $M_y \leq [M_y]$ 时，货件不会产生横向倾覆。

同时满足以上条件时，对多数货件而言，系固方案满足要求。

式中：F_y、F_x——货件在横向和纵向的移动力（kN）；

M_y——货件横向倾覆力矩（kN·m）；

$[F_y]$、$[F_x]$——阻止货件移动的横向和纵向约束力（kN）；

$[M_y]$——阻止货件横向倾覆的约束力矩（kN·m）。

2）货件移动力（力矩）的计算

$$F_y = m \cdot a_y + F_{wy} + F_{sy} \tag{14-3}$$

$$F_x = m \cdot a_x + F_{wx} + F_{sx} \tag{14-4}$$

$$M_y = F_y L_z \tag{14-5}$$

式中： m——货件的质量(9.81kN)；

a_y、a_x、a_z——货件所载位置的横向、纵向和垂向加速度(m/s^2)；

F_{wy}、F_{wx}——上甲板货件横向和纵向所受的风力(kN)；

F_{sy}、F_{sx}——上甲板货件横向和纵向所受的波溅力(kN)；

L_z——货件横向倾覆力臂(m)。

(1)货件加速度的确定

$$a_y = a_{0y} K_1 K_2 \tag{14-6}$$

$$a_x = a_{0x} K_1 \tag{14-7}$$

$$a_z = a_{0z} K_1 \tag{14-8}$$

式中：a_{0y}、a_{0x}、a_{0z}——货件在装载位置的横向、纵向和垂向基本加速度(表 14-3)；

K_1——船长 L_{bp} 及航速 V 修正系数，可按下式确定：

$$K_1 = \frac{0.345V}{\sqrt{L_{bp}}} + \frac{58.62L_{bp} - 1034.5}{L_{bp}^2} \tag{14-9}$$

K_2——船宽与初稳性高度比 B/GM_0 修正系数(表 14-4)。

表 14-3 所列基本加速度值的条件是：无限航区；全年航行；25 天连续航行；船长等于 100m；服务航速 15kn；B/GM_0 大于等于 13(B 为船宽，GM_0 为船舶的未经自由液面修正的初稳性高度)。当船长、航速及 B/GM_0 不符合上述条件时，应根据式(14-9)和表 14-4 确定相应的修正系数 K_1 和 K_2。

基本加速度值表 表 14-3

垂向货位	横向加速度 a_{0y} (m/s^2)									纵向加速度 a_{0x} (m/s^2)
上甲板上层	7.1	6.9	6.8	6.7	6.7	6.8	6.9	7.1	7.4	3.8
上甲板下层	6.5	6.3	6.1	6.1	6.1	6.1	6.3	6.5	6.7	2.9
二层舱	5.9	5.6	5.5	5.4	5.4	5.5	5.6	5.9	6.2	2.0
底舱	5.5	5.3	5.1	5.0	5.0	5.1	5.3	5.5	5.9	1.5
纵向货位(距船尾/L_{bp})	0.1	0.2	0.3	0.4	0.5	0.6	0.7	0.8	0.9	
	垂向加速度 a_{0z}(m/s^2)									
	7.6	6.2	5.0	4.3	4.3	5.0	6.2	7.6	9.2	

当 B/GM_0 <13 时 K_2 修正系数表 表 14-4

B/GM_0	7	8	9	10	11	12	≥13
上甲板高位	1.56	1.40	1.27	1.19	1.11	1.05	1.00
上甲板低位	1.42	1.30	1.21	1.14	1.09	1.04	1.00
二层舱	1.26	1.19	1.14	1.09	1.06	1.03	1.00
底舱	1.15	1.12	1.09	1.06	1.04	1.02	1.00

当船舶横摇角等于及大于30°时，横摇加速度可能比《CSS规则》设定的要大，应采取有效措施予以避免。当船舶高速顶浪航行产生猛烈的波浪拍击时，其纵向和垂向加速度将超过表14-3中值，应予以减速。当船舶顺浪和偏顺浪航行时，即使稳性不明显低于要求值，但可能产生大幅度的横摇而使横向加速度超过表14-3所列数值，应改变航向。

(2)上甲板货件所受风压力

$$F_{wy} = P_w A_{wy} \tag{14-10}$$

$$F_{wx} = P_w A_{wx} \tag{14-11}$$

式中：P_w——估计风压强，取$P_w = 1.0\text{kN/m}^2$；

A_{wy}、A_{wx}——上甲板货件的横向和纵向受风面积(m^2)。

风力作用点取在受风面积中心。

(3)上甲板货件所受波溅力

$$F_{sy} = P_s A_{sy} \tag{14-12}$$

$$F_{sx} = P_s A_{sx} \tag{14-13}$$

式中：P_s——估计波溅压强，取$P_s = 1.0\text{kN/m}^2$；

A_{sy}、A_{sx}——上甲板货件横向、纵向受波溅面积(m^2)。

实际的波溅力远大于上述计算值，上述值系指采取保护措施后的残余波溅力。货件受波溅面积系指高出上甲板或上甲板舱盖2.0 m以内货件受波溅面积，其受力中心取受波溅面积中心。

3)货件约束力(力矩)的确定

$$[F_y] = \mu mg + \sum_{i=1}^{N_y} CS_i \cdot f_{yi} \tag{14-14}$$

$$[F_x] = \mu(mg - F_z) + \sum_{j=1}^{N_x} CS_j \cdot f_{xj} \tag{14-15}$$

$$[M_y] = b_1 mg + 0.9\sum_{i=1}^{N_y} CS_i \cdot c_i \tag{14-16}$$

式中：μ——货件底部与船体间的摩擦系数，由表14-5确定；

m——货件的质量(9.81kN)；

g——重力加速度，$g = 9.81\ \text{m/s}^2$；

b_1——货件重心至横倾支点间的横向距离(稳定力臂)；对于矩形货件，可取货宽的一半(m)；

CS_i、CS_j——第$i(j)$根系索的计算强度，取$MSL_{i(j)}/1.35$(kN)，其中$MSL_{i(j)}$为第$i(j)$根系索最大系固负荷(表6-1)；

α_i、β_i——第i道系索的垂直角和水平角(°)，见图14-5；

$f_{yi}(_{xj})$——第$i(j)$根系索的横向(纵向)系数，当$\alpha > 60°$取为0.0。由图14-5得：

$$f_{yi} = \mu\sin\alpha + \cos\alpha\cos\beta \tag{14-17}$$

$$f_{xj} = \mu\sin\alpha + \cos\alpha\sin\beta \tag{14-18}$$

c_i——横向系索至货件倾覆支点间的垂直距离(系固力臂)(m)；《CSS规则》规定：当$\alpha <$ 45°且$\beta > 45°$，$c_i = 0$。由图14-6可求得矩形货件的c_i值(h为系固点高度)：

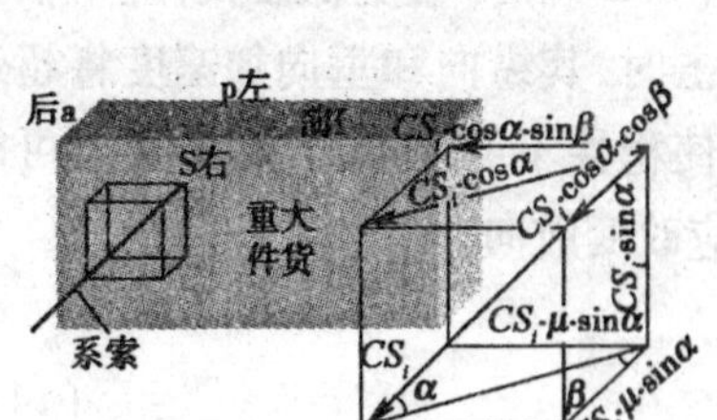

图 14-5 系索力分解

α-系索垂向角；β-系索水平角

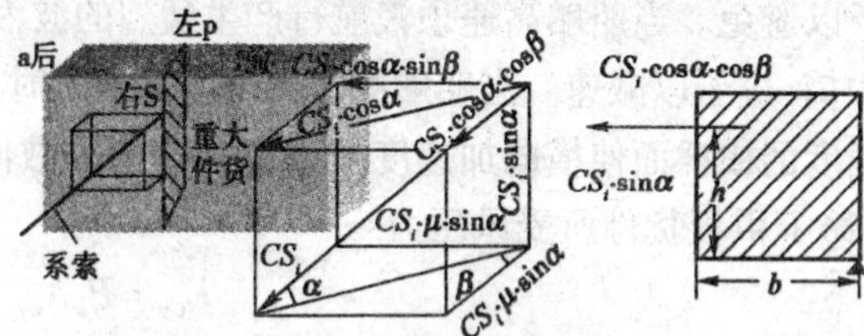

图 14-6 系索对倾覆支点的力臂及力矩

$$c_i = b\sin\alpha + h\cos\alpha\cos\beta \tag{14-19}$$

N_y、N_x——横向和纵向系索根数。

货件横剖面倾覆与约束力矩示意见图 14-7。

摩擦系数 表 14-5

接触材料	摩擦系数 μ	接触材料	摩擦系数 μ
潮湿或干燥的木材—木材	0.4	干燥的钢—钢	0.1
钢—木材，或钢—橡胶	0.3	潮湿的钢—钢	0.0

2. 系固方案有效性评估计算实例

已知某船：L_{bp} = 320.06m，B = 42.80m，船速 V = 25.70kn，GM_0 = 3.00m（表 14-6）；

已知重大件：重 40t，长×宽×高 = 12.00×2.60×3.00m，载于上甲板低位，距船尾 0.7 船长处（表 14-7）；

已知系固设备：设置八道系索（其水平角和垂直角如图 14-8 所示），在货件上各道系索的系固点高度均设定为 3.0m，系索的最大系索负荷为：MSL = 108 kN（No. 1，4，5&8），MSL = 90kN（No. 2，3，6 & 7）。

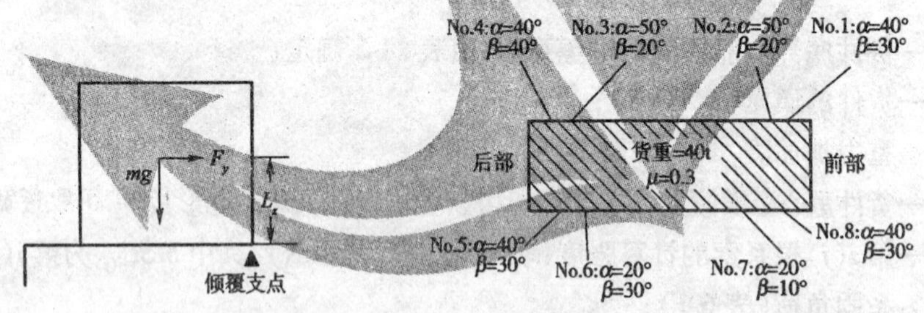

图 14-7 货件横剖面倾覆与约束力矩　　图 14-8 系固方案（俯视图）示意图

有关船舶资料表 表 14-6

船长 L_{bp}（m）	航速 V（kn）	船宽 B（m）	GM_0（m）	B/GM_0
320.06	25.70	42.80	3.00	14.27

经过核查，见表 14-7～表 14-11，该系固方案合格。

有关货物资料表　　表 14-7

垂向货位 （上甲板高位/上甲板低位/二层舱/底舱）	纵向货位（距船尾）/ L_{bp}	货物质量 m (t)	货物尺度			横向倾覆力臂 L_Z (m)	货重心距支点横距 b_1 (m)	摩擦系数 μ
			长 (m)	宽 (m)	高 (m)			
a/b/c/d	/	(1)	(2)	(3)	(4)	(5)	(6)	(7)
b	0.70	40.00	12.00	2.60	3.00	1.50	1.30	0.30

有关系索资料表　　表 14-8

系索编号 (N)	系固点高度 h (m)	MSL	$CS=$ (9)/1.35	系索垂直角	系索水平角	f_y^*	$CS\cdot f_y$	左/右 P/S	c^*	$CS\cdot c$	f_x^*	$CS\cdot f_x$	前/后 F/A
	(8)	(9)	(10)	(11)	(12)	(13)	(10)×(13)		(14)	(10)×(14)	(15)	(10)×(15)	
1	3.00	108	80.0	40	30	0.856	68.500	S	3.661	292.919	0.576	46.069	F
2	3.00	90	66.7	50	20	0.834	55.589	S	3.804	253.586	0.450	29.977	A
3	3.00	90	66.7	50	20	0.834	55.589	S	3.804	253.586	0.450	29.977	F
4	3.00	108	80.0	40	40	0.780	62.373	S	3.432	274.538	0.685	54.819	A
5	3.00	108	80.0	40	30	0.856	68.500	P	3.661	292.919	0.576	46.069	A
6	3.00	90	66.7	20	30	0.916	61.094	P	3.331	222.043	0.572	38.163	A
7	3.00	90	66.7	20	10	1.028	68.535	P	3.666	244.367	0.266	17.719	F
8	3.00	108	80.0	40	30	0.856	68.500	P	3.661	292.919	0.576	46.069	F
合计						（左）	266.628	(16)	(18)	1052.248	（前）	139.833	(20)
						（右）	242.051	(17)	(19)	1074.628	（后）	169.029	(21)

*注：(13)f_y = cos(11)cos(12) + (7)sin(11)，当(11) > 60°时，取(13)f_y = 0.0。

(15)f_x = cos(11)sin(12) + (7)sin(11)，当(11) > 60°时，取(15)f_x = 0.0。

对矩形横剖面侧面系固货件 c_i = (8)cos(11)cos(12) + (3)sin(11)，当(11) ≤45°，且(12) ≥45°时，c_i = 0。

甲板货件的风压力和波溅力计算表　　表 14-9

风压力		波溅力	
横向风压力	纵向风压力	横向波溅力	纵向波溅力
F_{wy} = (2)×(4) (22)	F_{wx} = (3)×(4) (23)	F_{sy} = 2×(2)* (24)	F_{sx} = 2×(3)* (25)
36.00	7.80	24.00	5.20

注*：当(4) <2.0m 时，取(24) =(4)×(2)和(25) =(4)×(3)；否则，取(24) =2×(2)和(25) =2×(3)。

货件加速度值表

表 14-10

基本加速度			K_1	K_2	修正后的加速度			$m(g-a_z)$
a_{0y}	a_{0x}	a_{0z}			a_y	a_x	a_z	
(26)	(27)	(28)	(29)	(30)	(31) = (26) × (29) × (30)	(32) = (27) × (29)	(33) = (28) × (29)	(34) = (1) × {9.81 − (33)}
6.3	2.9	6.2	0.669	1.00	4.213	1.939	4.146	226.553

注：表中(26)~(28)栏数据由表 14-3 中查取；(29)由公式 14-9 计算；表中(30)栏数据由表 14-4 中查取。

货件运动情况核查表

表 14-11

横向移动核查			横向倾覆核查			纵向移动核查		
横向移动力 F_y	横向约束力 $[F_y]$	合格否? $F_y \leqslant [F_y]$?	横向倾覆力矩 M_y	横向约束力矩 $[M_y]$	合格否? $M_y \leqslant [M_y]$	纵向移动力 F_x	纵向约束力 $[F_x]$	合格否? $F_x \leqslant [F_x]$?
(35)	(36)	(37)	(38)	(39)	(40)	(41)	(42)	(43)
(35) = (1) × (31) + (22) + (24)	(36)P = 9.81 × (1) × (7) + (16) (36)S = 9.81 × (1) × (7) + (17)	(35) ≤ (36)?	(38) = (35) × (5)	(39)P = 9.81 × (1) × (6) + 0.9 × (18) (39)S = 9.81 × (1) × (6) + 0.9 × (19)	(38) ≤ (39)?	(41) = (1) × (32) + (23) + (25)	(42)F = (7) × (34) + (20) (42)A = (7) × (34) + (21)	(41) ≤ (42)?
228.52	384.35	合格 P	342.78	1457.14	合格 P	90.57	207.80	合格 F
	359.77	合格 S		1477.29	合格 S		236.99	合格 A

第三节　满足装卸顺序和快速装卸要求

一、满足中途港货物装卸顺序要求

由于杂货船每个航次常停靠多个中途港进行部分货物的装卸，所以积载时应考虑：

1. 保证各中途港货物的顺利卸载

货物在船上配置位置一般应能做到使后卸港货先装，先卸港货后装。为此，安排货位时，应按货物到港的反次序，在底舱由下而上配置，在二层舱由舱口位四周向舱口位配置。当先卸的重货和后卸的轻货配置于同一舱室时，可以采用扎位堆装。目的港的货物应配置在底舱的最下层或扎位堆装或在二层舱的舱口位四周，最先到港的货物应安排在底舱和二层舱的舱口位或最上层。当底舱配置有先到港的货物时，必须保证在卸货时能顺利开启该二层舱内的舱盖，即在该二层舱的舱口位及其四周 1m 的范围内不应配置后卸货。

在二层舱舱口位四周 1m 以外可供配置后卸货的最大货舱容积称为货舱的防堵舱容（"Q"轮防堵舱容表见 14-12），在该二层舱内实际配置的后卸货物体积称为防堵货物体积。为保证二层舱内舱盖能在卸底舱先卸货时顺利开启，该二层舱内的防堵货物体积不能超过其防堵舱容。必须注意的是，各二层舱内的防堵货物体积是指该舱底舱内最先卸港货以后的各到港货配置于二层舱内的货物体积之和，所以，所指后卸货对各舱并不一定相同。

"Q"轮防堵舱容表 表 14-12

舱 别		No. 1	No. 2	No. 3	No. 4	No. 5
舱口位容积(m^3)		299(462)	531(721)	489(662)	313(447)	479(664)
防堵舱容(m^3)	舱盖半开时	799	1429	1299	1084	969
	舱盖全开时	568	1068	968	865	637

当需要在甲板上装载货物时，在舱盖部位只能配置先卸货，以保证其卸后能顺利开舱进行舱内货物的卸载；而后到港的甲板货只能配置于舱盖外的适当部位，而且其系固不能影响其他甲板货的装卸及开舱和舱内作业。

有些船舶的贵重舱设在其他货舱内，无单独舱口。在这种贵重舱内配置先卸货时，应保证其通向舱口的通道不被后卸货堵住，以使其能顺利卸载。

2. 保证不同到发港货物的合理积载

当一个航次有多个装货港时，应统筹考虑货物的性质和到港顺序，保证各到、发港货物的顺利装卸和轻重货物的合理积载。

例如某轮某航次计划在青岛港装载去鹿特丹的罐头、去汉堡的棉纺织品、五金，然后在上海港加装去鹿特丹的罐头、杂货及去汉堡的茶叶，其较合理的方案之一如图 14-9 所示。

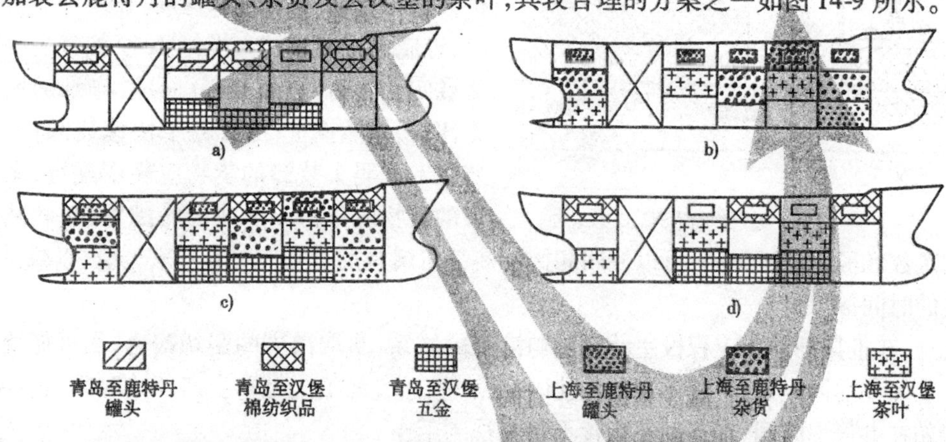

图 14-9 不同到发港货物的一种积载方案

a）青岛港装载情况；b）上海港加载情况；c）离上海港时装载情况；d）离鹿特丹港时装载情况

3. 保证选港货（Optional cargo）和转船货（Transshipment cargo）的合理积载

远洋杂货船常装运一些选港货和转船货。选港货是指货物装船时未确定运抵的目的港，只选定几个可能的卸货港的货物，按提单条款规定，在船舶到达其第一个选卸港前的 24～48h 才电告其确定的卸货港。所以，选港货的配置舱位必须在其各选卸港均能顺利卸载且不影响其他货物卸载的部位。转船货的批量一般都不大，应尽量集中配置，以便于在转船港集中卸载和保管。

4. 保证船舶在各中途港卸载或/和加载后的稳性、船体受力及吃水差均满足要求

当船舶在中途港只卸不装时应将航次目的港的货载适当地分布于各货舱并且应将其部分货载配置于二层舱；当中途港货载数量较大时，不能将其过分集中于少数货舱，以利于满足中途港卸载后船舶强度的要求和缩短船舶在中途港卸货作业时间。

二、满足便于装卸和缩短船舶在港停泊时间要求

为加快船舶的周转，应尽量缩短船舶在港停泊时间，为此：

1. 安排货位时应考虑便于装卸和安全操作

重大件货物一般应配置于货舱的舱口位或重吊可达到的部位，以利装卸和减轻装卸工人的劳动强度；在舱高较小的二层舱等舱室配置多种货物时，宜用扎位堆装，不宜多层平铺，以便于工人直立操作；杂货船上配置部分散货而且采用抓斗卸载时，不宜配置于狭窄的小舱，以利减少卸载时的清舱工作量等等。

2. 缩短船舶的在港停泊时间

船舶在港停泊时间分为生产性停泊时间和非生产性停泊时间，而生产性停泊时间又由装卸作业时间和不能与装卸同时进行的辅助作业时间所组成。从积载的角度，缩短船舶在港停泊时间主要是缩短船舶的生产性停泊时间。为此，在选配各舱货载时，应考虑有利于平衡舱时，即尽量缩短船舶的重点舱（船舶各货舱中所需装卸时间最长的货舱）（Long hatch）和非重点舱之间的时间差距，所以，应尽可能将装卸效率较高的货物多配置于重点舱，以利缩短整船作业时间；在舱高较高的货舱（如底舱）安排大票货物的货位时，应尽量采用平铺堆装，以利于扩大操作场地，加快装卸速度，在采用扎位堆装时，也应考虑尽量扩大操作场地，如某二层舱需装载四种货物，如图14-10所示，与图b）配装方案比较，显然图a）更有利于快速装卸；对于需要在专业码头装卸的货物应集中配置；需要过驳的货物应集中一舱或间舱配置，以利减少浮吊移动次数和驳船的进出档；可以使用相同的装卸工属具的货物应尽量一次装舱，以减少掉换工属具的时间等。

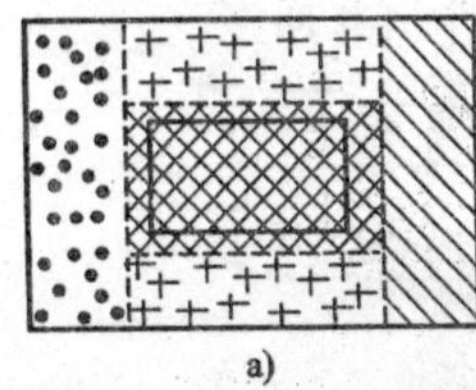
a)

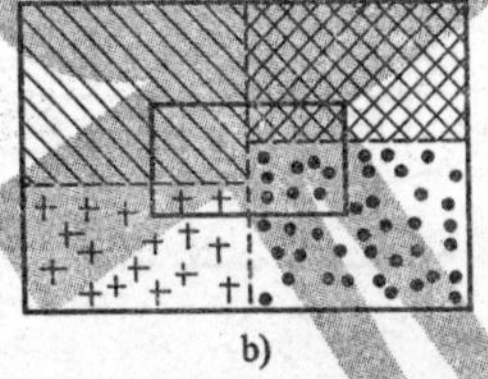
b)

图14-10 舱内货物堆码

此外，在港期间船方应积极主动加强与港方的联系，争取港方的密切配合，尽可能使辅助作业与装卸作业同时进行，减少辅助作业时间及等泊位、等工人等非生产停泊时间，这些也是缩短船舶在港停泊时间，加速船舶周转不可忽视的工作。

第四节 杂货运输全过程中的注意事项

承运人在运输货物中负有管理船舶和管理货物两大义务。在管理货物方面要求承运人在运输全过程中负有不可免除的责任。因此，必须做好货物运输过程中每个环节的工作。

一、货舱准备

货舱适货是承运人管理船舶义务的一部分。所谓货舱适货是指货舱必须适合于收受、装运、保管所承运的货物。不同的货物对货舱的要求不尽相同。各类杂货的货舱应根据货物情况做到清洁、干燥、无异味、无虫害、无渗漏，舱内设备完好，有时需经检验合格取得验舱证书。

1. 清洁

舱内无残留的货物、无油漆皮及有害杂质和污秽物质。

2. 干燥

舱内应无积水、汗水和潮湿现象。如不合格，应通过通风、擦拭或烘烤使其达到要求。

3. 无异味

舱内应无油漆味、腥味、臭味等足以影响货物质量的异味。如有异味，可以用茶叶、咖啡豆等加热熏蒸或用化学方法除味。

4. 无虫害

舱内应无虫害和鼠害。如有，可以采用杀虫剂或化学杀虫的方法除虫，或按要求进行熏舱。

5. 无渗漏及舱内设备完好

货舱必须水密，舱内的各种管道无漏水，舱内的人孔盖、污水井盖、通风设备等必须完好。装货前应对货舱进行检查，发现问题及时处理，使之符合要求。

二、装卸过程中的监管

船舶装货和卸货时船员对装卸工作的监管对保证货运质量十分重要。货物在舱内的堆码、衬隔、系固直接影响货物在航行中的安全和质量。虽然多数船舶委托理货公司进行理货，但船员仍有配合和协助做好理货工作的责任，特别是装卸贵重物品和价格较高的货物时，更应发动船员做好这项工作。

在货物装卸过程中船上都安排人员进行看舱，看舱人员在船舶装卸货时应做好以下工作：

(1)要求装卸工人按积载计划的要求进行装货作业，如有变化应请示大副，并记录货物的实际装载位置和隔票情况。

(2)监督装船货物的外部质量，如有残损应报告大副视情况或拒装或批注等并作好记录。

(3)督促装卸工人按操作规程进行作业，制止各种违章作业。并按要求做好组件货物的衬垫、隔票和系固及散装货物的平舱工作。

(4)督促理货人员正确理货、检残，分清原残、工残，做好现场记录及签认，必要时船员参加理货，并与理货人员核对装船货物的数字，如双方数字不符或与装货单数字不符，则应报告大副进行处理。

(5)保证装卸货的工作场所适工，根据天气情况及时开关舱并确保装卸货的安全。

(6)卸货时应特别注意防止工人“挖井”、拖关及货物的混票和混卸。

(7)当卸货时发现货物残损，应分清是原残或工残，此时的原残属于船方管货而产生。而工残则因装卸不当所造成，应与装卸公司共同作好记录并签认。

大副除处理上述有关事项外，还应做好以下工作：

(1)装载危险货物、重大件货物和贵重货物时，应到场监装或指导，以保证装载质量和防止货物被盗。

(2)应随时掌握全船的装货进度和货损情况，检查货物的堆码、衬垫、隔票、系固、平舱等情况，必要时调整货载，及时签发收货单和做好批注工作。

(3)装货结束，应会同有关人员检查货舱，当确认一切正常后及时封舱。

(4)卸货结束，应会同有关人员检查有无漏卸货物，并安排人员清理货舱和衬垫物料，为下一个航次作好准备。

三、航行途中货物的保管

航行途中对货物的保管是承运人管理货物的内容之一。

1. 航行中对货物保管的内容

主要包括以下四个方面,即:经常检查货物在舱内的状况、测量舱内温湿度及污水、察看烟雾报警器及怕热、怕潮等货物的情况;做好特殊货物的管理工作,如危险货物的防燃、防爆及防其他重大事故、贵重货物的防盗、尽量保持冷藏货物的温度恒定等;注意气象变化,做好恶劣天气的防范工作,如货物的加固、通风设备的紧固、舱盖的密固以及做好货舱的通风。

2. 货舱通风

1)货舱通风的目的

(1)降低舱内空气的露点,防止舱壁和货物表面产生汗水;

(2)降低舱内的温度,防止货物变质受损及自燃;

(3)提供新鲜空气,防止货物腐败变质;

(4)排除有害气体,防止发生燃烧、爆炸和人员伤害事故。

2)货舱通风的方式

货舱通风方式有自然通风、机械通风和干燥通风,其相应的设备是自然通风装置、机械通风装置和干燥通风装置。

(1)自然通风是利用货舱通风筒和自然风力进行的通风。自然通风又分自然排气通风和对流循环通风两种。

①自然排气通风。将货舱的通风筒口全部朝向下风向,依靠空气的自然流动,使舱内暖湿空气徐徐上升排出舱外。这种通风方式安全可靠,但速度缓慢。当天气晴好、甲板不上浪时,还可以把货舱盖全部或部分打开,使通风速度加快。

②对流循环通风。将上风一舷的通风筒口朝向下风向,将下风一舷的通风筒口朝向上风向,依靠风压形成对流循环通道使舱内的空气排出舱外。这种通风方式速度较快,适于大量旺盛通风时采用,但当外界气温较低而舱内露点较高时,不宜采用这种通风方式,否则会使舱内产生雾气。

自然通风由于受风力、风向、自然条件及通风筒截面等限制,往往不能满足通风的要求。

(2)机械通风是利用安装在货舱的进气和排气通风管道口的鼓风机进行的强力通风。远洋船上一般均设有这种通风装置。采用机械通风,可以通过调节阀控制通风量,舱内设有通风管道延伸至货舱两侧,管道上间隔一定距离开设通风口,可使货舱各处都能得到充分的通风。但当外界空气的湿度很高而舱内又需要干燥空气时,用这种方法也不能满足通风的要求。

(3)干燥通风是利用货舱干燥通风装置进行的通风。干燥通风装置由空气干燥机、货舱通风系统及露点指示记录器三部分组成。当外界条件适宜于通风时,可将调节器置于“通风”的位置上;当外界条件不适于通风时,可将调节器置于“再循环”位置上,并开启干燥空气接口,使干燥空气进入舱内,其输入量可以自由调节。但此时由于向舱内输入了干燥空气,货舱气压必然升高,故应将排气管口的调节器适当打开一些,以使货舱增压的气流适当排出。可以根据露点记录器的记录,正确选定上述的通风措施。

3)货舱通风的基本原则

(1)降低舱内露点,防止产生汗水的通风原则

在一定温度下,空气中的水汽达到最大值时,称这种空气处于饱和状态。未达到饱和状态的空气,随着温度的下降也会达到饱和状态。饱和状态的空气温度称为露点。

露点可以根据测定的干、湿球温度之差值及湿球温度在露点查算表(表14-13)中查得。

露点查算表 表14-13

湿球温度(℃)	干湿球温度差值(℃)																						
	0.0	0.5	1.0	1.5	2.0	2.5	3.0	3.5	4.0	4.5	5.0	5.5	6.0	6.5	7.0	7.5	8.0	8.5	9.0	9.5	10.0	10.5	11.0
1	1	0	-1	-1	-2	-3	-4	-5	-6	-7	-9	-10	-12	-13	-15	-18	-20	-24	-29	-39			
2	2	1	1	0	-1	-2	-3	-4	-5	-6	-7	-8	-9	-11	-12	-14	-17	-19	-22	-27	-34		
3	3	2	2	1	0	-1	-1	-2	-3	-4	-5	-6	-7	-9	-10	-12	-13	-15	-18	-21	-24	-30	-40
4	4	3	3	2	2	1	0	-1	-2	-2	-3	-4	-5	-7	-8	-9	-11	-12	-14	-16	-19	-22	-26
5	5	4	4	3	3	2	1	1	0	-1	-2	-3	-4	-5	-6	-7	-8	-9	-11	-13	-15	-17	-19
6	6	6	5	4	4	3	3	2	1	1	0	-1	-2	-3	-4	-5	-6	-7	-8	-10	-11	-13	-15
7	7	7	6	6	5	4	4	3	3	2	1	1	0	-1	-2	-3	-4	-5	-6	-7	-8	-10	-11
8	8	8	7	7	6	6	5	4	4	3	3	2	1	1	0	-1	-2	-3	-4	-5	-6	-7	-8
9	9	9	8	8	7	7	6	6	5	5	4	3	3	2	1	1	0	-1	-2	-3	-4	-5	-6
10	10	10	9	9	8	8	7	7	6	6	5	5	4	4	3	2	2	1	0	-1	-1	-2	-3
11	11	11	10	10	9	9	9	8	8	7	7	6	6	5	4	4	3	3	2	1	0	0	-1
12	12	12	11	11	11	10	10	9	9	8	8	7	7	6	6	5	5	4	4	3	2	2	1
13	13	13	12	12	12	11	11	10	10	10	9	9	8	8	7	7	6	6	5	5	4	4	3
14	14	14	13	13	13	12	12	12	11	11	10	10	10	9	9	8	8	7	7	6	6	5	5
15	15	15	14	14	14	13	13	13	12	12	12	11	11	10	10	10	9	9	8	8	7	7	6
16	16	16	15	15	15	15	14	14	14	13	13	13	12	12	11	11	11	10	10	9	9	8	8
17	17	17	16	16	16	16	15	15	15	14	14	14	13	13	13	12	12	12	11	11	10	10	10
18	18	18	18	17	17	17	16	16	16	16	15	15	15	14	14	14	13	13	13	12	12	11	11
19	19	19	19	18	18	18	17	17	17	17	16	16	16	15	15	15	15	14	14	14	13	13	13
20	20	20	20	19	19	19	19	18	18	18	18	17	17	17	16	16	16	16	15	15	15	14	14
21	21	21	21	20	20	20	20	19	19	19	19	18	18	18	18	17	17	17	17	16	16	16	15
22	22	22	22	21	21	21	21	21	20	20	20	20	19	19	19	19	18	18	18	18	17	17	17
23	23	23	23	22	22	22	22	22	21	21	21	21	20	20	20	20	20	19	19	19	19	18	18
24	24	24	24	23	23	23	23	23	22	22	22	22	22	21	21	21	21	20	20	20	20	20	19
25	25	25	25	24	24	24	24	24	24	23	23	23	23	23	22	22	22	22	21	21	21	21	21
26	26	26	26	26	25	25	25	25	25	24	24	24	24	24	23	23	23	23	23	22	22	22	22
27	27	27	27	27	26	26	26	26	26	26	25	25	25	25	25	24	24	24	24	24	23	23	23
28	28	28	28	28	27	27	27	27	27	27	26	26	26	26	26	26	25	25	25	25	25	24	24
29	29	29	29	29	28	28	28	28	28	28	27	27	27	27	27	27	27	26	26	26	26	26	25
30	30	30	30	30	29	29	29	29	29	29	29	29	28	28	28	28	28	27	27	27	27	27	27

当舱壁、甲板的温度下降至舱内空气的露点以下，或舱内空气的露点上升到超过了舱壁、甲板或货物表面的温度时，就会在舱壁、货舱顶部或货物表面等处产生汗水。例如，当船舶在温暖地区装货后驶往低温地区时；或虽然外界温度变化不大，但舱内货物的水分蒸发很旺盛，使舱内空气的露点随之升高时，都会出现上述情况，特别是当船舶由温暖地区装载易散发水分的货物驶向低温地区时，上述部位出汗更为严重。而当船舶由低温地区装货后驶往温暖地区时，如果封舱不好，外界暖湿空气流入舱内，则很容易在货物表面产生汗水。

为防止舱内产生汗水，除装货前保证货舱干燥外，在航行中必须对货舱进行正确的通风，使舱内空气的露点保持低于货舱壁和货物表面的温度。其基本原则是：

①当舱内空气的露点高于外界空气的露点时，应进行旺盛的通风，用舱外的低露点的空气置换舱内的空气，以降低舱内空气的露点。因此，此时可以进行对流循环的自然通风或将机械通风的调节阀开至最大，或使用干燥通风时将调节器放在“通风”的位置上。

②当舱内空气的露点高于外界空气的温度及露点时，应进行缓慢的通风，以免大量冷空气进入货舱产生雾气。因此，此时应进行自然排气的自然通风或将机械通风的调节阀关小，靠自然排气进行缓慢的通风，采用干燥通风时将调节器置于“通风”位置并追加干燥空气。

③当舱内空气的露点低于外界空气的露点时，应断绝通风，以防暖湿空气进入舱内。如果此时必须进行通风时，只能进行干燥通风，将调节器置于“再循环”位置并追加干燥空气。

(2)降低舱内温度，防止货物变质或自燃的通风原则

船舶航行中由于各种原因会引起舱内温度的升高，而货舱内温度的升高又会加剧某些货物的氧化、呼吸作用及微生物的繁殖，引起货物的变质，或由于舱内热量积聚不散而引起有些货物的自燃。因此，也必须进行正确的通风以降低货舱内空气的温度。

一般来说，为防止货物变质的通风原则与防止舱内产生汗水的通风原则基本上是一致的。但对于防止货物自燃的通风则应特别谨慎，因为对装载易自燃货物的货舱进行通风虽然可以驱散热量，但也会提供大量氧气而加剧氧化，或促使已达自燃点的货物燃烧。所以，为防止货物自燃的通风原则应该是：既能排除舱内的热量以防止其积聚，又避免给货物提供过多的氧气促使其氧化自燃。当确认舱内无自燃迹象且外界条件适于通风时应连续通风，但如发现舱内有自燃迹象或天气恶劣时应断绝通风，而且要关闭通风筒。当然，货种不同，连续通风的时间也不同，如经验认为，煤炭装船后应先进行4～5天的表面通风，然后，每隔一天进行表面通风6h，即可达到排除可燃气体的目的，并可根据不同季节、地区特点、外界气温，采取甲板喷水的降温措施；当舱内货温接近45℃时，应立即停止通风，封闭货舱及通风筒，防止空气进入货舱。又如装运棉花，当确认舱内无自燃迹象时，可以连续通风；当货舱有异状或天气恶劣时，则应立即断绝通风。再如装运包装的鱼粉则应根据《国际危规》的要求，按货物情况分别采取良好通风、不需通风和不需特别通风等不同的通风方法；运输鱼粉最忌的是长时间的微弱通风，因为它能有效地提供氧气使鱼粉氧化而又不能有效地排除热量。当鱼粉的温度超过55℃并继续上升时，应断绝货舱通风并进行封舱。

(3)提供新鲜空气，防止货物腐败的通风原则

装运有生命的货物如水果、蔬菜等时，由于它们不断进行呼吸，使舱内空气中的氧气减少，二氧化碳增加，造成其呼吸不足且舱内空气的温、湿度升高，为微生物的繁殖提供了有利条件，促使货物腐败变质。因此，运输这类货物时应根据货物的不同要求，进行适当的通风换气，参

见本章第九节表14-14。

(4)排除有害气体的通风原则

有些货物在储运过程中会散发出易燃、易爆、有毒等有害气体,因此运输这些货物时,应进行连续的旺盛通风,不断排除有害气体,不使其沉积于舱内。特别在卸货前应进行旺盛通风。

第五节　杂货运输中产生货运事故的主要原因

杂货的货运质量事故是指在海上运输过程中所产生的货物包装损坏、变形或松脱,货物外形残损、霉烂变质、重量减少或数量短缺和迟延交货等方面的事故。

杂货运输中,产生货运事故的主要原因有以下几个方面:

一、积载不当

由于积载不当而产生货运事故,具体有以下四方面原因:

(1)货物的舱位或货位不当;

(2)货物在舱内堆码不当;

(3)货物搭配不当;

(4)衬垫和隔票不当。

二、货舱及其设备不符合所运货物的要求

(1)货舱清洁、干燥等状况不符合所装货物的要求。

(2)货舱水密性能差。货舱外板、甲板、舱口盖漏水或货舱开口或倒门闭锁装置不善,造成货舱进水,引起货损。

(3)货舱设备不完善。

三、装卸过程中值班船员和装卸工人工作疏忽或失职

如船员和装卸工人在以下方面的失职:

(1)值班船员看舱松懈,疏于监装、监卸、监督理货计数,造成原损货物进舱、货物堆装不符合积载计划要求、货物数量短缺或贵重货物失窃等。

(2)装卸工人工作马虎、操作不当或违章作业、野蛮装卸、使用工属具不当、货物堆装质量不符合要求等引起货损。

(3)装卸设备和工具不符合所装货物要求或其技术状态不良造成货损。

(4)装卸不适时或遇有雨雪天气未及时处理、夜间作业照明不符合要求造成货损等。

四、运输途中货物保管不当

如货舱通风不当;对污水沟(井)内污水不及时测量和排除,造成货物湿损;大风浪来临前防范措施不充分或不当;或对特殊货物如冷藏货、危险货的检查、管理不符合要求等。

五、不可抗力等原因造成货损

由于遇到恶劣天气使船体结构受损，货舱进水造成货损或使货物移位受损，或由于遇到恶劣天气使货舱长时间无法通风使货物受损等属于不可抗力所造成。根据有关规定和规则，承运人只要能提出充分的证据，并采取了力所能及的措施，可以免除赔偿责任。

六、货物本身的原因

指由于货物自身的特性或潜在缺陷在运输途中发生变质、损坏等，当承运人能举证确属此类原因时，承运人对此不负赔偿责任。

第六节　重大件货物运输

重大件货物(Awkward and lengthy cargo)是指单件重量或单件尺度超过规定限额的货物。如大型设备、机车车辆、小型游艇等。按国际标准规定，凡单件重量超过40 t或单件长度超过12 m或单件宽度或高度超过5 m的货物为重大件货物。按我国规定，国际航运中凡单件重量超过5 t或单件长度超过9 m的货物和沿海运输中凡单件重量超过3 t或单件长度超过12 m的货物，均属于重大件货物。由于重大件货物单件重或尺度大的特点，装运时有其特殊的要求。

一、装运前的准备工作

首先，应仔细了解和掌握本船承运重大件货物的能力，如船体结构、强度、船舶的系固设备、重型装卸设备等资料；其次，要仔细检查拟装部位船体的装载条件，拟用系固设备和船舶重型装卸设备(当船上配备时)及其属具，使其处于良好的技术状态，同时应详细了解所运重大件货物的有关资料，如单件毛重、主要尺度、重心位置、基座面积、起吊位置、系固点及其强度等。

二、制定装载计划

1. 正确选择舱位和货位

重大件货物的装载位置，应从保证货物和船舶的安全及便于作业和使用船舶重型装卸设备等方面考虑，根据货件的具体情况，重大件货物可以配置于舱内或上甲板。当配置于舱内时，应选择舱口尺度较大且有重型起货设备的中部货舱；当配置于二层舱时，要注意货件高度不能大于二层甲板至舱口纵桁材下缘的高度。当配置于上甲板时，应选择重型装卸设备够得着的部位(不用船上设备者除外)，其堆装位置应不妨碍甲板部的正常工作，不影响驾驶台的瞭望视线，且应尽量避免装配装于舱盖上；怕水的重大件货物应配置在不易上浪的部位；重大件货物装载时都应注意左右均衡。

确定重大件货物的装载位置时，还应考虑有利于货件的系固。很高大的重大件货物不宜配置于紧贴船壳和舱壁的部位，以利于货件的系固，避免水平系固角过大。

2. 校核拟装部位是否满足局部强度条件

在普通杂货船上装载重大件货物，装载部位一般不能承受直接堆装重大件货物的负荷，为

满足局部强度条件，必须预先进行校核，以防其局部构件受损。

拟装部位的局部受力及防止局部构件受损的方法详见第十一章。

由于重大件货物，特别是超重货物单件重量大，装载时一般均须衬垫才能满足局部强度条件的要求。在实际工作中，常根据拟装部位的单位面积允许负荷量 P_a，计算出必需的最小衬垫面积 A_{min}，从而确定衬垫方案。则

$$A_{min}=9.81\frac{P}{P_a} \tag{14-20}$$

在确定实际的衬垫面积时，还应考虑如下情况：首先，上式求得的 A_{min} 并未计及衬垫物和系固属具本身的重量；其次，在海上航行时，货件将受到多种力的作用，从而使其对甲板的最大正压力大于其自重；再次，当货件装于上甲板时，由于甲板有梁拱和舷弧，将使衬垫物与甲板的实际接触面积变小，因此，实际的衬垫面积必须大于上述算得的 A_{min}。当装运单件重量大而体积较小的重大件时，应该使货物装于至少跨两个加强肋骨的部位，必要时，还应在装载部位甲板的下方加设临时支撑(柱)，以确保安全。此外，在装卸重大件货物时，应尽量使船舶保持平吃水，使货件能同时着落或起离甲板，避免甲板局部位置瞬时超负荷。

3. 计算船吊装卸重大件货物时对 GM 的影响及船舶的最大横倾角

当用船上重型起货设备装卸重大件货物时，货物重心在垂向的移动将使船舶的 GM 发生变化。货物重心在横向的移动将使船舶产生横倾。(图 14-11)。过小 GM 和过大的横倾角均将危及船舶和货物的安全。

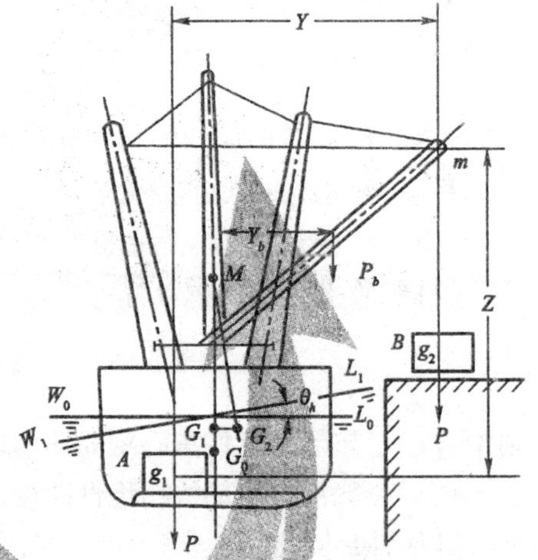

图 14-11　重大件货物装卸

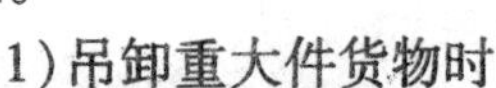

1)吊卸重大件货物时

(1)初稳性高度 GM_1 的计算

当船上重吊将货物提起使其成为悬挂状态时船舶的初稳性高度为最小。其值 GM_1 可由下式求得：

$$GM_1=GM-\frac{P\cdot Z}{\Delta} \tag{14-21}$$

式中：GM——吊卸重大件货物前船舶的初稳性高度(m)；

Z——起吊前重大件货物的重心至吊杆顶点的垂直距离，即悬挂高度(m)。

(2)船舶横倾角 θ_h 的计算

$$\tan\theta_h=\frac{P\cdot Y+P_b\cdot Y_b}{\Delta\cdot GM_1} \tag{14-22}$$

式中：P——重大件货物的重量(t)；

Y——吊卸时重大件货物的重心横移距离(m)；

P_b——重吊的自重(t)；

Y_b——重吊的重心横移的距离(m)，若设重吊的重心在吊杆的中点，并已知船宽为 B，吊

杆的舷外跨度为 l,则

$$Y_b = \frac{B/2 + l}{2} \tag{14-23}$$

GM_1——起卸重大件货物时船舶的初稳性高度(m);

Δ——吊卸时船舶的排水量(t)。

显然,用重吊吊卸重大件货物时可能产生的横倾角与吊卸时货件重心横移的距离 Y 有关。

2)吊装重大件货物时

与吊卸时不同,吊装重大件货物时,货件的重量由船外加到了船上,因此,吊装前后船舶的排水量是增加的。吊装时船舶最不利的初稳性高度值仍然是货件处于悬挂状态时,而可能产生的最大横倾角发生在货件被提起时的位置。

(1)初稳性高度 GM_1 的计算

$$GM_1 = GM + \frac{P(KG_0 - K_b)}{\Delta + P} \tag{14-24}$$

式中:GM——起吊前船舶的初稳性高度(m);

KG_0——起吊前船舶的重心高度(m);

K_b——重吊的顶点距基线高度(m)。

(2)船舶横倾角 θ_h 的计算

$$\tan\theta_h = \frac{PY + P_b Y_b}{(\Delta + P) GM_1} \tag{14-25}$$

式中:Y——起吊时货件重心距船舶中线面的横向距离(m),即 $Y = B/2 + l$;

GM_1——起吊时船舶的初稳性高度(m);

其他符号同前。

为确保船舶的安全,装卸重大件货物时船舶的横倾角不能过大。一般,不允许超过 12°。

4.制定重大件货物的系固方案

重大件货物装载后的系固是确保运输安全的重要措施,必须按《货物系固手册》的要求认真制定货物系固方案并严格执行。

第七节 木材甲板货运输

木材甲板货是指在船舶的干舷甲板或上层建筑甲板的露天部分装载的木材货物。包括原木或锯材、斜木、圆木、杆材、纸浆原料和所有其他散装或捆装的木材,但不包括木质纸浆或类似货物。

虽然,运输木材甲板货的船舶规模趋大,设备更趋先进,但货物移位和灭失事故仍时有发生。为对其运输提出更全面的安全建议,IMO 于 1991 年对于原有的 SOLAS 1974 中的《装运木材甲板货船舶安全操作规则》(Code of Safe Practice for Ships Carrying Timber Deck Cargoes)(以下简称《木材甲板货规则》)进行了修订。该规则适用于所有船长不小于 24 m 的从事木材甲板货运输的船舶。《木材甲板货规则》对安全运输木材甲板货应采取的积载、系固和其他营运安全措施提出了建议。装运木材甲板货的船舶应遵守这一规则。

一、对船舶的要求

装运木材甲板货的船舶当其构造符合载重线规范的各项要求时,可以勘绘木材载重线。只要完全遵守1966年国际载重线公约的规定,正确装载木材甲板货,则不论舱内装载的货物的数量和种类,船舶可以使用木材载重线,但必须做到:

(1)装载木材甲板货时,船舶必须具备装载木材甲板货的综合稳性资料,包括使用资料的相应指导。

(2)装载木材甲板货的船舶在计算稳性时,应计及木材甲板货因吸水或结冰引起的重量增加、木材甲板货间的孔隙中积水的重量、途中油水消耗的影响以及自由液面的影响。

(3)当船舶使用木材载重线时,船舶稳性可使用装载木材甲板货时的静稳性曲线图计算。当木材甲板货的装载不符合规定时,船舶稳性应使用不装载木材甲板货的静稳性曲线图计算。

二、木材甲板货的装运

木材甲板货应紧密地堆装、按要求紧固。在任何情况下,木材甲板货的堆装不得妨碍船舶航行及船上的正常工作并应注意以下几点:

1)装货前应封舱并关闭甲板上的所有开口,有效地保护空气管、通风筒,检查所有的阀门,确认其能有效地防止船舶进水,并除去装载部位的积水和积雪;

2)装载前应在相应的位置上设置立柱并备妥系索。立柱应采用钢或其他有足够强度的材料,设置在船舶的两舷装载木材的整个区域内,并用角钢、金属插座等将其牢固地固定在甲板上,各立柱间的间隔应适合所运木材的长度和特点,但不应超过3m;

3)装载时,应留出船员、引航员工作所必需的通道,木材甲板货应与甲板上的安全设施、阀、测深管及船舶航行中必需工作场所保持必要的距离,与甲板上的冰雪堆积物间应留出距离;

4)木材甲板货的装载重量应不超过舱盖和甲板的允许负荷量;整船装运木材时,甲板货的重量可以达到全船总货重的40%,但最大不能超出50%。

5)木材甲板货的堆装高度至少达到上层建筑(首尾楼)的标准高度。最外边的木材不能超过立柱的高度,以防松解系索时货物掉出舷外。在使用冬季载重线时,木材甲板货的堆高不能超过最大船宽的三分之一。目的是为了使船舶保持足够的稳性、具有良好的瞭望视线和减少首部甲板上浪;

6)使用木材载重线的船舶装载木材甲板货时,要求在上层建筑和首尾楼之间的全部可用长度内尽可能装满。无尾楼时,至少应装至尾舱口的后部,横向除了留出必要的通道外,应尽可能装载至接近两舷,货物至两舷的孔隙平均不超出船宽的4%;

7)当木材甲板货的装载符合上述6项要求时,我国《法定规则》(即IMO《2008年IS规则》)对国际航行船长为24m及以上的木材甲板船的完整稳性衡准要求是:

(1)经自由液面及甲板货吸水和/或结冰影响的修正后的初稳性高度 GM 应不小于0.10m;

(2)复原力臂的最大值应不小于0.25m;

(3)复原力臂曲线在横倾角0°到40°和进水角中较小者之间所围面积应不小于0.080m · rad;

(4)满足气象衡准要求。其中仅要求满足在定常风(风压力臂 l_{w1})作用下的横倾角 θ_0 应不大于16°即可(即不需要满足 $\theta_0 < \min\{16°$,甲板边缘入水角80%$\}$)。

船舶到港及航行中均应假定木材甲板货的重量由于吸水增加10%。结冰计算时,木材甲板货外表面的结冰重量应按实际情况增加,如无实际结冰重量资料,可按稳性报告书中的资料取值。

我国《法定规则》对于国内航行木材甲板船的完整稳性衡准的特殊要求为上述的(1)和(2)两项。规则规定,在计算复原力臂曲线时,可计木材甲板货外形容积入水部分75%的浮力。

8)装载木材甲板货的船舶稳性不能小于要求的最低值,要求尽可能有一定富裕的稳性的 *GM* 值,但也要避免过大的稳性,以免船舶在海上剧烈摇摆使货件产生过大的加速度,从而增大系固设备的受力。经验认为装载木材甲板货的船舶,其 *GM* 值应不超过船宽的3%,当然此值不一定适用于所有船舶,船长应根据本船的具体资料得出结论。

9)装货时应保持船舶处于无横倾角状态,以免两舷立柱受力过大。当船舶出现横倾而又找不到原因时,应停止装货作业。

10)安全运输木材甲板货的基本原则是使货垛尽可能紧密,以防止货垛松动、系索松弛,使货垛内产生约束力并可最大限度地降低货垛的渗透性。

11)按要求做好系固工作。应根据本船的《货物系固手册》的要求对木材甲板货进行系固。在木材甲板货装船前,应对船上所有的系固点(包括立柱上的系固点)进行目视检查,发现任何损坏都应及时进行修理。

12)装载木材甲板货的船舶应注意做好人员的安全保护工作。包括对从事装货、系固或卸货的船员和工人提供合适的保护服装和设备;船上应设置供船员在航行中行走的安全通道或其他替代设施(如货堆上的救生索等)。

三、航行中应注意的事项

(1)开航前应使船舶处于无横倾状态,并满足稳性衡准的各项要求。

(2)航行中应定期检查系索,如发现松弛应及时张紧,并应将对系索的所有检查和调整记入航海日志。

(3)航行中应尽量避开潜在的恶劣天气和海况,当无法避开时,应采取减速、改变航向等措施,以最大限度地减少货物和系索的受力。

(4)当航行中船舶产生横倾时,应查明其原因。如果是由于货物移位、船舶进水或船舶稳性不足所引起,则应根据具体情况采取正确的补救措施。

(5)如果由于某种原因使木材甲板货落海或被抛弃入海,船长应尽一切办法将对航行有直接危险的信息通知附近的船舶及有关主管当局。

第八节 钢材货物运输

一、钢材货物分类及海运特性

1. 钢材货物分类

钢材货物按形状可分为:

(1)板材类:厚度不一,常采用捆扎或成卷的方式交付运输,如钢板、镀锌钢皮(白铁皮)、镀锡钢皮(马口铁)等。

(2)型钢类:按其截面和外形不同,可分为:圆钢、方钢、角钢、扁钢、槽钢等。

(3)管材类:口径不一,有些的具有较粗的管头,分无缝钢管和有缝钢管。

(4)铸锭类:由各类块状金属铸锭组成,如钢锭、钢坯、生铁块等。

(5)丝卷类:粗细不一的各种金属丝线,如铁丝、盘圆(钢筋)、电线、电缆等。

(6)其他钢材类:上述未包括在内的钢材货物,如钢材构件、散装金属废料等。

2. 钢材货物的海运特性

(1)重质货,积载因数较小

积载因数多数在 0.30 ~ 0.58m^3/t。船舶满载时货舱的体积渗透率很高。装载部位需要校核船体局部强度。单层甲板船若全船承运钢材货物,船舶重心低而初稳性高度很大,会引发船舶在海浪中发生大幅度的剧烈横摇。

(2)许多类钢材怕潮湿,怕重压变形

钢材货物常采用裸装方式,除不锈钢、建材用钢材(如钢梁、钢桩、盘圆等)外的其他钢材货物,受潮湿容易锈蚀而影响其商业价值。一些钢板因衬垫设置不当,会造成下层钢板在重压下成波浪样变形,一些卷钢因装卸或堆装不当会引起卷边,开卷等。

(3)许多类钢材摩擦系数小,易于移位

钢管、卷钢、盘圆等钢材货物,因与装载处所接触面小,摩擦系数小。若其装载部位存在油渍或系固不当,堆装不紧密,船舱内的这类货物在船舶遇风浪时极易发生移位,甚至个别钢材重件移动,会击穿水线下的船侧外板而造成严重船舱进水。

二、钢材货物的安全装运

本节仅限于介绍钢材货物采用非集装箱方式在海运中的装运要求。

钢材货物不得与酸、碱、盐类及化肥等对钢材有腐蚀的货物同舱装运。对多数怕水湿的钢材货物,选配舱室应保证舱盖水密,必要时,应在装货后在舱盖水密连接部位临时粘贴封舱胶布(ram-nek tape),应注意洗舱后舱壁不得留有海水的盐分,且与鲜湿货物不得同舱装运。

总体上,钢材货物运输中应重视船舶重心高度的控制,防止出现重心过低现象;应注意校核拟装部位的船舶局部强度,防止发生装载部位超负荷引起船舱局部结构受损;应严格遵照船上《货物系固手册》要求进行堆装和系固,防止发生货物移位、货堆倒塌等事故。

1. 铸锭类货物装运要求

一般配于底舱作打底货。其堆装应注意不得在货堆与舷壁之间留有陡而宽的可滑动空间。货顶经平舱并加装适当衬垫后可加装其他货物。为提高船舶重心高度,可将一定数量的钢材货物配于二层舱。

2. 长大件钢材货物装运要求

舱内必须顺着船舶首尾方向堆放并左右固定塞紧,严防滚动。不能横向堆装,其原因是防止货物横向移动时碰伤船体。

钢轨、槽钢、角钢等货物一般应作打底货,要求堆码整齐、紧密、铺平,以利在其上再加装其他货物。钢轨一定要采取平扣方法堆装(图 14-12)。

各种管类钢材货物的堆码，应防止受损、变形和滚动。小口径钢管一般成捆装舱，大口径带管头的铸铁管，应注意紧密且管头交替排列，每层要用厚度合适的木条衬垫（图 14-13）。为防止管类钢材货物的滚动，在其上需要压装其他货物。

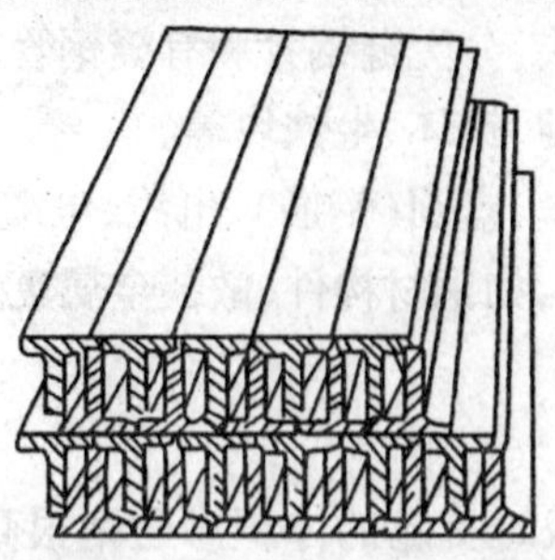

图 14-12　钢轨平扣方式堆装

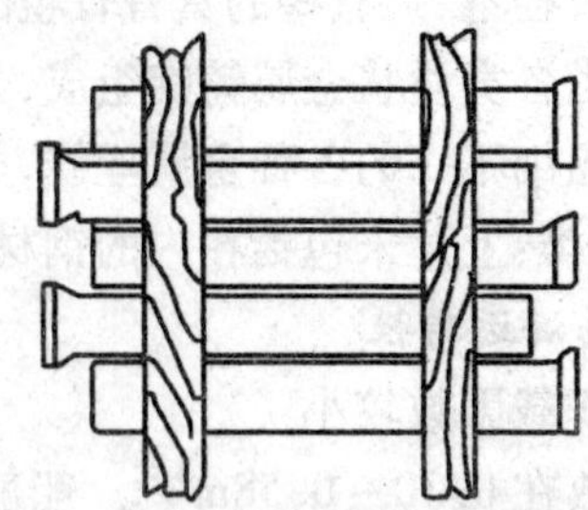

图 14-13　铸管堆装与衬垫

3. 散装金属废料装运要求

散装金属废料指因其大小、形状和重量难以紧密装载的金属废料，但不包括如金属钻屑、刨屑、车床切屑等金属废料。后者的运输在 IMSBC 规则中有规定。

装载前应在舱壁下层护条板处用坚固的垫木加以保护，对于只有木板保护的空气管、声纳管和污水及压载水管也应作类似的保护。

装货时应防止装载部位超负荷。应确保第一批装入的货物不能从可能损害舱底的高度掉下。在同一部位应先装重质的废料。金属废料不能装在非金属物品的上层。货物应密实和均匀装载，不能留出空挡或出现松散的无支撑斜面。为防止重质废料移动，应在其上加以压载或用适当的系索系固。

4. 卷钢货物装运要求

卷钢常采用卧装而不是竖装形式。

卷钢应从底层起堆装。如有可能，应以有规律的次序层层堆码。

卷钢应保持其轴线沿船长方向，堆装在横向放置的垫木上。应保持每卷紧靠另一卷堆装。为防止卷钢在装卸时发生滚动，应使用楔子。每排的最后一卷应堆装于其邻近的两卷之上，用以固定该排的其他卷钢（图 14-14）。当要在第一层的上面装载第二层时，则该层卷钢应装载于第一层卷钢之间。在最上面一层卷钢空隙处应加以衬垫（图 14-15）。

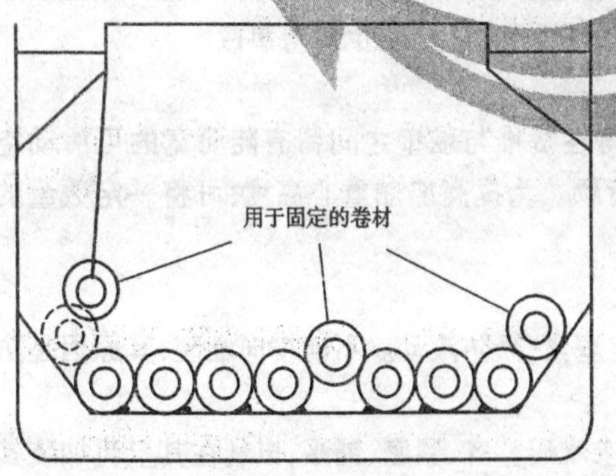

图 14-14　卷钢舱内堆码

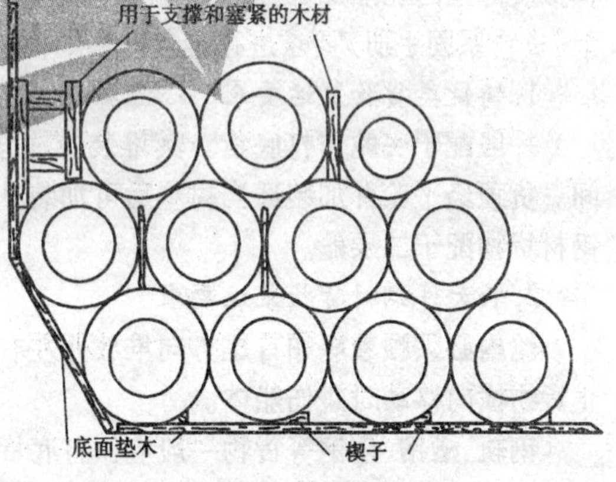

图 14-15　卷钢堆装与系固（横剖面图）

卷钢系固的目的是将舱内卷钢系固成一个大的不可移动的卷钢组。通常,卷钢最高一层的最后三排需要系固。为防止卷钢纵向移动,卷钢顶层最后一排应用垫木和钢丝绳系固,并应从一侧到另一侧拉紧和使用附加钢丝绳拉至舱壁。系索与卷钢尖刃接触部位应有防止利刃损坏的衬垫。当卷钢未装满整个舱室时,对卷钢最高一层最后一排应按图 14-16 所示的方法进行系固。

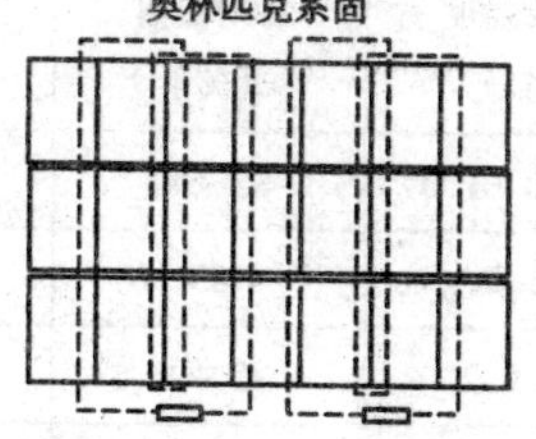

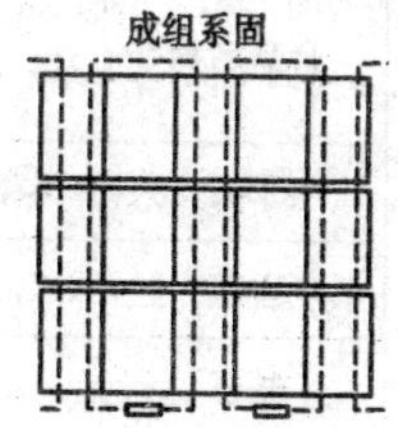

图 14-16 卷钢堆装与系固(俯视图)

第九节 冷藏货物运输

冷藏货物(Reefer cargo)是指要求在一定的低温条件下运输的货物。这类货物包括由动物性食品如鱼、肉、禽、蛋等和植物性食品如水果、蔬菜组成的易腐货物,以及少量有温度控制要求的危险货物。易腐货物在常温下较长时间的运输,由于微生物作用、呼吸作用和化学作用会使其成分发生分解、变化和腐败。易腐货物在一定冷藏条件下运输,可以使微生物的活动能力和呼吸作用减弱甚至停止,从而使其在运输期间不致变质、过熟或腐烂。

一、易腐货物的保藏条件

易腐货物的保藏条件包括温度、湿度、通风和环境卫生,其中最主要的是温度。

1. 温度

就限制微生物角度考虑,冷藏温度越低越好。但过低温度会破坏蔬菜、水果类货物的组织结构,使其色、香、味起变化,解冻后会迅速腐烂。过低温度也会使鲜蛋蛋壳破裂而造成货损。因此,一定的易腐货物均有不同适宜的保藏低温(表 14-14)。对不同食品应分别采用"冷却"、"冷冻"和"速冻"等不同冷处理方法。

冷却是指将食品温度降到尚不致使其细胞膜结冰的程度,通常在 0 ~ 5℃之间。鲜蛋、乳品、水果、蔬菜等常采用冷却运输。由于冷却条件下微生物仍有一定的繁殖能力,所以冷却的食品保藏时间较短。

冷冻是指将食品温度降到 0℃以下的程度。冻肉、冻鸡、冻鱼、冰蛋等均常采用冷冻运输。若对食品的冷冻速度较慢,食品细胞膜内层会形成较大的冰晶,使细胞膜破裂、细胞汁遭受损失,使食品失去原有的鲜味和营养价值。为消除这一缺陷,可采用"速冻"。

速冻是指在很短的时间内使食品冻结。速冻过程中所形成的冰晶比较均匀和细小,不致造成细胞膜的破裂,因而能保持食品原有的鲜味和营养价值。

除要求一定的保藏温度外,还要求保持温度的稳定。因为温度忽高忽低,不但使微生物有机可乘,还会引起冻结食品内部重新结晶,导致食品失去原有的鲜味和营养价值。

2. 湿度

舱内湿度对食品质量影响很大。湿度过小的危害是:增加食品干耗,破坏食品的维生素和其他营养物质,破坏水果、蔬菜的正常呼吸,削弱其抗病能力。湿度过大,对于冷却运输的食品而言,有利于微生物的迅速繁殖。部分食品适宜的相对湿度见表 14-14。

部分食品适宜的冷藏温度、相对湿度和昼夜换气次数表　表 14-14

食品名称	冷藏温度（℃）	相对湿度（%）	昼夜换气次数	大概贮藏时间	含水量（%）	冰冻点（℃）
苹果	-1.0~1.0	85~90	2~4	2~7月	85.0	-2.0
香蕉	11.7	85	2~4	2周	75.0	-1.7
桔子	0~1.2	85~90	2~4	8~10周	90.0	-2.2
青菠菜	4.0~12.7	85~90	2~4	2~4周	85.3	-1.2
熟菠菜	4.4~7.2	85~90	2~4	2~4周	85.3	-1.2
西瓜	2.0~4.0	80~90	2~4	2~3周	92.1	-1.6
青蕃茄	10.0~20.0	85~90	2~4	1~3周	94.0	-0.9
熟蕃茄	1.0~5.0	85~90	2~4	1~3周	94.0	-0.9
韭菜	0	85~90		1~3月	88.2	-1.4
土豆	3.0~6.0	85~90		6月	77.8	-1.8
洋葱	1.5	80		3月	87.5	-1.0
卷心菜	0~1.0	85~90		1~3月	91.0	-0.5
青椒	7.0~10.0	85~90		1~3周	74.0	-1.1
白菜	-1.0~1.0	85~90	2~4	2~7月	85.0	-2.0
萝卜	1.0~3.0	90~95	2~4	1周		
黄瓜	2.0~7.0	75~85	2~4	10~14天	96.8	-0.8
卷心菜	0.0~1.0	85~90		1~3月	91.0	-0.5
鲜鸡蛋	-1.0~0.5	80~85	2~4	8月	70.0	-2.2
冷却牛肉	-1.0~0.0	86~90	2~4	3周	72.0	-0.6~-1.2
冷却猪肉	0.0~1.2	85~90	2~4	3~10天	35.0~42.0	-2.2~-1.7
鲜鱼	-0.5~4.0	90~95	2~4	1~2周	73.0	-1.0~-2.0
家禽	0	80		1周	74.0	-1.7
冻蛋	-18.0		1~2	12月	73.0	-2.2
冻鱼	-20.0~-12.0	90~95	1~2	8~10月		
冻猪肉	-24.0~-18.0	85~95	1~2	2~8月		
冻家禽	-30.0~-18.0	80	1~2	3~12月	60	
冻羊肉	-12.0~-18.0	80~85	1~2	3~8月		
冻牛肉	-23.0~-18.0	90~95	1~2	6~12月		

3. 通风

对于冰点以上如蔬菜、水果类的冷却食品，贮运中因呼吸作用会在舱内不断挥发出水分、二氧化碳等气体，为保持舱内适宜的相对湿度和二氧化碳含量，需要采用通风设备对货舱进行循环通风和换气通风。当外界气温较高时，大量且长时间的通风会使舱内温、湿度迅速提高而影响货物质量。因此，高温季节蔬菜、水果类食品宜选气温较低的夜间通风较理想。此外，还应控制每天的通风时间长短，部分食品适宜的昼夜通风换气次数见表14-14。

对于冷冻条件下贮运的食品，因温度很低，微生物活动已受抑制，因此，可不必通风换气。

4. 环境卫生

卫生条件差的运输环境会影响食品外观，使其表面附上大量微生物。即使其他的保藏条件都满足要求，这类食品解冻后更易于腐败。因此，冷藏舱、装卸用具、装卸人员的工作服等都要求保持严格的卫生标准。

二、易腐货物的承运要求

承运易腐货物时，要对货物质量、包装、热状态进行检查。若货物质量不符合标准、包装不适宜或有破损、货物温度过低或过高时，船方应拒绝承运。船方还应检查易腐货物的容许运送期限是否小于运到期限，小于时货物质量在运输途中就难以得到保证，所以也应拒绝承运。承运肉类和生油脂类货物时，应要求托运人提交由出入境检验检疫机构出具的货物检疫证明。

承运冻肉时，要检查其肉体应坚硬，色泽鲜艳，割开部位应呈玫瑰色，油脂部位呈白色或淡黄色，牛肉则应呈暗红色。长距离运输的冻肉承运温度为－18～－20℃，短距离的承运温度为－12℃左右，但出库时温度应尽可能低于上述承运温度。

承运冻鱼时，要检查其鱼体应完全坚硬，鱼鳞应明亮或稍微暗淡，眼睛应凸出或稍微凹陷，鱼鳃应鲜红。冻鱼肌肉深处的温度应不高于－18℃。

承运水果时，要检查其色泽应鲜艳，无过熟现象。因水果有呼吸作用，其包装应留有缝隙或洞眼，以利通风和换气。

承运蔬菜时，应检查其质量，凡干缩、腐烂、压损、泥污、出芽以及有霉斑的均不得承运。

承运鲜蛋时，要检查其外表应新鲜、清洁，无蛋壳破损、无腐臭味和无沾污现象。

三、易腐冷藏货物的装运

冷藏货物运输船在承运冷藏货物前应具备“冷藏设备入级证书”，并应核实在船舶承运期间该证书是否处于其有效期内。冷藏货物托运人应向船方出具有关货物冷藏温度、湿度、装载及其他方面的书面要求。

1. 冷藏货物装船前准备

冷藏货物装船前的准备工作包括：冷藏舱清洁、除味和舱内设备检查，接受冷藏舱检验以及对冷藏舱进行预冷。

要做好冷藏舱的清洁工作，以保持舱内清洁、干燥、无残留货物、无异味。舱内污染严重时，必须对护舱板、木格栅、舱底板。管道槽沟等处先用加入清洁剂的高压水冲洗，再用淡水冲净，最后进行通风换气使其干燥。舱内存在异味时，还需要进行脱臭消毒。常用的脱臭方法是用臭氧发生器在舱内产生臭氧，用粗茶熏蒸，或用醋酸水喷洒等。

装货前应认真检查冷藏舱内的隔热材料是否完好，查看舱内排水孔、管道等是否有漏水现象，对舱内制冷装置和通风设备应进行试运行。如发现舱内隔热材料或设备需要进行大修时，需在验船师监督下进行。

当确认冷藏舱状态满足所运货物各项要求时,可以请求商检局对冷藏舱进行检验,以获取冷藏舱检验合格证书。

装货前,对货舱及舱内衬垫应按要求进行预冷。预冷温度随冷藏货物的品种不同而不同,可按货主要求执行,一般宜采用大体上与所运货物要求的冷藏温度稍低的温度(2~3℃)进行预冷。预冷常在装货开始前48h 开始,到距装货前24h 将舱温降到装卸人员能接受的温度(因有些港口的装卸人员会拒绝在过低舱温内工作)。

2. 冷藏货物装载

装货过程中为避免结霜应停止制冷装置运行。高温季节货物装卸应选在气温较低的早晚并快速装载。应避免雨天作业。装货时应仔细检查来货质量,如发现货物有渗血、疲软、变色、发霉或包装滴水等应拒装或予以批注。

货物在舱内应排列整齐,货物与舱壁、货物与舱顶等之间均需留出适当的空隙供冷风流通,货物之间也应留出通风道。应处理好冷藏货物的忌装问题,伊斯兰国家的港口不允许将牛羊肉与猪肉混装。装毕封舱后应立即启动制冷装置直至达到货主要求的冷藏温度。

3. 冷藏货物途中保管

对冷藏货物的途中保管工作主要是控制舱内温度、二氧化碳含量和湿度,按要求记好冷藏舱日志。

保持冷藏舱内的冷藏温度达到货主指示的温度值,并使其温度的波动范围不超过允许范围是冷藏货物途中保管工作中最重要的环节。为保持冷藏舱内各处温度均匀,应注意适当进行舱内空气的循环流通,但要避免发生从冷却器中吹出的冷气不流经货物而从货舱空位返回到冷却器中的所谓"短路"现象。

对于冷却条件下运输的水果、蔬菜等货物,因其呼吸作用,使其在封闭的舱内氧气含量减小,二氧化碳含量增加。实践证明:常温下适当减少空气中的含氧量和增加二氧化碳含量可以能抑制其呼吸,使水果、蔬菜等的成熟期延长,但若空气中含氧量过少而二氧化碳含量过大,则会使这类货物处于缺氧呼吸(即发酵作用,是利用其机体内的营养物质分子中的氧来呼吸)而导致其易于腐烂变质。所以,这类货物运输途中应当根据舱内二氧化碳测示仪或由实践经验来控制每天的舱内换气次数(表14-15)。

几种冷却货物海运中适宜的二氧化碳含量 表14-15

品 名	梨	青香蕉	柑桔	苹果	柿子	西红柿
二氧化碳含量(%)	0.2~2	1.6	2~3	8~10	5~10	5~10

保持舱内适宜的相对湿度对冷却条件下运输的水果、蔬菜等货物特别重要。湿度过高货物容易滋生细菌,过低又会使货物中的水分损失过多而影响货物品质。

4. 冷藏货物卸载

船舶到港前,要备妥冷藏设备入级证书、装货港的冷藏舱检验证书、冷藏舱温度记录、穆斯林宰割证明(如肉类货交付穆斯林国家港口时)等相关文件,以备卸货港检查。

许多港口对冷藏货物在卸货前先要求进行检疫,检疫合格后才准许卸货。

为尽量缩短货物在空气中的暴露时间,与装货相同,要求卸货作业也应选择相对较低气温时段进行连续且快速的操作。

第十节 滚装货物运输

滚装货物是指可依靠自身动力,或可随船或不随船装载的临时移动装置,通过水平移动方式装上船或卸下船的一种货物单元。如轿车、客车、卡车、牵引车、半挂车等。

滚装货物的海上运输多数是借助专运船舶——滚装船(Roll on/Roll off ship)完成。滚装船运输能减少码头装卸设备的投资,提高装卸效率,降低装卸成本,特别适合于潮差不大的港口之间的短程海上运输。有资料表明:车辆若装入集装箱采用集装箱船运输,其运输成本要高出采用滚装船的20% ~30%。

滚装船是指具有滚装装货处所或者装车处所的船舶,包括滚装客船(Ro-ro passenger ship)和滚装货船(又分为汽车卡车专运船 PCTC:Pure car truck carrier 和汽车专运船 PCC:Pure car carrier)。滚装客船是指具有乘客定额证书且核定乘客定额(包括车辆驾驶员)12 人以上的滚装船。装货处所是指滚装船舶内可供滚装方式装载货物的处所,以及通往该处所的围壁通道。装车处所是指滚装船舶的有隔离舱壁的甲板以上或者甲板以下用作装载机动车、非机动车并可以让车辆进出的围蔽处所。

一、滚装货物与滚装船

1. 滚装货物

滚装货物主要由各类车辆及车辆上所装载的货物组成。常见的各类车辆的分类是:

(1)轿车:按发动机排量和价格分为微型(A00 型)、小型(A0 型)、紧凑型(A 型)、中级(B 型)、中高级(C 型)和豪华级(D 型)六种。

(2)越野车(SUV:Sport Utility Vehicle)常为全驱动,主要用于非公路上载运人员和货物或牵引设备。

(3)客车:细分为微型(车长 $L \leqslant 3.5$m 且发动机排量≤1L),轻型($L < 6$m 且乘坐人数≤9 人),中型($L < 6$m 且乘坐人数为 10 ~19 人)和大型($L \geqslant 6$m,且乘坐人数≥20 人)。

(4)货车:又称载重汽车或卡车。主要用于运送各种货物或牵引全挂车。细分为微型(最大质量 $W \leqslant 1.8$t 且 $L \leqslant 3.5$m)、轻型($W \leqslant 4.5$t 且 $L < 6$m)、中型($4.5\text{t} \leqslant W < 12$t 或 $L \geqslant 6$m)和重型($W \geqslant 12$t)四种。

(5)自卸车:车厢能自动倾翻的卡车。

(6)牵引车:主要用来牵引其他车辆。

(7)半挂车:车轴置于车辆重心(当车辆均匀受载时)后面,且装有可将水平或垂直力传递到牵引车的联结装置的挂车。

(8)专用车:为承运专门运输任务或作业,装有专用设备,具备专用功能的车辆。

应当注意的是,载于滚装船上的机动车辆油箱内都存有一定量的易燃汽油或柴油。当这类车辆受到撞击或其他原因,船舱会弥漫危险气体,若未能采取及时通风等妥善措施将极易引发火灾或爆炸事故。

2. 滚装船

大型滚装船(图 14-17)常常设计有 10 多层载车甲板(有些层甲板被设计成可上下升降,

以调整层高适应装载不同高度的车辆)，船舶的上层建筑受风面积较大。为让车辆从一端驶入，从另一端驶出，在船舶设计中无法设置水密横舱壁。这类纵通无水密横舱壁的载车甲板舱设计，一旦海水涌入舱内或发生火灾将很快蔓延，所以，滚装船在抗沉性和防火性方面较弱。

图 14-17 滚装船

滚装船在船舶首部、尾部或舷边设计货物通道门。它既用作水密门又用作滚装货物装卸的跳板，易于损坏。货物通道门的设计通常其最大开启度为 -10°(即低于水平位置 10°)，且有最大承重限制。如"ZH"轮的艉跳板长 24.5m，宽 6.0m，最大承重 50 t。

滚装船各层甲板设计有活动坡道或固定坡道。活动坡道关闭时可形成水密，且作为甲板的一部分承载各种车辆。活动坡道上设有用于系固车辆用的底座。

为便于车辆通行，甲板上设计有埋入式十字槽底座。CCS《货物系固手册编制指南》规定，经常载运道路车辆且在无遮蔽水域从事远程或国际航行的滚装船，甲板上的系固点布置：纵向不得超过 2.5m，横向应不小于 2.8m 但不大于 3m。每个系固点的最大系固负荷 *MSL* 应不小于 100kN。

滚装船的驾驶台上有监控指示板，用于监控边门、艉门和活动坡道的启闭状况。

滚装船适货性较强，除承运载于半挂车上的集装箱外，也适合于装运其他各种车辆和重大件货物。滚装船由于采用水平的装卸方式，装卸可同时进行，对泊位设备投资较低，装卸效率很高，所以，特别适合于靠泊港口潮差变化较小的短程水路运输。其缺点是舱容利用率低，船舶造价高。

二、滚装船积载与装运特点

1. 滚装船的载货能力

滚装船的载货重量能力仍以净载重量表示。滚装船因甲板层数多，空船重量较大。与集装箱船相同，其船舶常数包括了船上大量活动系固件等重量。

滚装船的容量能力通常以每层甲板的车道长度、限宽、限高、限重、甲板面积等参数表示。汽车专运船 PCC 的容量能力通常以 CEU(Car equivalent unit)表示。如某 16000 总吨的汽车卡车专运船 PCTC 的主尺度中包括：车道长度 835m(宽 3.1m 时)，或 1178(宽 2.25m 时)，载车辆：拖车 81 辆(10.0m×3.1m)，轿车 196 辆(5.0m×2.25m)。

2. 滚装船的稳性

滚装船因甲板层数多，水线以上船体的侧受风面积较大，船舶满载时货物的重心较高。为降低船舶重心高度，一方面，船舶下层设计了大容量的压载水舱；另一方面，对于 PCTC 船，通常在主甲板及其以下舱位布置货车车道，以上舱位则安排装载重量较轻的车辆。

非客运滚装船的稳性衡准指标及其要求与普通货船相同。载客超过 12 人的滚装船——滚装客船需要在满足对普通货船衡准指标要求的前提下，还需要同时满足对客船的特殊稳性衡准要求。

3. 滚装货物的系固

依据挪威船级社(DNV)的研究表明，在滚装船发生的各类事故中，43%是因舱内滚装货物系固不当导致货物移位所导致。

滚装货物在船上的系固是复杂的。一方面滚装车辆上封闭车厢内的货物装载状况是船员无法检查，且车厢内的货物堆装和系固又常常是由不熟悉海上恶劣运输环境的作业人员完成。另一方面，滚装船承运的车辆形式多样，从 2 t 以下的小轿车到 45t 的拖车，特殊情况下重量可达数百吨的特种车辆。部分车辆上缺少足够的系固点，而车辆在船上的装载常常很难找到最佳的系固位置以编制合理的系固方案。

IMO 的《CSS 规则》和第 A. 518(14)号决议《在滚装船上运输公路车辆的系固装置指南》，我国交通运输部颁布的《海上滚装船舶安全监督管理规定》等文件，规定了滚装货物的安全堆装和系固的标准。

1)公路车辆最小系固点及其强度

根据 IMO《在滚装船上运输公路车辆的系固装置指南》规定，公路车辆每一侧应当具有相同数量的不少于 2 个但不多于 6 个用颜色清晰地标识的系固点(内孔径不得小于 80mm，且孔口必须是圆形)，公路车辆设计的系固点的最小数量和最小强度应当满足表 14-16 的要求。

公路车辆系固点的最小数量和最小强度 表 14-16

车辆总质量 W (t)	每侧最少的系固点数量	每一系固点无永久变形的最小强度(t)
3.5 t≤W≤20 t	2	$\frac{12W}{n}$ 式中：n——公路车辆每侧系固点总数。
20 t<W≤30 t	3	
30 t<W≤40 t	4	

对于拖挂车而言，表 14-16 分别适用于机动车和每一挂车，但不适用于半挂车的牵引车。半挂车的牵引车应当在其前部设置 2 个系固点(可代替 2 个系固点)，其强度应当能足以防止车辆前部的横向移动。如果利用牵引装置系固除半拖挂车的牵引以外的车辆，牵引装置不能代替或取代表 14-16 规定的系固点要求。

2)滚装货物的系固操作

每艘滚装船的《货物系固手册》提供有该船固定和活动系固设备及其强度的清单，系固作业操作方法、要求、注意事项等具体指导，以及推荐的滚装货物系固方案、系固有效性评估计算表格等。

系固作业前应当确保滚装货物的装载处所是干燥，清洁且没有油脂；应当检查滚装货物上是否有合适而明显的系固点标识或可用于系固的足够强度的其他等效装置；应当核查载于车辆上的货物已被适当地系固于堆装平台上，车辆上任何活动部件如吊杆、臂状物或转塔等应适当锁牢或系牢。

系固作业时，系索应采用其强度和拉伸特性至少等同于钢链或钢丝绳的索具；系索只能系固于车辆的专用系固点上，每一个孔只能使用 1 根系索。系索的水平和垂直绑扎角最好控制在 30°~60°之间；为防止滚装货物移动，可行时，最好将其作纵向而非横向堆装(即车轮沿船

长方向滚动)；如果滚装货物不可避免地只能横向堆装，则需要提供足够强度的额外系固；车辆在堆装位置应拉紧刹车装置(如有的话)，车辆的轮子应用楔子塞牢止动；对于摩擦力较小车轮或履带的滚装货物，应铺垫其他增加摩擦力的材料，如软板、橡胶垫等；可能时，作为货物组成部分装运的滚装货物，应紧靠船舷堆装或装在备有足够强度和足够的系固点的位置上，或在整个货物处所中塞紧堆装；为防止无合适系固点的滚装货物发生横向移动，在可行时，这类货物应紧靠船舷并相互紧靠堆装，或用其他合适的成组货物(如重载的集装箱)等作挡住。

船舶航行中，应当以一定时间间隔对滚装货物的系索进行检查，必要时，进行收紧。

3)车辆系固有效性评估方法

中国海事局《法定规则》(国内航行船舶分册)规定的非高速滚装船(船长20m及以上，且最大航速小于7.19 $\nabla^{0.1667}$(kn)，其中 ∇ 为船舶设计水线对应的排水体积)车辆系固有效性评估方法与IMO《CSS规则》中非标准货物系固有效性评估方法相类似，其规定的作用在车辆上的纵向力 F_x、横向力 F_y 和垂向力 F_z 的计算公式：

$$F_x = ma_{x0}K_1K_2K_3 + A_xq \quad (\text{kN}) \tag{14-26}$$

$$F_y = ma_{y0}K_1K_2K_3 + A_yq \quad (\text{kN}) \tag{14-27}$$

$$F_z = ma_{z0}K_1K_3 \quad (\text{kN}) \tag{14-28}$$

上述公式中除系数 K_3 和风压 q 与《CSS规则》中非标准货物系固有效性评估方法(本章第二节)有差别外，其余的包括约束力的计算等均完全相同(表14-17)。

基本加速度修正系数 K_3 和风压 q 表14-17

风　级	Ⅰ级客滚船 K_3	Ⅱ级客滚船 K_3	Ⅲ级客滚船 K_3	风压 q(kN/m²)
8级以上	1.00	—		1.0
7~8级	0.90	0.7	0.5	0.4
5~6级	0.75	0.6		0.2
5级以下	0.75	0.5		0.1

中国海事局《法定规则》(国内航行船分册)规定的客船(包括滚装客船)等级划分见表14-18。

客船等级划分 表14-18

客船等级	航行限制		
	航　区	海　域	航程距庇护地距离
Ⅰ	远海、近海	—	—
Ⅱ	沿海	黄海、东海、北部湾、琼州海峡、雷州半岛东海岸和西海岸	≥10n mile
		台湾海峡、台湾岛东海岸、海南岛东海岸和南海	≥5n mile
Ⅲ	沿海	黄海、东海、北部湾、琼州海峡、雷州半岛东海岸和西海岸	<10n mile
		台湾海峡、台湾岛东海岸、海南岛东海岸和南海	<5n mile
	遮蔽	—	—

4. 危险品滚装货物

危险品滚装货物在装船前应检查其外部有无损坏迹象或有无内装货物的渗漏或撒漏现象。发现任何货物运输组件有损坏、渗漏或撒漏的情况均不准予以承运，直至采取有效的修理

或将破损包件清除为止。

旅客和其他未经许可的人员不得进入装有危险品滚装货物的车辆甲板，所有通向这些甲板门在航行期间都必须牢固关闭，在这些甲板的入口处须设有引人注目的通告或标牌，注明不得进入这类甲板。航行期间，只有在经批准船员陪伴下，旅客和其他未经许可人员方可进入这样的甲板通道。

在滚装货物、机器和船员居住处所之间通道关闭系统的布置，须能防止危险性蒸气和液体进入这些空间的可能性。当船舶载有危险品滚装货物时，这样通道须牢固关闭，除非经批准的人员进入或是为紧急情况之用。

要求仅限于舱面载运的危险货物不得在封闭式的车辆甲板上装载，但可在主管机关批准的条件下，在开敞式车辆甲板上载运。

包含易燃气体或闭杯闪点低于23℃的易燃液体的滚装货物仅限于舱面积载，要积载于封闭式的滚装货物处所或特种处所须满足：所处的设计、构造、设备符合 SOLAS 1974 相关规定，同时通风系统能够实现每小时至少 6 次换气；或通风系统能够实现每小时不少于 10 次换气，且一旦通风系统失灵或其他致使易燃蒸气积聚的情况发生时，舱内未经认可的电气系统能够通过不是拔出保险丝的其他方式切断电源。

包含易燃气体或闭杯闪点低于23℃易燃液体的滚装货物在舱面积载须"远离"可能的着火源；若在舱内积载于封闭式装货处所或特种处所时，则任一货物运输组件中装备的机械操作制冷或加热装置通常不允许启动。

IMO《国际危规》对滚装船上危险品滚装货物之间的隔离要求应先依据包装危险货物的隔离表（表 13-4）查取其隔离等级，再由隔离等级查表 14-19 确定其具体的隔离要求。

滚装船上货物运输组件的隔离表

表 14-19

隔离要求		水平					
		封闭式与封闭式		封闭式与开敞式		开敞式与开敞式	
		舱面	舱内	舱面	舱内	舱面	舱内
"远离"1	首尾向	无限制	无限制	无限制	无限制	距离不小于3m	
	横向	无限制	无限制	无限制	无限制		
"隔离"2	首尾向	距离不小于6m	距离不小于 6m 或隔一个舱壁	距离不小于6m	距离不小于 6m 或隔一个舱壁	距离不小于 6m	距离不小于12m 或隔一个舱壁
	横向	距离不小于 3m	距离不小于 3m 或隔一个舱壁	距离不小于 3m	距离不小于 6m 或隔一个舱壁	距离不小于 6m	距离不小于12m 或隔一个舱壁
"用一整个舱室或货舱隔离"3	首尾向	距离不小于 12m	距离不小于 24m 并隔一层甲板	距离不小于 24m	距离不小于 24m 并隔一层甲板	距离不小于 36m	隔两层甲板或两个舱壁
	横向	距离不小于 12m	距离不小于 24m 并隔一层甲板	距离不小于 24m	距离不小于 24m 并隔一层甲板	禁止	禁止

续上表

隔离要求		水平					
		封闭式与封闭式		封闭式与开敞式		开敞式与开敞式	
		舱面	舱内	舱面	舱内	舱面	舱内
"用一介于中间的整个舱室货货舱做纵向隔离"4	首尾向	距离不小于36m	隔两个舱壁或距离不小于36m并隔两层甲板	距离不小于36m	包括隔两个舱壁距离不小于48m	距离不小于46m	禁止
	横向	禁止					

注:所有舱壁和甲板均须是防火防液的。

在《国际危规》第1册第7部分中列有在滚装船上货物运输组件的详细隔离图示。

5. 滚装船的货物装卸

滚装船的卸货次序:先卸主甲板上货物,等主甲板货物卸完舱内通道位置敞开后,再放下活动斜坡道(或升降平台),通过斜坡道卸上层甲板货物,随后再开启活动斜坡道(或升降平台),卸主甲板之下的底舱货物。

装货次序与卸货次序相反。

滚装船的《装载手册》中通常提供有推荐的各层甲板车辆进出路线与顺序表,可供在实际滚装货物装卸中参考。

三、海上滚装船舶安全监督管理规定

我国交通部于2002年7月1日颁布并开始实施《海上滚装船舶安全监督管理规定》。该规定适用于中华人民共和国管辖海域内的滚装船。内容主要包括:

1. 装卸作业前

装载于滚装船上的车辆,应当出示车辆行驶证和驾驶证,并填写《滚装船舶车辆安全装载记录》(表14-20),如实申报车辆及其装载货物的名称、性质、重量和体积等情况。装载于滚装船的车辆,应当处于良好技术状态。车辆若制动、转向系统不良或者有其他影响安全行驶的故障,则不允许装载于滚装船。

滚装船舶车辆安全装载记录　　　表14-20

姓名或名称			住址		电话	
车辆行驶证号		驾驶证号码		车号	车辆种类	
托运人	装载货物总尺度(m)	长: 宽: 高:		车辆总重(t)		
	货物名称		货物性质			
	拟乘船名称		拟离港时间			
	兹声明:上述内容已经按规则准确填写,车载货物中无经营人公告不予承运的货物,未装载危险货物或夹带危险品,车辆及车载货物绑扎牢固。以上申报准确无误。 申报人: 年 月 日					
港口验	验收时间:	验收员		收货情况		
经营人验	验收时间:	验收员		收货情况		

注:(1)此申报单随车辆运转,最后由船方保存,并随时接受管理部门检查。

(2)此申报单应向船舶始发港或车辆装船港的海事管理机构备案。

禁止滚装客船载运任何危险货物。

装载危险货物的车辆不得与客车搭乘同一艘滚装船。

滚装船装载车辆，应当指定专人对车辆装载的安全状况进行检查，填写《滚装船舶车辆安全装载记录》，并随船保留，以备查验。

滚装船边门、艉门和活动坡道的启闭操作必须经船长或大副同意后方可进行。当值驾驶员作为现场监督，水手长指挥，具体操作由当值水手进行。边门、艉门或活动坡道开启后，必须要在其上安装栏杆扶手。

2. 装卸中和开航前

值班船员对于每一驶入船舱的车辆需要进行认真查验：核查车辆油箱盖是否密封，有无渗漏现象，核查车辆轮胎和刹车系统是否正常；对照《滚装船舶车辆安全装载记录》，核查单车重量是否超过车辆甲板的局部强度，检查车辆的实际尺度是否与记录上注明的一致。

值班船员可用交通标识来指示车辆的安全驾驶路线，标识舱内限制速度5km/h，提供满足舱内驾驶所需照明条件。要依据港口潮汐状态及时调整船缆松紧和船与岸连接跳板的角度，保证车辆通过跳板时能以适当的角度接近或离开，以防止车辆底部碰撞跳板与船甲板连接处而受损。

为保证系固和检查需要，车辆与车辆，车辆与舱壁之间的间距，应控制在30cm 或以上，舱内梯子通道处应至少留出0.5m×0.5m 的空间。舱内车辆装载不应占用预留的消防通道。

值班船员要按照拟定的积载计划和装卸顺序要求执行。装载时一般不允许车辆在舱内调头。装卸货物过程中必须保持船舶的横倾在±3°以内，纵倾在±1.5°以内。

滚装船开航前，应当按照我国国家标准《海上运输船舶安全开航技术要求》和滚装船艏部、艉部及侧面水密门安全操作程序，对所装载的旅客、货物、车辆情况及滚装船的安全设备、艏部、艉部、侧面水密门等情况进行全面检查，并如实记录。

对于载于滚装船上车辆，其所载货物应当保证绑扎牢固，适合水路滚装运输。滚装船完成检查并确认符合有关安全要求时，由船长签署《船长开航前声明》（表14-21），并在办理出港签证时将《船长开航前声明》与《滚装船舶车辆安全装载记录》一起交海事管理机构备案。

船长开航前声明　　表14-21

________海事局： 本轮____航次于____年____月____日在____港____码头/泊位装载____车辆____辆，载客____名，载货____吨，船员____名，开往____港。 兹声明如下： 依据____气象预报和/或____气象传真分析，预报风力未超过本轮核定的安全适航风级； 船舶未超载且未装载危险货物或夹带危险品；车辆符合公安部门的装载规定和经营人公布的安全装载要求；船上救生、消防设备业经检查、测试，处于有效和良好状态；所载车辆均安全积载和系固；本轮已制定了在紧急情况下的反应计划和措施。 ________轮（印章） 船长（签名）________ ____年____月____日

3. 航行途中

滚装船开航后，应当立即向司机、旅客说明消防、救生手册所处位置和船上应急通道及有

关应急措施。滚装船在航行中,司机和旅客不得留在车内,也不得在装货处所和装车处所走动和停留。滚装船应当对装车处所进行有效通风和通风控制,并根据具体情况对特种处所规定每小时换气次数。

第十一节 杂货船积载计划的编制

编制船舶积载计划是一项细致、复杂而又直接影响船舶安全、货物运输质量及船舶营运经济效果的重要工作。它必须根据前述关于杂货船的积载要求,结合船舶、货物、航线和港口的实际情况,并满足对船舶积载的各项基本要求。在实际工作中,由于船舶类型不同,货物种类各异,到港数量不等等原因,船舶积载计划编制的程序也有繁有简,本节仅介绍编制杂货船积载计划的一般步骤。

一、准备工作

在编制积载计划之前,负责此项工作的大副必须熟悉和整理船舶、货物、港口、航线等的情况和有关资料,做好充分的准备工作。

1. 熟悉船舶情况和资料

需熟悉与积载有关的船舶情况和资料包括:

(1)船舶各货舱结构、装卸货条件及装卸设备等情况。如各货舱和货舱口的位置、尺度、容积;各层甲板安全负荷量;各二层舱舱口位容积及防堵舱容;各货舱的吊杆数及其安全负荷量和最大舷外跨度;油水舱和压载舱的位置、容积、容积中心位置及自由液面惯性矩;船舶航行和停泊每天燃料和淡水消耗定额以及货舱内各种设备,如支柱、地令、轴隧、污水井的位置,测深管、电缆的布置情况等。为便于查阅使用及公休交接,一般都将上述情况整理成文字资料或以图表示的船舶卡片,图 14-18 是某轮的两张船舶卡片。

(2)船舶性能数据资料。即以数字表示的船舶静水力参数图表。

(3)强度曲线图或对船中载荷切力和弯矩允许范围数值表或其他表示船舶强度要求的资料。

(4)装载少量载荷(如 100t)船舶首尾吃水变化曲线图或数值表。

(5)最小许用初稳性高度或许用重心高度或适度初稳性高度和吃水差值资料。

(6)满足船舶强度条件、稳性、吃水差要求的各货舱、各层舱的货物重量分配比例。该数据随船舶的排水量不同而变化。经过多次实践可以总结出船舶在不同载货量时各货舱、各层舱应分配货重的合理比例数,也可以从“船舶稳性报告书”中找到这些数据。如果没有这些资料,还可以通过计算求得这些数据。

2. 熟悉航次货载情况

船舶每航次装运的货物均以装货清单(Loading list)的形式通知船方。驾驶员在编制积载计划前,首先应从装货清单中了解本航次货载情况,不清楚之处应通过代理人员或港方了解清楚。有时,还应到现场观察和核对货物的尺寸、形状和包装情况(材料、尺码、牢固程度等),了解的重点应放在不熟悉的、首次装运的货种和对运输保管有特殊要求的货种上。

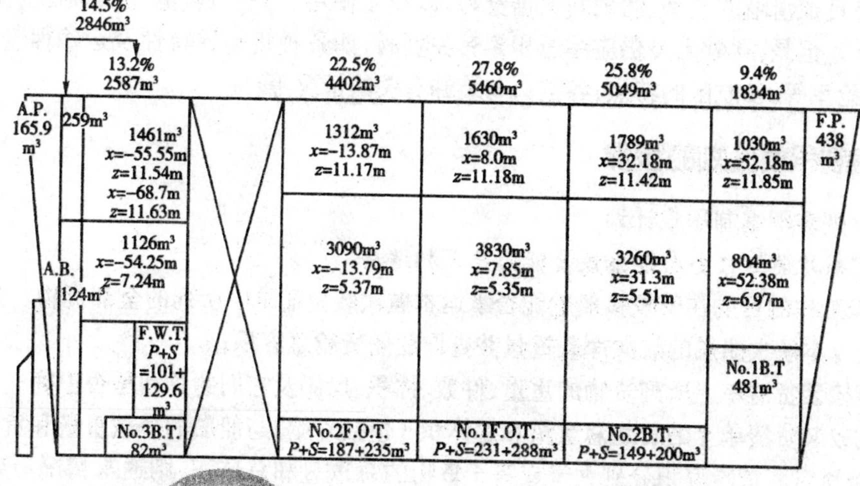

a)

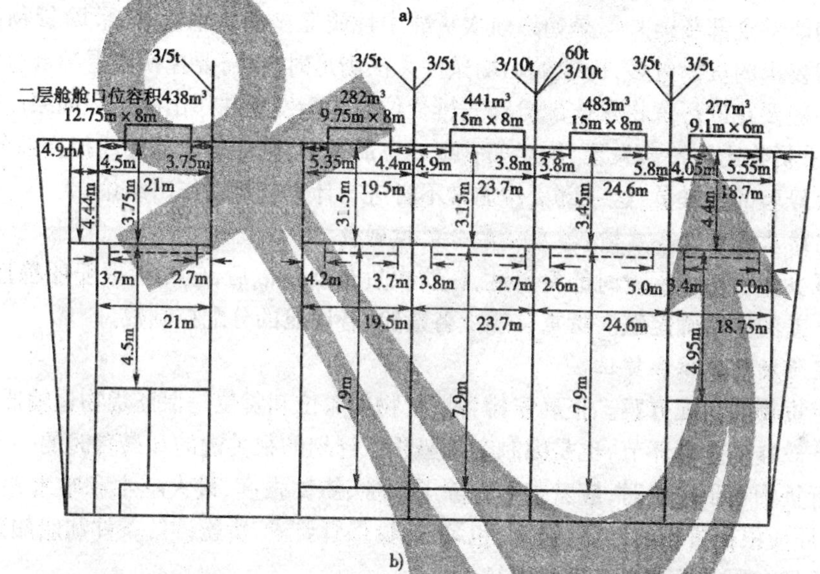

b)

图 14-18 某轮船舶卡片

3. 熟悉航线、港口情况

应了解和熟悉以下情况：

(1)本航次所经的海区和季节期，以确定船舶允许使用的载重线。

(2)航次所经海区的风浪、气温变化情况。如船舶航经台风区，则应慎重安排甲板货的数量、货种和货位并做好相应的防范措施(如加强系固等)。如航经海区气温变化较大，则应在货物通风、衬垫和防汗水等方面预先采取措施。

(3)本航次所经海区及港口泊位的水深、有无浅水区及其限制吃水，以确定船舶的允许最大吃水。

(4)本航次所到港口的有关装卸运输条件及规定。如港口装卸工具、起重设备能力，同时作业头数，每天作业班次及节假日规定等，以便积载时作出妥善安排。

上述有关船、货、港、航等方面的情况中，有关船舶的情况和资料在一定时间内是不变的，

应将它们整理成清晰的文字、图表和数据资料，以便于使用。关于货、港、航的情况，则随航次的不同而异。但是，驾驶人员仍应注意积累有关资料，如各种货物的特性及运输保管要求、积载因数、亏舱率等；各航区的特点；各港口与装卸有关的情况等。

二、编制积载计划的步骤

可按下列步骤编制积载计划：

1. 核定航次货运任务与船舶载货能力是否相适应

这一步工作的目的在于校核船舶能否承运本航次装货清单中所列的全部货物。为此应：

(1) 计算本航次船舶的航次净载重量并查取船舶货舱总容积；

(2) 审核装货清单上所列货物的重量、件数、体积、尺码及它们的总和是否正确；

(3) 比较装货清单上的货物总重量和总体积（包括亏舱）与船舶的净载重量和货舱容积。

若净载重量和货舱容积分别大于或等于货物的总重量和总体积，则通常情况下装货清单上所列货物能够全部装运。但是如果航次货载中性质互抵的货物过多、危险货物品种过多或有特殊装载要求的货物过多，而船舶运输条件无法满足时，也需要掉换或退掉部分货物。不过这种情况一般要在进行货物具体配舱和安排货位时才能发现并作出决定。如果航次货载中货量过少，轻重货物比例过分失调，使船舶亏载或亏舱过多，则应争取追加或掉换部分货载。

对于有经验的驾驶员，这一部工作通常不必进行计算就可以作出结论。

2. 确定航次货重在各货舱、各层舱的分配控制数

为了减少货物初步配舱时的盲目性，在航次货重确定以后，应先根据船舶稳性、船舶强度条件及吃水差的要求确定航次货重在船上各货舱、各层舱的分配控制数。

3. 确定货物的舱位和货位

即确定货物的初配方案。正确安排各票货物的舱位和货位是保证货物运输质量及提高船舶营运经济效益的重要环节，也是编制杂货船积载计划的很关键的和最费时的一项工作。

在进行货物初步配舱时，应着重考虑除了稳性、船体强度、最大吃水和吃水差以外的其他各项要求，即应根据货物的性质、轻重、包装、运输保管要求、货舱设备条件和船舶到港次序、装卸作业的条件和要求等因素来进行安排。

远洋货船每个航次不仅货票多、货类杂，而且中途靠港多。为使初配工作少走弯路，掌握货物配舱的方法十分重要。货物配舱的方法和原则可以归纳如下：

(1) 根据货物的到港、性质、轻重、包装，对货物进行归类。这是货物配舱时首先要做的工作。

(2) 特殊货物首先定位，忌装货物谨慎搭配。在上述归类的基础上，首先安排特殊货物的舱位和货位，如危险货、贵重货、重大件货物、怕热货等均应根据其要求安排合理的舱位和货位，同时要合理安排忌装货物，恰当搭配，防止混装。

对于有特殊装载要求和忌装货物的舱位安排，应根据前面有关章节所述的要求，做到全船统筹兼顾、综合考虑。

(3) 按自下而上，从里到外，先远后近，先大后小的原则，对普通货物逐舱进行分配。

一般，船舶每个航次的货载中，特殊货物所占比例不会很大，在进行了第二步以后，各货舱内均尚有多余的舱容和重量，而余下的货物都是普通货物，它们对舱室无特殊要求，也无忌装

要求，此时应根据各舱剩余的舱容及装载重量，将各票普通货物安排到各个货舱。安排时应注意将后到港的货物安排在舱的下面和里面，先到港的货物安排在舱的上面和舱口位附近，以便于到港卸货；同时，为便于货物配置，应先安排远程、货批量大的货物，后安排近程、货批量小的货物；对于普通货物，配舱时应逐舱进行，以利减少差错。

(4)大硬配中，小软首尾，轻重大小合理搭配，首尾货舱留出机动货载。

普通货物安排时，还应注意将大包装、硬包装的货物尽量安排在中部货舱，小包装、软包装的货物尽量安排在首尾货舱，以减少亏舱，同时，每个货舱内安排货物时应做到轻重搭配，才能使全船货载顺利配舱。此外，应在首尾货舱留出一定的机动货载，以便于后面进行吃水差等的调整。所留调整货量视船舶大小而异，对于万吨级的杂货船，一般应留100~200t为宜。

4. 对初配方案进行全面核查

为保证配货方案的正确无误，初配工作完成以后应进行全面的核查，其内容包括：

(1)检查装货清单上的所有货物是否都已装舱，有无漏配或重配；

(2)核查各货舱、各层舱所配货重是否符合上述控制数的要求；

(3)核查各舱室所配货物能否装入舱内；

(4)各底舱的先卸货是否被堵；

(5)各货舱内所配货物性质是否互抵；

(6)如有单件较重货，则应校核拟装部位是否满足局部强度条件。

如发现有不符合要求者，应及时调整。

5. 核查和调整船舶的稳性、纵向受力和吃水差

初配方案完成并进行全面核查调整，没有差错以后，应按初配的结果，对船舶的稳性、纵强度、吃水和吃水差进行核算，以判明其是否符合要求，如有不符，则应进行调整。这种核查一般必须包括以下状态：船舶离始发港，到、离各中途港及到终点港。

如果驾驶员按各舱经验比例配货，对船舶的稳性、纵强度、吃水和吃水差有充分的把握，对如下状态也可以不进行核算：船舶离始发港、各中途港只卸不装或有装有卸并补足了油水的离港状态。但是，要特别重视各到港状态的核算。对各状态的核算结果应记录在案，以备查用。

6. 绘制正式积载图

对初配方案进行了核查、核算、调整，认为符合各项要求以后，就可以据此绘制正式积载图。

货物积载图是船上各货舱内货物配置及其堆装工艺的示图，它是货物装船工作的指导性文件，应按一定的格式绘制，且要求清晰、简单、明了、易懂。积载图上应写明船名、航次、始发港、各中途港、终点港、离始发港时的首尾实际吃水和平均吃水。在积载图上方两侧的表格内应按要求填写航次货载在各舱、各层舱内配置的吨数和件数及各到港货载在各舱的配置重量和总重量等。在积载图上，各票货物应标明：货名、装货单号码、到港、重量、件数及包装形式等。每票货物在图上所占的面积应大致与其体积相当，各货票之间应以虚线分隔。

为了能清楚地表示出各票货物的装载位置，一般在舱高不大的二层舱部位以俯视图标示；底舱部位以侧视图标示，其标示方法及含义见图14-19。

当中途港较多时，不同到港货物的货位可以用不同的颜色标示，有些需要专门衬垫的货物，应画出明显的标记。当船舶装运重大件货物时，应以附图标明重大件货物的装舱位置，必

要时,还应在具体货位上画上明显的货位标记,以利正确装载。

此外,为了保证积载的质量和要求,在积载图下方的备注栏内应扼要注明装载时应注意的问题,如吊杆安全负荷量、衬垫、隔票、通风、防堵、系固及其他应特殊处理的事项等。

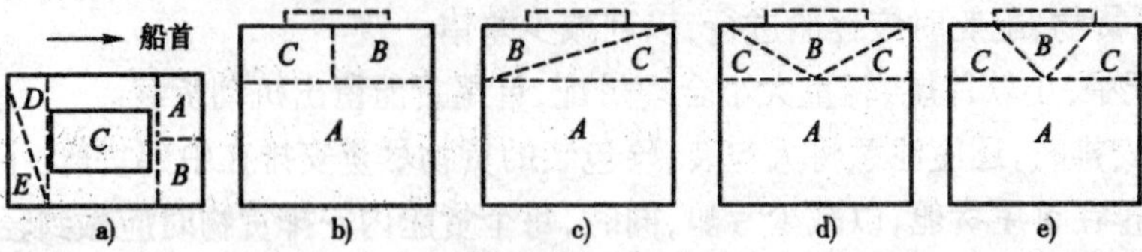

图 14-19 积载货位标示图

图 14-19 积载图中货位标示方法的含义是:

二层舱,如图 14-19a),使用俯视图:A 货在二层舱前部的左舷,B 货在二层舱前部的右舷,C 货在二层舱的中部,D 货在二层舱后部的上层,以及 E 货在二层舱后部的下层。

底舱,如图 14-19b)、c)、d) 和 e),使用侧视图:图 14-19b) 中 A 货在底舱的下层,B 货在底舱上层的前半舱,以及 C 货在底舱上层的后半舱;图 14-19c) 中 A 货在底舱的下层,B 货在底舱上层的左舷,以及 C 货在底舱上层的右舷;图 14-19d) 中 A 货在底舱下层,B 货在底舱上层的中部,以及 C 货在底舱上层的两舷;图 14-19e) 中 A 货在底舱下层位,B 货在底舱上层的舱口,C 货在底舱上层的舱口位四周。

第十二节 杂货船积载实例

"Q"轮船舶卡片见图 14-18,载荷弯矩许用力矩表见 11-2,防堵舱容表见 14-12,其他资料见表 14-22 到表 14-24。"Q" 轮第 18 航次拟承运表 14-25"装货清单"所列货物,在广州黄埔港装货后开往曼谷和卡拉奇。油水在始发港一次装足,预定开航日期为 11 月 2 日,试编制本航次积载计划。

1."Q"轮主要参数

垂线间长 L_{bp}	148.0m	夏季排水量 Δ_s	19710t
型宽 B	21.2m	热带排水量 Δ_T	20205t
型深 D	12.5m	冬季排水量 Δ_w	19215t
空船排水量 Δ_L	5565t	空船重心距舯距离	−8.63m
空船重心距基线高度	9.07m	龙骨板厚度	0.026m

2."Q"轮部分静水力参数表(表 14-22)

"Q"轮部分静水力参数表 表 14-22

型吃水 d_M	排水量 Δ	总载重量 DW	厘米吃水吨数 TPC	厘米纵倾力矩 MTC	横稳心距基线高度 KM	浮心距基线高度 KB	浮心距舯距离 x_b	漂心距舯距离 x_f
m	t	t	t / cm	9.81kN · m/cm	m	m	m	m
8.00	16660	11095	24.64	205.60	8.760	4.322	−0.582	−4.250
8.20	17160	11595	24.83	209.40	8.786	4.435	−0.697	−4.600
8.40	17660	12095	25.01	213.60	8.820	4.535	−0.812	−4.900

3. 货舱容积表(表14-23)

货舱容积表

表14-23

舱名		位置	包装舱容		舱容中心位置(m)		散装舱容		舱容中心位置(m)	
		(肋号)	m^3	ft^3	距基线	距舯	m^3	ft^3	距基线	距舯
第一舱	二层舱	160-187	1030	36373	11.85	53.18	1116	39410	11.92	53.18
	底舱	160-187	804	28392	6.97	52.38	887	31324	7.04	52.38
	合计		1834	64765	9.71	52.38	2003	70734	9.76	52.83
第二舱	二层舱	127-160	1789	63176	11.42	32.18	1897	66813	11.47	32.19
	底舱	127-160	3260	115124	5.51	31.30	3441	121515	5.58	31.30
	合计		5049	178300	7.60	31.61	5333	188328	7.67	31.61
第三舱	二层舱	95-127	1630	57562	11.18	8.00	1724	60881	11.23	8.00
	底舱	95-127	3830	135253	5.35	7.85	4043	142775	5.42	7.85
	合计		5460	192815	7.09	7.90	5767	203656	7.16	7.89
第四舱	二层舱	69-95	1312	46332	11.17	-13.87	1388	49016	11.23	-13.87
	底舱	-6995	3090	109120	5.37	-13.79	3262	115194	5.44	-13.79
	合计		4402	155452	7.10	-13.81	4650	164210	7.17	-13.81
第五舱	二层舱	12-40	1461	51594	11.54	-55.55	1580	55797	11.60	-55.55
	底舱	12-40	1126	39764	7.24	-54.25	1241	43825	7.31	-54.25
	合计		2587	91358	9.67	-54.99	2821	99622	9.72	-54.99
贵重舱	二层舱(左)	4 -12	131	4626	11.63	-68.70	142	5015	11.71	-68.70
	二层舱(右)	4 -12	128	4520	11.63	-68.70	139	4909	11.71	-68.70
	合计		259	9146	11.63	-68.70	281	9924	11.71	-68.70
总计			19591	691836	7.87	4.02	20855	736474	7.95	3.90

4. 最小许用初稳性高度数据表(表14-24)

最小许用初稳性高度数据表

表14-24

船舶排水量(t)	10000	12000	14000	16000	18000	20000
最小许用初稳性高度(m)	0.39	0.15	0.15	0.23	0.49	0.83

中国外轮代理公司

Loading List of S. S / M. V. "Q"

表14-25

装货单号 S/O No.	件数及包装 No. of Pkgs	货 名 Description		毛重吨 Gross weight in metric tons	估计立方米 Estimated space in Cu. M	备 注
FOR BANGKOK						
1	3030 bgs	Tea seed extraction	茶籽饼	200.0	380.0	Dangerous cargo 4.2
2	6000 c/s	Earthen ware	搪瓷制品	150.0	345.0	
3	13540 bgs	Talcum powder	滑石粉	677.0	1150.9	
4	3074 d/s	Bees honey	蜂蜜	375.0	412.5	

续上表

装货单号 S/O No.	件数及包装 No. of Pkgs	货名 Description		毛重吨 Gross weight in metric tons	估计立方米 Estimated space in Cu. M	备注
5	219 b/s	Rabbit hair	兔毛	35.0	84.0	
6	5926 rls	Hex wire netting	铁丝网	800.0	1784.0	
7	7200 c/s	Plastics ware	塑料制品	360.0	1530.0	
Total	38989 pkgs			2597.0	5686.4	
For KARACHI						
8	1015 c/s	Medical ware	医疗用品	121.8	389.8	
9	3920drms	Peanut oil	花生油	980.0	1557.2	
10	3560 c/s	Wall dope	墙涂料	890.0	1557.5	
11	1299 ctns	Textiles	纺织品	120.0	444.0	
12	4000 ctns	Toys	玩具	100.0	178.0	
13	7000ctns	Porcelain ware	瓷器	210.0	777.0	
14	180 drms	Para-phenylene diamine	对苯二胺	5.4	6.5	Dangerous cargo 6.1
15	4180 bgs	Groundnut	花生果	334.4	521.6	
16	45000 ctns	Canned goods	罐头	900.0	1368.0	
17	2415 d/s	White oil	白油	454.0	1034.2	
18	1405 rls	Cast iron pipes	铸铁管	1100.0	1162.7	
19	12000 bgs	Soybeans	大豆	1200.0	1872.0	
20	5000 bgs	White paraffin wax	石蜡	250.0	424.8	Away from boiler
21	1002 c/s	exhibition article	展览品	60.0	204.1	Valuable goods
Total	91976 pkgs			6725.6	11497.4	
grand total	130965 pkgs			9322.6	17183.8	

一、核定航次货运任务与船舶的载货能力是否相适应

1. 计算本航次船舶的净载重量 NDW 和查取船舶货舱的总舱容（包装容积）$\sum V_{ch}$

1）计算净载重量 NDW

根据本轮开航日期及航线，在《载重线海图》上查得，本航次航行于热带季节区域，但开航时为夏季季节期，故只允许使用夏季载重线，其排水量为 $\Delta_s = 19710\text{t}$。本航次装有油 1447t、水 322t、航次储备量中 $G_1 = 28\text{t}$，即 $\sum G = 1447 + 322 + 28 = 1797\text{t}$，船舶常数 $C = 220\text{t}$，空船重量 $\Delta_L = 5565\text{t}$。所以，本航次船舶的净载重量为：

$$NDW = \Delta_s - \Delta_L - \sum G - C$$
$$= 19710 - 5565 - 1797 - 220 = 12128\text{t}$$

2）查取船舶总舱容 $\sum V_{ch}$

由表 14-23 查得“Q”轮的包装舱容 $\sum V_{ch} = 19591\text{m}^3$

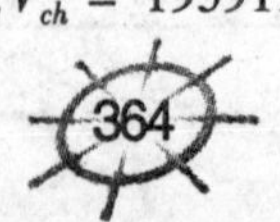

2. 审核本航次拟装货物的重量、件数和体积

经审核，本航次拟运货物的总重量$\sum Q = 9322.6$t、总件数为130965件、包括亏舱的总体积$\sum V_c = 17183.8\mathrm{m}^3$。装货清单所列数据正确。

3. 比较船舶的载货能力是否满足航次货运任务的要求。

经比较分析，因航次货载中特殊货物不多，本轮的载货能力大于货运任务，初步判定货物的承运条件可以满足，即能承运装货清单上的全部货物。

二、计算各货舱及各层舱配货重量的控制数

根据本航次货运任务，算得为满足船舶纵向强度条件要求的各舱装货重量的上下限（表14-26）。

各货舱配货重量核算表

表14-26

离港名称	舱别	No.1	No.2	No.3	No.4	No.5	合计
	各舱容占总值百分（%）	9.36	25.77	27.87	22.47	14.53	100
	各舱装载调整值（t）	115	314	339	274	147	
离黄埔港	各舱装货重量上下限（t）	988/758	2717/2089	2937/2259	2369/1821	1531/1177	
	各舱实际装货重量（t）*	943.5	2711.6	2274.4	2191.3	1181.8	9322.6
离曼谷港	各舱装货重量上下限（t）	745/515	2047/1419	2213/1535	1785/1237	1154/800	
	各舱实际装货重量（t）*	708.5	1911.6	1784.4	1439.3	881.8	6725.6

*注：该行数据是在各舱配货完成后再填入。

1. 确定各货舱配货数量

本航次离始发港船舶排水量$\Delta_1 = 16904.6$t，其漂心位于舯后4.40处（第三舱略偏后）且本船空载时尾倾较大（$t = -3.55$m），为避免装载后船舶的尾倾过大，在配货时应在漂心前的第一、第二货舱适当多配货（偏于上限），在漂心后的第四、第五货舱适当少配货（偏于下限）。

2. 确定各层舱配货数量

本轮空船重量比较适中，但油水舱多数在底部，为保证船舶具有适度的稳性，特别是在油水大量消耗的情况下仍具有足够的稳性，离始发港时，本航次货载在二层舱配置的重量比例应不大于总货重的35%。

三、确定货物的舱位和货位

1. 对航次货载进行分类

通过对航次装货清单进行的仔细分析，可以将其所列货物分类如下：

危险货：S/O No.1 茶籽饼属4.2类易自燃物质，S/O No.14 对苯二胺属6.1类有毒物质，从包装危险货物隔离表（表6-6）中查得，两者要求“远离”，同时S/O No.14 对苯二胺应与所有食品至少分室配装；

贵重货：S/O No.21 展览品，应尽可能配于贵重舱内；

食品货物：S/O No.4 蜂蜜，S/O No.9 花生油，S/O No.16 罐头，S/O No.15 花生果和S/O No.19 大豆。其中S/O No.16 罐头怕潮湿，应与易散发水分的S/O No.15 花生果和S/O No.19 大豆分舱装载；

怕热货:S/O No.20 石蜡,应避免配装在靠近机舱的货舱内;

清洁货:S/O No.3 滑石粉,应避免与其他散装货配装于一舱内;

易碎货:S/O No.13 瓷器,应配装于货舱的顶层;

气味货:S/O No.5 兔毛,最好与所有食品分舱配装。

2. 配货指导思想

在满足上述各舱各层舱配货重量控制数的前提下,根据本航次货物特点确定的配货的具体指导思想是:

No.1 舱:危险货物(其中二层舱配易自燃货),气味货,这样可以为其他各舱配装本航次数量较大的食品货物提供条件;

No.2 舱:怕热货,裸装重货,食品;

No.3 舱:易散发水分的食品货,怕热货;

No.4 舱:食品,非怕热货,清洁货,非扬尘货;

No.5 舱:非怕热货,食品。

3. 各舱配货结果

第一货舱:		货	名	重量(t)	体积(m^3)	件数
二层舱	曼谷	S/O 1	茶籽饼	200.0	380.0	3030
	曼谷	S/O 5	兔毛	35.0	84.0	219
	卡拉奇	S/O 10	墙涂料	302.6	529.5	1 210
	小计			537.6	993.5	4 459
底舱	卡拉奇	S/O 10	墙涂料	400.5	700.9	1 602
	卡拉奇	S/O 14	对苯二胺	5.4	6.5	180
	小计			405.9	707.4	1782
	合计			943.5	1700.9	6241

第二货舱:		货	名	重量(t)	体积(m^3)	件数
二层舱	曼谷	S/O 6	铁丝网	120.0	267.6	889
	卡拉奇	S/O 16	罐头	630.0	957.6	31500
	小计			750.0	1225.2	32 389
底舱	曼谷	S/O 6	铁丝网	680.0	1516.4	5037
	卡拉奇	S/O 17	白油	181.6	413.7	966
	卡拉奇	S/O 18	铸铁管	1100.0	1162.7	1405
	小计			1961.6	3092.8	7408
	合计			2711.6	4318.0	39797

第三货舱:		货	名	重量(t)	体积(m^3)	件数
二层舱	曼谷	S/O 2	搪瓷制品	150.0	345.0	6000

	曼谷	S/O 7	塑料制品	54.0	229.5	1080
	卡拉奇	S/O 20	石蜡	250.0	424.8	5000
	小计			454.0	999.3	12080
底舱	曼谷	S/O 7	塑料制品	306.0	1300.5	6120
	卡拉奇	S/O 15	花生果	334.4	521.6	4180
	卡拉奇	S/O 19	大豆	1200.0	1872.0	12000
	小计			1840.4	3694.1	22300
	合计			2294.4	4693.4	34380
第四货舱:		货	名	重量(t)	体积(m^3)	件数
二层舱	曼谷	S/O 3	滑石粉	270.8	460.4	5416
	曼谷	S/O 4	蜂蜜	75.0	82.5	615
	卡拉奇	S/O 17	白油	272.4	620.5	1449
	小计			618.2	1163.4	7480
底舱	曼谷	S/O 3	滑石粉	406.2	690.5	8124
	卡拉奇	S/O 9	花生油	980.0	1557.2	3920
	卡拉奇	S/O 10	墙涂料	186.9	327.1	748
	小计			1573.1	2574.8	12792
	合计			2191.3	3738.2	20272
第五货舱:		货	名	重量(t)	体积(m^3)	件数
二层舱	曼谷	S/O 4	蜂蜜	300.0	330.0	2459
	卡拉奇	S/O 8	医疗用品	21.8	70.2	183
	卡拉奇	S/O 11	纺织品	120.0	444.0	1299
	卡拉奇	S/O 12	玩具	100.0	178.0	4000
	卡拉奇	S/O 16	罐头	270.0	410.4	13500
	卡拉奇	S/O 21	展览品	60.0	204.1	1002
	小计			871.8	1636.7	22443
底舱	卡拉奇	S/O 8	医疗用品	100.0	319.6	832
	卡拉奇	S/O 13	瓷器	210.0	777.0	7000
	小计			310.0	1096.6	7832
	合计			1181.8	2733.3	30275
	总计			9322.6	17183.8	130965

四、对初配方案进行核查

1.核查装货清单上所列货物是否全部配置完毕

经核查,装货清单上的货物已全部配置完毕,无漏配、重配,所有数据与装货清单完全一

致，没有差错(表 14-27)。

航次全部货物装舱状况核查表

表 14-27

关单号	第一货舱		第二货舱		第三货舱		第四货舱		第五货舱		合 计	
S/O No. 及到港	重量 (t)	体积 (m^3)	重量 (t)	体积 (m^3)	重量 (t)	体积 (m^3)	重量 (t)	体积 (m^3)	重量 (t)	体积 (m^3)	重量 (t)	体积 (m^3)
到曼谷												
1	200.0	380.0									200.0	380.0
2					150.0	345.0					150.0	345.0
3							677.0	1150.9			677.0	1150.9
4							75.0	82.5	300.0	330.0	375.0	412.5
5	35.0	84.0									35.0	84.0
6			800.0	1784.0							800.0	1784.0
7					360.0	1530.0					360.0	1530.0
小计	235.0	464.0	800.0	1784.0	510.0	1875.0	752.0	1233.4	300.0	330.0	2597.0	5686.4
到卡拉奇												
8									121.8	389.8	121.8	389.8
9							980.0	1557.2			980.0	1557.2
10	703.1	1230.4					186.9	327.1			890.0	1557.5
11									120.0	444.0	120.0	444.0
12									100.0	178.0	100.0	178.0
13									210.0	777.0	210.0	777.0
14	5.4	6.5									5.4	6.5
15					334.4	521.6					334.4	521.6
16			630.0	957.6					270.0	410.4	900.0	1368.0
17			181.6	413.7			272.4	620.5			454.0	1034.2
18			1100.0	1162.7							1100.0	1162.7
19					1200.0	1872.0					1200.0	1872.0
20					250.0	424.8					250.0	424.8
21									60.0	204.1	60.0	204.1
小计	708.5	1236.9	1911.6	2534.0	1784.4	2818.4	1439.3	2504.8	881.8	2403.3	6725.6	11497.4
合计	943.5	1700.9	2711.6	4318.0	2294.4	4693.4	2191.3	3738.2	1181.8	2733.3	9322.6	17183.8

2. 核查各货舱、各层舱所配货物重量

1) 各货舱所配货物重量

核查结果：各舱装货重量均在允许范围内，符合要求(表 14-26)。

2) 离黄埔港时二层舱与底舱配货重量及比例

经核查，二层舱配货重量为 34.0%，底舱为 66.0%，船舶稳性不会存在问题(表 14-28)。

各层舱配货重量核查表 表 14-28

舱层及离港港别	二层舱		
	离黄埔港	离曼谷港	离港
实配重量(t)/所占百分比(%)	3771.7/34.0	1966.9/29.2	—

3. 核查各到港货在各货舱的分布情况

各到港货在各货舱的重量和件数见表 14-29。

不同到港货物在各舱分布核查表 表 14-29

舱别 / 到港	第一货舱		第二货舱		第三货舱		第四货舱		第五货舱		合计	
	重量(t)	件数	重量(t)	件数	重量(t)	件数	重量(t)	件数	重量(t)	件数	重量(t)	件数
曼谷	235.0	3249	800.0	1569	510.0	13200	752.0	6031	300.0	2459	2597.0	20748
卡拉奇	708.5	2992	1911.6	38228	1784.4	21180	1439.3	14241	881.8	27816	6725.6	103557
合计	943.5	6241	2711.6	39797	2294.4	34380	2191.3	20272	1181.8	30275	9322.6	130965

4. 核查各舱配货体积

从各舱配货体积表 14-30 中可以看出,各舱实配货物体积(包括亏舱)均小于其舱室容积,所有货物均可以装入货舱。

各舱配货体积核查表 表 14-30

舱别 / 项目	No.1		No.2		No.3		No.4		No.5		合计
	二层舱	底舱	二层舱	底舱	二层舱	底舱	二层舱	底舱	* 二层舱	底舱	(m^3)
货舱容积(m^3)	1030	804	1789	3260	1630	3830	1312	3090	1720	1126	19591
配货体积(m^3)	993.6	707.4	1225.2	3092.8	999.3	3694.1	1163.4	2574.8	1636.7	1096.6	17183.8

* 注:含贵重舱容积。

5. 核查各二层舱的防堵货物体积

从表 14-31 可以看出,各二层舱的防堵货物体积均小于其防堵舱容,底舱卸货时均可以全开二层舱舱盖。

各二层舱防堵状况核查表 表 14-31

舱别 / 项目		No.1 货舱	No.2 货舱	No.3 货舱	No.4 货舱	No.5 货舱
各货舱二层	舱盖全开时	568	1068	968	865	637
舱的防堵舱容(m^3)	舱盖半开时	799	1429	1299	1084	969
各货舱二层舱实配	防堵货物体积(m^3)	0.0	957.60	424.80	620.5	0.0

此外,经查,此方案无货物互抵和舱位配置不合理情况。

五、校核和调整船舶的稳性、纵向受力和吃水差

1. 黄埔港至曼谷航段船舶稳性、纵向受力和吃水差校核

1)船舶离黄埔港状态下根据初配方案及油水配置,列表计算船舶排水量 Δ_1、垂向重量力矩 $\sum P_iZ_{i1}$、纵向重量力矩 $\sum P_iX_{i1}$、对舯载荷弯矩 $\sum|P_iX_i|_1$、自由液面倾侧力矩 $\sum\rho i_{x1}$ 及船舶重心距基线高度 KG_1、船舶重心距舯距离 X_{g1} 和自由液面对 GM 的修正值 δGM_{f1}(表 14-32)。

船舶离黄埔港装载状况下力矩计算表 表 14-32

项目	舱名	重量 P_i (t)	重心距基线 Z_i (m)	重心距舯 X_i (m)	垂向重量力矩 $P_i Z_i$ (9.81kN·m)	纵向重量力矩 P_iX_i(9.81kN·m) 舯前	纵向重量力矩 P_iX_i(9.81kN·m) 舯后	对舯载荷弯矩 $\|P_iX_i\|$ (9.81kN·m)	液体倾侧力矩 ρi_x (9.81kN·m)
货物	No.1 二层舱	537.6	11.85	53.18	6370.6	28589.6		28589.6	
	底舱	405.9	6.97	52.38	2829.1	21261.0		21261.0	
	No.2 二层舱	750.0	11.42	32.18	8565.0	24135.0		24135.0	
	底舱	1961.6	5.51	31.30	10808.4	61398.1		61398.1	
	No.3 二层舱	454.0	11.18	8.00	5075.7	3632.0		3632.0	
	底舱	1840.4	5.35	7.85	9846.1	14447.1		14447.1	
	No.4 二层舱	618.2	11.17	−13.87	6905.3		−8574.4	8574.4	
	底舱	1573.1	5.37	−13.79	8447.5		−21693.0	21693.0	
	No.5 二层舱	871.8	11.54	−55.55	10060.6		−48428.5	48428.5	
	底舱	310.0	7.24	−54.25	2244.4		−16817.5	16817.5	
	小计	9322.6			71152.8	153462.8	−95513.5	248976.3	
油	No.1 燃油舱(左)	203.0	0.77	7.61	156.3	1544.8		1544.8	
	No.1 燃油舱(右)	253.0	0.76	7.67	192.3	1940.5		1940.5	
	No.2 燃油舱(左)	164.0	0.77	−13.88	126.3		−2276.3	2276.3	
	No.2 燃油舱(右)	206.0	0.76	−13.95	156.6		−2873.7	2873.7	
	燃油深舱(左)	83.0	6.25	−43.81	518.8		−3636.2	3636.2	
	燃油深舱(右)	83.0	6.25	−43.81	518.8		−3636.2	3636.2	
	燃油沉淀舱(左)	49.5	7.12	−43.85	352.4		−2170.6	2170.6	
	燃油沉淀舱(右)	49.5	7.12	−43.85	352.4		−2170.6	2170.6	
	燃油日用柜(左)	25.0	10.76	−43.85	269.0		−1096.3	1096.3	
	燃油日用柜(右)	21.0	10.64	−44.00	223.4		−924.0	924.0	
	柴油舱(左)	94.0	1.01	−30.78	94.9		−2893.3	2893.3	
	柴油舱(右)	116.0	1.02	−32.57	118.3		−3778.1	3778.1	
	柴油日用柜(左)	12.0	10.70	−39.35	128.4		−472.2	472.2	
	柴油日用柜(右)	12.0	10.70	−39.35	128.4		−472.2	472.2	
	滑油循环舱	20.0	1.32	−37.60	26.4		−752.0	752.0	
	滑油储存柜	17.0	10.70	−43.29	181.9		−735.9	735.9	
	汽缸油柜(左)	7.5	10.70	−43.85	80.3		−328.9	328.9	
	汽缸油柜(右)	6.5	10.62	−43.98	69.0		−285.9	285.9	
	污滑油舱	25.0	0.67	−34.50	16.8		−862.5	862.5	
	小计	1447.0			3710.6	3485.3	−29364.9	32850.2	

续上表

项目 \ 舱名		重量 P_i (t)	重心距基线 Z_i (m)	重心距舯 X_i (m)	垂向重量力矩 $P_i Z_i$ (9.81kN·m)	纵向重量力矩 P_iX_i(9.81kN·m) 舯前	舯后	对舯载荷弯矩 $\|P_iX_i\|$ (9.81kN·m)	液体倾侧力矩 ρi_x (9.81kN·m)
淡水	饮水柜	60.0	11.10	-25.50	666.0		-1530.0	1530.0	
	淡水舱（左）	101.0	3.32	-50.80	335.3		-5130.8	5130.8	
	淡水舱（右）	129.0	3.27	-50.69	421.8		-6539.0	6539.0	
	锅炉水舱	19.0	1.07	-40.31	20.3		-765.9	765.9	
	汽缸冷却水舱	13.0	0.92	-27.40	12.0		-356.2	356.2	
	小计	322.0			1455.4		-14321.9	14321.9	
其他	粮食	8.0	10.80	-34.00	86.4		-272.0	272.0	
	船员及行李	10.0	15.50	-30.00	155.0		-300.0	300.0	
	备品	10.0	13.00	15.00	130.0	150.0		150.0	
	常数	220.0	10.80	0.00	2376.0		0	0.0	
	小计	248.0			2747.4	150.0	-572.0	722.0	
合计	空船	5565.0	9.07	-8.63	50474.6		-48026.0		
	符号	Δ_1	KG_1	Xg_1	M_{z1}	M_{x1}		$\sum\|P_iX_i\|_1$	δGM_1
	数值	16904.6	7.66	-1.816	129540.8	157098.2	-187798.2	296870.4	0.0

2）根据离黄埔港时船舶的排水量，由表 14-22 和表 14-24 船舶性能数据表及最小初稳性高度表查得有关数据见表 14-33。

船舶离黄埔港状况下静水力参数表 表 14-33

名称	排水量 Δ_1 (m)	平均型吃水 d_{m1} (m)	横稳性距基线高度 KM_1 (m)	浮心距舯距离 X_{b1} (m)	漂心距舯距离 X_{f1} (m)	厘米吃水吨数 TPC_1 (t/cm)	厘米纵倾力矩 MTC_1 (9.81kN·m)	允许最小初稳性高度 GM_{c1} (m)
数据	16904.6	8.10	8.77	-0.638	-4.422	24.73	207.5	0.30

3）离黄埔港时初稳性高度、横摇周期、首尾吃水和吃水差的计算

（1）未经自由液面修正的初稳性高度 GM_{01}

$$GM_{01} = KM_1 - KG_1 = 8.77 - 7.66 = 1.11\text{m}$$

（2）经自由液面修正的初稳性高度 GM_1

$$GM_1 = GM_{01} - \delta GM_1 = 1.11 - 0 = 1.11\text{m}$$

（3）船舶横摇周期 T_θ

$$T_{\theta 1} = 0.58f\sqrt{\frac{B^2 + 4KG_1^2}{GM_{01}}} = 0.58 \times 1\sqrt{\frac{21.2^2 + 4.7 \times 7.66^2}{1.11}} = 14.4\text{s}$$

（4）船舶吃水差 t_1

$$t_1 = \frac{\Delta_1(X_{g1} - X_{b1})}{100 \cdot MTC_1} = \frac{16904.6(-1.816 + 0.638)}{100 \times 207.5} = -0.960\text{m}$$

经校验，离黄埔港时船舶的稳性符合要求，对舯载荷弯矩$\sum|P_iX_i|_1$（$=296870.4\times9.81$kN·m）在有利范围内（3088791～2507275kN·m），纵向强度条件满足要求，但尾倾过大，拟在首尖舱注压载水进行调整，使之达到$t'_1=-0.40$m。需调整的吃水差为$\delta t_1=-0.40-(-0.96)=0.56$m。则首尖舱应载水$P_1$为：

$$P_1=\frac{N_t\cdot 100MTC_1}{X_{p1}-X_{f1}}=\frac{0.56\times207.5\times100}{69.31+4.422}=157.60\text{t}$$

（5）计算压载后船舶离黄埔港时的初稳性高度、对舯载荷弯矩和首尾吃水

压载后初稳性高度改变量

$$\delta GM_1=\frac{P_1(KG_1-Z_{p1})}{\Delta_1+P_1}-\frac{\rho\cdot i_{X1}}{\Delta_1+P_1}=\frac{157.60(7.54-5.91)}{16904.6+157.60}-\frac{72.4}{16904.6+157.60}$$
$$=0.015-0.004=0.01\text{m}$$

压载后对舯载荷弯矩改变量

$$\delta|P_iX_i|_1=P_1X_p=157.60\times69.31\times9.81=107157.1\text{kN}\cdot\text{m}$$

压载后平均吃水改变量$\delta d_{m1}=P_1/(100TPC)=157.60/(100\times24.73)=0.06$m

所以，压载后船舶的$GM'_1=GM_1+\delta GM_1=1.11+0.01=1.12$m

压载后船舶的对舯载荷弯矩

$\sum|P_iX_i|'_1=\sum|P_iX_i|_1+\delta|P_iX_i|_1=296870.4\times9.81+107157.1=3019455.7$kN·m

压载后船舶的实际平均吃水$d'_{m1}=d_{m1}+\delta d_{m1}+0.03=8.10+0.06+0.03=8.19$ m（此处0.03m为船舶的龙骨板厚度）

压载后船舶的实际首吃水

$$d_{F1}=d'_{m1}+\frac{L_{bp}/2-X_f}{L_{bp}}\cdot t'_1=8.19+\frac{148/2+4.422}{148}(-0.40)$$
$$=7.98\text{m}$$

压载后船舶的实际尾吃水

$$d_{A1}=d'_{m1}-\frac{L_{bp}/2+X_f}{L_{bp}}\cdot t'_1=8.19-\frac{148/2-4.422}{148}(-0.40)$$
$$=8.38\text{m}$$

结论：船舶离黄埔港时，首尖舱压载157.60t，未经自由液面修正的初稳性高度为1.12m，经自由液面修正的初稳性高度仍为1.12m 对舯载荷弯矩为3019455.7kN·m，吃水差为-0.40m，实际首吃水为7.98m，实际尾吃水为8.38m。

4）由黄埔港至曼谷航段船舶最不利装载状态下稳性校核

经查：黄埔港至泰国曼谷河口船舶航程约1550n mile。按"Q"轮油水消耗定额及平均航速17.5kn计算，则3.69天中计划消耗燃油约92.3t，柴油约7.38t和淡水约73.8t，各舱室油水消耗见表14-34。

按少量载荷变动对初稳性高度的计算公式，其计算结果为：

$$\delta GM_2=\frac{\sum P_1(KG_1-Z_{pi})}{\Delta_1+\sum P_i}-\frac{\sum\rho\cdot i_x}{\Delta_1+\sum P_i}$$

目的港 DISTINATION	颜色 COLOR	第一舱 No.1	第二舱 No.2	第三舱 No.3	第四舱 No.4	第五舱 No.5		甲板货 DECK CARGO	总计 TOTAL
曼谷	▇	235.0	800.0	510.0	752.0	300.0		0	2597.0
卡拉奇		708.5	1911.6	1784.4	1439.3	881.8		0	6725.6
总计 TOTAL		943.5	2711.6	2294.4	2191.3	1181.8		0	9322.6

中国远洋运输公司

CHINA OCEAN SHIPPING COMPANY

货物积载图
STOWAGE PLAN

船名 M.V. “Q”轮

航次 VOYAGE V18　自 FROM 黄埔港　至 TO 曼谷、卡拉奇

日期 离港 DATE SAILED 11月2日　到港 ARRIVED ______

水尺 DRAFT　前 F. 7.98m　后 A. 8.38m　平均 M. 8.19m

舱位 HATCH	底舱 LOWER HOLD	二层舱 TWEENDECK	共计 件数/吨数 TOTAL PKGS/TONS
第一舱 No.1	1782/405.9	4459/537.6	6241/943.5
第二舱 No.2	7408/1961.6	32389/750.0	39797/2711.6
第三舱 No.3	22300/1840.4	12080/454.0	34380/2294.4
第四舱 No.4	12792/1573.1	7480/618.2	20272/2191.3
第五舱 No.5	7832/310.0	22443/871.8	30275/1181.8
总计 TOTAL	52114/6151.0	78851/3171.6	130965/9322.6

卡 S/O 21 展览物品 60 t 1002 c/s

卡 S/O 16 罐头 270 t 13500 ctns

卡S/O 11 纺织品 120 t 1299 ctns

曼S/O 4蜂蜜 200t 2459d/s

卡 S/O 8 医疗用品 21.8 t 183c/s

卡S/O 12 玩具 100 t 4000 ctns

卡S/O 13 瓷器 210 t 7000 ctns

卡S/O 8 医疗用品 100 t 832 c/s

E R

卡 S/O 17 白油 272.4 t 1449 drms

曼S/O 4 蜂蜜 75 t 615 d/s

曼S/O 3 滑石粉 270.8 t 5416 bgs

曼S/O 3 滑石粉 4062 t 8124bgs

卡S/O 10 墙涂料 186.9 t 748 c/s

卡S/O 9 花生油 980 t 3920 drms

卡 S/O 20 石蜡 250 t 5000 bgs

曼S/O 2 搪瓷制品 150 t 6000 c/s

曼 S/O 7 塑料制品 54 t 1080 c/s

曼S/O 7 塑料制品 306 t 6120c/s

卡S/O 15 花生果 334.4 t 4180 bgs

卡S/O 19 大豆 1200 t 12000 bgs

卡 S/O 16 罐头 630 t 31500 ctns

曼S/O 6 铁丝网 120 t 889rls

曼S/O 6 铁丝网 680 t 5037rls

卡 S/O 18 铸铁管 1100 t 1405 pipes

卡 S/O 17 白油 181.6 t 966 drms

卡 S/O 10 墙涂料 302.6 t 1210 c/s

曼S/O 5 兔毛 151 t … 200 t 3030 bgs

卡 S/O 14 对苯二胺 5.4 t 180 drms

卡 S/O 10 墙涂料 400.5 t 1602 c/s

备注 REMARKS：本船吊杆安全负荷量为5t。No.1舱内S/O 1属4.2类易自燃物质，其上应加木板和塑料薄膜衬垫后再堆装S/O 5兔毛，S/O 14属6.1有毒物质。No.3舱底舱内大豆和花生果之间应做好隔票。No.4舱底舱内花生油和墙涂料之上应使用木板和塑料薄膜衬垫，该舱二层舱内的滑石粉之下也应使用塑料薄膜衬垫。装货中注意尽可能避免船舶发生过大的横倾。

SIGNATURE OF CHIEF OFFICER大副签章______

图 14-20　船舶积载图

$$= \frac{-92.3(7.555-0.77)-7.38(7.555-1.01)-73.80(7.555-3.32)-2590.9}{17062.2-173.48}$$

$$= -0.212\text{m}$$

即船舶在设定的最不利装载状态下的初稳性高度为：

$$GM'_2 = GM'_1 + \delta GM_2 = 1.12 - 0.212 = 0.908\text{m}$$

由船舶排水量 16888.72t 查"Q"轮"最小许用初稳性高度曲线图"得：$GM_c = 0.39$ m。

设定的油水消耗舱室情况一览表　　表 14-34

序号	油水消耗舱室	油水消耗重量 (t)	油水消耗设定的重心高度 (m)	存在自由液面力矩 ρi_x (9.81kN·m)
1	No.2 燃油舱(左、右)	92.30	0.77	1960.0
2	柴油舱(左、右)	7.38	1.01	435.0
3	淡水舱(左、右)	73.80	3.32	195.9
	合计	173.48		2590.9

结论：因 $GM'_2 > GM_c$，所以，可以确定船舶在黄埔港至曼谷航段的稳性均满足法定要求。

2. 曼谷至卡拉奇航段船舶稳性、纵向受力和吃水差校核

重复上述黄埔港至曼谷航段的稳性、纵向受力和吃水差校核过程。

六、绘制正式积载图

经上述校核和压载后，货物积载方案已满足各项要求，现据此绘制正式积载图，见图 14-20。

小结与习题

为确保杂货的海上安全运输，要熟悉杂货的海运特性，了解杂货舱室选配要求，正确处理货物忌装与隔离问题，掌握舱内货位的选配原则，合理进行杂货的堆码、衬垫、系固和隔票。货物装卸前，要详细编制货物积载计划，好货舱的准备工作；装卸过程中要提供良好的作业环境，做好监装监卸工作；航行途中要做好如货舱测温、通风、污水井测深等各项货物保管工作。

重大件货物海运中要做好局部强度校核、系固有效性评估和装卸时的稳性核算。木材甲板货海运中除需要满足特殊稳性衡准要求外，还应遵守 IMO《木材甲板货规则》，规范进行甲板木材货的堆码和系固操作。钢材货物海运中的关键问题是要重视校核货物拟装部位的局部强度校核，规范舱内货物的堆码和系固，防止船舶重心过低，避免怕潮钢材货物受潮生锈。冷藏货物海运中要保证货舱满足特定货物要求的温度、湿度、通风条件和环境卫生。滚装货物海运中的主要问题是规范货物装卸顺序，系固操作及有效性评估，滚装客船要做好船舶特殊稳性衡准指标的核算。

思考题

1. 从装运要求的角度，杂货一般分为哪几类？它们各自在海运时的装载要求主要有哪些？

2. 杂货舱位选配原则有哪些？

3. 杂货的舱内货位选配原则有哪些？

4. 普通杂货的堆码要求有哪些？

5. 什么是标准货物、半标准货物和非标准货物？

6. 非标准货物系固操作要点是什么？

7. IMO《CSS 规则》提供的基本加速度值的条件有哪些？

8. 货舱通风的目的是什么？如何正确进行货舱通风？

9. 试述产生杂货货运质量事故的主要原因和防范措施。

10. 试述重大件货物的装运特点。

11. 试述木材甲板货物的装运特点。

12. 试述冷藏货物的装运特点。

13. 试述钢材货物的装运特点。

14. 试述滚装货物的装运特点。

15. 国际航行滚装客船的完整稳性要求有哪些？

16. 国际航行木材甲板船的完整稳性要求有哪些？

17. 编制船舶积载计划时应满足哪些要求？

18. 拟在"Q"轮上甲板 No.2 和 No.3 货舱的左右舷各装一只大型锅炉，其重 54t，长 10m，直径 3.4m，锅炉上原设有 3 个木质支墩，每只支墩重 0.2t，面积 $3.6 \times 1.0\text{m}^2$。已知拟装部位甲板的单位面积允许负荷量为 20.9kPa。

(1) 试验算拟装部位的单位面积实际负荷量是否在允许范围内。

(2) 需要增设几只规格同上的支墩才能满足拟装部位局部强度的要求。

19. "Q"轮抵达伦敦港右舷靠泊，此时船舶排水量 $\Delta = 14580.0\text{t}$，初稳性高度 $GM = 0.45\text{m}$，现计划先吊卸上甲板的四只锅炉(每只锅炉自重 55.8t)，已知吊卸前锅炉的重心距船舶中线面的横向距离均为 7.5m，距吊杆悬挂点的垂向距离均为 7m，重吊自重 5.2t，舷外跨度 4.5m。试求：

(1) 首先吊卸左舷第一只锅炉时船舶静横倾角。

(2) 首先吊卸右舷第一只锅炉时船舶静横倾角。

20. 某船用船吊吊装重 50t 的汽缸一个，装货前 $\Delta = 13000\text{t}$，$KM = 8.8\text{m}$，$GM = 0.56\text{m}$，船舶中心线至吊杆顶端的水平距离为 14m，吊杆顶点距基线高度为 24m，在吊装过程中产生的最大横倾角为多少？

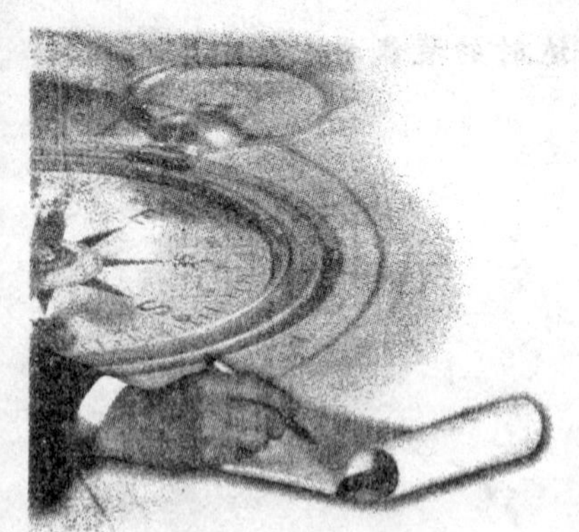

第十五章 集装箱运输

集装箱是一种有 $1m^3$ 及以上容积，具有足够强度，便于反复周转使用的标准化运输设备或流动小货舱。集装箱运输是指把大小不一、包装多样、换装不便的货物装入标准化的集装箱，并将集装箱作为货运单元实现从一地的门（Door）、货运站（Container Freight Station，CFS）或堆场（Container Yard，CY）到另一地的门、货运站或堆场的一种现代化运输方式。它为实现货物运输和装卸的机械化和自动化创造了条件。

第一节 集装箱和集装箱船概述

一、集装箱

1. 集装箱国际标准

集装箱有国际标准、地区标准、国家标准、公司标准等几种。国际标准集装箱（简称标准集装箱）是指按国际标准化组织（ISO/ TC104）制定的标准设计和制造的集装箱。表 15-1 列出的是几种标准集装箱的外部尺寸和总重（又称“最大营运总质量”）。

表 15-1 可见，标准集装箱的宽度均为 8ft，总重均为 30.48t（2008 年前标准：30ft 箱总重是 25.4t，20ft 箱总重是 24.0t），长度有 40ft、30ft、20ft 和 10ft 四种，高度有 9.5ft、8.5ft、8ft 和小于 8ft（表中未列出）的四种，其中箱高在 8ft 及以下的集装箱目前已极为少见。海运中，目前最多采用的是 1AA（箱容系数约 $2.654m^3$/ t）和 1CC（箱容系数约 $1.493m^3$/ t）两种箱。

目前，在大型和超大型集装箱船运输中，箱长 45ft、48ft 和 53ft 的非国际标准集装箱的运量在逐渐增加。

2. 集装箱标志

为便于集装箱在国际运输中的识别、管理和交接，国际标准化组织制定了《集装箱的代码、识别和标记》国际标准。现行版是 1995 年 12 月通过并颁布实施的 ISO 6346—1995。该标

准中规定了集装箱标记的内容，标记字体的尺寸、标记的位置等。集装箱标记分为必备标记和自选标记。

部分标准集装箱外部尺寸和总量　　表 15-1

集装箱名称	长度 L			宽度 W			高度 H			总重 R	
	mm	ft	in	mm	ft	in	mm	ft	in	kg	lb
1AAA							2896	9	6		
1AA	12192	40	0				2591	8	6		
1A							2438	8	0		
1BBB							2896	9	6	30480	67200
1BB	9125	29	11.25	2438	8	0	2591	8	6		
1B							2438	8	0		
1CC	6058	19	10.50				2591	8	6		
1C							2438	8	0		
1D	2991	9	9.75				2438	8	0	10160	22400

1）必备标记

（1）集装箱箱号（Container No.）

按顺序由箱主代码（三个大写拉丁字母）、设备识别代码（一个大写拉丁字母）、顺序号（六个阿拉伯数字）和核对数字（一个阿拉伯数字）共十一位代码组成。如“COSU0012342”。其标记位置如图 15-1 中“1”所注。

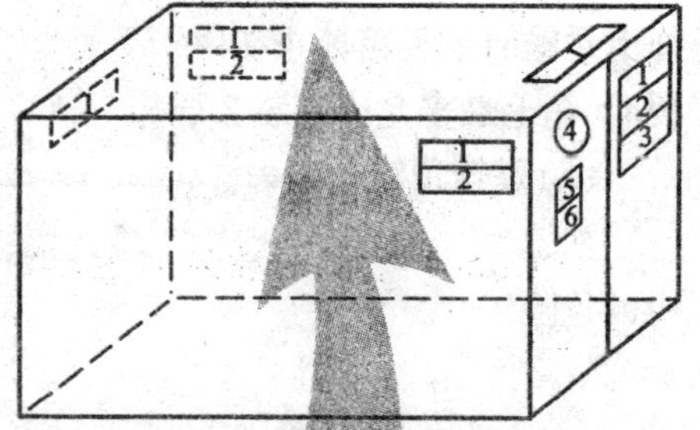

图 15-1　集装箱标志涂刷位置

1-集装箱箱号位置；2-尺寸和类型代码位置；3-额定重量和自重标记位置；4-被授权的组织标记位置；5-CSC 安全合格标记位置；6-CCC 安全合格标记位置

箱主代码是集装箱所有人向国际集装箱局登记注册的代码。如中远集团的箱主代码之一是“COS”。

设备识别代码规定为：“U”表示集装箱，“J”表示集装箱所配备的挂装设备，“Z”表示集装箱专用车和底盘车。

顺序号用以区别同一箱主的不同集装箱。若顺序号不足六位数字，则前面以“0”补足，如“001234”。

核对数字是在集装箱的数据记录或计算机处理时用于验证集装箱箱号前十位代码是否正确的一位数字。规定核对数字等于整数 N 除以模数 11 所得的个位余数。其中，整数 N 的确定方法是：首先，将集装箱箱号前四位字母 A ~ Z 与等效数字 10 ~ 38（扣除其中的 11、22、33）相对应；然后，以箱主代码和设备识别代码的对应等效数字与顺序数字（共 10 个）依次假设为 X_0、X_1、…、X_9，则整数 N 按下式计算：

$$N = \sum_{i=0}^{9} 2^i X_i \tag{15-1}$$

例如，对应于集装箱箱号前十位代码“COSU 001234”的整数 N 为：

$$N = 2^0 \cdot 13 + 2^1 \cdot 26 + 2^2 \cdot 30 + 2^3 \cdot 32 + 2^4 \cdot 0 + 2^5 \cdot 0 + 2^6 \cdot 1 + 2^7 \cdot 2 + 2^8 \cdot 3 + 2^9 \cdot 4$$
$$= 3577$$

将N除以模数 11 所得余数 2，就是核对数字。其完整的集装箱箱号即为"COSU 0012342"。在船舶有关单证或积载文件中，若遇到集装箱箱号印制不清或同一箱在两处单据上的数据有差异时，可按上述方法进行校核。

(2)额定重量和自重标记

标记位置如图 15-1 中"3"所注。额定重量，简称总重，是集装箱设计的最大允许总质量。自重是集装箱空箱时的质量。这两项标记要求同时以千克(kg)和磅(lb)标示。如：

MAX GROSS	30480	kg
	67200	lb
TARE	3740	kg
	8245	lb

(3)超高标记

标记如图 15-2 所示。凡箱高超过 2.6 m(8.5ft)的集装箱必须标有超高标记。标记位置通常在集装箱的两侧。

(4)空陆水联运集装箱标记

如图 15-3 所示。此类集装箱设计了适合于空运的系固和装卸装置。因其设计强度较低，海上运输时这类箱禁止在甲板上堆装，但在舱内堆码时箱上最多允许堆装 1 层箱。在陆上堆码时，箱上最多允许堆装 2 层箱。

(5)登箱顶触电警告标记

如图 15-4 所示，一般标于罐式集装箱上，位于邻近登箱顶的扶梯处，以警告登箱顶者有触电的危险。

图 15-2　超高标记　　图 15-3　空陆水联运集装箱标记　　图 15-4　登箱顶触电警告标记

2)自选标记

(1)尺寸代码和类型代码

标记位置如图 15-1 中"2"所标注。尺寸和类型代码由四位数字和字母组成(表 15-2、和表 15-3)，前两位表示尺寸，后两位表示类型。尺寸代码中第一位表示箱长度(如"2"表示 20ft 箱，"4"表示 40ft 箱，"M"表示 48ft 箱等)，第二位表示箱的宽度和高度(如"2"表示宽 8ft，高 8.5ft的箱；"5"表示宽 8ft，高 9.5ft 的箱)。类型代码分成总代码(Type group code)和细代码(Detailed type code)两种。总代码用于在集装箱特性尚不明确或不需要明确的场合。细代码

用于对集装箱特性要有具体标示的场合。新出厂的集装箱上必须标注细代码。例如,"GP"是无通风设备的通用箱总代码,而"G0"是该类中一端或两端开门箱的细代码(表15-4)。ISO 6346—1995 中提供了集装箱尺寸和集装箱类型代码资料。

集装箱尺寸代码第一位字符 表15-2

代码	箱长(*L*) mm	箱长(*L*) ft in	代码	箱长(*L*) mm	箱长(*L*) ft in
1	2991	10′	D	7430	24′6″
2	6058	20′	E	7800	
3	9125	30′	F	8100	
4	12192	40′	G	12500	41′
5	备用号		H	13106	43′
6	备用号		K	13600	
7	备用号		L	13716	45′
8	备用号		M	14630	48′
9	备用号		N	14935	49′
A	7150		P	16154	
B	7315	24′	R	备用号	
C	7420		…	…	

集装箱尺寸代码第二位字符 表15-3

H \ *W*	2438	2438＜*W*≤2500	＞2500
mm(ft,in)	(8′)	(8′＜*W*≤8′2″)	(＞8′2″)
2438(8′)	0		
2591(8′6″)	2	C	L
2743(9′)	4	D	M
2895(9′6″)	5	E	N
＞2895(9′6″)	6	F	P
1295(4′3″)	8		
≤1219(4′)	9		

注:表中*H*——集装箱箱高;

W——集装箱箱宽。

集装箱类型代码 表15-4

代码	箱型	总代码	集装箱主要特性	细代码	代码	箱型	总代码	集装箱主要特性	细代码
G	通用集装箱(无通风设备)	GP	一端或两端开门	G0	V	通风集装箱	VH	无机械排气系统,货箱上部	V0
			货箱上部空间设有透气孔	G1				或底部空间设有通风口(备用号)	V1
			一端或两端开门,加上一侧或两侧全部敞开	G2				箱体内部设有机械通风装置	V2
			一端或两端开门,加上一侧或两侧部分敞开	G3				(备用号)	V3
			(备用号)	G4				箱体外部设有机械通风装置	V4
			…	…				(备用号)	V5
			…	…				…	…
			(备用号)	G9				(备用号)	V9
S	以货物命名的集装箱	SN	牲畜集装箱	S0	R	保温集装箱-冷藏	RE	机械制冷	R0
			小汽车集装箱	S1					
			活鱼集装箱	S2					
			(备用号)	S3		-冷藏和加热	RT	机械制冷和加热	R1
			…	…					
			…	…		-自备动力冷藏	RS	机械制冷	R2
			…	…				机械制冷和加热	R3

续上表

代码	箱型	总代码	集装箱主要特性	细代码	代码	箱型	总代码	集装箱主要特性	细代码
			…	…		和加热		(备用号)	R4
			…	…		集装箱		…	…
			(备用号)	S9				(备用号)	R9
P	平台式集装箱(具有不完整上部结构板架式)	PL	平台集装箱	P0	T	罐式集装箱	TN	最小压力45kPa	T0
								最小压力150kPa	T1
						-用于液体非危险货物		最小压力265kPa	T2
	-固定式	PF	有两个完整和固定的端板	P1		-用于液体危险货物	TD	最小压力150kPa	T3
			有固定独立柱或带有可拆卸的顶梁	P2					
	-折叠式	PC	有折叠完整的端结构	P3				最小压力265 kPa	T4
			有折叠独立柱或带有可拆卸的顶梁	P4				最小压力400 kPa	T5
	具有完整上部结构的板架式	PS	顶部和端部敞开	P5				最小压力600 kPa	T6
			(备用号)	P6		-用于气体货物	TG	最小压力910 kPa	T7
			…	…				最小压力2200 kPa	T8
			(备用号)	P9				最小压力(待定)	T9
H	保温集装箱设备可拆卸的冷藏和(或)加热集装箱	HR	设备置于箱体外部,其传热系数0.4(W/m²·K)	H0	U	敞顶式集装箱	UT	一端或两端开门	U0
			设备置于箱体内部	H1				一端或两端开门,加上端框架顶梁可拆卸	U1
			设备置于箱体外部,其传热系数0.7(W/m²·K)	H2				一端或两端开门,加上一侧或两侧开门	U2
			(备用号)	H3					
			(备用号)	H4				一端或两端开门,加上一侧或两侧开门,加上端框架顶梁可拆卸	U3
	隔热集装箱	HI	有隔热性能,其传热系数0.4(W/m²·K)	H5				一端或两端开门,加上一侧局部敞开和另一侧全部敞开	U4
			有隔热性能,其传热系数0.7(W/m²·K)	H6					
			(备用号)	H7				(备用号)	U5
			…	…				…	…
			(备用号)	H9				(备用号)	U9
B	干散货集装箱(无压力)	BU	封闭式	B0	A	空陆水联运集装箱	AS		A0
			气密式	B1					
			(备用号)	B2					
	干散货集装箱(有压力)	BK	水平卸货,试验压力150 kPa	B3					
			水平卸货,试验压力265 kPa	B4					
			倾斜卸货,试验压力150 kPa	B5					
			倾斜卸货,试验压力265 kPa	B6					
			(备用号)	B7					
			…	…					
			(备用号)	B9					

(2)国际铁路联盟标记

凡符合《国际铁路联盟条例》规定的技术条件的集装箱可以获得此标记,如图15-5所示。标记方框上部的"ic"表示国际铁路联盟(法语 Union Internationale des chemins de Fer)。标记方框下部的数字表示各铁路公司代码(33是中华人民共和国铁路的代码)。

图15-5　国际铁路联盟标记

此外,《国际集装箱安全公约》(简称CSC)要求主管部门对符合人身安全检验的集装箱加贴"CSC安全合格"金属标牌(标记位置如图15-1中"5"所标注)。为确保集装箱对运输工具的安全,国际标准化组织要求检验机关(多为船级社)对符合该组织所制定标准并经试验合格的集装箱,在箱门处加贴该检验机关的检验合格徽记(标记位置如图15-1中"4"所标注)。《集装箱海关公约》(简称CCC)要求经批准符合运输海关加封货物技术条件的集装箱增加标有"经批准作为海关加封货物运输"字样的金属标牌(标记位置如图15-1中"6"所标注,常与"CSC安全合格"金属标牌合两为一),以便于集装箱进出各国国境时,不必开箱检查箱内货物,以加速集装箱的流通。对运往澳大利亚和新西兰的集装箱,还应增加表明集装箱所用的裸露木材已经免疫处理的"免疫牌"等。

3.集装箱分类

为适应不同货物的装载要求,出现了多种类型的集装箱。集装箱按其用途可分为:

1)杂货集装箱(Dry cargo container)

又称通用集装箱(图15-6)。适合于装载除散装液体货和需要调节温度货以外的各类杂货。据统计,世界上这类集装箱的数量约占集装箱总数量的85%。

2)敞顶式集装箱(Open top container)

此类箱箱顶采用可折叠式或可拆式顶梁作支撑由帆布、塑料布或涂塑布组成的可拆卸顶篷。适合于装载超高货物,或需要从箱顶部吊入箱内的如玻璃板、钢制品、机械类等重大件货物。此类箱的防水性较差。

3)通风集装箱(Ventilated container)

此类箱的侧壁或端壁设置4~6个装有铅丝网罩,箱外部可以开闭操作的通风口。适合于装载不需冷藏而需通风的水果、蔬菜、兽皮等货物。

4)台架式集装箱和平台式集装箱(Platform based container & platform container)

前者指箱体设有能承受载荷的四个角柱,但箱顶、侧壁和(或)端壁可以拆除或根本不设的一种非水密型集装箱(图15-7)。适合于装载一定限度超出标准箱尺度限制的货物、钢材、

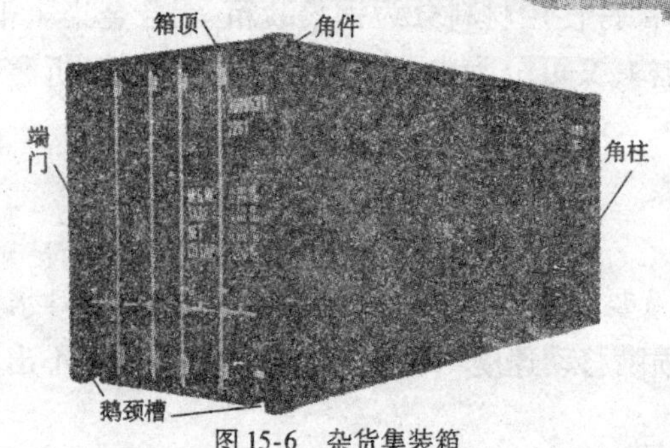

图15-6　杂货集装箱

图15-7　台架式集装箱

木材、机械设备等。后者指在台架集装箱上再简化,四个角柱被去除或可折叠,主要由具有较强承载能力(有些40ft 平台式箱的额定总承载量达54 t)的下底板组成的特殊集装箱。在集装箱船的舱面上,若将多个平台式集装箱组成一个大平台,适合于装载重大件货物。

5)冷藏集装箱(Reefer container)

指箱体内设冷冻机,能使箱内温度保持在 -25 ~25℃间某一指定温度的一种绝热集装箱。有20ft 箱也有40ft 箱。其多数装船后需要船舶提供电源,但也有可自行发电制冷的冷藏箱。适合于装载要求保持一定温度的冷冻货或低温货,如鱼、肉、新鲜水果、蔬菜、某些化工品或危险品等。世界上流通的冷藏集装箱约占箱总量的4%左右。

6)干散货集装箱(Bulk container)

箱顶设有带水密盖子的2 ~3 个装货口,端壁下部设有两个卸货口。适合于装载大豆、面粉、水泥、矿砂等固体散货。

7)罐式集装箱(Tank container)

主要由罐体和箱体框架两部分构件组成。罐体为圆柱或椭圆体,箱体框架为箱形。罐顶设有带水密盖子的装货口,罐底设有排出阀。适合于装载酒类、油类、化学品等液体货(图15-8)。

8)动物集装箱(Pen container)

如图15-9 所示,在箱一侧设有大尺度的提升窗,侧壁下方设有清扫口和排水口,箱体多采用易于清扫的玻璃钢制成,堆码强度低于国际标准,其上不允许堆装其他集装箱。适合于装载鸡、鸭、鹅等活家禽和牛、马、羊等活家畜。

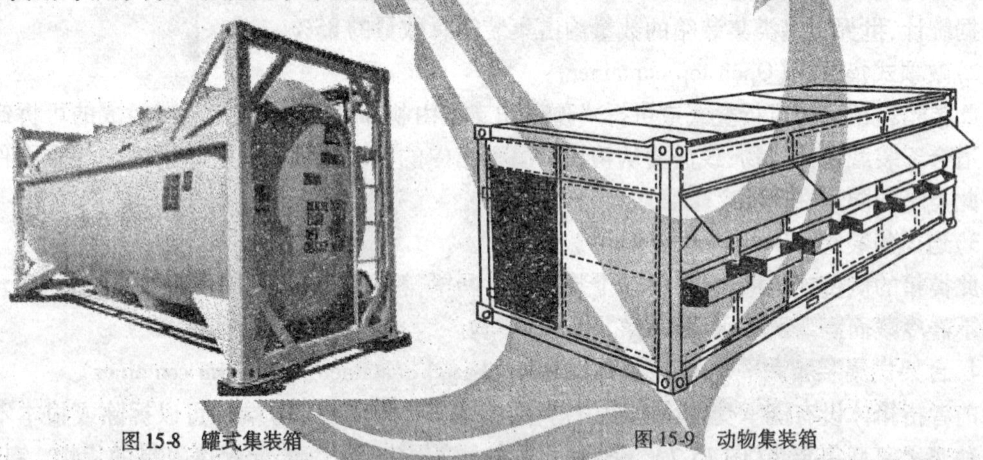

图15-8 罐式集装箱　　图15-9 动物集装箱

集装箱除按用途分类外,还可按集装箱主体部件使用材料分为钢集装箱、铝合金集装箱、玻璃钢集装箱和不锈钢集装箱四种;按集装箱结构,又可分为内柱式和外柱式集装箱、折叠式和固定式集装箱、预制件式和薄壳式集装箱几种。

4. 国际标准集装箱与海运相关的试验与参数

1)风雨密试验

集装箱完工后均应进行风雨密试验。试验要求是:喷嘴内径12.5mm,喷嘴出口水压0.1MPa,喷嘴至箱体受试表面的距离1500mm;喷嘴移动速度100mm/s。箱体试验后应不出现任何渗漏现象。

2)标准集装箱的许用负荷

国际标准组织(ISO)确定的标准系列1的集装箱的许用负荷(图15-10)：

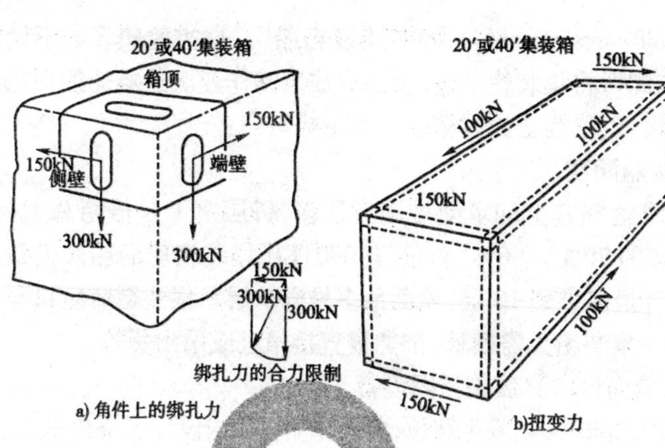

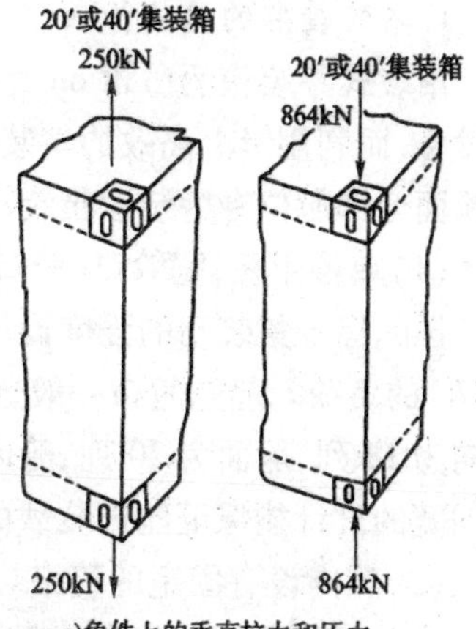

图15-10 标准箱的许用负荷

(1)作用于角件上的绑扎力

端壁或侧壁上的水平分力应不超过150kN；

端壁或侧壁上的垂直分力应不超过300kN；

角件上水平分力和垂直分力的合力应不超过300kN。

(2)端壁和侧壁上的扭变力

端壁上的横向扭变力应不超过150kN；

侧壁上的纵向扭变力应不超过100kN。

(3)作用于角件上的垂向拉力和压力

顶角件上的垂向拉力应不超过250kN；

底角件上的垂向拉力应不超过250kN；

集装箱角柱上的压力应不超过864kN。

集装箱无论采用何种系固方式,其所受作用力应不超过集装箱的许用负荷。

3)标准集装箱的框架柔度

集装箱的框架柔度是指在集装箱框架屈服强度范围内,其顶端施加的单位作用力 F 引起的框架发生歪斜变形值 δ(图15-11,单位:mm/kN)。国际标准集装箱的框架柔度见表15-5。

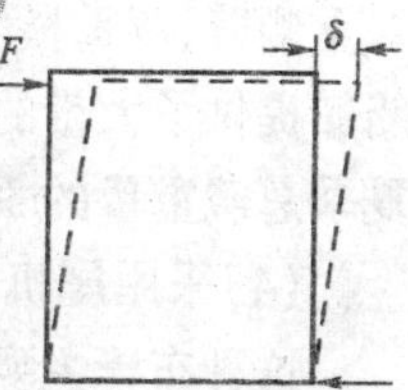

图15-11 集装箱框架横向变形

集装箱框架柔度(mm/kN)

表15-5

箱 高	门 端	封闭端	纵 壁
2.438m (8′00″)	0.275	0.061	0.168
2.591m(8′06″)	0.291	0.066	0.178
2.896m(9′06″)	0.321	0.076	0.199

二、集装箱船舶

1. 集装箱船的结构特点

吊装式集装箱船(Lift on & lift off container ship)通称“集装箱船”。这类船舶多数不设装卸设备,而利用岸上高效的集装箱装卸桥将集装箱吊进、吊出完成装卸作业。这类船舶中舱内和舱面全部舱位专为装运集装箱而设计,称为全集装箱船。其结构特点:

(1)单层甲板,宽舱口,舱口与货舱同宽。

国际标准集装箱的强度设计要求达到其上能承受堆码五层多,每层重1.8倍箱总重(即1.8R)的负荷。船舶舱口一般达船宽的70% ~90%,目前,14000TEU集装箱船的船舱内最多横向为18列,舱面为20列,舱内设计最多堆码10层,舱面最多堆码9层。集装箱船舱口与货舱同宽的设计能保证舱内装载的每一集装箱无需横移,都能被直接吊进或吊出货舱。

(2)舱内设有固定的箱格导轨,舱面设有集装箱系固设备。

为方便装卸和防止船舶摇摆运动引起集装箱发生移位,集装箱船在舱内设计了由角钢立柱、水平桁材和导箱轨组成的箱格导轨(图15-12)。装卸时,集装箱自动吊具可通过导箱轨顶端的喇叭口形的导槽,顺着导箱轨进出货舱。显然,装入与舱内箱格导轨角钢立柱的间距相同长度的集装箱,就无需任何系固。集装箱船舱面通常配备整套系固设备,如扭锁、桥锁、锥板、绑扎装置等。装载于舱面的集装箱通常是靠人工操作完成系固。目前大型和超大型集装箱船的舱面通常设有1至3层集装箱高度的绑扎桥,以适应舱面最高堆装9层集装箱的系固需要。

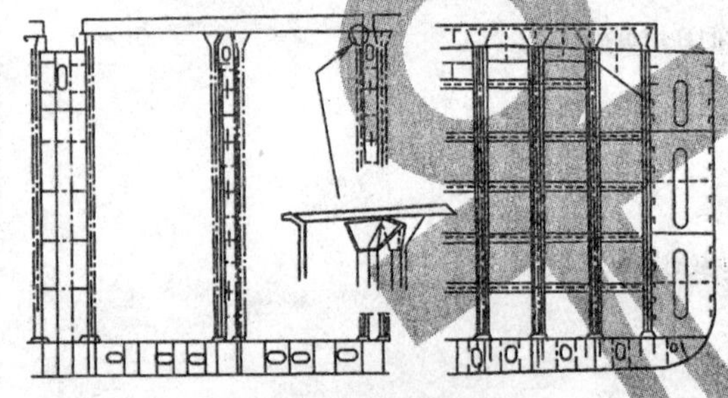

图15-12　集装箱船舱内箱格导轨

(3)采用双层体船壳结构,设置有大容量压载水舱。

为弥补单层甲板和长大货舱开口设计对船体结构强度的不利影响,集装箱船体通常采用双重侧壁、双重横舱壁和双层底的双层体船壳结构,以增加船体强度。双层体船壳结构同时为船舶提供了大量的液体舱室。这些舱室除用作燃油、淡水舱外,大量用作压载水舱(约占船舶夏季总载重量的30%),以适应船舶空载或舱面装载大量集装箱时调整船舶重心高度的需要。

(4)采用尾机型或舯后机型

这种布置主要为提高船舶的舱位利用率,即在船体形状变化较大部位布置机舱,就能在船体中部形状变化较小的部位安排更多的集装箱箱位。目前,不少13000TEU容量的集装箱船已设计成将驾驶台布置于舯前部而将分离的机舱布置于舯后部,以达到既能降低驾驶台的高度又能满足对船首盲区长度的要求。

2. 集装箱船箱位编号

为准确地表示每一集装箱在船上的装箱位置,以便于计算机管理和有关人员正确辨认,集装箱船上每一装箱位置均应按国际统一的代码编号方法表示。目前集装箱船箱位代码编号是采用ISO 9711-1:1990标准。它是以集装箱在船上呈纵向布置为前提,每一箱位坐标以六位数字表示。其中最前两位表示行号(或称为“排号”),中间两位表示列号,最后两位表示层号。行号、列号和层号的每组代码不足10者在前一位置零。

1）行号（Bay No.）

作为集装箱箱位的纵向坐标。自船首向船尾，装 20ft 箱位上依次以 01、03、05、07……奇数表示。当纵向两个连续 20ft 箱位上被用于装载 40ft 集装箱时，则该 40ft 集装箱的行号以介于所占的两个 20ft 箱位奇数行号之间的一个偶数表示。例如，在船舶的 03 行上装载某一 20ft 集装箱时，则该箱的行号即为 03；若在 03 和 05 两个行上装载某一 40ft 集装箱时，则该箱的行号就以介于 03 和 05 之间的 04 这一偶数作为其行号（图 15-13）。

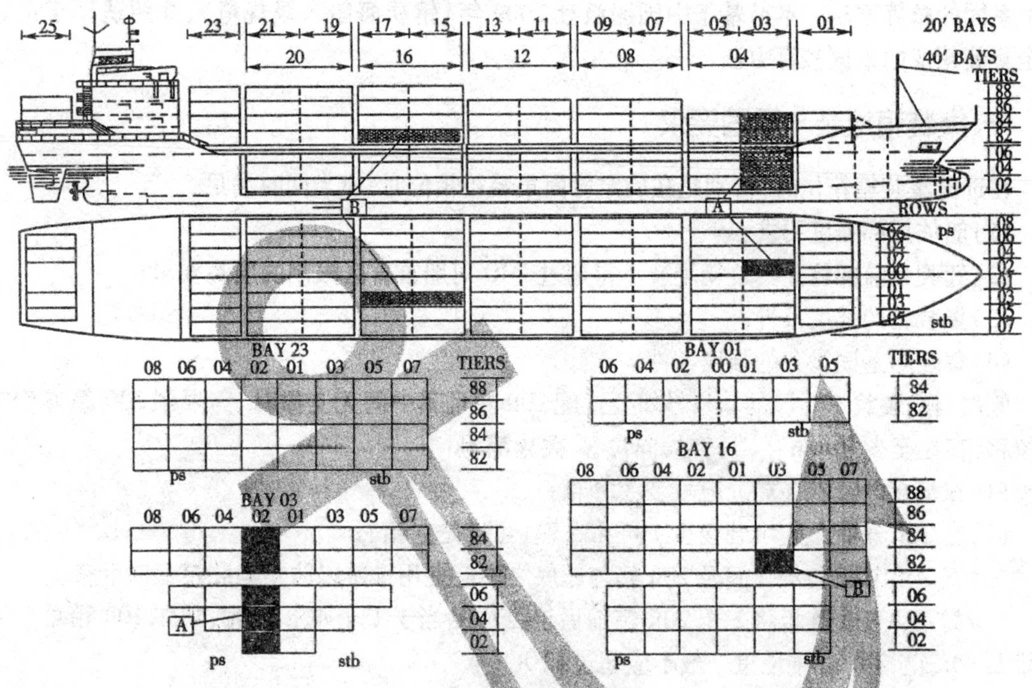

图 15-13　集装箱船箱位编号

2）列号（Row No. 或 Slot No.）

作为集装箱箱位的横向坐标。以船舶纵中剖面为基准，自船舯向右舷以 01、03、05、07……奇数表示，向左舷以 02、04、06、08……偶数表示。若船舶纵中剖面上存在一列，则该列列号取为 00（图 15-13）。

3）层号（Tier No.）

作为集装箱箱位的垂向坐标。舱内以全船最低层作为起始层，自下而上以 02、04、06、08……偶数表示。舱面也以全船最低层作为起始层，自下而上以 82、84、86、88……偶数表示。舱内和舱面非全船最低层的层号大致上与距船舶基线高度相同，层号相同为原则确定（图 15-13）。

显然，全船每一装箱位置，都对应于唯一的以六位数字表示的箱位坐标；反之，一定范围内的某一箱位坐标，必定对应于船上一个特定而唯一的装箱位置。例如，某一集装箱的箱位号为“080382”，则由此即能判断：该箱必定为 40ft 箱，纵向位于自船首起的第 4 和第 5（行号 07 和 09）两个 20ft 箱位上，横向位于自船纵中剖面起向右舷的第 2 列上，垂向位于舱面的最下层。

第二节　集装箱堆装与系固

集装箱船在海上航行中,若集装箱堆装或系固不当会导致集装箱移位、倒塌,伴随着可能发生系固件破损,集装箱损坏或坠入海中。

为确保集装箱的海运安全,国际上各船级社在颁布的入级规范中提出了具体的集装箱在船上系固的核算方法。本节基于中国船级社 2009 年《钢质海船入级规范》,介绍适用于吊装式全集装箱船的系固核算方法。

一、集装箱堆装与系固要求

在选配集装箱箱位时,特别是在确定舱面集装箱箱位时,应当同时满足:

(1)船体局部强度要求;

(2)驾驶台前部舱面集装箱堆装不得超过 IMO 对船首盲区限制的层高要求;

(3)集装箱的强度条件;

(4)集装箱系固设备的强度条件。

舱内当在装载 40ft 箱的箱格导轨处选配 20ft 箱且其中间无支撑时,为限制 20ft 箱发生纵向位移(存在至少 76mm 空隙)和横向位移,要求满足:

(1)在最多 5 层 20ft 箱上应堆装 40ft 箱;

(2)在 20ft 箱堆上应堆装至少 1 层 40ft 箱(可以是空箱);

(3)在 20ft 箱层与层之间及 20ft 箱与舱底之间应使用堆锥以防止集装箱横向滑移;

(4)如用纵向接连板将 2 个 20ft 箱前后连接成相当于 1 个 40ft 箱时,则在 20ft 箱堆上不需堆装 40ft 箱,20ft 箱堆堆重一般不应超过 120t。

每一集装箱船,在船上无系固有效性校核软件的条件下,须按照船上《货物系固手册》的系固要求编制航次集装箱的系固方案。图 15-14 为某 8533TEU 容量集装箱船《货物系固手册》中提供的舱面 06 行装载 40ft ×9ft6in 集装箱的系固方案。该方案是基于船舶初稳性高度小于 1.20m 为条件。图 15-14a)提供了受风侧和非受风侧每层箱堆装的限制重量,图 15-14b)

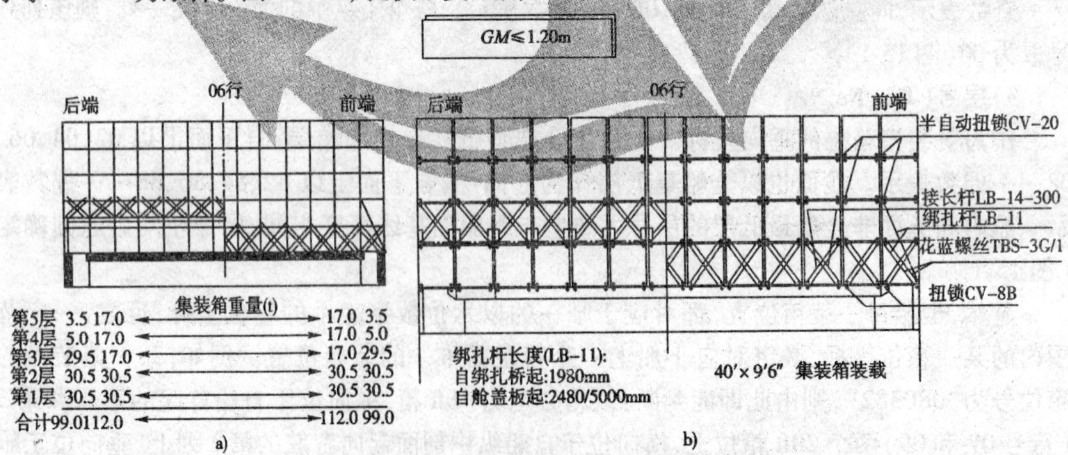

图 15-14　某集装箱船《货物系固手册》中舱面 06 行 40ft 箱装载系固方案

标示其系固方式及其所用活动系固设备的型号。

二、舱面集装箱堆系固有效性核算

国际航行集装箱船，在船上无系固有效性校核软件，且本船《货物系固手册》中提供的系固方案与实船 GM、箱重或系固方式相差较大时，可以运用下列方法核算舱面集装箱堆的系固有效性。

1. 集装箱船摇摆中心与集装箱受力位置

船舶横摇中心轴 O 距基线高度 $Z_0 = \max\{d_s, 0.5D\}$（其中 d_s 为船舶夏季满载吃水，D 为船舶型深），纵摇中心设定位于船中。

集装箱上所受力分为 F_x、F_y 和 F_z 三个分力（图 15-15），其中 Ox 为横摇中心轴，F_x、F_y 和 F_z 分力规定作用于集装箱的几何中心位置。

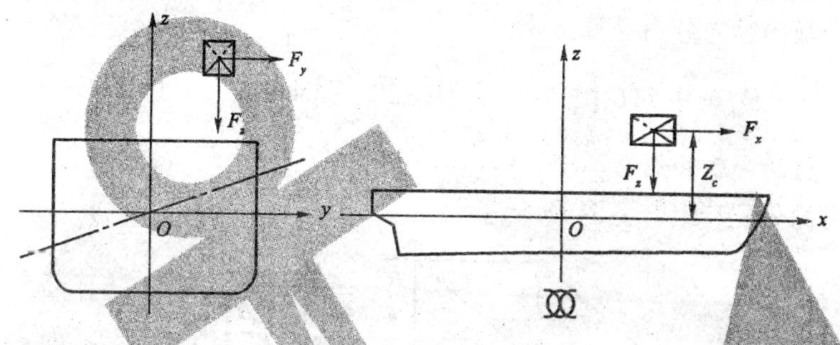

图 15-15　集装箱船摇摆中心位置与集装箱所受分力

2. 船舶运动参数计算

船舶的最大横倾角 θ_{max} 计算公式：

$$\theta_{max} = \min\{41 - 0.5B, 30°\} \tag{15-2}$$

船舶横摇周期 T_θ 可按计算公式：

$$T_\theta = \frac{0.7B}{\sqrt{GM}} \quad (\text{s}) \tag{15-3}$$

式中：GM——集装箱船初稳性高度，m。

如无 GM 确切数据，则 T_θ 可按下式估算：

$$T_\theta = 1.7\sqrt{B+20} \quad (\text{s}) \tag{15-4}$$

船舶最大纵倾角 φ_{max} 可按下式计算：

$$\varphi_{max} = \min\{8°, 12e^{-0.0033L_{bp}}\} \tag{15-5}$$

船舶垂向加速度 a 计算公式：

船舯前
$$a = 15\left(\frac{x}{L_{bp}} + \frac{1}{15}\right)e^{-0.0033L_{bp}} \quad (\text{m/s}^2) \tag{15-6}$$

船舯后
$$a = 15\left(\frac{1}{2} + \frac{x}{L_{bp}}\right)e^{-0.0033L_{bp}} \quad (\text{m/s}^2) \tag{15-7}$$

式中：x——从集装箱中心距船中距离，中前取 +，中后取 −，m。

以上两式计算结果均应不小于：$a_{min} = 3.75e^{-0.0033L_{bp}}$（m/s²），但也不必大于 3m/s²。

3. 集装箱受力计算

1)平行于甲板的横向分力计算公式：

$$F_{yi} = 9.81G_i\left(1 + 0.00145L_{bp} + 4.18\frac{Z_{ci}}{T_\theta^2}\right)\sin\theta_{max} + 1.12A \quad (kN) \tag{15-8}$$

式中：G——集装箱总重量(t)；

θ_{max}——船舶最大横倾角(°)；

Z_{ci}——第 i 层集装箱重心至船舶横摇中心高度，此值在 O 点以下取负值(m)。

T_θ——船舶横摇周期(s)；

A——受风压作用的集装箱侧面积(m^2)。

2)垂直于甲板的垂向分力计算公式：

$$F_{zi} = 9.81G_i(1 + 0.1a) \quad (kN) \tag{15-9}$$

3)平行于甲板的纵向分力计算公式：

$$F_{xi} = 9.81G_i\left(1.166 + 16.128\frac{Z_{ci}}{L_{bp}}\right)\sin\varphi_{max} \quad (kN) \tag{15-10}$$

4. 集装箱上力的分配和组合

集装箱上力的分配和组合见图 15-16。

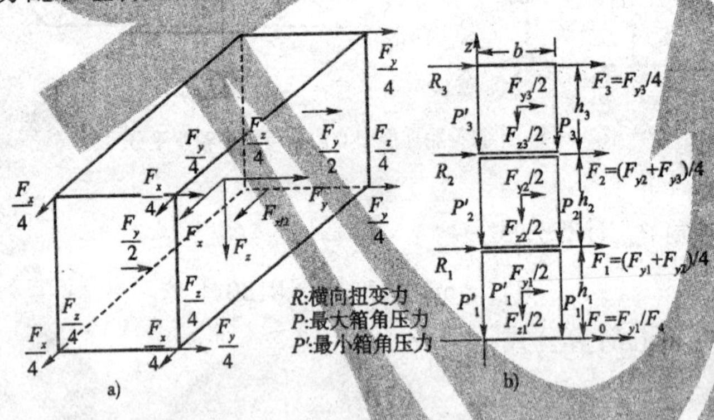

图 15-16 集装箱上力的分配与组合

a)集装箱上力的分配；b)集装箱上力的组合

作用于集装箱中心位置的横向分力 F_x 分配至箱两端壁的横向分力各为 $F_x/2$；

作用于集装箱中心位置的纵向分力 F_y 分配至箱两侧壁的纵向分力为各 $F_y/2$；

作用于集装箱中心位置的垂向分力 F_z 分配至箱 4 个底座处的垂向分力各为 $F_z/4$。

集装箱堆在无系固下第 i 层上端横向扭变力 R_i 计算公式：

$$R_i = \sum_i^n\left[\frac{F_{yi}}{4} + \frac{F_{y(i+1)}}{4}\right] \quad (kN) \tag{15-11}$$

式中：n——集装箱堆最高层数。

显然，$i \subset [0,n]$，当 F_y 下标为负值或大于 n 时其值设为 0.0。

二层集装箱堆在无系固下底层箱角柱受到的最大压力 P_1 值(图 15-17a)可设 O 为支点，各作用力对 O 点取矩得：

$$P_1 b = \frac{b}{2}\left(\frac{F_{z2}}{2} + \frac{F_{z1}}{2}\right) + \frac{F_{y2}}{4}(h_1 + h_2) + \left(\frac{F_{y2}}{4} + \frac{F_{y1}}{4}\right)h_1$$

即：
$$P_1=\frac{1}{4}(F_{z2}+F_{z1})+\frac{F_{y2}}{4b}(2h_1+h_2)+\frac{h_1}{4b}F_{y1} \tag{15-12}$$

二层集装箱堆在无系固下底层箱角柱受到的最小压力 P'_i 值(图 15-17b)可设 O 为支点，各作用力对 O 点取矩得：

$$P'_1b+\frac{F_{y2}}{4}(h_1+h_2)+\left(\frac{F_{y2}}{4}+\frac{F_{y1}}{4}\right)h_1=\frac{b}{2}\left(\frac{F_{z2}}{2}+\frac{F_{z1}}{2}\right)$$

即：
$$P'_1=\frac{1}{4}(F_{z2}+F_{z1})-\frac{F_{y2}}{4b}(2h_1+h_2)-\frac{h_1}{4b}F_{y1} \tag{15-13}$$

当 $P'_i<0.0$ 时表示集装箱堆出现分离力，即该层箱底角件若不使用扭锁提供上下层之间的拉力，则在遭遇规范设定的恶劣海况下将会发生集装箱堆倒塌事故。

对于非二层箱各层作用的最大压力 P_1 值和最小压力 P'_i 值的计算公式以此类推。

集装箱堆在无系固下第 i 层箱底角处的剪切力 S_i 计算公式：

$$S_i=0.55\sum_i^n\frac{F_{yi}}{2}\quad(\text{kN}) \tag{15-14}$$

5. 绑扎杆上端横梁柔度计算

使用单道绑扎杆时，其上端沿箱横梁柔度 C_l 计算公式(图 15-18)：

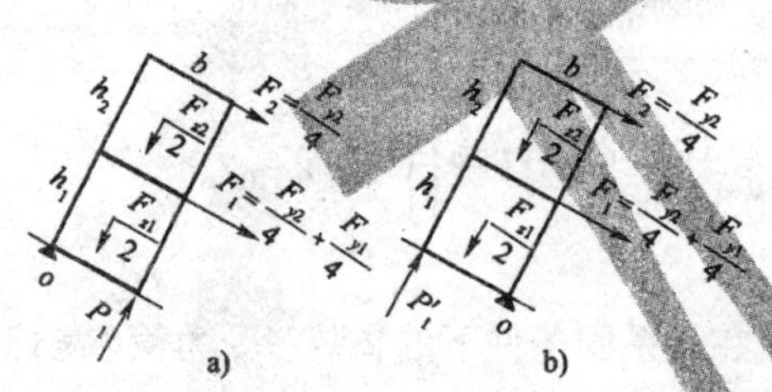

图 15-17　二层集装箱堆最大压力与最小压力计算原理　　图 15-18　集装箱发生横向扭变时参数标注

$$C_l=\frac{l}{A_lE\cos^2\alpha}\quad(\text{mm/kN}) \tag{15-15}$$

式中：l——绑扎杆长度(mm)；

A_l——绑扎杆的有效剖面积(cm^2)；

E——绑扎杆弹性模量，取值规定：钢丝绳 10000kN/cm^2，钢链 4000 kN/cm^2；钢杆第 1 ~ 2 层之间的 14000 kN/cm^2，第 2 ~ 3 层之间的 17500 kN/cm^2，第 3 ~ 4 层之间的 19000 kN/cm^2。

α——绑扎杆与舱盖或甲板之间的夹角(°)。

例 15-1：依据下列船舶、集装箱堆和系固设备参数，试分别核算集装箱堆门端在无系固下和在图 15-19 系固条件下的系固有效性。

1）船舶参数

垂线间长 $L_{bp}=215.0$m，型宽 $B=32.2$m，型深 $D=19.5$m，夏季满载吃水 $d_s=12.5$m，$GM_0=1.50$m。船舶横摇中心距基线高度 $H_0=\max\{12.5, 0.5\times19.5\}=12.5$m。

2）集装箱与集装箱堆参数

舱面堆装三层 ISO 1AAA 型 40 ft 通用集装箱(长 × 宽 × 高：12.192m × 2.438m ×

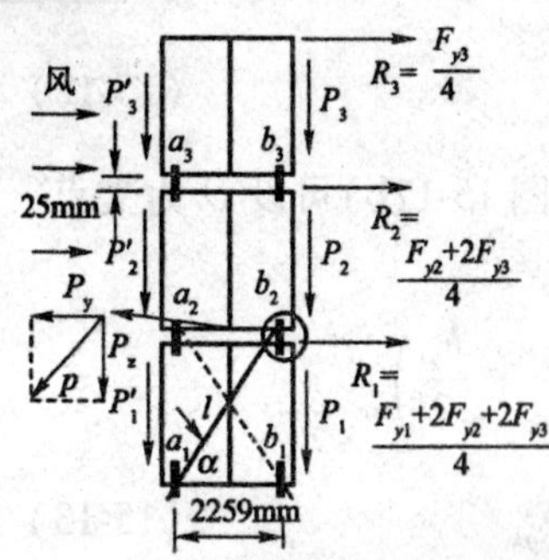

图 15-19　三层箱集装箱堆的受力

2.895m)，箱重自下而上分别为 25.0 t,20.0 t 和 18.5 t。

三层箱整堆横向左右侧均受风压影响。箱重心距中横剖面 $x = 23.5\text{m}$，第 1～3 层箱重心距船舶横摇中心垂向高度分别是：$Z_{c1} = 10.15\text{m}, Z_{c2} = 13.07\text{m}, Z_{c3} = 15.99\text{m}$。

3)系固形式及系固件参数

每层箱之间和底层箱与舱盖底座均使用扭锁，其高度 $H_T = 25\text{mm}$，拉伸强度 $T_T = 250\text{kN}$，剪切强度 $S_T = 210\text{kN}$（舱盖上集装箱底座强度均超过扭锁的相应强度）。

三层箱堆采用自第二层箱底角件交叉斜拉至舱盖板上眼板，绑扎杆直径 26mm，绑扎杆、与绑扎杆连接的花篮螺丝和与花篮螺丝连接的舱盖眼板三者中的最小拉伸强度 $T_l = 250\text{kN}$。

舱盖眼板位置：横向与底层箱一侧平齐，垂向与底层箱箱底平齐，纵向距底层箱 0.3m。

解：1)船舶运动参数与加速度计算

船舶最大横倾角　$\theta_{\max} = \min\{41 - 0.5B, 30°\} = 24.90°$

船舶横摇周期　$T_\theta = \dfrac{0.7B}{\sqrt{GM}} = \dfrac{0.7 \times 32.2}{\sqrt{1.5}} = 18.40\text{s}$

船舶最大纵倾角　$\varphi_{\max} = \min\{8°, 12e^{-0.0033L_{bp}}\} = 5.90°$

垂向加速度

$$a = \min\left\{3, \max\left[3.75e^{-0.0033\times215.0}, 15\left(\frac{23.5}{215.0} + \frac{1}{15}\right)e^{-0.0033\times215.0}\right]\right\} = 1.84\text{m/s}^2$$

2)无系固条件下集装箱受力计算

依据上述式(15-8)至式(15-14)即可计算出在无系固条件下的集装箱受力值(表 15-6)。

各层箱所受力计算结果(kN,无系固条件下)　　表 15-6

项　目	第 1 层	第 2 层	第 3 层
箱所受横向分力 F_{yi}	204.02	177.81	173.62
箱所受垂向分力 F_{zi}	290.49	232.39	214.96
箱所受纵向分力 F_{xi}	48.61	43.31	44.15
封端上横向扭变力 R_i	226.72①	131.26	43.41
箱底角最大箱角压力 P_i	661.08	319.25	105.28
箱底角最小箱角压力 P'_i	−292.16②	−95.57②	2.20
箱底角所受剪切力 S_i	152.75	96.64	47.75

表 15-6 的计算结果表明：项①数据超出了集装箱端壁横向扭变力 150kN 的限制要求，集装箱框架强度有受损可能；项②数据呈负值即表示存在分离力，也即若不加系固设备该集装箱堆将可能发生倒塌。

3)单道交叉绑扎杆和扭锁系固下集装箱受力计算

(1)绑扎杆等参数计算

设绑扎杆上端沿箱横梁位移为 δ_l，集装箱在绑扎位置的位移为 δ_c，绑扎杆受力为 P，其中沿箱横梁方向受力 P_y，沿角柱方向受力为 P_z。显然，$\delta_l = \delta_c$，而 $\delta_l = C_l P_y$ 和 $\delta_c = C_c(R_1 - P_y)$ 可

推出(图 15-18)：

$$P_y=\frac{R_1C_c}{C_l+C_c} \tag{15-16}$$

绑扎杆长度　$l=\sqrt{2438^2+30^2+(2895+25+25)^2}=3823\text{mm}$

绑扎角余弦　$\cos\alpha=\frac{2438}{3823}=0.6377$

由式(15-15)得绑扎杆柔度

$$C_l=\frac{3823}{\pi(0.5\times2.6)^2\times14000\times0.6377^2}=0.1265\text{mm/kN}$$

集装箱框架柔度(查表 15-5)：$C_c=0.321\text{mm/kN}$

由式(15-16)得：　$P_y=\frac{226.72\times0.321}{0.1265+0.321}=162.63\text{kN}$

$$P_z=162.63\frac{2438}{2895+25+25}=134.63\text{kN}$$

$$P=\sqrt{162.63^2+134.63^2}=211.13\text{kN}$$

(2)每层箱系固受力计算

第三层箱：

横向扭变力　$R_3=\frac{173.62}{4}=43.41\text{kN}$

作用于 b_3 处最大正压力

$$P_3=\frac{214.96}{4}+\frac{173.62\times0.5\times(0.5\times2895+25)}{2259}=110.33\text{kN}$$

作用于 a_3 处最小正压力

$$P'_3=\frac{214.96}{4}-\frac{173.62\times0.5\times(0.5\times2895+25)}{2259}=-2.85\text{kN}$$

底座处剪切力　$S_1=0.55\times\frac{173.62}{2}=47.75\text{kN}$

第二层箱：

横向扭变力　$R_2=\frac{177.81}{4}+\frac{173.62}{2}=131.26\text{kN}$

作用于 b_2 处最大正压力

$$P_2=\frac{214.96+232.39}{4}+\frac{173.62\times0.5\times(1.5\times2895+50)+177.81\times0.5\times(0.5\times2895+25)}{2259}+134.63$$

$$=111.83+226.75+134.63=473.21\text{kN}$$

作用于 a_2 处最小正压力：

$$P'_2=111.83-226.75=-114.92\text{kN}$$

底座处剪切力

$$S_2 = 0.55 \times \left(\frac{177.81 + 173.62}{2}\right) - 162.63 = -65.99\text{kN}$$

第一层箱：

剩余横向扭变力

$$R_1 = \frac{204.02}{4} + \frac{177.81}{2} + \frac{173.62}{2} - 162.63 = 64.09\text{kN}$$

作用于 b_1 处最大正压力：

$$P_1 = \frac{214.96 + 232.39 + 290.49}{4} + \frac{173.62 \times 0.5 \times (2.5 \times 2895 + 75) + 177.81 \times 0.5 \times (1.5 \times 2895 + 50)}{2259} +$$

$$\frac{204.02 \times 0.5 \times (0.5 \times 2895 + 25) - 162.63 \times (2895 + 50)}{2259}$$

$$+134.63 = 184.46 + 308.36 + 134.63 = 627.45\text{kN}$$

作用于 a_1 处最小正压力

$$P'_1 = 184.46 - 308.36 = -123.90\text{kN}$$

底座处剪切力

$$S_1 = 0.55 \times \left(\frac{204.02 + 177.81 + 173.62}{2}\right) - 162.63 = -9.88\text{kN}$$

(3)集装箱堆受力计算结果(表15-7)

集装箱堆系固受力指标 表15-7

序号	校核项目名称		箱门端(横向)			
			实际值	箱层	允许值	相对百分数(%)
1	各层箱中的最大值(绝对值)	对角件水平绑扎力	162.63	1	150.00	108.4*
2		对角件垂直绑扎力	134.63	1	300.00	44.9
3		对角件合成绑扎力	211.13	1	300.00	70.4
4		箱剩余扭变力	131.26	2	150.00	87.5
5		对箱角柱压力	627.45	1	864.00	72.6
6		对角件或扭锁切力	-65.99	2	-150.00	44.0
7		底角件分离力(负值)	-123.90	2	-250.00	49.6
8	第1道绑扎杆拉力		211.13	1	250.00	76.4
校核结果			不满足要求!			

注：* 表示不满足要求项。

第三节 集装箱船配积载与装运特点

一、充分利用船舶的载箱能力

在集装箱箱源充足的条件下，提高集装箱船的箱位利用率，充分利用集装箱船的净载重

量，是提高集装箱船营运经济效益的重要途径。

1. 提高集装箱船的箱位利用率

1）集装箱船舶的装箱容量指标

与编制杂货船积载计划相类似，当航次箱源充裕时，校核集装箱船的装箱容量与航次订舱单所列的集装箱数量是否相适应，是编制集装箱船预配积载计划第一步中的一项重要内容。表征集装箱船装箱容量大小的指标包括：

（1）换算箱容量

指船舶所能承运各类标准集装箱的最大换算箱容量（TEU）。这是一项表征集装箱船规模的重要指标。如中远集团“中河”轮，最大换算箱容量为 3764 TEU。

（2）20ft 箱容量

指集装箱船所能承运 20ft 箱的最大箱位数（TEU）。通常不等于船舶的最大换算箱容量。这是因为许多集装箱船上都设计有一些仅适合装载 40ft 集装箱的箱位。如“中河”轮 20ft 箱容量为 3022TEU，另有 371FEU（Forty Equivalent Unit 缩写）箱位仅适合装载 40ft 集装箱。

（3）40ft 箱容量

指集装箱船所能承运 40ft 箱的最大箱位数（FEU）。它并非是船舶最大换算箱容量的一半。这是因为集装箱船每个货舱长度往往难以都被设计成布置 40ft 箱位所需长度的整数倍。如“中河”轮 40ft 箱容量为 1481 个 FEU，仅适合 20ft 集装箱的箱位容量为 802 个 TEU，该轮有 2220TEU 箱位既适合装载 2220 个 20ft 箱又适合装载 1110 个 40ft 箱。

（4）特殊箱容量

船舶承运如危险品箱、冷藏箱、非标准箱、平台箱等特殊箱数量的最大限额（TEU）。

集装箱船的危险品箱装载容量有一定限制。同一船舶常常有些货舱的设计决定了不容许装载任何危险品箱，另一些货舱的设计则仅限于装载《国际危规》定义的某几类危险品箱。因此，在为集装箱船选配仅限于舱内积载的危险品集装箱时，必须考虑船舶的这一限制条件。如“中河”轮的船舶资料规定，第 1、第 7 和第 8 舱不容许装载任何危险品箱，第 2 和第 3 舱（舱内设有灭火或降温喷水装置）容许装载除第 5.2 类以外的危险品箱，其余货舱容许装载除第 1 类（不包括 1.4S）和 5.2 类以外的危险品箱。

冷藏集装箱装船后多数需要船舶电站连续提供电源。受船舶电站容量和电源插座位置的限制，每一集装箱船所能承运的冷藏箱的最大数量和装箱位置通常是确定的。如“中河”轮冷藏箱容量为 240TEU，其中有 20 个 20ft 箱位仅适合装 20ft 的冷藏箱，另有 20 个 40ft 箱位仅适合装 40ft 的冷藏箱，以及 180TEU 既适合装 20ft 又适合装 40ft 的冷藏箱。

每艘集装箱都有非标准箱如 45ft、48ft 和 53ft 箱的最大装箱容量限制。

（5）巴拿马运河箱容量

巴拿马运河当局目前规定了高于 IMO 确定的船首盲区限制长度的要求。这样，多数集装箱船的舱面前部有不少箱位若堆装集装箱将不符合巴拿马运河当局盲区限制长度要求，因而，过运河前这些箱位将不得使用，从而使船舶的装箱容量减少。如“中河”轮舱面前部有 79TEU 特定箱位在通过巴拿马运河前不得使用。

2）提高集装箱船的箱位利用率的主要途径

（1）集装箱船预配时，如船舶某离港状态箱源数量接近船舶标准箱容量时，应当注意核对

驾驶专业

订舱单上该离港状态的20ft箱数量和40ft箱数量是否与船舶20ft箱容量和40ft箱容量相适应，以提高船舶的箱位利用率；

(2)为提高在中途港承载该港以后卸港的集装箱承载能力，减少或避免集装箱的倒箱数量，在箱位选配时，应尽量保持不同卸港集装箱垂向选配箱位和卸箱通道各自独立；

(3)当需由船舶供电制冷的冷藏集装箱的数量超过船舶额定冷藏集装箱容量时，其超出船舶供电容量的冷藏箱应改换能成自行发电制冷的冷藏箱；或者船上配备一定数量的定时器，其作用是实现在一定时间间隔内自动交替向其连接的两个冷藏箱之一提供电源；或者根据装箱港条件，超容量冷藏箱数量，船舶装载状况等资料进行经济论证，以确定能否承租载于舱面的流动电站集装箱，用以向超容量冷藏集装箱提供电源，提高船舶承载冷藏集装箱的能力；

(4)在装箱港箱源充足的条件下，选配特殊箱箱位时，应当尽量减少承运这类货箱引起的箱位损失数量，例如，在条件许可时，可以将原安排于舱内占用垂向两个箱位的超高集装箱，选配于舱面的顶层，以减少舱内箱位的损失。

2. 充分利用集装箱船的净载重量

当航次承运的集装箱总重量较大或船舶吃水受航线水深限制时，校核航次订舱单所列的集装箱总重量与集装箱船的净载重量是否相适应，是编制集装箱船预配计划第一步中的另一项重要内容。集装箱船的净载重量 *NDW* 计算式是：

$$NDW = DW - \sum G - C - B$$

式中，B 是为满足船舶稳性要求而必须打入的压载水重量。在集装箱船预配时，准确地估计所需打入压载水的重量，需要一定的积载经验。在缺乏经验时，可以参考船舶的《装载手册》或借助装载计算机进行估算。集装箱船 *NDW* 计算式中的船舶常数 C 通常较大，这是因为 C 中包括了船舶所有非固定系固设备的重量。

集装箱船在箱位接近装满时，船舶重心往往很高。此时，为降低船舶重心高度获得适度稳性，就需要在压载舱内打入大量压载水，这样使船舶净载重量大幅减少。因此，努力提高集装箱船配积载计划的编制水平，合理确定不同卸港轻重集装箱在舱内和舱面的配箱比例，减少用于降低船舶重心所需打入的压载水重量，是增加集装箱船净载重量的主要措施。

二、满足集装箱船的稳性要求

集装箱船由于要求舱形方整，使船舶水密空间内的利用率降低。为提高装箱能力，集装箱船通常将约占总量1/3～1/2的箱位安排于舱面。这将引起船舶重心上升，水线以上受风面积增大，对船舶稳性不利。因此，营运中的集装箱船除必须具有足够的稳性外，又不宜使其初稳性高度过大，以免船舶剧烈摇摆使集装箱所受惯性力过大而对箱的系固产生不利影响。

1. 我国《法定规则》对国内航行集装箱船的特殊稳性衡准要求

我国《法定规则》对装载集装箱的专用和非专用船舶，除要求其满足对普通船舶稳性的各项基本衡准指标要求外，还提出了两项稳性的特殊衡准指标要求：

(1)经自由液面修正后初稳性高度 *GM* 应不小于0.30m。

(2)船舶在横风作用下从复原力臂曲线上求得的静倾角应不大于1/2上层连续甲板边缘入水角，且不超过12°。

《法定规则》对这类船舶在稳性计算时提出三项规定：

(1)计算船舶稳性时,每一集装箱重心垂向位置应取在集装箱高度的一半处。

(2)计算稳性特殊衡准指标时所使用的横风风压倾侧力臂,取在计算稳性衡准数 K 时所确定值的1/2,且假定其不随船舶横倾而变化。

(3)计算复原力臂曲线时,不计入舱面集装箱浮力的影响。

2. 我国《法定规则》对国际航行集装箱船的特殊稳性衡准要求

我国《法定规则》对国际航行船舶全面采用2008年国际完整稳性规则(即《2008年IS规则》)。《2008年IS规则》对船长大于100m的集装箱船和其他在此长度范围内具有可观外飘和大水线面的货船提出了完整稳性要求:

(1)复原力臂曲线在横倾角0°~30°之间所围面积不应小于0.009/C(m·rad)(C 为船体形状因数,其计算后述);

(2)复原力臂曲线在横倾角0°~40°或 θ_f(进水角)中较小者之间所围面积应不小于0.016/C(m·rad);

(3)复原力臂曲线在横倾角30°~40°或 θ_f(进水角)中较小者所围面积应不小于0.006/C(m·rad);

(4)复原力臂在横倾角30°处的值应大于或等于0.033/C(m);

(5)最大复原力臂应大于或等于0.042/C(m);

(6)复原力臂曲线在横倾角0°~θ_f(进水角)之间所围面积不应小于0.029/C(m·rad);

(7)天气衡准(见第九章)。

应当注意的是,上述要求中已取消了单独的对初稳性高度至少0.15m的指标要求。

上述的船体形状因数 C 的计算公式(有关符号见图15-20):

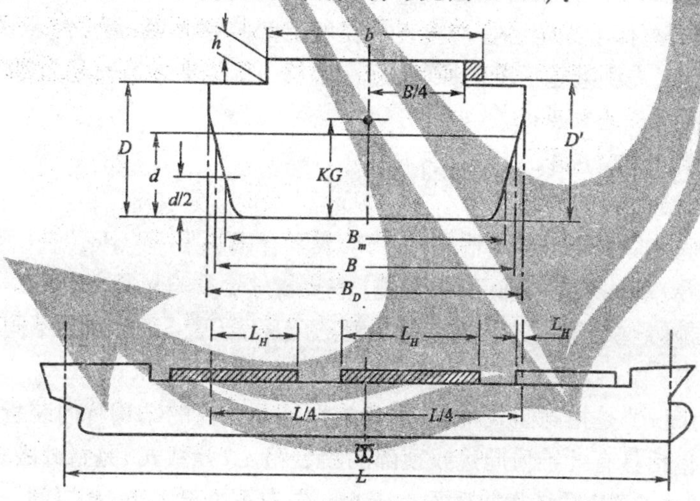

图15-20　与船体形状因数相关的参数标注

$$C=\frac{d_m\cdot D'}{B_m^2}\sqrt{\frac{d_m}{KG}}\cdot\left(\frac{C_b}{C_W}\right)^2\cdot\sqrt{\frac{100}{L}}\tag{15-17}$$

式中:d_m——平均吃水(m);

D'——经舱口围板内规定体积修正后的船舶型深,计算公式:

$$D' = D + h\frac{2b - B_D}{B_D} \cdot \frac{2\sum L_H}{L} \tag{15-18}$$

其中：D——船舶型深(m)；

h——自船中前后 $L/4$ 内舱口围板平均高度(m)；

b——自船中前后 $L/4$ 内舱口围板平均宽度(m)；

B_D——船舶型宽(m)；

KG——经自由液面修正后的船舶重心距基线距离，应取不小于 d(m)；

L——自龙骨板上缘的最小型深85%处水线长度的96%，或沿该水线纵首柱前缘至舵杆中心线的长度，取较大者(m)；

$\sum L_H$——自船中前后 $L/4$ 内每一舱口围板长度之和(m)；

B_m——在平均吃水1/2水线处的船宽(m)；

C_b——方形系数；

C_w——水线面系数。

保证集装箱船适度稳性的方法是，控制舱内和舱面所装集装箱的重量处于合适的比例范围内。对于不同船舶和同一船舶在不同排水量条件下，这一合适比例是不同的，可以通过计算或长期配积载实践的资料积累获得。例如，某全集装箱船在满载状态下，舱内装箱的总重量通常取全船装箱总重量的60%左右。

三、合理确定各类集装箱箱位

编制集装箱船配积载计划时，首先需要熟悉航次箱源的挂港数量，平均箱重，特殊集装箱对运输的要求等；随后总体上划定各挂港集装箱在船上的装箱区域；最后按特殊箱先配，普通箱后配，后到港箱先配，先到港箱后配的原则，逐一为每一待装集装箱选定合理的具体箱位。

1.特殊集装箱的箱位选配原则

1)危险品集装箱的箱位选配

(1)危险品集装箱之间的隔离

根据箱内所装危险货物的正确运输名称PSN或联合国编号UN No.，查《国际危规》确定其所属危险品类别号，并由类别号查《国际危规》中包装危险品的隔离表(表13-4)确定其隔离等级，然后，按照《国际危规》规定的危险品集装箱的隔离表(表15-8)确定不同危险品集装箱之间的具体隔离要求。

表15-8中，“封闭式”是指封闭式集装箱，意为采用永久性的结构将内装货物全部封装在内的集装箱。它不包括具有纤维质周边或顶部的集装箱。“开敞式”是指开敞式集装箱，意为非封闭式集装箱。“一个箱位”是指前后不小于6m，左右不小于2.4m的空间。

在《国际危规》第1册第7部分列有各类集装箱船上针对封闭与封闭箱，封闭与开敞箱和开敞与开敞箱的上述4种隔离要求的详细图示。

(2)危险品集装箱与包装危险货物之间的隔离

《国际危规》规定：包装危险货物与开敞式危险品集装箱之间的隔离，应遵照包装危险货物之间的隔离表(表13-4)要求执行；包装危险货物与封闭式危险品集装箱之间的隔离除下列情况外，仍遵照包装危险货物之间的隔离表要求执行：

①要求"远离"时，包装危险货物与封闭式危险品箱之间无隔离要求；

②要求"隔离"时，包装危险货物与封闭式危险品箱之间按包装危险货物隔离表中的"远离"要求执行。

危险品集装箱的隔离表　　表15-8

隔离要求	垂直			水平						
	封闭式与封闭式	封闭式与开敞式	开敞式与开敞式		封闭式与封闭式		封闭式与开敞式		开敞式与开敞式	
					舱面	舱内	舱面	舱内	舱面	舱内
"远离"1	允许一个装于另一个上面	允许开敞式装于封闭式上面，否则按开敞式和开敞式的要求装载	除非以一层甲板隔离，否则不容许装于同一垂线上①	首尾向	无限制	无限制	无限制	无限制	一个箱位	一个箱位或隔一个舱壁
				横向	无限制	无限制	无限制	无限制	一个箱位	一个箱位
"隔离"2	除非以一层甲板隔离，否则不允许装于同一垂线上①	按开敞式与开敞式的要求装载		首尾向	一个箱位	一个箱位或隔一个舱壁	一个箱位	一个箱位或隔一个舱壁	一个箱位②	隔一个舱壁
				横向	一个箱位	一个箱位	一个箱位	两个箱位	两个箱位②	隔一个舱壁
"用一整个舱室或货舱隔离"3				首尾向	一个箱位②	隔一个舱壁	一个箱位②	隔一个舱壁	两个箱位②	隔两个舱壁
				横向	两个箱位②	隔一个舱壁	两个箱位②	隔一个舱壁	三个箱位②	隔两个舱壁
"用一介于中间的整个舱室或货舱作纵向隔离"4	禁止			首尾向	最小水平距离24m②	隔一个舱壁并且最小水平距离不小于24m③	最小水平距离24m②	隔两个舱壁	最小水平距离24m②	隔两个舱壁
				横向	禁止	禁止	禁止	禁止	禁止	禁止

注：所有舱壁和甲板均应是防火防液的；

①——对于无舱盖集装箱货船，《国际危规》定义为："不允许在同一垂线上"；

②——对于无舱盖集装箱货船，《国际危规》定义为："一个箱位且不在同一货舱上"；

③——集装箱距离中间舱壁不少于6.0m。

(3)危险品集装箱的舱位选配

由箱内货物的积载类确定集装箱是允许载于舱面还是舱内。当其积载类无载于舱面或舱内限制（如货船上非爆炸品的积载类为A、B或E）时，则应充分考虑下列因素：

舱面载箱的特点是，运输中观察方便；通风条件良好，箱内若有有毒气体逸出时易于被驱散；若装载腐蚀品的集装箱有渗漏时，危害较小而且处置方便；遇危急时，有可能打开箱门采取抛货措施。

舱内载箱的特点是，遮蔽条件好，不会受到海浪冲击；环境温度较低而且相对稳定；航行途

中遇火灾时，可施放 CO_2 扑灭。

对于不同类危险品箱，在选配箱位时还应考虑下列因素：

爆炸品箱若内装敏感度不高，爆炸威力巨大的爆炸品，则应选配于舱面顶层位于或接近船舶纵中剖面位置；若敏感度较高，威力较小的爆炸品，可考虑配装于气温较低的舱内，特别是水线以下且接近船舶纵中剖面的箱位。

易散发易燃气体箱应优先选配于通风条件较好的舱面，且应考虑至少与易产生火星（如冷藏箱）的箱横向不在同一行上，纵向至少间隔一个行箱位。

氧化物质或有机过氧化物箱应选配于舱面，其原因是这类箱若配于舱内万一发生火灾若采用施放 CO_2 来灭火则效果极差。

腐蚀品箱，特别是对船体钢板有严重腐蚀作用的腐蚀品箱，应选配舱面为宜；这类箱和液体类有毒物质箱应避免配装于舱面两舷最外列的箱位上，因为万一这类箱内货物有破损，渗漏的危险液体可能会对在其下方行走或工作的船员造成危险。

放射性品箱应优先考虑选配于距离船员工作和生活区较远的首部舱内（因放射射线的强度与距放射源的距离平方成反比）。为减小因船舶碰撞对舱内这类箱的危险，其横向箱位应尽可能选配于接近船纵中剖面位置。

载有海洋污染物箱应优先选配于舱内；若需装载于舱面，则应选配于具有良好保护和遮蔽条件，纵向位于船中后，横向靠近船纵中剖面，垂向选择底层或接近底层的箱位为宜。

装有“如有可能卷入火灾，应将货物投弃”这类消防建议货物的集装箱，当数量相当多时，应尽可能远离居住处所和驾驶楼区域；当数量较少时，应尽可能选装于舱面，且其箱门应在易于被打开的位置，以便于遇危险时用人力将包件从集装箱中取出和投弃。

2）冷藏集装箱的箱位选配

船舶冷藏箱箱位通常位于船中和船后部舱面上，且避开船舶左右舷最外一列箱位的底部1~2层，具体箱位可以查阅船舶资料确定。当冷藏箱数量不多时，应尽可能纵向选配于船中后，横向靠船纵中剖面的舱面1层（为方便船在航行途中可能需要对冷藏箱的应急修理），而且为防止冲上甲板的海浪对冷藏箱制冷设备的冲击，应在此类箱位的船舷外侧选配几层通用集装箱用作遮挡。

3）超高集装箱的箱位选配

集装箱船货舱的有效高度多按8.5ft（趋向于按9.5ft）箱高的整数倍再加些余量设计。因此，舱内选配超高集装箱时，应当校核该堆箱总高度是否小于货舱的有效高度。若超过时，则应相应减少其装箱层数。软顶超高箱防水性较差应尽量选配于舱内，这类箱如果箱内货物堆装高度超过集装箱角件的高度时，那么无论选配于舱内或舱面，其箱顶部都不宜堆装任何其他集装箱而必须选配于最上一层。

4）超长集装箱的箱位选配

对于舱内设置固定箱格导轨的集装箱船，因舱内每一箱格通常设有横向构件，无法装载超过箱格长度的超长箱。因此，20ft 的超长箱可以选配于舱内 40ft 箱位，但 40ft 的超长箱通常只能配于舱面。

5）超宽集装箱的箱位选配

可以选配于舱面。能否装于舱内，取决于货舱的箱格结构和入口导槽的形状和尺寸。一

般，对于中部超宽，两端50cm范围内不超宽的集装箱，可以选配于舱内；但对于货舱箱格结构之间设有纵向构件的集装箱船，则舱内不能装载此类箱。无论舱内或舱面，当超宽箱的超宽尺度小于该行与相邻列位之间的空隙时，则该超宽箱不占相邻箱位；反之，箱内超宽货物将伸至相邻箱格中，相邻箱位必须留出空位。

6）通风集装箱的箱位选配

为便于箱内货物的自然通风和监控，通常应选配于舱面。而且应当选择能避开冲上甲板的海浪并经通风口灌入箱内的箱位。对于装载兽皮的通风集装箱，为避免箱内温度过高引起货物腐败变质，应避免选配于受阳光直射的甲板最上一层。

7）动物集装箱的箱位选配

此类箱因耐压强度较弱，其上通常不得堆装其他货箱。应选配于通风良好的舱面，但为减少风浪的袭击，周围须以其他货箱作遮蔽，也可以将饲料箱选配于动物箱的两侧。此外，所选的箱位还应满足供水方便，周围留有便于在航行中清扫和喂料的通道，而且能最后装最先卸和不妨碍其他集装箱作业的要求。

2. 普通集装箱的箱位选配原则

1）垂向箱位选配

重箱、强结构箱应配于下层，轻箱、弱结构箱应配于上层。舱面应尽量选配新箱、强结构箱，舱内多配旧箱、弱结构箱。

40ft箱上面不得配装非40ft箱（主要是20ft箱），否则会造成被压的40ft箱顶板和上侧梁等结构受损。纵向两个高度不同的20ft箱之上除非增设高度补偿器，否则仅在两个箱的角件处于同一水平面时才能配装40ft集装箱。

满足集装箱船的局部强度（堆积负荷）要求。在集装箱船的资料中均提供有舱面和舱内设计的每一堆装集装箱的四个底座上最大允许负荷量数据。如从“中河”轮资料中查得：该轮舱面01行四个底座上最大允许负荷量是80t（小于该处4层20ft箱在满载时的最大重量4TEU×30.48 t/TEU = 121.92t）。因此，在确定集装箱垂向箱位时，应当满足每一集装箱堆总重不得超过集装箱船装箱底座的最大允许负荷量要求。

确定集装箱垂向箱位时，应当注意控制舱内和舱面所配集装箱重量的合适比例，以保证船舶的稳性处于适度的范围内。

箱内装载易出汗水或有温度控制要求货物的集装箱，应选配于温度较稳定的舱内箱位。如不得已配于舱面时，则应尽量避免选配于温差变化较大的上甲板顶层箱位。

由于国际上有些运河（如苏伊士运河）当局制定的船舶过运河收费规则规定，集装箱船通过运河将随船舶舱面集装箱堆装最高层数的不同加收一定百分比的额外运河通航费。因此，集装箱船在通过这类运河前，应适当考虑过运河的特殊收费规定，在可能的条件下，采取措施（如适当降低舱面集装箱的最高堆装层数）以减少运河通航费的支出。

2）纵向箱位选配

应当满足船舶的纵强度条件和适当的吃水差要求。当船舶资料中提供有最佳纵倾数据时，则应尽量调整船舶的纵倾至推荐的最佳状态。此外，还应当兼顾满足集装箱的快速装卸要求。为保证驾驶员具有良好的瞭望视线，舱面驾驶台前部集装箱的堆装层数，要求满足IMO的A（17）708文件规定：即船舶驾驶台瞭望船首盲区长度不得超过2倍船长和500m中的较小者。

3）横向箱位选配

应尽量保证各卸箱港集装箱在每一行（排）位上集装箱重量对船舶纵中剖面的力矩代数和接近于零，以满足船体扭转强度不受损伤以及船舶在每一离港状态下无初始横倾角的要求。对于舱面无箱格导轨的集装箱船，在舱面无外层堆码或两列箱横向空档较大（特别是超过5m），即受风压影响的集装箱箱位，应选配轻箱（特别是上层箱位）。这类箱位在舱面无绑扎桥时，应尽可能选配20ft集装箱（所受风压约为40ft箱的一半）；在舱面设有绑扎桥时，则应尽可能选配40′箱（因大型集装箱船甲板上20′箱位中间无集装箱绑扎桥）；这样，在同样系固条件下，能增加这类箱位装箱的系固可靠性。

四、满足集装箱装卸顺序和快速装卸的要求

集装箱船多以班轮形式投入营运，中途常有一个以上挂港，港口常常多线作业，装卸同时进行，港口作业机械效率很高，船舶在港停泊时间短。因此，合理选配箱位满足集装箱装卸顺序和快速装卸要求，对确保船舶安全准班，减少不必要的港口费用支出具有重要意义。

1. 避免或尽量减少中途港发生倒箱现象

编制集装箱船预配积载计划时，要有全航线的整体观念，要对船舶在整个航线的挂港顺序和各挂港的箱源情况进行综合考虑。应当避免后卸港集装箱压住先卸港箱或堵住先卸港箱卸箱通道的现象出现，否则将产生倒箱现象。应当特别注意的是，有些航线上同船运输的相同卸箱港集装箱，因港内有多个卸箱泊位或采用不同的卸箱方式（如一部分特定箱采用码头卸箱，而另一部分箱采用锚地驳卸），如不留意也会出现倒箱现象。为避免或尽量减少中途港发生倒箱现象，应当注意集装箱船舶的舱盖形式和一些港口的特殊规定对不同卸港集装箱箱位选配的影响。

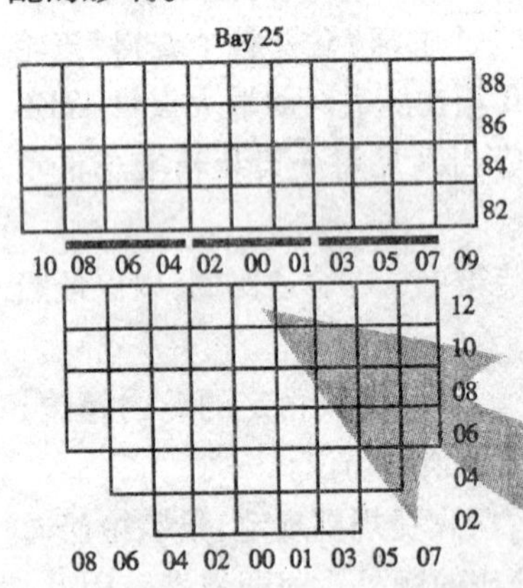

图15-21　某轮第25行行箱位图

集装箱船有多种舱盖形式。甚至一艘集装箱船的不同货舱，有时也采用不同的舱盖形式。应当根据不同舱盖形式正确确定舱内和舱面不同卸港集装箱的合理箱位，以避免发生倒箱现象。图15-21所示为某集装箱船第25行的行箱位图。该舱舱盖形式是在纵向一个40ft箱位行上，横向设计三块可被独立吊至岸上的箱型舱盖。如果在该舱全部承载40ft集装箱，则这三块舱盖相当于将一个舱分为无纵隔壁的三个小舱，左舷小舱占04、06、08和10列，中间小舱占02、00、01三列，右舷小舱占03、05、07和09列。若设A、B为某航次任意两个卸箱港港名缩写，则该行箱位上较合理的箱位选配方案之一是，舱内中间小舱选配A港箱，舱内左右两个小舱选配B港箱，舱盖上00、01和02列上只能选配A卸港或先于A卸港的集装箱，舱盖上03～10列上只能选配B卸港或先于B卸港的集装箱。

目前，无舱盖集装箱船已投入使用，这类船舶中部多个舱设计成无舱盖形式，并将舱内箱格导轨延伸到舱面。它不但可以省去舱面集装箱的系固作业，而且为彻底避免出现倒箱现象提供了有利的条件。

国际上有些港口制定的港内危险品装卸和过境管理特殊规则，对不同到港危险品集装箱

的箱位选配也有影响。例如,新加坡当局规定,凡装载当局规定的一级危险品货物(包括集装箱)的船舶,必须先在规定锚地将这类危险品过驳后,才准许靠码头作业。若这类危险品属于过境性质,则需要等船舶靠泊作业完毕后,再驶回锚地重新将暂存的危险品装船。这就要求驶往新加坡装有当局规定的一级危险品箱且必须靠泊作业的船舶,对这类无论卸港是新加坡还是过境的危险品箱,都必须选配于抵港后能一次卸载的箱位上,以免引起倒箱。

2. 尽力满足快速装卸要求

集装箱船舶的装卸作业多采用岸上高效的集装箱装卸桥。大型集装箱船有时采用多达10台以上装卸桥同时并排作业。但由于装卸桥的结构原因,使得两台装卸桥不容许紧靠在一起作业,必须至少纵向间隔一个40ft行箱位。因此,在集装箱箱位选配时,应当考虑这一因素,以满足其快速装卸要求。

当船舶在港作业量较大时,应当根据集装箱泊位的装卸桥作业台数,均衡分配船上各台装卸桥作业区域的集装箱作业量(以自然箱数计算),以缩短船舶装卸作业时间。当船舶在港作业量很少时,若条件许可,其箱位应尽量选配于舱面,以减少开关舱作业量。

20ft箱和40ft箱在每一行位的舱内和舱面上应当尽量保持各自对船舶纵中剖面的力矩接近于零,以免装卸中为减少船舶横倾角而需多次调整装卸桥自动吊具尺度和装卸桥大车沿岸移动及其对位时间。

当船舶停靠的泊位装卸作业可同时进行时,船上同一泊位卸载箱和装载箱的箱位应选配于相近位置,以减少装卸桥吊具空返次数和装卸桥大车沿岸移动及对位时间。对于靠泊具备一次起吊2~4个20ft箱吊具的某些港口的集装箱船,20ft集装箱的箱位应当成对选配,以发挥这类装卸机械的作业效率。对于一些需要特殊吊具操作的特殊集装箱(如超高箱或平台箱),其箱位应选配于相近位置,以减少在集装箱自动吊具上安装附属吊具的次数。

五、集装箱船配积载文件的编制

集装箱船配积载通常需要经历下列几个过程:

1. 编制集装箱船"航次订舱单"

航次订舱单(Booking list)是船公司航(箱)运部门或其代理根据货主的托运申请为特定船舶的具体航次分配待运集装箱的清单。该清单通常按不同卸港、重量和不同箱类型

列出,对特殊箱有必要的备注。在编制订舱单时往往由于许多货物还未完成装箱,因此,清单上还无法提供集装箱箱号和其他一些细节内容。

2. 编制集装箱船积载计划

集装箱船积载图通常由全船行箱位总图(封面图,行箱位断面总图)和每行一张的行箱位图(排位图,行箱位断面图)组成。集装箱船行箱位总图(图15-22)是将集装箱船上每一装20ft箱的行箱位横剖面图自船首到船尾按顺序排列而成的总剖面图。从该图上可以总览全船的箱位分布情况。集装箱船行箱位图是船舶某一装20ft箱的行箱位横剖面图(图15-23)。它是对集装箱船行箱位总图上某一行箱位横剖面图的放大。在该图上可以标注和查取某一特定行所装每一集装箱的详细数据。

1)集装箱船行箱位总图的标注方式

行箱位总图通常有两种标注方式:

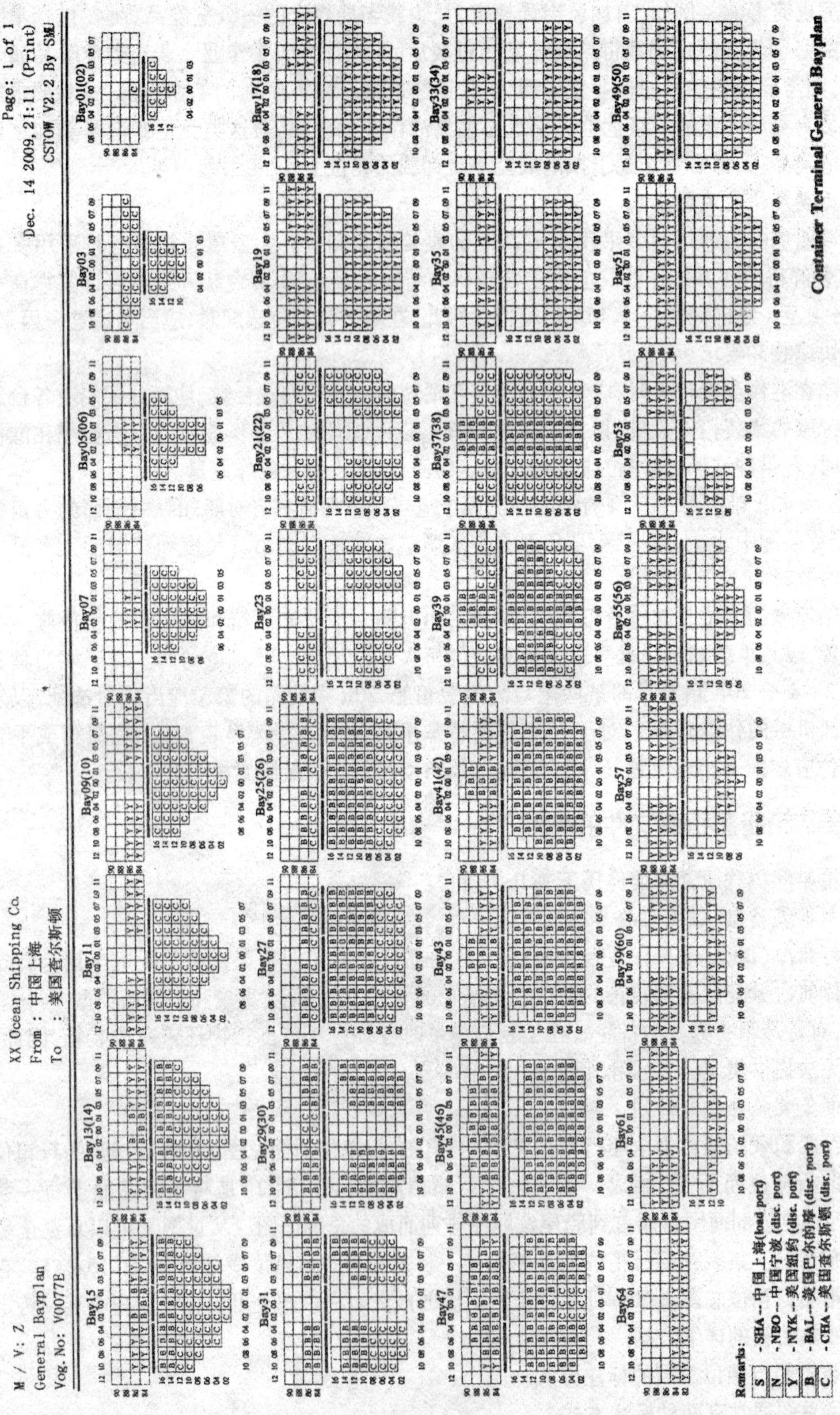

M / V: Z
General Bayplan
Vog. No: V0077E

XX Ocean Shipping Co.
From : 中国上海
To : 美国查尔斯顿

Page: 1 of 1
Dec. 14 2009, 21:11 (Print)
CSTOW V2.2 By SMU

Bay15 · Bay13(14) · Bay11 · Bay09(10) · Bay07 · Bay05(06) · Bay03 · Bay01(02)

Bay31 · Bay29(30) · Bay27 · Bay25(26) · Bay23 · Bay21(22) · Bay19 · Bay17(18)

Bay47 · Bay45(46) · Bay43 · Bay41(42) · Bay39 · Bay37(38) · Bay35 · Bay33(34)

Bay64 · Bay61 · Bay59(60) · Bay57 · Bay55(56) · Bay53 · Bay51 · Bay49(50)

Remarks:

S	- SHA -- 中国上海(load port)
N	- NBO -- 中国宁波 (disc. port)
Y	- NYK -- 美国纽约 (disc. port)
B	- BAL -- 美国巴尔的摩 (disc. port)
C	- CHA -- 美国查尔斯顿 (disc. port)

Container Terminal General Bayplan

图 15-22a) “Z”轮某航次全船行箱位总图(字母图)

M / V: Z
General Bayplan
Vog. No: V0077E

XX Ocean Shipping Co.
From ：中国上海
To　：美国查尔斯顿

Page: 1 of 1
Dec. 14 2009, 21:12 (Print)
CSTOW V2.2 By SMU

Bay15　Bay13(14)　Bay11　Bay09(10)　Bay07　Bay05(06)　Bay03　Bay01(02)

Bay31　Bay29(30)　Bay27　Bay25(26)　Bay23　Bay21(22)　Bay19　Bay17(18)

Bay47　Bay45(46)　Bay43　Bay41(42)　Bay39　Bay37(38)　Bay35　Bay33(34)

Bay64　Bay61　Bay59(60)　Bay57　Bay55(56)　Bay53　Bay51　Bay49(50)

Remarks:
D - Dangerous container
- Reefer
- Empty container
- With information
- 40' Container
- Over size (length)
- Over size (left side)
- Over size (right side)
- Over size (height)
* - Normal container

Special Container General Bayplan

图 15-22b)　“Z”轮某航次全船行箱位总图(特殊箱位图)

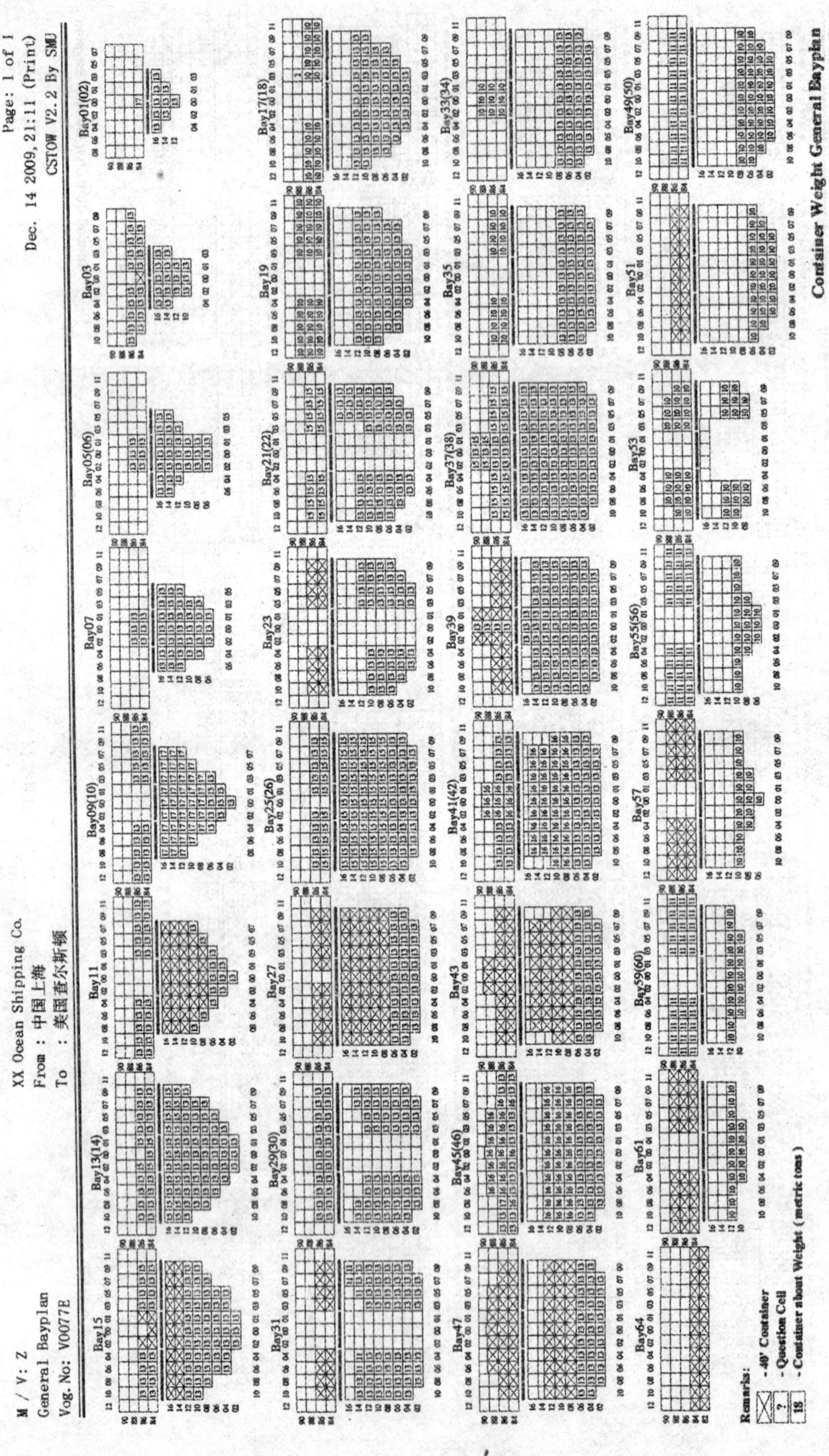

M / V: Z

General Bayplan

Vog. No: V0077E

XX Ocean Shipping Co.

From : 中国上海

To : 美国查尔斯顿

Page: 1 of 1

Dec. 14 2009, 21:11 (Print)

CSTOW V2.2 By SMU

Bay15　Bay13(14)　Bay11　Bay09(10)　Bay07　Bay05(06)　Bay03　Bay01(02)

Bay31　Bay29(30)　Bay27　Bay25(26)　Bay23　Bay21(22)　Bay19　Bay17(18)

Bay47　Bay45(46)　Bay43　Bay41(42)　Bay39　Bay37(38)　Bay35　Bay33(34)

Bay64　Bay61　Bay59(60)　Bay57　Bay55(56)　Bay53　Bay51　Bay49(50)

Remarks:

- 40' Container

- Question Cell

- Container about Weight (metric tons)

Container Weight General Bayplan

图 15-22c)　"Z"轮某航次全船行箱位总图(重量图)

M / V: Z　　　　　　　　XX Ocean Shipping Co.　　　　　　　　Page: 1 of 1
Ship's Bayplan　　　　　From : 中国上海　　　　　　　　Dec. 14 2009, 21:14 (Print)
Vog. No: V0077E　　　　To　 : 美国查尔斯顿　　　　　　CSTOW V2.2 By SMU

Tier	12	10	08	06	04	02	00	01	03	05	07	09	11
90													
88													
86		40'(8.5) BAL X SHA C-15.0 13.4 261086 42RE	40'(8.5) BAL X SHA C-15.0 13.4 260886 42RE	40'(8.5) BAL X SHA C-15.0 13.4 260686 42RE	40'(8.5) BAL X SHA C-15.0 13.4 260486 42RE	40'(8.5) BAL X SHA C-15.0 13.4 260286 42RE		40'(8.5) BAL X SHA C-15.0 13.4 260186 42RE	40'(8.5) BAL X SHA C-15.0 13.4 260386 42RE	40'(8.5) BAL X SHA C-15.0 13.4 260586 42RE	40'(8.5) BAL X SHA C-15.0 13.4 260786 42RE	40'(8.5) BAL X SHA C-15.0 13.4 260986 42RE	
84		40'(9.5) CHA X SHA C-18 14.5 261084 45RE	40'(9.5) CHA X SHA C-18 14.5 260884 45RE	40'(9.5) CHA X SHA C-18 14.5 260684 45RE	40'(9.5) CHA X SHA C-18 14.5 260484 45RE	40'(9.5) CHA X SHA C-18 14.5 260284 45RE		40'(9.5) CHA X SHA C-18 14.5 260184 45RE	40'(9.5) CHA X SHA C-18 14.5 260384 45RE	40'(9.5) CHA X SHA C-18 14.5 260584 45RE	40'(9.5) CHA X SHA C-18 14.5 260784 45RE	40'(9.5) CHA X SHA C-18 14.5 260984 45RE	
16		40'(8.5) BAL X SHA 15.2 261016 42GP	40'(8.5) BAL X SHA 15.2 260816 42GP	40'(8.5) BAL X SHA 15.2 260616 42GP	40'(8.5) BAL X SHA 15.2 260416 42GP	40'(8.5) BAL X SHA 15.2 260216 42GP	40'(8.5) BAL X SHA 15.2 260016 42GP	40'(8.5) BAL X SHA 15.2 260116 42GP	40'(8.5) BAL X SHA 15.2 260316 42GP	40'(8.5) BAL X SHA 15.2 260516 42GP	40'(8.5) BAL X SHA 15.2 260716 42GP	40'(8.5) BAL X SHA 15.2 260916 42GP	
14		40'(8.5) BAL X SHA 15.2 261014 42GP	40'(8.5) BAL X SHA 15.2 260814 42GP	40'(8.5) BAL X SHA 15.2 260614 42GP	40'(8.5) BAL X SHA 15.2 260414 42GP	40'(8.5) BAL X SHA 15.2 260214 42GP	40'(8.5) BAL X SHA 15.2 260014 42GP	40'(8.5) BAL X SHA 15.2 260114 42GP	40'(8.5) BAL X SHA 15.2 260314 42GP	40'(8.5) BAL X SHA 15.2 260514 42GP	40'(8.5) BAL X SHA 15.2 260714 42GP	40'(8.5) BAL X SHA 15.2 260914 42GP	
12		40'(8.5) BAL X SHA 15.2 261012 42GP	40'(8.5) BAL X SHA 15.2 260812 42GP	40'(8.5) BAL X SHA 15.2 260612 42GP	40'(8.5) BAL X SHA 15.2 260412 42GP	40'(8.5) BAL X SHA 15.2 260212 42GP	40'(8.5) BAL X SHA 15.2 260012 42GP	40'(8.5) BAL X SHA 15.2 260112 42GP	40'(8.5) BAL X SHA 15.2 260312 42GP	40'(8.5) BAL X SHA 15.2 260512 42GP	40'(8.5) BAL X SHA 15.2 260712 42GP	40'(8.5) BAL X SHA 15.2 260912 42GP	
10		40'(8.5) BAL X SHA 15.2 261010 42GP	40'(8.5) BAL X SHA 15.2 260810 42GP	40'(8.5) BAL X SHA 15.2 260610 42GP	40'(8.5) BAL X SHA 15.2 260410 42GP	40'(8.5) BAL X SHA 15.2 260210 42GP	40'(8.5) BAL X SHA 15.2 260010 42GP	40'(8.5) BAL X SHA 15.2 260110 42GP	40'(8.5) BAL X SHA 15.2 260310 42GP	40'(8.5) BAL X SHA 15.2 260510 42GP	40'(8.5) BAL X SHA 15.2 260710 42GP	40'(8.5) BAL X SHA 15.2 260910 42GP	
08		40'(8.5) BAL X SHA 15.2 261008 42GP	40'(8.5) BAL X SHA 15.2 260808 42GP	40'(8.5) BAL X SHA 15.2 260608 42GP	40'(8.5) BAL X SHA 15.2 260408 42GP	40'(8.5) BAL X SHA 15.2 260208 42GP	40'(8.5) BAL X SHA 15.2 260008 42GP	40'(8.5) BAL X SHA 15.2 260108 42GP	40'(8.5) BAL X SHA 15.2 260308 42GP	40'(8.5) BAL X SHA 15.2 260508 42GP	40'(8.5) BAL X SHA 15.2 260708 42GP	40'(8.5) BAL X SHA 15.2 260908 42GP	
06		20'(8.5) CHA X SHA 12.6 251006 22GP	20'(8.5) CHA X SHA 12.6 250806 22GP	20'(8.5) CHA X SHA 12.6 250606 22GP	20'(8.5) CHA X SHA 12.6 250406 22GP	20'(8.5) CHA X SHA 12.6 250206 22GP	20'(8.5) CHA X SHA 12.6 250006 22GP	20'(8.5) CHA X SHA 12.6 250106 22GP	20'(8.5) CHA X SHA 12.6 250306 22GP	20'(8.5) CHA X SHA 12.6 250506 22GP	20'(8.5) CHA X SHA 12.6 250706 22GP	20'(8.5) CHA X SHA 12.6 250906 22GP	
04		20'(8.5) CHA X SHA 12.6 251004 22GP	20'(8.5) CHA X SHA 12.6 250804 22GP	20'(8.5) CHA X SHA 12.6 250604 22GP	20'(8.5) CHA X SHA 12.6 250404 22GP	20'(8.5) CHA X SHA 12.6 250204 22GP	20'(8.5) CHA X SHA 12.6 250004 22GP	20'(8.5) CHA X SHA 12.6 250104 22GP	20'(8.5) CHA X SHA 12.6 250304 22GP	20'(8.5) CHA X SHA 12.6 250504 22GP	20'(8.5) CHA X SHA 12.6 250704 22GP	20'(8.5) CHA X SHA 12.6 250904 22GP	
02			20'(8.5) CHA X SHA 12.6 250802 22GP	20'(8.5) CHA X SHA 12.6 250602 22GP	20'(8.5) CHA X SHA 12.6 250402 22GP	20'(8.5) CHA X SHA 12.6 250202 22GP	20'(8.5) CHA X SHA 12.6 250002 22GP	20'(8.5) CHA X SHA 12.6 250102 22GP	20'(8.5) CHA X SHA 12.6 250302 22GP	20'(8.5) CHA X SHA 12.6 250502 22GP	20'(8.5) CHA X SHA 12.6 250702 22GP		

Bay 25 (Bay 26)	
20'(TEU)	31
40'(FEU)	75
Weigt(t)	948.10
LCG(m)	159.09
VCG(m)	13.64
TCG(m)	0.00

The Local strength is OK.

图 15-23　"Z"轮某航次第 25 行行箱位图

驾驶专业

(1)在总图上每一小方格内,标注以吨为单位的集装箱重量数据,并涂以代表集装箱不同卸港的特定颜色。方格内标以"×",表示该箱位已被40ft箱所占用。对特殊集装箱箱位,则在其箱位方格上划圈并在适当位置加以标注。如"R"表示冷藏集装箱;"D6.1"表示危险品集装箱,箱内装有6.1类危险货物等等;

(2)由于上述标注方式中代表不同卸箱港的颜色无法用单色打印机或复印机制作,也无法使用传真机传输,因此,有时采用两张行箱位总图——字母图(图15-22a)和重量图(图15-22b)来分别标注集装箱的卸箱港和箱重。在字母图上每一装箱箱格的方格内,标注代表某一卸箱港港名的一个字母(如以"S"代表Shanghai)。在重量图上每一装箱箱格的方格内,则仍标注以吨为单位的集装箱重量。特殊集装箱可以在字母图也可以在数字图上标注。当特殊集装箱标注内容较多时,可以单独用一张行箱位总图特别予以标注,该图被称为特殊集装箱行箱位总图。

2)集装箱船行箱位图的标注内容

行箱位图的标注内容如图15-24所示,该图中所标字母和数字说明如下:

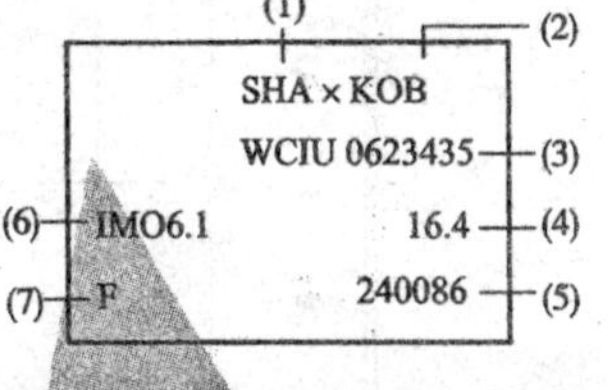

图15-24 行箱位图标注

(1)卸箱港港名缩写。如"SHA"表示上海港缩写。

(2)装箱港港名缩写。如"KOB"表示日本神户港缩写。

(3)集装箱箱号。

(4)集装箱实际重量,t。

(5)集装箱在船上的箱位号或集装箱在码头堆场上的箱位编号。集装箱箱位号由于很容易根据其在行箱位图中所处的相对位置确定,所以这项标注常常被省略。但为便于集装箱在港内的装箱作业,集装箱装卸公司往往将待装集装箱在码头堆场上的箱位编号标注于该位置。

(6)集装箱备注。如:E表示空箱;M表示邮件箱;R+2+4表示冷藏集装箱,要求的冷藏温度应保持在2~4℃之间;D3.1、H3.1、IMDG3.1或IMO3.1通常都表示危险品集装箱,箱内装有《国际危规》3.1类危险货物等等。

(7)集装箱类型。40′或F表示40ft集装箱,20′或T表示20ft集装箱。40ft箱仅需在前一箱位上标注,而后一箱位通常标以"×"。

此外,对非标准集装箱,常用"(","<"和">"符号并配以数字以标注超高、左超宽或右超宽集装箱,其数字为货物超出箱体外表面的尺度。有时在行箱位图中还标出集装箱尺寸和类型代码如"42G0"(表15-2、表15-3和表15-4),集装箱承租人名称缩写如"COS"等(图15-24)。

3)编制集装箱船积载计划的过程

集装箱船在港停泊时间短,积载计划编制的工作量大,船舶性能指标核算的要求高,装卸公司在船舶装箱前通常需要在堆场上对集装箱堆码位置和顺序进行调整以适应集装箱的装船顺序。因此,编制集装箱船积载计划,通常需要借助计算机,在船公司或其代理、装卸公司以及集装箱船船长和大副共同参与下,依靠传真、计算机网络等现代化通讯手段进行文件传送,并经历预配、初配和审核三个过程才能完成。

(1)预配过程

集装箱船的航次预配工作是由船公司配积载部门、船舶代理或集装箱船大副承担。其任务是将“航次订舱单”上所列的每一集装箱，按照集装箱箱位选配的基本原则，满足装卸顺序和快速装卸等要求，在集装箱船的行箱位总图上作一大致安排，并绘制船舶预配积载图。该图所确定的航次装载方案通常需在计算机上经集装箱船装载计算系统的粗略核算，以保证船舶各项性能指标符合要求。由于“航次订舱单”上往往无法提供集装箱箱号和其他一些细节资料，因此，集装箱预配积载图有时仅仅是在行箱位总图上确定每一卸港集装箱在船上的装载区域。该图绘制后需及时送交集装箱装卸公司。

(2)初配过程

为保证航次装船集装箱在码头堆场上的堆码顺序与“集装箱预配积载计划”确定的集装箱装船顺序相吻合，集装箱装卸公司在收到“集装箱预配积载计划”后，将着手编制集装箱船的初配积载计划。该项工作通常由装卸公司集装箱配载部门承担。

在编制预配积载计划时，航次计划装船的集装箱货物，有些已装箱正在中转运输途中，或者堆存于指定泊位或远离指定泊位的集装箱堆场上，但有些还未完成装箱作业。集装箱装卸公司掌握着航次装船集装箱的动态，并负责这些货箱在码头的聚集并安排在堆场上的箱位。为保证集装箱装船过程有序而快速，在装船前装卸公司通常需要将装船集装箱按一定顺序安排于码头特定的堆场上，并编制集装箱装船顺序表。

装卸公司的集装箱配载员根据装船集装箱的在堆场上的堆码状况，在既能满足“集装箱预配积载计划”的总体要求，又能减少码头堆场集装箱作业量的条件下，借助集装箱船计算机装载计算系统，在集装箱船的行箱位总图和行箱位图上按上述规定格式填入详细的集装箱数据。在集装箱初配积载计划中的行箱位图上，除标注有集装箱的卸港、箱重、箱号、备注以外，还通常标注有集装箱在码头堆场上的箱位编号，以方便集装箱的装船作业。

(3)审核过程

集装箱船舶的船长和大副了解航线状况、本船航次油水的配置与消耗、船舶的装载特性、途中各挂靠港的作业特点等细节内容，并对船舶和集装箱的运输安全负责。因此，由集装箱装卸公司编制的集装箱船初配积载计划必须在集装箱装船作业开始前送交集装箱船船长和大副作全面审核。

船长和大副对集装箱船初配积载计划需要按照集装箱箱位选配的基本原则以及满足装卸顺序及快速装卸要求，在船舶计算机上利用集装箱装载计算系统进行船舶各项性能指标的全面核算。若对初配积载计划有任何修改意见，船方应通过代理或直接与装卸公司协商解决。由于在装箱前供审核初配积载计划的时间通常较短，装卸公司往往以初配积载计划为依据已编制了集装箱装船顺序表并下发至装卸公司有关的各部门。同时，集装箱堆场上该轮待装箱的堆码顺序通常已经保持与所制定的集装箱装船顺序表相吻合。因此，在确保船舶、集装箱及其货物安全的前提下，船长和大副应尽量减少对集装箱初配积载计划的修改量，或者选择对集装箱堆场作业影响较小的修改方案，以免造成集装箱堆场作业顺序混乱，影响作业效率。

船长和大副对集装箱船初配积载计划审核通过后，常常根据航线条件和船上《货物系固手册》中推荐的集装箱系固方案，在积载计划的行箱位总图和行箱位图上使用特定符号绘制集装箱系固方案图，供装卸公司在装箱同时按要求进行系固操作。

只有当经船长和大副核准并签字后，该初配积载计划才能作为指导船舶装箱作业的正式

积载计划。它与初配积载计划的形式和内容基本上相同。

3. 编制集装箱船实配积载文件

集装箱船积载计划在装箱过程中会因某些原因需要作一些修改。集装箱船现场理货员对每一装船集装箱箱号、所配箱位等均作有记录。船舶装箱完毕后，由船舶理货员依据现场记录负责绘制集装箱船实配积载图，集装箱船大副负责进行实际装载条件下船舶稳性、强度、吃水和吃水差的核算。目前，该项工作可以通过对船舶计算机磁盘上已存积载文件的修改和计算结果的打印来完成。实配积载文件内容通常包括：

(1)全船行箱位总图(封面图)；

(2)集装箱船各行箱位图；

(3)集装箱装船统计表；

(4)船舶稳性、强度和吃水核算结果。

集装箱船实配积载文件中全船行箱位总图和各行箱位图与积载计划中的形式和内容基本相同，只是在实配积载文件的行箱位图中删除了集装箱在堆场的箱位编号。实配积载文件中行箱位总图和各行箱位图应当由船舶代理通过某种通讯手段送交船舶各有关的挂靠港。它是港口有关部门编制船舶卸箱或中途加载计划的主要依据。

集装箱装船统计表是用于统计实船装载的不同装港和卸港、不同状态货箱(重箱、冷藏箱、危险品箱和空箱)、不同尺度货箱(20ft 和 40ft 箱)的数量和重量，以及各卸港和航次装船集装箱的合计数量和重量。其形式如表 15-9 所示。

集装箱装箱统计表

表 15-9

船名______ 航次______ 日期______

装货港	卸箱港							合计	
	箱类型	20′	40′	20′	40′	20′	40′	20′	40′
	重箱								
	冷藏箱								
	危险货箱								
	空箱								
	重箱								
	冷藏箱								
	危险货箱								
	空箱								
……	……	……	……	……	……	……	……	……	……
合计	箱数								
	重量								
总计									

六、集装箱船舶运输全过程中的注意事项

在集装箱船舶运输各个过程中，除应当注意与杂货船相同的一些事项外，还包括：

1. 装卸前的注意事项

装箱前船方应按照已制定的集装箱系固方案，整理和安排好数量充足且技术状态良好的系固索具。检查货舱污水阱及其排水系统、货舱通风系统，货舱箱格导轨、货舱舱盖、甲板上系固用地令、全船压载水系统等是否处于适用状态。如有问题，应尽力在装箱前予以修复。

卸箱前船方应向卸箱方（工头）详细介绍船上待卸集装箱的系固情况，以方便装卸工人按卸箱顺序迅速解除集装箱系固索具。

2. 监装中的注意事项

严格监督集装箱的装船过程是维护船方利益，确保集装箱船货运质量的重要一环。现场值班监装人员应注意选择适宜的观察位置，并随身携带对讲机和计划积载图。装箱中如遇各类问题应随时随地与大副保持联系并及时予以处理。应当特别重视做好在夜间、风雨中等视线不良时的监装工作。

1）严格执行“积载计划”确定的集装箱装载箱位。

积载计划图中确定的每一集装箱装载箱位都有一定考虑，未经船舶大副和装卸公司同意，不得随意修改。否则，可能会造成船舶某行位所配集装箱重量对船舶纵中剖面力矩左右不等，先卸港箱被后卸港箱堵住等后果。应当督促理货员对每一装船集装箱的箱号进行严格核对并作正确记录，以防止发生错装漏装的现象。

监装中，应当要求装船的每一非冷藏箱端门保持向船尾方向堆码，以避免上浪时海水对集装箱水密性较差的一端的直接冲击。

2）检查集装箱箱门铅封的封志是否完好。

除空箱和非封闭结构的集装箱外，卸箱时若发现箱门的铅封封志缺少，因疏忽未被完全锁住，受撞击遭受破坏或已被人为剪断等情况，除非船方能举证说明，否则将对箱内货物短缺或与提单记载不符负有难以推卸的责任。因此，现场值班船员应当对装船的每一集装箱箱门的铅封封志进行严格检查。

3）检查集装箱箱体外表状况是否良好。

认真观察箱体外表，若发现箱体破损、严重锈蚀，局部或整体严重变形等现象，在区分原残（装船以前已存在的残损）还是工残（装船过程中造成残损）的基础上，应在现场记录单（Container Inspection Record）上用准确的文字记载或图形标注（必要时配以现场照片），并及时送交工头或理货员签认，以免除船方对该箱破损或变形的任何责任。否则，在卸箱中若港方发现集装箱破损（此时被认作“原残”）时，往往要求船方在卸箱港提供的箱体破损记录上签字，从而可能最终承担对收货人或保险人的赔偿责任。

4）检查箱体外是否有液体渗漏或气体外泄。

装箱前，箱内货物可能因堆码或系固不当，受到猛烈冲击和震动、受到温度、湿度剧烈变化等原因造成货物包装破损，引起液体货物渗漏或气体货外泄现象。此时，应当从该箱舱单上了解所装货物的名称、性质等。如确认箱内所装货物属危险品，则应坚决拒装，并严格按《国际危规》和当地有关法规采取正确的应急措施，妥善处理泄漏物。

5)对冷藏、危险品等特殊箱的装船严格把关。

冷藏集装箱装载时,为防止航行中上浪海水侵入冷藏箱的机械和电器部分,应要求将冷藏箱制冷机组一端朝船尾方向。而且该端应留有人员能接近的通道,并尽量避免冷藏箱堆装超过两层,以方便有关人员的检查和修理。冷藏箱装船后,应由大管轮和电机员负责尽快按冷藏箱舱单(Reefer Cargo Manifest)上的标注检查其设定的冷藏温度并对制冷机械试机运行。若存在故障,则应采取及时修理,临时换箱或退关的方法解决。若对冷藏箱有任何疑问,大副应在冷藏箱设备交接单上签名的同时加以批注。

危险品集装箱装载时,除检查其箱体外表状况是否良好外,还应特别核查其箱外两端和两侧是否均粘贴了符合《国际危规》要求的危险品主、副标牌或海洋污染物标记。若缺少时,应及时补上。无关的各种标记、标志或标牌均应去除。此外,承运危险品集装箱必须附有表明符合《国际集装箱安全公约》要求的"CSC 安全合格"金属铭牌。船上应备有托运人提供的"集装箱装运危险货物装箱证明书"(Container Packing Certification),以表明箱内所装货物符合《国际危规》各项要求。对装运过危险货物的集装箱在未彻底清洗或消除危害之前,应仍按原所装危险货物的要求运输。

6)做好集装箱的系固工作

船舶值班人员应严格按计划积载图上集装箱系固方案监督执行。对于舱面不设或部分设置箱格导轨的集装箱船舶,做好舱面集装箱的系固工作对确保集装箱的运输安全尤其重要。如因系固过失造成集装箱灭失,则属于船方管货过失而应承担责任。

应当特别注意的是,使用非自动扭锁索具进行舱面集装箱系固的船舶,因这类扭锁的开启和关闭难以由视觉直接判断,因此,在监装中,特别在船舶开航前,应确保舱面系固的每一扭锁处于锁闭状态。

3. 监装监卸中的共同注意事项

(1)装卸过程中,应当均衡各作业线的作业进度,保证满足船体的强度和最低限度的稳性要求。同时注意调整平衡水舱的压载水,防止船舶装卸中出现较大横倾(应小于2°~3°)和纵倾,以免集装箱被箱格导轨卡住而无法装卸。

(2)应当监督装卸工人正确进行集装箱的装卸操作。集装箱起吊受力后应稍停顿,以检查箱的受力是否平衡;当箱稳定后继续起吊时,操作动作应尽量平缓;集装箱在快速下降中应避免突然停止;集装箱在着地前,下降速度应减慢;着地时,不能使箱受到猛烈冲击。在大风浪恶劣天气下作业时,应使用防震索控制集装箱的晃动。

(3)严禁在地面或其他集装箱上拖曳集装箱;不能用滚轮或撬棒移动集装箱;集装箱不能在摇摆状态时着地或者拖曳起吊;不能利用摇动作用力将集装箱放置在吊索正下方以外的位置。

(4)堆装集装箱的舱内或舱面,不能放置任何可能损伤集装箱的障碍物或突出物,也不能有积水,这是因为除罐式集装箱等少数箱外,集装箱不具有水密性,而仅具有风雨密性。

(5)集装箱装卸中如因装卸工人操作不当造成如货舱、箱格导轨、舱盖等船体或设备的任何损坏,船方应及时出具现场事故报告并要求港方(工头)签认。

4. 运输途中的注意事项

集装箱船航线设计,应尽量避开大风浪出现频率较高的海域。航行途中,应当对船上所载的集装箱进行有效监管。遇到大风浪警报时,应当注意检查和增设集装箱的系固设备。当舱面集装箱系固索具发生松动或断裂现象时,应当及时采取当时条件下力所能及补救措施,以避免集装箱被甩入海中。对装载有温度控制要求的集装箱,航行中须定时检查其温度。对集装箱箱内货物产生的任何异常现象,应当尽快查明原因,采取尽量不殃及其他集装箱的处置措施,并注意记录事故发生的时间、环境、气象、温度及观测到的其他各种现象和变化过程,及船方的处理措施。

当认为必须进入集装箱内部才能查明事故原因或采取确保船、货安全的措施时,经船公司同意后可以打开集装箱箱门。但应考虑其所装货物的性质以及渗漏可能产生毒性或易燃蒸气,或箱内可能产生富氧气体或缺乏氧气的可能性。如这种可能性存在时,进入集装箱内部时应格外小心。

小结与习题

了解各类标准集装箱的尺寸、总重、标志和与海运相关的试验及参数,熟悉集装箱船的结构特点及箱位编号方法是本章基础。集装箱海上安全运输的重点是:

1. 船舶稳性:控制轻、重箱在舱内外所占比例,减少压载水的注入量,以在较小吃水下获得船舶适度的稳性;

2. 船体纵强度:控制集装箱沿船长的重量均衡分布,以满足船舶纵强度条件;

3. 集装箱系固:按《货物系固手册》的系固要求编制航次集装箱的系固方案,必要时需要核算舱面特定集装箱堆进行系固强度的有效性,以确保集装箱的安全;

4. 特殊箱箱位选配:对于危险品箱、冷藏箱、超限箱、非国际标准箱、破损箱,以及装载一些特殊货物(如动物等)的集装箱,应严格按照各自箱位选配的原则选配箱位,可以最大限度地减少货运事故;

5. 快速装卸与监装监卸:箱位选配应尽可能满足集装箱各作业区域配箱数量大致相等的要求,以均衡集装箱各作业线的作业进度;应细心检查每一作业集装箱的外表状况与封志、吊装程序与方式、装载箱位、系固操作等是否符合要求。

思考题

1. 集装箱上有哪些主要标志?各自主要含义是什么?
2. 简述集装箱船箱位编号的方法。
3. 集装箱船行箱位总图和行箱位图有什么区别?图上各主要标注哪些内容?
4. 集装箱在船上箱位选配时应考虑哪些因素?
5. 简述编制集装箱船积载计划的全过程。
6. 选配普通集装箱垂向箱位的原则有哪些?
7. 选配普通集装箱横向箱位的原则有哪些?
8. 选配普通集装箱纵向箱位的原则有哪些?
9. 确定舱面集装箱箱位时,需要同时满足哪些方面要求?
10. 试按照例 15-1 的计算条件和过程,完成表 15-10 中箱封端(横向)各行指标的计算。

表 15-10

序号	校核项目名称		箱门端(横向)			
			实际值	箱层	允许值	相对百分数(%)
1	各层箱中的最大值	对角件水平绑扎力				
2		对角件垂直绑扎力				
3		对角件合成绑扎力				
4		箱剩余扭变力				
5		对箱角柱压力				
6		对角件或扭锁切力				
7		底角件分离力(负值)				
8	第1道绑扎杆拉力					
校核结果						

第十六章 散装谷物运输

IMO《国际散装谷物安全装运规则》定义的谷物(Grain)系指包括小麦(Wheat)、玉蜀黍(玉米)(Maize)、燕麦(Oats)、稞麦(Rye)、大麦(Barley)、大米(Rice)、豆类(Pulses)、种子(Seeds)以及由其加工的与谷物在自然状态下具有相同特征的制成品。像麸皮、面粉等是不符合上述定义的谷物。

谷物是大宗货物之一,常以散装形式采用散装谷物专运船进行海上运输。谷物散装运输比包装运输具有许多优点:可以增加一定的装载数量,有利于机械化装卸,能缩短装卸作业时间,节省装卸和包装费用等。

第一节　散装谷物及其装运概述

一、散装谷物的海运特性

1. 呼吸性

谷物靠呼吸作用维持生命,呼吸过程会产生水和二氧化碳并释放热量。谷物微弱呼吸能提高其抗病能力;而其旺盛呼吸将在舱内产生大量的水、二氧化碳和热量。由于谷物的导热能力差,货堆内部产生的热量很难散发,会使其温度不断升高。同时,较高的温度和含水量又为谷物的旺盛呼吸创造了条件。因此,谷物的旺盛呼吸将使货舱内出现环境恶化,为舱内微生物和虫害的繁殖和生长提供条件,导致谷物发芽、霉变、腐烂等,影响谷物的运输质量。

谷物的呼吸强度受其本身的水分、温度、储运场所空气中的含氧量以及籽粒状态等因素影响,其中水分是最重要的因素。在一定的温度范围内,谷物含水量增大,呼吸将大大加强。干燥谷物呼吸作用极为微弱,当水分超过安全水分时,呼吸强度骤然增强。在温度0~50℃范围内,呼吸强度随温度上升而增强,谷物呼吸作用最适宜的温度为20~40℃。空气中氧含量充足时则呼吸强度大。新粮、瘪粒、破碎粒、表面粗糙的籽粒等呼吸作用较强。

为抑制谷物呼吸作用，在装船前应严格控制其含水量。当谷物含水量超过国家规定或运输合同标准时应拒绝装运。

2. 吸湿和散湿性

谷物具有吸收水分和散发水分的性能。当谷物比较干燥而外界空气湿度较大时，谷物会吸收水分使其含水量增大；当外界空气湿度较小时，谷物会向周围散发水分。因此船舶在航行中，应正确通风，以防外界高温和潮湿空气进入舱内。

3. 吸附性

谷物极易吸附异味和有害气体。当异味和有害气体被谷物吸收后，散发很慢，甚至不能散发，以致影响谷物的食用。为防止谷物因感染异味而影响其质量，装货前应做好清扫、除味等货舱的准备工作。

4. 易遭受虫害和鼠害

谷物很容易感染米象、谷象等虫害，也常遭鼠害的困扰。遭受虫害或鼠害的谷物，重量损失、品质降低，而且鼠、虫的分泌物等还会污染粮谷。为防止虫害和鼠害，谷物装舱后需要用药物进行薰蒸。

5. 下沉性

谷物的下沉性是指装于船舱内的散装谷物，受船舶摇摆、振动等作用，谷物间的空隙逐渐缩小引起谷物表面下沉的特性。谷物的下沉，一方面导致舱内谷物重心下降，另一方面会使满载货舱出现空档(Void)，形成可自由流动的谷物表面(俗称"自由谷面")。谷物的下沉性与其颗粒大小、形状、积载因数、表面状态、含水量，所采用的装货设备等因素有关。

6. 散落性

散装谷物在船舶摇摆、振动等外力作用下，能自动松散流动的特性称为散落性。谷物的散落性与其颗粒大小、形状、表面状态、含水量、杂质含量等因素有关，其大小用静止角(Angle of repose)表示。静止角是指散装货物由空中缓缓自然散落至平面所形成的锥体斜面与水平面的夹角 α(图 16-1)，又称为休止角、自然倾斜角、摩擦角等。显然，静止角越小，散装货物越易流动，散落性越大。常运谷物积载因数和静止角见表 16-1。

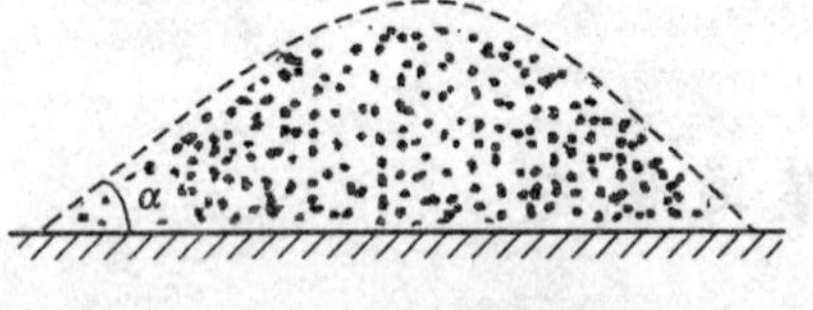

图 16-1　散装货物的静止角

常运谷物的积载因数和静止角　　表 16-1

谷物种类	积载因数(m^3/t)	静止角(°)	谷物种类	积载因数(m^3/t)	静止角(°)
小麦	1.27 ~ 1.42	23 ~ 28	花生果	3.20 ~ 3.45	45 ~ 50
大麦	1.48 ~ 1.70	23 ~ 28	小豆	1.53 ~ 1.59	27 ~ 31
玉米	1.36 ~ 1.50	30 ~ 40	大米	1.50 ~ 1.52	23 ~ 35
稻谷	1.39 ~ 1.52	34 ~ 45	豆粕	2.18 ~ 2.26	25 ~ 45
大豆	1.35 ~ 1.54	24 ~ 32	花生粕	2.18 ~ 2.26	25 ~ 45

应当指出，货舱内的散装谷物，由于船舶在航行中的摇摆和垂荡运动，其静止角会明显减小，约为原静止角的一半。有一项实验表明，静止角为 25°的谷物，在船舶摇荡中开始移动的角度为 14°24′。

二、散装谷物的下沉性和散落性对船舶稳性的影响

谷物的海运特性中，下沉性和散落性是散装谷物特有的。谷物的下沉性和散落性直接影响到船舶稳性。

图 16-2 所示假设为散装谷物船舶某一初始呈满载状态货舱的横剖面图。船舶航行中，舱内谷物因受船舶摇摆和震动的影响，谷面自舱顶下沉至 ab 位置，出现空档 af。这一方面引起该舱谷物重心从 G_0 点（通常取舱容中心）下降至 G'_0 点；另一方面，当船舶在风浪中产生某一横倾角 θ 时，舱内谷面 ab 移至 cd（cd 与水平线间的夹角 α 一般不等于船舶横倾角 θ）。此时，舱内上层 bed 三角形舱位的谷物移至 $ecfa$ 四边形舱位，相应的谷物重心由 g_1 移至 g_2 处。根据重量移动原理，该舱谷物重心将从 G'_0 位置移至 G'_1 位置，从而产生对船舶横向移动力矩和垂向移动力矩。对于装载散装谷物的整船而言，当船舶航行中各个货舱内的谷面均出现上述的下沉和向一侧倾斜，船舶重心将发生相应的垂向和横向移动，从而直接对船舶稳性产生不利影响。

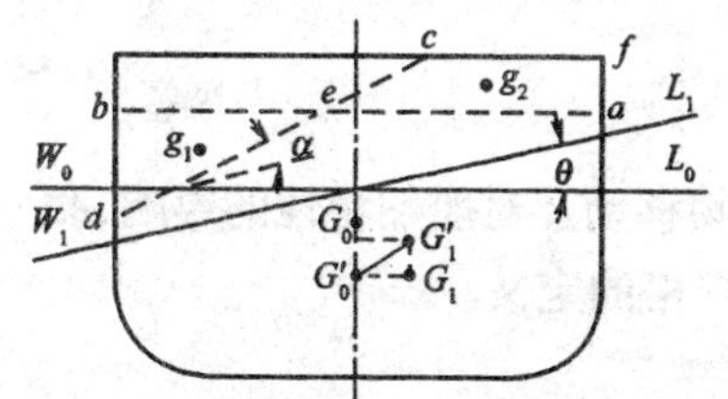

图 16-2　散装谷物舱内移动对重心的影响

由此可见，对于散装谷物运输船，如果还仅仅局限于满足对普通干货船的基本稳性衡准指标的最低要求（它是基于船上所有非液体载荷重心位置不变为条件之一），那么，在恶劣海况下，当船舶各舱内谷物移动产生的倾侧力矩超过一定限度时，就会导致船舶发生倾覆。

驾驶专业

三、散装谷物专运船舶的结构特点

为适应散装谷物的运输要求，专运船舶设计采用适于散装谷物海运特性的货舱结构形式。散装谷物专运船的货舱一般设计成图 16-3 所示的形式，其结构特点是：

1. 单层甲板、双层底

每一货舱内的散装谷物均为单一品种，多数谷物具有较强的承受挤压的能力，从便于装卸和减小舱内谷物倾侧力矩等因素考虑，专运散装谷物船均采用单层甲板形式。此外，为提高船舶的抗沉性和改善船舶空载状态的航海性能，散装谷物专运船均设有双层底。

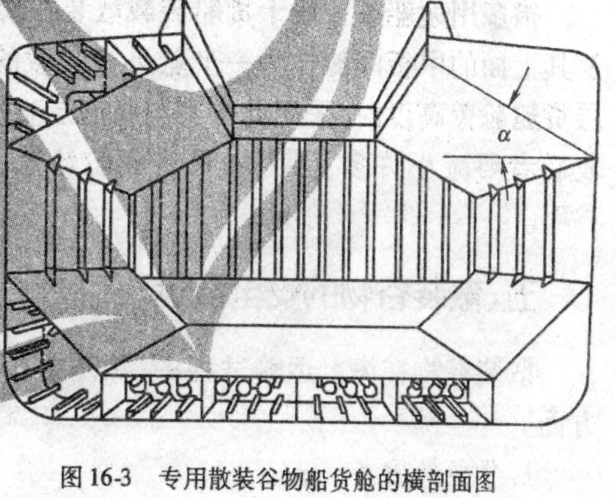

2. 舱口围板高

较高的舱口围板可以起到添注的作用，即当初始状态为满载舱室的谷物下沉后它能保持自由谷面仍处于较小的舱口围之内，从而起到减小谷物倾侧力矩的作用。

图 16-3　专用散装谷物船货舱的横剖面图

3. 设置顶边水舱和底边水舱

顶边和底边水舱的倾斜面与水平面的夹角 α 一般设计成大于常运谷物的静止角（至少为 30°）。顶边水舱倾斜面的设置能在船舶装货或航行中使谷物能自动充满舱内两舷顶边水舱的倾斜面，以减小谷物移动的倾侧力矩并可减少平舱工作量。底边水舱倾斜面的设置能在卸

货时起到自动集货于舱底的中部,减少清舱工作量及提高卸货速度。顶边和底边水舱在空载时通常作为压载水舱使用,以便于使船舶适应散装谷物货流流向单一而经常空载或兼运其他散货时对船舶稳性和适航性的要求。

专运散装谷物船大大地改善了船舶的稳性状况,通常在其正常装载时船舶稳性均能满足要求。

四、散装谷物的装舱方式

散装谷物在货舱内采用何种装载方式,直接关系到舱内谷物移动及对船舶稳性的影响,我国《法定规则》和IMO《国际散装谷物安全装运规则》对此都有严格的定义。

1. 经平舱的满载舱(Filled compartment after trimming)

指经充分平舱后,使甲板下方和舱口盖下方的所有空间装满至可能的最大限度的任何货舱。经平舱的满载舱谷物的倾侧力矩最小,因而对船舶稳性影响也最小。

2. 未经平舱的满载舱(Filled compartment without trimming)

指在舱口范围内装至可能的最大程度,但在舱口以外,专用舱在舱的两端可免于平舱;非专用舱除考虑甲板上经添注孔开口谷物可自由流入舱内形成自然流入状货堆的影响外,甲板下其他空挡处可免于平舱。未经平舱的满载舱谷物移动对稳性的不利影响要明显大于经平舱的满载舱。在航次货源和稳性核算许可的条件下,采用这种装载方案,可以节约平舱费用。

3. 部分装载舱(Partly filled compartment)

又称松动舱(Slack compartment),指经合理平舱,将谷物自由表面整平,但未达到上述两种满载舱状态的任何货舱。部分装载舱谷物移动对稳性的不利影响随货舱结构形状及谷物装舱深度而变化,多数情况下要远远超过上述两种满载舱。

4. 共同(通)装载舱(Compartment loaded in combination)

指多用途船或一般干货船装载散装谷物时,在底层货舱舱盖不关闭的情况下,将底层货舱及其上面的甲板间舱作为一个舱进行装载的货舱。当在共同(通)装载舱内谷物装载超过底层货舱舱盖高度时,采用此方案与将底层货舱舱盖关闭方案比较,谷物移动对稳性的不利影响较后者要减小许多,因为如果将底舱舱盖关闭,将在底舱和上层甲板间舱内产生两个自由谷面。

五、散装谷物的安全装运

散装谷物在海上运输过程中,除需要按杂货一般的运输要求外,还应特别注意下列几个方面。

1. 货舱的准备

全面检查货舱设备并使之处于适用状态。疏通舱内污水阱(沟),保持其畅通。对货舱污水泵和通风设备作全面检查和试运行,保证其状况良好。彻底清洁货舱,保证货舱处于清洁(无残留物、无铁锈、无油漆皮等)、干燥、无异味、无虫害、无鼠害、无有害物质(如美国港口当局规定,如舱内有未能识别的物质,则以有毒物质论处)、无渗漏的状况。若舱内存在虫害,则需在装货前对空舱进行熏蒸。当全船每一货舱均满足上述适货条件时,方可向装货港有关部门申请验舱。只有当验舱合格,并取得验舱合格证书后,才允许开始装货。

装货前，还应备妥各类垫舱物料和采取止移措施（必要时）所需的各种用具。

2. 编制船舶积载计划，填写稳性计算表格

编制散装谷物船积载计划与编制杂货船积载计划的步骤和方法基本相同。散装谷物船在积载图上标注与杂货船不同的是：在谷物装载处所除需标明货物的名称（或其等级）、重量、积载因数外，对于满载舱，需要标注其平舱形式；对于部分装载舱，需要标注其谷物装舱深度；对于多层甲板船，需要标注是否采取共同装载方式；对于设置防移装置的货舱，需要详细标注所设置的防移装置形式，设置部位和装置的具体尺度等内容。

作为编制散装谷物船积载计划的一个重要组成部分是，按装货港提供的表格形式填写散装谷物稳性计算表。尽管不同的港口提供的表格形式差别较大，但其计算原理和填写内容都大致相同：即选择船舶在航行途中对稳性最不利的装载状况，采用船舶适用的散装谷物船运规则，进行船舶完整稳性衡准指标的核算。当船舶稳性不满足要求时，可以采用选择合适舱位打入或排出压载水，舱内设置防移装置或采取止移措施（必须在稳性计算表中详细标注）等补救方法。采用补救方法由于费时费力，因此，通常仅在稳性衡准指标不满足要求且已无其他补救措施的条件下才被采用。为遵守 IMO《国际散装谷物安全装运规则》有关规定，各国港口指定有关当局负责在装货前（有些港口在船离港前）对船方填写的散装谷物稳性计算表进行核准，只有当确认计算表中船舶稳性衡准符合 IMO《国际散装谷物安全装运规则》规定后，才准许船舶开始装货（有些港口作为准许离港的必要条件之一）。

3. 装货过程

严格按积载计划装货。监装中，应特别注意装船谷物的质量（主要是含水量）并督促做好舱内衬垫，以保证散装谷物与舱底、舱壁和舱顶完全隔离并保持舱内易产生汗水部位与污水阱（沟）之间的通道畅通。如遇雨雪等天气，应及时停装并关闭货舱。各舱即将装货结束时，应按要求进行平舱并采取止移措施（必要时）。全船即将装货结束时，应注意调整船舶吃水差，消除船舶横倾角。装货完毕后，可以利用水尺计量方法计算全船实装的谷物重量，以供参考。同时应实测每个部分装载舱内空档高度并对积载计划（包括稳性计算表）进行修改，绘制实际积载图。开航前，应按贸易合同的规定进行货舱熏蒸。

4. 途中保管

船舶在航行途中，应定时测定舱内污水井（沟）内水位，及时排除污水。应注意经常检查舱内防移装置（当设置时）的状况是否良好。应尽量避免在货舱邻近的液舱内进行燃油加热。应视具体情况决定是否要进行货舱通风。但必需认识到，对于导热性很差的散装谷物的通风仅仅局限于谷物的上层，企图将货堆内部谷物呼吸产生的水分和热量全部排出舱外是不可能的。因此，保证谷物的低含水量对保证谷物运输质量显得更为重要。

5. 卸货过程

卸货前，货主通常委托有关机构人员上船检查各舱内谷物的状况。只有在确认未发现待卸谷物存在水湿、霉变、虫害、污染等情况时，才准许开始卸货。因此，在船舶航行途中及抵港前，应注意检查舱内上层谷物的状况，以便发现问题后及时采取应急补救措施。

散装谷物的卸货常采用吸粮机或抓斗。因卸货速度较快，船舶吃水和吃水差都会发生较大的变化，值班船员应经常检查前后缆绳的松紧情况，督促装卸人员均衡卸载，防止船舶出现过大的横倾。

第二节 散装谷物船舶稳性核算

散装谷物船在航行中因摇摆、振动等原因而引起舱内谷物移动,从而影响船舶稳性,在恶劣海况下船舶因谷物移动存在导致倾覆的危险。为有效地防止散装谷物船发生倾覆事故,IMO 及各主要航运国家均对散装谷物船的稳性做出相应的规定,船舶应严格遵守这些规定,以确保安全。

一、散装谷物船舶的主要运输规则

为适应散装谷物运输的需要,IMO 及有关航运国家陆续制定了一些散装谷物船舶运输规则,其中使用较为广泛的有:

1. 我国《法定规则》(国际航行海船分册)

我国现行《法定规则》对于国际航行散装谷物海船的完整稳性规定已完全采用于 1994 年 1 月 1 日生效的 IMO《国际散装谷物安全装运规则》(International Code for the Safe Carriage of Grain in Bulk)。

SOLAS 1991 年修正案对 SOLAS 1974 第六章 C 部分谷物装运作了较大修改,指出:IMO《国际散装谷物安全装运规则》已由 IMO 海上安全委员会通过;该规则的要求应强制性地执行;装运散装谷物船舶应符合 IMO《国际散装谷物安全装运规则》的要求,并具有一份按该规则要求的批准文件;缺少此类批准文件的船舶,除非船长能使缔约国的装货港主管机关或代表相信该船所提出的装载符合 IMO《国际散装谷物安全装运规则》要求,否则不应装载谷物。

1)IMO《国际散装谷物安全装运规则》的谷物倾侧模型

规则提出的谷物假定下沉和倾侧模型是:

(1)谷面下沉。部分装载舱谷面下沉忽略不计。满载舱按舱口内和舱口外两部分计算:在舱口内,设定存在一个自舱口盖最低部分和舱口围板的顶端中较低者起至谷面平均深度为 150mm 的空档;在舱口前、后、左、右端的甲板下面,设定所有与水平线倾角小于 30(的边界下存在一个不小于 100 mm 的平均空档 V_d(详见《国际散装谷物安全装运规则》)。

(2)谷面倾侧。部分装载舱按谷面与水平成 25(倾侧。经平舱的满载舱按谷面与水平成 15(倾侧。对未经平舱的满载舱,在舱口范围内仍按谷面与水平成 15(倾侧;在舱口范围内之外,对在货舱两端未经平舱的散装谷物专用舱,在舱口两端按谷面与水平成 25(倾侧,在舱口两侧按谷面与水平成 15(倾侧;对于未经平舱的非散装谷物专用舱,在舱口两端或两侧均需由其具体空档面积的计算结果来确定谷面的倾侧角度。

目前,在多数散装谷物船舶资料中都提供有"符合 IMO《国际散装谷物安全装运规则》(或 SOLAS 1974)要求的各货舱谷物横向倾侧体积矩图表"。

2)IMO《国际散装谷物安全装运规则》对有批准文件的散装谷物船舶的稳性要求

规则适用于从事散装谷物运输的任何尺度的船舶。规则对这类船舶在整个航程中经自由液面修正后的稳性指标提出的下列要求:

(1)初稳性高度 GM 应不小于 0.30m;

(2)由于谷物假定移动所引起的船舶横倾角 θ_h 应不大于 12°,但对 1994 年 1 月 1 日后建

造的船舶尚应考虑该横倾角 θ_h 应不大于 12°和甲板边缘浸水角 θ_{im} 中较小者；

(3)船舶剩余动稳性值 S(剩余静稳性面积)应不小于 0.075m·rad。

3)IMO《国际散装谷物安全装运规则》对无批准文件的散装谷物船舶的稳性要求

规则提出：对无主管当局批准文件而部分装载散装谷物船舶，只有在符合下列条件后才允许装运散装谷物：

(1)散装谷物总重量不超过该船总载重量的 1/3；

(2)对经平舱的满载舱，应设置符合规则要求的中纵隔壁，舱口应关闭并将舱口盖固定；

(3)对部分装载舱内的散装谷物，平舱后还应采取符合规则要求的压包，或者使用钢带、钢索、链条或钢丝网进行谷面固定的措施；

(4)整个航程中经自由液面修正后的初稳性高度 GM 应满足：

$$GM \geqslant \max\{0.30, GM_R\} \tag{16-1}$$

其中 GM_R 的计算公式为：

$$GM_R = \frac{L \cdot B \cdot V_d(0.25B - 0.645\sqrt{V_d B})}{0.0875SF \cdot \Delta} \tag{16-2}$$

式中：L——所有满载舱的长度之和(m)；

B——船舶型宽(m)；

SF——散装谷物积载因数(m^3/t)；

Δ——船舶排水量(t)；

V_d——按 IMO《国际散装谷物安全装运规则》计算的舱内谷物平均空档高度(m)。

目前，在多数散装谷物船舶资料中都提供有“符合 IMO《国际散装谷物安全装运规则》(或 SOLAS 1974)要求的各货舱谷物横向倾侧体积矩图表”。

2. 我国《法定规则》(国内航行海船分册)

散装谷物船舶当航行于遮蔽水域或沿海范围内时，由于距岸近，风浪较小，因此可以适当放宽对其稳性的特殊要求。对此，世界许多国家都制定有各自适合沿海航段航行的散装谷物船运规则。

我国《法定规则》(国内航行海船分册)对仅在国内沿海各港口之间航行的各类散装谷物船舶，提出了放宽对其特殊稳性衡准要求的具体规定。对因水深限制等原因部分卸载后存在多个部分装载舱的船舶，《法定规则》提出下列要求：

(1)部分卸载后船舶的装载状况，应避免对船体产生过大的应力；

(2)船长应注意天气情况，遇有不良气象时，应及时采取措施或暂缓航行；

(3)应尽可能减少部分装载舱，以减少谷物倾侧力矩；

(4)对部分装载舱进行平舱，并保证船舶正浮。

《法定规则》对国内航行的散装谷物船舶提出了与 IMO《国际散装谷物安全装运规则》完全相同的三项稳性特殊衡准要求。规则是通过改变舱内谷物假定倾侧模型的方法，放宽对国内航行船舶的稳性特殊衡准要求。规则建立的国内航行船舶的谷物假定倾侧模型设定为：满载舱和部分装载舱均假定谷物横向移动后的谷面与水平面成 12°倾角。

二、IMO《国际散装谷物安全装运规则》稳性衡准指标的核算方法

鉴于国内航行与国际航行的散装谷物船舶稳性特殊衡准指标的具体核算方法和步骤完全

相同,因此,本节仅介绍IMO《国际散装谷物安全装运规则》对国际航行散装谷物船舶稳性特殊衡准指标的核算方法。

1.经自由液面修正后的初稳性高度 GM 的核算

GM 的具体计算方法在第九章中已作详细介绍,此处不再重复。在 GM 具体计算中,关于货舱内散装谷物重心高度的确定方法,IMO《国际散装谷物安全装运规则》规定:

1)对于满载舱,有两种确定方法:

(1)谷物重心位置取在货舱的舱容中心处,其重心距基线的高度可以从货舱容积表中查取。由于这种确定方法简单,对均质谷物而言,按这种方法确定的谷物重心高度要大于其实际重心高度,计算结果偏于安全,所以被广泛采用。

(2)谷物重心位置,在考虑舱内谷面按规则假定的下沉量后,取在舱内谷物实际重心处。

2)对于部分装载舱,谷物重心位置取在舱内谷物初始装载体积的几何中心处。其重心距基线的高度可以根据货舱内谷物的初始装舱深度或所占舱容,从相应的舱容曲线图或数据表中查取。

由于舱内谷物重心采用不同的确定方法,不但直接影响 GM 的计算结果,而且还将影响其他两项指标的计算结果,因此,确定方法一经选定,三项指标的前后计算应当保持一致。

按IMO《国际散装谷物安全装运规则》的要求,散装谷物船必须满足:$GM \geq 0.30\text{m}$。

2.由谷物假定移动引起船舶横倾角 θ_h 的核算

θ_h 可以按公式法或作图法求取。

1)使用公式法计算 θ_h

按IMO《国际散装谷物安全装运规则》建立的舱内谷物下沉和倾侧模型,若假设在谷物倾侧力矩 M_u' 作用下引起船舶横倾角 θ_h,则经推导得:

$$\theta_h = \arctan \frac{M'_u}{\Delta GM} \tag{16-3}$$

式中:GM——经自由液面修正后的初稳性高度(m);

M'_u——各货舱谷物垂向和横向倾侧总力矩(9.81kN·m),可按下式计算:

$$M'_u = \sum \frac{C_{vi} M_{vi}}{SF_i} \tag{16-4}$$

式中:C_{vi}——第 i 舱舱内谷物重心修正系数;

M_{vi}——第 i 舱谷物横向倾侧体积矩(m^4);

SF_i——第 i 舱舱内谷物的积载因数,当同一舱内装载积载因数不同的几种谷物时,应选取表面层谷物的积载因数(m^3/t)。

(1)C_{vi}确定

舱内谷物重心的移动可分为横向和垂向移动两部分,而船舶资料中所提供的仅仅为谷物横向倾侧体积矩。因此,谷物倾侧总力矩的计算是在谷物横向倾侧力矩的基础上乘以大于或等于1.0的谷物重心修正系数 C_{vi}。

按IMO《国际散装谷物安全装运规则》规定:

①经平舱或未经平舱的满载舱,当谷物重心取在舱容中心处时,取 $C_{vi}=1.00$。这是因为,舱容中心是满载舱内均质谷物重心的最高位置,它始终高于谷物移动引起的其重心的上移量,

此时无需考虑谷物重心垂向上移有害影响的修正，而且偏于安全。

②经平舱或未经平舱的满载舱，当谷物重心取在谷物假定下沉后的实际重心处时，取 $C_{vi}=1.06$。这实际上是以谷物横向倾侧力矩的6%用作修正谷物重心垂向上移的有害影响。

③部分装载舱取 $C_{vi}=1.12$。同理，这是将谷物横向倾侧力矩的12%用作修正舱内谷物重心垂向上移的有害影响。

(2)M_{vi}查取

该值通常由船舶设计或建造部门根据规则规定的谷物倾侧模型计算求取，并在船舶《散装谷物船舶稳性报告书》中提供。图16-4是"L"轮谷物横向倾侧体积矩曲线图表。对于满载舱，可以以舱别及其平舱状况作为查表引数，从曲线图左上方的"满载舱谷物移动力矩"表中查取 M_{vi}；对于部分装载舱，可以在纵坐标上过舱内谷物装舱深度点作一水平线，并使之与特定舱别所对应谷物移动体积矩曲线相交于一点，再过该点作一垂直线，在该垂线与"谷物移动体积力矩"横坐标交点上即可读出该部分装载舱的 M_{vi} 值。

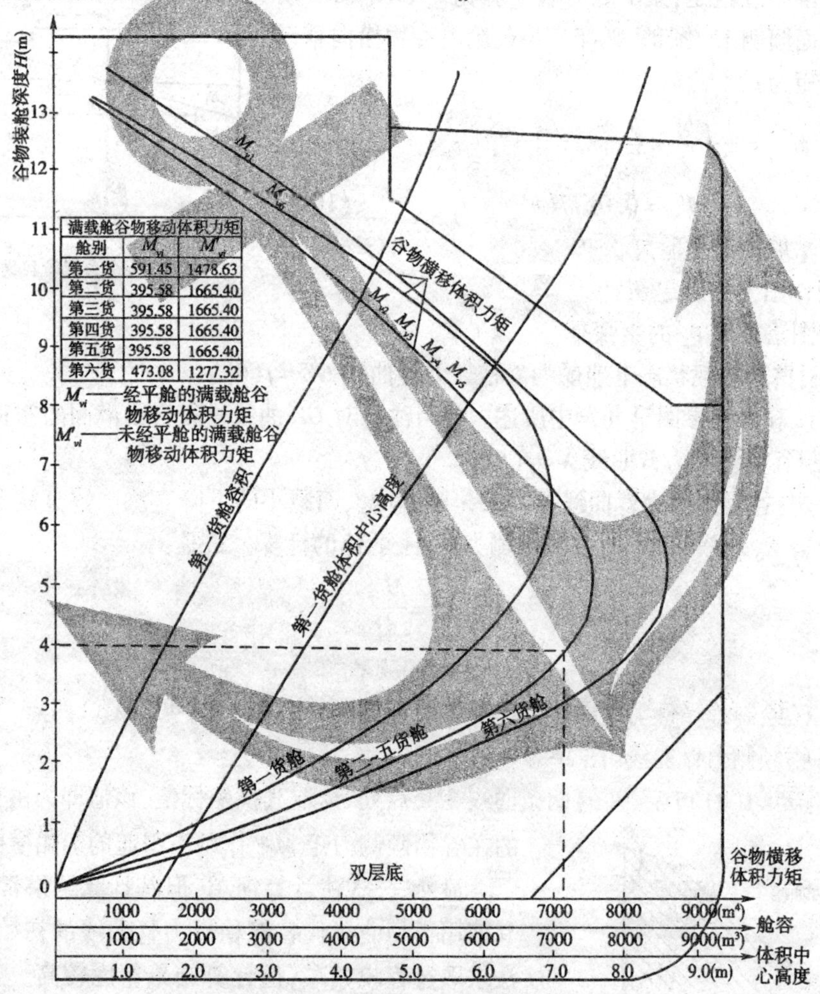

舱别	M_{vi}	M'_{vi}
第一货	591.45	1478.63
第二货	395.58	1665.40
第三货	395.58	1665.40
第四货	395.58	1665.40
第五货	395.58	1665.40
第六货	473.08	1277.32

图16-4　"L"轮谷物横移体积力矩曲线图表

对于国内航行船舶的谷物倾侧体积矩 M'_{vi}，《法定规则》规定：

①当船舶具备基于 IMO《国际散装谷物安全装运规则》谷物假定下沉和倾侧模型提供的谷物假定倾侧体积矩资料时,国内航行船舶的谷物倾侧体积矩 M'_{vi} 取为:

对于未经平舱的满载舱和部分装载舱:

$$M'_{vi}=0.46M_{vi} \tag{16-5}$$

对于经平舱的满载舱:

$$M'_{vi}=0.80M_{vi} \tag{16-6}$$

②当船舶缺乏谷物假定倾侧体积矩资料时,国内航行船舶的倾侧体积矩 M'_{vi} 取为:

对于部分装载舱:

$$M'_{vi}=0.0177l_ib_i^3 \tag{16-7}$$

式中:l_i——第 i 部分装载舱的长度(m);

b_i——第 i 部分装载舱谷物表面的最大宽度(m)。

上式的推导过程是:第 i 舱舱长 l_i 舱宽 b_i 如图 16-5 所示。若设谷面倾侧 12°倾角,则部分装载舱内谷物横向移动的体积倾侧矩为:

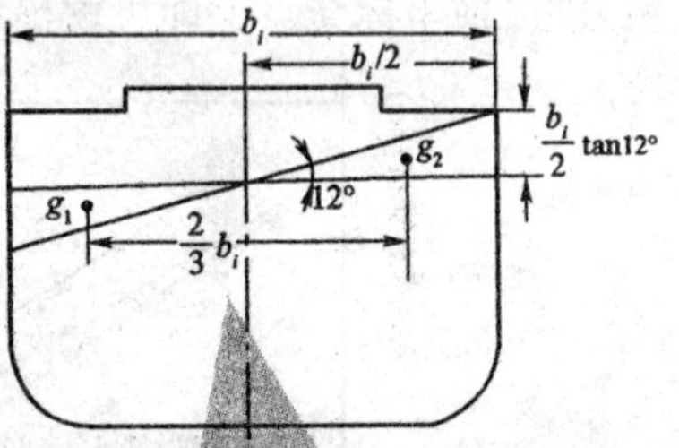

$$M'_{vi}=\frac{1}{2}\left(\frac{b_i}{2}\cdot\frac{b_i}{2}\tan12°\right)\cdot l_i\cdot\frac{2}{3}b_i$$

即:

$$M'_{vi}=0.0177l_ib_i^3 \tag{16-8}$$

对于经平舱的满载舱 $M'_{vi}=0$

图 16-5 部分装载舱谷物倾侧模型

2)使用作图方法确定 θ_h

使用作图法求取 θ_h 的步骤是:

(1)绘制核算装载状态下船舶的静稳性力臂曲线 $GZ=f(\theta)$。

绘制方法和步骤参阅第九章中所述。应当注意对 GZ 曲线进行自由液面的修正。

(2)绘制谷物倾侧力臂曲线 $\lambda=f(\theta)$。

规则规定:谷物倾侧力臂曲线是一条 λ 随 θ 增大而减小的下降直线。该直线上横倾 0°时谷物倾侧力臂 λ_0 和横倾 40°时谷物倾侧力臂 λ_{40} 的值的计算公式是:

$$\lambda_0=\frac{M'_u}{D} \tag{16-9}$$

$$\lambda_{40}=0.8\lambda_0 \tag{16-10}$$

由此在已绘制静稳性力臂曲线的坐标平面上确定(0°,λ_0)和(40°,λ_{40})两点,并过两点作连线即为谷物倾侧力臂曲线(图 16-6)。

(3)在 $GZ=f(\theta)$ 和 $\lambda=f(\theta)$ 两条曲线相交点处,读取其横坐标值,该值即为由作图法求得的在谷物倾侧力矩 M'_u 作用下引起的船舶横倾角 θ_h。

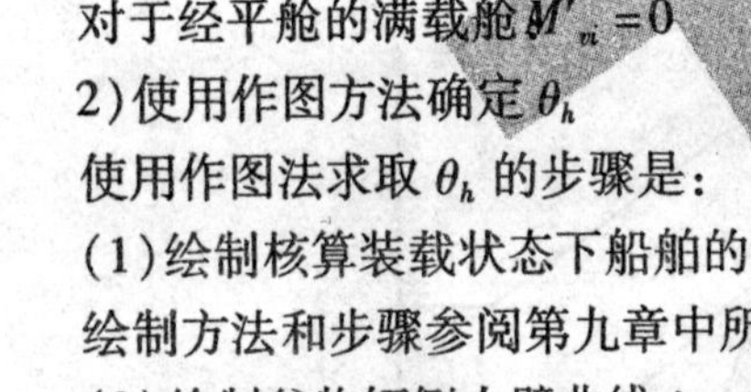

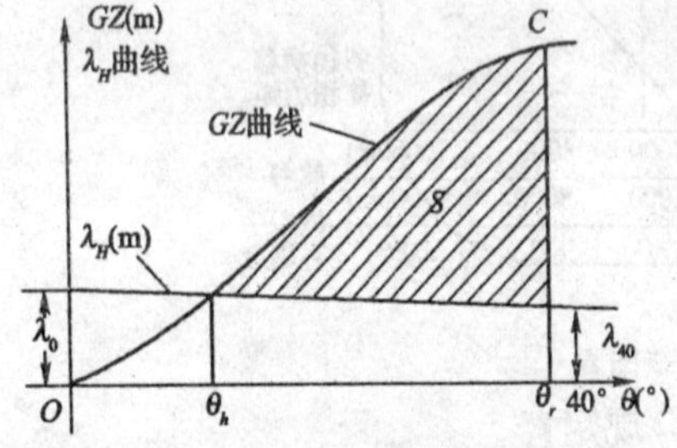

图 16-6 散装谷物船稳性衡准曲线图

显然,公式法计算简单,但其计算结果常常偏大(因其使用正切曲线代替静稳性力臂曲线的初始段)。作图法求取过程较繁琐,但计算结果精度较高。当由公式法求出的结果不满足要求,而作图法求出的结果满足要求时,该装载状态下 θ_h 指标仍被认作是满足规则的要求。

按规则的要求,散装谷物船必须满足:

$\theta_h \leqslant 12°$。对于 1994 年 1 月 1 日后建造的船舶,若假设船舶在核算装载状况下甲板边缘浸水角为 θ_{im},则必须满足:$\theta_h = \min\{12°, \theta_{im}\}$。

3. 剩余动稳性值 S 的核算

剩余动稳性值是指由船舶静稳性力臂曲线、谷物倾侧力臂曲线和右边边界线所包围的面积值。

1)确定右边边界线

规则规定:右边边界线是一条垂直于横坐标轴的直线,其横坐标值 θ_r 取最大剩余复原力臂所对应横倾角 $\theta_{GZ'_{\max}}$(即船舶复原力臂 GZ 和谷物倾侧力臂 λ 之间纵坐标差值最大处所对应的横倾角)、船舶进水角 θ_f 和 40°三者中的最小者,即:

$$\theta_r = \min\{\theta_{GZ'_{\max}}, \theta_f, 40°\} \tag{16-11}$$

2)计算剩余动稳性值 S(剩余静稳性面积)

在横坐标 $\theta_h \sim \theta_r$ 范围内将曲线作横向六等分,并分别量取各等分处船舶剩余复原力臂值 GZ'_θ(等于 $GZ_\theta - \lambda_\theta$),随后按辛浦生第一法则公式计算,其单位是 m · rad。即:

$$S = \frac{X}{3}(y_0 + 4y_1 + 2y_2 + 4y_3 + 2y_4 + 4y_5 + y_6)\frac{\pi}{180} \tag{16-12}$$

式中:　　X——在横坐标 $\theta_h \sim \theta_r$ 范围内将曲线横向六等分的等分间距(°),可按下式计算:

$$X = \frac{\theta_r - \theta_h}{6} \tag{16-13}$$

y_0、y_1、y_2、…、y_6——依次表示在横坐标 $\theta_h \sim \theta_r$ 范围内将曲线横向六等分的每一垂线处量取的船舶剩余复原力臂值(m)。

按规则的要求,散装谷物船必须满足:$S \geqslant 0.075$ m · rad。

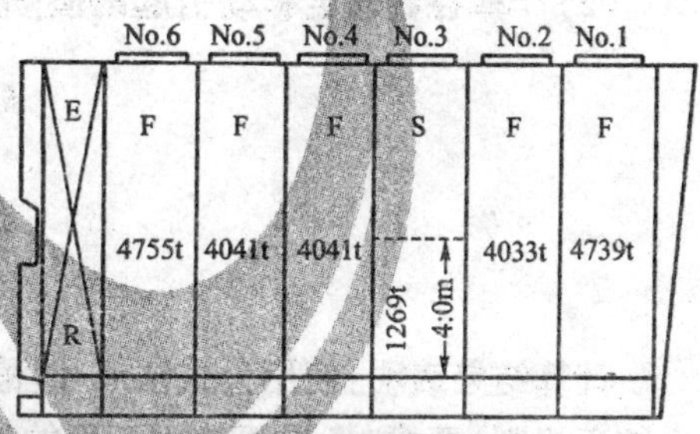

图 16-7　"L"轮谷物装载图

例 16-1:"L"轮某航次自澳大利亚的费特尔港装载积载因数为 1.20m³/t 的小麦 22878.17 t 驶往上海,各舱的小麦装载情况见"谷物装载图"(图 16-7),各满载舱谷物中心取其舱容中心处。已知:核算装载状态下船舶排水量为 32576.0t,在排水量下查得进水角 $\theta_f = 38°$,$KM = 9.45$m,载荷重量垂向力矩总和为 266636 ×9.81kN · m,自由液面倾侧力矩总和为 2311.8 ×9.81kN · m。试按 IMO《国际散装谷物安全装运规则》的要求,核算该航次的稳性能否满足要求。

解:1)计算经自由液面修正后的初稳性高度 GM

$$KG_0 = \frac{\sum P_i Z_i}{\Delta} = \frac{266636}{32576.0} = 8.19\text{m}$$

$$\delta GM_f = \frac{\sum \rho i_x}{\Delta} = \frac{2311.8}{32576.0} = 0.07\text{m}$$

$$\begin{aligned} GM &= KM - KG_0 - \delta GM_f \\ &= 9.45 - 8.19 - 0.07 \\ &= 1.19\text{m} \end{aligned}$$

即：$GM > 0.30$m。

2）计算由于谷物假定移动所引起的船舶横倾角 θ_h

（1）列表计算谷物倾侧力矩 M'_u

按各舱谷物装载状况查阅谷物横向倾侧体积矩（图 16-4）资料。随后按公式（16-4）并以列表形式（表 16-2）计算各舱谷物倾侧力矩 M'_u。

各舱谷物倾侧力矩计算　　表 16-2

舱　别	装舱深度（m）	积载因数（m^3/t）	谷物横倾体积矩（m^4）	谷物重心上移修正系数	谷物倾侧力矩（9.81kN·m）
No.1 货舱	满	1.20	591.49	1.00	492.91
No.2 货舱	满	1.20	395.58	1.00	329.65
No.3 货舱	4.0	1.20	7100.00	1.12	6626.67
No.4 货舱	满	1.20	395.58	1.00	329.65
No.5 货舱	满	1.20	395.58	1.00	329.65
No.6 货舱	满	1.20	473.03	1.00	394.19
总　计					8502.72

即：

$$M'_u = \sum \frac{C_{vi} \cdot M_{vi}}{SF_i}$$

$$= 8502.72\text{kN} \cdot \text{m}$$

（2）计算谷物假定移动引起的横倾角 θ_h

$$\theta_h = \arctan \frac{M'_u}{\Delta \cdot GM}$$

$$= \arctan \frac{8502.72}{32576.0 \times 1.19}$$

$$= 12°22''$$

计算结果表明：使用公式法 θ_h 值稍超过 12°，但该项指标是否满足 IMO《国际散装谷物安全装运规则》要求，还需要使用下面的作图法进一步证实。

3）计算船舶剩余动稳性值 S

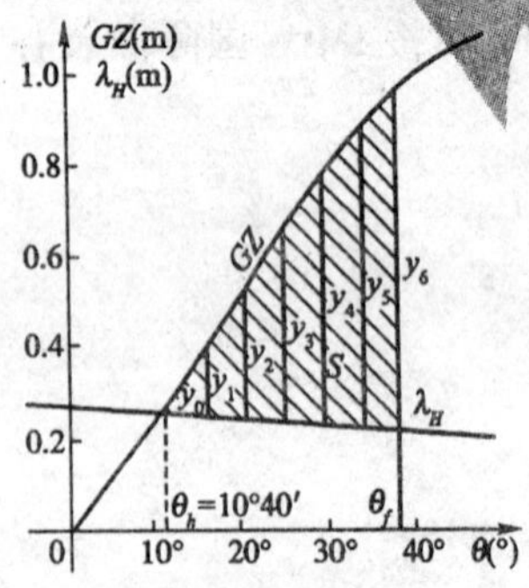

图 16-8　散装谷物船舶稳性衡准曲线

（1）绘制船舶静稳性力臂曲线

由公式：

$$KG = KG_0 + \delta GM_f$$

$$= 8.19 + 0.07 = 8.26\text{m}$$

及

$$GZ = KN - KG\sin\theta$$

列表计算不同横倾角时，经自由液面修正后的船舶复原力臂值（表 16-3），并由此在平面上绘制一条船舶静稳性力臂曲线（图 16-8）。

（2）绘制谷物倾侧力臂曲线

分别计算 $\theta = 0°$ 及 $\theta = 40°$ 所对应的谷物倾侧力臂值 λ_0 和 λ_{40}：

$$l_0 = \frac{M'_u}{\Delta} = \frac{8502.72}{32576.0} = 0.261\text{m}$$

$$\lambda_{40} = 0.8\lambda_0 = 0.8 \times 0.261 = 0.209\text{m}$$

由此可以在与静稳性力臂曲线同一坐标的平面上绘制一条谷物倾侧力臂曲线(图 16-8)。该曲线与静稳性力臂曲线的交点所对应横倾角 θ_h 为 10°40′。即使用作图法求取的 θ_h 要较使用公式法求取的值为小,且 $\theta_h < 12°$。

复原力臂计算表　　　　表 16-3

θ	10°	20°	30°	40°
KN	1.66	3.34	4.94	6.32
$KG\sin\theta$	1.43	2.83	4.13	5.31
GZ	0.23	0.51	0.81	1.01

(3)确定右边边界线

由已知得 $\theta_f = 38°$,又从图 16-8 可知,最大剩余复原力臂对应横倾角 $\theta_{GZ'_{max}} > 40°$,所以右边边界线取为 $\theta_r = 38°$的一条垂线。

(4)计算剩余动稳性值

从 10°40′ 到 38°范围内将曲线作横向六等分,其等分间距:

$$X = \frac{\theta_m - \theta_h}{6} = \frac{38° - 10.67°}{6} = 4.56°$$

分别量取各等分处船舶剩余复原力臂值:$y_0 = 0\text{m}, y_1 = 0.11\text{m}, y_2 = 0.28\text{m}, y_3 = 0.41\text{m}, y_4 = 0.54\text{m}, y_5 = 0.68\text{m}, y_6 = 0.76\text{m}$。随后按辛浦生第一法则公式计算:

$$S = \frac{X}{3}(y_0 + 4y_1 + 2y_2 + 4y_3 + 2y_4 + 4y_5 + y_6)\frac{\pi}{180}$$

$$= \frac{4.56}{3}(0 + 4 \times 0.11 + 2 \times 0.28 + 4 \times 0.41 + 2 \times 0.54 + 4 \times 0.68 + 0.76)\frac{\pi}{180}$$

$$= \frac{4.56}{3} \times 7.20 \times \frac{3.14}{180} = 0.191(\text{m} \cdot \text{rad})$$

即:$S < 0.075\text{m} \cdot \text{rad}$。

经计算,因 $GM = 1.19\text{m}$,$\theta_h = 10°40′$和 $S = 0.191\text{m} \cdot \text{rad}$,所以,本航次该核算装载状态下船舶的三项稳性指标均满足 IMO《国际散装谷物安全装运规则》的要求。

三、散装谷物船舶稳性衡准指标的简化核算方法

由于按上述核算方法对散装谷物稳性的三项指标尤其是剩余动稳性进行核算,较为繁琐,根据船舶资料、稳性状况等条件可以选择下述简化核算方法。

1. 应用"散装谷物船许用倾侧力矩表"进行稳性核算

这是一种简单、实用的核算方法,但使用这种方法进行散装谷物船稳性核算的前提是,船上的《装载手册》或《稳性报告书》等稳性计算资料中必须有由船舶设计或建造部门提供的"散装谷物船许用倾侧力矩表"资料。表 16-4 为某 25000t 散装谷物船"L"轮的"散装谷物船许用倾侧力矩表"的一部分。由船舶的排水量 Δ 和经自由液面修正后的船舶重心高度 KG 为查表

引数，可以从该表中查取许用倾侧力矩 M_a。

散装谷物船许用倾侧力矩表(9.81kN·m)　　表 16-4

KG(m) / Δ(t)	7.5	7.6	7.7	7.8	7.9	8.0	8.1	8.2	8.3	8.4	8.5
28000	12535	11916	11297	10678	10059	9440	8821	8202	7583	6964	6345
29000	12981	12340	11699	10417	10417	9776	9135	8494	7853	7212	6571
30000	13428	12765	12102	10776	10776	10113	9450	8787	8124	7464	6798
31000	14204	13519	12834	11464	11464	10779	10094	9409	8724	8039	7354
32000	14661	13954	13247	11833	11833	11126	10419	9712	9005	8298	7591
33000	15470	14741	14012	12554	12554	11825	11096	10367	9634	8909	8180
34000	16299	15548	14797	13295	13295	12544	11793	11042	10291	9540	8798

1)散装谷物船许用倾侧力矩的含义与计算原理

散装谷物船许用倾侧力矩是指恰能同时满足规则中稳性三项指标要求时对船舶各货舱内允许出现的谷物假定倾侧力矩之和的最大限制值。

散装谷物船许用倾侧力矩的计算原理：当船舶 Δ 一定时，分别绘制对应于不同 KG 值的一组静稳性力臂曲线 $GZ \sim \theta$。在多条静稳性力臂曲线图中，分别寻找恰使 $\theta_h = 12°$ 和 $S = 0.075$ m·rad的两条 $\lambda_H \sim \theta$ 曲线，由此分别得到相应的两个 λ_0 值。再根据 λ_0 与 M'_u 的关系式 $\lambda_0 = M_u'/\Delta$，分别求取满足 $\theta_h = 12°$ 和 $S = 0.075$m·rad 的两个散装谷物假定倾侧力矩 M_u'，取其中较小者，即为同时符合公约或规则中对 θ_h 和 S 要求的散装谷物船许用倾侧力矩 M_a。为满足 $GM \geqslant 0.3$m 的要求，在求取 M_a 时，扣除不满足 $GM \geqslant 0.3$m 的 KG 值，即在符合 $GM \geqslant 0.3$m 的 KG 范围内确定 M_a 值。这样，所求得的 M_a 值即可表征使船舶同时满足规则的三项稳性指标要求的谷物所允许的最大倾侧力矩。

2)"散装谷物船许用倾侧力矩表"的使用方法

(1)计算航程中最不利状态下船舶排水量 Δ 和经自由液面修正后的重心高度 KG；

(2)根据谷物装舱情况计算全船总的谷物假定倾侧力矩 M'_u；

(3)以 Δ 和 KG 为查表引数，由"散装谷物船许用倾侧力矩表"中查得该核算装载状况下的谷物许用倾侧力矩 M_a 值；

(4)比较 M'_u 和 M_a。若 $M'_u \leqslant M_a$，则船舶稳性满足 IMO《国际散装谷物安全装运规则》要求。

例如，从例 16-1 的计算结果可知，$KG = 8.26$m，$\Delta = 32576.0$t 和 $M_u' = 8502.7 \times 9.81$kN·m。以 KG 和 Δ 为引数查表 16-4 可求得 $M_a = 9656.1 \times 9.81$kN·m。显然，因 $M_a > M_u'$(即：$9656.1 \times 9.81 > 8502.7 \times 9.81$)，所以在该核算装载状况下 IMO《国际散装谷物安全装运规则》三项稳性衡准指标同时得到满足。

3)国内航行船舶许用倾侧力矩的计算方法

我国《法定规则》在国内航行船舶分册中规定，国内航行散装谷物船的许用倾侧力矩，若船舶具备按 IMO《国际散装谷物安全装运规则》计算的许用倾侧力矩资料，则可式(16-5)和式(16-6)经折减计算后确定；否则可按下列公式进行计算：

$$M_a = 0.2228GM \cdot \Delta \qquad (9.81 \times kN \cdot m) \tag{16-14}$$

式中：GM——核算装载状况下经自由液面修正后的船舶初稳性高度(m)；

Δ——核算装载状况下船舶排水量(t)。

2. 以横倾角40°时的剩余静稳性力臂值 GZ'_{40} 的计算替代剩余动稳性值 S 的计算

此法是当船舶资料中无"散装谷物船许用倾侧力矩表"时，可以用横倾角40°时剩余静稳性力臂 GZ'_{40} 的计算，替代三项稳性衡准指标中求取过程烦琐的剩余动稳性值 S 计算的一种简便校核方法。

1）核算条件

能否采用剩余静稳性力臂法来替代剩余动稳性值 S 的计算，应首先判断是否同时满足下列三项条件：

(1)谷物假定移动引起的船舶横倾角 θ_h 不大于12°；

(2)经自由液面修正后的 $GZ \sim \theta$ 曲线在12°～40°范围内形状正常，无凹陷现象；

(3)右边界线的横向坐标 $\theta_r = 40°$。

若其中有一项不能满足，则不应采用此方法核算。

2）稳性衡准

要求：　$GZ'_{40} > 0.307m$

即只要满足横倾角40°时剩余静稳性力臂 GZ'_{40} 较0.307m大，则剩余动稳性 S 必定符合不小于0.075m·rad的要求，即以 $GZ'_{40} > 0.307m$ 来替代 $S \geqslant 0.075m \cdot rad$ 的核算。

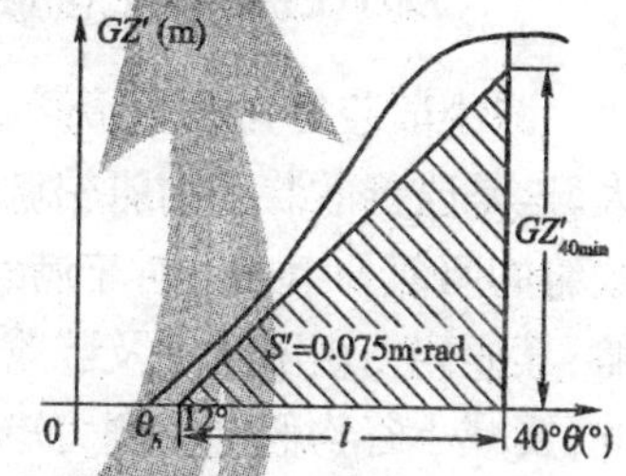

图16-9　GZ'_{40min} 计算图示

如图16-9所示，以横坐标轴从12°到40°为底边 l，以最小允许值 GZ'_{40min} 为高作一直角三角形，并设其面积 S' 恰为0.075 m·rad。显然，当同时满足上述三项简化核算条件时，船舶的静稳性曲线下的面积 S 必定大于被包围其中的直角三角形面积 S'。若 $S' \geqslant 0.075m \cdot rad$，则必定满足 $S \geqslant 0.075m \cdot rad$ 的要求。现设 $S' = 0.075m \cdot rad$，则：

$$\begin{aligned} S' &= \frac{1}{2} l \cdot GZ'_{40min} \\ &= \frac{1}{2} \times (40 - 12) \times \frac{\pi}{180} GZ'_{40min} \\ &= 0.075m \cdot rad \end{aligned} \tag{16-15}$$

求解方程(16-15)即可得：$GZ'_{40min} \approx 0.307m$。

3）核算方法

利用剩余静稳性力臂法核算稳性，可按下列方法完成：

(1)计算船舶装载状态下的 Δ，KG，GM 和 $\sum M'_u$，并满足 $GM \geqslant 0.3m$；

(2)判断上述三项简化核算条件是否满足：

①按横倾角计算公式求取 θ_h，并确定 $\theta_h \leqslant 12°$；

②查阅稳性计算资料，并选择与实际核算装载状态相近的某一典型装载情况，参照其中的静稳性曲线及船舶进水角曲线，从而确定 GZ 曲线在12°以后的形状有无凹陷及确定右边界线

θ_r。若 GZ 曲线在 12°～40°内形状正常，且 $\theta_r=40°$，则核算条件满足。

也可通过分析不同倾角下的 GZ 值变化趋势判断 GZ 曲线在 12°后形状是否正常；比较最大 GZ 值对应横倾角 θ_{max}、船舶进水角 θ_f 确定 θ_r 是否为 40°；或通过作图来判断 GZ 曲线形状及右边界线位置。

(3)计算横倾角 40°时剩余静稳性力臂 GZ'_{40}；

由图 16-6 可知：

$$GZ'_{40}=GZ_{40}-\lambda_{40}=KN_{40}-KG\sin40°-0.8\cdot\frac{\sum M'_u}{\Delta} \quad (16\text{-}16)$$

式中，GZ_{40} 和 KN_{40} 分别表示船舶横倾角 40°时静稳性力臂和形状稳性力臂值。

(4)判断是否满足 $GZ'_{40}>0.307\text{m}$ 条件，若满足要求，则表明船舶满足对剩余动稳性值的要求。

第三节　改善散装谷物船稳性的方法及措施

当散装谷物船舶的稳性不能满足有关规则要求时，应采取一些必要的措施，予以调整和改善。

一、减小谷物假定倾侧力矩

减小散装谷物假定倾侧力矩，可使谷物移动引起的船舶横倾角减小，船舶剩余动稳性值增大，这是改善散装谷物船舶稳性的主要措施。散装谷物假定倾侧力矩是由满载舱的和部分装载舱的两部分组成。对于满载舱，无论是否平舱，其假定倾侧力矩为一固定值，而对部分装载舱，其倾侧力矩随舱别及装舱深度而变化，其值在全船谷物假定倾侧力矩中占有很大比例。因此，要减小谷物假定倾侧力矩，首先应考虑减小部分装载舱的谷物假定倾侧力矩。

1. 减少部分装载舱数

当船舶满载且散装谷物的平均积载因数小于船舶的舱容系数时，或船舶未满载但存在航线上水深限制、或有调整船舶纵强度或吃水差要求时，常常会出现多个部分装载舱的装载状态。为减小谷物假定倾侧力矩，应尽可能减少部分装载舱数目。

2. 尽可能将宽度和长度较小的货舱用作部分装载舱

由于谷物假定倾侧力矩与谷面宽度的立方成正比，因此，如将部分装载舱安排于舱宽较小的货舱(如首部货舱)，就会大大减小部分装载舱的谷物假定倾侧力矩。另外，在舱宽相同或相近时，部分装载舱则宜选择舱长较短的货舱，但同时应兼顾船舶受力和吃水差的要求，防止顾此失彼。

3. 谷物装舱深度应避免处于该舱谷物假定倾侧力矩的峰值附近

各舱谷物假定倾侧力矩峰值所对应的装舱深度位于底边舱和顶边舱之间的舱宽最大处，因此实际装载谷物深度应尽可能远离此位置。如发现装载方案中出现某部分装载舱的谷物假定倾侧力矩恰处于峰值附近，可以考虑将某满载舱的部分谷物移入该部分装载舱。这样，该部分装载舱的谷面因避开峰值而减少的谷物假定倾侧力矩，可能会超过原满载舱因谷物移出后所增加的谷物假定倾侧力矩，从而使谷物移动总的倾侧力矩减少。

4. 视谷面装舱深度确定是否采用共通装载方式

对于多层甲板干货船，当装载后谷面超过该层舱舱口时，可采用共通装载方式。若谷面未超过该层舱舱口，但当舱内谷面倾侧25°时谷物有可能流入上层舱时，则应将舱盖关闭，改变共通装载方式为上下各层舱单独装载方式。

5. 将未经平舱的满载舱改为经平舱的满载舱

根据对一艘25000吨级和一艘36000吨级散装谷物船每个货舱满载时经平舱和未经平舱的谷物假定倾侧力矩的计算结果表明，未经平舱的与经平舱的满载舱谷物移动倾斜力矩之比为2.5～4.4。很明显，按要求对各满载舱进行完整的平舱，可以大大减少谷物移动的倾侧力矩。

二、改善装载方案，降低船舶重心，增大船舶的初稳性高度

在船舶未满载状态下，在底层压载舱注入适量的压载水，可有效降低船舶重心高度，改善船舶稳性。它表现在使静稳性力臂增大，从而增大剩余动稳性值，同时减小了由于谷物移动引起的船舶横倾角。

三、设置谷面防移装置及采取止移措施

如前所述，不论专用船还是多用途船，在整个航程中均应满足有关规则对散装谷物船完整稳性的要求。若不符合要求，船舶可以在装运谷物的一个或几个舱内设置适当的谷面防移装置或采取某种止移措施，以达到减小舱内谷物移动的目的。这是作为散装谷物船舶稳性不足时采用的一种不得已的补救手段。谷物规则提供了几种具有较强实用价值的防移装置和固定谷物表面的方法。

1. 常见的散装谷物船舶的防移装置

散装谷物船舶的防移装置有补给装置、止移装置、谷面固定装置等。

1)补给装置

为了使货舱内由于谷物下沉而形成的空档不断由散装谷物填满，以及使谷物在舱内减少移动，可以设置适用于二层甲板船装载谷物的补给装置。包括添注漏斗(Feeders)和围井(Trunks)。添注漏斗和围井不一定同时设置，可根据需要选用。

(1)添注漏斗

添注漏斗设置于船舶二层甲板的两舷，由纵向隔壁构成一对纵向设置的两侧添注漏斗。添注漏斗应延伸到舱内甲板的全长，并且在二层甲板上开有适当间隔的添注孔。每一添注漏斗的容积应等于舱口边桁材及其延伸部分外侧的甲板下方空档的体积。这样，二层甲板下方的空档将被从两侧添注漏斗中流出的谷物密实填满，从而减小底舱的自由谷面。

(2)围井

围井是设在二层舱主舱口，由纵向隔壁及横向隔壁构成的四周封闭的空间，围阱的设置使谷物在甲板间舱内减少移动，围井内的谷物被限制在围井本身的范围内移动，从而使谷物倾侧力矩减小。

2)止移装置

谷物的止移装置包括止移板(Shifting boards)、立柱(Uprights)、撑柱(Shores)及拉索

(Stays)。

(1)止移板是纵向垂直设置的木质或钢质的隔壁。木质隔壁的厚度应不小于50mm,并应设置成谷密,且在其必要处用立柱支持。所有止移板的端部应牢固地嵌入插槽,并具有75mm的最小支撑长度。止移板的强度应符合规则的规定。

(2)立柱是用以支持受载止移板的垂直设置的钢质或木质构件。各立柱两端插入插座的深度应不小于75mm,各立柱间的水平距离,应使止移板的自由跨度不超过规则的规定,最大自由跨度按止移板的厚度决定,一般为2.5~4.0m。

(3)撑柱是用以支持止移板的钢质或木质构件。当采用木质构件时,该撑柱应为整根。其每一端都应牢固地加以固定,并应将撑柱的根部撑牢在船舶的永久性构件上,但不应支撑在船舶外板上。当撑柱的长度为7m及以上时,应在长度中点处牢固地架撑。在任何情况下,撑柱与水平线之间的夹角应不超过45°。

(4)拉索是用来支撑受载止移板的构件,它应水平地或尽量水平地设置。拉索由钢丝绳制成,钢丝绳的尺寸应满足规则所规定的负荷要求。

3)谷物表面的固定装置

指部分装载舱的谷物表面的固定,可分为两种:

(1)利用粗帆布(或等效物)、木板、钢丝绳及松紧螺丝等对谷面进行捆扎或捆绑,以达到固定谷面的目的。

(2)在散装谷物的表面利用垫隔布(或等效物)或平台以及袋装谷物压包,也可以达到固定谷物表面的目的。

4)舱口盖的固定装置

当在双层甲板的底舱内装满散装谷物,而其上面的二层舱没有装载散装谷物或其他货物时,为了防止底舱的谷物在航行过程中由于移动而顶开二层舱盖,在主管机关的同意下,可在二层舱口盖上加载货物或装设某种固定装置对其进行固定。

2. 各种装载状况的止移措施

1)满载舱

适合于满载舱的谷面防移装置有3种:

(1)设置纵向隔壁

规则规定纵向隔壁必须为谷密且强度满足要求,在甲板间舱的纵向隔壁必须由下层甲板延伸到上层甲板,在货舱内的纵向隔壁必须从甲板或舱盖向下延伸至甲板下或舱口下的纵桁材之下至少0.6m。

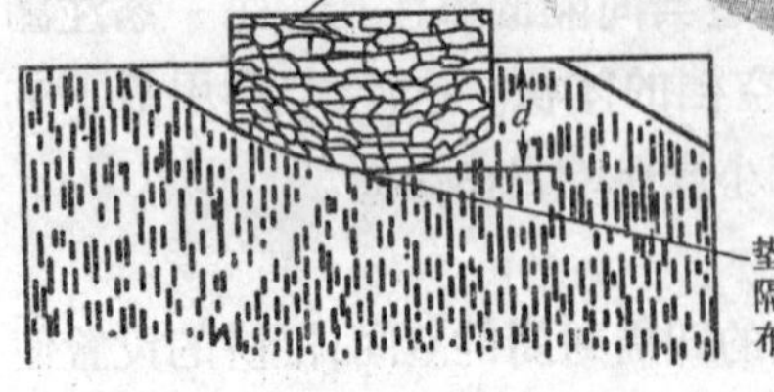

B(型宽)≤9.1m　d=1.2m以上;

B(型宽)≥18.3m　d=1.8m以上;

9.1<B<18.3m　d用内插计算

图16-10　托盘图

(2)设置托盘

除装载亚麻子和具有类似性质的其他种子的情况外,舱内设置托盘可以替代设置纵隔壁。如图16-10所示,托盘底部放置衬垫帆布或其他等效物,其上堆满袋装货物,其深度d根据船舶型宽不同,要求在1.2~1.8m。托盘顶部应由舱口边桁材或围板及舱口端梁组成。

(3)设置散装谷物捆包

作为设置托盘的一种替代方法,可用散装谷物捆包

代替袋装货物来填装托盘,其形式及长度与托盘相同,托盘内应有足够抗拉强度的衬垫材料且顶部应有适当的固定装置,见图 16-11。

2)部分装载舱

适合于部分装载舱的防移装置及固定谷面措施有:

(1)设置纵隔壁

部分装载舱纵隔壁的设置,除受到舱顶和舱底限制外,要求谷面以上高度和谷面以下深度为该舱最大宽度的 1/8。

(2)谷面上堆装货物

俗称压包。将自由谷面整平,在谷面上使用衬垫帆布或其他等效物,或设置一垫木平台,其上堆妥为装满且牢固缝口的袋装谷物或其他等效货物,且堆装高度不应小于谷物表面最大宽度的 1/16 或 1.2m,取较大者。见图 16-12。

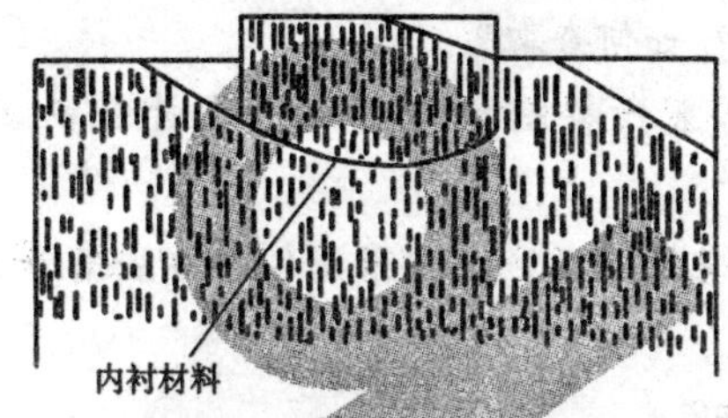

图 16-11　散装谷物捆包

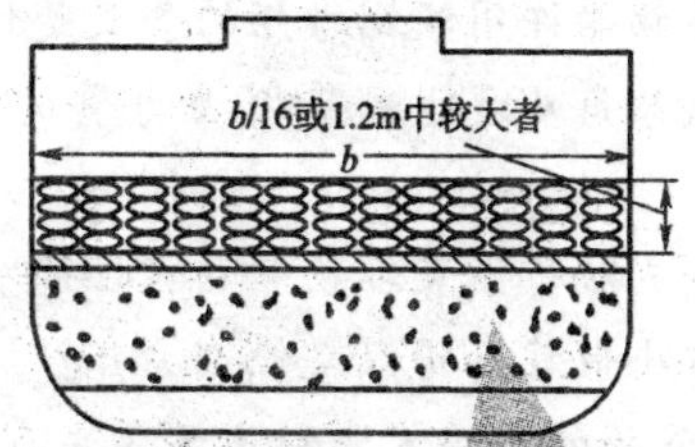

图 16-12　谷面上堆装货物或压包

(3)用绑索或钢丝网固定谷面

用钢带、钢索或链条等系索固定谷面时,应在完成装载前先将系索用卸扣经一定间距连接在谷物最终表面以下 0.45m 的舱内两侧的船体结构上,用纵向间距不大于 2.4m 的卸扣与绑索(钢带、钢索或链条)连接。谷物装完后将谷面平整至顶部略呈拱形,并用粗制帆布或等效物覆盖(要求接头处至少应重叠 1.8m),其上密排底层横向铺设和上层纵面铺设并钉成一体的两层垫木,随后将两舷系索用松紧螺旋扣紧固。航行中应经常检查系索,且必要时应予收紧。

用钢丝网固定谷面的方法与上述用系索固定基本相同,只是以两层增强钢丝网替代两层垫木,并在舱内两舷钢丝网边缘,用木板夹紧,最后用钢丝绳、双层钢带等捆索固定。

小结与习题

本章小结:

确保散装谷物装运安全的两大关键是:保证散装谷物的运输质量和船舶在全航程中满足特殊的稳性要求。

要保证散装谷物的运输质量,应在装货前使货舱处于清洁、干燥、无异味、无鼠虫害、无渗漏状况,并获取验舱合格证书;应当在装货中特别注意确保装船谷物的含水量满足要求,做好舱内衬垫、污水阱及其管道的疏通以及货舱和货物的薰蒸工作;在航行途中应进行正确的货舱通风。

要保证船舶在全航程中满足特殊的稳性要求,应认真阅读特定船舶的《装载手册》或其他稳性报告资料，了解本船应满足的特殊稳性指标及其要求，理解并掌握这些稳性指标的具体计算方法，学会填写装货港特定格式的散装谷物船稳性计算表。当散装谷物船不满足特殊稳性要求时，可考虑采用减少部分装载舱数、选择谷物假定倾侧力矩较小舱用作部分装载舱、选择压载水舱注入适量的压载水、设置谷面防移装置或采取止移措施等方法。

思考题

1. 散装谷物有哪些海运特性？哪些特性对船舶稳性存在不利影响？

2. 简述专用散装谷物船的结构特点及其原因。

3. 简述散粮船的四种装载方案及其对船舶稳性的影响。

4. 简述IMO《国际散装谷物安全装运规则》对散装谷物船的稳性要求。

5. 简述散装谷物船的稳性的核算方法。

6. 散装谷物船许用倾侧力矩的含义是什么？如何查取？

7. 采用横倾角40°时剩余稳性力臂的计算来代替剩余动稳性值S计算的前提条件是什么？

8. 我国国内航行散装谷物船的稳性衡准要求是什么？主要采用何种方法来降低其要求？

9. 如何减小散装谷物假定倾侧力矩？

10. 散装谷物的防移装置和止移方法有哪些？

11. 散粮船的装舱准备工作有哪些？装货中应特别注意哪些事项？

12. 改善和提高散装谷物船舶稳性的主要途径有哪些？

13. 某船装载积载因数为1.35m^3/t散装谷物后$\Delta = 43500$t，$KM = 11.58$m，$KG = 8.80$m，$KN_{40} = 7.53$m，自由液面力矩4015×9.81kN·m，满载舱谷物横向倾侧体积矩为5721m^4（以舱容中心为谷物重心），部分装载舱谷物横向体积矩为12950m^4，计算其剩余静稳性力臂GZ'_{40}。

14. 某散装谷物船装载后$\Delta = 47300$t，$KM = 11.53$m，$KG = 8.82$m，自由液面力矩4240×9.81kN·m，满载舱谷物横向倾侧体积矩为5833m^4（以舱容中心为谷物重心），部分装载舱谷物横向体积矩为13700m^4，谷物积载因数为1.38m^3/t，试计算该装载状态下谷物假定移动引起的船舶静横倾角。

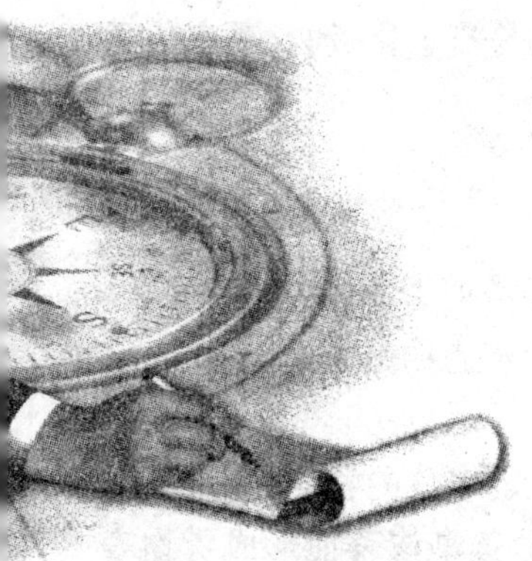

第十七章 散装固体货物运输

散装固体货物是指除液体或气体以外由粉状、球状、晶粒状、颗粒状或任何较大块状物质等构成的货物，其构成成分基本均匀，不需要任何包装且不能按件计数，可直接装船运输，如粮谷、矿石、煤炭、水泥、化肥、饲料等。

散装固体货物运输具有运输批量大、货源充足稳定、大多货种单一并采用专用船舶整船单向运输、装卸效率高的特点。在国际航运业中，散货船运输占货物运输30%以上。由于各类固体散货具有不同的货物特性，它们对安全运输都存在不同程度的影响，若采取措施不当或为采取正确的措施，则会影响货物运输质量、危及船舶及人员安全，此类事故时有发生，应引起足够的重视。

第一节 散装固体货物

为了保证除散装谷物以外散装固体货物的海上运输安全，国际海事组织IMO制定了《散装固体货物安全操作规则》(Code of Safe Practice for Solid Bulk Cargoes，简称BC Code)，并于1965年开始出版，其后几经修订。

2008年12月，IMO海上安全委员会85次会议以MSC.268(85)决议通过了《国际海运固体散装货物规则》(International Maritime Solid Bulk Cargoes Code)，简称IMSBC Code，并经MSC.269(85)决议修正的SOLAS 1974第VI章(货物的载运)和第VII章(危险货物)装运的引用成为强制性规则，该规则取代了先前的BC Code，并于2011年1月1日起强制实施。

该规则通过介绍散装固体货物运输的一般建议，200多种典型固体散货的理化特性及其安全运输的特殊要求，固体散货试样采集和特性指标的测试方法等内容，就散装固体货物积载和运输的安全标准向主管机关、船舶所有人、货物托运人及船长做出相关规定及提出相应指导。

一、散装固体货物分类

根据货物的运输特性，IMSBC Code 将散装固体货物分成三类，即易流态化货物、具有化学危险的货物、既不易流态化又无化学危险的货物。

1. 易流态化货物(Cargoes which may liquefy—Group A)

1)定义

固体流态化是指较细颗粒物质与流动的流体接触，使颗粒物质呈类似于流体的状态。

易流态化货物的流态化是指该类物质在外在因素的作用下，产生流态的趋势及可能性，它是易流态化货物最显著及最主要的特征。

易流态化货物是指由至少一部分细颗粒的混合物构成且含有一定水分的物质，若水分含量超过一定比例时，在海上运输过程中，受到外界各种力的作用，水分逐渐渗移而形成货物表面流态化从而导致货物移动。

这类货物往往在装载时可能呈干燥的颗粒状，但却可能含有相当的水分，由于航行中出现的沉积和震动作用使之流态化。

2)易流态化的成因及危害

装在船舱中的易流态化货物，由于船体的振动和摇荡，致使货物下沉，颗粒间孔隙减小，当含水量高时，就会产生多余水分。若货物的透水性能好，多余的水分及空气能够渗出到货物表面而形成自由液面；若货物颗粒较小而使得透水性变差，货物下沉的全部压力首先由孔隙间的水分承受，产生孔隙水压力，这意味着货物颗粒间不能很好结合，导致内部摩擦力、粘聚力减小或丧失而使抗剪切强度消失，造成货物流动。

如果满足以下条件则不会出现流态化：

(1)货物含有非常细的颗粒，颗粒的运动受到粘性的限制，货物颗粒间的空隙的水压不会增加；

(2)货物由大颗粒和块体组成。水通过颗粒间的空隙，不会导致水压的增加，因此完全由大颗粒组成的货物不会流态化；

(3)货物内含空气的百分比高，水分含量低，抑制了任何水压的增加，因此干燥货物不易流态化。

货舱内表层已流态化呈稠液状的货物在船舶横摇时会流向一舷，但在回摇时却不能完全流回，船舶会因此逐渐倾斜乃至倾覆。

3)分类

易流态化货物大致分成两类。一类是积载因数为 $0.33 \sim 0.57m^3/t$ 的各种精矿，如铁精矿、铅精矿、镍精矿、铜精矿、锌精矿、黄铁矿、硫化锌(闪锌矿)等；另一类是具有与精矿性质类似的其他物质，包括含有足够水分的细颗粒状物质、散装草泥、散装鲜鱼和据报能形成流态化的煤炭(细颗粒状)、煤泥(含水粉砂，颗粒粒度一般小于1mm)、焙烧黄铁矿、氟石等物质。

4)适运水分限的测定方法

易流态化货物的易流态性以流动水分点 FMP(Flow Moisture Point)来表征，它是指货样在规定的试验条件下达到流态时的最小含水量。货物在装运时，其实际含水量 MC(Moisture Content)必须小于其流动水分点，否则，货物会因其流态化而产生移动，导致稳性减小或丧失。为保证安全，IMSBC 规则中取流动水分点的90%作为该货物的适运水分限 TML(Transportable

Moisture Limit)，适运水分限是指固体散货适合海上运输的最大含水量；我国规定易流态化货物的适运水分限取流动水分点的80%～90%。普通散装固体货船不得承运超过TML的货物。

需要说明的是，即使货物的平均水分含量低于适运水分限，也并不意味着货物一定不会对船舶稳性造成影响。货物表面可能呈干燥状，但导致货物移动的不被察觉的流态化也可能出现，即水分渗移后形成危险的湿底，货物在舱内会出现滑动现象，尤其是高含水量的货物很浅且遇到较大倾斜角时。

易流态化货物的流动水分点应定期进行测定，即使货物成分均匀，测定试验也应至少6个月进行一次。如果货物成分或性质因某种原因发生了变化，则测定频度应增加，试验周期应为3个月或更短。测试含水量的采样时间和试验时间应尽可能与装货时间接近。除非对货物加以充分遮盖而使其含水量不发生变化，否则采样/试验与装货时间的间隔不得超过7天。

(1)IMSBC Code推荐的实验室测定方法

目前，测定适运水分限TML有三种通用方法。

①流盘试验法(Flow Table Test)

该方法是日本提出的利用流盘来测定易流态化货物的流动水分点，然后取其90%作为该货物的适运水分限。流盘试验一般适用于最大粒度为1mm的精矿或其他颗粒物质，也可用于最大粒度不超过7mm物质，但对于含有较高比例粘土的物质，测试结果不理想。

如图17-1所示，试验方法是将货样按要求置于流盘上，流盘以25次/分钟的速率自12.5mm高处升落50次，若水分在紧凑的货样中达到饱和且货样产生塑性变形，出现湿痕，则认为货样的含水量达到了流动水分点，即原定形状的货样会发生变形，形成凸面或凹面。

图17-1　流盘试验

②沉降(渗透)试验法(Penetration Test)

该方法是德国提出的利用渗透式或沉降式测量仪来测定易流态化货物的流动水分点，然后取其90%作为该货物的适运水分限。沉降试验一般适用于精矿、类似的物质及最大颗粒为25mm的煤。试验方法是将货样按要求填装于测量仪的圆缸内捣实，以频率为50Hz或60Hz，以加速度为2g(rms)±10%，振动测量仪6分钟，若放在货样表面的沉降杆的沉降高度大于50mm，则认为货样已达到流态化(图17-2)。

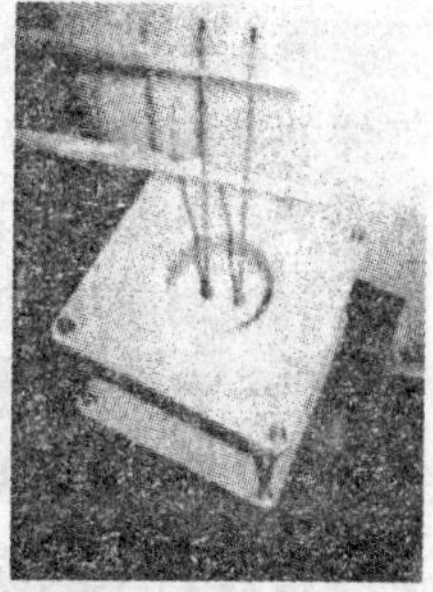

图17-2　沉降试验

③葡氏/樊氏试验法(Proctor/Fagerberg Test)

该方法是丹麦提出的利用葡氏/樊氏测量仪来

测定易流态化货物的饱和含水量,然后取其70%作为该货物的适运水分限。葡氏/樊氏试验一般适用于细粒和粗粒精矿或最大颗粒为5mm的类似物质的试验,但不适用于煤或其他多孔物质。

试验方法是取一定量的货样均分成5份填装入测量仪的铁模中,每装入一份后用带有导筒的冲压器反复捶捣25次,每次的升落高度为0.2m,如此进行直到5份全部完成,然后测算铁模内的空档比(空档体积与固体体积的比值)。按上述方法进行5~10次冲压试验,绘制出一条冲压曲线,冲压曲线与饱和度为70%的曲线交点即为适运水分限。

(2)易流态化货物含水量简易检验法

①用坚固圆桶或类似容器装半罐货品,从离地面约0.2m的高处猛力摔向坚硬的地面,以1~2s的间隔重复25次,若货物表面出现游离水分或流动情况,应对货物进行含水量的正规检验。

②用手抓一把矿粉,从1.5m高处自由落到地面或甲板上,若着地崩散说明含水量不超过8%,可以承运;若仍为一团,则说明含水量超过10%。

③手抓矿粉成团后,如用手能捏散则说明其含水量低于8%,否则超过8%。

④货品放入平底玻璃杯或其他小容器内,来回摇动5min,若明显有液体浮在货物表面,说明含水量太高,应要求进行含水量的正规检验。

⑤货品放在一平盘上压成锥形,用平盘抨击桌面,如锥形呈碎块或块状裂开而不流塌,表示适运;如坍塌呈煎饼状,则表明其含水量过高。

⑥人踩在矿粉上,如出现松软现象,呈流沙状流动,表明含水量过高。

2.具有化学危险的货物(Materials possessing chemical hazards—Group B)

具有化学危险的货物是指由于自身的化学性质而在运输中会产生危险的固体散装货物。这类货物可分成两类。

1)已列入《国际危规》的固体散货

此类货物无论是包装形式还是散装形式运输,因本身的化学性质决定其都属于危险货物,具有相同的分类号,但由于其运输方式的不同,有关安全运输的要求存在一定差别,应查取不同的规则。该类固体散货分属于《国际危规》中的类别:

第4.1类:易燃固体,如硫磺。本类物质具有易被火花和火焰等外部火源点燃、易于燃烧、受摩擦时易引起燃烧或助燃等特性。

第4.2类:易自燃物质,如干椰肉、种子饼、氧化铁、金属屑等。本类物质具有易自热并自燃的共同特性。

第4.3类:遇水放出易燃气体的物质,如废铝、锌渣、硅铁等。本类物质具有遇水产生可燃气体的共同特性。

第5.1类:氧化剂,如硝酸铝、硝酸铵、硝酸钙、硝酸镁等。本类物质尽管本身不一定可燃,但与其他物质接触时其产生的氧气或发生的类似反应会增加燃烧的危险和强烈程度。

第6.1类:有毒物质。本类物质如被吞咽、吸入或与皮肤接触,易造成死亡或严重损伤。

第7类:放射性物质。该类物质指含有放射性核素的任何物质,且托运货物的放射性强度和总量大于《国际危规》要求的数值。本类物质能释放出大量射线。

第8类:腐蚀性物品;本类物质具有在原来形态下在某种程度上严重损伤活体组织的共同

特性。

第9类:其他危险货物,如鱼粉、蓖麻籽肥等。本类物质具有上述各类未包括的危险。

2)仅在散装运输时具有危险的货物(MHB)

未列入国际危规,但在散装运输中易产生危险而应予以特别关注的固体散货属于仅在散装运输时具有危险的货物(Materials Hazardous only in Bulk,MHB),能减少舱内含氧量的物质、易自热物质、潮湿时会产生危险的物质等均属于此类。此类货物包括煤、木炭、油焦炭、沥青球、木屑片、锯末、动物肥、直接还原铁、磷铁、锰硅合金、锑矿、铬矿、钒土矿、生石灰、氟石等。

3)散装固体废物

散装固体废物是指一些固体物质,它们含有IMSBC规则中有关第4.1、4.2、4.3、5.1、6.1、8或9类危险货物的规定所适用的一种或多种成分或受其沾染,而且除了倾倒、焚烧或其他处理方法外无明确用途。值得注意的是含有反射性物质或受到放射性物质沾染的散装固体废物不属于此类,应适用有关放射性

物质运输的规定。

3. 既不易流态化又无化学危险的固体散货(Bulk materials which are neither liable to liquefy nor to possess chemical hazards—Group C)

此类物质通常称为普通固体散货。虽然它们当中有的与A类散货同名,但其块状较大或含水量较低而不易流态化;有的与B类散货同名,但已经某种化学处理或因某些物质含量较小而不具有特别危险性;某些物质虽自身尚具有一定毒性或腐蚀性,但较B类散货具危险性大为减小。具体包括水泥、滑石粉、石膏、粘土、硼砂、白云石、苜蓿粉、碳酸钡、重烧镁、盐、沙子、糖等。

该类固体散货在运输过程中应考虑以下特性:

1)扬尘性

若干固体散货在装卸时极易扬尘,如水泥、滑石粉、铁矿砂、花生果等,应采取一定措施保证人员健康及船舶设备不因粉尘而受损。

2)下沉性和散落性

固体散货装舱后颗粒间空隙随航行中船舶振动、摇荡等而减小,由此引起散货表面下沉,并具有自动松散流动的特性。对于非粘性固体散货,其散落性以静止角来表征。

静止角的测定,规则中推荐有倾箱法和船上测定法,前者适合于粒度大于10mm的非粘性粒状物质,后者是作为无试验箱时测定静止角的替代方法或船用方法。

倾箱法是将试验箱装满货样并水平放置,将一端抬高使之倾斜,当箱内货物将要流出时,试验箱倾斜的角度即为该货物的静止角。船用方法是将货样缓慢倒至一张置于平面上的粗质纸上,形成对称锥体,均匀测定12个锥面角度,并取平均值作为该方法测定的货物静止角,此静止角加3°则为倾箱试验测得的静止角。

就一般固体散货而言,散落性大小是影响船舶安全的重要因素。对于静止角较小的固体散货,应采取严格平舱等措施预防货物在舱内的移动。

3)怕杂质

某些耐火材料如重烧镁、矾土、耐火粘土、碳化硅等货物,在装运中应避免混入铁、煤、木屑、氧化镁、氧化钙等杂质,以防降低其熔点。黑钨矿不能混入锡、硫、砷、磷、铜、铝等杂质,否

则会影响其品质和用途。

4)忌水湿

水泥、化肥、糖、磷盐岩等货物,水湿后会结块变硬,使货物质量降低或失去使用价值。

5)毒性和窒息性

某些固体散货自身具有一定毒性,它们虽未列入具有化学危险的货物,但在装运时亦应引起重视,采取相应的预防措施。如铅矿、铬矿、锑矿呈粉末状,粉尘吸入或吞入会引起铅中毒,锑矿潮湿时会产生锑化氢、胂、磷化氢等有毒气体。有些固体散货在运输中因氧化而使舱内缺氧,易造成窒息中毒。

6)腐蚀性

化肥等固体散货对船体具有一定的腐蚀性,或在一定条件下具有较强腐蚀性。如在硫酸铵化肥运输中,若货舱内产生汗水,有对肋骨和边板等造成强烈腐蚀的危险,磷酸一铵长时间运输会对船体造成损害,且潮湿时具有强烈的腐蚀性。

7)磨蚀性

固体散货均具有一定磨蚀性,对那些磨蚀性较强的货物,应选择合适的装卸工具,采用合理的装卸方法和防护措施以减小对船体的磨蚀。

8)与危险货物的隔离

某些固体散货虽然自身无有害危险,但与某些危险货物接触却能增加危险或产生某种有害影响。如放热型铁铬合金、锰铁合金等,应与易自燃物质隔离;铅矿石应与酸类物质隔离,否则会产生剧毒气体。

值得一提的是,IMSBC CODE 中列出的固体散货有的同时既易流态化又具有化学危险,如煤炭、硫化金属精矿、铜精矿等,在运输时应兼顾这两种危险性的影响。此外有的物质在不同的条件下其性质会发生变化,可属于不同的类别。如煤炭、硫化金属精矿、铜精矿等既属于 A 类货物,也属于 B 类货物,所以运输这类货物时应兼顾其易流态化特性和化学危险性对安全运输的影响。

二、固体散装货物运输危险性

固体散货在运输中的危险性一般可归纳为:

1)由于货物重量分配不合理或平舱不当而造成船舶结构上的损坏。

货舱内不适当的重量使承受该重量的结构超过允许负荷而导致变形或损坏;不适当的重量分布亦能使船体剖面上因应力过大导致纵向变形或断裂。未平舱或平舱不当在实质上是货物重量在某一局部上形成过大负荷,如图 17-3a)所示;还应认识到,平舱不当使得在相邻货舱之间的横舱壁上形成压力差,可能导致舱壁的变形或损坏,如图 17-3b)所示。

2)船舶在航行中稳性减小或丧失而造成危险。

如图 17-4 所示,船舶稳性减小甚至丧失的原因主要有以下两方面:

(1)由于平舱不当或货物重量分配不合理而使货物在恶劣天气中移动;

从一般意义上讲,船舶无论装载何种固体散货,在航行中都具有移动的可能性。对于粒度较小的固体散货,其移动方式表现为货物表面的滑动;对于粒度较大或块状的固体散货,其移动方式表现为货物的滚动或倾倒。

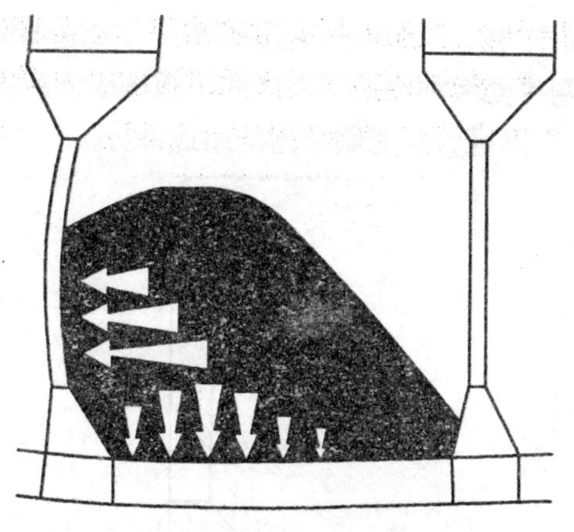

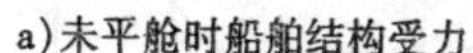

a)未平舱时船舶结构受力

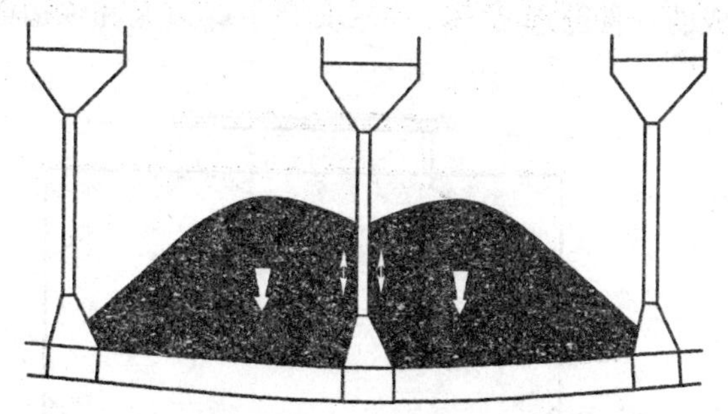

b)未平舱时船舶结构受力变形

图 17-3

(2)由于船舶在航行中的振动和摇摆,使货物流态化而滑向或流向货舱一舷。

此种危险主要是含水量较高的易流态化货物所产生的,即使不在恶劣天气中航行,也存在货物滑动或流动的危险性,应引起足够重视。

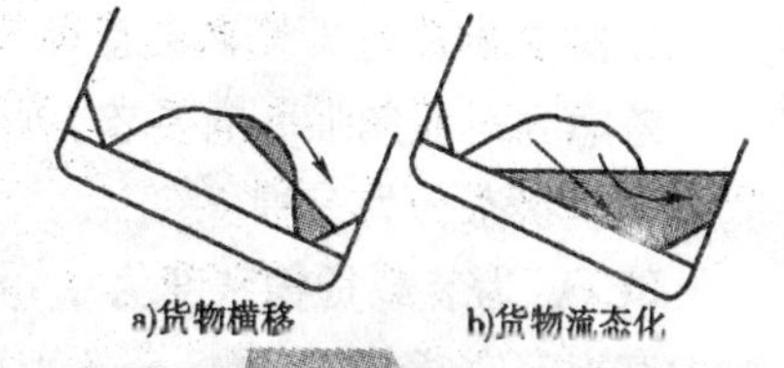

图 17-4　舱内货物横移和流态化

3)由于散货的化学反应,如释放有毒或可燃气体,产生自燃或腐蚀等而造成事故。

此类危险主要发生在具有不同化学特性的的 B 类货物中,但应当清楚,对于不属于 B 类的其他类别货物在某些条件下也存在化学危险性。

第二节　散装固体货船

从对船舶安全的影响及货物装运要求角度,散装固体货船指所有装运固体散装货物的船舶。随着世界航运业和造船业的发展及运输安全的重视,固体散货专用船正向双壳、大型、快速、多用途、使同年限增长、自动化程度提高和注重环保等方面发展。

一、散货船

为了及时了解散货物船货舱意外进水的情况,IMO 规定,无论何时建造的散货船应于 2004 年 7 月 1 日前安装水位探测器。具体安装标准为:在每一货舱内,当水位达到高出任何货舱底部 0.5m 时应发出一 个声光报警信号,并在水位高度达到不小于货舱深度 15% 但不超过 2m 时也应发出另一个声光报警信号。视觉报警应能将每一货舱的两种不同的水位探测明显区分开。

散货船除按第一章第三节的分类外,还可以作下列分类:

1. 按货舱舷侧结构划分

按货舱舷侧的结构不同,通常分为单舷侧散装固体货船(Single side skin bulk carrier)(图 17-5)和双舷侧散装固体货船(Double side skin bulk carrier)(图 17-6)。

单舷侧散装固体货船是指在装货处所中建有单层甲板、顶边舱和底边舱,且货舱任何边界均为舷侧壳板;或一个或多个货舱边界为两道水密边界,其一为舷侧壳板的散货船。

双舷侧散装固体货船是指在装货处所中建有单层甲板，且船内所有货舱边界均为双舷侧结构的散货船。双舷侧结构是指每条船的舷侧由舷侧船壳板和连接双层底和甲板的纵向舱壁构成的一种船舶结构。如果安装了底边舱和顶边舱，它们可为双舷侧结构的组成部分。

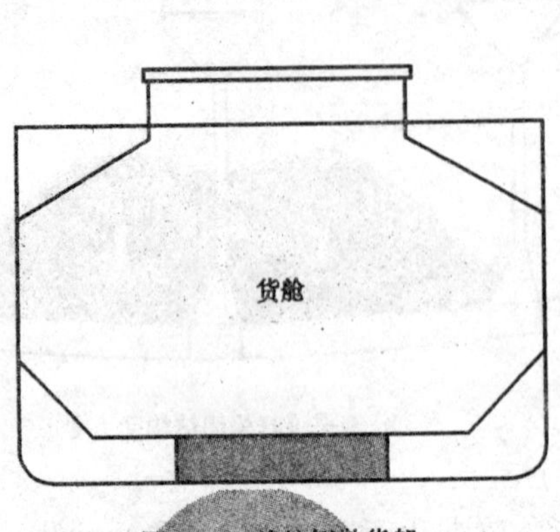

图 17-5　单舷侧散货船

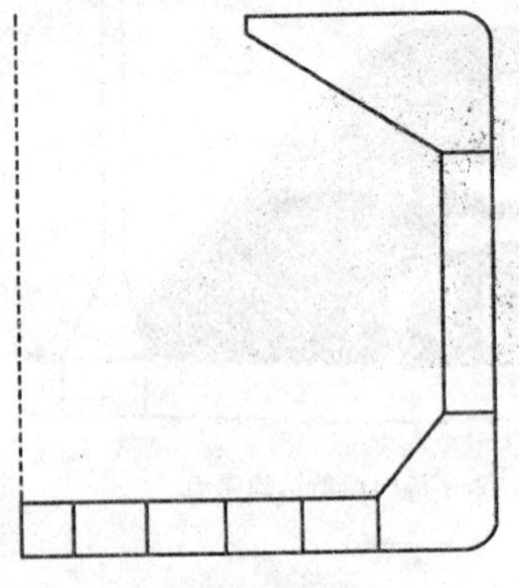

图 17-6　双舷侧散货船

2. 按货物密度及装载状态划分

考虑到对船舶强度的要求，国际船级社联合会（IACS）于 2002 年将散货船按所载货物密度及装载状态分为三种。

BC-A：为装载货物密度为 1.0t/m^3 及以上的干散货物（如铁矿石）而设计的，最大吃水工况中有指定空货舱组，且装载工况中包括 BC-B 的要求的散货船。

BC-B：为装载货物密度为 1.0t/m^3 及以上的干散货物（如煤炭）而设计的，所有货舱装货，且装载工况中包括 BC-C 的要求的散货船。

BC-C：为装载货物密度小于 1.0t/m^3 的干散货物（如谷物）的散货船。

第三节　散装固体货物装载计划

散装固体货物装载计划包括货物的配装及装载两个方面，结合船舶、货物、航线和港口的实际情况，散装固体货船的装载计划应满足的基本要求包括：充分利用船舶载货能力；满足船体强度要求并改善船体受力状态；保证船舶稳性；保持船舶具有适当的浮态；保证货物质量及防范货运事故发生；便于货物装卸及缩短在港停泊时间。

一、固体散货的配装

不同的种类的固体散货，因特性的差异其配装要求也不同。从货物的特殊性考虑，对于 A 类和 B 类固体散货，除满足一般固体散货的配装要求外，在舱位选择及货物相容性方面，规则具有特别规定。

1. 易流态化货物

配装时应充分考虑到此类物质的易流态化特性，意识到其流态化后对船舶稳性的影响，配装时应注意如下事项：

（1）配装 A 类货物的舱室应能防止任何液体流入，即货舱应保持水密性。

（2）避免将除罐状或类似包装的液体货以外的其他液货配装于 A 类散货的上面或附近，

否则会增加货物流态化的危险。

(3)易流态化货物因含有水分,一般不能与怕湿的包装货物同舱。

(4)尽可能将易流态化货物集中配装,一旦货物形成流态化,可将对船舶稳性的影响减至最小。

(5)注意易流态化货物对某些危险品的影响?有些危险品遇水会发生有害化学反应,如产生易燃气体、有毒气体等,应将此类危险品与易流态化货物予以有效的隔离。

(6)装有特殊设备和具有特殊结构的船舶装运含水量较高的易流态化货物时,注意核算货物流态化时船舶稳性是否符合安全要求。

2. 具有化学危险的固体散货

此类固体散货在配载时应充分考虑到由于货物自身及外部因素影响而发生化学反应,可能产生危及船舶、货物和人员的事故。

1)配装

(1)货物的相容性

不同类别的货物配装在同一货舱时,应注意其相容性。

(2)可能产生的毒气足以危害健康的物质

该类物质不得积载于可能使毒气逸入起居处所或其通风设备与起居处所相连的货物处所。

(3)腐蚀性物质

腐蚀性足以危害人体组织或船舶结构的物质,在需采取充分的预防措施之后方可在舱内积载。

(4)第4.1类、4.2类、4.3类物质

- 装载该类别物质的货舱应"远离"一切热源和火源,尽量保持货物的凉爽和干燥;
- 船舶电器和电缆状态良好,并有妥善的保护,避免短路和产生火花;
- 易散发气体或蒸气并与空气能形成可爆混合物的物质,须配装在有机械通风处所。

(5)第5.1类物质

- 应"远离"热源、火源,尽可能保持货物处于清爽和干燥状态;
- 与其他易燃物质"隔离";
- 使用不燃的系固和防护材料,尽可能少用干燥的木材衬垫。
- 应采取防护措施,防止氧化物质渗入其他货物处所、污水沟和含有可燃物质的其他货物处所。

(6)LSA-I和SCO-I

用于装运低比度放射性物质(LSA-I)和表面受到放射沾染的物体(SCO-I)的货物处所,不得用于装载其他货物,除非消除了放射性污染,使任何表面上非固定污染平均每300cm^{2}不超过规则所要求的标准值。

(7)装载第8类物质或具有类似性质的物质时,舱位应清洁、干燥,并确保货物不会渗漏到邻近舱室、污水沟(井)及护板内。

2)隔离

为保证货物安全,不同类别的B类散货与包装危险货物、B类散货之间都应适当隔离。

B类固体散货与包装危险货物的隔离:

(1)隔离种类(图17-7)

隔离1——"远离":对不相容物质进行有效的分隔以使其发生事故时不能产生危险性反

应,但是若最小水平分隔距离能达到3m,则可以装在同一货舱或甲板上。

隔离2——“隔离”:舱内积载时,应装于不同的货舱。如果中间甲板是水火密的,垂直隔离即在不同舱室积载,可视为等效隔离。

隔离3——“用一舱室或货舱隔离”:垂向或水平向隔离。如果甲板不是水火密的,则只能用一介于中间的舱室作纵向隔离。

隔离4——“用一介于中间的整个舱室或货舱纵向隔离”:仅垂向隔离不符合要求。

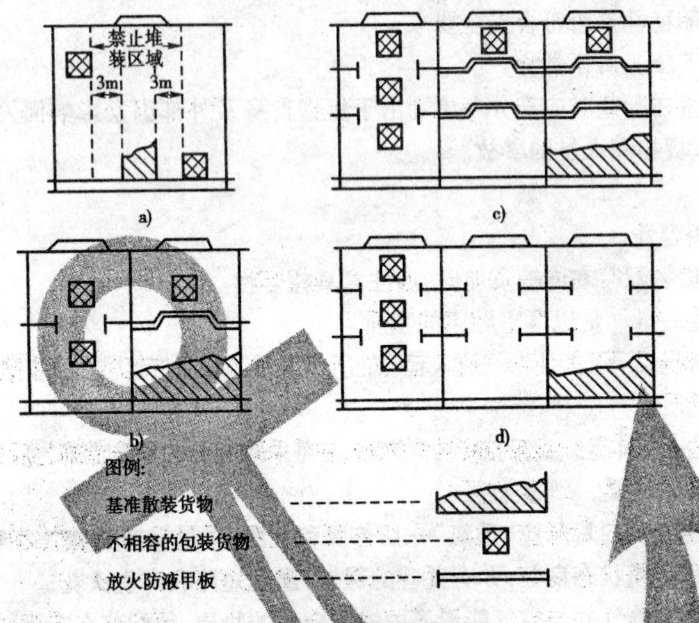

图17-7 B类散货与包装危险货物隔离等级

(2)隔离表

表17-1为B类固体散货与包装危险货物之间的一般隔离要求。若无特别规定,它们之间应遵循表17-1的隔离规定。

B类散货与包装危险货物隔离表

表17-1

散装危险货物	包装危险货物																
	类别	1.1 1.2 1.5	1.3 1.6	1.4	2.1	2.2 2.3	3	4.1	4.2	4.3	5.1	5.2	6.1	6.2	7	8	9
易燃固体	4.1	4	3	2	2	2	2	×	1	×	1	2	×	3	2	1	×
易自燃物质	4.2	4	3	2	2	2	2	1	×	1	2	2	1	3	2	1	×
遇水放出易燃气体的物质	4.3	4	4	2	1	×	2	×	1	×	2	2	×	2	2	1	×
氧化剂	5.1	4	4	2	2	×	2	1	2	2	×	2	1	3	1	2	×
有毒物质	6.1	2	2	×	×	×	×	×	1	×	1	1	×	1	×	×	×
放射性物质	7	2	2	2	2	2	2	2	2	2	1	2	×	3	×	2	×
腐蚀品	8	4	2	2	1	×	1	1	1	1	2	2	×	3	2	×	×
杂类危险物质和物品	9	×	×	×	×	×	×	×	×	×	×	×	×	×	×	×	×
MHB		×	×	×	×	×	×	×	×	×	×	×	×	×	×	×	×

B 类散货间的隔离：

(1)隔离种类(图 17-8)

隔离 2—“隔离”：舱内积载时，应装于不同的货舱。只有中间甲板是水火密的，才可接受垂向，即在不同的舱室积载。

隔离 3—“用一舱室或货舱隔离”：垂向或水平向隔离。如果中间甲板是非水火密的，则只能用用一介于中间的整个舱室作纵向隔离。

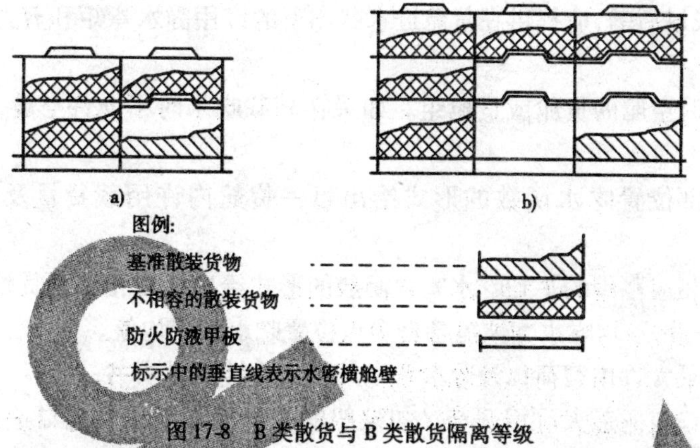

图 17-8　B 类散货与 B 类散货隔离等级

(2)隔离表

表 17-2 为 B 类固体散货之间的一般隔离要求。它们之间应按表 17-4 的隔离规定予以隔离。

B 类散货与 B 类散货隔离表　　表 17-2

固体散货		固体散货								
		4.1	4.2	4.3	5.1	6.1	7	8	9	MHB
易燃固体	4.1	×								
易自燃物质	4.2	2	×							
遇水放出易燃气体的物质	4.3	3	3	×						
氧化性物质	5.1	3	3	3	×					
有毒物质	6.1	×	×	×	2	×				
放射性物质	7	2	2	2	2	2	×			
腐蚀性物质	8	2	2	2	2	×	2	×		
杂类危险物质和物品	9	×	×	×	×	×	2	×	×	
MHB		×	×	×	×	×	2	×	×	×

二、散装固体货船的装载手册

根据 IACS 和我国的规定，对于船长 150m 及以上的散货船、矿砂船和混装船，所配备的装载手册应便于船长掌握和控制船舶的装载，使船舶在核定装载状况下的稳性和强度处于许可范围内。

1)装载手册的内容

散装固体货船的装载手册应包括以下内容：

(1)船舶类型和主要参数。

(2)船舶设计所依据的装载工况，包括静水弯矩和剪力的许用值。

(3)静水弯矩、剪力许用值的计算结果，以及适用时扭转载荷许用值的计算结果。

(4)对拟装载密度为 1.0t/m^3 或以上散装货物的单舷侧结构散装货船，其建造合同签于1998 年 7 月 1 日或以后的，应提供在货舱进水状态下的许用静水弯矩和剪力及计算结果的包络线。

(5)满载吃水时空舱的货舱或货舱组。如果在满载吃水时不允许空舱，则在装载手册中应有明确的说明。

(6)以货舱中部位置吃水函数的形式给出每一货舱内许用载货量及所要求的最小载货量。

(7)以两货舱相应范围的平均吃水吃水函数的形式给出任意相邻两货舱内许用载货量及所要求的最小载货量；平均吃水为两舱各自中点位置吃水的平均值。

(8)双层底的最大许用载荷以及除散货以外的货物性质说明书；

(9)甲板和舱口盖的最大许用载荷。如果船舶未批准在甲板和舱口盖载货，则在装载手册中应予以明确说明；

(10)最大的压载水变化率及关于以能达到的压载水变化率为基础的装载计划，应取得港口方面同意的建议。

(11)装/卸货顺序表。

(12)稳性资料。

2)装载手册中的装载工况

(1)无附加标志的船舶

无散货附加标志的船舶，手册中的装载工况主要包括：

- 最大吃水时的均匀装载工况；
- 压载工况；
- 特殊装载工况，如重货、空舱或非均匀货物装载工况(如适用)；
- 短程航行或港内工况(如适用)；
- 坞内起浮工况；
- 装卸瞬时工况(如适用)；
- 排空注入法更换压载水工况等。)

(2)附有散货附加标志的船舶

附有 BC-A、BC-B、BC-C 协调附加标志的散货船，装载手册中还应包括以下工况：

- 最大吃水时，均匀轻货和均匀重货装载工况；
- 最大吃水时，轻货和重货隔舱装载工况(如适用)；
- 压载工况：对具有与顶边舱、底边舱和双层底舱相邻的压载货舱的船舶，当压载货舱灌满水而顶边舱、底边舱和双层底舱是空的时，应保证有足够的强度；
- 船舶装货至最大吃水，但燃料有限的短途航行工况；

● 多港装/ 卸工况；甲板载货工况（如适用）；

● 典型装舱顺序：在均匀装载工况、相关的部分装载工况和隔舱装载工况（如适用）下，从开始装货到装至最大载货量的过程中的装舱顺序，这些工况下的典型卸货顺序也应包括在内。在制定典型的装/ 卸顺序时应不超过适用的强度限制，制定典型装/卸顺序时还应注意装/卸货速率和压载水排/注能力；

● 海上交换压载水的典型过程（如适用）。

三、航次货运量的确定及各舱货物重量的分配

综合考虑船舶重量载货能力和容量载货能力，在货源充足的条件下，船舶具体航次最大货运量可根据下式计算：

$$\sum Q = \min\left\{NDW, \frac{\sum V_{ch}}{SF}\right\} \tag{17-1}$$

确定各货舱固体散货应分配的重量时主要应考虑船舶稳性、纵强度和局部强度、吃水和吃水差等方面的要求。

1. 保持适度稳性

当运输高密度散货时，一般宜装于底舱而不装于二层舱，但同时应兼顾防止稳性过大造成船舶剧烈横摇，在分配各舱货物时应统筹考虑。若拟定的配装方案中将货物配置于二层舱或未使货物满舱，如货物具有潜在移动危险，应设置有效的防移装置。如果需要将高密度货物装载在二层舱或较高的货物处所内，应充分注意保证其下的甲板不得超负荷，并且船舶的稳性不得小于提供给船长的船舶稳性信息手册中规定的的最小允许值。

对于专用散装固体货船，装运高密度固体散货时，通过隔舱装载可有效提高船舶重心，从而减小过大稳性。

2. 满足强度条件

由于固体散装货物的密度较大，不合理的重量分布或平舱不当可能会使承载货物的局部结构或整个船体的应力过大。特别是装载高密度固体散货时，更应注意货物重量的分布。由于每艘船舶结构布置千差万别，为包括货物在内的所有载荷分布作出确切的规定是不现实的。

1）纵强度

船舶在总纵强度校核中，通常是将所校核剖面上实际承受的剪力和弯矩值与该剖面所允许承受的最大剪力和弯矩相比较，只要前者不大于后者，则认为该装载状态下的船舶满足安全营运要求，即剖面实际剪力与许用剪力、剖面实际弯矩与许用弯矩的比值不超过 100%，则认为船体总纵强度满足要求。

应当指出，船舶资料中给出的许用值或装载计算机中使用的许用值是针对新船状态列出的，营运中的船舶可按每年扣除腐蚀量 0.4% ~0.6%，使用年限小于 5 年的船舶可取下限值，使用年限在 10 年以上时可取上限值。

2）局部强度

各货舱货物的重量分布除满足舱底允许负荷外，根据 IACS《散货船共同结构规范》及我国 CCS《钢质海船入级规范》的要求，船长 150m 及以上的散装固体货船在营运中不但要考虑船体的总纵强度，而且还要考虑其局部强度。

一个货舱或两个相邻货舱内的最大允许或最小要求载货量,与双层底上的净载荷相关。双层底上的净载荷是吃水和货舱载货量及双层底舱所装燃油和压载水重量的函数。

为了清楚地表示船舶航行工况和港口装卸时的货舱最大允许载货量和最小要求载货量与吃水的函数关系,IACS 共同规范和我国海船建造规范给出了根据局部强度设计装载衡准绘制的载货量曲线。对于设计装载工况规定以外的其他吃水,最大允许载货量和最小要求载货量应按作用于船底浮力的变化进行调整。浮力变化应按照吃水处的水线面面积计算。

3. 满足吃水差要求

各货舱货物的重量分布还应满足航行对吃水差的要求。在未满舱条件下,可通过适当改变首尾货舱的重量来调整船舶吃水差,但应注意调整后的舱内货物重量需满足局部强度对装货量的要求。

各货舱的货物重量分配可参考船舶装载手册中的典型装载工况,结合航次货载的具体情况予以确定。

四、装载仪对船舶性能的核算

1. 散装固体货船装载仪

SOLAS 1974 第Ⅻ章第 11 条规定:无论何时建造的船长 150m 及以上的散货船均应配备装载仪,该装载仪应能提供主船体梁的剪力和弯矩资料。

IMO 还针对散装固体货船装载仪的功能和使用通过了 MSC/Circ(854)决议和 MSC/Circ(891 决议),两决议是关于"船用装载稳性计算机程序指导方针"和"船上计算机使用和适用指导方针"。

装载仪应能迅捷地计算任何指定装载工况下稳性、强度、吃水及吃水差等指标,核实是否符合要求,并提供包括输入、输出数据的图表。

对于 BC-A、BC-B 和 BC-C 船舶的装载仪还应按适用情况确定:

(1)每个货舱装货和其双层底内物品的重量与货舱中部吃水的函数关系;

(2)每两个相邻货舱装货和其双层底内物品的重量与货舱平均吃水的函数关系;

(3)货舱进水工况下,货舱的静水弯矩和剪力没有超过规定的许用值。

需要注意的是,装载仪是船舶规定的船载设备,其计算结果仅适用于其认可的船舶,经认可的装载仪不能取代经认可的装载手册。

2. 船舶性能的核算

各舱的货物重量预装后,将货物重量、油水及其他物品、船舶常数等输入后,利用装载仪核算船舶稳性、强度及吃水差等指标是否满足要求。若不满足,则应利用移动货物或打排压载水等措施来适当调整。

船长 150m 及以上的散装固体货船应使用装载仪校核船体主要剖面的静水剪力和弯矩是否超过相应的许用值,包括各横舱壁对应的横剖面和其他剖面。船舶在港内时按静水中许用剪力和弯矩校核,在航行中按波浪中许用剪力和弯矩校核。

如果装载计算机未考虑船体梁构件腐蚀的影响,则使用者应根据实际情况适当降低剖面实际剪力与许用剪力、剖面实际弯矩与许用弯矩的比值,以策安全。

在装载仪中给出了各装载舱的最大装货量和最小装货量的曲线,以确定实际装货量是否满足要求。

五、货物装/卸货计划制定

散装固体货船一般吨位都较大，靠泊在具有专用装卸设备的码头进行作业，且装卸效率高，停泊时间短，因而在货物装/卸前应制定装/卸计划，以保证货物的顺利装卸。应从开始装卸到装卸完毕逐步编写。装卸设备每次移至另一货舱，即为一步。每步的内容包括每个货舱装/些货量、压载水排/注舱号及数量、每步结束时的最大剪力和弯矩、吃水差及吃水等。表17-3、表17-4为散货船安全操作规程中提供的装卸货顺序格式表，表17-3是双头作业时卸货顺序表，表17-4为单头作业时装货顺序表。

利用装载仪制定装货计划时，主要应考虑以下因素：

1. 泊位水深和装船机高度

船舶在装货过程中，应使船首吃水或尾吃水不超过泊位水深的限制，以确保船舶的正常浮态和船体不因触底而遭受损伤。船方应通过代理或直接向港口当局了解港口及泊位的有关情况，取得装货当时泊位水深的确切资料。

有的装货港在船舶吃水较小时，会触及岸壁机械或装船机，因此，船舶在装货期间，尤其是装货开始前，必须注意调整船舶吃水，使之不小于装船机高度所允许的最小吃水。

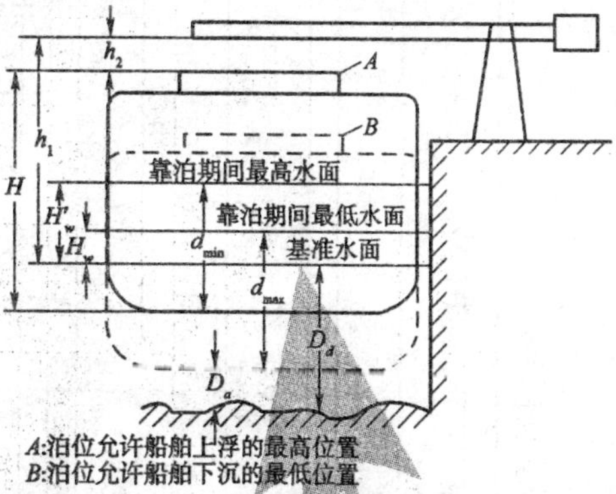

A:泊位允许船舶上浮的最高位置
B:泊位允许船舶下沉的最低位置

图17-9　船舶最小吃水计算示意图

由图17-9可知，船舶最小吃水可用下式计算：

$$d_{\min} = H - h_1 + h_2 + H'_w \qquad (17\text{-}2)$$

式中：H——船底至上甲板可能碰撞位置（舱口或甲板舱室等）顶端的垂直距离（m）；

h_1——泊位基准水面至装船机头下端的垂直距离（m）；

h_2——装船机下端和船舶碰撞位置间的安全距离（m）；

H'_w——装货时的潮高（m），取靠泊期间最大潮高。

为了控制靠泊期间船舶的吃水既不超过最大吃水的要求，又不超过最小吃水的限制，一般通过边装货边排压载水的方法来保证。

2. 装货速度和压载水排放速度

装货速度是用于计算各舱装货时间及装货量的重要依据，船靠泊时所存压载水通常是在装货过程中排放，压载水排放速度直接影响到船舶吃水变化、装货时间与装载顺序等。在制定装货计划时，应注意装货效率及压载水排放速度可能出现的变化给船舶装载带来的影响。

3. 船舶所允许的吃水差及强度状态

货物在装载过程中吃水差及强度状况变化较大，应保证在停泊期间防止船舶出现过大吃水差及过大剪力和弯矩，同时应满足货舱局部强度的要求。通过合理确定货物装载顺序和压载水排放顺序，尽量减小船舶剪力和弯矩，减小装载结束前吃水差的调整量，是装载计划制定时应主要考虑的问题。无论如何，不允许船舶在装货期间其剪力和弯矩超过许用值、吃水差过大而影响船舶正常操作。

表 17-3

双头作业时卸货顺序表

装/卸货计划		日期		船舶				航次	
装/卸货港口		货物	IRON ORE	估计的货物积载因数	压载泵的排水量 6000	港口水密度 1.025	最大允许吃水 17.35	在泊位最大水上高度	60
驶向/来自港口		上次货物	IRON ORE & COAL	装货设备/卸货设备数量 2	装货/卸货速度 1250		最小允许吃水 7.59	最大航行/到港吃水	17

吨位：

等级：

9	8	7	6	5	4	3	2	1
14756	16910	17382	16382	16382	16900	15382	15470	13050
FINES	LUMP	LUMP	LUMP	LUMP	FINES	LUMP	LUMP	FINES

合计： 等级：FINES 吨：44706 等级：LUMP 吨：97908 等级： 吨： 合计：142614

注入序号	货物 货舱号	货物 吨位	压载操作	所需时间(小时)	备注	计算值 吃水 前	计算值 吃水 后	变形 BM*	变形 SF*	计算值 水上高度	计算值 中部吃水	计算值 纵倾	观察值 吃水 前	观察值 吃水 后	观察值 吃水 中
1A	2	15470	GI 1&2 DB'S PI 2 UWT'S	13.1	LUMP 2&6 HOLDS MT	13.82	16.29	-72	48			2.47			
1B	6	16382													
2A	5	10000	GI 4 DB'S PI 4 UWT'S	8.0	LUMP	13.44	14.54	71	56			1.10			
2B	8	10000													
3A	3	9000	GI 3 DB'S	7.2	LUMP	12.19	13.68	77	78			1.49			
3B	7	9000													
4A	5	6382	GI 5 DB'S	5.5	LUMP 5&8 HOLDS MT	12.67	15.22	68	38			2.55			
4B	8	6910													
5A	3	6382	PI 6 HOLD TO 0.5M ULLAGE	6.7	LUMP 3&7 HOLDS MT	11.05	13.94	-91	59			2.89			
5B	7	8382													
			DRAUGHT SURVEY& CHANGE GRADE TO FINES												
6A	1	6000	PI 1&5 UWT'S	4.8	FINES	9.75	14.01	83	42			4.26			
6B	9	6000													
7A	4	8756	GI &PI LOWER FORE PEAK	7.0	FINES	9.38	10.64	80	52			1.26			
7B	9	8756													
8A	1	7050	PI UPPER FORE PEAK&3 UWT'S	6.5	FINES	7.59	11.30	84	-82			3.71			
8B	4	8144													
					SEA GOING CONDITION	7.59	11.30	84	-82			3.71			
	合计	142614													

INSTRUCTIONS:
1. Please empty No.6 hold and leave as clean as possible. This will then be used for ballast during stage4.
2. Grab and bulldozer blades must not be allowed to strike the ship's structure. Please instruct drives to take special care.
3. Please note there are bilge and eductor mates in the after corners of each hold. Care required in these areas.
4. All damage to be reported. Holds to be surveyed on cargo completion.

未经事先许可不得违反本计划

当使用两部起货设备时注入号应为：1A、1B、2A、2B 等

缩写：PI：泵入；GI：吸入；f：满；PO：泵出；GO：吸出；MI：空舱

表格内所有空格应尽量填写，表格外可选择性地填写。

签名(码头)：

签名(船方)：

*弯矩(BM) 或剪力(SF) 以在港内和航行中最大允许值的百分比来表示，装卸货计划中的每一步骤必须保持在每舱船体剪力、弯矩和吨位的许可限度内。为了保持在限度内的适当数值，装卸货操作应可以暂停以允许压载或排压载。

单头作业时卸货顺序表

表 17-4

装/卸货计划	日期		船舶					航次	
装/卸货港口	货物	IRON ORE	估计的货物积载因数	压载泵的排水量 4000	港口水密度 1.025	最大允许吃水	17.88	在泊位最大水上高度	N/A
驶向/来自港口	上次货物	IRON ORE & COAL	装货设备/卸货设备数量 1	装货/卸货速度	4,500	最小允许吃水	9.42	最大航行/到港吃水	17.88

	9	8	7	6	5	4	3	2	1
吨位：	14756	17000	17382	16382	16382	16900	15382	15766	13050
等级：	FINES	LUMP	LUMP	LUMP	LUMP	FINES	LUMP	LUMP	FINES

合计： 等级：FINES 吨：44,706 等级：LUMP 吨：98,294 等级： 吨： 合计：143,000 吨

注入序号	货物		压载操作	所需时间(小时)	备注	计算值				计算值			观察值		
						吃水		变形		水上高度	中部吃水	纵倾	吃水		
	货舱号	吨位				前	后	BM*	SF*				前	后	中
1	4	10000	GO 1&3 UWT' S	2.22	FINES	9.99	10.77	73	49		10.38	0.78			
2	1	7000	GO UPPER FORE PEAK PO 2 HOLD	1.56	FINES	10.14	10.48	66	53		10.31	0.34			
3	9	8000	GO SUWT' S PO AFT PACK	1.78	FINES	9.42	12.15	63	59		10.79	2.73			
4	4	6900	PO 1DB' S	1.53	FINES	10.12	12.50	80	43		11.31	2.38			
5	9	6756	PO SDB' S	1.50	FINES	9.56	13.74	80	45		11.65	4.18			
6	1	6050	PO LOWER PP GO 2 UWT' S	1.34	FINES	9.61	13.57	75	49		11.59	3.96			
7	7	10000	GO 6HOLD TO 50%	2.22	LUMP	8.94	14.38	-58	55		11.66	5.44			
8	5	10000	PO 6 HOLD	2.22	LUMP	9.63	13.63	-67	49		11.63	4.00			
9	7	7382	EDUCT 6 HOLD	1.64	LUMP	9.57	15.24	-64	47		12.41	5.67			
10	3	10000	PO 2 &3 DB' S	2.22	LUMP	10.41	14.65	-49	38		12.53	4.24			
11	8	10000	GO 4 UWT' S	2.22	LUMP	9.58	16.66	-50	43		13.12	7.08			
12	5	6382	PO 4 DB' S	1.42	LUMP	10.28	16.24	58	37		13.26	5.96			
13	8	6000	EDUCT AS REQUIRED	1.33	LUMP	9.90	17.88	53	38		13.89	7.98			
14	2	8000	EDUCT AS REQUIRED	1.78	LUMP	12.51	16.68	-65	46		14.60	4.17			
15	6	9000	EDUCT AS REQUIRED	2.00	LUMP	13.14	17.80	42	-21		15.47	4.66			
16	2	6000	EDUCT AS REQUIRED	1.33	LUMP	15.06	16.98	33	-14		16.02	1.92			
17	6	7382	EDUCT BALLAST LINES	1.64	LUMP	15.59	17.88	48	-30		16.74	2.29			
18	3	5382	SHUT DOWN BALLAST	1.20	LUMP	16.95	17.54	44	-27		17.25	0.59			
					TRIM CARGOS										
19	8	1000		0.22	LUMP	16.94	17.72	49	-30		17.33	0.78			
20	2	1766		0.39	LUMP	17.51	17.51	46	-27		17.51	0.00			
			DRAUGHT SURVEY		SEA GOING CONDITICN	17.51	17.51	62	-36		17.51	0.00			
	合计	143000													

未经事先许可不得违反本计划

当使用两部起货设备时注入号应为：1A、1B、2A、2B 等

缩写：PI：泵入；CI：吸入；f：满；PO：泵出；GO：吸出；MI：空舱

表格内所有空格应尽量填写，表格外可选择性地填写。

签名(码头)：

签名(船方)：

*弯矩(BM) 或剪力(SF) 以在港内和航行中最大允许值的百分比来表示，装卸货计划中的每一步骤必须保持在每舱船体剪力、弯矩和吨位的许可限度内。为了保持在限度内的适当数值，装卸货操作应可以暂停以允许压载或排压载。

4. 各舱装载轮回数及装货量

各货舱究竟几轮装完所配装的货物及每轮各舱装货量多少,取决于船舶结构强度、船舶允许吃水变化、码头装船机性能等方面的限制。从便利装载角度考虑,除最后留出吃水差调整舱外,各货尽可能一次装完;但从船舶装载吃水和强度的优化考虑,每舱需分数轮装载。对于岸上固定式装船机的泊位而言,每一轮回都需移泊一次,装货轮数越多,移泊也就越频。因此,在确定各舱装载轮数及每轮次各舱装货量时,应利用装载仪模拟并统筹考虑不同轮数及装货量对船舶性能及装载各方面的影响,找到各舱较合理的装载轮回数和轮次装货量。

5. 同时作业的装船机数

岸上装船机同时开工的台数即同时作业的货舱数,对货物装载顺序的确定影响很大,制定装货计划时应充分考虑。若两台以上装船机同时作业,所装载的货舱应避免相邻;对于大多专业化码头,岸上装船机仅开一条作业线,确定货物装舱顺序的基本原则是先在船舶中部货舱开始装载,以减缓船舶中拱变形,然后首尾货舱交替装载,以使船舶在整个装载过程中不会产生较大的纵倾。

表 17-5 为某 15 万吨级矿石专用船装货计划表。该装货计划有如下特点:

散货船装货及排水顺序表

表 17-5

装舱顺序	货舱 No.	装货量 (t)	装货时间	压载水排放	弯矩 (%)	剪力 (%)	首吃水 (m)	尾吃水 (m)	吃水差 (m)
1	7	10000	1.8h	CH4→3000t	40	38	6.69	10.67	3.98A
2	3	10000	1.8h	CH4→0	35	41	8.97	10.17	1.20A
3	5	10000	1.8h	WBT1 ~5→8m	29	49	6.72	9.19	2.47A
4	1	10000	1.8h	FPT, WBT1→0	35	55	8.49	8.18	0.31F
5	5	10000	1.8h	WBT2→0, WBT 3→1m	37	48	8.16	9.21	1.05A
6	9	10000	1.8h	WBT3→0,4→1m	63	51	6.42	11.92	5.50A
7	7	10000	1.8h	WBT4,5→0	37	40	6.55	12.71	6.16A
8	3	10000	1.8h	排残余压载水	32	35	8.85	12.18	3.33A
9	7	8500	1.5h	排残余压载水	28	63	8.7	13.94	5.24A
10	3	8500	1.5h	排残余压载水	41	69	10.65	13.49	2.84A
11	9	7500			25	59	9.67	15.87	6.20A
12	1	5000			46	54	11.42	15	3.58A
13	5	8800			25	58	12.4	15.6	3.20A
14	1	5500			23	51	14.3	14.71	0.41A
15	1	1500			30	58	14.82	14.48	0.34F
16	9	1500			36	59	14.65	14.95	0.30A
TOTAL		126800			36	59	14.65	14.95	0.30A

(1)各货舱为 2 ~ 3 轮装完,装载顺序是先中部,然后尾、首部货舱交替进行,有利于保证船舶纵强度且不会产生较大尾倾。

(2)压载水舱的排放顺序基本上与装货一致,即装哪个货舱,就排放邻近压载舱的压载水。这样不仅可保持吃水差变化不大,而且还保证船舶纵强度。

(3)除 No.1 货舱装货外,船舶均保持一定尾倾,这对压载水的排放有利。

(4)最后控制 2500t 机动量,将船调整至平吃水。机动量预留大小,需根据船舶吃水差调整能力及装货中可能出现的纵倾值。

卸货计划的制定原则同装货计划类似,卸货结束时压载水应加到预定数量。

第四节 固体散装货物装运

由于固体散装货物自身的特性及运输保管要求不同,在装运过程中,为确保货物质量及人身、船舶和环境安全,应严格遵守有关国际规则及其他有关规定和要求,认真总结固体散装货物运输的经验,促进固体散货的安全运输。

一、装货准备

1. 有关货运资料的获取

装货前,船方应获取有关承运货物性质的一切资料。托运人或其指定的代理人应确切地向船长提供散货中每一种物质的特点和性质的详细资料,包括货物毒性、腐蚀性等化学危险性和流动水分点、积载因数、含水量、静止角等物理性质及其他应引起船方注意的件质,以便尽早做好为实施适当积载和安全装运所必需的预防措施做好准备。此种资料应在装船前以书面形式和适当的运输单证予以确认,货物信息见表 17-6。下面列举了几种典型的固体散货在装运前船方应获取的资料。

(1)易流态化货物:托运人应提供给船长所托运的易流态化货物如精矿粉或其他含水矿产品的平均含水量 MC、流动水分点 FMP、积载因数 SF、静止角、积水排放法、运输中存在的危险性及预防措施等。

(2)煤炭:所属种类(自热型煤或易产生甲烷气体的煤)、特性、岸上堆存时间、煤堆温度、湿度、开采季节等。

(3)种子饼:托运人应提供证明说明其实际含油量和含水量、杂质含量、出厂日期及货物在出厂后至装船前是否有两个月的氧化期、榨油方法(机械压榨或溶剂萃取)等。

(4)鱼粉:实际含水量、脂肪含量、存放超过 6 个月鱼粉的抗氧化处理的详细情况、运输时剩余抗氧剂的浓度并应超过 100mg/kg、货物总重量、鱼粉出厂时的温度、生产日期等。如果托运人提供了其所在国际主管机关签发的证书说明其在散装运输时无自热性,则该种鱼粉应属于既不易流态化又无化学危险的货物。装货时,货物温度不得超过 35℃或高于环境温度 5℃,取高者。

(5)硅铁铝粉末、无涂层硅铝粉、废铝、硅铁等:潮湿或发热货物不得装运。托运人应出具证明,说明装运前已以运输时的粒度在遮盖下于露天种存放不少于 3 天。

(6)直接还原铁 DRI:DRI 是在低于铁的流动点的温度下对氧化铁进行直接还原(除氧)而产生出的物质。与水和空气发生反应,产生氢气和热量,引起燃烧爆炸。

装运时应由托运国家主管机关认可的有资格的人员向船长证明,所托运的直接还原铁当时适于运输。装运前,直接还原铁应存放至少 72h,或经空气钝化技术处理,或用其他等效方法使该物质的化学活性至少减少至经存放后的水平;若其温度超过65℃或150 ℉不得装运。

货物信息表 表17-6

散装货物船运名	
托运人	运输单证编号
收货人	承运人
名称/运输工具 出发港/出发地点	指南或其他事项
到达港/目的地	
货物一般性描述 (物质种类/颗粒大小)	总重(千克/顿)
散装货物说明,如适用: 积载因素: 静止角,如适用: 平舱程序: 如有潜在危险的,化学特性*: *例如:类别和联合国编号或者仅在散装运输时具有化学危险的物质	
货物组别 □A组和B组* □A组* □B组 □C组 *易流态化货物(A组和A及B组货物)	适运水分极限 运输时水分含量
货物的相关特殊性质 (如:可快速溶于水)	补充证书* □水份含量和适运水份限制证书 □风化证书 □免除证书 □其他(需要说明) *如有要求的话。
声明 本人特此声明:对托运货物的说明全面而准确。据我所知,所给出的实验结果和其他说明准确无误,我也相信如此,该批货物可视为对拟装货物具有代表性。	签字人姓名/身份,公司/组织名称 地点和日期 代表托运人签字

2. 货物适运性鉴定

货物适运性鉴定是指根据货物资料、有关规定及本船的技术条件对是否能够安全装运托运人的货物所做出估计。托运人应对货物进行采样和测试,并向船长提交适用于该货的相应试验证书。不同种类固体散货的适运性有不同的要求,如易流态化货物含水量应低于适运水分限，某些具有化学危险的货物装运前温度、水分、露天或遮盖堆放时间、化学处理时间的限制条件是否满足，货物通风次数、货位选择条件等，船长应在取得货物资料的基础上，认真查阅有关规则和规定，结合船舶技术条件，做出是否承运的合理决策。

3. 货舱准备

在装货前应检查和准备货舱，保证设备处于良好的可用状态及货舱环境满足固体散货的要求，使货舱适货，必要时应取得验舱证明。高密度散货装舱时具有较大的冲击力，应注意采取措施防止对货舱造成损坏。

1）货舱检查

（1）舱口盖设备

①保持所有舱口盖排水及其止回阀门（如果安装）处于正常的运转状态，注意如果在密封条内侧设有排水管，应同时设有止回阀，以防止甲板上浪的情况下货舱进水；

②在诸如密封垫、橡胶垫、周边和交叉接头的舱口楔耳等部件更换之后应保持紧固载荷的均衡；如果所载运的货物范围需要不同的密封填料，除其他备件外，船上应备有可供选择的正确规格的密封填料；

③在舱口盖的每次操作中，舱口盖，特别是承压面和排水沟，应无杂物并应尽可能保持清洁，严防海水进入大舱。

应始终保持舱盖水密、坚固，防止雨水、海水进入货舱导致货损或或储备浮力减少或使货物形成流态威胁船舶。实践中，舱盖破损或密封不严使海水进入货舱导致货物液化是易流态化货物安全运输的重要隐患之一。

（2）污水系统

保证污水沟、污水井处于良好的状态，污水井和滤板畅通无阻并能防止散货流入污水排放系统，装载精矿粉类或煤炭类货物后应立即进行污水测量及抽水试验，以保证其畅通。

（3）通风系统

通风管道的检查主要保证其畅通性和可关闭性。前者保证管道能对货舱进行有效的通风，如运输鱼粉、种子饼、煤炭、谷物等为了排出热量、降低舱温需要适当通风；后者保证在紧急情况下，能迅速将货舱封闭，如舱内发生火灾需要封舱以窒息舱内火焰、在风浪较大时关闭通风筒以防货舱进水。

（4）舱内管系及报警系统

舱内管系包括测温管等处于良好可用状态。凡通过货舱的蒸汽管路或机舱等热源处所均须用绝热材料与货舱隔开。舱内各种探测器、报警器系统及管路无损坏、状态良好，可正常使用。

（5）边压载舱

顶边舱的倾斜舱壁完好无破损，防止舱内压载水从破损处渗入大舱。因为顶边舱频繁地更换压载水，导致腐蚀严重，经常出现破损。

（6）电缆、电器设备

电缆、电器设备的技术状况必须良好，并能在含有甲烷或粉尘的空间中安全使用，或有有效绝缘保护。照明设备应具有防爆性能。

（7）货舱内消防设备：应对舱内的消防用蒸汽管道及喷口、二氧化碳管道及喷口进行检查。管道的检查一般只用目视即可;进行喷口检查时,在管道中加风,用长杆系飘带在喷口试风,以判断喷口是否通畅。

2)货舱

普通固体散货对货舱没有特殊要求,但对某些散货由于其特殊性质的影响而对货舱提出清洁和干燥等方面的要求,实际工作中应根据具体货物具体对待,做好准备工作。

二、货物装卸

1. 一般注意事项

(1)认真填写散装固体货船装卸船/岸安全检查表,充分了解货物装卸操作一般要求。

(2)对高密度固体散货,装舱时具有较大冲击力,应注意防止货舱设备受到损坏,在货物未全部铺满舱底前,禁止将货物从舱口高处直接落下。装货后应测定货舱的污水深度,以确定船体或舱内管线是否仍处于良好状态。

(3)装卸时,应督促装卸工人及时调整装船机喷口位置,以尽可能保持船身正浮,即使存在短时横倾,也不应超过3°,并可减少平舱工作量。

(4)装卸时应严格按装卸计划表进行,并应密切注意船舶吃水,如实际装卸效率和压载水排放流量与计划值出入较大时,应及时调整。

(5)防止散货粉尘对船员居住生活区、甲板机械及助航仪器的污染。在装卸期间,若可能,应关闭或遮盖通风系统,将空调系统调为内部循环,遮蔽甲板机械的活动部件及外部助航仪器。

(6)应根据货物静止角大小进行合理平舱。

(7)装货结束前,均应精确测定压载水存量,并估算货物剩余量,以便安排装货结束前的准备工作。

(8)大型散货船满载时,一般均存在一定的中垂变形,它使船中吃水增大,在限定吃水情况下,使装货量减小,故在装货结束前应注意观测吃水,防止吃水超出限定值。

(9)卸货开始时,若船舶富余水深较小,不宜立即用水泵加注压载水,可先利用海水压力自然注入,以防大量海底泥沙被吸入压载舱。

(10)卸货后的压载数量,应根据具体航线条件确定,及早估算出卸货结束的时间,以便安排开航前的准备的工作。

(11)装货时做好货物的取样和样品封存,货物卸载前将货样交付收货人。

2. 平舱要求

平舱可以减少货物移动的可能性并最大限度较少空气进入货物而防止自热,规则规定:

(1)货舱尽量装满以防止货物移动,但不超过底舱或甲板的强度货物需尽可能合理的散布到货舱边界。

(2)在考虑船舶特性和航线情况的前提下,当船长所获信息分析认为事关船舶稳性时,有权要求货物平舱平整。

(3)对于多层甲板船,当仅在底舱装载货物时,需进行充分平舱以使货物重量均匀分布在舱底结构上。

(4)在二层舱中装载固体散货时,如果装载资料载明,敞开二层舱盖会使舱底结构的应力

超负荷，则须关闭二层舱盖。货物须予以合理平舱并将货面平至两舷，或者利用具有足够强度的纵向隔板进行稳定。须注意二层甲板的安全荷载能力，保证甲板结构不超载。

(5)以平舱为目的，将固体散货分为黏性和非黏性的，静止角是表示非黏性货物稳定性的指标，其对平舱的要求为：

①静止角 $\alpha \leqslant 30°$ 的固体散货，须按适用于谷物积载的规定进行运输。

②静止角 $30° < \alpha \leqslant 35°$ 的固体散货，经平舱后，货物表面的不平整程度即货堆表面最高点与最低点的垂直距离不超过船宽的1/10且不大于1.5 m，或装货中使用经主管当局认可的平舱设备。

③静止角 $\alpha > 35°$ 的固体散货，经平舱后，货物表面的不平整程度即货物表面最高点与最低点的垂直距离不超过船宽的1/10且不大于2.0m，或装货中使用经主管当局认可的平舱设备。

三、航行中货物管理

固体散货在运送过程中，应做好以下几方面的管理工作，以确保货物和船舶安全：

(1)定期测定舱内的温度和湿度，进行适当的通风，防止舱内产生汗水而影响货物质量，或因汗水使货物发生化学反应而对船舶构成威胁，或因货温过高危及货物正常运输和船舶安全。

(2)按时测定污水深度，及时排出舱内污水，防止水湿舱内货物。

(3)对某些易产生有害气体的货物，航行中应注意适时通风换气，以排出货舱内存在的有害气体。

(4)检查货物在舱内的状况，是否存在某些异常现象，如需要应采取相应的措施。

(5)注意下舱安全，防止人员伤亡。

四、人身和船舶安全

无论何种固体散货，在整个运输过程中，如操作不当，都可能危及人身和船舶安全，为此应注意以下事项：

(1)在装货前、装货、运送和卸货过程中，应遵守所有安全注意事项，包括有关国际规则、国家规定和要求。

(2)某些散货易于氧化从而造成缺氧、散发毒气和自热，也有一些散货不易氧化，但能散发毒性气体，特别是在潮湿时，还有一些货物潮湿时对皮肤、眼睛粘膜或船舶结构具有腐蚀性。为此，应特别注意人身防护并遵守装卸货规定，并采取预防措施。

(3)很多物质散装运输时，常会造成货舱缺氧，如谷物、黑色金属、硫化金属、精矿和煤等。装有这类货物的货舱或毗邻货舱中含有的氮气可能不足以维持生命，进入前必须进行充分的通风，并证明全舱氧气已重新达到正常水平。

(4)有些货物的粉尘不仅吸入有害，就是长时间沾染在皮肤上也有某种有害作用。为了减小粉尘对人体的危害，应减少人体在粉尘中的暴露时间，穿用防护服和涂抹防护膏，对身体的裸露部分及时冲洗，对粉尘污染的外衣及时清洗。

(5)紧急情况下进入货舱时，必须在驾驶员的监护下，由经过训练的人员佩戴自给式呼吸器进入，必要时还应穿防护服。

(6)船上应配备可测定货舱气体或氧气浓度的相应仪器，且船上人员应掌握其性能、使用方法并了解其局限性。

(7)某些货物粉尘与空气混合会形成可爆混合物，在装卸或清扫货舱时尤其如此。这期间应进行充分通风，防止空气中充满粉尘。以水冲洗代替清扫，可使爆炸危险减至最小。

(8)某些货物可产生足以形成爆炸危险的可燃气体，在一定条件下可与空气形成可爆混合气体，对装有此类货物的货舱及毗邻的封闭舱柜应予以有效的连续通风。

(9)每艘船上应备有 WHO、IMO 和 ILO 制定的《涉及危险品事故中应用的医疗急救指南》(MFAG)，其医疗建议可从中查找。

(10)装载可产生毒气和可燃气体的货物时，货舱中必须设有有效的通风系统。

(11)装运散装谷物的船舶，熏舱时应按 IMO《船舶安全使用杀虫剂的建议》规定操作。船上应备有该文件，供船员查用。

五、易流态化货物的装运

易流态化货物的主要危险在于它们的潜在移动性。另外，对某些物质尚具有某种化学危险性，在装运中除遵循固体散货装运的一般原则外，还应注意以下事项：

(1)托运人在装货时向船长提交适运水分限证书及含水量证明，并在其中声明，证书中的含水量是证书提交船长时的货物平均含水量。若货物拟装入一个以上货舱，含水量证明应分别说明装入每一货舱的每一种货物的含水量。若按 IMSBC Code 规定的采样方法证明货物的含水量是均匀的，则允许对所有货舱提交一份平均含水量证明。

(2)船长根据货物外表或状态，对货物是否可安全运输存有怀疑时，则应进行货物取样，并用简易方法近似检验其流动的可能性。如有问题，应及时通知货方申请重新检验。一般货船装运易流态化货物时，其含水量不得超过适运水分限。若含水量超出，则应拒装，但对具有特殊结构或装有特殊设备且经主管机关认可的船，其含水量可超出上述界限。

(3)装船前，做好货舱清洁，清除舱内杂物，保持货舱水密；做好舱内污水沟(井)及管系的清理工作，以防堵塞或受损；污水井(沟)上面铺垫透水性好的衬垫物，以利舱底渗水流入且不致堵塞，也可在污水井上设置“木井”排出。装货后应立即进行污水测量及抽水试验，以保证其畅通。

(4)装货过程中应防止混入杂质，特别是可燃物质。对铁矿类货物，应严禁铜、锌、磷、砂、砷、铝等有害物质混入；锑精矿，应避免砷、硫、铅、铜、锌、铁等杂质混入。

(5)除有特殊规定外，不得在降水天气进行装卸作业。但含水量较低且不会由于降水而可能超过 TML 的情况下或舱内全部货物在一港卸完时，可以在降水天作业。

(6)在装卸期间，关闭装载或拟装载货物的不在使用中的所有舱盖。

(7)为了防止货物移动及降低具有氧化性质货物的氧化作用，不论其静止角大小，都应在装货后合理平舱。经平舱后使货物表面峰谷之间的高度差不超过船宽的 5%，且货物从舱口的边界均匀坡向舱壁，在航行途中不出现剪切面坍塌现象，尤其是对长度等于或小于 100m 的小船。

(8)在航行期间，不得对装载货物的货舱进行通风。

(9)对于易于氧化并有自热趋向的货物,如硫化金属精矿,可压紧货物或用塑料薄膜遮盖以阻止空气进入其内,从而抑制氧化,此类货物航行中更应禁止通风。

(10)航行中应定期检查货物表面情况。若发现货面上存在自由液面或流态货物,船长应采取适当措施以防止货物移动和船舶倾覆的危险,并考虑驶至附近港口避难。

(11)航行中应采取措施,防止液体流入易流态化货物的舱室。对于某些接触海水会引起严重事故或腐蚀船体和机械的货物,采取严格的预防措施更为重要。

(12)当舱内局部起火时,宜用少量水雾喷洒灭火,不允许采用大量海水喷灌冷却方法,因为这样极易使其达到流态化。

(13)为保证人员安全,在装卸作业时,人员应佩戴气体防护口罩等防护用品。

六、具有化学危险货物的装运

1. 装运注意事项

由于此类货物具有化学危险特性,它们属于危险货物,在装运中应严格遵守规则规定,谨慎操作。

(1)由于不同货物对货舱条件要求不同,因此应据此做好货舱准备。就整体而言,应使货舱清洁、干燥、无油污,水密和舱内设备完好。对第4类货物,电气和电缆设备应处于良好状态,易散发易燃气体或蒸汽的货物应能保证机械通风系统正常运转。对第5类货物,应特别注意货舱彻底清扫,尽可能合理地使用非易燃固定防护材料,并仅可使用少量干燥的木质衬垫。对第8类货物,应采取措施,防止货物向其他货舱、污水沟(井)及护板内渗漏。

(2)尽管船长可从规则中查获所承运货物的理化特性及其运输注意事项,但在装货前,船方必须从托运人处获得其理化特性及装运要求的最新资料。如拟装货物未列入规则中,船舶必须持有主管机关对其运输的认可证明。

(3)在货舱及其附近设置醒目的警告标志。

(4)船方应对货物是否适运做进一步的考察,如货物对限制温度、露天堆放或陈放时间、潮湿程度的要求应予满足。

(5)性质不相容的货物不应同时装卸,特别要防止造成对仪器的污染。

(6)在装完一种货物后,应立即关闭装载该货的每一货舱,并在装载其他不相容货物前清除甲板上的残余货物。卸货时也应如此。

(7)对于在紧急情况下需将舱盖打开的货物,货舱舱盖应保持随时可开状态。

(8)必须尽可能地保持货物的冷却和干燥,防止因温度升高或潮湿引起化学反应而导致危害。

(9)根据货物性质确定对装卸时天气条件的要求,如第4.3类和若干MHB,在雨雪天都应停止作业。

(10)装载第7类货物的货舱,不得再装载其他货物。

(11)卸货后应注意清理货舱,尤其是有毒货物和腐蚀性货物。当卸完有毒货物后,必须检查货舱是否被污染,对受到污染的货舱,在装下批货物尤其是食品以前,必须彻底清扫并验舱。腐蚀性货物卸完后,最好用水冲洗货舱再加以干燥处理,因为这些货物的残余物可能对船舶结构具有极强的腐蚀性。

(12)性质互抵的固体散装危险货物与包装危险货物间、固体散装危险货物间、固体散装危险货物与食品间应满足隔离要求。

2. 煤炭装运

煤炭是重要的能源之一,在固体散货的海上运输中占有较大比例。它属于仅在散装运输时具有化学危险的货物,煤泥同时又是易流态化货物。

1)煤炭的主要特性

煤炭的主要成分是固定碳,挥发物(氢、氧、一氧化碳、硫、磷、甲烷等)、水分、灰分等,与运输有关的主要性质有:

(1)氧化性

煤在运输、保管中会和空气中的氧发生缓慢的氧化作用,使煤堆发热,如果通风不良,会促使煤温不断升高。同时,氧化使舱内一氧化碳含量增加,氧气含量减少。影响煤氧化的主要因素有:

①黄铁矿含量:硫化铁在潮湿时容易氧化而产生热量,故煤中黄铁矿含量多则煤的氧化作用强。

②粒度:块煤与空气接触面积小,易散热,氧化作用较末煤差。

③水分:水分多的煤容易堵塞空隙,使热量聚积而加剧煤堆氧化。

④碳化程度:碳化程度高的煤,挥发物和水分含量低,煤的结构紧密,不易氧化。

(2)自热和自燃性

某些煤因氧化作用而易于自热,使舱内煤温升高,当升到煤的自燃点时,就会发生自燃现象,挥发物含量越高的煤越易自燃,在自热过程中,会产生一氧化碳气体。它具有易燃和有毒的危害性,其可燃极限为12%~75%,吸入对人体有害。

(3)易产生易燃易爆气体

煤炭会产生甲烷气体,它比空气轻,易积存于货舱或其他封闭空间的上部。当空气中甲烷含量达到5%~16%时,遇明火即会引起爆炸。另外,煤炭粉尘在空气中的含量达到10~30 g/m^3 时,遇明火也会引起爆炸。

(4)与水反应性

某些煤易与水发生化学反应,生成酸和氢,酸对船体造成腐蚀,氢为易燃和有毒气体,其可燃极限为4%~75%。

2)煤炭的分类

煤的主要成分是固定碳、挥发物及灰分等。通常按照含固定碳和挥发物的多少可分为四类。

(1)泥煤:是呈黄褐色或黑褐色的泥状煤,质地很软,固定含碳量不高约26%~31%,挥发物含量高达70%~75%。

(2)褐煤:是一种呈棕黑色的煤,质地疏松,固定含碳量最高达75%,挥发物含量最高为75%。

(3)烟煤:黑色有光泽或无光泽,结构较细,质地较脆,当受到碰击时会碎裂成块。固定含碳量为75%~95%,挥发物含量为5%~25%。

(4)无烟煤:是碳化程度最深、质地最硬的一种煤,具有黑色光亮的表面,硬度很大。固定

碳含量最多可达93%～98%，挥发物含量仅占2%～7%。根据碳化程度可分为次无烟煤和无烟煤（又称白煤）。

3）煤炭的一般装运要求

（1）装运前

①清除货舱内所有的废料和货物残渣，包括可移动的货舱护板，使货舱保持清洁干燥；

②清理污水沟，保证污水排出系统畅通；

③检查舱内电缆及电器设备，保证其处于完好无损状态。这些电缆及电器设备应能在可爆气体中安全使用，或做了有效保护。

④船舶应装备不进入货舱即可测定有关参数的相应仪器。这些参数包括舱内的甲烷、氧气及二氧化碳的浓度，舱内污水井中污水试样的pH值。

⑤船上最好配备量程为0～100℃测温仪，这种仪器能在装货或航行中不进入货舱可测得煤温。

⑥船长应从托运人或指定代理人处获得待运货煤的有关资料，包括货的含水量、含硫量和粒度等特性、安全装载和运输的建议等。

⑦船上应配备自给式呼吸器。

（2）装载

①不将货煤装在热区附近；

②不在货区或毗邻货舱内吸烟和使用明火；

③禁止将将第5.1类物质与煤积载在一起；

④与包装的第1.4、2、3、4和5类物质"隔离"，与第4和5.1类散货"隔离"；

⑤平舱，将货物表面整平至舱壁，以防形成积存气体的坑洼及空气渗入煤堆中。

（3）航行中

①严禁烟火，除非货舱已完全通风且甲烷气体经测定表明安全，否则不得在货物处所及毗邻区附近进行燃烧、切割、铲削、焊接等作业。

②各货舱完货后24h内应进行表面通风。如果离港24h之后甲烷含量低至可接受水平，则应关闭通风；否则，应继续表面通风。

③应定时检测舱内货物上部空间的甲烷、氧气和二氧化碳含量，并做好记录。

④应保证定时检测物料间、过道、轴隧等封闭处所中的有害气体浓度，保持这些处所经常通风。

⑤应定时对舱底污水进行检测，如果检测的pH值表明存在腐蚀危险，须在航行中经常泵出舱底污水，以防内底和污水系统中积存酸性物质。

4）可产生甲烷气的煤

若托运人已提出货物会产生甲烷气，或舱内气体测定表明甲烷含量超过爆炸下限（LEL）的20%，则应另采取以下附加措施：

若托运人已说明货物可能发生自热，或舱内气体分析表明CO含量增加，则应采取以下附加措施：

（1）保持对货物表面进行通风；

（2）卸货或其他原因开启舱盖前，应先将积存的气体排出，并小心开启以防产生机械火花

而引发事故。

(3)禁止吸烟和使用明火。

(4)人员进入货舱或封闭舱室前,应充分通风并经测试确认无有害气体及足够的氧气,否则,应佩戴呼吸器并在专人监护下方可紧急进入。

(5)定时检测物料间、过道等封闭工作处所的甲烷含量,应经常充分通风。机械通风时,设备应有在可爆气体中使用的装置。

5)自热型煤

若托运人已说明货物可能发生自热,或舱内气体分析表明 CO 含量增加,则应采取以下附加措施:

(1)货煤装完后立即关舱,并用封舱胶带密封舱口盖板。

(2)只允许使用自然表面通风,且通风时间在排出可能积存的所需要的绝对最少时间为限,不得使用机械强力通风,不可将新鲜空气直对货堆吹送。

(3)装载期间,应监测货煤温度,只有在煤温不超过55℃,方可装载。

(4)按有关部门的规定,航行中定时测量舱内一氧化碳含量,并做好相应的记录。

(5)若舱内一氧化碳含量持续上升,则可能正在发生自热,在此情况下,应继续封舱并停止通风,立即请教有关专家。

(6)煤炭自热时,不能用水直接冷却货煤或灭火,但可通过冷却货舱外壁界来间接降温。

(7)若货舱内的 CO 水平达到 50ppm,或连续三天稳定上升,则可能正在发生自热,船长在准确评估之后,最少将以下信息告知托运人和船公司:

- 明确所涉及的货物处所;一氧化碳、甲烷和氧气含量的的监测记录;
- 如可能,应提供煤温、位置和取得测量结果的监测方法;
- 舱内气体的监测时间(常规监测);
- 通风系统开/闭时间;
- 舱内货煤的数量;
- 每一货物信息中显示的货煤种类及信息中给出的特殊注意事项;
- 装货日期和预计抵达卸货港时间(须具体说明);
- 船长的意见和看法。

3. 种子饼装运

种子饼是含油植物种子经机械压榨或通过溶剂萃取法提取油料后剩余的残渣。它主要用于饲料和肥料。最常见的种子饼有:椰子饼(Coco nut)、棉子饼(Cotton seed)、花生饼(Ground nut)、亚麻仁饼(Lin seed)、玉米饼(Maize)、尼日尔草籽饼(Niger seed)、棕榈仁饼(Palm kernel)、油菜籽饼(Rape seed)、稻糠饼(Rice bran)、葵花籽饼(Sunflower seed)等很多种,可以通过饼(Cakes)、片(Flakes)、球(Pellets)、粉(Meal)等形式运输。其积载因数大约为 1.39 ~ 2.09m^3/t。

1)种子饼的特性

种子饼会缓慢自热,若潮湿或含有过量的未经氧化的油类则会自燃,易发生氧化从而引起舱内氧气减少,而且还会产生二氧化碳。上述所列种子饼中,葵花籽饼最不稳定、最易发生氧化反应而发热自燃。《国际危规》中将种子饼列为4.2类危险货物,IMSBC Code 将其归于具有

化学危险的货物(即B类)。因为不同的种子饼所含油、水量不同,所以IMSBC Code中的种子饼分为三类:

(1)机械压榨的、含油量高于10%或含油水量合计高于20%的种子饼,联合国编号1386(a)。该类种子饼在装运前应适当陈放,所需陈放时间取决于含油量。只有当主管机关特许时方可散装运输。

(2)经溶剂萃取法和机械压榨的、含油量不高于10%的种子饼;若含水量高于10%,含油水量合计不高于20%。联合国编号为1386(b)。

(3)经溶剂萃取的、含油量不高于1.5%且含水量不高于11%的种子饼,联合国编号为2217。

2)种子饼装运要求

(1)托运人应按规定提供准确的货物含油、水量,且含油量和含水量必须符合船运要求。种子饼应保持干燥。经溶剂萃取的种子饼应完全不含可燃溶剂。对结块、发霉、严重变色及含油、水量超过标准的种子饼应予以拒装。

(2)对于UN1386(a)的种子饼,当货物的温度不高于周围温度加上10℃或55℃(取较低者),方可装载。

(3)对于UN1386(b)如果自装货开始至完成卸货时间超过5天,则应装设将二氧化碳或其他惰气引入舱内的设备。

(4)装货前,应保证货舱清洁,保证通风设备和舱内电器设备使用正常。保证污水沟、井清洁、通畅,应能随时排放。

(5)货物要保持干燥,不得在雨雪中装卸。装货过程中如果货温超过当地最高温度5℃时应停止装货,并采取降温措施。

(6)如果货舱底是燃油舱,可垫木板和帆布用以隔热。机舱附近不要配货,如整船装运,应从远离机舱一端开装,并装成斜坡状。装货时要在货舱不同位置和不同深度安放温度计,以便测定货舱温度。装卸货过程中和进入货舱时,禁止吸烟和使用明火。

(7)航行途中,应定时测定各货舱的温度并做好纪录。如果温度当温度达到55℃并继续升高时,应封闭货舱,停止通风。若继续自热,可充入二氧化碳或其他惰性气体,并严密监测货物温度。但是对于经溶剂萃取的种子饼,未见明火之前不得使用二氧化碳,避免产生的静电将溶剂蒸气点燃。

(8)航行中应根据外界气温变化,进行通风,天气晴朗可以适时开舱凉晒,以散发舱内热气,避免产生大量汗水而造成货损。种籽饼发热现象多是局部的,若发现冒烟,可把焦化冒烟及温度过高的种籽饼清除后抛入海中。

第五节　国际海运固体散装货物规则

一、IMSBC Code的主要内容

IMSBC Code就散装固体货物积载和运输的安全标准向主管机关、船舶所有人、货物托运人及船长做出相关规定及提出相应指导。规则适用于载运SOLAS第VI章中所定义的散装固

体货物的 SOLAS 公约适用的所有船舶以及小于 500 总吨国际航行的货船。规则共分 13 节及 4 个附录。

1.一般规定

规则指出,对于各国及其他国际上的散装固体货物装运的相关规定,可认可规则的全部或部分内容。因此应该理解为,在船舶在装运散装固体货物时,除遵守规则规定外,也应遵守各国主管机关及其他国际上的相关规定。

对已列入规则通常散装运输的典型货物,在明细表中给出它们的特性和装卸方法的建议。但所述货物性质并非详尽无遗,仅用作指导。因此,装货前需从托运人处货的获得最新且有效的货物理化性质资料。尚应清楚,明细表中每一种货物的相关规定,是规则中散装固体货物装运规定的补充而必须遵守。

对未列入规则的货物,托运人须向港口主管机关提供货物的特性资料,由港口主管机关对货物安全运输的可行性予以评估。若货物经评估属于 A 类或 B 类货物,应共同商定载运的临时适运条件。

另外,本节还包括规则的使用和实施、SOLAS 公约第六章和第七章的条款、免除和等效措施作了规定。

在规则所涉及到的相关术语给出了定义:

- 散装货物运输名称(BCSN):对于规则中的货物运输名称,以明细表或索引表为准;对于 B 类散装货物的运输名称,凡属 IMDG Code 定义的危险货物,规则采用与 IMDG Code 相同的货物名称,即以 PSN 为准。
- 非粘性物质:指在运输期间,由于船舶运动易于移动的干燥物质,明细表中给出了该物质的静止角。
- 粘性物质:指除非粘性物质以外的物质,可理解为凡明细表中未给出静止角的物质属于粘性物质。
- 平舱:指舱内部分或全部货物进行平整。
- 高密度散装固体货物:指积载因数等于或小于 $0.56m^3/t$ 的散装固体货物。
- 通风:指从舱外向舱内交换空气,分为持续(所有时间不间断)通风、机械通风、自然通风和表面通风。
- 其他术语的定义。

2.货物装运一般性预防措施

货物装运一般性预防措施包括 2 部分:

(1)货物分布应防止结构超负荷并维护船舶稳性;

(2)装载和卸载:货舱准备并使其适货;污水系统畅通并状态良好;采取措施防止对高密度散货落底对舱内设备的损坏;采取措施注意粉尘对机械和设备的影响。

3.人身与船舶安全

对人身与船舶安全构成危害的主要方面包括:

1)中毒、腐蚀和窒息危险

对易于氧化物质,可能造成缺氧、散发毒气或烟雾及自热;某些物质虽不易氧化但可能散发有毒气体,尤其在潮湿时;还有一些货物潮湿时对皮肤、眼睛、粘膜或对船体具有腐蚀性,应

采取特别措施。很多货物易在舱内造成缺氧。无论何种情况，应按规定的程序进入货舱或其他封闭处所。

2）粉尘对健康的危害

人体暴露于粉尘中会存在慢性或急性危害，应使用适当的呼吸器、防护服、防护膏、人体清洗、外衣清洁等防护措施。

3）易燃粉尘和气体

某些货物尤其在装卸、扫舱过程中产生的粉尘当浓度较高时具有爆炸危险，应通风降低浓度并用水冲洗货舱而不清扫。

某些货物可能释放大量的可燃气体，足以构成火灾或爆炸危险，应对货舱及毗邻处所进行气体监测并通风。

4）对通风的规定

（1）可能释放有毒气体货物，须使用机械通风或自然通风；可能释放易燃气体的货物，须使用机械通风。

（2）除可危及船舶及货物安全时可中断通风外，规则明细表或托运人提供的信息中要求持续通风时，货物装船后须保持该通风。但中断通风不应导致爆炸危险。

（3）通风须使危险性气体不能进入居住处所和工作区域。

（4）当货物自热时，不得采用表面通风以外的通风，不得将空其直接送入货堆内。

4. 评定货物的安全适运性

1）识别和分类

散装固体货物的正确识别是安全装运的必要条件。须根据货物的名称（BCSN）在规则中确定其类别；当货物未在规则中列明时，须根据 IMO 或原产地国主管机关认可程序进行测试，或由规则附录 2 提供的方法予以测定。

2）货物信息

托运人应以书面形式提供货物的相关信息，某些货物应提供相关的试验证书，如含水量证书、TML 证书、风化证书及 B 类货物明细表中所要求的证书。

另外，规则中规定了试验货样的采样程序。

3）载运散装固体危险货物的船舶应配备的文件

（1）特别清单或舱单，但可用标明货物类别及装载位置的详细配载图来代替；

（2）EmS 指南；

（3）持有满足公约要求的除第 6.2 类和第 7 类以外的适航证书。

5. 平舱措施及静止角的测定

规则给出了平舱的一般要求、非粘性货物的平舱的特殊要求；推荐的静止角倾箱法、船上测定法。

6. 易流态化货物

规则在此提请船长和负责货物装运的其他人员关注货物流态化的潜在危险性并采取最大限度地降低此危险的防范措施。

货物移动可分为滑动和流态 2 种形式，而平舱是防止滑动的有效措施。

描述了货物产生流态化和不会产生流态化的货物自身条件，可归纳为：含有一定比例的小颗粒并含水量超过 TML 的货物可能产生流态化；粉状或微颗粒状/大颗粒或块状、水分含量低的货物不会出现流态化。

应当注意的是，某些易于出现水分渗移的货物即使含水量低于 TML，也可能出现危险的底部渗湿；当货物很浅且有较大倾角时，高含水量的货物特别易于滑动。

规则对 A 类货物的适运条件、配装、航行中货舱水密性保持、化学危险时采取的措施等作了规定。

7. 具有化学危险性的货物

规则中包括 B 类货物的类别、积载与隔离的一般要求和特殊要求。

8. 附录

1）附录 1　固体散装货物明细表

附录 1 中包含了 270 余种固体散装货物的明细表，货物明细表的内容示例如表 17-7 所列。

固体散装货物明细表　　表 17-7

椰子肉（干的）UN 1363

描述

经干燥的椰子肉，带有渗透性的陈腐脂肪臭味，可沾污其他货物。

特性

静止角	散货密度（kg/m^3）	积载因素（m^3/t）
不适用	500	2.0
尺寸	类别	组别
不适用	4.2	B

危险性

易自热和自燃，特别是在遇到水时，易引起货物处所缺氧。

积载和隔离

积载时不要与受热的表面，包括需加热的燃油舱柜接触。

货舱清洁程度

按货物的危险性保持清洁和干燥状态。

天气注意事项

该货物须尽可能保持干燥。该货物不得在降水期间装卸。在装卸该货物期间，须关闭装载或拟装载该货物的处所的不在使用中的所有舱盖。

装载

按照《规则》第 4 和 5 节要求的有关规定进行平舱。

禁止装载湿的椰子肉。

注意事项

只有在装运前风干至少一个月，或由托运人向船长提供一份由原产国主管机关认可的人员签发的证书，证明该货物的最大水分含量不超过 5%，才能装运该货物。禁止在货物处所和临近区域吸烟和使用明火。在对货物处所进行通风并测试氧气含量前，不许进入。

通风

在航行期间，须根据需要仅对货物表面进行自然或机械通风。

装运

在航行期间,须定期测量和记录货物温度以监测自热。

卸货

没有特别要求。

清扫

没有特别要求。

应急程序

需配备的专用应急设备 无
应急程序 无 火灾时的应急行动 封舱。使用船上固定式灭火装置(如果配备)。气封可以足够控制火灾。 医疗急救 参考经修订的《危险货物事故医疗急救指南(MFAG)》。

2)附录2　试验室测试程序、使用的仪器和标准

测试的固体散货的特性试验包括:测定静止角试验、精矿的含水量、流动水分点和适运水分限测定试验;含硝酸盐化肥自续放热分解试验,抗爆试验,木炭自热试验。

3)附录3　固体散装货物的特性

内容包括对非黏性货物的货种及是否具有黏性的划分、A类固体散货特性参数及B类货物注意事项的获取等。

本附录中给出了在干燥状态下不具有黏性的16种货物,包括:硝酸铵及硝酸铵化肥、硫酸铵、无水硼砂、硝酸钙化肥、蓖麻子、磷酸二铵、磷酸一铵、氯化钾、钾碱、硝酸钾、硫酸钾、硝酸钠、硝酸钠与硝酸钾混合物、过硫酸盐、尿素,在完成装货前,应测取其静止角,以便决定如何平舱。除另有说明外,上列货物以外的其他货物均为粘性货物,静止角对其不适用。

4)附录4　索引表

索引表形式如表17-8所示。

索　引　表　　　　表17-8

散装货物运输名称	组　别	参　考
褐煤砖(BROWN COAL BRIQUETTES)	B	
煅烧粘土(CALCINED CLAY)	C	见矾土,经焙烧的
煅烧黄铁矿(CALCINED PYRITES)	A和B	见黄铁矿,煅烧的
氟化钙(CALCIUM FLUORIDE)	B	见氟石
硝酸钙(CALCIUM NITRATE)UN1454	B	
硝酸钙化肥(CALCIUM NITRATE FERTILIZER)	C	
氧化钙(CALCIUM OXIDE)	B	见石灰(未熟化的)
芥菜籽颗粒(CANOLA PELLETS)	B或C	见种子饼

续上表

散装货物运输名称	组别	参考
碳化硅(CARBORUNDUM)	C	
蓖麻籽(CASTOR BEANS)UN2969	B	
蓖麻片(CASTOR FLAKE)UN2969	B	
蓖麻饼(CASTOR MEAL)UN2969	B	
蓖麻油渣(CASTOR POMACE)UN2969	B	
水泥(CEMENT)	C	
水泥烧结块(CEMENT CLINKERS)	C	
沉积铜(CEMENT COPPER)	A	见精矿明细表
黄铜矿(CHALCOPYRITE)	A	见铜精矿
耐火粘土(CHAMOTTE)	C	
木炭(CHARCOAL)	B	

二、IMSBC Code 的使用

船舶在运输散装固体散货之前,为取得所运载货物的装运规定和安全指导,应认真查阅并完整理解 IMSBC Code 的相关内容。

应该特别强调的是,虽然 IMSBC Code 为强制性规则,但其中的某些部分仍然为建议性的或非正式性的。在查阅时,凡规则中使用文字“须(shall)”,其规定为强制性的,使用文字“应(should)”,要求则为建议性的,使用文字“可(may)”则为选择性的。

(1)使用者应了解规则的整体内容和编排特点,阅读对整体固体散货运输具有指导意义的内容。

(2)当对拟装货物类别已知时,A 类货物应阅读第 7、8 节的规定,B 类货物相应的为第 9 节;当对拟装货物类别未知时,可由索引表中查得。

(3)根据货物名称查取明细表,获取货物装运的详细信息。

(4)若需获取规则中未包含的其他信息和建议,可首先由规则给出的参考清单(第 13 节)得到 IMO 相关参照文件后,具体查阅这些文件。如对人员防护的规定,可查阅清单列出的《危险货物事故医疗急救指南》(MFAG)相关条款和 SOLAS 公约《FSS 规则》有关章节。

第六节 水尺计重

水尺计重(Draught survey)是利用船舶装卸货物前后水尺变化来计算载货重量的一种方法。虽然水尺计重存在误差,但简便可行,适用于煤炭、生铁、废钢、矿石、硫磺、盐、化肥等价值较低的散货计重。在船方协助下,水尺计重工作由公证鉴定机构(我国为商品检验局)的公估师(Surveyer)承担,计重工作结束后出具船方认可的货物计重证明,作为货物重量交接凭证,出口时作为结汇凭据,进口时可作为到岸计价或短重索赔的依据。

水尺计重是利用船舶吃水与排水量的关系,通过观测船舶载货时和无货时的各自吃水,查得相应的排水量，它们分别表示称重时的毛重和皮重，这两者之差并扣除装(卸)货前后油水等重量的变化，就可得到所载货物的重量。

一、测定有关数据

为减小水尺计重的误差，应尽可能地提高每一项有关原始数据的测量精度。

1. 观测船舶六面吃水

装(卸)货前、后，船方会同鉴定人员，共同查看六面吃水。观测时，船上不得进行一切可能影响水尺观测的操作，如压载水的排注、吊杆移动等。有波浪时，尤其是伴有横摇时，应在较长时间的注视后取一瞬间静止状态吃水值，或读取水面最高和最低时吃水，取其中间值。在波浪情况下，吃水至少观测 2 ~3 次，取它们的平均值。为提高船中吃水观测精度，应在船中吃水标志处安放滤波装置，使观测时减小波浪的影响。另外，在经常需要观测的水线附近的水尺标志，要常用油漆刷新，有助于准确读取。

2. 测定港水密度

当地港口当局虽然有公布的标准密度，但因水温变化，一般在观测吃水的同时，实测当时港水密度。港水取样时应避开船舶排水管口和码头下水道管口，通常在舷外船中部吃水深度 1/2 处选取水样用铅锤密度计测定。

3. 测定压载水数量及淡水数量

大型散货船的压载舱数量多且容量大，若测定不准，会使检测的货物重量产生较大的误差。一般情况下，鉴定人员不一定逐一对每个压载舱的水深亲自测定，若经检验后确认船上的测定记录准确，就直接使用船上的记录数值，因而船上的压载水深测量记录应该准确无误。若对压载水数量存有怀疑，应立即复查。大型货船淡水舱较少且舱内设有水位标志，可以直接读取读数。

4. 计算燃油存量

水尺计重时，一般不是通过测定油舱深度来计算燃油存量，而是根据机舱所报存油量加补给量再扣减停泊消耗量的方法求取的。尽管如此，船舶在到港前，轮机员应具体测深以确定存油量并报告大副，防止出现过大的误差。

在测定油水存量时，若船舶有纵倾或横倾且测深孔不在舱的中心时，应进行纵、横倾修正，一般可从船舶资料中查取。

二、确定最终平均吃水

1. 计算水尺标志上的左右舷平均吃水及吃水差

$$\begin{cases} d_F = (d_{FP} + d_{FS})/2 \\ d_{\text{¤}m} = (d_{\text{¤}P} + d_{\text{¤}S})/2 \\ d_A = (d_{AP} + d_{AS})/2 \\ t = d_F - d_A \end{cases} \tag{17-3}$$

2. 修正水尺标志的读取吃水

如图 17-10 所示，船舶的首尾吃水线应以与首尾垂线的交点处的读数为准，而船舶的实际水尺标志却并不一定在首尾垂线上。因此，当船舶存在吃水差时，就需要对上述首尾吃水进行垂线修正。

另外，由于中吃水标志可能不在船中处，船舶在纵倾条件下，也需要将标志吃水修正到 $L_{bp}/2$ 处。中吃水标志通常位于船中后一定距离。

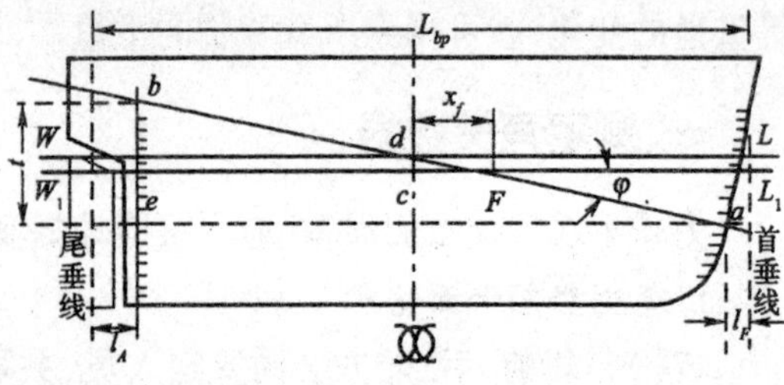

图 17-10　首尾标志吃水的修正

首、中、尾吃水修正量 C_F、C_M、C_A 的求算应按下式计算：

$$\begin{cases} C_F = \dfrac{t \cdot l_F}{L_{bp} - l_F - l_A} \\ C_M = \dfrac{t \cdot l_M}{L_{bp} - l_F - l_A} \\ C_A = \dfrac{-t \cdot l_A}{L_{bp} - l_F - l_A} \end{cases} \tag{17-4}$$

式中：t——观测吃水条件下的吃水差（m），首倾时取（+），尾倾时取（-）；

l_F——观测首吃水点至首垂线的水平距离（m），由吃水标志位置图量取；

l_M——中吃水标志至船中的水平距离（m），其获取方法同 l_F；

l_A——观测尾吃水点至尾垂线的水平距离（m），其获取方法同 l_F。

需要注意的是，式(17-4)适用于船首吃水标志在首垂线后，船中吃水标志在船中后，船尾吃水标志在尾垂线前的情况。当某处水尺标志不是上述条件时，应根据具体勘绘情况进行修正计算。

某些船舶资料中给出了标志吃水修正量表，使用时可直接查取。水尺标志通常分为垂直勘绘（如在首柱后、船中后、尾柱前一定距离）和非垂直勘绘（如在首柱上）两种方式，当水尺标志非垂直勘绘（如在首柱上）时，其修正表如表 17-9 所示形式，可根据观测吃水和吃水差查出 C_F、C_A 值；当水尺标志垂直勘绘时，如图 17-11 所示，则修正表如表 17-10 所示形式，使用时直接由吃水差查出 C_F、C_M、C_A 值。

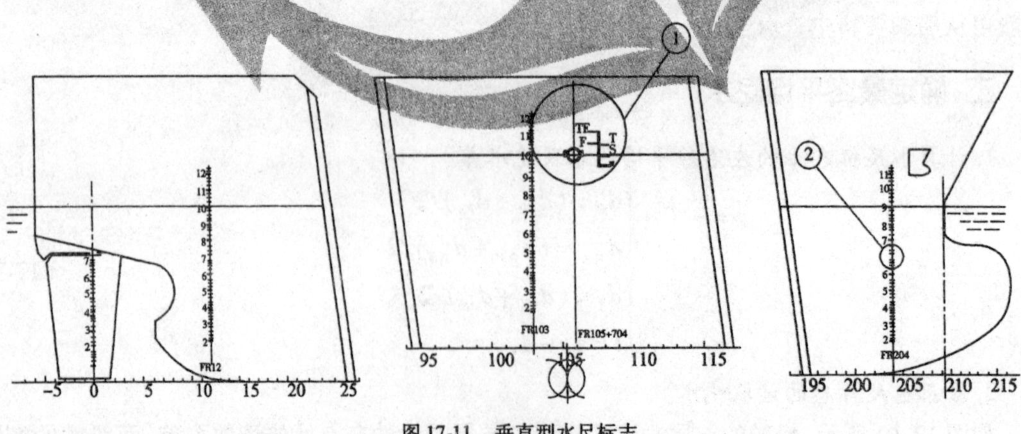

图 17-11　垂直型水尺标志

标志首吃水修正(C_F)表　　表 17-9

t \ d	2.0	2.4	2.8	3.2	3.6
-1.5	0.016	0.013	0.009	0.006	0.003
-1.1	0.008	0.006	0.003	0.001	-0.001
-0.7	0.000	-0.001	-0.003	-0.004	-0.006
-0.3	-0.007	-0.008	-0.009	-0.009	-0.010
0.1	-0.015	-0.015	-0.014	-0.014	-0.014
0.5	-0.023	-0.022	-0.020	-0.019	-0.018
0.9	-0.030	-0.028	-0.026	-0.025	-0.023

标志吃水修正表　　表 17-10

吃水差 t (m)	吃水修正值(m)			吃水差 t (m)	吃水修正值(m)		
	C_F	C_M	C_A		C_F	C_M	C_A
1.5	0.0329	-0.0181	-0.0730	-2.1	-0.0460	0.0253	0.1022
1.3	0.0285	-0.0156	-0.0633	-2.3	-0.0504	0.0277	0.1120
1.1	0.0241	-0.0132	-0.0536	-2.5	-0.0548	0.0301	0.1217
0.9	0.0197	-0.0108	-0.0438	-2.7	-0.0592	0.0325	0.1315
0.7	0.0153	-0.0084	-0.0341	-2.9	-0.0635	0.0349	0.1412
0.5	0.0110	-0.0060	-0.0243	-3.1	-0.0679	0.0373	0.1509
0.3	0.0066	-0.0036	-0.0146	-3.3	-0.0723	0.0397	0.1607
0.1	0.0022	-0.0012	-0.0049	-3.5	-0.0767	0.0421	0.1704
0.0	0	0	0	-3.6	-0.0789	0.0433	0.1753
-0.1	-0.0022	0.0012	0.0049	-3.7	-0.0811	0.0445	0.1801
-0.3	-0.0066	0.0036	0.0146	-3.9	-0.0854	0.0469	0.1899
-0.5	-0.0110	0.0060	0.0243	-4.1	-0.0898	0.0494	0.1996
-0.7	-0.0153	0.0084	0.0341	-4.3	-0.0942	0.0518	0.2094
-0.9	-0.0197	0.0108	0.0438	-4.5	-0.0986	0.0542	0.2191
-1.1	-0.0241	0.0132	0.0536	-4.7	-0.1030	0.0566	0.2288
-1.3	-0.0285	0.0156	0.0633	-4.9	-0.1074	0.059	0.2386
-1.5	-0.0329	0.0181	0.0730	-5.1	-0.1117	0.0614	0.2483
-1.7	-0.0372	0.0205	0.0828	-5.3	-0.1161	0.0638	0.2581
-1.9	-0.0416	0.0229	0.0925	-5.5	-0.1205	0.0662	0.2678

经 C_F、C_M、C_A 修正后的首、中、尾吃水 d_{F1}、d_{m1} 和 d_{A1} 为

$$\begin{cases} d_{F1} = d_F + C_F \\ d_{\otimes m1} = d_{\otimes m} + C_M \\ d_{A1} = d_A + C_A \end{cases} \tag{17-5}$$

3. 计算首尾平均吃水 d_{m1}

经吃水标志修正后的首尾平均吃水 d_{m1} 为

$$d_{m1} = \frac{d_{F1} + d_{A1}}{2} \tag{17-6}$$

4. 计算六面平均吃水 d_{m2}

经吃水标志修正后的首尾平均吃水 d_{m2} 为

$$d_{m2} = \frac{d_{m1} + d_{\otimes m1}}{2} \tag{17-7}$$

5. 计算最终平均吃水 d_{m3}

船舶出现拱垂变形后，其首尾平均吃水与船中吃水不等。如图 17-12 所示，船舶中拱时，首尾平均吃水 d_{m1} 要比船中吃水 $d_{\otimes m1}$ 大，此种情况下若不修正平均吃水，而以 d_{m1} 计算排水量，就会多算了图中阴影部分的排水体积，也就是多算了货物装载量；反之，船舶中垂时则少算了装载量。为此，需对船舶吃水进行拱垂变形修正。

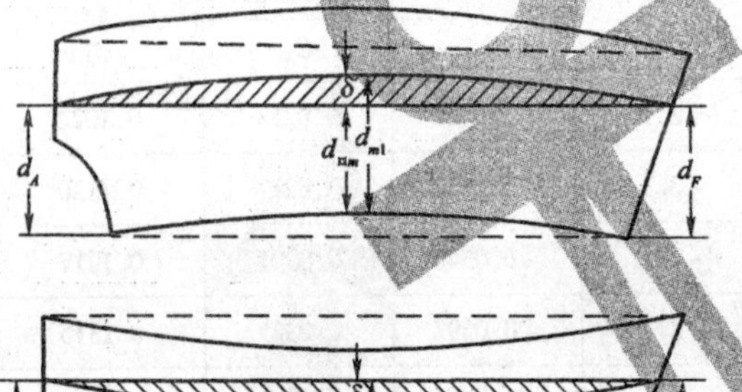

图 17-12　吃水的拱垂修正

在水尺计重中，通常将 d_{m2} 与 $d_{\otimes m1}$ 再次平均，作为对船舶拱垂变形的修正，即最终平均吃水 d_{m3} 为

$$d_{m3} = \frac{d_{m2} + d_{\otimes m1}}{2} \tag{17-8}$$

为减少计算层次，可将式(17-4)、式(17-5)和式(17-6)合并为下式形式而直接得到 d_{m3}：

$$d_{m3} = \frac{d_{F1} + 6d_{\otimes m1} + d_{A1}}{8} \tag{17-9}$$

三、求取船舶排水量

求取船舶吃水为 d_{m3} 对应的排水量时，可按下述步骤进行：

1. 由最终平均吃水 d_{m3} 查取排水量 Δ_0

根据 d_{m3} 可从载重表或静水力数值表中直接查出相应排水量。在查取时，先查得与 d_{m3} 邻近的整数吃水值对应的排水量作为基数，再将差额吃水乘以相应的 *TPC* 得出差额吨数，以排水量基数加(或减)差额吨数，即求得 d_{m3} 对应的排水量 Δ_0 值。

2. 求取纵倾修正后的排水量 Δ_1

由上求得的平均吃水 d_{m3} 是船中处的吃水，当船舶存在纵倾状态下的实际平均吃水即等容吃水因纵倾轴不在船中，两者往往不一致。因此，按 d_{M3} 查取的排水量并非船舶实际排水量，

而应对此予以修正(图 17-13)。排水量纵倾修正量 $\delta\Delta$ 通常的计算方法为:

$$\delta\Delta = \frac{100t \cdot x_f \cdot TPC}{L_{bp} - l_F - l_A} + \frac{50t^2}{L_{bp} - l_F - l_A} \cdot \frac{\mathrm{d}M}{\mathrm{d}Z} \tag{17-10}$$

式中: $\frac{\mathrm{d}M}{\mathrm{d}Z}$——在平均吃水 d_{m3} 处 MTC 变化率,可取吃水为 $d_{m3}+0.5$ 与 $d_{m3}-0.5$ 时 MTC 的差值。

在上式中,等号右边第一项称为一次修正,第二项称为二次修正。一次修正的实质是假定纵倾轴过漂心的修正;二次修正为船舶大纵倾时纵倾轴不过漂心而需在一次修正的基础上,再对两者的差值予以修正。

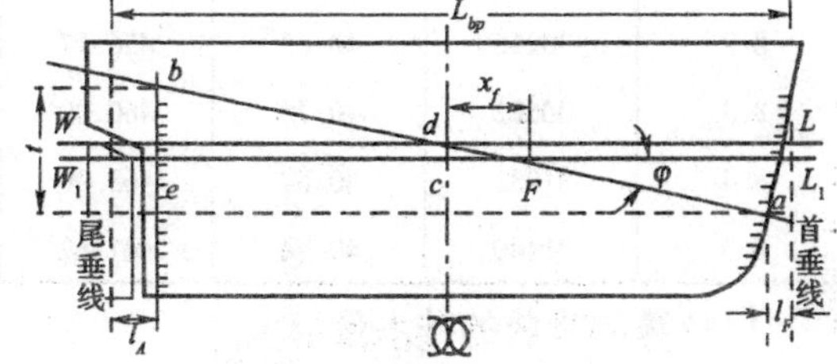

图 17-13　排水量纵倾修正

于是,纵倾修正后的船舶排水量为:

$$\Delta_1 = \Delta_0 + \delta\Delta \tag{17-11}$$

实际应用中,当 $t<0.3\text{m}$ 时,不需进行纵倾修正;当 $0.3\text{m}<t<1.0\text{m}$ 时,仅需进行纵倾一次修正;当 $t>1.0\text{m}$ 时,应同时进行一次修正和二次修正。

3. 求取港水密度修正后的排水量 Δ

当实测的港水密度 ρ 与船舶资料中所使用的标准海水密度不同时,应对排水量进行港 水密度修正。修正后的船舶排水量 Δ 为

$$\Delta = \rho\Delta_1/1.025 \tag{17-12}$$

为便于区别,在货物装载量计算中,船舶装载(或卸载)前经水密度修正后的排水量用 Δ_f 表示,而装载(或卸载)后经水密度修正后的排水量用 Δ_a 表示。

四、计算货物装(卸)载量

设装(卸)货前的排水量为 Δ_F,全船燃油、淡水、压载水等储备总量为 G_F, 装(卸)货后的船舶排水量为 Δ_A,全船储备总量为 G_A,则货物装(卸)货量 Q 可由下式求出

$$\begin{cases} Q = (\Delta_A - G_A) - (\Delta_F - G_F) & \text{(装货港)} \\ Q = (\Delta_F - G_F) - (\Delta_A - G_A) & \text{(卸货港)} \end{cases} \tag{17-13}$$

例 17-1:某船装运进口铁矿,已知 $L_{bp}=158.32\text{m}$,卸货前、后观测的六面吃水见表 17-11,测定卸货前的淡水存有量为 248.5t,压载水存有量为 118.9t,轮机部提供燃油存量 230.1t,柴油存量 57.6t,测定卸货后淡水存有量为 467.1t,压载水存有量为 1633.5t,轮机部提供燃油补给量 231.7t,柴油补给量 47.1t,在港消耗油水 8.9t;实测港水密度为 1.020g/cm^3。求该船卸货数量。水尺标志位置如图 17-13 所示,静水力参数表见表 17-12;装卸货前后首、中、尾水尺标志位置与理论位置的水平距离分别为 $l_F=3.24\text{m}$, $l_M=1.78\text{m}$, $l_A=7.20\text{m}$。

观测吃水数据表　　表 17-11

吃水(m)	卸货前	卸货后	吃水(m)	卸货前	卸货后
d_{FP}	7.83	3.23	$d_{\text{中}S}$	8.41	3.81
d_{FS}	7.83	3.23	d_{Ap}	8.83	4.57
$d_{\text{中}P}$	8.4	3.81	d_{AS}	8.83	4.58

某船静水力参数表 表 17-12

d (m)	Δ(SW) (t)	TPC (SW) (t)	MTC (t·m/cm)	KM (m)	KB (m)	x_b (m)	x_f (m)
3.7	12803	37.03	352.56	17.998	1.913	5.626	4.909
3.8	13173	37.1	354.33	17.621	1.964	5.606	4.861
3.9	13545	37.17	356.11	17.284	2.016	5.585	4.812
…	…	…	…	…	…	…	…
8.2	30216	40.63	456.17	11.98	4.259	3.742	-1.577
8.3	30622	40.75	460.09	11.953	4.312	3.67	-1.799
8.4	31031	40.87	463.96	11.928	4.365	3.597	-2.020
8.5	31440	40.98	467.62	11.906	4.418	3.522	-2.239

1)计算卸货前的排水量

(1)计算平均吃水 d_{m3}

$$t=\frac{d_{FP}+d_{FS}}{2}-\frac{d_{AP}+d_{AS}}{2}=\frac{7.83+7.83}{2}-\frac{8.83+8.83}{2}=-1.00\text{m}$$

$$C_F=\frac{t\cdot l_F}{L_{bp}-l_F-L_A}=\frac{3.24\times(-1.00)}{158.32-3.24-7.20}=-0.0219\text{m}$$

或查表 17-10 得：$C_F=-0.0219\text{m}$

$$C_M=\frac{t\cdot l_M}{L_{bp}-l_F-L_A}=\frac{1.78\times(-1.00)}{158.32-3.24-7.20}=-0.0120\text{m}$$

或查表 17-10 得：$C_M=-0.0120\text{m}$

$$C_A=\frac{-t\cdot l_A}{L_{bp}-l_F-L_A}=\frac{-7.20\times(-1.00)}{158.32-3.24-7.20}=0.0487\text{m}$$

或查表 17-10 得：$C_A=0.0487\text{m}$

$$d_F=\frac{d_{FP}+d_{FS}}{2}+C_F=\frac{7.83+7.83}{2}-0.0219=7.808\text{m}$$

$$d_{\otimes m}=\frac{d_{\otimes P}+d_{\otimes S}}{2}+C_M=\frac{8.40+8.41}{2}-0.0120=8.393\text{m}$$

$$d_A=\frac{d_{AP}+d_{AS}}{2}+C_A=\frac{8.83+8.83}{2}+0.0487=8.879\text{m}$$

$$d_{m1}=\frac{d_F+d_A}{2}=\frac{7.808+8.879}{2}=8.344\text{m}$$

$$d_{m2}=\frac{d_{m1}+d_{\otimes m}}{2}=\frac{8.344+8.393}{2}=8.369\text{m}$$

$$d_{m3}=\frac{d_{m2}+d_{\otimes m}}{2}=\frac{8.369+8.393}{2}=8.381\text{m}$$

或 $$d_{m3}=\frac{d_F+6d_{\otimes m}+d_A}{8}=\frac{7.808+6\times8.393+8.879}{8}=8.381\text{m}$$

(2)计算平均吃水 d_{m3} 所对应的排水量 Δ_0

由 $d_m=8.40\text{m}$ 查静水力参数表得排水量为 31031t，$TPC=40.87\text{t/cm}$，则当 $d_{m3}=8.381\text{m}$ 时对应的排水量 Δ_0 为：

$$\Delta_0=31031-40.87\times(840-838.1)=30953.3\text{t}$$

(3)计算排水量纵倾修正值 $\delta\Delta$

由 $d_{m3}=8.381\text{m}$ 查得：

$$x_f=-1.978\text{m}$$

$$d_{m3}+0.5=8.381+0.5\text{m}\ 时对应的\ MTC=480.53\text{t}\cdot\text{m/cm}$$

$$d_{m3}-0.5=8.381-0.5\text{m}\ 时对应的\ MTC=444.89\text{t}\cdot\text{m/cm}$$

$$\frac{\mathrm{d}M}{\mathrm{d}Z}=\frac{(480.53-444.89)}{8.881-7.881}=35.64\text{t}\cdot\text{m/cm}$$

则

$$\delta\Delta=\frac{100t\cdot x_f\cdot TPC}{L_{bp}-l_F-l_A}+\frac{50t^2}{L_{bp}-l_F-l_A}\cdot\frac{\mathrm{d}M}{\mathrm{d}Z}$$

$$=\frac{100\times(-1.00)\times(-1.978)\times40.87}{158.32-3.24-7.20}+\frac{50\times(-1.00)^2}{158.32-3.24-7.20}\times35.64=66.72\text{t}$$

(4)计算经港水密度修正后的卸货前排水量 Δ_F

$$\Delta_F=\frac{(\Delta_0+\delta\Delta)\cdot\rho}{1.025}=\frac{(30953.3+66.72)\times1.020}{1.025}=30868.7\text{t}$$

2)计算卸货后的排水量 Δ_A

(1)计算平均吃水 d_{m3}

$$t=\frac{d_{FP}+d_{FS}}{2}-\frac{d_{AP}+d_{AS}}{2}=\frac{3.23+3.23}{2}-\frac{4.57+4.58}{2}=-1.345\text{m}$$

$$C_F=\frac{t\cdot l_F}{L_{bp}-l_F-L_A}=\frac{3.24\times(-1.345)}{158.32-3.24-7.20}=-0.0295\text{m}$$

或查表 17-10 得：$C_F=-0.0295\text{m}$

$$C_M=\frac{t\cdot l_M}{L_{bp}-l_F-L_A}=\frac{1.78\times(-1.345)}{158.32-3.24-7.20}=-0.0162\text{m}$$

或查表 17-10 得：$C_M=-0.0162\text{m}$

$$C_A=\frac{-t\cdot l_A}{L_{bp}-l_F-L_A}=\frac{-7.20\times(-1.345)}{158.32-3.24-7.20}=0.0655\text{m}$$

或查表 17-10 得：$C_A=0.0655\text{m}$

$$d_F=\frac{d_{FP}+d_{FS}}{2}+C_F=\frac{3.23+3.23}{2}-0.0295=3.201\text{m}$$

$$d_{\square m}=\frac{d_{\square P}+d_{\square S}}{2}+C_M=\frac{3.81+3.81}{2}-0.0162=3.794\text{m}$$

$$d_A=\frac{d_{AP}+d_{AS}}{2}+C_A=\frac{4.57+4.58}{2}+0.0655=4.641\text{m}$$

$$d_{m1}=\frac{d_F+d_A}{2}=\frac{3.201+4.641}{2}=3.921\text{m}$$

$$d_{m2}=\frac{d_{m1}+d_{\text{¤m}}}{2}=\frac{3.921+3.794}{2}=3.858\text{m}$$

$$d_{m3}=\frac{d_{m2}+d_{\text{¤m}}}{2}=\frac{3.858+3.794}{2}=3.826\text{m}$$

或 $$d_{m3}=\frac{d_F+6d_{\text{¤m}}+d_A}{8}=\frac{3.201+6\times3.794+4.641}{8}=3.826\text{m}$$

(2)计算平均吃水 d_{m3} 所对应的排水量 Δ_0

由 $d_m=3.80\text{m}$ 查静水力参数表得排水量为 13173t，$TPC=37.10\text{t/cm}$，则当 $d_{m3}=3.826\text{m}$ 时对应的排水量 Δ_0 为：

$$\Delta_0=13173+37.10\times(382.6-380)=13269.5\text{t}$$

(3)计算排水量纵倾修正值 $\delta\Delta$

由 $d_{m3}=3.826\text{m}$ 查得：

$$x_f=4.848\text{ m}$$

$d_{m3}+0.5=3.826+0.5\text{m}$ 时对应的 $MTC=363.80\text{t}\cdot\text{m/cm}$

$d_{m3}-0.5=3.826-0.5\text{m}$ 时对应的 $MTC=345.99\text{t}\cdot\text{m/cm}$

$$\frac{\text{d}M}{\text{d}Z}=\frac{(480.53-444.89)}{8.881-7.881}=17.81\text{t}\cdot\text{m/cm}$$

则

$$\delta\Delta=\frac{100t\cdot x_f\cdot TPC}{L_{bp}-l_F-l_A}+\frac{50t^2}{L_{bp}-l_F-l_A}\cdot\frac{\text{d}M}{\text{d}Z}$$

$$=\frac{100\times(-1.345)\times4.848\times37.10}{158.32-3.24-7.20}+\frac{50\times(-1.345)^2}{158.32-3.24-7.20}\times17.81=-152.69\text{t}$$

(4)计算经港水密度修正后的卸货前排水量 Δ_A

$$\Delta_A=\frac{(\Delta_0+\delta\Delta)\cdot\rho}{1.025}=\frac{(13269.5-152.69)\times1.020}{1.025}=13052.8\text{t}$$

3)计算卸货前和卸货后淡水、压载水及燃油、柴油存量 G_F、G_A

$$G_F=248.5+118.9+230.1+57.6=655.1\text{t}$$

$$G_A=467.1+1633.5+(230.1+57.6)+(231.7+47.1)-8.9=2658.2\text{t}$$

4)计算卸货量 Q

$$Q=(\Delta_F-G_F)-(\Delta_A-G_A)=(30868.7-655.1)-(13052.8-2658.2)=19819\text{t}$$

小结与习题

本章小结：

本章重点介绍了海运散装固体货物的分类、特性及运输危险性，配载原则，隔离要求，制定货物装卸顺序的程序和要求，如何安全装运，IMSBC 规则的主要内容，水尺计重的原理、方法及步骤等。

通过学习，可以了解固体散货的特性、危险性及其预防措施，熟练使用 IMSBC 规则，掌握散装固体货物安全积载和运输的标准，保证货物运输质量，避免危及船舶及人员安全，为实际工作打下坚实的基础。

思考题

1. 根据 IMSBC 规则，海运散装固体货物分为哪几类？各有什么特性？

2. 海运散装固体货物的危险性有哪些？

3. 根据 IMSBC 规则，测定 A 类固体散货验室方法有几种？各自的适用范围是什么？

4. 根据 IMSBC 规则，简述固体散货的分类。

5. 根据 IMSBC 规则，散装固体货物平舱的要求是什么？

6. 水尺计重过程中的修正有哪些？为什么？

7. N 轮 $L_{bp}=144$m，在某港装货前计算得船舶排水量 $\Delta_f = 6749$t，同时测得存油 286.6t、淡水 118.4t、压载水 407.6t；装货后测得船舶的六面吃水分别为 8.21m，8.19m，8.76m，8.72m，9.24m，9.21m，同时测得 $l_A=0.5$m（水尺标志在尾垂线前），$l_F=4.0$m（吃水标志在首垂线后），存油 326.7t、淡水 172.1t、压载水 55.1t；实测港水密度 $\rho=1.020\text{g/cm}^3$，计算船舶装货量。

船舶静水力参数资料见表 17-13（吃水差 $t=0$）。

表 17-13

d	Δ	TPC	MTC	x_f
8.30	17430	25.18	211.5	-5.10
8.60	18180	25.21	217.65	-5.22
8.80	18680	25.39	222.50	-5.45
9.30	19969	25.45	233.3	-5.47

8. K 轮在某港装煤炭，已知该轮 $L_{bp}=158$m，计算得船舶装货前排水量 $\Delta_f=13270$t，同时测得存油 263t、淡水 467t、压载水 1630t；装货后测得船舶的六面吃水分别为：首 7.80m，7.80m；中 8.38m，8.39m；尾 8.85m，8.85m。同时查得 $l_F=3.20$m（首垂线后），$l_A=7.10$m（尾垂线前），$l_M=1.2$m（船中后）；船上存油 315t、淡水 432t、残存压载水 43t。实测港水密度 $\rho=1.023\text{g/cm}^3$，计算船舶装货量。

船舶静水力资料见表 17-14（$t=0$）。

表 17-14

d(m)	Δ(t)	TPC(t/cm)	MTC(t·m/cm)	x_f(m)
7.80	28600	40.21	442.3	-0.70
7.90	29002	40.31	445.5	-0.92
8.00	29405	40.41	448.8	-1.14
8.20	30216	40.63	456.2	-1.58
8.30	30662	40.75	460.1	-1.80
8.40	31031	40.87	464.0	-2.02
8.50	31440	40.98	467.6	-2.24
8.70	32261	41.19	474.6	-2.61
8.80	32673	41.29	477.9	-2.77
8.90	33087	41.39	481.1	-2.90

9. G轮装运进口铁矿，已知 $L_{bp}=158$m，卸货前的吃水如表17-15所示，测定卸货前的淡水存有量为248.5t，压载水存有量为118.9t，轮机部提供燃油存量230.1t，柴油存量57.6t，测定卸货后淡水存有量为467.1t，压载水存有量为1633.5t，轮机部提供燃油补给量231.7t，柴油补给量47.1t，在港消耗油水8.9t；卸货后的排水量为13052.8；实测港水密度为1.020g/cm^3。求该船卸货数量。卸货前的 $l_F=3.24$m（首垂线后），$l_M=1.78$m（船中后），$l_A=7.20$m（尾垂线前）。

船舶静水力参数见表17-16（$t=0$）。

观测吃水数据表　　表17-15

吃水(m)	卸货前	吃水(m)	卸货前
d_{FP}	7.83	$d_{\otimes S}$	8.41
d_{FS}	7.83	d_{AP}	8.83
$d_{\otimes P}$	8.40	d_{AS}	8.83

表17-16

d (m)	Δ(SW) (t)	TPC (SW) (t)	MTC (t·m/cm)	x_f (m)
7.60	27798	40.01	436.16	-0.263
7.70	28198	40.11	439.18	-0.481
7.80	28600	40.21	442.29	-0.699
7.90	29002	40.31	445.50	-0.918
8.00	29405	40.41	448.81	-1.136
8.10	29810	40.52	452.36	-1.356
8.20	30216	40.63	456.17	-1.577
8.30	30622	40.75	460.09	-1.799
8.40	31031	40.87	463.96	-2.020
8.50	31440	40.98	467.62	-2.239
8.60	31850	41.08	471.12	-2.44
8.70	32261	41.19	474.58	-2.614
8.80	32673	41.29	477.94	-2.766
8.90	33087	41.39	481.14	-2.899
9.00	33502	41.48	484.12	-3.019

第十八章 散装液体货物运输

海运的散装液体货物包括石油及其产品、种类繁多的散装液体化学品及散装液化气体。其中石油是世界上的重要能源之一，也是我国重要的进口能源。随着石油产量和运输量的迅速增长，油船向专业化、大型化、现代化发展，逐渐成为一种重要的专用运输船舶。目前，石油运输已成为我国海上运输的一个重要组成部分。本章重点介绍石油类货物的安全运输，同时简要介绍散装化学品和散装液化气体的安全运输。

第一节　石油及其产品的特性

一、石油及其产品的种类

1. 原油(Crude Oil)

原油又称石油原油，它是直接从油井中开采出来的一种具有特殊气味的、有色的、粘稠的可燃性矿物油，为多种烃类(烷烃、环烷烃、芳香烃)的复杂混合物。在常温常压下，碳原子C1～C4的烃类呈气态，存在于天然气中；C5～C15的烃类是液态，是石油的主要成分；C16以上的烃类为固态。

石油的性质因产地而异，密度为0.8～1.0g/cm^3，粘度范围很宽，凝固点差别很大(30～60℃)，沸点范围为常温到500℃以上，可溶入多种有机溶剂，不溶于水，但可与水形成乳状液。组成石油的化学元素主要是碳(83%～87%)、氢(7%～14%)，其余为硫(0.06%～0.8%)、氮(0.02%～1.7%)、氧(0.08%～1.82%)及微量金属元素(镍、钒、铁等)。由碳氢化合物形成的烃类构成石油的主要组成部分，约占95%～99%，含硫、氧、氮的化合物对石油产品有害，在石油加工中应尽量除去。

不同产地的石油中，各种烃类的结构和所占比例相差很大，但主要属于烷烃、环烷烃、芳香烃三类。通常以烷烃为主的石油称为石蜡基石油；以环烷烃、芳香烃为主的称环烃基石油；介于二者之间的称中间基石油。原油经过加工可以提炼出汽油、煤油、柴油、润滑油和其他化工产品。

2. 成品油(石油产品,Oil Products)

在油田经过脱盐、脱水的原油,送往炼油厂,进行分馏和加工,才能得到各种石油产品。所谓分馏是指通过不断的加热和不断的冷凝,将石油分离成不同沸点的蒸馏产物的过程。炼油厂通常把产品分为"白油"和"黑油"两大类。一般来说,白油是直馏轻质馏分,又称清油(Clean Oil);黑油(Dirty Oil)是重质馏分。在分馏塔内,轻质馏分的蒸气上升较高,在塔的上部冷凝成液体,通常称为蒸馏油(Distillate Fuel),其沸点较低,如汽油、煤油、轻柴油等;重质馏分的蒸气在较低的高度冷凝,通常称为蒸余油(Residual Fuel 或 Residual Oil),其沸点较高,如燃料油、渣油、沥青等。因此,可从分馏塔不同的高度得到不同的馏分,主要产品依次为石油气(C1~C4)、汽油(C5~C12)、煤油(C9~C16)、柴油(C15~C18)、重油(C20 以上):

1)汽油(Petrol or Gas Oil)

汽油是石油产品中密度最小、最易挥发的油品,主要包括车用汽油、航空汽油和溶剂汽油。车用汽油是一种不溶于水的、密度在 0.65~0.80g/cm^3 之间的油状透明液体,按辛烷值的高低分牌号。辛烷值是衡量汽油在汽缸内抗爆震燃烧能力的一种数字指标,其值高表示抗爆性好,常用的辛烷值有研究法辛烷值和马达法辛烷值。车用汽油按照马达法辛烷值可分为 66、70、76、80、85 五个牌号,按照研究法辛烷值可分为 90、93、95、97、99 等牌号。牌号越高,表示抗爆性能越好。为了提高汽油的抗震爆性能,通常在油内掺入烷基铅作抗爆剂,如四乙基铅、四甲基铅等。纯净的汽油为无色透明的液体,由于四乙基铅等有剧毒,为表示有毒,将掺入剧毒添加剂的车用汽油染成黄色或红色,以引起注意。

2)煤油(Kerosene)

煤油是一种无色透明液体,密度约为 0.80g/cm^3 左右,闪点在 40℃左右(作为航空燃料的煤油闪点 38℃)。在低温下着火性能较差,使用时比汽油安全。按用途可分灯用煤油、拖拉机用煤油、航空用煤油和重质煤油。煤油除了作为燃料外,还可作为机器洗涤剂以及医药工业和油漆工业的溶剂。灯用煤油比汽油重,比柴油轻,用于点灯照明,作汽灯和煤油炉的燃料。灯用煤油严防汽油混入,以免点火时引起火灾。混入柴油会降低煤油的质量。

3)柴油(Diesel Oil)

主要作为柴油发动机的燃料,分为轻柴油和重柴油。

(1)轻柴油(Light Diesel Oil):供各种柴油汽车、拖拉机、各种高速柴油机(1000r/min 以上)等作燃料用。凝点是指在规定的冷却条件下油品停止流动的最高温度。按凝点高低分 +10、0、-10、-20、-35、-50 六个牌号,分别表示其凝点不高于 +10℃、0℃、-10℃、-20℃、-35℃、-55℃。牌号越高,凝点越低。

(2)重柴油(Heavy Diesel Oil):供各种中低速柴油机(1000 r/min 以下)作燃料用。按凝点高低分为 10、20、30 三个牌号,分别表示其凝点不高于 10℃、20℃、30℃。牌号越高,凝点越高。

4)燃料油(Fuel Oil)

燃料油又叫锅炉油,是原油蒸馏出汽油、煤油、柴油后在 350℃以上并经精制除杂直接蒸馏得到的油品,其密度为 0.940~0.995g/cm^3,主要供船舶、工业和工厂锅炉作燃料用。粘度

是衡量流体流动性的指标，指液体受外力作用移动时，分子间产生的内摩擦力大小的量度。按粘度的大小分为20、60、100、200四个牌号。牌号越大，粘度越大。

5）润滑油（Lubricating Oil）

润滑油是提取了汽油、煤油、柴油后剩下的重质油，采取减压蒸馏法制成的液体油品。主要用于机械设备的摩擦部位，起润滑作用。在运输过程中严防混入水分和杂质，混入水分极易乳化而无法分离，使机械锈蚀、润滑性变坏；混入杂质会擦伤和磨损机械，失去润滑作用。

二、石油及其产品的特性

石油及其产品与运输和装卸有关的主要特性有：

1. 易燃性

石油及其产品容易燃烧的性能称为易燃性。它可以用闪点（Flash Point）、燃点（Fire Point）和自燃点（Spontaneous Combustion Point）来衡量。石油及其产品挥发出来的蒸气与空气混合达到一定浓度（体积百分比）范围时，遇明火就会燃烧的浓度上下限称为可燃极限，可燃上下限之间的数值范围称为可燃范围，表18-1为各种石油气的理论可燃范围表。

各种石油气的理论可燃范围表

表18-1

名称	可燃极限		名称	可燃极限	
	上限	下限		上限	下限
甲烷	14.5	5.3	苯	8.0	1.5
乙烷	12.5	3.1	甲苯	9.5	1.27
丙烷	9.5	2.2	二甲苯	6.0	1.0
丁烷	8.5	1.9	原油	10.0	1.0
戊烷	8.8	1.4	汽油	7.6	1.4
己烷	7.5	1.2	煤油	6.0	1.2
乙炔	80.0	2.6	轻柴油	4.5	1.5

为了方便和加强管理，国际上根据油品闪点的高低，将石油划分为"挥发性和非挥发性"两级。对某一种油品的性质有怀疑时，则应将其视为挥发性石油对待。当某种非挥发性石油在装卸时的温度已达到比其自身闪点小10℃的温度时，则也应视为挥发性石油对待。

挥发性石油是指闭杯闪点在60℃（140 ℉）以下的油品。包括原油、汽油、透平油、煤油、石脑油、轻质瓦斯油等。

非挥发性石油是指闭杯闪点在60℃（140 ℉）及以上的油品。包括重质瓦斯油、柴油、燃料油和各种润滑油等。

我国交通部颁布实施的《油船安全生产管理规则》中根据其闪点的高低来划分石油及其产品的危险性等级，闪点越低，等级越小，危险性越大。等级划分如下：

一级石油：闪点在28℃以下的石油。如苯、汽油、石脑油和某些原油等。

二级石油：闪点为28℃及以上至未满60℃的石油。如煤油、某些原油等。

三级石油：闪点为60℃及以上的石油。如柴油、燃料油、润滑油等。

任何油品当油温达到其闪点时，便有可能形成可燃气体。因此，当三级石油加温至该油品的闪点温度或三级油品装载于有可燃气体的油舱时,应按一、二级石油看待,并采取同样的防范措施。

2. 爆炸性

石油及其产品挥发出来的蒸气与空气混合达到一定浓度(体积百分比)范围时,遇明火就会燃烧,以致压力升高引起爆炸的性能称为爆炸性。

油气混合气体能发生爆炸的上下限的浓度称为爆炸极限,上下限之间的数值范围称为爆炸范围。只要混合气体中的油气含量在其爆炸范围之内,遇明火就会发生燃烧爆炸;但是油气过浓或过稀,即在爆炸范围之外,则不会发生燃烧、爆炸。

为了防止混合气体发生爆炸造成严重的危害,油船运输中的主要措施是利用惰性气体的充入来控制油品的爆炸极限和爆炸范围。试验证明,随着惰性气体的充入,含氧量的降低,油品的爆炸下限提高,爆炸上限降低,从而使油舱和管系内的油气爆炸范围减小,燃烧、爆炸的可能性也随之降低。如图 18-1 所示。

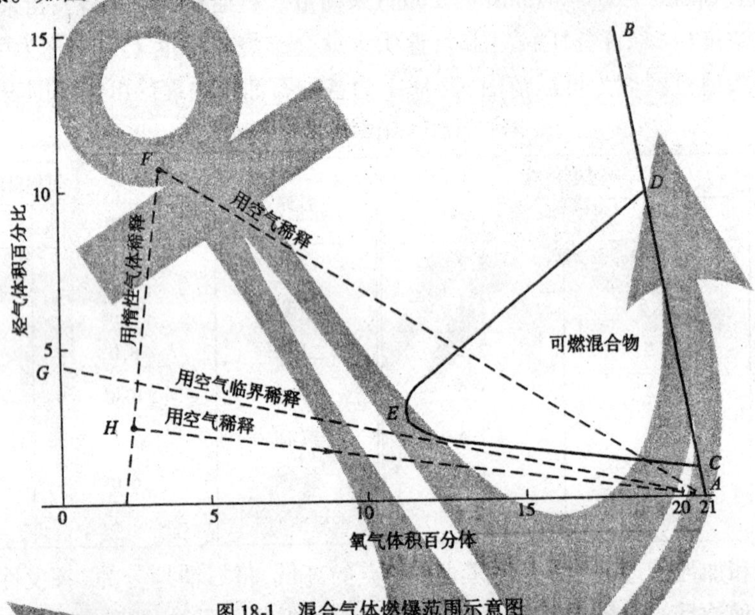

图 18-1 混合气体燃爆范围示意图

图 18-1 还表示出液货舱除气作业过程中如何操作才能防止油气的燃爆危害。图中,用空气稀释位于虚线 *AG* 以上任一浓度的混合气体时,都会通过燃爆区域 *CDE*,因而存在着燃爆的危险;而用空气稀释位于虚线 *AG* 以下任一浓度混合气体时,则不会通过燃爆区域 *CDE*,所以应先用惰性气体将虚线 *AG* 以上任一浓度的混合气体稀释至虚线 *AG* 以下(如 *F* 点),然后再用空气稀释(如 *H* 点),直至满足除气的要求,保证操作安全。

图中 *E* 点对应的氧气含量为 7%,根据图示分析可知,只要混合气体中的氧气含量低于 7%,则即使遇到明火也不会燃烧、爆炸。液体散货运输过程中,为了保证安全,取 8% 作为控制氧气含量的限制值。

3. 挥发性

石油的挥发性是指当石油液体温度低于其沸点时出现的汽化现象。在储运过程中,石油产品的挥发不但会引起数量减少,而且由于其挥发部分多为轻质馏分而使其质量降低,同时为燃烧、爆炸提供了石油气，而石油气的存在也对环境安全和人类健康具有不良的影响。

石油的挥发性是以蒸气压为衡量指标，通常用饱和蒸气压和雷氏蒸气压 RVP（Reid Vapour Pressure）来衡量。

盛装于一封闭容器中的液体，其中的分子不断挥发出来扩散到液面上方的空间，而挥发出的分子又会不断地回到液体中，这一过程达到动态平衡时，液体蒸气所产生的压力称为饱和蒸气压。

雷氏蒸气压是指在密封的容器内装入 125mL 油品，使液体和气体的体积比保持在 1:4，容器内温度保持在 37.8℃（100 ℉）的条件下测得的蒸气压。

同一油品挥发的快慢主要取决于温度的高低，温度越高，挥发越快。此外，挥发性还与压力的大小、油品表面积的大小、油品上方气流的速度及油品自身的密度有关。当装运凝点高、粘度大的油品或遇高温天气时，需采取控制加温温度或在甲板上洒水（外界温度超过 28℃时）的措施，以减少油品的挥发。

4. 毒害性

石油及其产品中含有大量的碳氢化合物、少量的硫化氢以及某些油品中加入的四乙铅或乙基液等，对人体会有不同程度的毒害。当达到人体中毒极限，被人体所吸入或接触后，将会导致人员中毒。石油中毒大部分是因吸进石油挥发出来的气体所致，小部分是由于皮肤接触侵入体内或吞咽所造成的。石油的毒害性与其挥发性有密切的关系，挥发性越大，毒害性也越大。

石油的毒害性通常采用有害气体最大容许浓度 MAC（Maximum Acceptable Concentration）或浓度临界值 TLV（又称阈限值，Threshold Limit Values）来控制。

MAC 是指任何有代表性的采样中均不得超过的有害气体浓度。

TLV 是指空气中一种有害物质的浓度，所代表的工作条件是：几乎所有的工人长期在这样的暴露条件下工作时，不会有不良的健康影响。

它有以下几种定义：

（1）时间加权平均阈限值 TLV-TWA（Threshold limit value-time weighted average）：正常 8 小时工作日或 40 小时工作周的时间加权平均浓度，在此浓度下反复接触对几乎全部工人均不至于产生损害影响。

（2）短期暴露水平阈限值 TLV-STEL（Threshold limit value-short term exposure limit）：每次接触时间不得超过 15 分钟的时间加权平均接触限值，每天接触不得超过 4 次，且前后两次接触至少要间隔 60 分钟。

在此浓度下，工人能够短时间连续接触而不至于引起刺激作用、慢性或不能恢复的组织改变、麻醉的程度达到足以增加意外伤害的危险及自救能力减退或工作效率明显降低。

（3）最高阈限值 TLV-C（Threshold limit value-ceiling）：瞬间也不得超过的最高浓度。

MAC 或 TLV 以空气中含有有害气体（体积比）的百万分率（ppm）为计量单位，其值越大，说明该油品的危险性越小。

5. 静电性

石油在管内流动与管壁摩擦，油液中掺入水分，从舱口灌注石油、冲击舱壁，用压缩空气扫线，洗舱作业时用水或水蒸汽高速喷射舱壁等，都会因摩擦产生电荷。当静电荷积聚达到一定电位时，会放电产生电火花，给油气的燃烧、爆炸提供火源。静电危险基本上由电荷分离、电荷积聚、静电放电三个阶段构成，这是构成静电起火的三要素。

静电积聚的快慢与油品在管内的流动速度、油品温度、管线长短、管内压力等有关。流速越大、油品温度越高、管线越长、压力越大，则静电积聚越快。为了防止静电放电发生危险，主要从防止静电积聚和防止尖端放电两方面采取措施。

6. 粘结性

原油及重油、重柴等不透明的石油产品，在低温时粘结成糊状或块状的性能称为粘结性。粘结性一般用凝点(Solidifying Point)和粘度(Viscosity)来表示。

当装卸高粘度的油品时，需采取加温的方法降低其粘度。但加温应适当，温度过高，不仅会加快油品的挥发，而且还能产生气阻，使流速降低。通常燃料油加温达75℃时就要控制温升，最高不得超过90℃。

7. 胀缩性

石油体积随温度的变化发生膨胀或收缩的性质称为石油的胀缩性。石油膨胀时危害性很大，在有限的货舱内膨胀时会造成溢油或油舱破裂事故。因此在载运石油货物时，油舱内必须留出足够的空余舱容以允许在温度升高时货物体积的增大，通常每个油舱都预留出舱容的2%左右。在实际营运中，应根据货物种类、航行区域的气温和海水温度变化等具体情况计算并留出适当的空档高度。

8. 腐蚀性

有些油品如汽油含有水溶性酸碱、有机酸、硫及硫化物等，可能引起对船体材料的腐蚀。因此，船舶在装运这些油品后，应清洗油舱并进行有效的通风以减少腐蚀。

第二节　油船类型

油船是指建造为或改造为主要在其载货处所装运散装油类的船舶，并包括全部或部分装运散装货油的兼装船、MARPOL公约附则Ⅱ中所定义的任何化学品船。油船除按第一章第三节分类外还可以按其用途和液货舱结构特点分类。

一、按船舶用途分类

1. 原油船

主要从事原油的运输。其特点是船舶尺度大、货舱大。结构上向双壳、双底的形式演变。用泵和管道装卸货油。设有加热设施在低温时对原油加热，防止其凝固而影响装卸。超大型油船的吃水可达25m，往往无法靠岸装卸，而必须借助于水底管道来装卸原油。

2. 成品油船

主要从事成品油类的运输。其特点是船舶尺度较小、舱容小，但是货舱多，可同时载运多种油品。货油装卸系统比较复杂。对货油舱舱壁和防腐蚀要求较严格，有很高的防火、防爆要求。

3. 兼用船

又称混装船，主要包括石油/散货/矿砂船(Ore/Bulk/Oil Carrier，简称O/B/O Carrier)和石油/矿砂船(Oil/Ore Carrier,简称O/O Carrier)。兼用船是双层底、双重舷侧,中间部分为矿砂、散货舱的结构形式,两舷翼舱为装运石油的油舱。既有散货船的大舱口和强度大的内底,又有油船的货油泵和管系。O/B/O和O/O型兼用船的区别在于可兼装干散货的中间舱的大小不同,前者占全船舱容的40%~50%,后者占65%~70%;该类船舶可根据特定的航线和货源情况,往返时分别载运石油、矿砂或固体散货,避免了船舶空载回航,提高船舶的营运率。

4. 海上浮式生产储油船(FPSO)

FPSO(Floating Production Storage & Offloading)集生产、处理、储存、外输及生活、动力供应于一体。它把来自油井的油气水等混合液加工处理成合格的原油或天然气,成品原油储存在货油舱,到一定储量时经过外输系统输送给穿梭油船。FPSO系统主要由系泊系统、载体系统、生产工艺系统及外输系统组成,涵盖了数十个子系统,具有抗风浪能力强、适应水深范围广、储/卸油能力大及可以转移、重复使用等优点,广泛应用于远离海岸的深海、浅海海域及边际油田的开发。FPSO不是油船,不得用于运输石油,除非经船旗国和相关沿岸国根据航程予以明确同意,可在异常和罕见情况下将所采石油运至港口。

5. 穿梭油船

指专门用于海上油田向陆地运送石油的一种油船。由于海上石油转运技术要求较高,该型船大多配备一系列复杂的装卸油系统,同时船舶大多配备动力定位系统、直升机平台设施,造价远远高于同等吨位油船。目前穿梭油船的载重量多在8~15万吨之间。

6. 加油船

指专门从事补给燃油等服务的船只。船上装有特殊的输油软管和专用设备。

7. 油驳

多用于内河油类运输,一般没有自航能力。

二、按液货舱的结构特点分

1. 双壳体型油船(Double Hull Tanker)

该型油船在其货舱区域内的舱底和舷侧均设置双层结构,其双层底的高度至少为2m或$B/15$m(取其中小者),中型油船一般取2.5m左右,大型油船一般取3.0m左右。双层舷侧的宽度根据压载容量的要求确定,中型油船一般为2~2.5m左右,大型油船一般为3~4m左右。这种结构可以较有效地防止或减少油船发生海事事故时对海洋的污染,但是它使船舶空船重量增加、船舶造价提高,对船舶的完整稳性和破舱稳性及船舶净载重量均产生了不利影响,而且双层底内积聚的油气也是一个危险的隐患。典型货舱结构形式见图18-2。

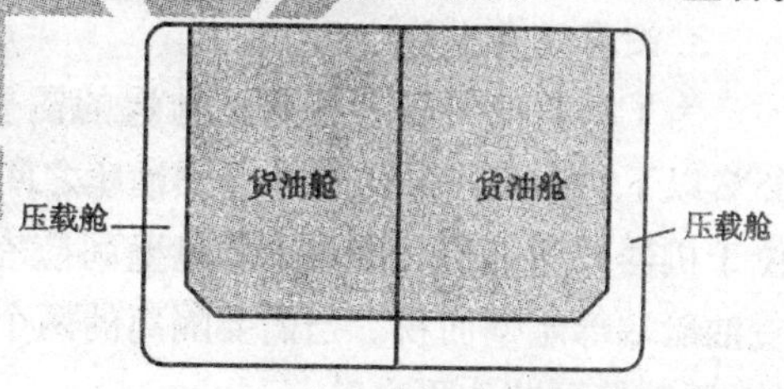

图18-2 双壳型油船货舱结构图

2. 中高甲板型油船(Mid-Deck Tanker)

货油舱两舷侧为双舷侧结构,舱内设有中间甲板,将货油舱上下分为两部分。中间甲板距离船底基线的高度应不小于$B/6$或6m(取小者),但不必高于$0.6D$(D为船舶型深),只要满足中间甲板下层舱内货油的静压力和蒸汽压力之和不超过船外的静水压力即可。船底破损时,由于海水压力大于舱内的压力,海水流入舱内,油舱底部形成海水层,从而有效地防止货油的泄漏。中间甲板油舱的双舷侧宽度约为双壳油船油舱双舷侧宽度的两倍,因此当其舷侧破损时,不会伤及货油舱,使货油泄漏的概率大为降低。货舱结构形式见图 18-3。

3."库伦布鸡蛋型"油船(Coulombi Egg Tanker)

该型船舶是利用静压平衡原理设计货舱。当船底或舷侧破损时,由于海水压力平衡差的作用,可以防止货油的泄漏。货舱结构形式见图 18-4。

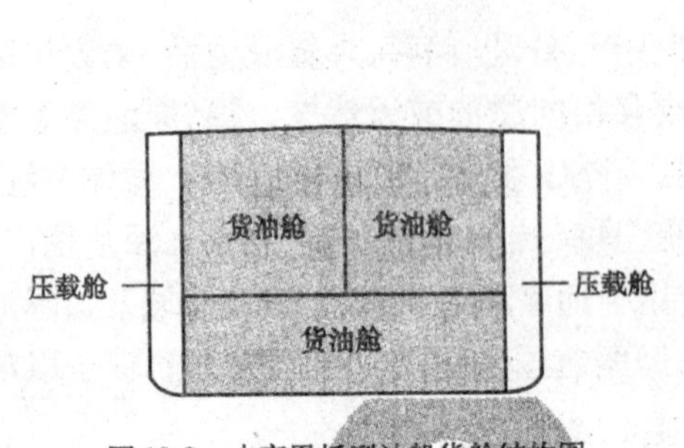

图 18-3 中高甲板型油船货舱结构图

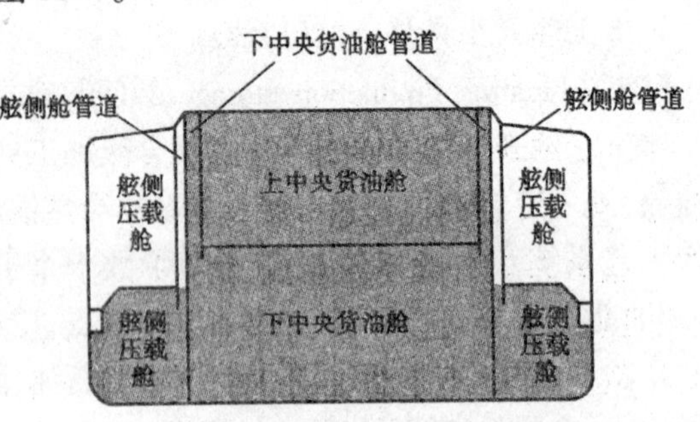

图 18-4 "库伦布鸡蛋型"油船货舱结构图

以上三种货舱结构的设计均是以如何有效地防止或减少油船发生海事事故时货油泄漏对海洋的污染作为出发点的。

第三节 油船结构及货油设备

一、油船的结构特点

1. 机舱和上层建筑布置在船尾区

这种布置方式可以保证油舱内和主甲板上管路系统的连续性,使船体中部没有隔离,有利于船舶的纵向强度,同时可防止烟囱火星进入货油区。

2. 设置货油泵舱

在机舱之前设置的货油泵舱用来布置货油泵、扫舱泵、压载泵等设备,该舱室同时将机舱与货油舱隔离,兼有隔离空舱的作用。

3. 设有隔离空舱

为了防止油气渗漏和防火防爆的需要,货油舱与机舱、干货舱、居住处所及载运闪点在65℃以下的石油产品的货舱与燃油舱之间均应设置隔离空舱。隔离空舱、货油舱、污油水舱应位于机器处所之前。隔离空舱舱壁间应有足够的距离,至少应不小于760mm,且应遮隔全部货油舱端部舱壁面积。当需要隔离的两个舱室为对角时,可在角隅处设置隔板予以隔离。泵舱、压载舱可兼作隔离舱。

4. 设置专用压载舱

油船返航时多为空载,船舶尾倾较大,且处于较大的中拱状态。为了减少过大的中拱弯矩和船体的震动,并有利于获得最大的航速,油船空载航行时必须进行合理的压载。

油船压载时应选中部附近的舱室,不应单独在首部水舱装载压载水,否则将使船舶受力处于不利的状况。同时,考虑防污染的要求,大型油船按 MARPOL 73/78 的要求应设置较大的专用压载舱。

MARPOL 73/78 规定：

1982 年 6 月 1 日以后交付的 *DW* 不小于 20000t 的原油船和 *DW* 不小于 30000t 的成品油船应设置专用压载舱；1982 年 6 月 1 日或以前交付的 *DW* 不小于 40000t 的原油船和 *DW* 不小于 40000t 的成品油船应设置专用压载舱。

专用压载舱的容量应使油船在正常情况下不依靠货油舱装载压载水而安全地进行压载航行。在所有的情况下，专用压载舱的容量至少应能使船舶吃水和吃水差在全航程内满足：

(1)船中型吃水(不考虑任何船舶变形)：$d_M > 2.0 + 0.02L_{bp}$(m)；

(2)尾吃水差：$t \leqslant 0.015L_{bp}$(m)；

(3)尾垂线处的吃水不得小于螺旋桨全部浸没所需要的吃水。

除下列情况外，货油舱不得装载压载水：

(1)在天气情况非常恶劣的特殊航次，船长认为必须在货油舱中加装额外压载水以保证船舶安全；

(2)在特殊情况下，由于油船的具体营运性能的影响，使其必须加装超过正常情况下专用压载舱压载容量的压载水，但该操作应属于 MARPOL 73/78 规定的例外范畴。

5. 单甲板、双壳体

典型布置如图 18-5 所示。

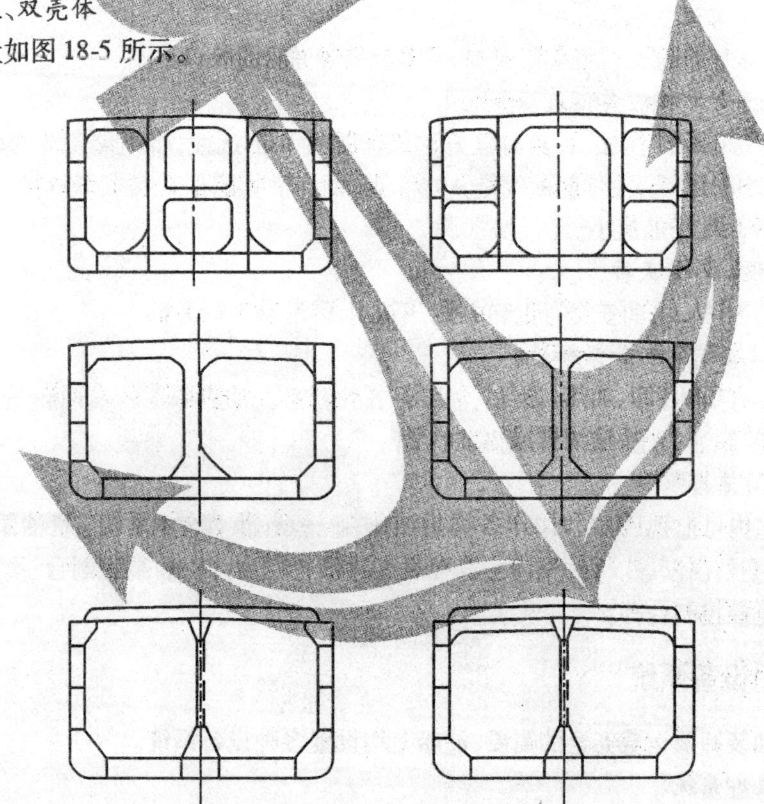

图 18-5　油船双壳体典型布置图

6. 设多道横、纵舱壁

万吨及以上级油船的货油舱由 1～3 道纵舱壁和 4～10 道横舱壁分隔(图 18-6)，以减少

自由液面对船舶稳性的影响和货油对舱壁的动力冲击。

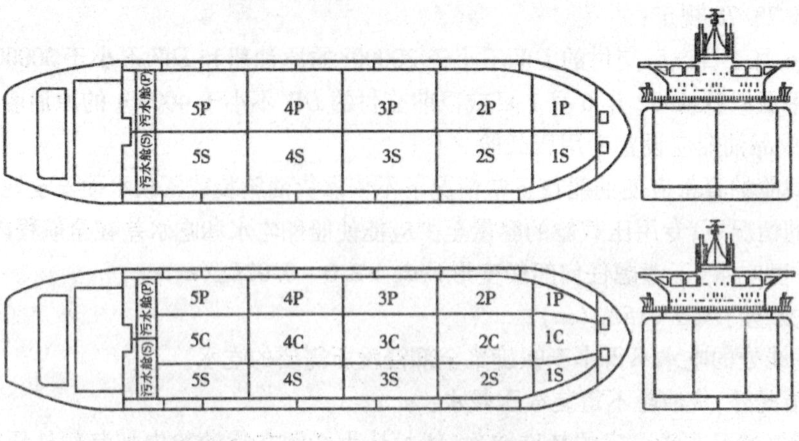

图 18-6 油船横、纵舱壁示意图

7. 船舶结构采用纵骨架式

油船长深比较大,船体所承受的弯矩也大,因而采用纵骨架式,尤其是大型和超大型油船更有必要。

8. 货油舱上部设置膨胀舱口

该舱口为油密的圆形或椭圆形开口,尺度较普通货船的舱口小。

9. 核定的最小干舷较其他类型船舶小

因为油船舱口密闭性强、且具有良好的纵向强度和抗沉性,所以储备浮力较普通干散货小。载重线公约中规定,液货船通常是 A 类干舷,而干散货船是 B 类或 B60 类干舷,A 类干舷值比 B 类或 B60 类干舷值小。

10. 甲板设置步行天桥

为了船上工作人员的安全行走和方便,甲板上多设有步行天桥。

11. 甲板上设有各种管系和设备

甲板上设有货油装卸、加热、透气、消防等各种管系。油船中部左右两舷对称设有数个干管接口,用于装卸油时连接输油臂或输油软管。

12. 设置货油控制室

在控制室内可监视、控制和操作各类货油作业,操作惰性气体系统、货油泵、排油监控装置、监视货舱空档高度等。货控室内主要布置有货油控制台、货油泵控制台、惰气系统 IGS 控制台和排油监控控制台等。

二、油船设备系统

为了货油装卸及运载安全的需要,油船上均设置多种设备系统。

1. 货油装卸系统

货油装卸系统主要包括货油泵、货油管路、扫舱、货油监控等系统及其附属设备。货油泵设置在独立的泵舱内,货油管路分布在货油舱、泵间及上甲板,货油舱内管路阀门通过传动装置在甲板开关,设有货控室的船可在室内遥控操作。装油时利用码头上的泵或自流,卸油时利用船舶的货油泵。

(1)货油泵:指装卸液体货物的泵。油船上常见的有离心泵、蒸汽往复泵、螺杆泵、回转泵等,现代大型油船上的主货油泵多为离心泵。

(2)货油管路:对于不同类型的油船有不同的布置方式。中机型油船采用环形系统,尾机型油船采用线形系统。

(3)阀门:与货油装卸有关的各种阀门统称为货油阀。主要有油舱吸入阀、油舱隔离阀、泵舱隔离阀、泵吸入阀、泵排出阀、腰截阀、出口阀、旁通阀、下舱阀、海水阀、舷外排出阀等。现代油船货油装卸系统中使用的阀门大多为蝶阀,驱动方法以液压居多,也有采用手动或压缩空气驱动的。

(4)扫舱系统:扫舱泵主要用来抽吸货油舱底部的残油,此外还能用于卸货完成时清扫管线中的残油,抽除货油泵中的空气,排出泵舱中的舱底污水,在采用装于上部法时用以排出舱内的水分,排出兼用船在运输矿石时的舱内污水等。扫舱泵多为蒸汽往复泵或喷射泵。

喷射泵构造简单、启动迅速、无需特殊保养并能形成很高的吸入真空度,优点是吸入气体或气液混合物时,不影响工作效率,但是它在工作时必须有驱动液体,所以在进行扫舱作业时,由货油泵带动。

现代油船上多装配自动扫舱装置,不仅使扫舱作业的劳动强度大大减轻,也使卸货速率有所提高,且省去了专用的扫舱管路。自动扫舱装置有循环式、喷射式、真空式及抽逐式等数种。

(5)货油监控系统:是控制和检测货油、污油水、压载水和燃油的一个完整综合装置。其主要功能包括:能连续显示舱内液位或空档读数、惰气压力读数;可发出高/低液位警报和惰气压力警报;检测油温和密度并在对船舶纵倾或横倾时液位读数修正的基础上,计算货油的体积及重量;检测船舶的装载水尺及浮态,并显示装卸货速率;可控制各种泵和阀门的开关,显示管路、歧管和泵的压力读数等。

2. 货舱液位报警系统

为了防止液舱内的货油从透气系统上升至超过设计压头的高度,每个液货舱均应设置高位报警系统和溢出报警系统(高高位报警系统),当有报警产生时,能发出相应的声光报警指示。

高位报警系统应满足下列要求:

• 每个液货舱的高位报警液位设定为该舱容的95%。

• 系统应能在货控室发出视觉和听觉报警信号。

• 报警信号的标志应以字高不小于50mm、白底黑字的"HIGH LEVEL ALARM"字样标识。

• 该系统应独立于溢出报警系统,且能在失电或舱内传感器电路故障时发出故障报警。

• 应能在每次输送作业前对本系统的正常运行作检查,或包含一个能监测报警电路和传感器状态的电子自检系统。

溢出报警系统应满足下列要求:

• 溢出报警液位设定值应不超过98.5%,通常设置为98%。从报警设定至溢出之间的时间不小于1.5min。报警应能使操作人员在货油溢出之前关闭货油的传输,同时尽量减少溢流切断阀关闭时压力聚升的危险。

• 应能在货控室发出视觉和听觉报警信号。在甲板液货区,也能发出视觉和听觉报警信

号，并使大部分位置能听到和看到报警信号。

- 报警信号的标志应以字高不小于50mm、白底黑字的“OVERFILL ALARM”字样标识。
- 该系统应独立于高位报警系统和货舱液位测量系统，且能在失电或舱内液位传感器电路故障时发出故障报警。
- 应能在每次输送作业前对本系统的正常运行作检查，或包含一个能监测报警电路和传感器状态的电子自检系统。

3. 货油加温系统

装运高粘度油品的油船设置有货油加温系统，用于降低此类货物的粘度。该系统主要包括加温盘管、蒸汽总管、排气总管及相关设备；加温盘管有蛇形盘管和螺旋形盘管等形式。货油加温是用锅炉的蒸汽经固定的管系送至货油舱舱底设置的加热盘管来进行的。加温盘管内蒸汽凝结放出大量汽化潜热，经盘管壁传递给货油，从而达到货油加热的目的。

货油舱内的加温盘管应尽可能靠近舱底，若距离船底太高，可能会导致舱底硬化油层加热困难。油船加温盘管距离舱底的高度一般在15～20cm左右。

4. 甲板洒水系统

甲板洒水系统是利用消防管系的水泵把水打至压力水柜，再由压力水柜连通至喷洒管路，打开旋塞即可将水喷洒在甲板上，以降低油品的温度而挥发。

5. 透气系统

油船透气系统设置的主要目的是保证油舱气体的吸入或排出。装油时，随着液位的升高，舱内气体通过透气系统被排出，防止舱内压力过大而使油舱凸起变形；卸油时，随着舱内液位的下降而吸入气体，防止油舱内压力降低形成真空而造成油舱舱壁凹陷；航行中，各油舱通过透气系统与大气相通，避免因外界温度变化引起舱内气压升高或降低现象的发生，达到舱内外压力的平衡。

透气系统主要由透气管路、透气桅管、呼吸阀、旁通阀、防火罩等构成。透气方式根据透气管路布置方式而定，通常有独立式、分组式和共管式三种。

6. 洗舱系统

洗舱是使用泵将一定压力的洗舱介质经由洗舱机喷射到油舱内壁，将舱壁及船体构件表面的脏污物质洗掉。洗舱方式包括水洗舱、清洗液洗舱及原油洗舱。

洗舱系统主要包括洗舱泵、扫舱泵、洗舱加热器、洗舱机及附属管路等。

7. 消防系统

油船的消防系统包括固定式和便携式两种。固定消防系统包括水灭火系统、二氧化碳灭火系统、卤化烃灭火系统、泡沫灭火系统；便携式包括二氧化碳灭火器、泡沫灭火器、干粉灭火器等消防器材。

SOLAS 1974规定，20000DWT及以上的液货船应安装符合《消防安全系统规则》规定的固定式甲板泡沫灭火系统，但主管机关考虑到船舶的布置和设备情况，可以根据公约中第I/5条的规定，接受其他固定式装置来代替泡沫灭火系统，只要这些装置能提供与泡沫灭火系统等效的保护。

现行的SOLAS 1974明确规定，禁止使用以卤代烷127、1301和2402及全氟化碳作为灭火剂的灭火系统。

8. 惰性气体系统

该系统的主要作用是在油船装卸、除气、原油洗舱等作业时，提供惰气，防止油气燃烧、爆炸。油船上惰性气体的来源主要有三个，即：船舶主、辅锅炉排出的废气（烟道气）、燃料油在锅炉内正常燃烧后所产生的废气经冷却、脱硫和除水汽后的混合气体，考虑其经济性，为多数大型油船所采用；通过燃烧燃料来获取惰气的独立惰气发生器，这种惰气的含氧量很低，因成本高大多安装在对惰气纯度要求较高的 LNG 和 LPG 等船舶上；辅锅炉或柴油机排气再经辅助燃烧器燃烧（联合式）。

SOLAS 1974 规定，20000DWT 及以上的油船应配备固定式惰性气体系统（Inert Gas System，IGS），并要求惰气系统在任何规定的气流速率条件下都应能提供含氧量不超过 5% 的惰气，在任何时候油舱内都应保持正压状态且舱内含氧量不得超过 8%。

惰性气体系统主要包括：

（1）烟道取气阀。

（2）洗涤塔：主要起冷却、除硫、除尘作用。

（3）除湿器：除掉从洗涤塔排出的气体中的水分和微量固体物质，减少水分和硫对油舱的腐蚀。

（4）鼓风机：将从洗涤塔排出的惰气送入货油舱内。

（5）压力调节阀：作用是在管系内的压力设定后，维持该数值的稳定，当压力有波动时，自动调节阀门，从而控制惰气流量。

（6）泄放阀：它同压力控制器一起控制鼓风机出口压力。泄放阀根据设定压力来自动控制阀门开/关，当压力超过设定值时，阀门自动打开，将剩余气体排放到大气中去。

（7）甲板水封：其作用是防止舱内油气逆流至机舱等安全场所。

主要有湿式、干式、半干式三种。其作用原理如图 18-7 所示。

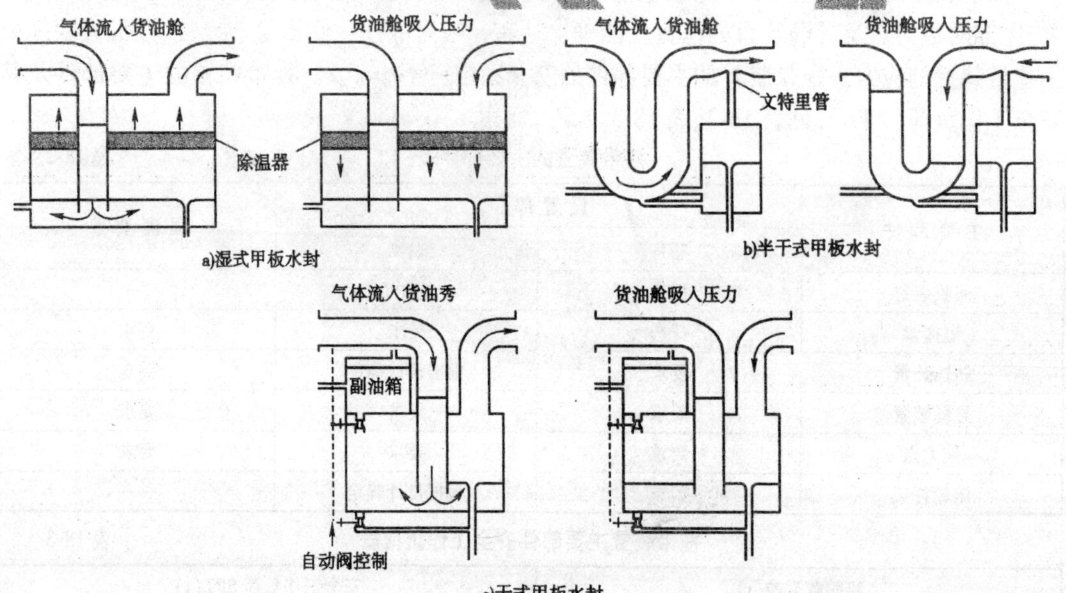

图 18-7 甲板水封

(8)止回阀和甲板隔离阀

(9)压力/真空断裂(P/V)阀:其作用是当透气桅管底部的呼吸阀发生故障的情况下,用来调节油舱内产生意外正压或负压的一种安全措施。

惰性气体总管上应设有一个或多个压力/真空断开装置,以防止液货舱受到以最大额定速度装货而所有其他排气口未打开时所产生的超过液货舱试验压力的正压,或以货油泵的最大额定流量卸载而惰性气体鼓风机失灵时所产生的超过700mm水位压力的负压。

(10)氧气分析仪:SOLAS 1974规定,IGS系统必须装配有固定氧气分析仪,且能够连续测定充入惰气中的氧气含量,当氧气含量超过8%时能发出警报。

9. 应急拖带装置

20000DWT及以上的液货船,应在其首、尾两端配备应急拖带装置,其布置图应张贴在船舶驾驶台内的明显位置。应急拖带装置的设计应考虑到船舶失去动力时易于操作,并能快速地与拖船连接。应急拖带装置应经船级社认可,并符合下列规定:

- 尾部应急拖带装置应预先装配好,并能在泊港状态下不超过15min内投入使用。
- 尾部短拖索的回收装置应设计成在失去动力和不利环境下,能由1个人进行手工操作。回收装置应予以保护,以防不利的天气和其他情况。
- 首部应急拖带装置应设计成至少用1个适当定位的导向滚轮将短拖索紧固到防擦装置上,以便拖索的连接。
- 首部应急拖带装置应能在泊港状态下不超过1h内投入使用。
- 符合尾部应急拖带装置规定的首部应急拖带装置可被接受。
- 所有应急拖带装置均应有明显的标志,以便在黑暗中和能见度差的情况下,也能安全和有效地使用。

拖带装置的强度应能满足拖索从船中心线向左或向右90°及垂直向下30°的工作要求。首、尾部的拖力点及导缆装置的位置应能确保从首部或尾部任一侧均易于拖带,并最大限度减小拖带装置的应力。拖带装置的主要部件的安全系数应不小于2。拖带装置的主要部件及其安全工作负荷(*SWL*),见表18-2、表18-3。

拖带装置的主要部件表 表18-2

主要部件	设置部位		强度要求
	船首	船尾	
回收装置	任选	要求	—
短拖索	任选	要求	要求
防擦装置	要求	根据设计确定	要求
导缆装置	要求	要求	要求
拖力点	要求	要求	要求
滚轮托架	要求	根据设计确定	—

拖带装置主要部件安全工作负荷表 表18-3

船舶载重吨(t)	安全工作负荷 *SWL*(t)
20000~50000(含20000)	1000
≥50000	2000

第四节　货油配装

货油配装的要求、方法普通货船基本相同，但由于其所运货物的特殊性和油船本身的结构特点，在配装时与普通货船尚有若干不同。

一、航次货运量的确定

若油船所装运石油产品的密度小于船舶设计时选用的货物密度，则会出现满舱不满载的状态；若油船所装运石油产品的密度大于船舶设计时选用的货物密度，则会出现满载不满舱的状态。考虑到石油及其产品的涨缩性，在货源充足的前提下，航次货运量可根据公式(18-1)来计算。

$$Q_m = \min\left\{NDW, \rho' \cdot \sum V_{o.t} \cdot \left(1 - \frac{f \cdot \delta t}{1 + f \cdot \delta t}\right)\right\} \tag{18-1}$$

式中：ρ'——航次预计最高油温对应的货油密度(g/cm^3)；

$\sum V_{o.t}$——油船总舱容(m^3)；

f——货油的体积温度系数(1/℃)；

δt——始发港油温与航程中预计可能达到的最高油温之间的差值(℃)。

结合油船营运的特点，在确定最大航次货运量时，还应考虑如下问题：

(1)在计算航次总储备量$\sum G$时，还需包括为完成油船的特殊技术作业所需的燃料和淡水的数量，如加温石油货物及清洗油舱等燃料、淡水的消耗。

(2)确定航次货运量时应扣除油舱内残存的上航次油脚、残水或污油舱中的污油水S。该项重量包含在船舶常数C中。

(3)确定航次货运量时还应考虑船舶压载舱内压载水的残存数量。需要特别注意的是，如果装货速度较快，船舶很难有足够的时间排净压载水，船舶最后残存压载水数量将直接影响船舶最大载货量。

在货源不足时，应根据货源的实际情况确定航次货运量。

二、膨胀余量及空档高度的预留

应根据航线及港口的实际情况来确定各油舱的膨胀余量δV及全船的膨胀余量$\sum \delta V$，膨胀余量δV与油舱容积之比(%)反映了油舱装满的程度。油舱的膨胀余量应力求合理，既要使货油不致因体积膨胀而溢出，又要避免空档过大，浪费运力。当船舶由气温低的港口装油驶往气温高的港口时，应留较大的空档；反之，考虑到气候的反常性或运输高粘度黑油时需要加温，也要留出空档，但可以适当的小一些。根据经验，通常情况下油船留出的膨胀余量应不小于总舱容的2%，而运输需要加热的黑油(原油、重油、重柴油等)时膨胀余量应不小于总舱容的3%。

在整个航程中货油温差δt、体积温度系数f已知条件下，具有舱容为$V_{o.t}$的油舱的膨胀余量及全船的膨胀余量通常由下式求得：

$$\begin{cases} \delta V = V_{o.t} \cdot \dfrac{f \cdot \delta t}{1 + f \cdot \delta t} \\ \sum \delta V = \sum V_{o.t} \cdot \dfrac{f \cdot \delta t}{1 + f \cdot \delta t} \end{cases} \quad (18\text{-}2)$$

于是，可得到单一货油舱的最大装油体积 V_t 为 $V_t = V_{o.t} - \delta V$，全船船最大装油总体积为

$$\sum V_t = \sum V_{o.t} - \sum \delta V$$

实际工作中每个油舱的膨胀余量均用空档高度(油面到测量孔上缘或主甲板下边缘的垂直距离)来表示。各装油货舱的空档高度由装油体积 V_t 查各舱的油舱容量表(表 18-4)即得。

No.2C 油舱容量表 表 18-4

空档(m)	装油体积(m^3)	空档(m)	装油体积(m^3)	空档(m)	装油体积(m^3)
…	…	1.050	15456.95	1.110	15398.63
1.000	15503.44	1.060	15447.55	1.120	15388.34
1.010	15494.21	1.070	15438.12	1.130	15378.07
1.020	15484.95	1.080	15428.68	1.140	15367.78
1.030	15475.64	1.090	15419.18	1.150	15357.51
1.040	15466.31	1.100	15408.91	…	…

三、装货油舱及其装货量的确定

根据航次货运量，正确选择具体航次需要装载货油的液货舱；计算各货舱可装货油的最大体积，向各舱分配货油，通常用体积表示；根据实际装油体积查取该舱油舱容量表，确定该舱对应的空档高度，填写在配载图中，如图 18-8 所示。

选择装货油舱及分配装货量时应考虑的主要因素包括稳性、吃水差、纵向强度和均衡装载等，一个合理的配载方案应保证船舶稳性、浮态及纵向强度满足相关规则、规范或公约的要求。

1. 稳性

1)完整稳性

根据 IMO2008 年《国际完整稳性规则》的要求，2002 年 2 月 1 日及以后交付使用的 5000DWT 及以上油船的完整稳性应符合 MARPOL 73/78 附则Ⅰ的要求。油船完整稳性衡准与普通干散货船的主要区别是，油船在港内时，仅限于对船舶初稳性的要求；在航行中，除对天气衡准不作要求外，其他各项指标基本相同。

2)破损稳性

MARPOL 73/78 附则Ⅰ对 1979 年 12 月 31 日后交船的 150GT 及以上油船的破损稳性提出了如下要求：

(1)考虑了下沉、横倾、纵倾后的最终平衡水线，应在可能发生继续浸水的任何开口的下边缘以下。该类开口包括空气管和以风雨密门或风雨密舱口关闭的开口，但是以水密人孔盖和平舱口盖、保持甲板高度完整性的小水密货油舱口盖、遥控水密滑动门及永久关闭的舷窗等开口除外；

(2)在浸水的最后阶段，不对称浸水所产生的横倾角应不超过 25°，但如果甲板边缘无浸

没现象，则这一横倾角最大可增至30°；

(3)在浸水的最后阶段，剩余复原力臂GZ曲线的稳性范围对应的横倾角应不小于20°，且剩余GZ曲线在该范围内的面积不小于0.0175m·rad；

(4)在20°范围内的最大剩余复原力臂不小于0.10m。

3)自由液面对油船稳性的影响

考虑到石油及其产品的涨缩性影响，所有装载油品的液货舱均应留出一定的空档，导致每个货舱均存在自由液面的不利影响，因此如果舱容有剩余，在满足强度的前提下，应留出空舱，这样既能减少自由液面对稳性的影响，又可以减轻货油对舱壁的冲击。选择空舱时既要考虑保证船舶纵向强度又要便于调整船舶吃水差。

双壳体油船的专用压载舱较多，装货时应尽量将压载水舱的压载水排净，消除自由液面，保证船舶稳性满足要求。

2. *船舶纵向浮态*

大型油船满载出港时，一般要求平吃水。航行中，通过合理地使用油水，使船舶具有一定尾倾。装载单一油品时，在舱容富裕的情况下，可在首、尾各留出一个油舱不装满，用于调整吃水差；装载多种油品时，既可采用上述方法，也可通过安排不同油品的前后舱位来满足吃水差的要求。

3. *船体强度*

油船为尾机型船舶，满载时常处于较大的中垂状态，空载时处于较大的中拱状态。因此，装载时应尽量减少中垂弯矩。当需留空舱时，空舱位置应选在近船中部。需留两个以上空舱时，配舱位置应适当隔开。现代油船多在船舶中部设置大型专用边压载舱使船舶的纵向受力均衡。

同时为了保证船舶在装卸过程中的纵向强度，应参照船上的装载手册，或参照以往的航次资料，或利用船上的装载仪进行模拟计算，制定出合理的装卸顺序表。

4. *船舶横向浮态*

对大型油船，配装及装载时要注意防止船体横倾，应避免单边配装或装载。大型油船因船宽较大，即使产生极小的横倾角，也会使船体一舷的吃水变化很多，使人员行走和工作不便，同时横倾角的存在也影响到船舶稳性。

四、配载图的绘制

油船的配载图用俯视图表示，每一装货的液舱内应填写空档高度、装货体积占舱容百分比、装货体积等，如图18-8所示。此外还应说明装货过程中应注意的事项，包括装载的货舱号、排放压载水的压载舱号、装舱顺序、使用哪条管线、开启哪些阀门、各货舱平舱前预留空档

污水舱(P)	5P ULL:1.30m 95%	4P ULL:2.00m 92%	3P ULL:1.70m 93%	2P ULL:1.75m 93%	1P 2.40m 90%
污水舱(S)	ULL:1.30m 95% 5S	ULL:2.00m 92% 4S	ULL:1.70m 93% 3S	ULL:1.75m 93% 2S	2.40m 90% 1s

图18-8　油船配载图

值、平舱步骤和顺序、船体所受剪力和弯矩的要求、紧急情况下的处理措施等内容。

五、装卸顺序的确定

油轮在装载时，由于受到许多因素的影响，各舱不可能同时装卸，需要合理确定装卸顺序。

1. 确定装卸顺序时应考虑的主要因素

(1)保证油船的纵向强度不受损伤；

(2)保证适当的吃水及吃水差；

(3)防止不同油种的掺混，保证货油质量；

(4)尽可能同时使用所有主要的货油干管，加速装卸。

2. 合理的装卸顺序

装载顺序：油船装货前，即空载时常处于较大的中拱状态和较大的尾倾，若优先考虑纵强度和吃水差，装货的大致顺序应是先中部货舱，以减轻中拱变形；其次装首部货舱，减小尾倾；最后各舱均衡装载。

在装载单一油品时，通常先由中部货舱开始，一切正常后，进行普装作业。当各个油舱尚有1m左右空档时，停止普装作业，按要求逐舱进行平舱作业。

卸货顺序：油船卸货前，即满载时通常处于中垂状态，并有较小的尾倾。所以卸货顺序与装货顺序相同，即先卸中部货舱，以减轻中垂变形；其次卸首部货舱，以形成较大的尾吃水差，利于卸货和清舱；最后各舱均衡卸货。

第五节 石油安全装运

石油的危险性决定了船舶在装运过程中，必须采取严密的防范措施才能将发生爆炸、火灾、中毒、污染环境等事故的可能性降至最低程度。

一、石油装卸方式

1. 船岸装卸方式

在国内外油港，石油装卸方式可分为：

1)靠泊码头直接装卸

目前我国大部分油码头均采用这种方式，码头规模一般由泊位水深所限定。

2)通过海上泊地装卸

对于大型油船，一般油船码头的水深和规模已经满足不了船舶吃水和长度的需要，因此出现了海上泊地装卸方式。海上泊地可理解为在离开陆域较大水深地点设置的靠船设施。油船的海上泊地，按其构造形式及输油管方式分类，具体情况见表18-5。

油船海上泊地分类表 表18-5

结构形式		输油管方式	结构形式		输油管方式
固定式	靠船墩式	海上或海底油管	浮标式	单点系泊	海底油管
	栈桥式	海上油管		多点系泊	海底油管

(1)单点系泊方式：是将油船的船首系在一个浮筒上的系泊方式。

(2)多点系泊方式:是将油船的船首与船尾用数个浮筒保持在一定方向的系泊方式。海底输油管与油船的集合管由一根或数根软管相接。

2.船/船装卸方式

在某些情况下,油船需要通过另一海上运载工具进行货油的交换,包括船/船直接装卸和船/油驳装卸。

二、装油前的准备工作

做好装油前的准备工作,是顺利、安全进行装货作业的保证。

1.船岸双方进行资料信息交换

1)岸方应向船方提供的资料

岸方应向船方提供的资料包括:货油参数及特性,油舱通风要求,岸方最大的装货速率,正常停泵所需要的时间,船岸连接处可承受的最大压力,输油软管、输油臂的数量及尺寸,输油软管或输油臂的活动范围,货油控制的联络信号包括紧急停止供油信号等。

2)船方应向岸方提供的资料

船方应向岸方提供的资料包括:上航次所装运的货油品种、洗舱方法、货油舱和货油管线的状态,船舶可承受的最大装货速率,船舶可承受的最大蒸汽压力,能承受的最高货油温度,货油舱的通风方法,压载水的布置、数量、含油量及排放速率,污油的质量、数量及处理方式,惰性气体的质量,计划配载图及装货顺序等。

3)船岸双方对所交换的信息进行确认

落实本航次的油种和数量,各油舱装载顺序,装载初始速率、最高速率及平舱作业时的速率,变速及停止装油的联系方式;确定通信和使用的信号,以受油方为主;避免或减少油气在甲板扩散的方法,应急停止作业程序等。

2.编制装载计划

大副应根据航次货运任务编制油船装载载计划,并标明装油步骤及注意事项,经船长审批后执行。装载计划主要包括:每一货舱预定装载的油种及数量、空档高度,使用的货油管系,接管数量及规格,初始装货速率、正常装货速率及平舱作业时要求的装货速率,主管的最高压力和正常压力,停止和应急程序,装油及压载水排放顺序,强度校核数据,防止静电的措施、防止货油渗漏的措施、保证货油质量的注意事项,浮态调整和系泊管理等。

编制油船装载计划时,应考虑到保证货油质量。为防止不同油品的掺混,保证货油质量,减少洗舱工作量,一定数量的油船多运输固定的单一油品。如果不同航次需要换装不同油品时,应根据原装油种和换装油种的不同理化特性,以及要求的洗舱等级对油舱进行充分洗舱,以保证货油质量。

当油船同时承运多种油品时,应严防不同油品的掺混。利用不同的货油干管,装卸不同的油品。如果船上只有单一干管,则装油管系的使用顺序一般是先装白油,后装黑油;卸货时按相反的顺序排列。

3.根据需要尽量排净压载水及保持油舱及管系的清洁

油船在满载条件下,按排放顺序尽量排净压载水有利于增加货油的载货量,减少自由液面对稳性的影响。

由重油改装轻油时，应对通过冲洗和通风使油舱及管系达到清洁状态，以保持新装货油的纯洁度。

4. 接好地线

装油前要先接地线，后安装输油管臂。我国油码头要求油船靠泊后应在船岸间连接一根接合电缆给静电和电流提供电路，该接合电缆应装置一个封闭式的绝缘开关并在装接地线前，将开关放在“断开”位置，装妥后再将开关放置于“连通”位置。但是国际上不提倡这种作法，而且为了防止船岸间电流流通，通常要求在岸上的输油管臂上安装一个绝缘法兰。该法兰是由绝缘垫片、衬套和垫圈组成的连接接头（图18-9），用以防止电流在管线、输油管臂间的流动，保证安全。

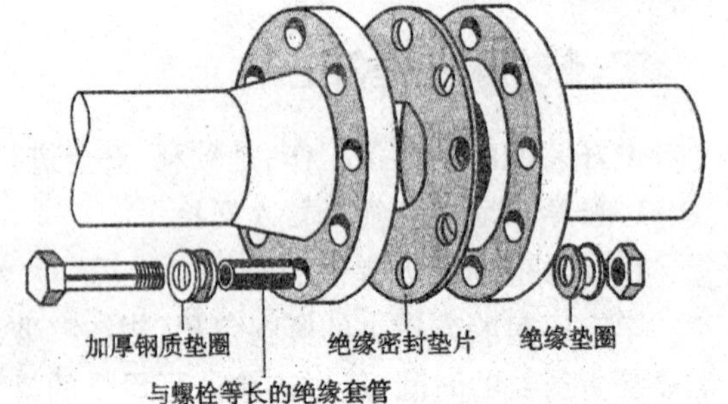

图 18-9　绝缘法兰示意图

5. 连接输油管臂，放好盛油盘和盛油桶

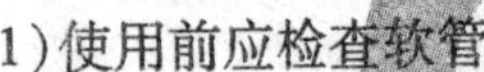

1）使用前应检查软管

船方有权拒绝使用有任何缺陷的输油软管。软管每年应进行一次压力试验，试验数据应标示在软管上。每次使用前应检查其是否有膨胀、磨损、压扁、泄漏或其他缺陷。

2）软管连接、起吊和悬挂

软管连接时应谨慎操作。软管不应用力拖拉，不但要防止受到泊位与油船的扭转和挤压，而且应防止弯曲至小于厂家规定的挠曲半径。在软管与泊位或船舶其他结构部件有摩擦及接触的部位应加以防护，同时避免软管与热金属表面接触，如蒸汽管线等。输油软管应有足够的松弛特性，以适应船舶的微小移动。安全操作方法如图 18-10 所示。

软管吊起时应绝对避免软管外表面与起吊钢索直接接触，不允许使用软管端头下垂的单点起吊，应采用多点起吊的方式，并使软管具有不小于厂家规定的挠曲半径。对使用悬臂式起货机等单起吊点的情况，整套软管应采用专门的吊索和支架予以支撑，加在货油总管上的重量不得过重。连接好的输油软管应利用适当的方式将其悬挂起来。

（1）软管调节

油船随潮汐和装卸货而升降时，应对软管进行相应的调整，避免软管和船舶总管连接处过分受力，发生意外。

（2）输油臂使用及调节

现在多数的新建油船码头，均使用金属输油臂，在使用时应注意：

①输油臂应与油船管路成一直线。

②防止因装卸和潮汐等的影响，使输油臂超过其自由转动限制而造成过载移位；

③如果装有紧急脱开连接装置，应随时检查，防止发生意外而断开；

④拆装时应注意防止管内残油流出。

⑤船岸接管下方应放置好盛油盘和盛油桶，以收集拆管时滴漏的货油或接头处封闭不严而泄漏的货油。

6. 防止溢油，备妥消防器材

在装货之前，应把船上所有的甲板排水孔用木塞或水泥堵紧，防止溢油时流出舷外。应关

闭通海阀，并始终监视，杜绝货油从通海阀漏出。

装油前，应把消防器材（包括灭火器、锯末、驱油剂等）放在接管处，并在附近接妥两根消防皮龙。

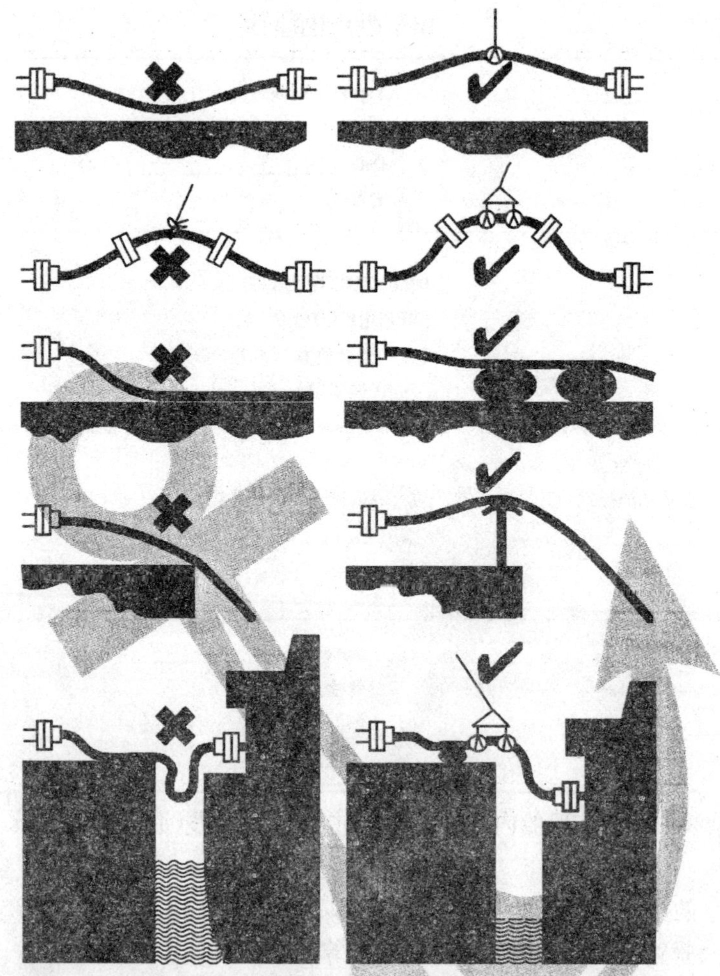

图 18-10　输油软管连接方式

7. 接好应急拖缆（防火拖缆）

应急拖缆一般在油船外舷的首、尾部各带一根，一端系固在拖缆桩上，而带有连接眼环的另一端通过导缆器至舷外，且在眼环上系一根引缆回甲板上进行操作。总长约 100m，盘在甲板上的长度依各港口规定，通常为 36.6m，以备火灾应急情况时用。在货物作业期间，及时调整眼环距离水面距离，始终保持距水面 1 ~ 2m，在需要拖带时，要求 1 个人能在 15min 内把应急拖缆的眼环与拖船的拖索连接好。

8. 悬挂规定的号灯及号型

由于石油及其产品属于危险货物，油船在港期间，应按规定悬挂相应的号灯及号型，通常在白天悬挂“B”旗，夜间悬挂红灯。

9. 会同商检人员进行验舱

大副应陪同商检人员进行验舱工作，验舱合格后由商检人员签发给船上干舱证书（Dry

Certificate),其格式如表 18-6 所示。如发现舱内残存货油或水分,要签发 OBQ(On Board Quantity)和货舱适货证书。

干舱证书 表 18-6

DRY CERTIFICATE

M/T:________ Voyage Number:________

船名: 航次:

Port:________ Date:________

港口: 日期:

DRY CERTIFICATE

(BEFORE LOADING)

干舱证书

(装货前)

The undersigned certifies that the vessels tanks have been inspected and found clean, dry and in good order to receive the designated cargo.

下面署名确认船舶货油舱已检验并发现清洁、干舱、适于接受所承载货物。

Tank No. ________

检验舱别:

The Terminal Representative:________ Surveyor:________

码头代表: 商检:

C/O:________

船舶大副:

OBQ 是指装油前留在船舱内及管路系统中可测量的残油物质,包括水、油、油水、油气混合物等。

通常 OBQ 的数量仅包括货油舱底部自由流动的油、水以及残渣,而不考虑舱内壁附着的油泥、沉淀物及管路油泵内自由流动的油和水等。

10. 进行船/岸安全检查

船方应派人陪同港方主管人员按照"船/岸安全检查表"的内容对船舶情况进行检查、确认,并由双方主管人员签字。"船/岸安全检查项目表"共有三部分:A 部分适用于普通散装液体货,即油船、散化船、液化气船必须填写;B 部分为散装液体化学品增加检查项目,散化船应加填该部分;C 部分为散装液化气增加检查项目,液化气船应加填该部分。

三、油船装货作业

油船在装货过程中,通通常应注意以下事项:

1. 掌握装油速度

装油全过程中应掌握"慢—快—慢"的装油速度。开始送油时速度要慢,检查输油管臂是否有油流入、管线连接处是否有泄漏、货油是否已进入拟装的货舱、泵间是否有货油泄漏、船边是否有油迹、透气系统是否处于正常状态等。当检查、确认一切情况正常时,通知岸方加速至双方商定的最大装货速度，为防止静电积聚过多，该速度应加以控制。装油结束前要放慢速度，通知岸方作好准备，及时停泵避免溢油。

2. 注意装油进度，正确换舱操作

装油过程中要经常测定各舱装油进度，避免货油溢出舱外。值班船员应严密监视各舱液位变化，通常每小时记录一次并计算装货速率，每2小时实测货舱液位和船舶所配备的固定液位测量系统与装载仪比较。

应按规定的装油顺序进行换舱操作，当进油的一舱接近满舱（距离空档高度约1m）时，应及时通舱，避免造成油管爆破事故。

3. 严格执行装载计划

装载计划的实施，依赖于船岸双方的协调。在此期间，双方应认真执行装载计划的装舱顺序及装货数量，保证船舶装载过程中各剖面的剪力和弯矩不超出允许的范围。船方应对实施情况给以有效监督。

进行装货作业的同时排放压载舱内的压载水，应尽量将压载水排空，以保证最大装货量。

4. 注意装油过程中船舶稳性的变化

船舶稳性报告书通常只提供了船舶到/离港的稳性状态，事实上，在装/卸货或货物内部转驳过程中，也可能存在船舶稳性不足的问题。货舱较宽的大型双壳油船在装、卸货油过程中会排放或根据需要打入压载水，在某一时刻压载舱内压载水产生的自由液面和货油产生的自由液面对稳性的影响可能导致 GM 值过小或为负值，船舶可能出现短暂的较大横倾，特别是多数货油舱和压载水并存的情况下的状态时，如图18-11所示。因此应采取相应措施，避免出现此种危险状态。

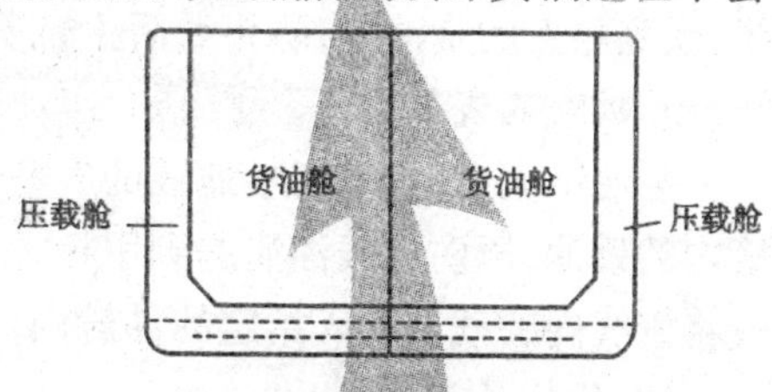

图18-11　自由液面影响

5. 调整缆绳

随着船舶吃水的增加，缆绳会出现松弛现象，值班人员应及时调整系岸缆绳，避免船舶外移，拉断或拉裂输油管臂，造成油污事故。

6. 意外情况应停止作业

装油或卸油作业时，如遇以下特殊情况，应立即停止作业，并将全部阀门关闭以防发生意外。

1）停止装卸作业的条件：

- 当风速超过15m/s（蒲氏风级约7级）、浪高1m且预计将继续增大；
- 雷暴天气；
- 附近有火灾，危及本船；
- 有船邻靠或邻驶，可能危及本船。

2）停止靠泊作业的条件：

- 6级以上风力将穿越油区；
- 当风速超过15m/s（蒲氏风级约7级）、浪高1m；
- 雷暴天气；
- 油区海上能见度1000m以下。

3)紧急驶离的条件:

- 风速超过18m/s、浪高1.5m以上;
- 邻区有火灾,危及本船。

7. 平舱作业

在进行平舱作业前10min至0.5h左右,船方应通知岸方减速到双方约定的平舱速度,并确认岸方已经减速至平舱速度,关闭其他油舱阀门留待平舱。当装载即将达到规定的空档高度时,应谨慎、正确地操作阀门,通常是先打开下个预定进行平舱作业的油舱的阀门,然后再关闭平舱结束的货舱阀门。平舱时通常一次平一个货舱,最多可同时平两个货舱。平舱的顺序为先边舱,再中舱,为了便于调整吃水差,一般首部和尾部的中舱各留一个最后平舱。平舱时至少应备一个大空距的货舱常开,以防溢油。平舱时要注意观察已平完液货舱的空档是否有变化。

8. 扫线

当货油装载结束后,应进行拆管工作。在拆管之前,将进行吹扫输油管线内残油的作业。岸方借助于高压气体向船舶吹管线一般可分为两种情形,一是在装完货后,只是简单地把输油臂内货油吹向船舶货舱,便于拆管;另一种情形是装完货后,岸上需把货油管内的货油全部吹到船舶货舱内。因此在装货前大副一定要与LOADING MASTER确认完货后岸上是否吹管线,吹到船上的货油量,防止最后少装货或装不下,甚至导致货油溢出。

9. 拆除地线与输油管臂

装油结束后,应先切断地线的气密开关,然后拆除管臂,最后拆除地线。拆管前应先排除管内的残油,以防止残油泄漏到甲板上。可开启进气阀和排泄管路上的阀,利用岸上的压缩空气将管线内的残油吹入指定的油舱内。

10. 货油计量

装货结束后,码头计量人员会同船上工作人员一起测定油舱的空档高度、货油的密度和温度,并按照规定的程序计算货油装载量。货油装载量多使用油舱空档报告书(Ullage Report)来计算,表18-7为国际上常用的空档报告书。

11. 油样选取及封存

油船装油时应以适当的方法选取货油样品加以封存。船舶在卸货港卸货前,要选取货油样品进行化验。经过化验后,如果收货人对货油质量没有异议,则开始卸货;如果收货人对货油质量提出异议,则可以开启装船时封存的油样再次进行化验,以判别船方是否在航行中尽到了责任。油样作为质量交接的依据,具有法律效力,所以油样选取和封存应有代表性并应由质量检验机关负责完成,且船方和货方必须共同参与。

1)油样选取方式

油样选取在装油港通常有两种方法:

(1)在装油过程中,从油码头装油管道末端的小开关处取样。装油开始取一次,以后每隔1~2h取一次。

(2)从油舱中选取油样。一般油船至少要从25%的油舱内选取,其中首部和尾部各占5%,中部占15%。

在卸货港通常采用第二种方法选取油样。

空档报告书　　表 18-7

ULLAGE REPORT

After LOADING / Before DISCHARGING

VESSEL' S NAME:	M. T.					VOY NO.:				
CARGO GRADE:	BADIN C. O.					PORT:				
A. P. I. /60℉:	44.5					DATE:				
TANK	OBS	CORR.	T. O. V.	FREE WATER		G. O. V.	TEMP	V. C. F.	G. S. V.	METRIC
	ULLAGE	ULLAGE		DIP	VOL.			TABLE	60℉	
NO.	MTRS	MTRS	BBLS	CM	BBLS	BBLS	(℉)	6B	BBLS	TONS
1C	14.00	14.174	3826.4	Nil	Nil	3826.4	87.8	0.9860	3772.8	481.1
1C	14.00	14.174	3826.4	Nil	Nil	3826.4	87.8	0.9860	3772.8	481.1
3C	15.00	15.176	1899.6	Nil	Nil	1899.6	87.8	0.9860	1873.0	238.9
4C	1.16	1.341	30342.9	Nil	Nil	30342.9	87.8	0.9860	29918.1	3815.2
1P	15.00	15.120	764.4	Nil	Nil	764.4	87.8	0.9860	753.7	96.1
1S	14.00	14.133	1840.3	Nil	Nil	1840.3	87.8	0.9860	1814.5	231.4
2P	1.16	1.310	23268.4	Nil	Nil	23268.4	93.2	0.9835	22884.4	2918.2
2S	1.14	1.290	23299.8	Nil	Nil	23299.8	87.8	0.9860	22973.6	2929.6
4P	13.00	13.177	3145.7	Nil	Nil	3145.7	87.8	0.9860	3101.7	395.5
4S	12.00	12.176	4336.5	Nil	Nil	4336.5	89.6	0.9853	4272.8	544.9
SP	1.15	1.189	5539.1	Nil	Nil	5539.1	87.8	0.9860	5461.6	696.5
SS	1.19	1.229	5523.5	Nil	Nil	5523.5	91.4	0.9843	5436.8	693.3
TOTAL			107612.9		0.0	107612.9	88.7	0.9856	106035.8	13521.7

Draft(Meters)		T. O. V.	107612.9	Vessel' s Experience Factor Applied Figures	
Fwd	6.50	Less Free Water	0.0	Vessel' s Experience Factor	
Aft	9.30	G. O. V.	107612.9	G. S. V. @60℉	
mid		G. S. V.	106035.8	Metric Tons	
Trim	2.80	Less OBQ	117.52	Long Tons	
		G. S. V. Barrels@60	105918.3	Bill of Lading Figures	
Ship/Shore Diff.		WCF Table-13	0.12752	Gross Barrels@60℉	
Barrels		WCF Table-11	0.12551	Metric Tons	
% of B/L		Metric Tons	13506.7	Long Tons	
Ship Great		Long Tons	13293.8	B. S. &W. Percent	
Remarks:					
CARGO SURVEYOR				CHIEF OFFICER	
Name in Block Letter				Name in Block Letter	

2)油样封存

已选取的油样经充分搅拌均匀后装入两只容器内,其中一份用船上的火漆密封后交给收货人,作为发货的质量凭证;另一份用发货人的火漆密封后由船方保存,作为船方收货的凭证。

四、油船卸货作业

油船在卸货作业过程中应注意的事项,除同装货过程相同的要求,在某些方面还存在差异,主要体现在以下几方面:

1. 计量货油及分析油样

在货物卸载之前,应首先对货舱内进行油品取样分析以判明货物质量,并进行油量计算。在油量计算和油样分析结束前,不得进行卸货作业。

2. 安排货油扫舱作业

货油扫舱一般与卸油同时进行。通常先普卸至卸油的 1/2 阶段左右时开始进入扫舱作业。为了加快卸货速度及便于卸净货油,扫舱时油船应保证较大的尾倾和一定的横倾。

3. 进行扫线作业及检查舱底油脚

在扫舱卸油完毕后,利用扫舱泵将主管线、扫舱管线、与喷射泵相连管线中的货油一起扫至岸罐中。扫线完成后,利用顶水法或扫气法将输油管臂内的残油顶到岸上的油罐中去。

大副应会同岸方人员检查油舱是否卸空,签发干舱证书。卸货结束后,若货舱内有残余物(ROB),应按照 MARPOL 73/78 的要求将其记录在货物记录簿上。

ROB(Remainming on Board)指卸货后滞留留在船上的、可测量的油状残留物,包括油泥渣、沉淀物、油、水以及附在舱底的油状残留物。

五、原油洗舱

原油洗舱(Crude Oil Washing,COW)是指利用船上所载货油中的一部分原油作为洗舱介质,在卸货的同时通过洗舱机以较高的压力喷射到货油舱内表面,依靠原油本身的溶解作用,将附着在舱壁、舱底及各构件上的油渣清洗掉,并同货油一起卸到岸上。

根据 MARPOL 73/78 的规定:总载重量 20000t 及以上的新建原油船和 40000t 及以上的现有原油船应装有原油洗舱系统和备有《原油洗舱系统操作与设备手册》。

原油洗舱具有以下特点:减少残油量;消除油脚,增加载货量;防止海洋污染;减少进坞前海水洗舱时间和费用;卸油时间变长;船员劳动量增加:因为在卸货期间额外增加了原油洗舱作业,所以导致船员的劳动量增加。

1. 原油洗舱方式

原油洗舱主要有两种方式:一段式和多段式。选择哪种方式应以卸油时间延迟最短为前提,同时考虑卸货港的受货能力、卸货港的数目、卸货港的顺序及原油洗舱机的型式等来决定。

(1)一段式:指在油舱卸空后,由舱顶洗到舱底,即上部和底部一起连续进行清洗的方式。

(2)多段式:指在卸油作业的同时,随着油舱内液位下降,同时从上部向下部进行清洗的方式。

不管哪种方式,洗舱的顺序都是从最前油舱开始向后洗。

2. 原油洗舱注意事项

因为原油洗舱是与卸货同时进行的，所以较海水洗舱而言是一项具有一定危险性的作业，操作者应严格按照相关规范的要求进行。

(1)通常情况下，每个货油舱每 4 个月进行一次原油洗舱或每航次洗舱的数量为货油舱总数的 1/4。

(2)根据 IMO 的要求，采用原油洗舱的油船必须装设惰性气体系统(IGS)，目的是为了防止油船因原油洗舱而发生爆炸事故。

(3)进行原油洗舱的油船必须装设固定洗舱机和固定的附属管路，并与货油管系和机器处所隔离。原油洗舱时必须使用上述固定设备，防止因洗舱系统由于承受高压而发生漏油。

(4)原油洗舱不应在装货港和最后的卸货港进行，即不应在压载航行的航次进行。

(5)当决定在卸货港实施原油洗舱后，船长应及早向港方以电报方式申报。申报的内容主要包括：船舶安全构造与设备证书和 IOPP 证书的号码、有效期限和签发地点，主管操作人员的相关信息，船舶具备的经船级社批准的《原油洗舱系统操作和设备手册》等。

抵港后船方应向港方提交一份"原油洗舱与卸货计划"。

(6)原油洗舱应由主管操作人员根据本船《原油洗舱系统操作和设备手册》，并结合本航次货载情况、港口卸货速率、预定洗舱数目及洗舱目的等编制"原油洗舱与卸货计划"，交由船长或监督员审核签字后实施。

(7)原油洗舱主管操作人员一般由持有主管机关签发的"原油洗舱监督员资格证书"的大副或船长担任，当该船主管操作人员不具备任职资格或该船为一艘新接船舶时，船公司或码头应指派一名监督员到船负责指导、监督原油洗舱作业。

其他参与原油洗舱的作业人员，至少应有 6 个月的油船工作经历，而且在船期间，应从事过原油洗舱作业或经过原油洗舱的训练，并熟悉船上《原油洗舱操作和设备手册》的相关内容。

(8)洗舱作业的时间，一般为日出到日落。洗舱油尽可能是新鲜原油，一般应将预定用做洗舱油的油舱卸掉 1m 深度的货油后使用。

(9)原油洗舱过程中，舱内氧气浓度应始终保持在 8% 以下，充入的惰气中氧气含量不超过 5%。

(10)为防止发生燃烧、爆炸以及保护人身健康，从货油舱放出的气体应尽可能少，以减少油气对大气的污染。

(11)应注意不要因原油洗舱使船体和船上任何设备受到损坏。

(12)原油洗舱过程中如果发生意外情况必须立即中止洗舱作业，若要重新开始，必须确认危险局面已经消除，原油洗舱作业和条件已经恢复，必要时须征得港方的同意。

(13)在进港前、原油洗舱开始前、原油洗舱过程中及原油洗舱结束后这四个阶段，应按照 MARPOL 73/78 及 IMO 的要求进行安全检查、确认，具体格式和内容见附录 6。

六、油船安全防范

为了确保油船安全生产及防止油船对海洋环境的污染，在油船的装卸、运输及洗舱过程中应做好防火、防爆、防毒及防污染工作。

（一）燃爆及中毒防范

1. 严禁烟火

禁止外来人员随身携带火种和易燃物品上船；在指定房间内吸烟；厨房不得使用明火；烟囱要定期捅灰，防止冒火。

2. 防止金属摩擦或碰击发生火花

严禁使用钢丝绳；甲板和泵舱不得使用铁器工具；装卸油或压载水时，禁止在甲板上拷漆；洗舱时洗舱机不能碰击金属舱壁或构件；船上严禁穿带铁钉的鞋子。

3. 防止电器火花

禁用明火，必须使用防爆式灯具；未经许可不得随意开启电器设备，在装卸、压载、除气作业时，不准进行无线电通信（可收不可发）及禁止电瓶充电。

4. 防止静电放电

防止静电放电的措施是减少静电积聚和防止尖端放电。

（1）减少静电积聚的措施：装油前排尽舱内残水；防止油水混合；装卸前接好地线；控制装油速度；切忌采取灌装作业方式；禁止工作人员在装卸油现场穿着和更换尼龙化纤服装；装载挥发性油品时，不用压缩空气将管内残油吹入油舱内（扫线）；洗舱时洗舱机接地良好。

（2）防止尖端放电的措施：装油结束后，应静置一段时间后再进行量油工作，且必须使用非导电及不吸油和水的量油工具；伸入油舱的金属构件必须与油舱绝缘；消除舱内漂浮的金属物体。

5. 防止人员中毒

人员进入油舱或其他封闭场所前要进行彻底通风，并经仪器测定确认舱内氧气浓度足够（一般要在18%以上）；下舱工作时，应穿戴防护手套、口罩、工作靴及工作服；进入未经排气的舱内工作，还必须戴好呼吸面具、保险带和救生索具。

（二）水域污染防范

1. 船舶造成海上油污的原因

1）操作性排油

操作性排油包括向海上排放含油的压载水、含有大量污油的洗舱水和机舱含油污水。

2）事故性溢油

造成事故性溢油的主要原因包括：

（1）船体的损坏

由于油船发生搁浅、触礁等海事事故，造成大量货油流入海中。

（2）装卸设施失效及作业操作失误

油船在装卸过程中，由于气候条件、设备及管系等的技术原因或工作疏忽而造成的跑、冒、滴、漏油事故，导致水域污染。主要包括气候因素、设备因素、油品因素、船员因素等。具体原因可能是：

①卸油中，海底阀未关或未关。

②由于输油管系内的压力过高，导致输油软管爆裂或法兰头脱落造成跑油。

若装油刚开始就发生溢油，原因可能是：受油方的进油阀门尚未开启；由于天气寒冷，输油软管中残油冻结；输油管受损或老化，经受不起压力；输油软管法兰头连接不善。若装载过程

中,原因可能是盘舱失误。

③另一舷装油管阀门盲板未关或未关紧造成跑油。

④油舱或空气管溢油。这种情况常分为满舱溢油和未装满而由空气带出两种。

满舱溢油常见的原因有:供油量超过受油方的申请,造成溢油;受油方值班人员擅离职守;受油方量油不及时,造成满舱;装油中开错或关错阀门,导致满舱溢油;舱容计算错误或油舱中存油测量不准确,造成超量而溢油。

舱未满溢油的原因有:泵压过大,造成气体来不及排出;因船体倾侧,导致量油不准确;空气管堵塞,造成透气不畅;油温太高,油料产生气泡;船员责任心不强,相互间没有良好的联系和沟通。

2. 防止船舶污染水域的设置及措施

1)以公约及法规约束操作性排油

严格执行 MARPOL 73/78 及各国对有关油类和油性混合物的排放规定。

2)设置船舶、港口接收与处理含油污水的设施和装置

油船应具备的防污染设施及装置包括:

(1)专用压载舱 SBT(Segregated Ballast Tank)

该舱应与货油及燃油系统完全隔绝并固定用于装载压载水。

(2)污油水舱

是指专用于收集舱柜排出物、洗舱水和其他油性混合物的舱柜。油船应设置足够容量的污油水舱,一般不小于液货舱容积的3%。

(3)滤油设备及排油监控装置

400GT 及以上但小于 10000GT 的船舶应装有经主管机关认可的、保证排出物含油量不超过 15ppm 的滤油设备;

10000GT 及以上的船舶除滤油设备外,还应装设当排出物的含油量超过 15ppm 时能报警并自动停止排放的装置。

(4)原油洗舱 COW 系统

3)防止操作性排油及事故性溢油

(1)防止操作性排油措施

①使用专用压载舱和清洁压载舱(Clean Ballast Tank,CBT)

清洁压载舱是现有油船作为专用压载舱的临时替代措施。该舱是指船舶在营运中根据船型、航区特点及吃水要求,划定的某几个经清洗后专门用来装载清洁压载水的货油舱。

清洁压载水是指这样一个舱内的压载水,该舱自上次装油后经清洗到若在晴天从一静态船舶将该舱中的排出物排入清洁而平静的水中,不会在水面或邻近的岸线上产生明显的痕迹,或形成油泥或乳化物沉积于水面以下或邻近的岸线上。如果压载水是通过经主管机关认可的排油监控系统排出的,而根据这一系统的测定查明该排出物的含油量不超过 15ppm,则尽管出现有明显的痕迹,仍应确定该压载水是清洁的。

②采用装于上部法(Load on Top,LOT)

是指油船卸油后,直接向未经清洗的油舱内打入压载水,在压载航行中将货油舱底部含油量较低的压载水排放入海,将剩余的含油量较高的压载水和洗舱水集中到污油舱中。经静置

后,靠自然的重力达到油水分离,再将含油量低于100ppm的水排出舷外。经过二三次静置处理后剩下的含油量高的污油水保留在污油舱内,在装货港将货油直接装在它的上部,一起在卸油港卸掉。

③采用原油洗舱法。

④在装油港把污油水排到岸上的污油处理中心,在卸油港洗舱后打入清洁压载水。

(2)防止事故性溢油

①油船设置双层底和双层侧壁,在船体外板或船底损坏后,避免货油溢出。

②设置专用压载舱保护位置(Segregated Ballast Tank/Protection Location,SBT/PL)

它将专用压载舱合理地布置在船体易损坏的部位,当油船发生事故时,它能最大限度地起到保护油舱的作用,它同专用压载舱是一个整体,也是双层底的一种替代措施。

③正确进行装卸油、加油及驳油作业,防止货油的跑、冒、滴、漏。

④谨慎驾驶,避免碰撞或触礁等事故的发生。

3.污染事故的处理

1)污染事故报告

(1)国际公约要求:

①发生或可能发生排油船的船长或其他人员,应及时将该事件报告给最近的沿岸国主管机关。

②船长或船上其他人员发现其他船舶或海上平台排油,或发现海面出现油渍,应及时报告最近的沿岸国主管机关。

(2)按我国《防止船舶污染海域管理条例》,船舶在我国管辖的海域发生污染事故,应尽快向就近的海事局报告,在船舶进入第一港口后,应立即向海事局提交报告书,并接受调查处理。

(3)船长在向主管部门报告的同时,也应尽快向会员公司和中国船东互保协会报告,报告的内容包括:发生污染事故的时间、地点及事故发生前后附近海域气象、潮流等;货油/燃油的名称、特性;跑油或误排油数量以及污染情况;污染的范围、污染程度及采取的措施;船舶及当地代理的联系方式等。

2)污染控制

(1)船舶发生污染事故后,应迅速有效地向主管部门报告,并立即采取控制和消除污染的有效措施,将污染损害减小到最小程度。

(2)本船造成污染事故,船长应当立即指示有关船员,按《溢油应变部署表》中规定的职责,防止污染扩散,清除、回收污染物。如属于严重污染事故,中国船东协会将派员或聘请专业人员、律师赴现场协助处理。

3)消除污染的方法

消除污染的方法主要有围栏法、燃烧处理法、化学处理法和生物处理法。

(1)围栏法

用围栏设备将海面浮油阻隔起来,以防油面蔓延,然后用吸油设备把浮油吸回。它适用于少量油污染事故。

(2)燃烧处理法

该法是将水面溢油通过燃烧来减少存在于水域的溢油量,它适用于大量溢油事故。

(3)化学处理法

即使用消油剂来处理溢油。因为某些消油剂含有毒性,使用后会造成二次污染,所以不得擅自使用化学剂,如必须使用时,应事先向主管部门申请,经批准后方可使用。

(4)生物处理法

利用天然存在的微生物具有较大的氧化和分解石油的能力来消除浮油。它适用于被污染的海岸和水域的净化和复原。

第六节　油量计算

在石油的对外贸易中,船货双方为了分清货物交接的责任,规定有数量和质量的交接条款。船方要申请计量部门(我国为商检局)对装船的货油进行计量,船上人员应协助作好计量工作,掌握油量的计算方法,以便核对数量及划清责任归属。

油船在装油结束后,根据岸上油罐或船舱内的空档值,求出实际装油体积及货油在空气中的质量,船舶抵达目的港卸油作业前也要计算船上货油的质量。两次计量的结果均应记入运输文件,作为货物交接的依据。除数量交接外,还要选取并封存油样,作为质量交接的凭证。

一、货油计量中的相关术语

在进行货油数量计算时,为了保证计重的准确性及简化计算,世界各国均采用油量计算换算表。

在各国的石油计量换算表中,常用到一些说明石油液体性质的基本术语,主要有:

1. 石油密度(Petroleum Density)

在温度 t℃时,石油单位体积的质量。我国用符号 ρ_t 表示,其单位为 g/cm^3、g/mL 或 kg/L。

2. 石油标准温度(Petroleum Standard Temperature)

石油计量时规定的货油温度。我国、俄罗斯及东欧一些国家为20℃;日本等国为15℃;英美等国为60 ℉。

3. 石油标准密度(Petroleum Standard Density)

标准温度时的石油密度。我国用 ρ_{20} 表示,欧美用标准比重。标准比重是指石油在温度 t_1 时的密度与等体积纯水在温度 t_2 时的密度比值。石油温度 t_1 通常取标准温度,纯水温度 t_2 我国、日本等国常取4℃,英美等国常取60 ℉。

4. 石油密度温度系数(Petroleum Density-temperature Coefficient)

亦称密度或比重修正系数,指在标准温度下,当石油温度变化1℃时,其密度(比重)的变化量。

在标准温度为20℃、15℃及60 ℉时,其修正系数分别用符号 γ、α 及 β 表示。我国的密度修正系数可用公式 $\gamma=\dfrac{\rho_{20}-\rho_t}{t-20}$ 表示,γ 值也可用石油的标准密度为引数查石油密度温度系数表得到。表18-8为我国某类油品石密度温度系数表。

石油密度温度系数表

表 18-8

ρ_{20}(g/cm³)	γ(g/cm³)	ρ_{20}(g/cm³)	γ(g/cm³)
0.7318 ~ 0.7380	0.00083	0.7918 ~ 0.7990	0.00074
0.7381 ~ 0.7443	0.00082	0.7991 ~ 0.8063	0.00073
0.7444 ~ 0.7509	0.00081	……	……
0.7510 ~ 0.7574	0.00080	0.9952 ~ 1.0131	0.00052

5. *石油视密度*(Petroleum Observed Density)

石油视密度亦称观测密度,指用石油密度计在非标准温度下所观察的密度计读数。我国用符号 ρ'_t 表示,单位同上。石油标准密度是指油品在标准温度下的密度,我国使用 20℃ 油温时的密度为标准密度。我国油量计算换算表中规定,视密度不能直接用于油量计算,但它是石油计重的原始数据。可用视密度和观测油温作为引数,查取标准密度表获得标准密度。我国的成品油标准密度表格式如表 18-9 所示。

成品油标准密度表

表 18-9

ρ'_t / ρ_{20} / t(℃)	0.7330	0.7370	0.7410	0.7450	0.7490
39.5	0.7503	0.7543	0.7582	0.7622	0.7661
40.0	0.7508	0.7547	0.7587	0.7626	0.7665
40.5	0.7512	0.7552	0.7591	0.7631	0.7669
41.0	0.7517	0.7556	0.7596	0.7635	0.7673
41.5	0.7521	0.7561	0.7600	0.7639	0.7676
42.0	0.7526	0.7565	0.7604	0.7644	0.7680

6. *石油标准体积*(Petroleum Standard Volume)

石油标准体积为标准油温时的石油体积。我国用 V_{20} 表示,单位为 m³。

7. *石油体积温度系数* f(Petroleum Volume-temperature Coefficient)

亦称膨胀系数,指在标准油温下,石油温度变化 1℃ 时其体积变化的比值,单位为 1/℃ 或 1/℉,我国用符号 f_{20} 表示。

f_{20} 可用标准密度 ρ_{20} 作为引数查表得到。表 18-10 为我国某类油品的石油体积温度系数表。

石油体积温度系数表

表 18-10

ρ_{20}(g/cm³)	f_{20}(1/℃)	ρ_{20}(g/cm³)	f_{20}(1/℃)
0.6000 ~ 0.6006	0.00179	0.8426 ~ 0.8466	0.00080
0.6007 ~ 0.6022	0.00178	0.8467 ~ 0.8509	0.00079
……	……	……	……
0.8385 ~ 0.8425	0.00081	0.8641 ~ 0.8688	0.00075

8. *石油体积系数* K(Volume Conversion Factor, VCF)

亦称石油体积修正系数,指在标准油温时的石油体积与非标准温度时的石油体积之比。

我国用K_{20}表示，即$K_{20}=\frac{V_{20}}{V_t}$，可用下式计算：

$$K_{20}=\frac{V_{20}}{V_t}=1-f_{20}\cdot(t-20) \qquad (18\text{-}3)$$

石油体积系数可用货舱内的平均油温和石油标准密度查取石油体积修正系数表得到。表18-11为我国成品油石油体积修正系数表。

石油体积修正系数K_{20}表　　表18-11

t(℃) \ K_{20} \ ρ_{20}	0.7500	0.7540	0.7580	0.7620	0.7660
38.0	0.9782	0.9784	0.9786	0.9788	0.9789
38.5	0.9776	0.9778	0.9780	0.9782	0.9784
39.0	0.9770	0.9772	0.9774	0.9776	0.9778
40.5	0.9752	0.9754	0.9756	0.9758	0.9760
41.0	0.9746	0.9748	0.9750	0.9752	0.9754

9.空气浮力修正数值(Air Buoyancy Correction Quantity)

石油在计量时，由于受空气浮力的影响，在空气中的重量小于在真空中的质量，二者之差称为浮力修正数值。它可以用石油在真空中的质量换算到空气中的质量的修正系数F(Air Floatation Correction Coefficient)及空气浮力对石油密度修正值B来表示。

(1)质量修正系数F为小于1.0的数值，可用标准密度ρ_{20}为引数由表18-12查得。

质量修正系数F表　　表18-12

ρ_{20}(g/cm^3)	修正系数F	ρ_{20}(g/cm^3)	修正系数F
0.5094～0.5315	0.99780	0.7196～0.7645	0.99850
0.5316～0.5557	0.9979	0.7646～0.8157	0.99860
……	……	……	……
0.6137～0.6795	0.99830	1.0206～1.1000	0.99900

(2)空气浮力对石油密度修正值(Air Buoyancy Correction Value)：

对石油及其产品，空气浮力对其密度的修正值可取-0.0011g/cm^3。

二、各国石油标准密度(比重)换算

由于各国标准油温的规定不同，对于质量相同的货油，其标准密度可按下述方法进行换算。

1)我国石油在温度t(℃)的密度与标准密度换算

$$\rho_t=\rho_{20}-\gamma_{20}(t-20)$$

2)我国石油标准密度与日本石油标准比重换算

$$\rho_{20}=S.G_{15/4}-5\alpha_{15}\longleftrightarrow S.G_{15/4}=\rho_{20}+5\gamma_{20}$$

3)我国石油标准密度与英美等国石油标准比重换算

$$\rho_{20}=0.99904S.G_{60/60}-8\beta_{60}\longleftrightarrow S.G_{60/60}=1.00096(\rho_{20}+4.44\gamma_{20})$$

式中：α_{15}、β_{60}、γ_{20}分别为日本、英美等国和我国的标准比重（密度）时的石油比重（密度）温度系数。

4）日本等国重与英美等国的石油标准比重换算

$$S.G_{60/60}=1.00096(S.G_{15/4}-0.56\alpha_{15})\longleftrightarrow S.G_{15/4}=0.99904(S.G_{60/60}+\beta_{60})$$

5）英美等国的石油标准比重与API度换算

API度是美国石油协会（American petroleum Institlute，简称API）制订的用以表示石油及石油产品密度的一种量度。美国和中国以API度作为原油分类的基准。它与石油标准比重（相对密度）的关系为：

$$API=\frac{141.5°}{\text{石油标准比重}}-131.5°$$

由上式可知，API度越大，石油比重越小，表示原油越轻。目前，国际上把API度作为决定原油价格的主要标准之一。英美等国的石油比重与API度的关系可表示为：

$$S.G_{60/60}=\frac{141.5}{131.5+API}$$

6）石油桶与公吨换算

石油桶BBL为美制桶US BARREL的缩写，是石油常用的容积计量单位。国际通用的油品计量与交易，一般是以60 ℉时石油体积为159.981（0.159m^3）作为一桶，即俗称的一桶原油。

桶和公吨（M/T）均是常见的原油计算单位。欧佩克组织和英美等西方国家常用桶，而中国及俄罗斯等国家常用公吨。石油桶与公吨间按$1M/T=6.29/\rho$关系换算。

三、油量计算

（一）我国油量计算

我国采用以空气中的重量计算油量。油船装油量计算的基本方法是：根据油舱内货油的空档高度求出其标准体积，然后与空气浮力修正后的货油标准密度相乘，或从将货油质量与换算系数F相乘，具体步骤如下：

1. 确定各油舱内的货油体积

1）测量空档高度

油船装好油后，应逐一测量每个油舱的空档高度。在测量货油空档时，船舶由于受天气、海况等影响而产生摇摆而不准确，因此，应尽可能多测几次，取其平均值。货油舱空档值的测量根据所配置的设备及测量位置的封闭程度有三种方式：开放式测量、限制式测量及封闭式测量，如图18-12所示。

安装了固定式惰性气体系统的液货船应装设封闭式的液位测量系统，以免液舱内惰性气体减压，确保安全。货油舱装设封闭式测量系统时，还应配备限制式测量装置，以便检查封闭式测量系统的有效性和供采样用。

其中人工直接测量法属于开放式测量，便携式油水界面探测仪属于限制式，浮子法和雷达法属于封闭式测量。

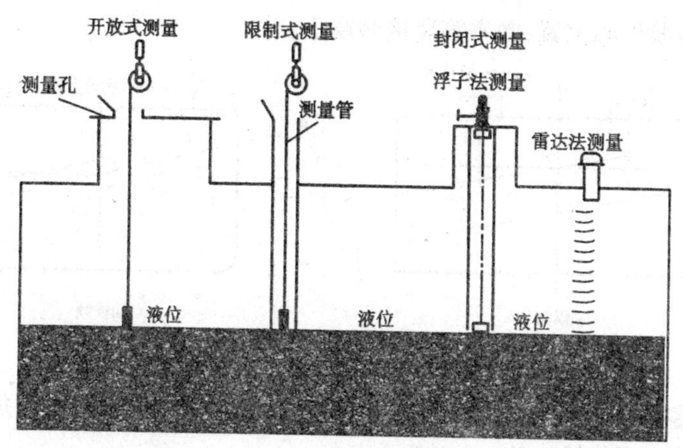

图 18-12　空档高度测量方式

(1)人工直接测量法:利用系有重锤的测深绳或米尺从测量孔测定液舱内油面的空挡高度。这种方法麻烦、误差较大且具有危险性。

(2)便携式油水界面探测仪:目前主要有两种,即便携式 HERMETIC UTI 型和 MMC 型。这两种类型的探测仪均由测量钢卷尺、感测头、显示面板等组成。从油舱测量管进行测量,既可以测出液舱的空档高度,又可以探测油水的分解面,同时还可以显示出不同液位上的温度。

(3)浮子法测量:浮子随货油在舱内液面的升降而升降,将电信号传到接收器,接收器将电信号再转换成空档高度并在显示器上显示出来。在进行原油洗舱时应注意,避免损害浮子设施。

(4)雷达法测量:将简易雷达安装在各舱的甲板上,该装置向货舱内发射雷达波,经油面反射后被接收器接收。测出发出时间和收到时间的时间间隔即可转换称空档高度,并在显示盘面上显示出来。

2)空档高度修正

当油舱的测孔不在油舱的长度或宽度的中点上,且船舶又存在纵倾或横倾时,测得的空档值存在误差,应进行修正。空档修正分为纵倾修正和横倾修正。

(1)纵倾修正

对于实船油舱,测孔中心到舱中心的纵向水平距离 AC 已知,由图 18-13a)可见,空档修正值等于 AB 值为

$$AB = AC \cdot \frac{t}{L_{bp}}$$

分析图 18-13a),当船舶尾倾时,若测孔中心在舱中心后,则空档修正值 AB 取正值;若测孔中心在舱中心前,则空档修正值 AB 取负值。船舶首倾时符号正相反。垫水油脚等深度修正符号与上述正好相反。

(2)横倾修正

同理,测孔中心到舱中心的横向水平距离 AC' 已知,由图 18-13b)可见,横倾空档修正量 AB 值为 $AB = AC \cdot \tan\theta$。

分析图 18-13b),船舶左倾时,若测孔中心在舱中心左边,则 AB 取正值;若测孔中心在舱中心右边,则 AB 取负值。船舶右倾时符号正相反。垫水油脚等深度修正符号与上述正好相

反。若测孔中心在舱中心位置，则不需要横倾修正。

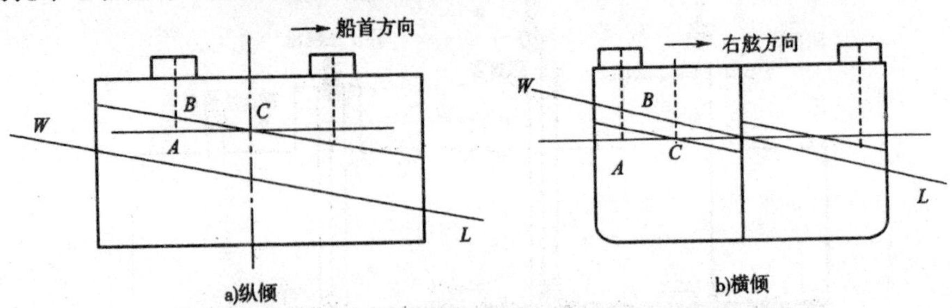

图 18-13

现代油船上多提供有空档修正值表，可以根据船舶的纵倾状态和横倾角的大小查取空档高度的纵倾修正值和横倾修正值。

3）查算各舱装油体积

根据修正后的空档高度由各油舱容量表（Capacity Table for Cargo Oil Tanks），查得各舱的实际装油体积 V_t。可参照表 18-4。

4）测量并计算各舱垫水体积

利用便携式油水界面探测仪或量水膏实测各油舱的垫水深度，利用油舱容量表查算出垫水的体积并扣除。

2. 测定货舱内的货油温度和货油密度

在测定各个货舱空档高度的同时，应测量货舱内的油温及货油密度。

1）油温测定

（1）三层油温测定法：将一油舱分上、中、下三层（上层距油面 1m 处，中层在油深中部，下层距舱底 1m 处）测量油温，计算其加权平均值，即：

$$\bar{t} = \frac{t_u + 3t_m + t_d}{5} \tag{18-4}$$

式中：t_u——上层油温（℃）；

t_m——中层油温（℃）；

t_d——下层油温（℃）。

（2）中层油温测定法：只测定各个油舱内液深中部的温度。

2）密度测定

用密度计测量各舱货油的视密度 ρ'_t，求出平均值，以便于查取标准密度。

3. 计算航次装（或卸）油量

1）在油量计算中，我国采用的石油计量表适用于原油、润滑油及其他液体石油产品。主要包括：

（1）表 59A、表 59B、表 59D 依次表示原油、成品油及润滑油标准密度表；

（2）表 60A、表 60B、表 60D 依次表示原油、成品油及润滑油体积修正系数表；

（3）表 E1、表 E2、表 E3、表 E4 依次表示 20℃密度到 15℃密度换算表、15℃密度到 20℃密度换算表、15℃密度到桶/t 系数换算表、计量单位系数换算表。

2）油量计算步骤

(1)根据所测得的各舱货油视密度和货油温度平均值,查取标准密度表得到标准密度ρ_{20}。

(2)测量各货舱的空档高度并进行修正,利用修正后的空档高度查油舱容积表得到实际装油体积V_t,累加后得到实际装油总体积$\sum V_t$。

(3)利用标准密度ρ_{20}和各货舱平均油温查石油体积换算系数表得到K_{20}或者利用标准密度ρ_{20}查表得到石油体积温度系数f_{20},代入公式$K_{20}=1-f_{20}\cdot(t-20)$求得。

(4)利用式$\sum V_{20}=K_{20}\cdot\sum V_t$计算出标准体积$\sum V_{20}$。

(5)利用下式计算出货油质量。

$$\begin{cases} m=(\rho_{20}-0.0011)\cdot\sum V_{20} \\ m=F\cdot\rho_{20}\cdot\sum V_{20} \end{cases} \tag{18-5}$$

如果在计量时发生争议,应以前式的计算结果为准。需要说明的是,如果油舱内有垫水,应予以扣除。

(二)日本的油量计算方法

日本采用日本油量计算表进行油量计算,计算步骤如下:

(1)将货油测定比重换算成标准比重$S.G_{15/4}$;

(2)将油舱内的货油体积换算成15℃时的体积V_{15};

(3)根据公式$m=(S.G_{15/4}-0.0011)\cdot K_{15}\cdot\sum V_t$可得货油在空气中的质量。

(三)英美等国的油量计算方法

英美等国是利用ASTM-IP的油量计算表进行油量计算,具体适用表格见附录3。计算步骤如下:

(1)将实测油温时的比重换算成标准比重$S.G_{60/60}$或标准温度60 ℉时的API石油度;

(2)根据标准比重将体积换算成60 ℉时的标准体积(立方英尺、美国桶或美国加仑);

(3)根据公式$m=\sum V_{60}\omega_{60}=\sum V_tK_{60}\omega_{60}$可得货油在空气中的重量。其中,$\omega_{60}$为标准温度下已经过空气浮力影响修正后的货油密度,可通过查取ASTM-IP计量表得到。

第七节　散装液体化学品装运

为了保证安全及促进散装液体化学品的海上运输,使其对船舶、船员及环境所造成的危险降至最低,IMO制定了相关规则和公约,为散装液体化学品的安全载运提供一个国际标准。主要包括:

国际散装运输危险化学品船舶构造及设备规则,简称《IBC规则》,适用于1986年7月1日或以后建造的散装化学品船。

散装运输危险化学品船舶构造及设备规则,简称《BCH规则》,适用于1986年7月1日前建造的散装化学品船。

MARPOL 73/78附则II"防止散装有毒液体物质污染规则"。

此外,中国船级社(CCS)依据《IBC规则》制定了《散装运输危险化学品船舶构造及设备规范》(简称《散化船规范》)。

一、IBC规则

IMO海上安全委员会第82届会议和海洋环境保护委员会第56届会议分别于2006年12

月8日和2007年7月13日以MSC.219(82)号和MEPC.166(56)号决议通过了《国际散装运输危险化学品船舶构造和设备规则》(《IBC规则》)的修正案,并于2009年1月1日生效。

现行的《IBC规则》在SOLAS 1974和MARPOL 73/78下均为强制性规定,适用于各种尺度(包括小于500总吨)从事散装运输危险化学品或有毒液体物质的船舶。但不包括载运石油或下列类似易燃货物的船舶:

(1)具有重大火灾危险性的货物,其危险程度超过石油产品和类似的易燃货物;

(2)除具有易燃性外,还有其他重大危险性的货物,或虽然没有易燃性但有其他重大危险性的货物。

规则共21章,涵盖了船舶残存能力要求和液货舱位置的设计标准,船舶布置和货物围护系统,货物驳运要求,船舶构造、防护衬垫及涂层材料标准,货物温度控制和液货舱透气、除气要求,船舶设备配置及检查标准,人员保护和安全操作要求,适用的货物清单及运输注意事项,运输货物索引等内容。

其所列的液体是指在温度为37.8℃时,其蒸气压力不超过0.28MPa绝对压力的散装液体,具体货物名称列入规则第17章(最低要求一览表)和第18章(不适用规则的货物清单),其中第17章中的散装液体化学品包括具有安全危害性的货物、具有污染危害性的货物及同时具有安全危害性和污染危害性的货物,共718种;第18章中的散装液体化学品包括经审查并确定其安全性和污染危害性尚不足以列入规则适用范围的液体物质,共41种。

第17章最低要求一览表共包括16栏,见表18-13。

最低要求一览表部分内容 表18-13

No	a	c	d	e	f	G	h	i′	i″	i‴	j	k	l	n	o
711	蜡 Waxes	Y	P	2	2G	Open	No	—	—	Yes	O	No	AB	No	15.19.6, 16.2.6
712	白节油,低于(15-20%)芳香物 White spirit, low (15-20%) aromatic	Y	P	2	2G	Cont	No			No	R	F	A	No	15.19.6, 16.2.9
713	二甲苯 Xylenes	Y	P	2	2G	Cont	No			No	R	F	A	No	15.19.6, 16.2.9
714	二甲苯/乙苯(10%或以上)混合物 Xylenes/ethylbenzene (10% or more) mixture	Y	P	2	2G	Cont	No	—	—	No	R	F	A	No	15.19.6
715	二甲苯酚 Xylenol	Y	S/P	2	2G	Open	No		IIA	Yes	O	No	AB	No	15.19.6, 16.2.9
716	烷基锌二硫代磷酸盐(C7-C16) Zinc alkaryl dithiophosphate (C7-C16)	Y	P	2	2G	Open	No			Yes	O	No	AB	No	15.19.6, 16.2.6
717	烷基锌甲酰胺 Zinc alkenyl carboxamide	Y	P	2	2G	Open	No			Yes	O	No	AB	No	15.19.6, 16.2.6

表中栏目的注释如下：

1)No 栏：所列货物序号

2)a 栏：货物名称

3)b 栏：联合国编号(已删除)

4)c 栏：污染类别

字母 X、Y 或 Z 是指按防污公约附则Ⅱ所确定的每一货物的污染类别。

5)d 栏：危害性

S 指本规则所包括的具有安全危害性的货物；

P 指本规则所包括的具有污染危害性的货物；

S/P 指本规则所包括的同时具有安全危害性和污染危害性的货物。

6)e 栏：船型

其中的数字 1、2、3 分别代表 1 型船、2 型船和 3 型船。

7)f 栏：舱型

舱型代表数码分别表示：1 代表独立液货舱；2 代表整体液货舱；G 代表重力液货舱；P 代表压力液货舱。

8)g 栏：液货舱透气

栏中，Cont. 为控制式透气，Open 为开式透气。

9)h 栏：液货舱环境控制

其中，Inert 代表惰性法；Pad 代表用液体或气体作隔绝的方法；Dry 代表干燥法；Ven 代表自然或强力通风法；No 代表规则无特殊要求。

10)i 栏：电气设备

本栏细分为：i′代表温度等级 ；i″代表设备分类 ；i‴代表闪点，其中：Yes 代表闪点超过 60℃；No 代表闪点不超过 60℃；NF 代表非易燃货物。

11)j 栏：测量

测量方式包括：O 代表开式测量；R 代表限制式测量；C 代表闭式测量。

12)k 栏：蒸气探测

F：易燃蒸气；T：有毒蒸气；No：规则无特殊要求。

13)l 栏：防火。A：抗乙醇泡沫；B：普通泡沫，包括所有非抗乙醇泡沫，其中包括氟化蛋白质和水膜泡沫(AFFF)；C：水雾；D：化学干粉；No：规则无特殊要求。

14)m 栏：构造材料(已删除)

15)n 栏：应急设备

Yes：见规则第 14.3.1 款；No：规则无特殊要求。

16)o 栏：特殊要求及操作要求

当专门参照第 15 章(特殊要求)和/或 16 章(操作要求)时，这些要求应为任何其他栏内的附加要求。

第 18 章是不适用规则的货物清单，具体内容见表 18-14。

二、散装液体化学品

它主要包括石油化工产品、煤焦油产品、碳水化合物的衍生物(糖蜜与酒精制品、动植物油)、强化学剂等。

不适用规则的货物清单部分内容　　表 18-14

序号	货物名称	污染类别	序号	货物名称	污染类别
1	丙酮 Acetone	Z	5	仲-丁醇 sec-Butyl alcohol	Z
2	含酒精饮料，n. o. s Alcoholic beverages，n. o. s.	Z	6	硝酸钙溶液(50%或以下) Calcium nitrate solutions (50% or less)	Z
3	苹果汁 Apple juice	OS	7	粘土泥浆 Clay slurry	OS
4	正-丁醇 n-Butyl alcohol	Z			

1. 特性及危险性

散装液体化学品具有多种理化特性，其中可能具有一种或多种危险特性，如易燃性、毒害性、腐蚀性和反应性及对环境所带来的危害。

1)易燃性

散装液体化学品通常都具有易燃性，可用闪点、燃点、自燃点、沸点(汽化点)及可燃范围来衡量。

2)毒害性

散装液体化学品的毒害性将会造成人员由于直接接触而产生的健康危害性，或由货品溶于水中或混入空气中造成间接接触而产生的水污染或空气污染的危害性。直接接触毒害性可用半数致死量 LD_{50} 及半数致死浓度 LC_{50} 来衡量；间接接触毒害性可用紧急暴露限值 EEL(指一次临时性接触的允许浓度)、货品的水溶性、挥发性等来衡量。

对海洋污染危害性包括：生物积聚性造成危害，缺乏生物易降解性造成危害，对水中有机体的急性毒性作用，对水中有机体的慢性毒性作用，对人类健康具有长期的不利影响，引起货物漂浮或下沉的物理特性并因此造成对海洋生物的不利影响。

3)腐蚀性

部分散装液体化学品具有很强的腐蚀性，不仅与人体皮肤接触会造成严重损伤，而且对货舱结构材料也有严重腐蚀作用。货舱结构通常采用不锈钢材料，不能使用黄铜、青铜或铝等材料。

4)化学反应性

散装液体化学品的化学反应性主要包括自身的分解、聚合、氧化、腐蚀反应并产生毒气和大量热量，与水发生反应，与空气发生反应，与其他化学品发生反应作用等。

5)粘度大，凝点高

部分货品装卸时需要加温降低粘度，保证货物顺利装卸，减少卸货后的残余量。但加温应适当，以防止加温过高产生气阻，导致流速降低。

6)具有热敏感性

有的化学品因受热会发生氧化、老化等反应而变质，如鱼油、糖浆、豆油等会因过热变质而影响品质。

7)忌杂质

液体散装化学品在使用过程中对纯净度有严格的要求，如果被杂质污染，则会导致货品丧失使用价值。

2. 散装液体化学品分类

1)MARPOL 73/78 中的类别划分

MARPOL 73/78 附则 II“防止散装有毒液体物质污染规则”中，根据散化品的毒性和操作排放对环境污染造成的影响将其分为 4 大类：

(1)X 类

指排放入海后将会对海洋资源或人类健康造成严重危害的有毒液体物质，因此有必要严禁将此类物质排入海洋环境。

(2)Y 类

指排放入海后将会对海洋资源或人类健康造成严重危害或对舒适性或其他合法利用海洋造成损害的有毒液体物质，因此有必要对排入海洋环境的此类物质的质量加以限制。

(3)Z 类

指排放入海后将会对海洋资源或人类健康造成较小的危害的物质，因此有必要对排入海洋环境的此类物质的质量加以限制。

(4)OS 类

《IBC 规则》第 18 章污染类栏中所示的物质 OS 经评估后发现其并不属于 X 类、Y 类或 Z 类，将其排入海中后不会对海洋资源或人类健康造成危害或不会对舒适性或其他合法利用海洋造成损的物质，因此排放含有 OS 类物质的舱底污水、压载水其他残余物或混合物不受附则 II 和《IBC 规则》要求的约束。

2)美国海岸警卫队(USCG)按化学反应性的分类

美国海岸警卫队根据散装液体化学品的反应性不同，将其分为 5 类：

(1)0 类

指几乎不发生反应的物质，但在某种条件下能与 4 类物质反应，如饱和烃等。

(2)1 类

仅与 4 类物质反应的液体化学品，如芳香烃、烯烃、醚和酯等。

(3)2 类

不能与 0 类和 1 类物质反应，或本类物质不能互相反应的液体化学品，但能与 3 类和 4 类物质反应，如醇、酮、聚合物等。

(4)3 类

能与 2 类和 4 类物质反应，且本类化学品能相互反应，如有机酸、液氨、环氧衍生物等。

(5)4 类

可以相互反应，并能与所有其他类的化学品反应，如无机酸、强碱、磷、硫等。

3)美国海岸警卫队(USCG)按化学相容性的分类

根据散装液体化学品的相容性，将其分为 36 类，1 ~ 22 为反应类，30 ~ 43 为相容类，并编制了货物相容性表。见表 18-15、表 18-16。

散装液体化学品分类表 表 18-15

反应类		相容类	
1	非氧化性无机酸	30	烯烃
2	硫酸	31	链烯烃
3	硝酸	32	芳香烃
4	有机酸	33	其他烃类混合物
5	苛性碱	34	酯
6	氨	35	卤代乙烯
7	脂肪胺	36	卤代烃
8	醇胺	37	腈
9	芳香胺	38	二硫化碳
10	酰胺	39	硫醚,二硫化物
11	有机酸酐	40	乙二醇醚
12	异氰酸盐	41	醚
13	醋酸乙烯酯	42	硝基化合物
14	丙烯酸盐	43	其他水溶液
15	烯丙基类取代物		
16	烷撑氧化物		
17	表氯代醇		
18	酮		
19	醛		
20	醇,乙二醇		
21	酚,甲酚		
22	己内酰胺溶液		

货物相容性表 表 18-16

	1	2	3	4	5	6	7	8	9	10	11	12	13	14	15	16	17	18	19	20	21	22
1		×			×	×	×	×	×	×	×	×	×			×	×		A	E		
2	×		×	×	×	×	×	×	×	×	×	×	×	×	×	×	×	×	×	×	×	×
3		×			×	×	×	×	×	×	×	×	×	×	×	×	×	×	×	×	×	
4		×			×	×	×	×	C			×				×	×			F		
5	×	×	×	×							×	×				×	×		×	×	×	×
6	×	×	×	×						×	×	×	×			×	×		×			
7	×	×	×	×							×	×	×	×	×	×	×	×	×	×	×	×
8	×	×	×	×							×	×	×	×	×	×	×	B	×			
9	×	×	×	C							×	×							×			
10	×	×	×			×						×									×	
11	×	×	×		×	×	×	×	×													

续上表

	1	2	3	4	5	6	7	8	9	10	11	12	13	14	15	16	17	18	19	20	21	22
12	×	×	×	×	×	×	×	×	×	×					D					×		×
13	×	×	×			×	×	×														
14		×	×				×	×														
15		×	×			×	×				D											
16	×	×	×	×	×	×	×	×														
17	×	×	×	×	×	×	×	×														
18		×	×			×	B															
19	A	×	×		×	×	×	×	×													
20	E	×	×	F	×		×					×										
21		×	×		×		×			×												
22		×			×		×					×										
30		×	×																			
31																						
32			×																			
33			×																			
34		×	×																			
35			×																			×
36		G	×		H		I															
37		×																				
38							×	×														
39																						
40		×										×										
41		×	×																			
42					×	×	×	×	×													
43		×																				

注:“×”为两者不相容;空格为两者可以装载;以下为反应性有偏差的注解:

A　丙烯醛(19)、丁烯醛(19)和2－乙基－3－丙基丙烯醛(19)与第1类非氧化性无机酸不相容;

B　异佛尔酮(18)和甲基异丁烯基酮(18)与第8类醇胺不相容;

C　丙烯酸(4)与第9类芳香胺不相容;

D　烯丙基醇(15)与第12类异腈酸酯不相容;

E　呋喃甲醇(20)与第1类非氧化性无机酸不相容;

F　呋喃甲醇(20)与第4类有机酸不相容;

G　二氯乙醚(36)与第2类硫酸不相容;

H　三氯乙烯(36)与第5类苛性碱不相容;

I　乙二胺(7)与二氯乙烯不相容。

三、散装液体化学品船

《IBC规则》中,散装液体化学品船是指建造或改建成用于散装运输本规则第17章所列任何液体货物的货船(简称"散化船")。

本规则适用的船舶,应能承受某种外力作用下船体遭受假定破损后浸水的正常影响。此外,为了保护船舶和周围环境,船舶的液货舱应加以保护,以防船舶与码头或拖船等接触后产生较小破损而引起渗漏,并且应采取保护措施以防止船舶碰撞或触礁而引起破损,即把液货舱布置在船内距船体外板不小于规定的最小距离处。假定的破损以及液货舱与船体外板之间的距离,均取决于所装货物的危险程度。假定的最大破损范围见18-17。

散化船假定破损范围表 表18-17

舷侧破损	纵向范围	$L^{2/3}/3$ 或 14.5m,取小者	
	横向范围	$B/5$ 或 11.5m,取小者(在夏季载重水线平面上从舷侧沿垂直于船体中心线的方向向船内量取)	
	垂向范围	向上没有限制(从中心线的船底外板型线量起)	
船底破损		距船舶首垂线 0.3L 范围内	船舶的其他部位
	纵向范围	$L^{2/3}/3$ 或 14.5m,取小者	$L^{2/3}/3$ 或 5m,取小者
	横向范围	$B/6$ 或 10m,取小者	$B/6$ 或 5m,取小者
	垂向范围	$B/15$ 或 6m,取小者(从中心线的船底外板型线量起)	$B/15$ 或 6m,取小者(从中心线的船底外板型线量起)

1. 船舶类型

根据所运输散装液体化学品的危险程度,散化船分为以下三种类型:

1)1 型船舶

适用于运输对环境或安全有非常严重危险的散化品,该船型的结构要求能够经受最严重的破损,并需要用最有效的预防措施来防止货物的泄漏。因此1型船的液货舱舱壁与船外板之间要求的间隔距离最大,左右间距不小于 $B/5$ 或 11.5m,取小者;下边与船底板的间距不小于 $B/15$ 或 6m,取小者;离船体外壳的任何位置处的距离都不得小于 760mm(图18-14a)。

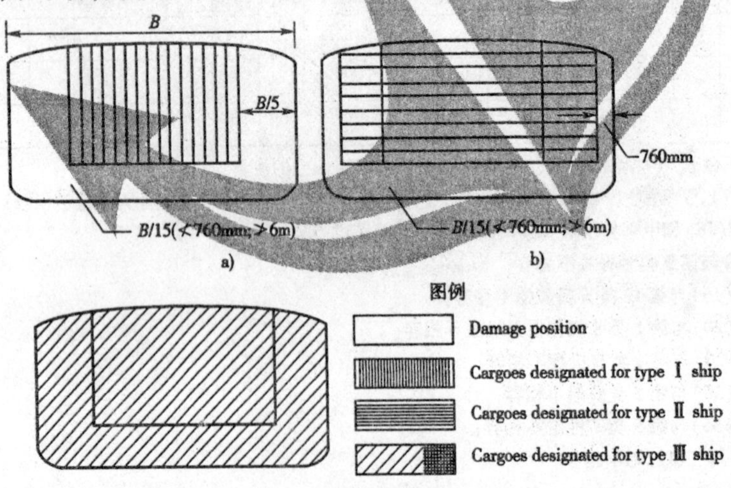

图18-14 散化船类型

2)2 型船舶

适用于运输对环境和安全有相当严重危险的货物的化学品船,它需要用有效的预防措施来防止泄漏。因此 II 型船舶的液货舱舱壁与船舶的外板之间,左右间距不小于 760mm;下边与船底板的间距不小于下边间距不小于 $B/15$ 或 6m,取小者;离船体外壳的任何位置处的距离都不得小于 760mm(图 18-14b)。

3)3 型船舶

适用于运输中对环境或安全有足够严重危险的货物的化学品船,它需要用中等程度的围护来增加破舱条件下的残存能力。船上液货舱的位置没有特殊要求,基本上与油船相同(图 18-14c)。

2. 液货舱类型

根据《IBC 规则》的规定,散化船液货舱的种类从与船体结构的关系及舱顶设计表压力的不同分为两组。

1)按液货舱与船体结构的关系划分

按与船体结构的关系,散化船液货舱分为独立液货舱和整体液货舱。

(1)独立液货舱

指不与船体结构相连接或不是船体结构的组成部分的货物围护容器。建造和安装独立液舱是为了在所有可能的时刻,能够将因相邻船体机构的应力或移动对液货舱所造成的应力消除或降至最小。独立液舱对船体结构的完整性不是必须的。

(2)整体液货舱

是指构成船体结构的一部分的货物容器,且以相同方式与邻近的船体结构一起承受相同的载荷。它对船体结构的完整性是必须的。

2)按舱顶设计表压力划分

根据舱顶设计表压力大小,散化船液货舱分为重力液货舱和压力液货舱。

(1)重力液货舱

指舱顶设计压力不大于 0.07MPa 的液货舱。它既可以是独立液货舱,也可以是整体液货舱。对重力液货舱的建造和试验应按照认可的标准,且应考虑货物的载运温度和相对密度。

(2)压力液货舱

指舱顶设计压力大于 0.07MPa 的液货舱。它只能是独立液货舱,对其结构的设计应按照经认可的对压力容器的设计标准。

四、撒装液体化学品装运要求

1)散化船应具备规定的适装条件,持有有效的满足《IBC 规则》要求的"国际散装运输危险化学品适装证书"(COF)、《货物记录簿》(CRB)等有关文书,并按要求如实记录有毒货物装卸作业、转驳,液货舱的洗舱、压载、压载水及残余物的排放等作业情况。

2)承运前,货主必须提供所托运货物的完整资料。对于需要散装的任何货物,应在运输文件上用《IBC 规则》中所列的名称或暂定的名称予以标明。如果是混合物,则还应标明使货品产生危害的主要危险因素;若有可能,应有一份完整的分析,制造厂家或经主管机关认可的专家对此分析进行核证。

3）船上应备有安全载运货物所必需的资料，以供一切有关人员查阅。如所载运货物的物理化学性质（包括反应性）的详细说明；发生溢出或泄漏事故时，需要采取的措施；对各种货物的相应消防程序和灭火剂；货物输送、清除、压载、清洗液货舱和变更货物的程序；防止人员由于意外接触而造成伤害的防范措施；安全装卸特定货物所需特殊设备的有关资料；应急措施等。

如果得不到安全运输货物所需的足够资料，则对该货物应予拒运。

4）凡是放出察觉不到的剧毒蒸气的货物，除非在货物中放入了能觉察到的添加剂，否则一概予以拒运。

5）对于易改变形态或化学特性的散装液体化学品，应加入稳定剂延缓反应速率、保持化学成分平衡、防止氧化、保持颜色和其他成分的乳化状态或防止胶状颗粒受到冲击。对于加入稳定剂的货品在托运时，托运人应提供稳定剂证书。

6）装货前，应对液货舱进行环境控制。其方法有：

（1）惰化法：用不助燃也不与货物反应的气体或蒸气充入液货舱及其管系、液货舱周围空间，并维持这种状态。

（2）隔绝法：将液体、气体或蒸气充入货物系统，使货物与空气隔绝。

（3）干燥法：将无水气体或在大气压力下其露点为 −40℃ 或更低的蒸气充入液货舱及其管系。

（4）通风法：进行强制通风或自然通风。

7）各舱装货量不超出其最大允许载货量：1 型船舶的任一液舱所装货物数量不得超过 $1250m^3$；2 型船舶的任一液舱所装货物数量不得超过 $3000m^3$；液货舱在环境温度下载运散装液体化学品，应考虑所装的货物所能达到的最高温度，以避免在航行期间液货舱被液体涨满。

8）装卸开始时应以低速进行（1m/s 以下），待经检查确认作业正常后才能按正常流速进行装卸。为防止产生静电，装卸的正常流速应限制在 3m/s 以下。

9）当风速超过 1.5m/s、浪高超过 1.5m 时，不得进行靠泊和装卸作业。

10）装卸前准备好应急缆，置放危险标志，与其他船舶保持 30m 以上的安全距离。

11）散化船在装卸散装液体危险化学品期间禁止进行以下作业：

（1）检修和使用雷达、无线电发射机和卫星导航仪；

（2）从事可能产生火星的作业及明火作业；

（3）供受油（水）作业；

（4）进行吊运物件及其他影响安全的作业；

（5）其他影响船舶靠离泊及船舶、装卸货安全的作业。

12）为保护从事装卸作业的船员，船上应有合适的保护安全设备，包括大围裙、有长袖的特别手套、适用的鞋袜、用抗化学性材料制成的连衣裤工作服和贴肉护目镜或面罩、自给式空气呼吸器、防爆灯具等。用于保护人体的衣服和设备应围罩人体全身皮肤，使全部人体受到保护。保护安全设备应放置在易于到达的专用储存柜内。进入作业现场的船员，应按照规定穿戴防护服和配置安全设备。

13）2007 年 1 月 1 日或以后建造的散化船，经排放压载以后的舱内或有关管系内的残留物的最大允许残留量，对 X、Y 和 Z 类物质均为 75L。

14)散化船在港期间进行洗舱、污水排放、冲洗甲板、驱气等可能导致污染的操作,均需向主管机关提出申请,批准后方可作业。

15)船方应逐项检查并填写“船/岸安全检查项目表”中的A部分和B部分。

五、散化船装货量的计算

散装液体化学品的装载量计算与油船货油装载量的计算步骤基本相同,即:

(1)根据实测液舱空档高度查液舱容量表得实际装货体积;

(2)实测货物温度和密度;

(3)将实测温度时的货物体积和货物密度换算成标准温度下的数值;

(4)考虑空气浮力的修正,求得货物装载量。

第八节　散装液化气体装运

为确保海上运输散装液化气体的安全,将其对船舶、船员及环境所造成的危险降至最低程度,IMO和散装液化气体运输国主管机关制定了相关规则和公约,主要有:

国际散装运输液化气体船舶构造及设备规则,简称《IGC规则》,适用于1998年7月1日或以后建造的液化气体船舶。

散装运输液化气体船舶构造及设备规则,简称《GC规则》,适用于1998年7月1日前建造的散装化学品船。

此外,中国船级社(CCS)依据《IGC规则》制定了《散装运输液化气体船舶构造及设备规范》(简称《液化气船规范》)。

一、IGC规则

IMO海安会第79届会议于2004年12月10日以MSC.177(79)号决议通过了《国际散装运输液化气体船舶构造和设备规则》修正案,并于2007年1月1日生效。

现行的《IGC规则》在SOLAS 1974下为强制性规定,适用于各种尺度(包括500总吨以下)从事散装运输本规则第19章所列的温度为37.8℃时,其蒸气压力超过0.28MPa绝对压力的液化气体和其他货物的船舶。

《IGC规则》共19章,涵盖了船舶残存能力要求和液货舱位置的设计标准,船舶布置和货物围护系统,处理用受压容器及液体、蒸气和压力管路系统的设计要求,货物驳运要求,船舶构造材料标准,货物压力、温度控制及透气系统要求,船舶设备配置及检查标准,人员保护和安全操作要求,液货舱充装极限,用货物做燃料的要求及最低要求一览表等内容。

其中,第19章为最低要求一览表,表中共列出了32种液化气体。一览表共有15栏,见表18-18。

表中各栏的内容是:

1)a栏:货物名称

2)b栏:联合国编号

3)c栏:船型

表 18-18

最低要求一览表部分内容

序号	a	b	c	d	e	f	g	h	i	CCSj	CCSk	CCSl	CCSm
	货物名称	联合国编号	船型	要求C型独立液货船	液货舱内蒸气空间的控制	蒸气探测	测量	医疗急救指南表(MFAG)编号	特殊要求	液体相对密度在大气压力沸点下(水=1)	气体相对密度(空气=1)	沸点(℃)	临界温度(℃)
1	乙醛 Acetaldehyde	1089	2G/2PG	/	惰化	F+T	C	300	14.4.3;14.4.4;17.4.1;17.6.1	0.7827	1.52	2.08	
2	氨一无水的 Ammonia, anhydrous	1005	2G/2PG	/	/	T	C	725	14.4.2;14.4.3;14.4.4;17.2.1;17.13	0.0683	0.597	-33.4	132.4
3	丁二烯 Butadiene	1010	2G/2PG	/	/	F+T	R	310	17.2.1;17.4.2;17.4.3;17.6;17.8	0.653	1.88	-5.0	161.8
4	丁烷 Butane	1011	2G/2PG	/	/	F	R	310		0.600	2.09	-0.5	153
5	丁烷/丙烷混合物 Butane-propane mixtures	1011/1978	2G/2PG	/	/	F	R	310					
6	丁烯 Butylenes	1012	2G/2PG	/	/	F	R	310		0.624	1.94	-6.1	146.4
7	氯 Chlorine	1017	1G	是	干燥	T	I	740	14.4;17.3.2;17.4.1;17.5;17.7	1.56	2.49	-34	144
8	二乙醚 Diethylether	1155	2G/2PG	/	惰化	F+T	C	330	14.4.2;14.4.3;17.10;17.11				
9	二甲基胺 Dimethylamine	1032	2G/2PG	/	/	F+T	C	320	14.4.2;14.4.3;	0.6615	1.55	6.8	
10	乙烷 Ethane	1961	2G	/	/	F	R	310		0.540	1.048	-88.6	32.1
11	氯乙烷 Ethylene chloride	1037	2G/2PG	/	/	F+T	R	340		0.9	2.2	12.3	

4)d 栏:是否要求独立 C 型液舱

5)e 栏:液货舱内蒸气空间的控制,干燥或惰化

6)f 栏:要求的蒸气探测

7)F:易燃蒸气的探测

其中,T 代表有毒蒸气的探测;O 代表氧气分析仪;F + T 代表易燃和有毒蒸气探测。

8)g 栏:测量

指所许可的测量类型,类型 I:规则 13.2.2(1)和 13.2.2(2)中所述的间接型或封闭型;类型 C:规则 13.2.2(1)、13.2.2(2)和 13.2.2(3)中所述的间接型或封闭型;类型 R:规则 13.2.2(1)、13.2.2(2)、13.2.2(3)和 13.2.2(4)中所述的间接型、封闭型或限制型。

9)h 栏:医疗急救指南(MFAG)表号

任何所列货物在低温运输时可能发生霜冻,MFAG620 是适用的。

10)CCSj 栏/CCSk 栏:相对密度 K

给出的数据表示货物液态/蒸气相对水或空气的可能最大相对密度参考值。未列出者表示货物资料附件中没有提供相对密度值。在所有情况下,应依制造厂提供的货物相对水或空气的密度资料为准。

11)CCSl 栏:沸点(℃)

给出的数据表示货物可能的最低沸点参考值,未列出者表示货物资料中沸点不确定。在所有情况下,应依制造厂提供的货物沸点资料和载运要求为准。

12)CCSm 栏:临界温度(℃)

给出的数据表示货物可能的最高临界温度参考值,未列出者表示货物资料中临界温度不确定。在所有情况下,应依制造厂提供的货物临界温度资料和载运要求为准。

二、液化气体

液化气体包括液化石油气、液化天然气和液化化学气。

1. 液化气体特性及危险性

1)易燃易爆性

由于液化气体沸点低、挥发性大,一旦泄漏,其危险性比石油类物质更大。所以液化气必须在其可燃范围以外的状态下运输和装卸。

2)毒害性

液化气体的蒸气与人的皮肤、眼睛接触或被人体吸入会引起中毒。

3)腐蚀性

有的液化气本身具有腐蚀性,有的液化气能与容器、船体材料及其他物质发生反应产生不同程度的腐蚀性。腐蚀性不仅对人体有害,而且还会对船体机构产生损伤。

4)化学反应性

包括货物自身的分解、聚合反应,货物与水的反应,货物与空气的反应,货物与货物之间的反应,货物与冷却介质之间的反应,以及货物与船体材料之间的反应。

5)低温和压力危险性

低温运输液化气时,低温会对船体、设备造成脆性破坏,对人员则会有冻伤的危害。

2. 液化气分类

1)按液化气的主要成分划分

按液化气的主要成分可分为:

(1)液化石油气(LPG):其主要成分为丙烷。

(2)液化天然气(LNG):其主要成分为甲烷。

(3)液化化学气(LCG):其主要成分除了碳氢化合物外,还有氧化丙烯和聚氯乙烯单体等。

2)按液化气的沸点和临界温度划分

根据液化气的沸点和临界温度可分为:

(1)高沸点液化气体:指沸点不低于-10℃的物质。如丁二烯、丁烷、二氧化硫等。

(2)中沸点液化气体:指沸点在-10~-55℃之间且临界温度在45℃以上的物质。如氨、丙烷等。

(3)低沸点液化气体:指沸点低于-55℃或临界温度低于45℃的物质。如甲烷、乙烯、氮等。该类物质必须采用低温或低温加压方式贮运。

三、液化气船

《IGC规则》和《液化气船规范》规定:从事运输温度为37.8℃时,其蒸气绝对压力超过0.28MPa的液体的船舶为液化气体船(简称液化气船)。

1. 按货物的危险程度划分

根据所运货物的危险程度,液化气船可分为:

1)1G型船

适用于运输危险性最大的货品,《IGC规则》中要求采取最严格的防漏保护措施。对液货舱的位置有严格的要求,对这种船破损后的残存能力要求最高,要求达到相邻两舱(包括机舱)同时破损情况下仍有一定的残存能力,即要满足有关破舱稳性的要求。该船舶的结构要求能够经受最严重的破损,船舶的液货舱舱壁与船舶的外板之间要求的间隔距离最大,横向上距离舷侧外板的距离不小于$B/5$或7.5m,取小者;垂向上距离船底板的距离不小于$B/15$或2m,取小者;但其任何部位与外板的距离都不得小于760mm。结构图示基本同1型散化船。

2)2G型和2PG型船

适用于运输危险性次于IG型船运输对象的货品。船上的液货舱舱壁与船舶外板之间要求的间距垂向上不小于$B/15$或2m,取小者;其他部位与外板的距离不小于760mm。结构图示基本同2型散化船。其中,2PG型船舶是指船长不超过150m的具有C型独立液舱的船舶。

3)3G型船

适用于运输危险性最小的货品的液化气船。其货舱在船上的位置与2G型相同,但其船体结构经受破损的能力略低于2G型船舶。

2. 根据运输对象被液化的方式可分为:

根据货物液化的方式,液化气船可分为:

1)压力式液化气船(亦称全加压式液化气船)

该型船主要用于运输液化石油气和氨,其液舱为圆柱形、球形或具有纵隔壁的双圆柱形及

三圆柱形。

该型船的优点是液舱管系不需要绝热、船上不需要设置再液化装置且操作简便,缺点是船舶的空间利用率低、载货量较少、液舱的厚度随设计压力的增大而增加,所以规模一般较小。

2)低温式液化气船(亦称冷冻式液化气船)

指装运在常压下将气体冷却至其沸点以下而液化的气体货物的船舶。该型船用于运输液化石油气时,其冷却温度为 -55℃;用于运输乙烯时,其冷却温度为 -104℃;用于运输液化天然气(只能采用常压低温方式运输)时的冷却温度为 -162℃。目前世界上专门运输液化天然气的船舶根据货舱围护系统的不同共有三种形式,薄膜液舱型(Membrane type)、球形液舱型(Moss type)、SPB 棱形液舱型(Self-supporting prismatic shape IMO Type "B")。

该型船舶因液舱多为棱柱形或梯形而使船舶的空间利用率提高,由于低温使液货的密度增大而使船舶载货量增加,从而提高其经济性。但该型船因液货舱必须采用耐低温材料并要求采取相应的绝热措施,液舱周围需用惰性气体保护且需设置再液化装置。

3)低温低压式液化气船(亦称半冷冻式液化气船)

该型船是压力式和低温式两种液化方式的折衷方案,它采用在一定的压力下使气体冷却液化的方法。一般设计压力为 0.3 ~0.7MPa,而冷却温度则随运输对象不同而异,较多的是在 -10℃左右。由于设计压力减小,液舱舱壁厚度可以相应减小,对材料的耐高压和耐低温的要求也降低,从而使建造成本降低。其液舱形状有圆柱形、圆锥形、球形或双凸轮形。

四、液货舱围护系统

1. 独立液货舱

即自身支持的液货舱系统。该液货舱本身是独立的,它不构成船体结构的组成部分。液货舱本身并不直接固定于船体的结构上,而是在受热时可自由伸长滑行于支撑座上,并由支撑座将力传递至船体,对船体强度不起作用。

根据其设计蒸气压力的不同,可分为以下三种类型:

1)A 型独立液货舱

它为棱柱型重力液舱,其设计蒸气压力不超过 0.07MPa,货物在常压下以全冷冻方式运输。

2)B 型独立液货舱

其形状为球形罐状,液舱可以是重力液舱也可以是压力液舱,其设计蒸气压力不大于 0.07MPa或大于 0.07MPa,前者用于运输液化石油气,后者用于运输液化天然气。

3)C 型独立液货舱

它是设计蒸气压力高于 0.2MPa 的球形或圆柱形压力容器,主要用于半冷冻式或全加压式液化气船上。用于全加压式船上时,其设计的最大工作压力应不小于 1.7MPa;而用于半冷冻式或冷冻式船上时,其设计压力为 0.5 ~0.7MPa 及 50% 真空。

2. 整体液货舱

整体液货舱为非自身支持的液舱,它构成船体结构的一部分,并且以相同方式与相邻船体结构一起受到同样载荷的影响。整体液货舱可用于载运其沸点不低于 -10℃ 的货品,设计蒸气压力通常不应超过 0.025MPa,如果船体构件尺寸适当加大时可增加,但不超过 0.07MPa。

3. 薄膜液货舱

它为非自身支持的液舱，是船体结构的一部分，液舱结构直接固定在船体上，船体直接承受液舱及货物的重量。在船体和液货舱之间设置一层薄膜，液货舱依靠此隔热薄膜支撑。薄膜厚度一般不超过10mm。其设计蒸气压力通常不超过0.025MPa，如果船体尺寸有适当增加，并对支持的绝热层作了适当的考虑，则设计压力可增至0.07MPa。

4. 半薄膜液货舱

该液舱在空载时为自身支持，在装载状态下为非自身支持。其设计蒸气压力通常不超过0.025MPa，如果船体尺寸有适当增加，并对支持的绝热层作了适当的考虑，则设计压力可增至0.07MPa。

5. 内层绝热液货舱

它是非自身支持液舱，由适合于货物围护的绝热材料组成，受其相邻的内层船体结构支持。其设计蒸气压力通常不超过0.025MPa，但对货物围护系统在设计时作了考虑，如果内部绝热液舱是由内部船体结构支持，则设计压力最大可增至0.07MPa；如果内部绝热液舱是受独立液货舱结构的适当支持，则主管机关可以接受设计蒸气压力大于0.07MPa。

五、液化气装运要求

1）液化气船应具备规定的适装条件，持有有效的满足《IGC规则》要求的“国际散装运输液化气体适装证书”。

2）为了保护从事装卸作业的船员，在考虑了货品的特性后，应对船员提供包括眼睛在内的合适的保护设备。

3）船舶承运前，托运人必须提供所托运货物的完整资料。

4）船上应备有可供所有有关方面使用的资料，这些资料能为安全装运货物提供必要的信息。其具体项目如下：

（1）关于货物安全围护所必需的理化特性详细说明书；

（2）发生溢漏事故时所采取的措施；

（3）人员偶尔与货物接触的防范措施；

（4）灭火程序与灭火剂；

（5）货物安全驳运、除气、压载、清洗货舱剂更换货物的程序；

（6）内层船体钢材的最低需用温度；

（7）用于特殊货物安全操作所需要的特殊设备；

（8）应急程序。

5）为了防止货物发生聚合反应，保证安全，装运需要进行抑制的货物时。船上应备有生产厂家提供的证书，证书中应说明所添加的抑制剂的相关情况。若托运人不能提供证书，则不得装运该类货物。

6）作好货舱的准备工作。受载前，必须对货舱进行以下特殊作业：

（1）惰化：用惰性气体替换货物系统中的空气或货物蒸气，降低含氧量。惰化后，一般要求货物系统中的含氧浓度不超过5%。

（2）驱气：装货前用待装货物的蒸气替换货物系统中的惰性气体或上航次装载货物的

蒸气。

(3)预冷:在装载低温液货之前先将液货舱及管路系统慢慢冷却。

7)装载时应注意各液货舱的允许充装极限不要超过液舱容积的98%。

8)卸货时应防止液舱产生负压和超压。

9)装卸作业应在白天进行,装卸期间应禁止一切明火作业并注意附近水域的安全。

10)当风速超过15m/s、浪高超过0.7m时应停止装卸作业。

11)船舶白天应悬挂"B"字旗,夜间显示红色环照灯,装卸作业时显示国际信号"RY"旗,甲板两舷醒目处放置告示牌。

12)船舶生活区面向货物区域的门、窗与空调,通风入口应予关闭。烟囱上的火星熄灭器或金属网位于良好状态。

13)卸货完毕后,必须进行扫线作业,把液货从所有甲板管路、岸上管路和软管或装卸臂中吹扫掉,然后才能排空和拆管。

14)船方应逐项检查并填写"船/岸安全检查项目表"中的A部分和C部分。

六、液化气船装货量计算

液化气船液舱装货量的计算与油船装油量的计算原理是相同的,不同的是,液化气在运输过程中,液舱内始终是液体和蒸气并存的,计量时不仅要计算舱内液体的重量,而且要计算舱内货物蒸气的重量,因为后者也是货物的一部分。

小结与习题

本章内容主要包括石油及其产品安全运输,散装化学品安全运输及液化气体安全运输。重点介绍了散装液体的分类、特性及危险性,油船、散化船及液化气船的结构特点及其设备,油船配载原则、步骤和配载图绘制,石油安全装运要求,油量计算方法和步骤,散装化学品和液化气的安全装运要求等,为散装液体货船安全营运提供指南。

思考题

1. 简述石油及其产品的主要特性。
2. 根据2008IS规则,简述油船的完整稳性衡准要求。
3. 简述油船污染海洋的主要原因。
4. 根据MARPOL 73/78,散装化学品分为哪几类。
5. 简述散装化学品船液货舱围蔽系统的类型。
6. 简述液化气船液货舱围蔽系统的类型。
7. 油轮S某航次装运某成品油,预计航行途中的最高油温比装油时油温高5℃,请计算No.3油舱中舱应留的空档高度。若实测该油品视密度$\rho'_t = 0.7450m^3/t$,该舱平均油温$t = 40.5℃$;空档高度为0.55m,测孔中心位于舱长中心后8.0m,船舶吃水差$t = -2.0m$,船长140m;实测含水量0.2%,具体资料见表18-19~表18-21。请按我国油量计算表计算该舱在空气中的装油重量。

成品油标准密度表 表 18-19

ρ'_t / ρ_{20} / t(℃)	0.7330	0.7370	0.7410	0.7450	0.7490
39.5	0.7503	0.7543	0.7582	0.7622	0.7661
40.0	0.7508	0.7547	0.7587	0.7626	0.7665
40.5	0.7512	0.7552	0.7591	0.7631	0.7669
41.0	0.7517	0.7556	0.7596	0.7635	0.7673

石油体积温度系数表 表 18-20

ρ_{20}	f_{20}
0.7525～0.7625	0.00072
0.7626～0.7666	0.00071
0.7667～0.7709	0.00069

No.3 油舱中舱舱容表 表 18-21

空档(m)	舱容(m^3)
0	7140
0.4	7069
0.5	7023
0.6	6987

参 考 文 献

[1] 金永兴,伍生春. 船舶结构与设备. 北京:人民交通出版社,2004.

[2] 徐邦祯,田佰军. 船舶货运. 大连:大连海事大学出版社. 2011.

[3] 邱文昌,吴善刚. 海上货物运输. 大连:大连海事大学出版社,2010.

[4] 杜嘉立,姜华. 船舶原理. 大连:大连海事大学出版社. 2011.

[5] 中国船级社. 钢质海船入级规范. 北京:人民交通出版社,2009.

[6] 中国船级社. 钢质海船入级规范修改通报. 北京:人民交通出版社,2010、2011.

[7] 中国船级社. 材料与焊接规范. 北京:人民交通出版社,2009.

[8] 中国船级社. 材料与焊接规范修改通报. 北京:人民交通出版社,2010.

[9] 中国船级社. 船舶与海上设施起重设备规范. 北京:人民交通出版社,2007.

[10] 中华人民共和国船舶检验局. 船舶与海上设施法定检验技术规则. 北京:人民交通出版社,2008、2011.

[11] 陈君义. 船艺. 北京:人民交通出版社,1988.

[12] 国际海事组织. 国际海上人命安全公约综合文本. 北京:人民交通出版社,2001.

[13] 中国船级社. 泵与管系布置指南. 北京:人民交通出版社,1999.

[14] 中华人民共和国船舶检验局. 船舶倾斜试验与静水横摇试验实施指南. 北京:人民交通出版社,1996.

[15] 吴仁元. 船体结构. 北京:国防工业出版社,1992.

[16] 舰船标准术语词典编写组. 舰船标准术语词典通用术语. 北京:中国标准出版社,1996.

[17] 夏国忠. 船舶结构与设备. 大连:大连海事大学出版社,1999.

[18] 国际海事组织(IMO). 国际海运危险货物规则. 北京:知识产权出版社,2009.

[19] 交通部水运司. 国际海运危险货物规则培训教材. 北京:人民交通出版社,2006

[20] 国际海事组织(IMO). 国际完整稳性规则. 2008.

[21] 中国船级社(CCS). 集装箱检验规范. 北京:人民交通出版社,2008.

[22] 中华人民共和国海事局. 水路运输易流态化固体散装货物安全管理规定. 2011.

[23] 国际海事组织(IMO). IMSBC code. 2010.

[24] 中华人民共和国海事局,译. 国际海运固体散装货物规则. 2010.

[25] 中华人民共和国海事局. 散货船安全装卸操作规则和散货固体货物码头代表装卸手册. 2007.

[26] 中国海事局,译. 国际油轮和油码头安全操作指南. 2000.

[27] 国际海事组织(IMO). 国际散装运输危险化学品船结构和设备规则. 2009.

[28] 国际海事组织(IMO). 国际散装运输液化气体船结构和设备规则. 2006.

[29] ICS. 液货船安全指南—化学品. 2002.

[30] IMO. Code of safe practice for cargo stowage and securing. IMO Publication. 2003.

[31] ICS/OCIMF. ISGOTT(5th). 2006.
[32] Wilson, John F. Carriage of Goods by Sea(5th). 2004.
[33] House, David J. Cargo Work. 2005.

类别标志

1

＊＊ 属于危险类别的位置——如果属于副危险则留空

＊ 属于配装类的位置——如果属于副危险则留空

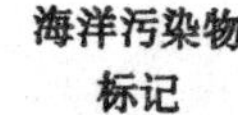

海洋污染物标记

类别标志

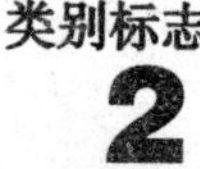

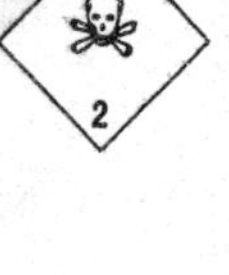

加温标记

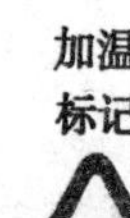

类别标志

3

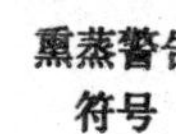

熏蒸警告符号

类别标志

4

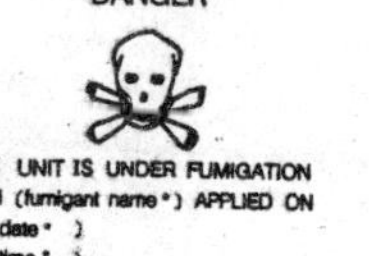

＊填入适当的详细内容

处于熏蒸状态下的运输组件

类别标志

5

方向标志

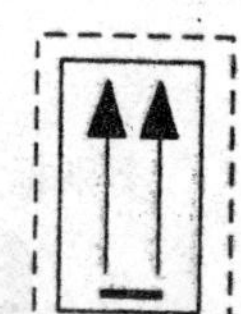
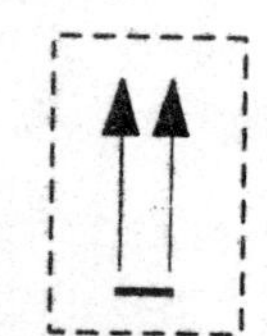

类别标志

6

类别标志

7

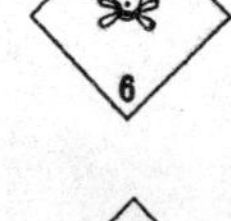

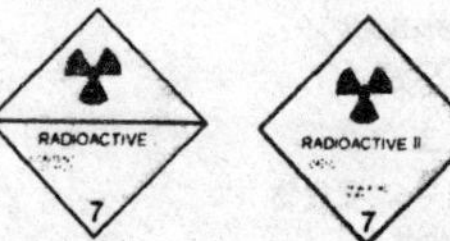

Ⅰ级放射性物质 Ⅱ级放射性物质 Ⅲ级放射性物质 裂变性物质

限量危险品标志

类别标志

8

类别标志

9

《水路危规》危险货物主标志

类别标志 **1**

主 1

适用于1.1，1.2和1.3项货物

主 1.4

适用于1.4，项货物

主 1.5

适用于1.5，项货物

类别标志 **2**

主 2.1

适用于2.1项货物

主 2.2

适用于2.2项货物

主 2.3

适用于2.3项货物

类别标志 **3**

主 3

适用于3类货物

类别标志 **4**

主 4.1

适用于4.1项货物

主 4.2

适用于4.2项货物

主 4.3

适用于4.3项货物

类别标志 **5**

主 5. 1

适用于5.1项货物

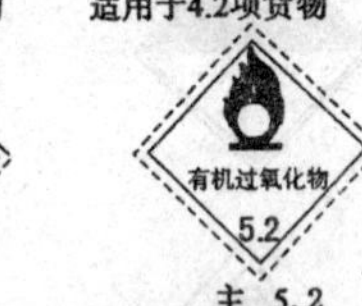

主 5. 2

适用于5.2项货物

类别标志 **6**

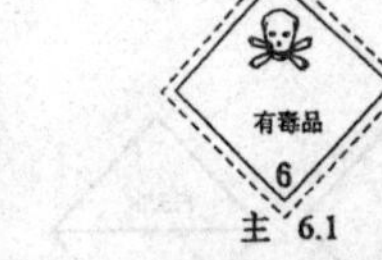

主 6.1

适用于6.1项货物

主 6.2

适用于6.2项货物

类别标志 **7**

主 7

适用于Ⅰ级放射性物品

主 7

适用于Ⅱ级放射性物品

主 7

适用于Ⅲ级放射性物品

类别标志 **8**

主 8

适用于8类货物

类别标志 **9**

主 9

适用于9类货物

商船用区带、区域和季节期海图

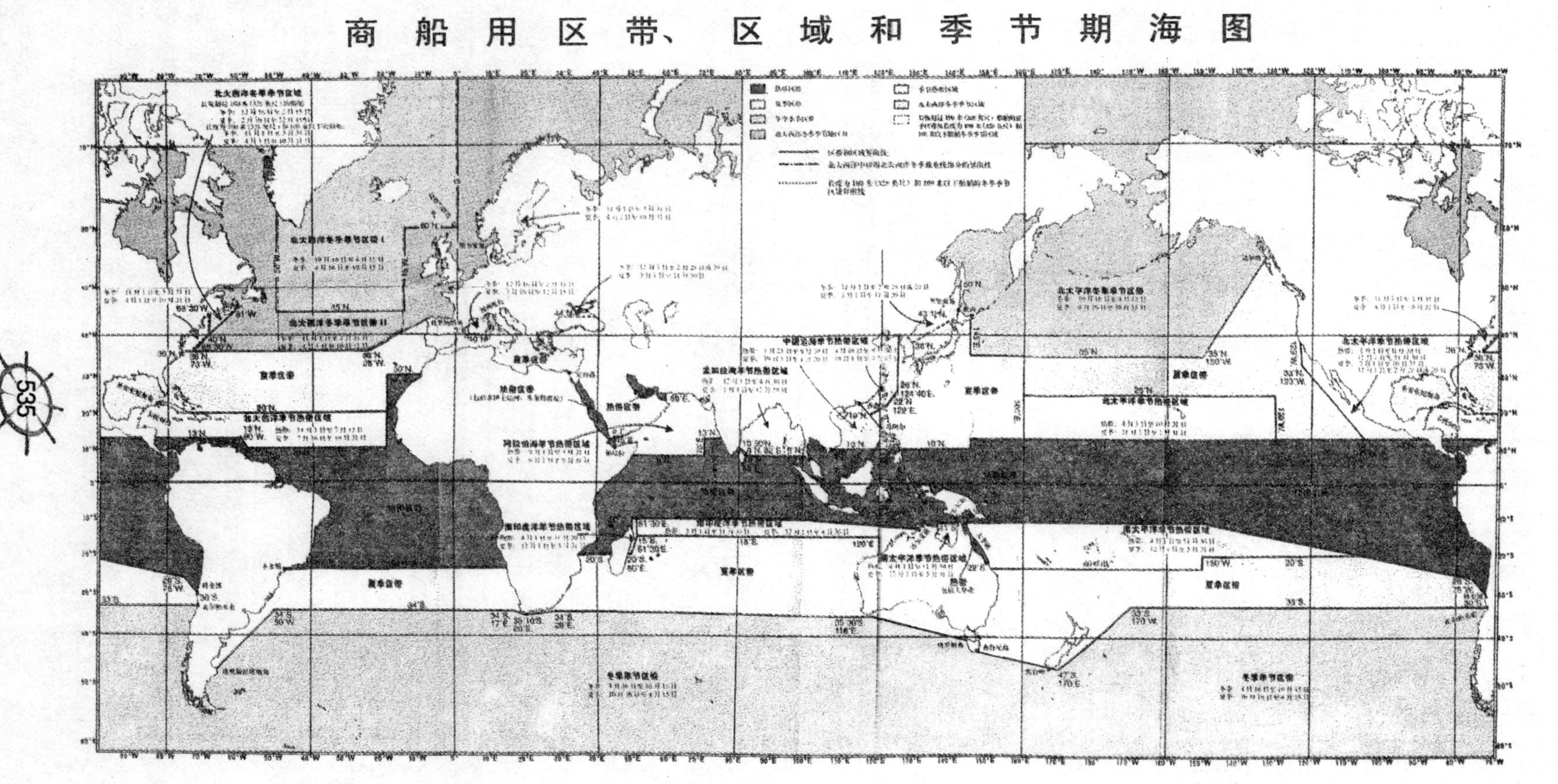